釧影樓回憶錄

釧影樓回憶錄

包天笑 著

商務印書館

責任編輯：胡瑞倩
裝幀設計：涂　慧
排　　版：肖　霞
責任校對：趙會明
印　　務：龍寶祺

釧影樓回憶錄

作　　者：包天笑
出　　版：商務印書館 (香港) 有限公司
　　　　　香港筲箕灣耀興道 3 號東滙廣場 8 樓
　　　　　http://www.commercialpress.com.hk
發　　行：香港聯合書刊物流有限公司
　　　　　香港新界荃灣德士古道 220-248 號荃灣工業中心 16 樓
印　　刷：美雅印刷製本有限公司
　　　　　九龍觀塘榮業街 6 號海濱工業大廈 4 樓 A 室
版　　次：2024 年 3 月第 1 版第 1 次印刷
　　　　　© 2024 商務印書館 (香港) 有限公司
　　　　　ISBN 978 962 07 6730 2
　　　　　Printed in Hong Kong

目錄

正編自序

距今二十餘年前，清夜夢迴，思潮起伏，因想到年逾七十，蹉跎一生，試把這個在前半生所經歷的事，寫些出來，也足以自娛，且足以自警。先從兒童時代，寫了家庭閒事，成數萬字。既而興之所至，從青年時代到中年時代，斷斷續續，一直寫下去，又成了若干萬字。後經流離轉徙，意興闌珊，也遂擱筆了。實在說來，那時的記憶力更不如前了。此種記載，原不足存，更不足以問世，或存之為兒孫輩觀感而已。但我輩既生存於這個時代，又熏染於這個境界，以欲留此鴻爪的一痕，又何足怪。古人有五十而知非之說，我已耄矣，應更知既往之非，有以自懺。但友朋輩卻說我所記述，既可以作近代史的參證，又可以觀世變的遺蛻，那就益增我的慚感了。這個《回憶錄》，先曾登載於《大華雜誌》，後又連載於《晶報》，今又承柯榮欣先生的不棄，為之印行成書，而高伯雨先生則為我訂正，感何可言。回想舊遊，常縈夢寐，亦思追憶前塵，而時不我予。今者衰病侵尋，神思滯塞，眼花手顫，憚於握管，因綴數語，敍其顛末。

一九七一年二月在香港，吳縣包天笑時年九十六

緣起

我寫此稿，在一九四九年五月，我那時七十四歲了。我的記憶力已日漸衰退，大不及從前，有許多經歷的故事，忘了它的頭緒，有許多結交的朋友，忘了他的名字，恐怕以後，更不如現在了吧？有時我的兒孫輩，問起我幼時的事，有些是茫然莫知所答了，有些也只是片羽殘鱗，雖然僅是個人的事，也好像是古人所說，一部十七史從何說起了呀？

昨天夜裏，忽得一夢，夢着我已變成了一個八九歲的兒童，依依在慈母之側。我的母親，還是那樣的青年，還是那樣的慈愛，可惜那不過一剎那之間，我便醒了。母親不曾和我說過甚麼話，也沒有甚麼表示，我醒後卻不能忘懷。其時已是天將微明的時候，窗外的白雄雞，已在喔喔啼了，我再也不能重續殘夢了，我雙目炯炯，至於天曉。

我以行將就木之年，我比中國人最尊敬的孔夫子，已多活了一年，而忽然得了此夢，雖然我對於幼年的夢似常常做的。為了睡不着，引起了我枕上的種種的回憶，但是那種回憶，也是一瞥即逝，似春夢無痕。因此我便把此刻還可以記憶的事跡，隨便地寫點出來，給我的下一代、再下一代看看，以時代變遷的神速，也許為了他們追思往事，而增添一些興味吧？

我的母親

在五歲以前，我是完全不能記憶了，我的知識，就算是從五歲開始了吧。因為我是五歲就上學了。

我的出生，是在蘇州城內西花橋巷一個宅子裏。這宅子並不是我家所有，我家只是租着住居而已。及至我略知事物，以及五歲上學的年齡，我家已遷到閶門內的劉家浜房子裏了。我所出生的花橋巷房子，直到如今，沒有進去看過。僅在十二歲那年跟隨父親，走過西花橋巷，父親指點給我看：“這是你生出的地方！”我只在門口望了一望。

我們只有姊弟二人，姊姊長我三歲。我家不用奶媽，都是我母親乳養大的。自從我生出以後，姊姊是祖母領去同睡了，我是專依戀着母親了。我記得我是常常捧着母親的面頰，勾着母親的頭頸而睡的。

在我七八歲的時候，母親吐過一次血，那時西醫還不曾流行到中國內地來，但是中國也知道有些吐血是一種肺癆病，而且要傳染給人的，母親便不許我向她面對面睡在一牀了。我因此哭了幾場，母親忍不住了，另設一被，另具一枕，只許我睡在牀的另一頭，不許和她親近。

有一天早晨，天還沒有大亮，我便醒了，便爬到母親身上去。那時帳外殘燈未滅，在晨光熹微中，我看見母親面容慘白，似乎是另一個人。我便哭喊道：“噯呀！你不是我的母親呀！你是誰呀？”母親被我鬧醒，拍我的眉頭說道：“癡孩子！怎的不是你的母親呢？你認識清楚呀！”便對我展開了笑容，遲遲又久，我才認清了母親的面容，緊緊地摟着她，惟恐失去了她。後來母親垂淚向父親道：“我的病恐怕是不起的了，孩子已不認得我了。"但是後來母親的病，卻也漸漸地愈了。

我在十八歲以前依戀母親，沒有一時間離開了她。凡是母親到外祖父家去，我總是跟了去。有一次，母親一個人去了，事前不給我知道。我放學回來（那時我是六歲吧），不見了母親，大發脾氣。祖母說："母親今天就要回來的，吵甚麼呢？"便命家中男傭人黃福，搢在肩頭上，到門口迎接母親去。我一定要黃福送我到外祖父家，黃福不肯，只有搢了我兜圈子。見一頂轎子迎面來了（那時蘇州中上階級人家婦女，出門必坐轎子），便騙我說："母親回來了。"我見轎中端坐的不是母親，又哭，直到吃晚飯時，母親才回來，我心中才安全。她告訴我說："因為外祖家的小妹妹正在出痧子，所以不帶你去。"

我祖母的母家姓吳，我母親的母家亦姓吳。外祖家叫我母親為六小姐，或六姑奶奶，但她並不排行第六。在兄弟輩，她沒有長兄，僅有一弟。在姊妹間，她有一姊，嫁蔡家，已經故世了。此外僅有一妹，一弟一妹，均異母所出，無論如何，均不會排行第六。我曾問過母親，母親說："他們從小就這樣叫我，大概是大排行吧？"（按，大排行者，連堂房的兄弟姊妹，都排列進去，中國的大家庭，有這樣的風俗。）

但我對於母親的被呼為六小姐，始終不明。因為我從未聽說外祖有兄弟，亦未見過母親有堂房姊妹呀。後來我問母親，"也許是一個小名，聲音與六字相同，並非排行第六吧？"於是寫了許多在吳音中與六字相同的字，請母親選擇一個（那時我已經十五六歲了）。母親說："我又不識字，不必要一個名字。"（當時中國婦女十分之八九不讀書，沒有名字。）我再三要求母親選一個名，母親徇愛兒之請，隨便在我所寫的許多字上，指了一個，乃是"菉"字，於是便定了某字。後來直到母親去世時，我寫她的行述，也用了這個名字。

這個菉字，《詩經》上有一句"菉竹猗猗"，是與竹有關係的，恰好我父親號"韻竹"，也可以算得有些巧合咧。

我的母親，在我的內心中，在我的敬愛中，直到如今，我稱頌她是聖者。我未見世上女人道德之高，過於吾母者。她不識字，不讀書，未受何等教育，然而事姑、相夫、教子，可以說是舊時代裏女界的完人。這不獨是她兒子如此說，所有親戚朋友中，沒有一人不稱讚她賢德的。

上學之始

我五歲就上學，可算是太早了，但近代在五歲時，入幼稚園的，也不是沒有。況且我是在舊曆二月初二生的，也可以算得足四十八個月了。在未上學之先，祖母教我識幾個筆畫簡單的字，我都認識。又以我的父親，在幼年時，適逢太平天國之戰，隨着祖母，奔走逃離，深恨自己從小失學，希望我成一讀書種子。

我家那時住在城西劉家浜一個宅子裏，這宅子是一個巨宅，裏面住了三家人家。除我家外，一家姓賴，福建人，漢軍籍。一家姓譚，似為安徽人，有些忘了。因為當時蘇州是個江蘇省城，別省來此做官候補的人很多（清制，本省人不能做本省官）。這賴、譚兩家，都是到江蘇來候補的，而在蘇州做寓公。後來賴家有一位叫賴豐熙，譚家有一位叫譚泰來，一個做了吳縣知縣，一個做了蘇州府知府，都是前清時代的地方官，但那時候，他們兩家和我的一家，都已遷出劉家浜這個宅子了。

我的上學動機，和賴家有關係。這一宅子中，譚家住正屋，賴家住花廳，而我們住在花廳對面幾幢樓房中，也有大小八九間房子。雖然花廳前面的庭院很大，院中花木扶疏，還有假山，可是我們和賴家，總是望衡對宇。他們女眷中有一位三太太，和我祖母、母親極為客氣，以鄰居關係，常常互相饋贈食物。這位三太太，有時穿長袍，作旗裝；有時短襖長裙，作漢裝；因為她是漢軍的關係也。（漢軍可與滿人通婚，亦可與漢人通婚，成為滿漢通婚的橋樑。）

因為三太太有個兒子約摸十三四歲，要請一位西席先生。他們都能說蘇州話，又感於蘇州文風之盛，要請一位蘇州先生。商之於我祖母，我祖母本來預備我要上學，也要請一位開學先生，那就來得正好，便商量兩家合請一位先生。

祖母就託了她的第一女婿，就是我的姑丈尤巽甫先生。巽甫姑丈又託了他的堂兄鼎孚先生，也是我的表姑丈，介紹了一位陳少甫先生（名恩梓），這算是我家與賴家合請的。陳先生朝出暮歸，好在他的家，離館極近，他住在迴龍閣，就在劉家浜南面的一條街，不過是咫尺之間。當時訂明，賴家供一餐午飯，我家供一頓晚點，夜飯是陳先生回家吃了。

我上學的儀式，頗為隆重。大概那是正月二十日吧？先已通知了外祖家，外祖家的男傭人沈壽，到了那天的清早，便挑了一擔東西來。一頭是一隻小書箱，一部四書，一匣方塊字，還有文房四寶、筆筒、筆架、墨床、水盂，一應俱全。這些東西，在七十年後的今日，我還保存着一隻古銅筆架，和一隻古瓷的水盂咧。那一頭是一盤定勝糕和一盤粽子，上學時送糕粽，諧音是“高中”，那都是科舉時代的吉語。而且這一盤粽子很特別，裏面有一隻粽子，裹得四方型的，名為“印粽”；有兩隻粽子，裹成筆管型的，名為“筆粽”，諧音為“必中”，蘇州的糕餅店，他們早有此種技巧咧。

停一刻兒，我的母舅坐轎子來了，他是來送學堂的。蘇俗：父親不送學堂，有母舅的母舅送，沒有母舅的叔伯送，或其他長輩送。在從前送學堂，要穿禮服來的，現在簡便得多了，只戴一頂紅纓帽，但若是紳士人家，還是要穿禮服的。

書房就在賴家花廳的一個耳房裏，有一個天井，天井裏三面都是高大的牆。有六扇長窗，長窗外有一個花砌，有幾枝天竹之類的小樹。學生只有兩人，就是我和賴家的這位世兄。這位賴世兄，他們家裏叫他大少爺，我當面雖然叫他賴世兄，背後也叫他一聲賴大少爺。

母舅一來，送入書房，便要行拜師禮了。傭人們在書房正中，點上紅燭，母舅拈了香，然後叫我朝上拜了四拜，這是先拜至聖先師的孔子。

然後在正中擺上一張椅子，然後地上鋪下紅氈單，請先生坐在椅子上，受學生拜師之禮。但我們的陳先生，卻不肯坐，只站在上首，而且在我跪下去的時候，他便雙手把我扶了起來，這便算拜師禮成了。

我的座位，就在先生的書桌旁邊。可憐的是我身體太小，因此在椅子上，放了幾個墊子，還襯上那條紅氈單，便抱了上去了。一面家裏又送上"和氣湯"，這也是蘇州的風俗，希望師生們，同學們，和和氣氣，喝一杯和氣湯。這和氣湯是甚麼呢？實在是白糖湯，加上一些梧桐子（梧與和音相近）、青豆（青與親音相同），好在那些糖湯，是兒童們所歡迎的。

母舅給先生作了一個揖，說了"拜託拜託"兩句，他的任務完成，便即去了，我就感到單獨。先生早已預備，用紅紙方塊，給我寫了六個字："大富貴，亦壽考"，教我認識。這六個字中，第一個"大"字，早就認識了，其餘五個，都不認識。先生教了約摸四五遍，其餘的五個字，也都認識了。這一天下午本來也就放假，大概不到兩小時的光景，我也就放學了。

在放學之前，我們這位陳先生是非常道地的，他把我的字版，安放在書包裏。最奇怪的，把我的書包翻轉來包了。說起我的書包，也大為考究，這也是外祖家送來的。書包是綠綢面子的，桃紅細布的夾裏，面子上還繡了一位紅袍紗帽的狀元及第，騎着一匹白馬。書包角上，還有一條紅絲帶，繫上一個金錢。

臨出書房時，先生還把粽子盤裏的一顆四方的印粽，叫我捧了回去，家裏已在迎候了。捧了這印粽回去，這是先生企望他的學生，將來抓着一個印把子的意思。為甚麼把書包翻轉來呢，後經祖母解釋，蘇州有一句俗語：一個讀書人飛黃騰達，稱之為"書包翻身"，都是科舉時代祝頌之意。

上學以後

上學以後，我進步倒也不慢，每天認識方塊字，約近二十個字，不到兩個月，已認識了一千字了。這些方塊字，坊間是依着一部《千字文》而刊印的，倘再要認識生字，那就有一種在千字以外的方塊字了。這些認方塊字教法，只認識它的字形、讀音，而不加解釋它的意義，這是中國舊式的幼稚教育。

認識了一千字後，陳先生便給我讀了一本《三字經》，因為三個字一句，小孩子易於上口。《三字經》讀完後，先生便給我讀一本《詩品》，這詩品是司空圖著的，也是四個字一句，如"綠杉野屋，落日氣清，脫巾獨坐，時聞鳥聲"之類，比之《千字文》，似乎更易上口。讀完《詩品》後，先生說：可以誦讀長短句了，便教我讀一本《孝經》。

照平常的啟蒙書，那些私塾裏，總是先讀三、百、千。所謂三百千者，乃是《三字經》《百家姓》《千字文》的三部書。但我卻讀了一本《詩品》，一本《孝經》。《三字經》不必說了，《百家姓》與《千字文》，在實用上也很有效力的。以識字而言，也要識得人家姓甚麼呀，讀了《百家姓》，那就便當得多了。《千字文》裏，一千個字，沒有相同的，於是人家便以此排列號數了，譬如"天字第一號"和"地字第二號"以次排列下去。不但如此，這與讀書人也很有關係，在小考、大考、鄉試、會試，也都以《千字文》排號的。假如在鄉試場裏，你的號舍是標明一個"來"字，你如果讀過《千字文》的便知道有"寒來暑往"的這一句，你的號舍，就在"寒"字與"暑"字之間了。

讀完《孝經》就讀四書了。照例讀四書的順序，先讀《大學》，次讀《中庸》，然後讀《論語》與《孟子》。但是陳先生卻不然，教我先讀《論語》，並不教我先讀《大學》《中庸》。可惜的是《論語》還沒有讀完，就離開了這位可愛的啟蒙教師陳先生了。

陳先生的愛我，簡直同於慈母。我身體小，爬不上椅子時，他便抱了我上去。每次到學堂去，母親總吩咐我小便一次，然後進去。放飯出來進去，也是如此。偶爾忘記了，在學塾裏內急了，面孔漲得通紅，先生卻已知道了，問我：「可是要小便了？」便引我到庭院壁角裏去小便。這位先生，真像一位保姆。

但這位賴世兄賴少爺，卻常常侮弄我。把濕紙團裝在筆套管裏，做了紙彈射我。又用水盂裏的水，灑在我身上。因為先生是個近視眼，他避了先生之眼，就如此作弄我。我生性懦弱，怯不敢響。有一天，我臨睡的時候，母親給我脫衣服，卻見我後頸裏一個個的紙團，向我問起，我說：「這是賴世兄把濕紙團塞在我頭頸裏的。」現在那些濕紙團已經乾了。母親說：「那些濕紙團塞在頭頸裏不難過嗎？回來又不告訴人。」母親告訴了祖母，祖母恨極了，後來和賴大少爺的母親三太太說了，三太太把她的兒子罵了一頓，責令他到我家向祖母賠罪。

約在二十五年以後，有一位賴豐熙，做了我們吳縣知縣，我有一位盟弟李叔良（名志仁），在縣考時，賴知縣取了他為「案首」（即第一名），非常賞識他，要把他的女兒配給叔良（後來沒有成功）。據叔良所談，我疑心這位我們的「父母官」，就是塞紙團在我後頸裏的賴大少爺。他是福建漢軍，又說住過劉家浜，更無疑慮。後來他就調任了，叔良進學以後，留學日本，也和他疏遠了，不曾問他。

我的離開我的陳先生，為了我們是遷居了。我家那時從劉家浜遷居到桃花塢。為甚麼要遷居，我不知道，大概是家庭經濟緊縮之意。自從這一次離開了陳先生以後，從此就不曾見面。我不知道陳先生的學問如何，但是啟蒙的時候，陳先生教我讀一本《詩品》，又教我讀一本《孝經》，是企望我將來成一詩人，又企望我為一篤行之士，我雖不成器，陳先生可知是有學行的人了。

後來知道陳先生做了外交官，頗為奇事，不知道哪一位駐美欽使（當時無公使之稱，官書稱欽使，俗稱欽差）到了新大陸去，陳先生當了隨員。難道陳先生懂得外國語言文字嗎？一定是不懂得的，他教我識字讀書的時候，年已三十多歲了，哪裏懂得甚麼外國文？不過當時的出使外國大臣，也不必要識外國文，即如蘇州的這位洪狀元洪鈞，也出使外國，他何嘗懂得外國文，其餘的隨員，更不必說了。

據說：陳先生到了美國，在使館裏終日閉門家居，不大出來。有人說：他到了美國，好似沒有到美國，仍舊在自己家裏。又聽說他回國以後，曾經寫過一篇很長的文章，痛罵美國，從政治到社會。中國有許多諳洋務、講新法的人，都以陳先生的出洋為笑談，說他不通世務。我雖不曾讀到陳先生痛罵美國的文章，但不是我回護師門，必有精刻之論，至少比了那些"月亮也是外國好"的人，多少有些見識。

在辛亥那一年，陳先生放了新加坡領事。這時我的一位朋友畢倚虹（名振達，號幾庵）做了他的隨員。剛到上海就武昌起義了。陳先生不能到任，回到蘇州去了，而倚虹也到中國公學去讀書。我起初不知道先生的行蹤，經畢倚虹談起才知道，我那時已住在上海，幾次想回蘇州去拜謁陳先生，都蹉跎了，先生乃不久即逝世了。

我的父親

我的父親是一個遺腹子，他在祖母腹中時，我的祖父已經故世了。這不是悲慘的事嗎？我也少孤，但是我到十七歲父親才故世，我還比父親幸福得多。

我的祖母生有兩子三女：第一胎是男，我的大伯，到三歲時候死了。第二胎是女，我的二姑母，嫁尤氏，姑丈尤巽甫（名先庚），二姑母早死，我未見。第三胎是女，我的三姑母，嫁顧氏，姑丈顧文卿（名維煥），三姑母亦早死，續娶亦包氏，我祖的侄女。第四胎是女，我的四姑母，嫁姚氏，姑丈姚寶森（名儀廷）。第五胎是男，是我的父親。所以我父是遺腹子，而不是獨生子。

我家祖先，世業商，住居蘇州閶門外的花步里，開了一家很大的米行。我的曾祖素庭公，曾祖母劉氏，他們所生的兒女，不僅我祖父一人，但是祖父排行最小。

祖父名瑞瑛，號朗甫，因為他的號是朗甫，所以我的號是朗孫，祖母所命，用以紀念祖父。他是一個文人，是一個瀟灑的人，常以吟詠自遣（但他的遺墨，我一點也沒有得到）。不過他並沒有去應試過，不曾走上科舉的路，也不想求取功名，只喜歡種花、飲酒、吟詩，對於八股文是厭棄的。大概家裏有幾個錢，是一位胸襟恬淡，現代所稱為有閒階級的人。可是天不永年，將近三十歲，一病逝世，把一大堆兒女，拋棄給祖母了。

我不曾見過祖父，連父親也不曾見過他的父親，這只在祖母口中傳下來的。除了我的大伯，三歲便死以外，其餘有三位姑母，都在幼年，而我的父親，則在襁褓中，中間適逢太平天國之戰，到處奔走，到處逃難，正不知祖母怎樣把一群孩子撫養成人的。

據祖母說：這是幸虧得她的父親炳齋公（我父的外祖吳炳齋公），逃難一切，都是跟了他們走的。炳齋公只一個女兒，便是我祖母，當時他們是蘇州胥門外開燒酒行的，燒酒行吳家誰不知道？而我們是在閶門外開米行的，也頗有名氣，論資本還是我們大咧。以燒酒行的女兒，配給米行家的兒子，在當時，也可算得門當戶對的。

父親幼年失學，因為他的學齡時代，都在轉徙逃難中喪失了。祖母說：我父親的讀書，斷斷續續，計算起來，還不到四足年，然而父親的天資，比我聰明，他並未怎樣自己用功自修，而寫一封信，卻明白通達，沒有一些拖沓，從不見一個別字。他寫的字，甚為秀麗。想想吧！他只讀了四年書呀！我們讀了十幾年書，平日還好像手不釋卷似的，有時思想見識，還遠不及他呢。

太平之戰以後，父親已是十三四歲了，所有家業，已蕩然無存，米行早已搶光，燒光了，同族中的人，死亡的死亡了，失蹤的失蹤了，閶門外花步里的故宅，夷為一片瓦礫之場了（這一故址，後來為武進盛氏，即盛宣懷家所佔，我們想交涉取回，但契據已失，又無力重建房子，只好放棄了）。我們只是商家，不是地主，連半頃之田也沒有。

在這次內戰以前，閶門外是商賈發達，市廛繁盛之區，所以稱之為“金閶”。從楓橋起，到甚麼上津橋，接到渡僧橋，密密層層的都是商行。因為都是沿着河道，水運便利，客商們都到蘇州來辦貨。城裏雖然是個住宅區，但比較冷靜，沒有城外的熱鬧。自經此戰役後，燒的燒，拆的拆，華屋高樓，頃刻變為平地了。我的外祖家，從前也住在閶門外來鳳橋，母親常常說起，為了戰事而橋被炸斷。

父親到了十四歲時，不能再讀書，非去習業不可了。從前子弟的出路，所有中上階級者，只有兩條路線：一條是讀書，一條是習業。讀書便是要考試，習舉子業，在科舉上爬上去。但是父親因為幼年失學，已經是來不及了。而且這一條路，有好多人是走不通，到頭髮白了，還是一個窮書生。所以父親經過了親族會議以後，主張是習業了。

當時蘇州還有一種風氣，習業最好是錢莊出身。以前沒有銀行，在北方是票號，在南方是錢莊。凡是錢莊出來的，好似科舉時代的考試出身（又名為正途出身），唱京戲的科班出身一樣。並且錢莊出身的最好是小錢莊的學徒出身，方算得是正途一般。在親族會議中，便有人提出此議，如打算盤，看洋錢（當時江、浙兩省，已都用墨西哥銀圓了，稱之為鷹洋，因上有一鷹），以及其他技術，小錢莊的師父肯教（以經理先生為師父，也要叩頭拜師）。大錢莊經理先生，都是老氣橫秋，搭臭架子，只有使喚學徒，不肯教導學徒。

從前當學徒是很苦的，尤其當那種小錢莊的學徒，如做童僕一般。祖母只有父親那樣一個兒子，而且是遺腹子，如何捨得？但為了兒子的前途計，只得忍痛讓他去了。可是父親卻很能耐苦，而且身體也很健實，大概是幾年內奔走逃難，鍛煉過來的了。他卻不覺得吃苦，處之怡然。

這家小錢莊，只有一間門面。當學徒的人，並無眠牀，睡眠時，等上了排門（從前蘇州無打烊的名稱，而也忌說關門兩字），把鋪蓋攤在店堂裏睡覺，天一亮，便起來捲起鋪蓋，打掃店堂，都是學徒們的職司。吃飯時給經理先生裝飯、添飯，都是學徒的事。他要最後一個坐在飯桌上去，最先一個吃完飯。魚肉葷腥，只有先生們可吃，他們是無望的。有的店家，經理先生的夜壺，也要學徒給他倒的。但是這一錢莊的經理很客氣，而且對於我父頗器重，很優待，常教他一切關於商業上的必須業務。

三年滿師以後，我父便被介紹到大錢莊去了。因為我們的親戚中，開錢莊、做東家的極多，只要保頭硬，便容易推薦。到了大錢莊，十餘年來，父親升遷得極快，薪水也很優，在我生出的時候，父親已是一位高級職員了。錢莊裏的職員表，我實在弄不清，總之這個經理是大權獨攬（經理俗名“擋手”），亦有甚麼“大伙”“二伙”之稱，又有甚麼賬房、跑街等名目，大伙就是經理，父親那時是二伙了。一家大錢莊，至少也有二三十人。現在那些吃錢莊飯的老年人，當還有些記得吧？

　　但我到約摸七八歲光景，父親已脫離了錢莊業了。父親的脫離錢莊，是和那家的擋手（即經理）有了一度衝突，憤而辭職。當時一般親戚，都埋怨他：倘然有了別處高就而跳出來，似乎還合理；現在並無高就，未免太失策了。可是父親很憤激，他說：“這些錢莊裏的鬼蜮伎倆，我都看不上眼，我至死不吃錢莊飯，再不做‘錢獅猻’了。”（按：錢獅猻乃吳人詬罵錢莊店夥之詞。）

三位姑母

　　我現在要敍述我家的親戚了。我祖母有三個女兒，我有三個姑母，上節已經說過了。

　　我先說我的二姑母，嫁尤氏早死，我不及見了，但這位二姑丈，我是親炙過的。那個尤家是蘇州大族，尤西堂之後，太平之戰，他們逃難到上海等處，沒有像我家那樣大破壞。我的巽甫姑丈，據說小時也曾到過大錢莊習過業，但他不慣為學徒，他是個富家公子，家裏有錢，可以讀書，而且是請了名師教授。他的業師，就是楊醒逋，最初在舊書攤上發現沈三白的《浮生六記》的就是他。（當時他在冷攤上所發現的鈔本，不止一種，曾交申報館申昌書畫室印行出版，名為《獨悟庵叢鈔》。）

　　巽甫姑丈發憤讀書，進了學後，便不鄉試，他的堂兄鼎孚先生，雖則是中了順天鄉試舉人，但也絕意功名，在家裏當鄉紳。姑丈總說是身體不好，確是閉門家居，懶得出門，但是也沒有甚麼大病，以課子為專業。除課子外，便是吞雲吐霧，以吸鴉片為消遣。但他是一位文學家，尤其是他的八股文（明清兩代的制藝，俗稱八股文），理路清澈，規律精嚴，而他的教育法也好，對於教人，是一片誠摯。他的兒子，名志選，號子青，別號愿公，為吳縣名廩生，正是他一手造成的；就是我，也受他的教導之惠不少。以後我再要提到他，暫且擱下。

　　我再說我的三姑母，嫁顧氏，我也未及見，她生了一女一子，生兒子的時候，以難產死了，剩下兩個孩子。祖母便以她的侄女，嫁給文卿姑丈為續弦，由其撫育初生之子，而把三姑母所生之女，攜回自己撫養。

所以我的這位顧氏表姊，一直住在我家，及到她的出嫁。雖然是表姊，我們視如同胞姊妹一般。母親也對她如己出，為之梳裹，教以女紅，她也不大回到自己家裏去。後來她嫁的是一家書香人家，我的表姊丈是朱靜瀾先生，也是我的受業教師，此是後話。

我的顧文卿姑丈，他家本也大族，自經太平之戰，便甚麼也沒有了。姑丈的父親，還是殉難死的，因為我見他有個官銜，叫作"世襲雲騎尉"，我問他是甚麼官職？他就告訴我："凡在長毛時代殉難死的，克復以後，給他後代子孫，一個'世襲雲騎尉'職銜。"我問他："有甚麼用呢？"他說："一點沒有用，算是撫恤而已。"

姑丈的職業，是同仁和綢緞莊的內賬房。這一家綢緞莊，就是二姑丈家尤氏所開的。在蘇州開綢緞莊，也是一種大商業，因為蘇杭兩處，都以產絲織物出名的。同仁和綢緞莊，開在閶門內西中市大街，最熱鬧繁盛之區。每逢看三節會的時候（即迎神賽會，所謂三節者，乃是清明、中元、下元也），前門看會，後門看船（花船），我們兒童到他店裏，他總添了飯菜，招待我們。

我的四姑母，嫁姚氏，這是祖母最小的女兒，但是一件最悲慘的婚姻。從前是父母之命，媒妁之言，男女雙方不得見面的，怎知我的姚寶森姑丈，是有點癡呆性質的。北方人謂之傻，南方人謂之呆，蘇州人謂之踱頭踱腦，總之也是一種精神病。譬如和他談話吧！起初很正常，後來越說越離譜了。我最怕他，當我是兒童的時候，他常常捉住我，高談闊論，批評時事，我不知道他亂七八糟講些甚麼。

但他的長兄姚鳳生（名孟起），當時在江南稱得起一位大書家，文學也很好，有許多向他學寫字的學生，都是名門巨宦的子弟。他還刻了許多碑帖，印了許多書法，初學寫字的，都摹臨他的書法，因為清代是重書法的，從兒童入學，以及躋登翰苑，乃至退老園林，也不離此。他印出的書法，是精工木刻的，中楷都用了朱絲九宮格，都寫的是歐字（歐陽詢）。那時歐字最吃香，據傳說最近某一科狀元，殿試卷寫的歐字，西太后甚欣賞，因此造成一種風氣，大家寫歐字了。有一套書法，名叫《率更遺則》，大小楷全是歐字，我也寫過，寫得字像木片一般，真不好看。

這位姚鳳生姻伯，和我的寶森姑丈，是胞兄弟，一母所出，何以智愚相距若此，殊不可解。但是我的四姑母，性情也不大好，卻有些執拗與偏見。祖母也說：在三位姑母中，是她最任性，而又以當時的盲目婚姻害了她，她生了一子、一女，都不聰慧，都是有點呆氣，自然是先天關係，得了我姑丈的遺傳，這也是無可奈何的事。因此我的四姑母，在中年便鬱鬱而死了。

姚家也是大族，他們的住宅，在桃花塢有兩大宅，東宅與西宅。這兩大宅房屋總共有百數十間，據說還是明代所建，現在出租給人家居住，共有十餘家。我的姑丈那一支，他們還開了一家緯線店，店號是姚正和。開設在閶門的東中市大街。這緯線店是做甚麼的呢？原來做前清時代官帽上的紅緯用的，有的暖帽上用的，有的涼帽上用的，此外還有瓜皮小帽上一個紅結子，卻是絲線結成的。他們工作的地方，就是在店裏，雖是一種手工業的商店，卻是生意不少，不但是本城的帽子店仰給於此，各地都有來批發的。

我的外祖家

　　我的外祖蘊山公，姓吳，他的大名，已經忘卻，他是蘇州典當公業的總理事。蘇州各業，都有一個公所，似近日的商會一般，典當業也有這個機構，規模較大，因為從前典當業屬於半官性質，須向北京戶部領照，然後開設，不是那些押店可比的。這個典當公業，他們稱之為"公賬房"，理事之上，還有董事，我記得吳大澂的哥哥吳培卿，也是董事之一。

　　當我七八歲的時候，他家裏可稱為全盛時代。他家裏人並不多，我的外祖母是續弦，我母不是她生的。她生了一男一女，就是我的母舅和母姨了。母舅已娶了舅母，生了一位表妹，比我小一歲，總共不過六個人，但是家裏很熱鬧。

　　其所以熱鬧者，第一，家裏的男女傭僕多，主人六人，傭僕倒也有五六人，有廚子、有僕人、有老媽子、有婢女，人就多了一倍。第二，親戚來得多，他們家裏有不斷的親戚來往，一住就是半個月、二十天。第三，我的外祖母性喜交際，常常約她的女朋友和親戚來打牌（按，當時麻雀牌尚未流行到蘇州，那時所流行的名為"同棋"，又叫"黃河陣"，是一百零五張骨牌，也是四人玩的）。

　　我的母親春秋兩季，必回外祖母家，住半月到一月不定。從前上、中等人家，婦女出門，必坐轎子，又因為纏了腳，在街上行走，有失體面。譬如一位少奶奶回母家，必是母家用轎子來接；到她回夫家去，又是夫家用轎子來接，方合禮節。雖然說春秋兩季，回到外祖母家住一陣，但平日或有事故，如拜壽、問病、吃喜酒之類，也必回去；還有在新年裏，也必回去一次，向外祖父母拜年。

新年到外祖家拜年，是我們兒童最高興的一天，常常約定了一天，到他家裏去吃飯。我的表兄弟姊妹，有七八位之多，飯後，外祖父領導一群孩子到玄妙觀遊玩。他們起初住在祥符寺巷，後來住在史家巷，距玄妙觀都不遠。

蘇州玄妙觀，在新年裏，真是兒童的樂園。各種各樣的雜耍，以及吃食零星店、玩具攤，都是兒童所喜的。有兩家茶肆，一名三萬昌（這是很古的，有一百多年歷史）；一名雅集。外祖父領了我們到茶肆裏，我們許多孩子團團圍坐了兩桌。這裏的堂倌（茶博士）都認得吳老太爺的，當他是財神光臨了。這名為“吃橄欖茶”，橄欖象徵元寶，以其形似。玄妙觀茶肆裏，每桌子上幾個碟子，如福橘啊、南瓜子啊，一個堂倌走上來，將最大一隻福橘，一拍為兩半，稱之為“百福”（吳音，拍與百同聲，福橘是福建來的橘子）。外祖父臨行時，犒賞特豐，因此他們就更為歡迎。

在茶肆隔壁，便接連幾家耍貨店（即玩具店），於是一班小朋友，便圍攻了它，你要這樣，我要那樣。但是我對於玩具，就不喜歡那種木刀槍、虎面子、喇叭、銅鼓、泥娃娃、小白兔之類，我卻喜歡那些雛形的玩具，如小桌子、小椅子、小風爐、小暖鍋等等；其次，我還喜歡那些機動的東西，有一個翻筋斗的孩童，价較貴，我喜歡它，外祖便特地買給我（這個玩意兒，《紅樓夢》上的薛蟠，從蘇州買來的也有此物）。還有一對細工的人像，是白娘娘與小青，都是絹製的衣服，開相也美麗，那是一齣《金山寺》的戲劇，我很愛好它，保藏了好幾年。

為了遊玩玄妙觀，我曾鬧過一個笑話：那時外祖父臨時發給我們每人制錢一百文，以供零用（譬如看玩把戲，買畫張，听露天說書，吃酒釀等等，都要零碎錢），我這一百文錢，到回去時，還剩十餘文。從玄妙觀後門出去，將近牛角浜，有一個老年的乞丐，向我討錢，他的鬚髮都白了。我把手中用剩的十幾文全都給了他（向來施捨乞丐，只給一文錢）。他很感謝，向我作了一個揖，我童稚的心理，覺得禮無不答，也連忙回了他一揖。

這件事，為同遊的姊妹兄弟們所嗤笑了。他們說：“一個叫化子，給了他錢，哪有再向他作揖的道理？”於是故意的形容，故意的描寫，說我是一個戇大、一個呆子，連我的母舅、母姨都笑我。我窘得無可如何，面漲通紅，幾乎要哭出來。但是我的母親卻回護我，母親道：“好了！我寧可有一個忠厚的兒子，不願有一個過於聰明的兒子。”（按，蘇人當時有一句成語道：“忠厚乃無用之別名”，忠厚在當時不算一個好名詞。）

外祖父在興盛時期，儘量揮霍，一無積蓄，也不置一些產業，以致他一故世後，這個家庭立即崩潰下來。其實他自己非常節儉，以他的所得專供家人濫用。我母舅號雲濤，是一位公子哥兒，最初學生意，吃不來苦，逃回來了。加以外祖母溺愛，成為一位靠父蔭的寫意朋友。他拍拍曲子，還能畫幾筆蘭花，字也寫得不壞，可是吸上了鴉片煙。外祖父死後，一無所恃，立即窮困，不得已住到甪直鎮鄉下去了。

母舅無子，僅有一女，小名珠，比我小一歲。在我七八歲的時候，逢母親歸寧，我也隨去，常常和表妹一同遊玩。不知是哪一位姨母說了一句笑話道：“他們不像是一對小夫妻嗎？”為了這一句話，我們這年長的表姊們，便作她們嘲弄我們的口實。當時我們很害羞，很覺得難為情。漸漸的我這位表妹不再共遊玩了，到十二三歲，甚至見我去就避面，但是你越是害羞，她們越是嘲笑得厲害。

這一件事，在我十歲的時候，有一位姨母提出過，意思是弄假成真，把這一對表兄妹結成婚姻吧！但那時候，她家正是興旺，我家日趨中落，我外祖母不贊成，我母舅也不贊成。在我們這方面，是由祖母做主的，我的祖母也不贊成，她說：“這個女孩子太嬌養了，況是一個獨生女，我們配不上她。”這也不過偶然微露其意，以後也就不提了。

可憐我這位表妹，後來到了二十七歲，還是一位老處女，終身未嫁。大概自從外祖父故世後，他們遷到鄉下去住後，我和表妹從此就不見面。母舅在鄉下故世，無以為殮，我那時已是二十多歲了，在蘇州買了一口棺木，僱了一條網絲船，星夜載到鄉下去，辦了他的身後事，那時才和她見了一面。只見她憔悴不堪，舅母說她是有病，甚麼病我不知道，但的確是病容滿面了。

　　母舅死後，舅母與表妹，又住到蘇州城裏來了，母女兩人，租了一所小房子，做做女紅，勉強度日。她們住得很遠，我也難得去看她們。有一天，舅母派人到我家，說她的女兒病危，急切要我去一次。我那時已是有妻的人了，我妻催促我即去，到了她家，她勉強擁被而坐，含着一包眼淚，說道："有兩件事奉託"，一是懇求我辦她的後事，一是望照應她的母親。我立刻答應了。她歎一口氣道："不想還是哥來收殮了我，也可瞑目了！"這話似頗含蓄，而很覺悲涼，但我和她並沒有戀愛的成分，而久經疏遠的。這是為她的父母所害，為甚麼不給她早早擇配呢？（那時候，女子不許自行擇配的。）關於這位表妹的事，我曾寫過一篇短篇小說，卻是紀實之作。

自劉家浜至桃花塢

我家自劉家浜遷移至桃花塢，在我幼年時期是一轉變。

這一年，我是七歲吧，我們自己沒有置屋，都是租屋居住的。但劉家浜的房子大，對面是一個大庭院，花木扶疏。我記得有一棵山茶花樹，還有兩棵木犀，春來沿壁還有薔薇花。草花無數，則有雞冠、鳳仙、秋海棠，秋來絢爛一時，都是顧氏表姊的成績。桃花塢的房子，是一個石板天井，雖也寬敞，卻沒有花木。劉家浜的房子，走出大門很近，只要跨過茶廳，就到了大門，門前還有譚宅的門房、門公。桃花塢的房子，我們住最後一進，到大門外去，要走過一條黑暗而潮濕的長長的備衖。

住居劉家浜時，西首斜對門，即是尤宅，我的巽甫姑丈，即住居在此。他們是一個大家庭，上面老兄弟二人，一號春畦，一號省三，我都要呼他們為公公。春畦生兩子，一號鼎孚，一號詠之，這兩位都是祖母的母家吳家的女婿，祖母的侄婿。省三生一子，便是我巽甫姑丈。這三兄弟中，鼎孚是個舉人，詠之與巽甫都是秀才。再下一代，鼎孚有兒子七人之多，詠之有二子，巽甫有一子，女兒是記不清了。他們是一個巨室，不過有一個家法，不許納妾。蘇州的巨室，恆喜納妾，但他們家裏，卻找不到一位姨太太。（按：最後第三代有破除此例者。）

因為距離很近，我小時常常跑到他們家裏，他們房子多，穿房入戶，也是慣了的，並且他們的小兄弟，和我年相若的很多，更添興趣。他家有一個小花園，也有台榭花木之勝，有一個池子，養着許多金魚，兒童們所歡喜。自從遷移到桃花塢後，可不能常去了。到了十餘年後，尤家聘請西席先生，我便被他們請了去，教我的幾位表侄，此是後話，暫且緩提。

住在劉家浜時，東鄰有一狐仙殿，僅有兩間房子，一個老太婆住在裏面，居然有人來燒香，還有一個女癡子，約莫三四十歲，不知是否住在狐仙殿內？她認得我，見我一個人在門前，便叫道："喂！你們弟弟在門前，不要被拐子拐去呀！"再向東去，約數家門前，有一個地址，相傳是金聖歎的故宅。

桃花塢接着東西北街，這條路是很長的，街名既雅，而傳說唐伯虎曾居此，因才人而著名（但後來則因年畫而著名）。我祖母家的吳宅亦居此；不過他們住在東首，我們住在西首，我們租住者，便是親戚姚家的房子。這姚家宗族既繁，房份也多，他們有東西兩宅，各有大門進出，這好似《紅樓夢》上的榮、寧兩府，不過房子是有些敝舊了，又經過太平天國的兵燹，處處創痕可見。

他們後來都把餘屋出租了，東西兩宅，總共租了不下十餘家人家。一座巨宅，都分析了，譬如某幾處為甲所有，某幾處為乙所有，由他們各自出租。我們所租住的屋子，為姚和卿先生所有（和卿先生後為我的受業師，此事後述），是他們東宅的最後一進。此宅總共有七進，除茶廳（亦名轎廳）、大廳無樓外，其餘每一進都是三樓三底兩廂房。我們所住最後一進，更特別寬闊，後軒還更大。這一座三樓三底，我們與和卿先生家合住，我們佔三分之二，他們佔三分之一。

這種老式房子，還是在太平之役以前許久時間建築的，在戰役中，攻佔蘇州城後，打過館子的（如行營之類）。大廳上有一張大天然几，留有無數的刀砍痕跡。還有膽小的人說夜間衖堂裏有鬼出現的迷信話。而房子也正不及劉家浜的敝亮，因為牆高而庭小，又是古舊，住在裏面，不無有點悶沉沉的。要從我們最後一進走到大門外，這條備衖，足有半條巷之長，倘在夜裏，又沒有燈，只好摸黑，又說甚麼鬼出現。我們小孩子，真有點害怕。

我的四姑母家，他們住在東西兩宅的中間房子，但也是在東宅和我們一個大門出入的，因為他們把兩宅完全出租與人家了。在那裏有兩間姚鳳生姻伯很大的書室，這個書室，不是書卷琳琅的書室，而是一個書法人家的書室。四壁掛滿了許多古今名書家的對聯字軸，中間擺着好幾張大書桌，都是他的學生們到此練習大字的，其中更大的一張書桌，是姚鳳生先生自己的書桌，上面有一個大筆筒，插着大大小小許多筆，以及人家來求墨寶的多卷軸兒。

他的書齋外面庭心中，有一棵很大的松樹，那棵松樹是很為名貴的，它的很粗的樹幹兒，不可合抱，真似龍鱗一般，而顏色卻是白的，大家呼為"白皮松"。據說：這種白皮松，在蘇州城廂內外，總共只有三棵，都是數百年以前之物。那些亭亭翠蓋，遮蔽了好幾間房子，因此那間書齋，他定名為松下清齋。唐詩有一句詩"松下清齋折露葵"，本來這個"齋"字，不作此解，他卻借此作為齋名了。

這個松下清齋，當時在蘇州，卻是無人不知的。因為姚鳳生先生那時除了收學生教寫字以外，還印出了許多法帖，是他臨寫了古人的字，刻石印行的。而他寫的書法，大楷小楷，精工木刻（蘇州的刻上最著名），用連史紙印了，十張為一套，作為小學生習字帖，名曰《松下清齋書法》，每套售一百四十文，沒有一個家塾，不是寫他的書法的。

來此習字者頗多官家子弟，有許多在此做官的或是寓公，也常來拜訪姚鳳生先生，所以茶廳中的四人轎，常常停滿。因為當時蘇州是省城，候補官員很多。倘其主人為候補道，則可以坐藍呢四人轎；其有差事者，則前面撐一紅傘，後面可以有跟馬。來訪的人，我記得有一位楊見山，單名是一個峴字，是個大胖子，他的隸書是出名的。（楊見山有個別號曰藐翁，據說他做官，為上司所參劾，說他"藐視官長"，故名藐翁。）還有沈仲復、任筱珊等，這些都是寓公，也常來見訪。

中落時代

以遷居而言，桃花塢之局促，不及劉家浜之寬敞，以孩子的心情，也覺得後不如前了。大概父親脫離了錢莊業以後，景況便不及以前了，那時的舅祖吳清卿公（祖母之弟，名文渠）就很不以為然，以為既然在錢業中，當然要服從經理的指揮，好比在官場中的下屬，應當聽命於上司，哪有反抗的餘地。但是父親志氣高傲，不肯屈服，因此便吃了虧。

這時父親雖脫離了錢莊事業，手中還有一點餘資，和友人經營一些小商業，也不甚獲利。後來開過一家毛骨棧，在齊門外下塘北馬路橋塊（那時蘇州並沒有馬路，但舊名詞已有馬路之稱）。這一家毛骨棧，外祖也有一些資本，但他佔少數，我父親佔多數，所有用人行政，都由父親處理。

怎麼叫作毛骨棧呢？就是專在城鄉各處，零星購買了各種獸毛、獸骨，而整批出售的一種營業。獸毛中最大部分是豬毛，整擔的在堆棧中堆着，其他的各種獸毛，也有如黃狼皮、兔子皮、老鼠皮等等，不過牛皮是少數，因為另有作坊。獸骨中，大部分是牛骨、牛角、羊角，以及其他的獸骨、獸角。除了獸毛、獸骨外，還有雞毛、鵝毛、鴨毛，以及其他禽毛。關於人身上的東西，就是亂頭髮；還有破釘鞋上爛牛皮也收買的。那些東西，後來都成為出口貨了，經外國人科學製造後，重銷到中國來，化腐臭為神奇。在當時我們孩子心理，覺得這種營業，實在不大高尚。

這毛骨棧的店號，叫作盈豐，在齊門外下塘沿河，這是一條運河，老遠就看見我們雪白牆壁上，寫有一丈多見方的大字："盈豐棧豬毛雜骨。"我們自己也有兩條沒有篷艙而足以裝貨的船，停在門前。這一帶，不獨是我們一家，還有一家店號同豐的，也和我們同樣的營業。

盈豐毛骨棧僅有踏進去的一間所謂賬房間者，較為乾淨整理，裏面是一片大場地，排列着棧房，都是堆積着那些豬毛雜骨的，發出了極難聞的臭味。還有那些亂頭髮，有人說：都是死人頭髮，誰知道呢？有一天，有個狠巴巴的人，拿來七條髮辮，正聽得上一天，校場裏殺了七個犯人，明明是這七個死囚的頭髮了，但也不能不收。因此我們住在城裏的太太、小姐們，再也不敢到這個毛骨棧裏去了。

這一種貨色，自有客商來收購，各處都有得來，而有一部分是銷到上海去的。那時豬鬃銷到外洋去，已是一宗輸出的大生意，豬毛在國內，也有作為肥料的。牛骨、牛角，在國內銷場極大，可以精製各種器物；羊角可以製一種明角燈，有掛燈，有台燈，在國內流行甚廣。尚有許多，我所不知者，未能盡述。頭髮後來也銷到外洋去，倘然如此，那七個斬犯的髮辮，也許會一變而為歐美各國神聖大法官的假髮哩。

這個毛骨棧，我曾去過好幾次。本來蘇州齊門外，已近鄉郊，不大熱鬧的，但每一兩年出一種迎神賽會，叫作"賢聖會"，也不知是何神道，城裏的士女，傾巷來觀，也很熱鬧一時。我們也便借此去觀光這個毛骨棧。有一次，我們的棧房製造牛皮膏，是一位客商委託的，我以兒童好奇心，想往觀看，和父親住在棧裏，聞了一夜的臭味（煎牛皮膏的臭味），大呼上當。

父親開設了這家毛骨棧，他自己也難得去，委託了一位楊秋橋管理其事。誰知這位楊先生，大拆其濫污，虧空得一塌糊塗。於是人家又責備父親用人不當，自己又不能常常到棧裏監督他們。我想：父親開設這個毛骨棧，也是一時的高興，後來便覺得這種營業，是不適於他幹的，他也對它興趣淡薄了。這家毛骨棧，在我十歲的時候，便盤頂收歇了。

我的父親雖是商業中人，但他的性情，卻是高傲不屈的。我沒見過我的祖父，父親也沒見過，但据祖母說，父親的性情，和祖父很相似。

祖父文筆很好，卻不事科舉，不去應試。和父親的走出了錢莊業，誓不回去，倔強的性格，有些相似。所以父親後來雖至窮困，也不肯仰面求人。他的母舅吳清卿公，號稱蘇州首富，他也不肯依附於他，此即孔子所說"君子固窮"吧？

從前並不流行筆算，也沒有近代發明簡捷的算術，商業上就靠一把算盤。但父親可以用左右手打兩把算盤，而核對無訛。用墨西哥銀圓，時常有夾銅、啞版、成色不足等等，但父親一听聲音，即知其真偽。當時還行用制錢，中有方孔，以一百錢為一串，但每有不足成色的，父親一望即知其數之足否，此種技術，都是從小錢莊學來。但一到大錢莊，即與今之銀行一般，有種種金融的事業，而範圍亦大，有盈虛消長之策在其中，而我父則以公平持正為圭臬也。

自毛骨棧收歇以後，父親曾去當過一次幕賓。那時有一位王梅仙先生，在桃花塢和我們同居，會試中式成進士（蘇人稱為兩榜，舉人則稱為一榜），也是吳縣人。以榜下知縣，發放湖北，補了湖北應城縣知縣的缺，急要聘請一位縣署裏的賬房。由姚鳳生先生推薦，父親就到了應城縣裏去了。可是不到兩年，王梅仙先生便丁艱卸任了，父親也只好回到家鄉來。

湖北應城縣著名的出產，便是石膏，恐怕到今天還取之不竭，行銷國外。也有人說應城縣賬房是個好缺，這都是莫須有的事。王梅仙先生是一個清廉的官，卸任以後，兩袖清風。父親向來是生性狷介，除了每月薪水，託人帶來補助家用以外，到了回家時候，路經漢口，土產也不肯帶一點，倒帶回一部《應城縣縣志》。

父親最遠的旅行，便要算是到湖北應城縣了。此外在他年小時，祖母攜着他逃離，也曾到過安徽的徽州（吳家原籍徽州，我家祖先亦為皖籍）。以後便不曾出過遠門，只是在家鄉的時候多。當然，那個時候，交通沒有現在的便利，而蘇州人士也憚於遠遊，成了習慣，往往一個保家守產的人，到了頭髮已白，也不曾離過家鄉，離家幾里路，就算遠遊，那末我父親到了湖北省，親友間就要算他出過遠門了。

　　但是父親卻去過了上海好幾次，他到上海去，當然是關於商業上的，是何種商業，在我幼稚時代未能明曉。但是有一次，因為父親在上海病重了，我們便全家到了上海。

兒童時代的上海

　　我初次到上海的那年，記得是九歲（光緒十年）。時光好像是在深秋，日子記不清了。父親到了上海半個月後，忽然上海來了一封電報，電報上除了地址之外，只有簡單的幾個字：“韻病危，請速來。”下面署了一個“鹿”字。那時候，中國設立了電報局，還沒有許多時期，因為蘇州是江蘇省城，也就有電報局了。但是非有急事，民間是不大打電報的，這時我們家裏的驚惶，也就可想而知了。

　　是誰打的電報呢？原來父親有一位好友，姓貝，字鹿巖，這位貝鹿巖先生，還是我的寄父呢。蘇州風俗，孩子往往寄名給人家，或是要好的親眷朋友那裏，這個風氣，不獨是蘇州，可稱全國都流行，只是名稱不同罷了。我就在周歲時候，寄名給他們的。父親到了上海，就住在他們家裏，電報末尾，注上了這個“鹿”字，我們就知道是他打來的電報了。

　　我們接到了電報，十分惶急。電報上叫我們去，我們是否立刻動身？以祖母的敏感，就這電報上看來，說不定父親已經故世了。在緊張中，立時召集了一個親戚會議，商量辦法。當時舅祖吳清卿公（每次親戚會議中，他總是當主席，他是祖母之弟，年最長）主張由他那裏，派一位賬房先生，陪同祖母到上海去。母親和我姊弟兩個小孩子，可以不必去。但是母親不答應，哭了。我和姊姊見母親哭了，我們也放聲大哭。還是巽甫姑丈說：“既然要僱了船到上海去，多兩個人與少兩個人，沒有甚麼大關係。不如大家去了，可以放心。不過陪同去的人，倒要一位親切妥當的人才好。”於是推了顧文卿姑丈陪同前往，文卿姑丈也立刻答應了。

那時從蘇州到上海，還沒有火車，也沒小火輪，更沒有長途汽車，只有民船，僱一民船，自蘇州到上海，要經過三天兩夜。全部不用機力，只用人力移動的，順風張帆，逆風背牽。我們那時僱了一條船，叫作"無錫快"，在這船裏坐臥，倒也舒適。親戚們還送了許多"路菜"，如醬鴨、熏魚、火腿、皮蛋之類，飯是船上燒的，可憐祖母、母親，心中挂念着父親，哪裏還吃得下飯？

這條民船，白天開行，夜裏是要停泊的。停泊有停泊的地方，他們船家是曉得的。停泊的船，也不能是一條，往往要和別家的船停泊在一處，船家們也常有互相認識的。僱船的人也往往和人家做了"船鄉鄰"，互相交際，成為朋友。我們的船，第一夜停泊在正儀，第二夜停泊在黃渡，兩處都有"船鄉鄰"。船家行船規例，在太陽落山之時，就要停船，明晨天剛一亮，便即開船啟程了。

第三天下午垂暮時，船便到了上海，也是停泊在蘇州河。顧文卿姑丈是來過上海的，是老上海資格了，但他是一位十分謹慎的人。當我們接到了我的寄父貝鹿巖的電報後，我們曾經有個覆電給他，告訴他，我們要到上海。他的地址，我們也知道的，住在帶鈎橋的甚麼里（帶鈎橋，上海人呼之為打狗橋）。我們來了，先要通知他家才是；而且急急要探聽父親病狀，於是顧文卿姑丈一馬當先，便立刻按着地址，到貝家去了。

我們都在船中守候着，心中惴惴然，捏着一把汗，不知父親吉凶如何？因為只在十幾分鐘內，便可以揭曉了。祖母只念阿彌陀佛，母親睜大了眼睛，只望着岸上。停了一刻兒，文卿姑丈回來了，衝着祖母說道："韻竹病已好得多了，請大家放心吧！"於是我們好像胸前的一塊大石頭放下去了。

我們正預備上岸的時候，我的貝鹿巖寄父來了。他每從上海到蘇州來的時候，常到我家，有時還帶點上海食物給我，祖母和母親都常見他的。他叫祖母為伯母，叫母親為嫂嫂，說笑話的時候，叫母親為親家母，因為是乾親家呀！他是一個小胖子，面孔圓圓的，為人和氣而活潑。他見了祖母也說道："恭喜！恭喜！韻竹兄這場病，危險非常，現在是好了，大可放心了。"祖母和母親，惟有極力地感激他，深謝他。

自從貝家寄父一來，他便幫助我們上岸，船上岸上的人，好像他都認識似的，指揮如意。那時候，我孩子心理，覺得文卿姑丈不是老上海，而貝家寄父乃是老上海了。他請我們先上岸，坐了車子，到他家裏去，由文卿姑丈領導。一切行李，都交給他，他會押運着送來，可以萬無一失的。

岸上已停着一排東洋車（那時尚沒有黃包車的名稱，叫它東洋車，因為那種人力車，是日本流行過來的），他講好了價錢，請我們都坐上車。這時姊姊和祖母坐一輛，我和母親坐一輛，文卿姑丈坐一輛，便到帶鈎橋貝家來。貝家寄父押了行李，隨後也就來了。我心中想：倘若在蘇州，祖母和母親，必然是兩頂轎子，至少是兩人抬了走。現在只要踏上東洋車，便拉着走了，到底是上海，何等便利呀！

我們兒童心理，到上海第一看見的就是東洋車。船在蘇州河裏，快到上海碼頭時，已經看見岸上的東洋車了。當時的東洋車，比後來的黃包車，車身為高，都是鐵輪盤，膠皮輪還不曾流行呢。東洋車夫有制定的帽子和號衣。帽子是喇叭式的，一種蒻葉帽，好像蘇州人做醬時候的醬缸蓋。號衣是藍色布的，背上有他的號碼，坐車子的人，可以一望而知的。

第二是那種洋房，在蘇州是沒有看見的。蘇州只有二層樓，三層樓已經是極少的了。我們坐了東洋車，在路上跑，真是如入山陰道上，目不暇給。一會兒，東洋車拉進一條衖堂裏，在一個石庫門前停下，我記得那是一樓一底的房子，後面有個亭子間，樓下是個客廳，樓上就是父親睡在那裏，貝氏夫婦，睡在亭子間。

我們覺得住在他家，打擾他們，心中不安。而且他們房子並不寬敞，使他們非常之擠，我們想去住旅館，但是貝家寄父極力勸止，說是不方便。試想父親還是個病人,不能住到旅館去,而祖母和母親此番來,至少是要看護病人,不能再委託貝家了。住旅館則兩面奔波,多所靡費,即在看護病人上,也有種種不方便處。

因此我們也就住在他家了,這房間裏,除父親外,又加上兩張牀,一是祖母和姊姊,一是母親和我,他早已安排好了。父親本來病已漸愈,見了我們來,心中寬慰,更加好得快了。父親的病,他們說是甚麼絞腸痧,又是甚麼瘨螺痧,當時醫理不明,實在是一種劇烈的胃腸病,近於霍亂,腹痛如絞,又被醫生一嚇,他們便急起來,打電報到蘇州來了。

父親病愈,我們放心,貝家寄父、寄母,便陪了我們出遊。這時從內地到上海來遊玩的人,有兩件事必須做到,是吃大菜和坐馬車。大菜就是西菜,上海又呼為番菜,大菜之名不知何所据而云然?吃大菜的事,我們沒有辦到,因為祖母不許。她知道吃大菜不用筷子,只用刀叉,恐怕小孩子割碎了嘴唇。況且祖母和母親,都是忌吃牛肉的,聞到牛油味兒,要起噁心。坐馬車是孩子最高興的事了,出世以來,也從未經歷過。

貝家寄父僱了一輛皮篷馬車;可以坐四五個人,當時上海轎車還不多,只有幾個洋行大班的太太,她們有私家車,把中國人的年輕力強的馬夫,打扮得奇形怪狀,在跑馬廳裏出風頭。這一次坐馬車,祖母和母親都沒有去,只有我們姊弟二人和貝家兩個孩子。寄父說:"請你們到黃浦灘去看大火輪船去。"到了黃浦灘,見到那些大火輪船,比了房子還要高好幾倍,真是驚人。馬車在甚麼大馬路(南京路)、四馬路(福州路)繁華之區,兜了一個大圈子,這便是坐馬車一個節目。

除了坐馬車外,我們又到四馬路去遊玩,那個地方是吃喝遊玩之區,宜於夜而不宜於晝的。有一個很大的茶肆,叫作青蓮閣,是個三層。二層樓上,前樓賣茶,後樓賣煙(鴉片煙,那時候吸鴉片煙是公開的),一張張的紅木煙榻,並列在那裏。還有女堂倌(現在稱之為女侍應生),還有專給人家裝鴉片煙館夥計,還有川流不息的賣小吃和零食的,熱鬧非凡。此外，廣東茶館也去吃過茶，女書場也去听過書。

那時候，上海的電燈還不大發達，許多店家都點的"自來火"，即是煤氣燈，上海人叫它自來火。與現在所用的火柴同名，火柴，蘇州人也叫它自來火。講究的在煤氣燈管子頭上加一紗罩，還是新發明的。至於家庭裏，所點的都是火油燈（火油是叫作洋油的。至於在蘇州，那還是用蠟燭與油盞，作為照明之用）。

不久，父親也就起牀了，我們便要急急地回去，家裏只有一位年輕的顧氏表姊，和一位老媽子看家。也仍舊僱了一條船，回到蘇州去。顧文卿姑丈陪我們到了上海後，他還有生意上的關係，原來尤家也有一家同仁和綢緞店開在上海，是他們的分號。還有一家同仁和參店，也開在上海，這參店是他們祖傳的。所以顧文卿姑丈來了後，住在同仁和，現在也和我們一同回去了。

延師課讀

　　自從遷移到桃花塢後，我的讀書發生問題了。因為同居人家以及鄰近，並沒有一個私塾，而且因為我年紀太小，祖母及母親不肯放我走出大門去，我那時不過七歲多吧，而生性懦弱，易被同學所欺，於是決定請一位先生在家課讀。

　　請的那位先生姓何，名叫希鏗，這兩個字是名是號，現在已記不清了。他年紀很輕，不過二十多歲，還沒有娶過親，是一個長長的身體，瘦瘦的臉兒，說起話來，低聲下氣的。

　　何先生是沒有進過學的，從前的文人，以進過學為本位，稱為生員（即是秀才），沒有進過學尚在考試中的，稱之為童生。有五六十歲而尚未考取秀才者，稱之為老童生（更有年高者，稱之為"壽童"，其名甚可怪也）。從前蘇州請先生，也有等級，這等級是根據於科舉的。大概未進學的，等級最低，館穀最少；已進學的高一級；補過廩，文才好的，再高一級；中過舉人的，再高一級。至於中過進士的，也不會當一個處館先生了。除非是那窮京官，在北京的王公大臣家裏，教他們的子弟。

　　何先生的館穀，我記得只有三塊錢一節。原來蘇州致送教師的脩金，不以月計，而以節計的。一年分為六節，便是清明、端午、七夕、重陽、冬至、年底了。三塊錢一節，質言之，就是只有一塊半錢一月，十八塊錢一年了。後來父親又送了他三節的節敬，每節兩元。這個三節，又是甚麼日子呢？便是端節、中秋、年底，那末每年又多了六元，總共是二十四塊錢一年。

中國幣制一向沒有本位，在官家以銀兩計算，即所謂生銀制度，在民間則都以制錢計算。許多有錢人家，如僱用工人、傭僕們，也都是講定每月薪工幾千幾百文。但自從墨西哥銀圓流行到中國來後，江南大都是用銀圓計算了（俗呼之為"洋錢"）。當初每一銀圓（銀圓亦作銀元），可以兌制錢一千有零，那時以何先生的資格，每年二十四元，待遇不算得太低，因為當時的物價太便宜了。

並且江南當時的風氣，出外處館，也是一種清高的職務，待遇不靠這一點館薪，而膳供似更重要。吳中向稱文物禮教之邦，對於敬師之禮，非常尊重。家堂裏還有一塊"天地君親師"的牌位，以為人生所最當敬重的五個字，師也佔了一位。這正是《論語》上所說的"有酒食，先生饌"，所以人家對於先生的膳食問題，是相當注意而不敢輕忽的。

有些大戶人家，家裏請了許多賬房先生（大概是管理田地房屋事宜），稱之為東席，而所請的教書先生則稱之為西席。而東席不能與西席分庭抗禮，西席先生吃飯，往往另開一桌，比較優厚。學生年紀大的，就陪了先生吃飯，若是小學生，往往先生獨自一人吃飯。更有人家於吃飯後，命廚子來請問"師爺明天喜歡吃些甚麼菜"的。（我曾經受過此種待遇，但要我點菜，那是大窘事，只好謝絕他道："隨便甚麼都好。"真是《孟子》上所說的"待先生如此其恭且敬也"。）

我們供給何先生，不豐不嗇，大概是兩葷、一素、一湯。夜飯，蘇州人家有飯也有粥，我們就加兩小碟粥菜。那是何先生一人獨吃，我不陪先生吃。我小時頗嬌養，吃東西很麻煩，肥肉不要吃，多骨的魚不敢吃，愛吃的只有蛋和蝦，人也瘦弱，吃得很少，每飯不過一碗，祖母和母親很以為憂，吃飯似須加以監督。

我們學堂裏，共有三人，一是我，一是姊姊，一是四姑母的兒子，我的姚氏表兄。姊姊比我大三歲，名蓉，祖母說："給她讀一二年書，能識得幾個字罷了。"所讀的甚麼《閨門女訓》之類，也有好幾種吧，她還在習女紅，不是天天到書房的；我的姚氏表兄，年紀比我大兩歲，但是他的資質太不聰明，我在前章已說過。所以在三個人中，我算是一位主角。

論何先生的教法，遠不及陳先生的認真，我是個小孩子，也自覺得。父親雖是商業中人，覺得教小孩子只是死讀書死背，頗不以為然。他以為小孩子要開他的知識，須從講解入手，他意思要請何先生給我講書。但這些《大學》《中庸》《論語》《孟子》，近乎哲理的書，小孩子如何听得懂？不但是我們听不懂，連何先生也有些講不明白呢。

於是父親又去搜購了那種易於講解的書，如《孝弟圖說》（木刻本，有圖畫，刻得很精致）、《兒童故事》之類，使小孩子易於明白的書。何先生講是講了，只是呆呆板板，使我們不感興趣。而且有幾段，何先生不講，我亦懂得。何先生是住在我家的，每隔三四天，回家住一次，到明天，往往告假一天。到了半年以後，我家方才曉得何先生是患着嚴重的肺病，照現在說來，只怕他的病歷，已到第三期了。

何生生家境不好，他又捨不得我家這個館地。在我們家裏，他曾咯過一次血，他卻對我們的女傭說：「這是鼻衄。」祖母已經起疑心他有病了。及至有一次，他有三天不曾到館，祖母派了一個女傭人到他家裏去問候他，方知他病得很屬害，他的母親（我的太師母），向女傭人垂淚。女傭人回來一說，祖母連忙命人送錢去，送東西去，並且安慰他，不必急急到館，多休養幾天。祖母又常常送藕汁，甚麼仙鶴草熬的膏子，說是專門治吐血病的，多方去慰問他。

後來他的病有些起色了，頗想力疾到館，我們家裏，連忙去勸止他。那是有些私心的，當時也早知道肺癆病是要傳染的，如何再能到館與孩子們日夕相親近呢？但過了一個月，何先生又病倒了，這一次，病很沉重，蘇州人稱之為「癆病上牀」，意思就是說就是不能再起牀了。何先生也自知不起，但他在病中，還懷念他的館務，懷念我們讀書的荒廢，他請他老兄大何先生來代館。這位大何先生其貌不揚，學問也不好，我們的顧氏表姊，給他起了一個綽號，叫作「何仙姑」。何仙姑本為八仙中的一位，所以稱為何仙姑者，因為他是何先生的哥哥，"仙"與"先"同音，"哥"與"姑"同音也。

何先生之兄來代館以後，未及年終，何先生已辭世了。可憐他的年齡，不過二十多歲。那個時期，蘇州青年，患肺病者甚多，往往一家兄弟數人，互相傳染，全患肺病。大概因為是慢性傳染，不知趨避，其次則體力柔弱，失於運動，尤其那些富家子弟，更容易患此病了。

記姚和卿先生

自何先生故世後，父親正預備為我別延一師，恰值我們的房東姚和卿先生，決計於明年之春，在家裏開門授徒了。這是一個最好的機會，於是祖母和父親，就命我拜姚和卿先生為師，而向他受業了。

姚和卿是我姑丈寶森，姻伯鳳生的堂侄，論親誼我和他是平輩，在平時，我叫他為和卿阿哥。而且朝夕相見，因為我家與他只隔一層板壁。但既已拜他家為師，父親就命令我改口呼他為先生了（按蘇俗對於受業師稱先生，以示尊敬，在書束上，則稱"夫子大人"下署"受業門生"。在他省則呼"老師"，不喚先生的）。他的夫人，本叫她為嫂嫂的，現在也改呼為師母了，但她很謙抑，仍要我呼她為嫂，不要呼她為師母。

其時，姊姊已不上學了，讀過甚麼《閨門訓》《女四書》，又讀過半部《幼學瓊林》。祖母說："既不在家裏請先生，女孩子出門附讀不方便。"於是在家學習女紅了。吾母親的刺繡頗精，教她學習刺繡，祖母有時給她溫理舊書。姚氏表兄，本來也可以向和卿先生就讀，但他的父母不贊成這位堂侄，而鳳生先生家裏，也另請了先生，他就在那邊附讀了。

正月開學，學塾就設在第二進的大廳上。這大廳已是很古舊了，窗櫺都朽壞，地磚也裂了縫，但從前造的房子，身骨都極堅實，故家巨宅，要給子孫數百年住下的計劃。大廳是三開間，和卿先生只用西面的一間，他教木匠去做了四隻大書櫥，把這西面的一間夾開來。

留出一扇門的空隙，掛了一個門簾，這便把大廳分開來了。但書櫥沒有加漆，只是白木的，倒也清潔。這等號稱書櫥，其實等於書架，也不過堆砌一些學生們的書籍而已。其時都是大本線裝書，沒有洋裝的，所以每一學生，都是破破爛爛的一大堆。

裏面一張方桌，一把圈椅，是先生坐的。桌子上一方墨硯，一方朱硯，以及墨筆、朱筆，為圈點批評之用。此外還有一把戒尺，就是古名"夏楚"者，倘然有頑劣不率教的學生，那是要打手心的（從前有些鄉村學堂，還有要打屁股的）。學生們則散坐在周圍，有的是方桌，一張方桌可坐三人，半方桌則坐一人，較為舒適。椅子是方型，或長方型，如果先生家裏沒有這許多椅子，可能叫學生們自己帶椅子來上學。

這一回，姚先生招收學生（名曰："設帳授徒"。俗語說來，就是開了一爿子曰店），學生倒來了不少，連我在內，共有十二三人，也算桃李盈門了。但是程度不齊，最大的一位是十八歲（黃築巖君，這位同學，他在五十歲時，我還見到他，是一位老畫師），年紀小的僅七八歲，過於小的開蒙學生，姚先生聲明不收，像我們八九歲至十二三歲，卻是最多。

姚先生是一位名諸生（即是進過學的高材生），他的筆下很好，為人極勤懇而開通，好像去年也館在人家，今年才回來開門授徒，當時貼了紅紙條在大門外，上寫"內設經書學塾"，這便是開學店的招牌了，於是附近人家都來從學。不過姚先生也要選擇一番，有些太下流的孩子們，他也不收。為了他的學生整齊起見，也要問問那些學生的家庭關係，一個學塾裏有了壞學生，便足以驅逐好學生。

我在姚先生學塾裏讀書，似乎比關在自己家裏延師教讀時候，要開展的多了。雖然從最後一進的屋子裏，走到大廳上，未出大門一步。一則，我年紀漸大，知識也漸開；二則，有了十一二位同學，知道了小孩子許多不知道的事；三則，姚先生每晚有講書一課（在將近晚間放學時）。那是對大學生們所設的，我們小學生听了，也有一些一知半解哩。

我最懼怕先生不在塾中，這十一二位同學鬧起來，真有天翻地覆之勢。但我也喜歡先生不在塾中，往往有新奇的事出現。有一天下午，先生出門去了，學生大起活動。那個大廳的庭院，倒也寬闊的，只不過亂草叢生，蕪穢不治，蓬蒿生得過了膝蓋。有一個學生，在庭角小便，看見一條蛇，在草叢蜿蜒而行，便向同學驚呼起來。

一個大學生，便衝出庭院，說道："打死它。"又一個同學說道："捉住它。"但大家說："蛇是有毒的，不如打死它。"於是即有一人，拿了一根門閂來打它。他們記得一句成語："打蛇打在七寸裏。"因此真個用力在七寸裏亂打。蛇負了傷，還是拼命地逃，有一句俗語，叫作"蛇鑽的窟窿蛇知道"，這種舊房子，多的是牆頭縫，蛇便拼命地向牆頭縫鑽去。有一位同學呼道："不好了！給它逃走了！"有一位同學奔上去，蛇的身子，一半鑽進牆頭縫，它的尾巴，還拖在外面。他便雙手把蛇尾拖住。但蛇尾很滑，他抓不住，便大呼"幫幫忙"，於是另外一位學生，也來幫着他，就是所謂"倒拔蛇"者，把那條蛇，拉出牆頭縫裏來了。

那位年長的學生，可稱是捉蛇能手，他倒提了蛇尾，只管把它向下抖，蛇也無力掙扎了。又是一頓門閂，蛇也已經半死了。打死了這條蛇，怎麼辦呢？一個學生主意，說是："把它丟在河裏。"（桃花塢是沿河的，但沿河多造了房子。）年長的學生，提了蛇尾，將要撐出門口，可是門口開了一家裁縫店，他們的開店娘娘不答應，不許撐了死蛇，在他們的店堂裏經過。她說："打死了蛇，它是要來討命的。"說了許多迷信的話。

這可怎麼辦呢？有人主張，不如把它火化了吧？大家也以為然。因此到鄰家，討了稻草茅柴，把它燒起來。不想驚動了住在隔壁松下清齋的大書家姚鳳生先生，他听得外面一片喧鬧聲，又見庭中轟然的火光，問起甚麼事？學生以實告，鳳生先生大罵，"你們這班頑徒！"及至和卿先生回來，他又喚他去訓斥一頓（和卿先生是他的侄子）。先生回到學塾裏，除了我們幾個小學生，對於此事無份外，打了一個"滿堂紅"。

這班同學中，除了一位黃築巖兄，是一位畫家，又是一位醫家，前章曾述過。還有一位姓王的，已忘其名，本來是一個水木作頭的兒子，後來自己便做了大包作頭，並且在上海包造大洋房，很發了一點財。偶然在上海一次宴會上遇到，談起來，方才知道是同學。他有兩隻招風耳朵，當時我們叫他"大耳朵"，他是蘇州的香山鎮人（蘇州的水木工匠，都是香山人），直到我們敍舊時，他的香山口音，還不曾改變過。

和卿先生的開門授徒，大概不過兩年多光景呢？他便出外作幕去了。原來他和吳清卿（名大澂）為至戚。吳放了湖南巡撫，便招了去，在撫院中，他當了"朱墨筆"（即代批公事，此職，惟督撫衙門始有之）。說起吳清卿，蘇州有兩個吳清卿，一為做湖南巡撫的，蘇人稱為貴的吳清卿；一個便是我舅祖，我祖母的弟弟，號稱蘇州首富，蘇人稱為富的吳清卿。後來這兩個吳清卿的孫子，都成了畫家，一個吳湖帆，一個吳子深。

和卿先生初名元豹，後因元豹兩字，音同元寶，改名為元揆。他是一位廩生，文學很優，字也寫得很好，為人忠厚誠篤，但他的同族中，說他是書呆子，呼他為"瓦老爺"（蘇州人嘲笑忠厚老實人，有此名稱）。他自從作幕以後，便拋棄了教書的生涯，以保舉及捐資，得知縣職，到江西去候補，做過了幾任知縣。他的兒子號學洲，學洲的兒子名虞夔，筆名蘇鳳，是一位名記者，以親誼的關係，我比他長兩輩，所以蘇鳳呼我為公公。

我的近視眼

近視眼有遺傳性嗎？在我的直系上，是一個問題。說它有遺傳性嗎？我的父母，都不是近視眼，我的祖父、祖母，也不是近視眼。何以我是近視眼呢？說它沒有遺傳性嗎？何以我的兒女中，很多近視眼呢？雖然他們深淺不一。而且我是近視眼，他們的母親也不是近視眼呀！

我在八九歲的時候，近視眼就顯露了，遠的東西看不出，近的東西，雖極纖細的也能明察秋毫。祖母那時便抱怨我開蒙的陳先生，她說，在我初學寫字的時候，每到下午四五點鐘放學時候，便寫字了（起初描紅，先生還把筆，後來寫書法，以薄紙印寫）。書房中牆高庭小，垂暮時光，光線不足，所以出了毛病。但其實不然，私塾中習字，都是在這個時候的。

那末說近視眼是先天關係，既不盡然，後天關係，那是有的。當我在八九歲的時候，文理已經略通，便喜歡看小說書，而這些小說書，又都是那種木刻小字的書，有的是那種模糊不清的麻沙版，看起來是很費目力的。我記得我的外祖家中，有一間屋子，他叫作東書房的，這裏有一口書櫥。有一天，我在這書櫥中，翻出幾本書來一看，全都是小說，有《封神榜》《列國志》《說唐》《隋唐》《岳傳》之類，發見了這個奇秘，大為喜悅，好似後來人家發見了敦煌石室一般。因此不到外祖家則已，去了，總是躲在東書房裏看書，而這個東書房甚為黑暗，夏天蚊蟲成市，我總是不聲不響，在裏面看書，這定然與我的眼睛有關係。

談起看小說，我的正當看小說，還在九歲時候吧？家中有一部殘缺的《三國演義》，也是從一隻舊書箱裏翻出來的，我見了如獲至寶。起初是偷偷摸摸地看，因為從前小孩子不許看小說的，除了看正史以外，不許看野史。後來被父親發見了，說是看《三國演義》無妨，非但不禁止我看，而且教我每天要圈點幾頁。（從前有許多書，都沒有圈點的，自己加以圈點，也分句讀；人名、地名，也在旁邊加上一豎，與現在新符號也差不多。）

不過看章回小說，看了前一回，便要知道後一回怎麼樣，每天晚上圈幾頁，怎能過癮呢？於是仍舊想法子偷看了。最好的時間，是在大便時，大便已經完了，可以起來了，但是依舊坐在馬桶上（這個名稱，蘇人稱為"孵馬桶"），偷看《三國演義》。不久，被祖母知道了，大罵一頓，說道："你在馬桶上看關聖帝君的事，真是罪過，將來要瞎了眼睛。"實在說，在馬桶上看書，總是光線不足，有損眼睛。不想後來成了習慣，在大便時，不論甚麼書，終要取一本在手中閱看。

既而上海出了那種縮小的石印書，最是損人眼睛，而且那些出版商，還印出了許多《大題文府》《小題文府》《試帖詩集腋》等等書籍，那是搜集了前人所作的八股文、八韻詩，以供人抄襲獺祭之用，這是他們一種投機事業。印出來的字，小得比蠅頭蚊腳，還要纖細，有的必須用了顯微鏡，方可以看得出。這些書都是為了考試時，便於夾帶用的，所以銷場奇好。

但是看這些小字書，很傷目力，當時一大半的近視眼，都是由此養成。尤巽甫姑丈，最痛恨這些石印的八股八韻書籍。他的批評，說這種書，不但傷害青年的目力，而且看了這等書，足以汨沒性靈。譬如一個先生，出了一個題目，要教他的學生，作一篇文章。這須要自出心裁，把思路展開，然後才能作成一篇有意思的文章。因為自己作不出，不肯去想，於是去翻前人所作的文字，這個思想就把它關住了。那時不但剿襲他的意思，還剿襲他的成文，自己就一輩子沒有思想了。所以巽甫姑丈說："這些刻出來的石印書，傷害眼睛還小，傷害性靈更大呢。"

不過我對於那些石印書，受害還輕，因為我沒有錢去買甚麼石印書呢。但石印書有許多很適用的，譬如像"詩韻合璧"之類，我曾有一部，覺得很為便利，有些工具書，都靠了石印本而利用。如其他的許多木版書，卷帙浩繁，攜帶不便，卻經過了縮小石印，便成了袖珍本了。譬如說吧：像《史記》《前漢書》《後漢書》《三國志》，人家稱為四史，若是木版的，要裝好幾隻書箱，現在可以縮成幾部書，那是多麼便利呢。

　　我在十歲那一年上，就有一副眼鏡了。那件事，是我牢牢記着的。因為我是近視眼，看見人家戴眼鏡，頗為羨慕。親友中也有近視眼的，把他們卸下來的眼鏡張望着，頗覺明亮。我久有此意，要想有一副眼鏡。但小孩子怎能戴眼鏡，在當時是不許的，要被大人所呵斥。

　　就在那年的秋天，父親為了獎勵我讀書，他允許帶我去看一次戲。不過有兩個條件，第一件，要那天是先生放學，不能因為娛樂而曠課。第二件，也要他自己有空工夫。於是我只有等待，等待到那一天，先生果然放學了。至於父親有空工夫，那是不成問題的，他近來本來不太忙，即使有事，他也會帶我去。

　　父親對兒童不能失信，因此催着早早吃午飯，便到城隍廟前那家戲館來了（那時蘇州城內，只有一家戲館，唱文班戲，文班戲即是崑劇）。誰知到了戲館門前，冷落無人，鐵閘也關起來了。這是甚麼緣故呀？一問鄰近，方知今日是忌辰。所謂忌辰者，便是那一天是清朝歷代皇帝皇后的死忌，這一天，照例不許演戲的。可是我卻覺得很是失望了，好容易一直盼望，得到今天，才有這個機會，結果是為了忌辰而停鑼，我的懊喪，真是要眼淚掛出來了。

　　父親卻安慰我道："這一次遇到了忌辰，還有下一次呢。"又道："你不是想有一副眼鏡嗎？"於是我們父子兩人，便到穿珠巷來。（穿珠巷在蘇州閶門內，蘇人又呼它為專諸巷，那裏都是眼鏡店，蘇州人有句謎語道："穿珠巷配眼鏡，各人的眼光不同。"）我那天就配了一副玳瑁邊的眼鏡，這時，外國貨的眼鏡，還未流行到中國來，我的這副眼鏡，全是國貨，而且全用手工製成的，不是玻璃，而是水晶，價值墨西哥洋銀一圓。回到家裏，我非常高興，把看戲逢着忌辰的失望，全忘懷了。戴着眼鏡去見祖母，祖母說："小孩子不能戴眼鏡，只怕愈戴愈深，藏起來，到要看遠處的地方才戴罷。"

　　不但小孩子不能戴眼鏡，蘇州那些所謂書香人家的子弟，雖然近視眼很多，年輕時也不大許戴眼鏡。說也可笑！他們希望在科舉上發達，預備將來見皇帝，甚麼引見、召見之類，都是不許戴眼鏡的。我有一位朋友，他祖上是做過大官的，卻是個高度近視眼。有一天，皇帝在便殿召見，那皇帝東向而坐，對面卻安一面大穿衣鏡面的屏風，他糊里糊塗，只向那面大穿衣鏡面前跪了。太監看見了，掩口而笑，把他拉過來，說道："皇上在這裏。"因為他是大臣，不加譴責，但是皇帝心裏終覺得不高興，臣子不免就吃虧了。

兒童時代的娛樂

在我十歲以前，蘇州有甚麼娛樂呢？就記憶所得，略為述之。

第一，我就要說戲劇了。當時蘇州的戲館，城內只有一家，在郡廟前，就是上文說過，父親帶我去而適逢忌辰的那一家，專唱崑劇的。城外也有一家，在閶門外的普安橋，那是唱京戲的。這兩家戲館，都不是常年唱戲的，有時唱戲，或兩三個月，便即停止，或另一個戲班來上演了。

當時蘇州有一個禁令，城裏只許唱崑劇，不許唱京戲，所以京戲到蘇州來，只許在城外普安橋那個戲館裏唱。蘇州當時的戲劇，以崑劇為正宗，其餘所謂京班、徽班等等，都好像野狐禪、雜牌軍一般。而且當時城內城外，好像分了兩個疆界，城裏是要整肅的，不能五方雜處，城外就可以馬馬虎虎一點了。

唱崑戲的都是蘇州本地人，縉紳子弟，喜歡拍曲子的很多，有時也來一個“爺台會串”（又叫作清客串），哄動城廂內外，真是萬人空巷。京戲在蘇州，卻沒有那種盛況。京戲大概是從上海來的，也有從各方來的，他們所謂外江班，到蘇州來打野雞的。崑劇為士大夫所欣賞，從不加以禁止，京戲則有時要加以取締了。京戲中有許多如《賣胭脂》《賣絨花》《打櫻桃》《打齋飯》《小上墳》《蕩湖船》等，官廳目為淫戲，便禁止不許唱了。（按：從前無警察，所謂官廳者，指縣衙門而言。）

除戲劇而外，蘇州最流行的是說書。說書分兩派，一派說大書的，稱之為平話，只用醒木一方，所說的書，如《三國》《水滸》《岳傳》《英烈》

《金台傳》之類；一派說小書的，稱之為彈詞，因為它是要唱的，所以有三弦、琵琶等和之，所說的書，如《描金鳳》《珍珠塔》《玉蜻蜓》《白蛇傳》《三笑姻緣》之類。這些大書小書，我都聽過，但是一個十歲左右的兒童，都是喜歡大書，不喜歡小書；因為大書是描寫英雄氣概，小書只是扭扭捏捏，一味女人腔調而已。

書場都是附設在茶館裏，但也有獨立的。我們去聽書，每人花十餘文，而且他們還給你茶吃。書場有班老听客，他們是天天光臨的，听得有了癮了。像我小的時節，不過零零碎碎，斷斷續續，東鱗西爪，跟着大人們去听一回兩回罷了。但是在新年裏，不讀書，也有跟着大人們連听十幾回的。那種的書場，或大書，或小書，每次只說一檔書，沒有像後來上海那般書場，每一場有四五檔書的。只是到了年底說會書，也常有四五檔，這正是盛況空前。

說書名家，我所听到的，有馬如飛的《珠塔》（那時我年紀很小，不大記得），顧雅廷的《三笑》，王效松的《水滸》，王石泉的《倭袍》，金耀祥的《金台》等等，不過都是零零落落，或只聽到兩三回。有的是在人家有喜慶事，在堂會上听到。從前上等婦女，不上書場，但也並不禁止，偶有一二，大都年老婦女，男女座位，也是要分開的。婦女們聽書，大戶人家，往往有長堂會，每天到她們家裏來說書的。

戲劇說書之外，還有甚麼"曲局"與"清唱"。"曲局"者，也是人家有喜慶事，聚幾位平時喜歡唱曲的人，同時會唱，以示慶祝之意，主人則備盛筵以餉客。"清唱"者，僱一班專門清唱的人，唱唱說說，語多發噱，名之曰"攤簧"。兩者有所不同，就是一雅一俗而已。

雜耍中有一種蘇人稱之為"戲法"，即今之所謂魔術。戲法有兩種，一種是文的，一種是武的。文的藏物於身，說說笑笑，忽然一件一件的，從身上搬運出來，有玻璃十八件，各種各樣物件。我曾見從身上搬出一大罈酒的，足足有五十斤。又曾從身上變出一個十四五歲童子，真不知他如何藏法。武的有飛水、飛碗、吞劍、吐火之類的種種技術。人家有喜慶事，以娛來賓，則取文的，以求雅馴。至於武的，不免劍拔弩張，大概在廟會場上，可以時時見之。

更有一種號為女說書者，他處未見過，惟蘇州有之。每於冷街僻巷處，門前貼一字條，上寫"某某女先生，彈唱南北小調，古今名曲"的字樣。起初只是一二盲女，賣唱度日，隨後即有非盲目之青年女子，亦作此生涯。既而更有秀麗出眾的人物，亦出現其中。人家有小喜慶事，往往招之使來，唱唱各種小曲，婦女們喜听之。若是盲女，從吃夜飯來，到半夜回去，不過八百文，或至一元；倘非盲女，則須三元左右；如為出眾人物，或令之侑酒，以至天明方散，則須加倍還不止。惟此種女說書，紳士人家，概不請教，以其不登大雅之堂呀。

我的對於戲劇、說書、歌唱、雜耍等等，每在親戚喜慶人家，所見為多。因為我家雖寒，親戚中頗多富豪。他們每逢有喜慶事，常接連數日，有些娛樂、戲劇則有堂會，以崑戲為主，亦有唱"髦兒戲"者，乃是女班子也。那些富貴人家，都可以臨時搭起戲台來，婦女亦可垂簾看戲。說書名為堂唱，往往連說幾天。其他歌唱、雜耍，每遇宴慶，亦必招致。

再及低級之娛樂，則在城中心之玄妙觀內，各種都有。如露天書、獨腳戲、說因果、小熱昏、西洋鏡，那些都是屬於文的。其他如賣拳頭、走繩索、使刀槍、弄缸弄罈，那些都是屬於武的了，因此蘇州的玄妙觀，可稱為兒童的樂園。

其次便是街頭娛樂了，也為兒童所歡迎。街頭娛樂最普通者有兩種：一為木人頭戲，演者挑一擔，擇街頭略空曠處，敲起小鑼，兒童群集。他就用扁擔等支起一個小戲台來。一為猴子戲，山猴子演出種種把戲，召集街童觀看。

坐花船的故事

有一件事，使我雖老不能忘懷，這是我在八歲的那年，父親帶了我曾去坐過一次花船。怎麼叫作花船呢？就是載有妓女而可以到處去遊玩的船。蘇州自昔就是繁華之區，又是一個水鄉，而名勝又很多，商業甚發達，往來客商，每於船上宴客。這些船上，明燈繡幕，在一班文人筆下，則稱之為畫舫。裏面的陳設，也是極考究的。在太平天國戰役以前，船上還密密層層裝了不少的燈，稱之為燈船。自遭兵燹以後，以為燈船太張揚，太繁靡了，但畫舫笙歌，還能夠盛極一時。

當時蘇州的妓女，可稱為水陸兩棲動物。她們都住在閶門大街的下塘倉橋浜，為數不多，一共不過八九家。這裏的妓院，陌生人是走不進的，只有熟識的人，方可進去。在門前也看不出是妓院，既沒有一塊牌子，也沒有一點暗示。裏面的房子，至少也有十多間，雖不是公館排場，和中等人家的住宅也差不多。

不過她們的房子，大概都是沿河，而且後面有一個水閣的。她們自己都有船，平時那些小姐們是住在岸上的，如果今天有生意，要開船出去遊玩時，便到船上來，侍奉客人。平時衣時樸素，不事妝飾，在家裏理理曲子，做做女紅，今天有生意來了，便搓脂滴粉地打扮起來了。

那一天是農曆七月十五日，中國人稱之為中元節。蘇州從前有三節，如清明節、中元節、下元節（十月初一日），要迎神賽會，到虎丘山致祭，而城裏人都到虎丘山塘去看會，名之曰："看三節會"。而載酒看花，爭奇鬥勝，無非是蘇州人說的"軋鬧忙""人看人"而已。

七月十五那一天，他們妓船生意最好，因為這些花船幫的規矩，在六月初開始，這些船都要到船廠去修理，加以油漆整補等等，到六月下旬，船都要出廠了。出廠以後，似新船一樣，要懸燈結彩，所有繡花帷幕，都要掛起來了。而且從六月二十四日，遊玩荷花蕩起（那個地方，亦叫黃天蕩，都種着荷花。是日為荷花生日），船上生意要連接不斷。如果中斷了，便覺失面子。假使七月半看會那一天，也沒有生意，真是奇恥大辱了。

　　父親那時，一來請請他的幾位到蘇州來的商家朋友，在生意場中，交際是少不得的；二則他也認識幾條船，都是老主顧，每一次出廠，也要應酬她們一下子的。因此在半個月以前，早已約定，答應他們了。坐一天船，吃一頓船菜，要花多少錢呢？從前的生活程度，物價低廉，不過四五十元罷了。此外蘇州的規矩，吃花酒的每位客人，要出賞錢兩元，請十位客，也不過二十元，總共也不過六七十元，在當時要算闊客了。

　　父親預先和我說：“你認真讀書，七月半，我帶你坐船看會。”我听了自然高興，也不知道何處坐船、哪裏看會，只跟隨父親就是了。一清早，母親便給我穿起新衣服來，母親也不知道父親帶我到哪裏去。這時我恰新做了一件兩接長衫，這兩接長衫，上身是白夏布的，下身是湖色雲紗的。（按：當時成人們也穿兩接長衫，一時盛行。原來這兩接長衫，還是從官場中流行起來的。從前的官服是外套、箭衣，裏面還有襯長衫，便是兩接的長衫了。）裏面是雪青官紗對襟小衫，下面玄色香雲紗褲子。腳上淡紅色紡綢單襪，藍緞子繡花的鞋子，鞋子與襪，都是母親手製的。頭上梳了辮子，辮梢拖了一條大紅純絲的辮鬚。

　　由父親領了，到一家人家，我也不知道甚麼人家來了。但見房櫳曲折，有許多打扮得花枝招展的女人，有的拉拉我，有的擾擾我，使我覺得很不好意思。後來又來了幾位客，大家說：“去了！去了！”我以為出門去了，誰知不是出前門，卻向後面走去。後面是一條河，停了一條船，早有船家模樣的人，把我一抱，便抱了進船裏去了。

但是那條船很小，便是蘇州叫作"小快船"的，裏面卻來了男男女女不少人，便覺得很擠。我心中想：父親所說的坐船看會，那就是這樣的小船嗎？我寧可在岸上看會了。後來那小船漸漸撐出閶門城河，到一處寬闊的河面，叫作方磯上，停有幾條大船，把我們小船上，移運到大船上去。方知道因大船進城不便，所以把小船駁運出來，小船、大船，都是妓家所有。

　　到了大船上，寬暢得多了，又加以河面廣闊，便覺得風涼得多。於是一面吩咐開船，一面便大家解衣磅礴，我的兩接長衫也脫去了，只穿官紗短衫。有許多客人，竟自赤膊，有一個大塊頭，露出個大肚皮。便有些娘姨大姐，給客人擦背心上的汗；有的給一個老公公只是打扇。她們也勸我脫去短衫，赤着膊兒，我卻不肯。父親說："身上都是汗，擦擦吧！"一個大姐，給我脫去短衫擦身，但我來不及把衫穿上了。她笑對父親道："你看你的這位小少爺，倒像一位小姑娘。"

　　船開到野芳浜（原名冶坊浜），愈加覺得風涼了，他們移開桌子打牌，這中艙可以打兩桌牌，但是他們打牌，我更無聊了。我一心想看會，會是在岸上過的，我便到頭艙裏去。他們特派了一個年約十二三歲的小姑娘名喚三寶的，專門來招呼我。指點岸上的野景，講故事給我听，剝西瓜子給我吃。當吃飯的時候，她揀了我喜歡吃的菜，陪我在另一矮桌子上吃。吃西瓜的時候，她也幫助我在另一矮桌子吃，她好像做了一個臨時小保姆。

　　臨回去的時候，父親叮囑我道："到了家裏，祖母面前，不要提起。"父親有點懼怕祖母，祖母曉得了，一定罵他，怎麼帶了小孩子去。我說："母親可以告訴她嗎？"父親笑笑，他說："告訴母親不要緊。"因為我甚麼都要告訴母親的，無從瞞起。後來母親知道了，也埋怨父親，"為甚麼把孩子帶到那裏去。"父親笑而不語。我父親不是那種自命道學中人，說甚麼"目中有妓，心中無妓"的人，但他卻是一個終身不二色的人。

　　非但此也，父親甚麼地方都帶我去看過。有一天，帶了我到一家鴉片煙館裏去。那時候，鴉片煙館是公開的，並不禁止。他自己並不吸煙，而有許多朋友都是吸煙的。甚而至於有許多生意經，都在煙館裏並枕而臥，方才訂定了的。我還記得我們所去的地方，在蘇州觀前街太監衖現在吳苑茶肆的前身，房子既舊且大，生意很為興隆。那個時候，好像在夏天吧，煙客們就燈吸食，都不怕熱。我對於鴉片煙，並不覺得新奇，因為我早已見過，我的母舅，我的姑丈，他們都是癮君子呀！

賭場中，父親從未帶我去過，蘇州也有很高級賭窟的，他們稱之為“公館賭”。因為父親生性不愛賭，這件事，我有遺傳性質，我對賭也是不感興趣的。至於當時流行的一種打牌，名為“同棋”的，父親卻打得甚好，但輸贏是極小的（麻雀牌流行的時候，父親已故世了），東中市有一個錢業公所，父親帶我去過幾回，據說裏面可做輸贏。只要是熟識的人，但憑一言，即可成交，可見從前商人信實，勝於現在。這種交易，大概以生銀、銀洋、制錢三種作比價，人家亦稱之為“賣空買空”（這便是後來交易所的發軔始基）。當時蘇州的術語，名之曰：“做露水”。父親偶爾小試其技，只不過估自己的眼光而已。

在新年裏

父親對於我的教育，主張開放，不主張拘束。他常和母親說："孩子拘束過甚，一旦解放，便如野馬奔馳，不可羈勒。"但父親又批評我道："他太儒善，少開展之才。"從來"知子莫若父"，信哉斯言。不過我母親又回護我，說："我寧有一個忠厚的兒子。"我又服膺此言。

在新年裏，是兒童們最高興的一個時期。我們從前在學塾裏讀書，並沒有甚麼星期日放假之例。除了每逢節日，放學一天之外，便是每日一天到晚，關在書房裏，即使到了夏天，也沒像現在那樣，要放暑假。不過到了年底年初，這一個假期，卻比較很長。大概是每年到十二月二十日，便要放年學了，到了明年正月十六日，或遲至二十日，方才開學。

因此那個新年裏，便是兒童活躍之期。不但是兒童，就是他的家長們，在新年裏，也是吃喝娛樂之日。那班工商界的人，早的也要過了年初五，遲的竟要到正月二十日方才開工上市。連做官的人，也是十二月二十日封印，到正月二十日開印，在此期內，不理政務。

衣食住行四者之中，衣字當先。小孩子們到了新年，都要穿新衣服。高等人家的孩子，身上都穿得花團錦簇，即使是窮苦人家的孩子，那天也要穿的乾乾淨淨的一件花布衫兒。在除夕的夜裏，母親已經把我們明天元旦應穿的新衣服取出來了。雖然在新年裏，天氣很冷，我們的家規，小孩子是不穿皮衣服的，也只是棉衣而已。

母親和祖母，在新年裏，有一種特別裝飾，因為現在年輕人是不知道了，我至今還有一些印象，記之如下：母親戴一隻珠兜，齊額有一排珍珠，這個名詞，叫作“珠勒口”。珠勒口的上面，有一條紫貂的皮，這個帽子，她們叫作“昭君兜”，我覺得母親戴了，非常之美。祖母呢？戴了一種黑緞子的頭巾，垂在後面，這頭巾上，綴滿了無數珠寶。巾尾是尖的，直垂到背後腰下，巾尾上綴了一粒寶石，中間有一條線痕，他們告訴我：這叫作“貓兒眼”。而且祖母所戴的巾，卻叫作“浩然巾”。浩然巾是唐朝踏雪尋梅的孟浩然戴的，如何戴在老太太頭上？後來偶然看到了乾嘉時代某君筆記，中有“名不符實”一節，中有句云：“浩然巾戴美人頭上。”可見那時候，不但老太太戴浩然巾，連年輕的女人，也戴浩然巾呢。

其次便談到食了。新年中，是一個吃喝時代，在年底下，即預備了許多食物，以供新年之需，有些人家，甚而至於吃到正月十五，他們稱之為“年凍”。不但自己吃，而且還請親友來吃。因此在新年裏，你到我家來吃，我到你家來吃，忙個不了。雖然，從年底下的年夜飯已經吃起，不過從前的蘇俗，吃年夜飯只是家人團聚，不大邀家庭以外的人。

除飯菜以外，新年裏還有種種的點心。有規定的是年初一、年初三，要吃圓子（一種小的湯圓）；年初五要吃年糕湯；元宵節要吃油堆之類。不規定的，則有年糕、春卷、粽子、棗餅、雞蛋糕、豬油糕之類，名目繁多。不過在我小時節，吃東西不大告奮勇，加以胃也大不強健，多吃就要腹痛，不得不宣告戒嚴了。祖母和母親，常是吃素的，一個新年中（自元旦至元宵）倒有一大半日子是她們吃素的日子。

其次說到住，新年裏，房子也收拾到整整齊齊。在臘月底邊，就有一次大掃除了，這個名稱，叫作“揮埃塵”。新年裏，不但將房子掃除，而且還要把它裝飾一番。廳堂裏有的掛起了繡金的堂彩，地上鋪了紅色地氈，花瓶中供了天竹、蠟梅，有的還擺上幾盆梅椿。中等人家，至少也供一盆水仙花。有些人家，大門上換了新的春聯，可見得人要裝飾，房子也要裝飾的了。

中國人是尊敬祖先的，逢時逢節，都要祭祀，這便是儒教中慎終追遠之意。因此新年中，每家都要把祖先的遺容，掛在內廳，有許多親戚來拜年，他們要來拜祖先的。假如一個大族，宗支多的，更要互相來拜謁的。這喜容一直要懸掛到正月十六日，方才收去。喜容之前，也要供些香燭果品之類。

講到行字，我便要想起新年裏的拜了。在新年裏，蘇州是盛行拜年的，自從改曆以後，這風氣漸革了。當初儘管你在平日不相往來的親戚朋友，到了新年裏，非互相拜一次年不可。據說：這也有一個道理，因為有許多親友，終年不相往來，便要從此斷絕，賴着新年互相拜一次年，從此又可以聯絡下去了。

拜年最出風頭的，就是在年初二、年初三兩天。在年初五以前也還好，過此以後，便落伍了。親戚朋友多的，在城內外有百餘家之多的，一天工夫來不及，就要兩天，那得坐轎子。因此這兩天的轎子，飛馳在街頭，連人家走路，也要當心，轎夫是一路在喊口號的。這時候，蘇州代步的工具，沒有車子，只有轎子，婦女們裹了小腳，出門也只有坐轎子。有許多人家，家裏自己有轎子，多的有好幾頂轎子，安放在轎廳上。轎夫臨時可以召喚，有的且養在家裏，如醫生之類，名之曰："長班"。

新年的遊觀，在前面已說過，兒童最喜歡的是玄妙觀。偶然看一回戲，也要預先定座。听書是要個耐心的兒童，方才坐得住。其次，城外有個留園，城內有個怡園，兩個私家花園，也開放了讓人遊玩（都是收遊資的），倒可以消磨半天光陰，裏面也可以啜茗，兒童們都是家長帶了去的。

新年的賭博，在蘇州的巨室中也有之，我們卻不知道。我們兒童中的賭具，一為狀元籌，二為升官圖，別的都不許賭。我家裏有一副象牙的狀元籌，刻得很工細，但一過新年，將近開學，祖母便命令收起來了。我們一家都不喜賭，只有祖母，她會"同棋"一種，也是四個人坐着打的，規律極嚴。蘇州上等人家，往往玩此。至於後來流行的叉麻雀，當時蘇州看也沒有看見。“挖花”，卻是老早就有的，但那些都是橋頭巷口的轎夫們玩的，上等人不屑玩此。

　　元宵古稱燈節，在古時必有燈市，就是稱之為上元燈的，在我兒童時代，覺得也沒有甚麼了不得。兒童們不過是放花炮，買花燈，以應景而已。況且在那個時期，已經將要開學，兒童們是想心事，收骨頭的時候了。倒是正月十三日起，宋仙洲巷猛將堂裏的大蠟燭，足以哄動一時。這一對大蠟燭，足有一百餘斤，是城廂內外的蠟燭店家共同供獻的。

我的拜年

關於我在兒童時代，新年裏拜年的事，我得略說一說：

向來新年裏拜年，是父親去的。我們的親戚很多，加上父親的朋友，每次拜年，也近百來家。蘇州人向來是工於應酬，人家既然來拜了，你怎可以不去回拜呢？坐轎子，具衣冠，要兩天工夫。商業中，這幾天裏還要理理賬，而他又素性疏放，視拜年為畏途。在我九歲的一年，父親主張明年新春，他自己不出去拜年，要叫我去了。他說借此也可以學學禮貌上的一切。

於是把向來拜年的人家，改編了一下。有幾家，不來回拜的，就不必去了。有幾家，是父親的朋友，比較疏遠的，可以不必去了。有幾家，本是老親，幾乎相見不相識了。有幾家，已遷居了，也不知道他們的新地址。就剩幾家至親好友，是非去不可的，於是刪繁就簡，僅存五十家左右，那末坐一天轎子，也可以趕完了。

對於出去拜年，我倒並不畏懼，我從小就不怕生，平日親戚人家有慶弔事，我居然也去應酬，並不怯場。並且新年裏有人到家中拜年，父親老不在家，便是我去陪客。不過我有一個要求，出去拜年，要像大人一樣，穿了衣冠，不能再作小孩子的打扮。因為我看見也有幾個小孩子，到我家拜年，是穿了似大人一般的衣冠的，我很有點羨慕他們。

家中人曲徇我意，取出了父親一件灰鼠馬褂來，這件馬褂又長又大，父親本不愛穿，改縫了一件小的灰鼠外套，那正合式。外套裏面的袍子，我本來有的，不必穿箭衣了。特為定製了一頂小頭寸的暖帽，上面還裝了一個水晶頂珠（本來水晶頂珠是五品官職，但小孩子是隨便的）。腳上鞋子也可以了，但是我堅持了穿一雙靴，我覺得穿了靴，氣派得多，並且靴底厚，人也可以見得高一點。父親不得已，便給我去定了一雙靴。

轎班在隔年就定下來了。大除夕，轎班來取年賞，祖母就關照他了：「明年是我們小少爺出去拜年了，只要年初二一天。一肩藍呢轎，三名轎夫，一天裏五十餘家都要拜完。」我們的轎班頭，名叫阿松，聽了很高興。第一，因為小少爺身體輕，抬了毫不費力。第二，一路上抬了轎子，先到哪家，後到哪家，全由他們支配做主。

但是有兩處，卻得預先規定，不得更改的，乃是到史家巷吳宅吃午飯，到桃花塢吳宅吃晚點。史家巷吳宅，便是我的外祖家，父親每年出去拜年，也是如此的。這種常年老規矩，轎班們早已記得的，而且史家巷吳老太爺那裏吃飯，他們最願意，因為外祖父待下人極寬厚，轎班們不但給了他們轎飯錢，而且還款待他們酒飯，他們又何樂而不為呢？

那天我吃了早餐，八點鐘就出門了，把那一張拜年單子，給轎班頭看了，他們會排定了路由。在那個城圈子裏，分定了東南西北，使他不跑冤枉路。城外的親戚，我們極少，即有一二，也不擠在這一日去拜年。轎班的意思，要盡一個上午，拜去三十多家，然後到史家巷吳宅吃飯。吃過飯後，再拜一二十家，然後到桃花塢吳宅吃點心，吃了點心，便可以回去了。

因此出門時，先到胥門、盤門，後到封門、婁門，盤、婁兩門較冷落，我們親友也少，再由城中心到史家巷，差不多也有三十家人家了。吃過飯後，再由城中心到齊門、閶門，約摸二十家人家，到桃花塢吃點心，也就正好，因為轎子輕，他們抬得飛快，在下午從吾外祖家出來，他們喝飽了一點老酒，腳裏更有了一點勁，轎子正像飛的一般。

有幾家疏遠的親友，轎子到了門口，他們擋了駕，說主人不在家。既然擋駕，就不必下轎了。可是那些轎夫，不管三七廿一，卻把轎子抬進門去停下。轎子停下，我只好出轎了，原來我不出轎，他們拿不到轎封，那些人家的擋駕，也是不願出轎封。總之這一天，我不能自主，完全聽命於這幾個轎夫了。直到如今，社會上流行一句俗語，叫作"被人抬了轎子"，只怕就是這種情景了。

到了一家人家，有的獻了茶，說主人不在家。有的主人明明在家，也說不在家，他們看見拜年的是個小孩子，誰高興和你周旋呢？這就使轎夫們很願意，可以馬上就走。但到幾家親戚人家，可以直入內室的，有些太太奶奶喜歡小孩子的，便要裝出果盤來，問長問短，十分親熱。這一來，可要耽擱許多工夫，那時轎夫就要着急，傳進話來催請，吵着："來不及了，還有好多人家呢。"

這個拜年，蟬聯了幾年，直到父親故世以後，我在居喪時期，不出去拜年。到後來更覺拜年毫無意義，對此頗生厭倦。不過有幾家至親，奉了祖母和母親之命，新年裏還是要去拜年的。還有的他們既然先來拜了，禮尚往來，也是不能不去回拜的，那就不坐轎了，安步當車了。

自桃花塢至文銜衖

在桃花塢住了約有三年多光景，我們又遷居到了文銜衖。這個地方是有一個古跡，乃是明代的文徵明，曾住在這條巷裏。文徵明的故宅，就是我們所住的那座房子的貼鄰，現在已改成為七襄公所了。因為文家住在那裏，這條巷便稱為文銜衖。我起初以為凡是官署，方可以當得一個衖字，因此那種官廳，都稱之為衖門。誰知從前卻不然，凡是一個大宅子，都可以稱之為衖。蘇州有許多巷名，都有衖字，像"申衖前""包衖前""謝衖前""嚴衖前"等都是。想當初必定是姓申、姓包、姓謝、姓嚴的，在這裏建築了一所巨邸，因此就成了這個巷名了。

這個七襄公所是甚麼機構呢？原來是蘇州綢緞業的一個公所。從前沒有甚麼同業公會那種團體，可是每一業也有一業的公所，是他們集資建築，組織也很完密。即使是極小一個行業，他們也有公所，何況綢緞業，在蘇州是一個大行業呢？從前中國絲織物的出品，以蘇、杭為巨擘，行銷全國，機匠成千家，有綢緞莊，有紗緞莊，分門別類。這個七襄公所，就是綢緞業的公所，七襄這個古典名詞，就由此而來的。

文徵明的故宅，怎麼變成了七襄公所，這一段歷史，我未考據。大概是在太平之戰以後的事，因為裏面的房子，都是新修葺的。裏面卻有一座小花園，有亭台花木，有一個不小的荷花池，還有一座華麗的四面廳。因為我們住在貼鄰，又和七襄公所的看門人認識，他放我們小孩子進去遊玩。除了四面廳平時鎖起來，怕弄壞了裏面的古董陳設，其餘花園各處，盡我們亂跑。

七襄公所有兩個時期是開放的，便是六月裏的打醮，與七月裏的七夕那一天，致祭織女。打醮是大規模的，幾十個道士、三個法師、四個法官，一切的法器、法樂，都要陳列出來，這個道場，至少要二天，有時甚至五天、七天。裏面還有一座關帝殿，威靈顯赫。七夕那天致祭織女，在初六夜裏就舉行了，拼合了幾張大方桌，供了許多時花鮮果，並有許多古玩之類，甚為雅致。織女並沒有塑像，我記得好像有一個畫軸，畫了個織女在雲路之中，衣袂飄揚，那天便掛出來了。這一天，常有文人墨客，邀集幾位曲友，在那裏開了曲會的。

七襄公所荷花池裏的荷花，是一色白荷花，據說：是最好的種，不知是哪個時候留下的，每年常常開幾朵並頭蓮，惹得蘇州的一班風雅之士，又要作詩填詞，來歌詠它了。所以暑天常常有些官紳們，借了它那個四面廳來請客，以便飲酒賞荷的。

這時候，我家有個小小神話；有一天早晨，祖母向母親說道：「昨夜裏做了一個夢，有人請我吃湯包，不知是何意思？」母親笑道：「這有甚麼意思呢？前幾天，不是皋橋塊下新開一家湯包店嗎？我們明天去買兩客來吃。」婆媳兩人，也一笑而罷。誰知那天下午，七襄公所的看門人，把我送還家裏，好像一隻落湯雞。原來我到他們花園裏去玩，見荷花池裏有一隻大蓮蓬，足有飯碗口大。我想採這隻大蓮蓬，跌入荷花池裏去了。幸虧看門人拉起來，雖不曾受傷，但全身衣服，都濕透了。當母親給我換衣服的時候，祖母說道：「哎呀！對了！湯包！湯包！不是姓包的落了湯嗎？準是觀世音菩薩來託夢了。」

我家遷居文衙衖時，房東張氏，為一位年過半百的老太太，她已孀居了，有子女各一。我們住居在樓上三大間，甚為寬暢，兼有兩個廂房，張家住在樓下，而樓下一間客堂，作為公用。此外他們還有旁屋，也是出租給人家住的，但留下一座大廳，是不出租的。門前租一裁縫店，那就不需要看門人了。大概這位老太太，除了一些儲蓄之外，便靠收房租也足度日了。

她的那位女兒，年已二十三四了，小名喜小姐，讀過書，人家說她是才女。不過當時蘇州一個女孩子，到了這個年紀，還未出閣，人家便要說她是老小姐了。但這位小姐，卻還未許配與人，當然姿色是差一點，但也不十分難看。終日躲在房裏，不大出來，有一部木板的《紅樓夢》，據說顛來倒去，看過幾十遍了。我那時還沒有看過《紅樓夢》，很想借來一看，但是父親不許，他說："你這年紀，看不得《紅樓夢》。"我這時卻也莫名其所以然。

她的那位兒子，比我大三四歲，後來我附讀在他們所請的先生那裏，我就和他同學了（從前又叫作"同窗"）。他的名字叫禹錫，與唐代詩人同名，為人倒也懇摯，就是不大勤學。這位我的同學而又是房東，在我五十多歲的時候，忽然又遇到了他，四十多年未見面，他這時是上海德國人所開的西門子洋行的職員。

在這個時期，我的那位顧氏表姊出閣了。這位表姊，從三歲起，一直就在我祖母身邊，因為我的顧氏三姑母，在她三歲時，便故世了。因此那位表姊，是在我家長大，而我們對她，也像胞姊一樣。現在她出嫁了。從祖母起，我們全家，對她都有依依惜別之情。

她的夫家姓朱，我那位表姊丈朱靜瀾先生（名鍾瀠）後來是我的受業師，以後常要提起，這裏暫且不說。但我那位表姊出閣時，她繼母也已故世，家裏僅有父親一人，他究竟是男人，而且住在店裏，不常歸家。所以表姊歸寧，也常常回到外祖母家，即是我家來，而這位朱姑爺也隨之而來，好像是我家女婿一般。

那時我已十歲了，父親因為自己幼年失學，頗擔心於我的讀書問題。可是他在我們遷移到文衙衖的時候，早已探聽得房東張家是請了一位先生的，這位先生是很好的，於是就預備遷移過去後，就在那裏附讀了。

記顧九皋師

顧九皋先生，是我的第四位受業師。當我們遷居的時候，恰巧姚和卿先生又出外就幕去了。如果遷移了新居，於我讀書不便，可不是焦心的事嗎？後來父親探聽得張家本請了一位教師，而且知道這位先生的教書，很為認真。有了這樣一個機會，不可錯過。因為我們這個時候的家境，已不能獨立請一位教書先生了。

先給張老太太說好，然後父親去拜訪顧先生，談得很好。父親的意思："現在那些塾師教學生，只是要教他們死讀，讀得爛熟，背誦而流，而不肯講解，似乎不能開他們的知識。最好是讀一部書，便要把書中的道理，給他講一遍，方能有益。而懂得了書中的意義，便也可以記得牢了。"

顧先生的意思："講解是要緊的，熟讀也是必須的。那些聖經賢傳，非從小讀不可，年紀一大，就讀不熟了。"他說："將來你令郎要應科舉考試嗎？主試的出一個題目，你卻不知道在哪一部書上？上下文是甚麼？你怎能作文章呢？如果讀熟了的，一看題目，就知這題目的出處，上下文是甚麼，才思敏捷的，便可以一揮而就了。講解自然是要緊的，但要選擇容易明白的，由淺而深方可。假使是一個知識初開的幼稚學生，要給他們講性理之學，道德之經，這是很煩難的了。上學以後，我先試試令郎的資質如何？再定教導的方法吧。"

本來這學堂裏，已有了兩個學生，一個便是張禹錫兄，還有一位錢世兄（已忘其名），年已十六七歲了。我去了，多添了一人，共有三人，而我還是三人中年紀最小的。先生是願意的，多添一位學生，每年也可以收多得十餘元的束脩，不無小補，而我的加入，也可以算例外的。

顧先生的家裏，住得很遠，是在封門內的織造府場。（前清時代，有三個織造衙門，一在南京，一在蘇州，一在杭州。）從織造府場到文衙衖，真是從城內的東南到西北。所以顧先生要在館裏住四五天，方才回家一次。那位錢世兄呢，也住在封門平橋，是顧先生到館及回家必經之路，因此帶出帶歸。原來錢世兄的父親，和顧先生是老朋友，年齡既大，又無妻室，把錢世兄重託了顧先生，但是錢世兄佻儴性成，顧先生監督甚嚴。

為了錢世兄年紀大了，已經開筆作文，張禹錫也十三四歲了，所以顧先生每天就要講書，我年紀最小，但在講書時候，令我旁聽。講過以後，他們就要回講，可是回講不出，尤其那位錢世兄，結結巴巴地不知說些甚麼，先生常常罵他。實在當先生講書時，他並未入耳，因此心不在焉。我在旁邊，心中想道：這幾句書的意思，我倒明白，可惜先生不來問我，不叫我回講。

有一天，也是講書以後，要他們回講，他們都講得不對。先生見我在旁邊，便問我道：「你講得出嗎？你來講講看！」我便把幾句書的意義解釋了，先生大為誇獎我。誇獎我便是斥責他們，先生說：「你們年紀如許大了，反不及一個年紀小的。」其實先生講時，他們指東話西，不在仔細听，我卻是靜聽，所以回講得出。

從此顧先生便特別注意我了，常常講書給我听，但淺近的我可以明白，深奧的我可是不懂。這時候，我《四書》已經讀完了，就在讀《五經》。照尋常規例，是《詩》《書》《易》《禮》《春秋》，依着那個順序讀下去，但是在姚和卿先生案頭時，他就說：《詩經》《尚書》《周易》，更加使小孩子難懂，不如先讀《禮記》吧？《禮記》有幾篇較為容易明白一點，所以我那時，《禮記》已讀了半部了。

父親的意思，要教我開筆作文了，因為我《三國志演義》也看得懂。

而且見那兩位大世兄讀《唐詩三百首》，先生講時，我也旁聽。先生教他們讀時，我覺得音調很好聽，於是咿咿唔唔也哼起來了。先生也叫我買了一部《唐詩三百首》來教我讀，先讀了五律：“夫子何為者？棲棲一代中………”高興得了不得，從睡夢中也高吟此詩，好似唱歌一般。

當時中國兒童的文藝教育初步，最為奇特，第一步就是對對子。最先是兩字對，以後便是三字對、四字對、五字對以至七字對。這其間便要辨四聲，每一個字，都要知道它的平仄聲。如果不知道，不是問先生，便要去翻字書，須要弄清楚那個字是平聲還是仄聲。對對也得辨明平仄，譬如“紅泥”對“白石”，那是平仄協調，假使“紅泥”對“黃沙”，因為“紅泥”與“黃沙”四字，同為平聲，便不協調了。

對對子到了五個字，便要成一句子，而且“仄仄平平仄”，就要調起平仄來了。這時候，也可以開始作詩了，五字一句，先作二十字，不管你通不通，謅成一首，先生便給你改正。為甚麼要作五言詩呢？原來每逢考試，總有一首試帖詩，五言六韻，或是五言八韻，因此從小就要練習起來。這八股八韻的考試制度，先把兒童的腦筋，凍結起來了。

大概開筆作文，總是先作詩，後作文，這個傳統，不知從何來的。不過我在這四句詩約略可以謅成的時候，顧先生便教我作文了。作文為了預備考試起見，便要學作制藝（名曰“時文”，又曰“八股文”）。最先作“破承題”，其次作“起講”，隨後作“起股”“中股”“後股”，才得完篇。但顧先生卻不如此，他教我先作一百字以內的小論，題目也是出在《四書》上的，第一篇是《學而時習之論》。

我在顧先生案頭，很有進步，顧先生對我，也循循善誘。當時的作文，不是像現代那樣用語體文的，我至少對於文言文的虛字，算是已弄通了。大概有兩年多光景吧，這其間有個波折了。原來這位先生是張氏延請的，我不過是附讀而已。張氏老太太因為她的兒子進境很遲，說先生偏愛了我，這位老太心窄嘴碎，時時冷言冷語，我祖母聽了，便不服氣，以為她們自己溺愛，學業不進，卻遷怒人家。於是在我十三歲的春初，就拜了我的表姊丈朱靜瀾先生為師了。

顧九皋先生是一位道學家，平日規行矩步，目不邪視。他每日要寫幾行"功過格"，把每日自己的行為，為功為過，寫在一本簿子上。這本寫"功過格"的簿子，鎖在書桌的抽屜裏，不給人家看見，我們卻千方百計想去偷看他的"功過格"。有一天，他的抽屜忘記鎖了，被我們偷看了，中有一條寫着道："今日與年輕女子作戲謔語，記大過一。"我們看了都大笑，以為顧先生是一位"迂夫子"。

自從我出了他的書房門，又過一年，他也辭館了。好像他曾經出了一次門。一直到我進學那一年，照例，要鈔考試的文章給教我作文的師長看，到他家裏，他非常客氣，將文字加圈，加上讚譽的評語，還送我到大門外。後來我為飢寒所驅，奔走在外，一向不曾去謁見先生。直到一九三一年的時候，我在南京，有一位同鄉談起說，蘇州有兩位共產黨，都是顧九皋先生之子，現在已被捕入獄了。我想顧先生是一位道學家，怎樣他的世兄是共產黨呢？如果嫌疑輕，或者可以想營救之法。因為那個時候，嘉興沈家，有一位學生（沈鈞儒先生的侄輩），也是以共產黨嫌疑被拘，我是受了沈定九之託（定九為鈞儒之兄），向陳公洽（儀）說項，託他在憲兵司令部保出來的。到了從南京回上海時，我特地在蘇州下車，訪問此事，他們告訴我：這還是前年的事，那兩位世兄，一位已病斃獄中，一位釋放出來，現在不知何往了。至於顧先生則已逝世多年了。

桃塢吳家

　　十歲以前，我隨母親，到外祖家去的時候多。十歲以後，我隨祖母，到舅祖家去的時候多。那時我的最小姨母已嫁，外祖故世，母舅無業，日漸凋零了。舅祖家即是桃花塢吳家，簡稱之曰："桃塢吳氏"，其時則正欣欣向榮呢。

　　我的舅祖吳清卿公生有二子，長子號硯農，次子號伊耕，這是我的兩位表叔。他們兄弟兩人，相差有九歲，那時候，硯農表叔已娶妻，生有二女，伊耕表叔則年方十八九歲，尚未娶妻，他們兄弟兩人，都是在十五六歲，便進了學。清卿公家裏請了名師栽培二子，我記得第一位請的名師是葉昌熾，就是寫《緣督廬日記》《語石》《藏書記事詩》的那位名翰林。第二位管先生（我已忘其名），他是吳中的經學大家。兩人的資質都很好，但是清卿公的意思，以硯農不再追求科舉，教他管理一切家業，伊耕使他學問上進，將來在考試上博取功名。這個在蘇州的紳富門第，都是如此打算的，大概以一二人保守家產，其餘的進取功名，這樣則"富""貴"兩字，都可保得。

　　殊不知我那位伊耕表叔，學問雖好，身體屢弱，從小時候，就是一個"藥罐頭"（從前中國，有病總是吃湯藥，故稱多病之人曰"藥罐頭"），每年總要大病一場，小病就是家常便飯。他二十一歲就補了廩，第一次鄉試，得了個"堂備"（堂備者，房官把這本卷子薦上去，名曰"薦卷"，主試閱卷後，在卷子上，批上"堂備"兩字，就是預備的意思），第二次鄉試，可以穩穩的一名舉人抓到手裏。蘇州鄉試是要到南京去的，臨行之前，又是一場大病，懊喪得了不得。

當時的讀書人，除了為博取功名，應付考試，專心於所謂八股八韻的制藝以外，還有兩大流。一種詞章，一種是經學。詞章除詩詞歌賦之外，甚麼駢體文、韻文、仿古、擬體等等，都在其內。經學則盛行一種經解，摘取各經中一名一物，一詞一句，而加以考據解釋，這算是考據之學。譬如說：《詩經》上第一句是"關關雎鳩"，就要考證出雎鳩是何物，古時鄭康成怎樣說？顏師古怎麼說？作者的意思又是怎樣，引經據典地寫出一篇文章，其他群經中也是如此。實在此種學問，破碎支離，鑽入牛角尖裏去了。

我們這位伊耕表叔，他便是一位作經解的好手，大概他所師傳，不是葉鞠裳，便是那位管先生了。蘇州從前有三個書院，一個正誼書院，一個紫陽書院，一個平江書院。這三個書院每月都有月考，正誼書院中就是考詞賦（當時稱古學）、經解兩門，而他的經解，往往冠群。家裏有一部《皇清經解》，卷帙繁多，我翻了一翻，一點也不知道它裏面講些甚麼。

我嘗戲問伊耕叔道："作經解有甚麼用處？"他笑說："一點也沒有用處。"我說："既沒有用處，去作它甚麼呢？"他說："人家既然歡喜這一套，我們就弄弄也無妨。"雖然這不過是騙騙小孩子的話，後來想想，也有道理。凡百學問，總是一窩風，都有一個流行的時代，這個經解、詞章之類，也不過是變相的八股八韻罷了。伊耕叔除了經解之外，還熟讀《漢書》，寫了一部《兩漢韻珠》，木版精刻的十本，這部書，現在他家裏沒有了，我本有一部，流離轉徙，也已遺失了。總之他因多病而不出門，只有讀書，讀書愈多，身體也愈弱。

我隨祖母到吳家，有時一住就是一個多月，但讀書倒不荒廢。因為兩位表叔都喜歡教我，他們從來沒有教過學生，以為教學生是有趣的事。他們有一間很大的書房，就是伊耕叔日夕在其中的。這時我已經在讀"五經"了，他是一位經學先生，常常給我講書，可惜我對於經學不大有興趣，尤其是《書經》與《易經》，我讀也讀不熟。硯農表叔除了家務之外，他也研究醫道，偷忙工夫，跑到書房來，出題目教我作"起講"（八股文的開首一段），講究作文的"起承轉合"（當時的文法），一定要說一個透澈。

這時伊耕叔還未結婚，但早已訂婚了，所訂的是住在閶門西街的曹氏小姐。她有三位哥哥，大哥曹志韓，又號滄洲，是蘇州最紅的名醫（曾看過慈禧太后的病，因有御醫頭銜）。二哥曹再韓，是一位翰林，外放河南開歸陳許道。三哥曹叔彥，是一位經學大家，也是兩榜，是一個大近視眼（在我寫此稿時，他已八十八歲了，聽說去年還結了一次婚）。我這位表嬸，出自名門，也讀過好幾年書，不過她的老太爺，不許女子多讀書的，他說："讀書求功名，是男子之職，不是女子之職。"

可惜我們這位伊耕表叔，娶了這位夫人，伉儷很篤的，不到三年，他就謝世了。也曾生下一個兒子，不幸那個兒子，也早殤了，世間慘事，無逾於此。後來把硯農叔的次子，嗣在他的名下（就是國醫而兼國畫的吳子深，他的醫，就是向他母舅曹滄洲學的）。伊耕叔的病，也是肺病，有人說：那些青年患肺病的，在年齡上，要過兩重關，第一重是二十歲，第二重是三十歲，逃過這兩重關，略可放心，而在二十與三十之間，斷送大好青春者，卻是最多。

扶乩之術

談起桃塢吳家，我不能不想起一件事來，便是他們家裏的乩壇了。他們家裏有幾個密室，任何人都不能進去，除了舅祖清卿公及硯農、伊耕兩表叔之外，尤其是女人。他們家裏的女人，從未入內，我的祖母也從未進去過。他們都呼這幾間密室為"祖宗堂"（這時他家還沒有造祠堂），說是供奉他們列代祖先的神位之處。實在裏面房子有兩進，前面的一進，是供奉列代祖先的神位，安放古物之類，後面的一進，卻設立了一個乩壇。

扶乩在中國源流甚古，我且不去考據它。不過在我幼年時代，扶乩之風，很為盛行，尤其是在江南一帶。即以蘇州而言，城廂內外，就有十餘處，有的是公開的，有的是私設的。公開的人人皆知，大都是設立在善堂裏，很有許多人去問病，求事，甚而有去燒香的。私設的帶點秘密性質，不為人家所知，即使親戚朋友知道了，要去問病求方，也只能託他們主人，代為叩問的。

像吳家這個乩壇，當然是私設的了，可是私設的不獨是吳家，我們無從知道罷了。我曾問我的祖母道："公公（指清卿公）和兩位表叔（指硯農與伊耕）常在裏面做甚麼？"祖母說："他們是在求仙方。"這個我很相信，因為他們家裏，無大無小，凡是吃藥，那個藥方，都是從乩壇上來的。除非是有大病，方才請醫生呢。

我常見清卿公早晨起來後，便到他們所說的祖宗堂去了。就在他所住居的那個屋子天井內，靠西面開兩扇小門進去。那門平常是鎖的，要他進去的時候才開，及至他進去了，裏面又把門閂起來了。而且到祖宗堂去，僅有這一個門，除此之外，別無門可進的了。我幾次為了好奇心，總想進去看看，但恐被他們呵責，終於不敢造次。他們外面有個賬房間，管理收租米、收房金的有幾位先生，我問他們：“裏面那祖宗堂，有些甚麼？”他們騙我道：“你們的公公，裏面藏有好幾十甕的元寶與洋錢，你不知道嗎？”實在他們都沒有進去過。

但是有一天，這個秘密之門忽然對我開了。那時我不過十二歲吧，也隨着祖母住在他家，伊耕叔是病着。我正在他們書房裏讀書，清卿公忽然到書房裏來，向我說道：“你高興看看我們的乩壇嗎？”我听了非常高興，那真是求之不得的事。我就說：“我願意去看看。”清卿公道：“但是有兩件事，要先和你約定。第一，這裏面是一個神聖所在，非同兒戲，必須恪恭將事，不可意存戲謔。第二，這個乩壇是秘密的，我們為了怕人來纏繞不清，不能公開，你在外面，不可向人談起。”我說：“我一定都可答應。”

這叫他們家人都驚異了，因為除他們父子三人之外，任何人都不能進去的，現在卻讓一個小孩子進去了，顯得十分奇特。我也是從那深鎖的小門進去，卻見裏面的房子很大，有三開間的兩進。前一進確是他們的祖宗堂，祖宗的神位很不少，還有許多祭器等等，都陳列在那裏，後一進便是那乩壇所在了。

那個地方，張着黃色的帳幕，供着極大的香案，連所點的蠟燭也是黃色的，案上又陳列着許多黃紙。中間並沒有甚麼塑的神像，只有在正中挂着一頂畫軸，那畫軸也是由一個黃色帷幕遮蔽了，畫的是甚麼神佛，黑洞洞瞧不清楚，況且我從小就是近視眼，進去時，大家都是屏息靜氣的，我也不敢動問。

江南的這些乩壇，必定有一位主壇的祖師，那時最吃香而為人所崇奉的，就有兩位，一位是濟癲僧，一位是呂洞賓。大概信奉佛教的是濟癲僧，信奉道教的是呂洞賓。不過濟癲主壇的，洞賓亦可降壇；洞賓主壇，濟癲亦可降壇，他們是釋道合一，是友不是敵，吳氏這個乩壇，我知道是濟癲主壇的。

扶乩的技術，也分為兩種，有兩人扶的，有一人扶的。中間設有一個四方的木盤，盤中盛以細沙，上置一形似丁字的架子，懸成一個錐子在其端，名為乩筆。"神"降時，就憑此乩筆。在沙盤裏畫出字來。如果是兩人扶的，便左右各立一人，扶住丁字架的兩端；假使是一人扶的，一人扶一端，另一端卻是垂着一條線，懸在空中。吳氏的乩壇，卻是兩人扶的。

假如是兩人扶的，每一次開乩，就得有三人。因為兩人扶乩之外，還必須有一人，將沙盤中所畫出來的字錄下來，這個名稱，他們稱之為"錄諭"。這吳家父子三人，他們都可以扶乩，每次總是兩人扶乩，一人錄諭，三個人是缺一不可的。但如果有一人病了，或者有事外出，這乩盤便只可以停開了。可是我們這位伊耕叔，卻是常常鬧病的，而他們又不願意招致外人入此秘密室，因此這乩盤也便常常停開了。

可是這回清卿公便看中了我了。因為我雖不會扶乩，卻可錄諭。試想：他們有兩人在扶乩，有我一人在錄諭，不是仍可以開乩了嗎？但清卿公卻顧慮着，我究竟是個孩子，沙盤裏寫出來的文字，一時只怕錄不出，硯農表叔力保可以擔任，他說："這是淺近的文字，即使錯了，也隨時可以改正。"他們為了要收這個新學徒，所以叫我先到這個秘密室去瞻仰一下。

這錄諭不似速寫，可以慢慢的，听不明白，可以再說一遍。為了這事，硯農表叔說："不妨先行試驗一下。"於是說了一篇濟佛祖（他們稱濟顛為濟佛祖）降壇文，三四百字中，只差了四五個字，他把它改正了，便說："可以了！"明天早晨，就可以實行。他叫我："明天早晨，不要吃葷腥，到了吃中飯吃葷，便沒有關係了。"

第二天早晨，我就實行我的新工作了。所謂錄諭者，擺一几在他們的乩盤之傍，備有筆硯和一本諭簿。諭簿之上，每次降乩沙盤上所寫的文字，都錄在上面。錄諭是要跪在那裏寫的，他們為我安放了一個高的蒲團，矮矮的茶几，卻很合適，也不覺費力，好得不過半個鐘頭，就完事了。這一天的成績，卻覺得非常之好，他們把我所寫的來校正一下，只不過差了兩三個字。

不過在求"仙方"中，我較為困難，因為有些藥名，我不熟悉，寫了別字。但硯農表叔是知醫的人，他一向研究醫理，乩壇上開仙方，也是他主持的。於是他開了一張通常所用的藥物名稱單子，教我常常看看，到乩壇上臨開方子，他更詳細指示，謹慎檢點，也就順利進行了。

及至後來，我隨祖母回到家裏，他們的"三缺一"（這是說三人之中缺了一人），常來請我去做錄諭工作，我的父親很不以為然。母親說："不過上午一兩點鐘的事，下午仍可以進學堂讀書。不許他去，是不好的。"我起初為了好奇心的關係，很為高興，後來也不感到興趣了。但是我的錄諭工作，也有報酬的。甚麼是報酬呢？便是看戲。清卿公是蘇州的大富翁，但非常省儉，一無嗜好，連水煙也不吸的（就是喜歡聞一些鼻煙，也非高品），所好的，看看文班戲（崑劇），他以前總是一個人去的，現在帶了我同去，那崑戲是中午十二點鐘就開鑼的，有時飯也來不及吃，帶點甚麼雞蛋糕、乾點心之類，塞飽了肚子。所以對於崑劇的知識，我從小就有這一點。

我總疑心這扶乩是人為的，假造的，不過借神道設教罷了。但是許多高知識階級的人，都會相信這個玩意兒，我真解釋不出這個道理。最近幾年前，上海有一處有一個乩壇，主壇者叫作木道人，我的許多朋友都相信它，而這些朋友，也還都是研究新學的開明人物呢。後來伊耕叔故世了，清卿公也故世了，只存硯農表叔一人，"獨木不成林"，他們的乩壇也就撤除了。在二三十年以後，有一次，我問硯農表叔道："你們的扶乩，現在坦白地說一說，到底是真的呢？假的呢？"他說："可以說真的，可以說假。"我道："願聞其詳。"他說："譬如在乩壇上求仙方，假使叫一個一點兒沒有醫學知識的人去扶乩，那就一樣藥也開不出來。若是有醫學知識的人去扶乩，自然而然心領神會，開出一張好的方子來，使病家一吃就愈。再說：假使一個向不識字的人去扶乩，沙盤裏也寫不出來。但我們踏上乩壇，預先也並沒有甚麼腹稿，並沒有謅成一首詩，那隻手扶上乩筆後，自然洋洒成文，忽然來一首詩，有時還有神妙的句子寫出來。所以我敢認定一句成語，'若有神助'，這便是我說的可真可假。"硯農表叔之言，有些玄妙，我還是疑團莫釋呢。

出就外傅

我自從脫離了顧九皋先生以後，便拜朱靜瀾先生為師了，這是我離家就傅之始，這在我童年是一個變換時期。

前文不是說朱靜瀾先生是我的表姊丈嗎？自從我顧氏表姊嫁到朱家去後，因為表姊是祖母撫育長大的，她視我家為母家，歸寧也到我家來，靜瀾先生也視我家為岳家，時常往來。表姊听得我附讀在顧九皋先生處，張氏太太嘖有煩言，她極力主張要我到她家去讀書。

原來靜瀾先生也在家中設帳授徒，他是一位名諸生。從前所謂讀書人者，除了幾家縉紳子弟外，其餘都是做教師生涯。因為從前沒有學校，而子弟總要讀書，社會上需要教書先生，教書先生也就多起來了。教書先生有兩種：一種是人家請了去，當西席老夫子的；一種是自己在家裏開門授徒的。人家請了去的，比較待遇優，然而受束縛，不自由；開門授徒是一種退步，然而以逸待勞，卻比較自由得多。這兩種以後我都嘗過，卻也深知甘苦。

但顧氏表姊的要我到他家去讀書，大有一種報德主義，因為她是在我家撫育成人的，她心中常懷報答之心。近來我父親無固定職業，家境漸窘，她想擔任我的教育一部分，使母舅（我的父親）稍輕負擔。所以她聲明倘我到她家裏去讀書，所有學費、膳費，概不收受。可是父親說："不能如此，學費、膳費照例致送，因你丈夫還有母親弟妹，你不能擅自做主，而我對於兒輩讀書之費，無論如何，是應當勉力負擔的。"

從前學生們住在先生家裏，而先生家裏，供他飯食的，其名謂之"貼膳"。貼膳與束脩，總共計算，普通是每年三十六元，可見從前生活程度的低廉。以每年三十六計，每月僅合三元，以一元作束脩，二元便可以對付一月飯食，住宿就不收你費用了。那時我就以三十六元一年貼膳於朱靜瀾先生處，便住在他家了。

朱先生的家，住在胥門內盛家浜，他們的房子，有些不大規正，大概是量地造屋，一面盛家浜，一面通廟堂巷，也不能說誰是前門，誰是後門，因為兩面都有一座廳，不過廟堂巷一面是朝南，盛家浜一面是朝北的，朱先生的一家，都住在盛家浜的那方面。

我們兒童也喜歡盛家浜，那邊開出門來，便是一條板橋，下面是一條河濱，雖不通船，可是一水盈盈，還不十分污濁。從板橋通到街上，一排有十餘棵大樹，這些大樹，都是百餘年前物了。尤其是在夏天，這十餘棵大樹，濃蔭遮蔽，可以使酷烈的陽光，不致下射。晚涼天氣，坐在板橋上納涼頗為舒適。板橋很闊，都有欄干，沿浜一帶，有八家人家，都有板橋，東鄰西舍，喚姊呼姨，因此盛家浜一面，比廟堂巷一面，較為熱鬧。

我們的書房，在大廳的後面，一面很大的後軒。庭中也有一棵極大的欅樹，樹葉樹枝，遮蔽了幾間屋子，此外也有些假山石，還種了些雜花之類，我記得在四月中，有一架薔薇，開了滿牆的花，似錦屏一般，任人摘取。總之蘇州人家，有一個庭院，便不讓它空閒，終要使它滿院花木的。這座大廳是朝東的，後軒到了夏天，有西曬太陽，書房便搬到大廳上來。大廳旁邊有一間耳房，便給我們的貼膳學生作了宿舍。

朱先生家裏人很多，父親早已故世，他有一位母親，還有兩位弟弟，一號軼萬，小名多；一號念碩，小名滿；還有一位妹妹，閨名圓珠。其他，朱先生還有一位出嗣的異母兄，號筱泉，是個廩生，也是就館在人家，他有夫人、兒女等，也同居在一處。筱泉的嗣母，是頭沉在水缸裏死的，也是異聞。

在朱先生那裏，同學甚多，每年多時有十餘人，少時有七八人。當然走讀的居多，而住讀的（即是貼膳）也每年必有三四人。胥門這一帶，衙門很多，如藩台衙門、臬台衙門、知府衙門等等，都在那裏。住居的人家，有許多候補官們公館以外，便是各衙門的書吏、家屬居多。（以藩台衙門書吏最多，俗稱"書辦"，又號"房科"。）他們在衙門裏，有額有缺，世代相傳，只有他們是熟習地方上一切公事的。因此我的同學，此中人也很多。

第一年的同學，我不大記得了，第二年的同學，我記得有貝氏三兄弟。（說起貝氏，據他們說，凡是蘇州人姓貝的，都是同宗，如我前章所說的我的寄父貝鹿巖，以及後來在金融界上有名的貝淞蓀都是一家。除了蘇州有一家筆店貝文元之外，因為貝文元是湖州人。）這貝氏兄弟，是仲眉、叔眉、季眉。也是貼膳，因此很為熱鬧。後來仲眉習醫，叔眉遊幕，他和我家有一些親戚關係。季眉曾一度出洋，習建築學，做過司法部的技正，設計建造監獄等事宜。

後來有一位戚和卿，也膳宿在朱師家，此君比我年小，而比我聰明，十三四歲時，字就寫得很好，那是從蘇州另一位書家楊懶芋學習的。和他同學不到兩年，他便離去。三十年後，在上海遇到，他已更名為戚飯牛，在電台中講書，頗為潦倒，大概有煙霞癖之故。在朱師處的同學最知己者，為李叔良，曾與結金蘭之契（俗名換帖兄弟），李君留學日本，回國後為學校教師，蘇州草橋中學這班學生，都受過他的教導。

我小時為祖母及母親所鍾愛，年已十三四歲，還不准獨自一人在街道上行走，必有女傭陪伴着。到朱家讀書後，不能時常回家，回家時必有人伴送，大約每月歸家不過一二次，歸家住一兩天，便即到館。但回家後，反見寂寞，不及在朱家的熱鬧。從家裏到宅這條路，已經很熟，屢次請於祖母，不必派人伴送，可是她總不放心。

實在，我住在朱家，正和家中一樣。我表姊待我，正似長姊之待其弱弟。不但是表姊，朱家的人，都和我很好，都呼我為弟弟。從前背後還要拖一條辮子，早晨起來，表姊便為我梳辮；晚上預備熱水，供我洗腳。此無足為異，因為她未出閣時，本住在我家，也常幫助我的母親調理我的呀。

在朱家讀書這幾年，我自我檢討，實在不用功。這其間有幾個原因：第一，這位朱先生交遊很廣，交際頻繁，常常不在家中，如果不是開門授徒，便沒有這樣自由。先生既不在家中，學生更可以自由了。第二，同學既多，品流複雜，雖然都是上中等家庭的子弟，卻有各種性質的不同。尤其是那種年齡較大的學生，更足以引壞年齡較小的同學。第三，我的表姊太回護我、放縱我了。假使我說今天身上不舒服，休息一天，那就休息一天了。實在這個年齡，正是求學的年齡，最是蹉跎不得的。

這個時期內，我看了兒童們不應看的書，如《西廂記》《牡丹亭》，以及滿紙粗話的《笑林廣記》之類，都是在朱家一口壁櫥裏尋出來的，蟲蝕鼠嚙、殘缺不全本。那些曲本，我頗愛它的詞藻，雖然還有許多是不大明了的，那時候正是情竇初開，便發動了我的性知識。此外也偶然看到了別的雜書，甚麼《莊子》《墨子》等等，我也抓來看，多半是不明白的，不管懂不懂，我也亂看一陣子。

記朱靜瀾師

朱靜瀾先生，是我第五位受業師。我在他案頭，差不多有五年之多。這不可以不記了。

先說朱先生的家況，他們是一個小康之家，便是不做教書生涯，也可以過度。但是從前吳中的風氣，既然進了學，教書好像是一種本業。並且中國的傳統，我有知識學問，當然要傳給下一代，而我也是從上一代傳來的，如此方可以繼續的傳下去，從孔子一直到現代，都是這樣一個傳統。

還有一個理由，就是從前古訓相傳的"教學相長"，一面教學生，一面自己也可以求學問。憑借着教學生的緣故，也可以把從前所學的不至於荒廢。再說：即使你並不靠教學生所得的一點束脩為衣食之資，但也可以檢束你的身體。如果太空閒了，一點事也不做，那末，不但是學問荒疏，連身體也因此放蕩了。

但是朱先生實在不適宜於教學生，可是他的教書生涯，頗為發達。有許多先生，我覺得都不適宜於教書的，然而在當時的社會風氣及其環境，所謂讀書人者，除了坐冷板凳之外，別無事可做，我是坐過冷板凳的，所以深知其中的甘苦。從前的教書先生，只有兩條路：一條是在科舉上，忽然飛黃騰達，平步青雲，扶搖直上；一條是屢試不中，顛躓科場，終其身做一個老學究，了卻一生罷了。

朱先生為甚麼不適宜於教書呢？我可以約舉數點：

第一，他的教書不嚴也不勤。我們從小讀《三字經》，有幾句道：

"養不教，父之過；教不嚴，師之惰。"不要以為開蒙的《三字經》，卻是很有道理的。試舉一個例：譬如他出了一個題目，叫我們學生作一篇文字，限定當日要交卷的，但是當日不交卷，他也馬馬虎虎了。假使他出了題目，監視學生，非叫他立刻作出來不可，學生們被迫，無論通不通，好歹也寫出一篇文字來了。但他出了一個題目，並不監視他們，自己卻出去了。學生們不作的不必說，作的只是潦草塞責，釘餖滿紙，有時還亂鈔刻文。他如果勤於改筆還好，而他又懶於修改，如此學生的進步更慢了。

第二，便是我上文所說的他的交友很廣，他今天去看哪一位朋友，明天又去看哪一位朋友，自然這都是讀書朋友。而且他的朋友時時變換，每年常有新朋友。又譬如你去訪了那個朋友，那個朋友明天就來回訪你了。家裏並沒有像現代的甚麼會客室，來訪的朋友，便直闖進書房來了。好了！書房裏來了一位客，學生們都停書不讀，昂起頭來听講話了。那位不識相的朋友，甚而高談闊論，久坐不去。還有拉着先生一同去吃茶、吃酒，先生推辭不脫，於是只得宣告放學。這時學生們，好像久坐議場裏的議員，听得一聲散會，大家都收拾書包走了。

第三，他自己很少讀書時間，因此他的思想不甚開展，也影響到所教的學生。在清代一般士子，為了科舉，在未入學以前，只許讀《四書》《五經》，最多讀一部《古文觀止》，除非是特異而聰穎的子弟，閱讀些《史》《漢》《通鑒》之類。那就全靠進學以後，多讀一點書，以備後日之用。但有許多士子，進了一個學，好像讀書歸了本，不再進取了。我們這位朱先生，入泮以後，南京鄉試，也曾去過兩回，都未中式，第三次又因病未去，對此好像有點失意，而分心於別種事業。那些已開筆作文的學生，作了文字，必待先生改正，這改文章的確是一種苛政，有些學生文字作得不通，簡直要先生給他重作一篇，而朱先生卻是怕改，拖延壓積，因此學生家長，嘖有煩言了。

一個人，交友是有極大關係的，我在朱先生那裏，從學有五年之久，後來出了他的學堂門，因親戚關係，也還是常常到他家裏去的。我見朱先生所交的朋友，常常變換，但也並非是甚麼毫無知識的酒肉朋友，卻是一班蘇州人所謂慈善界的人。慈善界的人，受人尊重，律己也是最嚴。可惜這一班慈善界，總是涉於迷信，後來朱先生也相信扶乩等等一套把戲，對於教書生涯，更不相宜了。

這一班慈善界中人，我稱之為職業慈善家。大概有一班富人，捐出一部分錢來，經營慈善事業。他們的出發點，也有種種不同，有的是為求福計，根據於為善的人，必有善報。有的是為了求名，某某大善士，到底也是光榮的頭銜。也有的資產有餘，且已年老，好像辦點善事，有所寄託。這便是古人所謂"為善最樂"了。但是出錢的人，未必自己去辦，那就仰仗於這班職業慈善家了。因為他們有經驗，有閱歷，而這種慈善事，也是地方上，社會上加以獎勵崇奉的。

朱先生後來奔走於慈善事業以後，也就放棄了教書生涯了。蘇州那個地方，有很多善堂之類，有的是公家辦的，有的是私人辦的，從育嬰堂以至養老院，應有盡有。此外便是施衣、施米、施藥、施棺等等。有一個積善局，也是地方上的紳士辦的，朱先生曾為該局的董事，而兼營了"急救誤吞生鴉片煙"的醫生。

這個"急救誤吞生鴉片煙"，也是慈善事業之一種。因為吞食生鴉片煙，便是仰藥自殺，吃了生鴉片，在若干小時之內，便要一命嗚呼。那時候吸鴉片煙還是公開的，蘇州吸煙的人很多，而吞食生煙自尋短見的更是不少。夫婦反目，姑婦勃谿，母女衝突，尤其是婦女佔多數。這些人一有怨憤，便到煙榻上撩了一手指的生鴉片，向自己口中直送。這都是一時之氣，及至追悔，毒已中腑，卻已來不及施救了。因此每年死去的人，統計下來，便是不少。

於是慈善家就辦了這個急救誤吞生鴉片煙的機構，好像我舅祖吳清卿公以及開雷允上藥材店的東家雷先生等數人，出了錢，朱先生便做了急救的醫生。朱先生不是醫生，卻是臨時學起來的。本來像急救誤吞生煙的事，那是要請教西醫的，中醫是全不會弄的，但那時候，蘇州的西醫極少。有兩處美國教會到蘇州來辦的醫院，地方極遠，一在封門內天賜莊，一在齊門外洋涇塘，要請外國醫生，他們雖是信教之士，但都是搭足架子，而且醫費很貴，普通人家是請不起的。現在有了這個處所，是慈善家辦的，一個錢不要，連藥費也不要，一報信即飛轎而至，甚麼時候來請，甚麼時候便到，即使是在嚴冬深夜，也無例外。

學習這急救誤吞生鴉片是很簡單的，只有幾種藥，叫他們吃下去，以後便是儘量的叫他喝水，使其嘔吐，把胃腸洗清罷了。所難者，就是凡要自盡的人，都不願意要人來救，都不肯吃藥喝水，那就要帶哄帶嚇，軟功硬功，且要耐足性子去求他了。這一點，我真佩服朱先生，他的耐性真好。

有一天，我跟着朱先生去看急救生吞鴉片煙。那個吞生鴉片的女人，年約三十多歲，是南京信回教的人，身體很強壯，而且潑悍非常，是不是夫妻反目，這個救煙的人，照例不去問她。朱先生勸她喝水，橫勸也不喝，豎勸也不喝，一定要死。但朱先生總是耐着性子勸她。她不但要罵人，而且還要伸手打人。可是這不能耽擱的呀！耽擱一久，毒發就無救了。那時朱先生手擎一碗水，正在勸她，她用手一推，那一碗水完全潑翻在朱先生身上。一件舊藍綢袍子上，潑得淋漓盡致。

為着她要打人，叫她的家裏人，握住了她的雙手，及至水碗湊近她的嘴唇時，她用力一咬，咬下一塊碗片來。但救總要救治的，不能因她拒絕而坐視不救，最後要用硬功了。硬功是甚麼呢？名之曰"上皮帶"，便是將她的兩手用皮帶縶住，用一條皮管子，上面有塞頭，塞進她的嘴裏，就是用手撳着，一面灌水進去，一面吸水出來，借此洗清腸胃，這個婦人，便這樣救活了。過不了幾久，我走過她的門前，她們是小戶人家，我見她抱了一個孩子，笑嘻嘻和鄰家婦女正有說有笑呢。

讀書與習業

在舊日的社會制度中，一個孩子到了十三四歲時，便要選擇他前途的職業了。選擇職業，大概分兩大部，一日讀書，一日習業。就普通一般人的常識，當然要看那孩子的資質如何？以為聰穎者讀書，魯鈍者習業。其實也不盡然，也要看他的環境怎麼樣？說到環境，便非常複雜了，因此對於兒童前途的取徑，也非常複雜。

假定一家人家，有幾個孩子（女孩子不在其例），那就容易支配。或者由兒童的旨趣，誰可以讀書，誰可以習業，誰有志讀書，誰願意習業，決定了他們的前途。也有的人家，對於兒童，既不讀書，也不習業，富家成為紈絝子弟，窮的變成流浪兒童，這樣失於教養，要算是家長的過失了。

我在十三四歲的時候，關於讀書或習業問題，曾有過一番討論。因為我是一個獨子，既無兄弟，又無叔伯，似乎覺得鄭重一點。但是我家中人，都願意我讀書，而不願意我習業。第一個先說父親，父親是商業中人，他卻偏偏痛恨商界。他在憤激的時候，常常痛罵那些做生意的，都是昧着良心，沒一個好人。他寧可我做一個窮讀書人，而不願我做一個富商。母親的意思很簡單，她說我生性忠厚，不能與貪狠的商人爭勝。祖母卻以為我嬌養慣了，不能吃苦，習業在從前是的確很吃苦的。

但祖母關於我們的家事，常和幾家親戚商量，那一年的新年，請飲春酒，祖母便提出我的讀書與習業的問題來，加以咨詢。第一個是我的舅祖吳清卿公，我們家庭間有甚麼重要的事，祖母必定問他。可是他主張我還是習業，不要讀書。他說出他的理由來，他說："第一，讀書要有本錢，要請名師教授，而且家中要有書可讀。（自然，在他那個富室家裏都做到了。）為甚麼那些紳士家中科甲蟬聯，他們有了這種優點，再加以有了好子弟，當然事半功倍了。第二，讀書要耐守，現他的父親無固定職業，而又栽培不起，倒不如習一職業，三五年後，就可以獲得薪水，足以贍家，父子二人，勤懇就業，也不愁這個家不興了。我不相信商業場中，沒有出勝的人。"他列舉了某某人，某某人等等，的確，他所舉出的人，都是蘇州商界巨子，捐了一個功名，藍頂花翎，常與官場往來，那些錢莊擋手，卻都是我父親瞧不起的人。

可是我的尤巽甫姑丈，卻不贊成此說，他說："現在讀書要有本錢，這是經驗之談，我不反對，若是紳富人家，科甲蟬聯，而一個寒士，永無發跡之日，這也不對。試看吳中每一次鄉會試，中式的大半都是寒士出身。再有一說，惟有寒素人家的子弟，倒肯刻苦用功，富貴人家的子弟，頗多習於驕奢淫佚，難於成器，也是有的。"姑丈也和我母親的見解一樣，說我為人忠厚，不合為商業中人。他又讚我：氣度很好，沉默寡言，應是一個讀書種子，至於能否自己刻苦用功，另是一個問題了。巽甫姑丈的話，大意如此，可是我听了，很有些慚愧，因為我自己知道，這幾年並沒有刻苦用功，我在朱先生那裏，荒廢的時間太多了。

那時父親便決定主意，不給我習業，而要我讀書了。還有幾件可笑的事，不無有點影響，我自從出生以後，家裏常常和我算命，在蘇州是流行的，連我父親也相信此道。朋友中有許多研究星相之學的，也並非江湖術士之流，他們常抄了我的八字去推算。及至我七八歲以至十二歲時，又常常帶我去相面，相金有很貴的他也不惜。但這些算命先生、相面先生，無不說得我天花亂墜，將來如何的飛黃騰達，必然是科名中人，榮宗耀祖，光大門楣，是不必說了。

我是公曆一八七六年（清光緒二年）丙子二月初二日（舊曆）辰時生的。據星命學家說：這個八字很好。在我三十多歲的時候，還藏着一張自己的命書，是一位名家批的，其中還用紅筆加了不少的圈。除了他們的術語，我看了不懂之外，其餘的話，都是說我將來如何發達的話，大概是說我金馬玉堂，將來是翰苑中人物，出任外省大員，一枝筆可以操生殺之權，儘管他信口開河，亂說三千，卻不知道他能算個人的窮通，卻不能算國家的命運，科舉也就廢了，還說甚麼翰苑中人物，這無非當面奉承，博取命金而已。

所遇的相面先生，也是如此說。那些江湖派的不必說了，有幾位知識階級，平時研究各種相書的先生們，也說我氣息凝重，眉宇秀朗，是一個出類拔萃的人。不是我自吹法螺，現在雖然老醜了，在兒童時代，我的相貌，卻夠得說是富麗堂皇的。我那時身體略瘦，而面部卻不見得瘦，五官也算得端正的。還有一雙手，沒有一個相家不稱讚的，為的是手背豐腴，手心紅潤。到了我四十多歲的時候，在北京遇到了鹽務署裏一位陳梅生先生（這位陳先生以相術著名的，他曾相過邵飄萍與徐樹錚，背後向人說，這兩位將來都要"過鐵"的，後來皆驗。有人問他何故，他說，邵眉太濃，有煞氣；徐眉倒挂，作豬形。皆非善相），他也說我手可以發財。我問："發多少呢？"他說："可以得百萬。"我那時正在窮困，也從不做發財之夢，只有付之一笑。誰知後來竟應驗了，到了民國三十七八年（1948-1949），通貨膨脹，甚麼法幣咧，金圓券咧，我偶然寫寫小說、雜文，一搖筆稿費就是百萬圓，或不止百萬圓呢。

至於筆下可操生死主權，原是算命先生的盲目瞎說。然而當我最初身入新聞界的時候，我的岳丈便極力反對，他說："當報館主筆（從前不稱記者），就是暗中操人生死之權的，最傷陰。"他老先生是以善士著名的，主張一切隱惡揚善。我想：算命先生說我"筆下操生死之權"的這句也應驗了吧。但是到了民國八九年的時候，有位看相的朋友說道："不對了！現在風氣改變了，須要臉黑氣粗，心雄膽大，方是貴人，像你這個相貌，只配做一個文人而已。"

我的話說野了，現在言歸正傳，總之我不再做習業之想了。父親的聽信算命、相面先生的話，雖屬迷信，亦係從俗，而也是對於我的期望殷切。而且他還有譽兒之癖，可惜我的碌碌一生，了無建樹，深負吾父的期望呀！

小考的準備

考試為士子進身之階，既然讀書，就要考試，像我祖父那樣，既讀書而又不考試，只可算得高人畸士而已。我在十三歲的冬天，文章已完篇了。所謂文章，便是考試用的一種制藝，後來人籠統稱之為八股文的。所謂完篇，就是完全寫成一篇文字，而首尾完備的意思。

這種學作制藝，是由漸而進的。最初叫"破承題"，破題只有兩句，承題可以有三四句，也有一個規範。破承題的意思，便是把一個題目的大意先立了，然後再作"起講"（有的地方叫"開講"），起講便把那題目再申說一下，有時還要用一點詞藻，也有一定的範圍。起講作好了，然後作起股、中股、後股，有的還有束股，那就叫作八股。為甚麼叫它為股呢？就是兩股對比的意思。自從明朝把這種制藝取士以後，直到清朝，這幾百年來，一直把這個東西，作為敲門之磚。自然講述此道的著作，也已不少，我不過略舉大概，到後來科舉既廢，制藝也不值一顧，不必再詞費了。

我在顧九皋先生案頭，作過小論，到了朱靜瀾先生處，便作起講。但小論覺得很通順，起講便覺呆滯了，因為小論不受拘束，起講卻有種種規範，要講起、承、轉、合的文法，還有對比的句子，還要調平仄，我覺得很麻煩。並且當時中國文字，沒有固定的文法，一切都要你自己去體會。後來文章雖說完篇了，自己知道，勉強得很。作制藝是代聖賢立言，意義是大得了不得，但人家譬喻說，一個題目，好像是幾滴牛肉汁，一篇文字，就是把它沖成一碗牛肉湯。那末這碗牛肉湯，要不鹹不淡,非但適口而且要有鮮味,但是我這碗牛肉湯,自己就覺得沒有滋味。

雖然是制藝,也要有點敷佐,有點詞藻,而我那時枯窘得很。其所以枯窘的緣故,自然是讀書甚少,所讀的只是《四書》《五經》,其他的書,一概未讀。就是在《五經》中,《易經》我一點也不懂,《詩經》也不求甚解,《禮記》是選讀的,關於甚麼喪禮等等,全行避去不讀,《書經》也覺深奧,《春秋》向來是只讀《左傳》,我還剛剛讀起頭呢。人家說起來,到底是個十三歲的孩子呀,怎麼能板起臉來,代替古聖賢立言,作起那種大文章來呢。

從十三歲冬天文章完篇起,到十四歲開春,本來規定每逢三六九(即每旬的逢三逢六逢九),作文一篇,每一個月,要有九篇文字。一篇文字,也要四五百字,限半天交卷,聰明的也可一揮而就,但以我的遲鈍,常常以半天延長至一天。若在嚴厲的師長,決不許其如此,但是我的這位朱先生,那就馬馬虎虎了。

我那時對於作這種制藝文字,很為懼怕,百計躲避,而對於弄筆寫小品文,或遊戲文,仗着一點小聰明,卻很有興趣。還有我們的朱先生,對於改文章,也非常之怕,不改則已,改起來倒極為認真,有時改改幾乎是重作一篇。假如三天作一文,一連幾次不改,便積壓起來了。況且他所教的學生多,大家的窗課作文,都積壓不改,這使他是很傷腦筋的事呀!

我在十四歲上半年,實在沒有甚麼進境。可是十四歲下半年,便要開始小考了。所謂小考者,以別於鄉試、會試等的考試。鄉、會試取中的是舉人、進士,而小考取中的只是一個秀才。論秀才那是普通得很的,但是有句大家所知道的成語,叫作"秀才乃宰相之根苗",那是踏上求助功名的第一階級。

不要瞧不起一個秀才,說容易似乎容易得很,艱難起來卻非常艱難,竟有六七十歲,白髮蕭蕭,考不上一個秀才的。還有他的兒子已經點翰林,放學差,而老父還在考取秀才的。他無論如何年老,至死不休的，情願與十四五歲的學童爭取功名，當時科舉之迷，有如此者。主試官也往往憫其老，而破格錄取的。

小考是先從縣試起的，所謂縣試，便是先從縣裏考試，主試的便是縣官。縣試畢後，便是府試，主試的便是知府。縣試、府試考過以後，便是學台來考試了，名曰院試（俗稱道考）。這一次考取了，方算是一名秀才，然後才可以去鄉試，鄉試中式了，成了一名舉人後，又可以去會試，一直到殿試。從前舉世所豔稱的狀元，就是以秀才為始基。

為了下半年小考問題，家庭中又討論了。祖母以為我太小（我當時身體甚瘦弱），考試是相當辛苦的。一個在街上走路還要老媽子陪着的，如何能去考試呢？母親不敢做主，但問："有把握嗎？如果考試能取進，一個十四五歲的小秀才，誰不歡喜？如無把握，白吃辛苦一場，不如等待下一科，就算十六七歲進學，年紀也不能算太大啊。"

但是父親期望我甚切，很想我去試一試。他說："這事須先問一問靜瀾（就是朱先生），他說可以去考，自然讓他去考。"父親的意思不差，以我日在朱先生的案頭，我的程度如何，朱先生當然知道，問他是最適當。朱先生說："文章既已完篇，不妨且去一試。"在朱先生自然以他的學生能出考為然，考取與否，乃是另一問題。而且朱先生也窺知吾父之意，要我去試一試呢。

巽甫姑丈來省視我祖母，祖母便向他說了。巽甫姑丈道："不知他所作的文字如何？抄一兩篇給我看看，但要他自己作的，不要先生的改筆。要是先生的改筆，我也看得出來。"我听了捏着一把汗，因為父親是外行，而巽甫姑丈是內行，甚麼也瞞不過他。於是選了兩篇比較略為光鮮的文字，好似醜媳婦見公婆一般，送給巽甫姑丈去看。

巽甫姑丈看了，只是搖頭。他說："就文字而言，恐怕難於獲售，但是科名一事，很是難言，竟有很老練的文章，難入主試之目，以致名落孫山，而極幼稚的文字，反而取中的。"他恐掃了我父之興，便說："可以叫他去觀觀場，不必望他一定進學。縣、府試，我們壽官（壽官乃姑丈之子，即我子青表哥小名），也要進場，坐在一處，可以幫幫忙。道考反正要明年春天，再用用功，也許要進步點。"

　　這樣，我就決定去應小考了。縣考是在十月中間，府考是十一月中間。那個時候，我也"急來抱佛腳"地用了一點功，但於平日間的荒嬉，根基薄弱，也不能有甚麼進境呀！

考市

先談縣考，我就去報了蘇州吳縣籍。在那個時候，省之下有府，府之下有縣，而蘇州一府之下，卻有九個縣。怎樣的九個縣呢？長洲、元和、吳縣，謂之上三縣；常熟、昭文、吳江、震澤、崑山、新陽，謂之下六縣。上三縣的長、元、吳，就在蘇州城廂內外以及各鄉各鎮，其餘六縣，即今日已歸併為常熟、吳江、崑山為三縣。

我們住在蘇州城內的人，原是長、元、吳三縣都可以報考的，何以卻報考了吳縣呢？這有三個原因：一則，我祖籍是吳縣，而不是長、元。二則，我現在所住居的地方，在閶門一帶，也是吳縣境界。三則，吳縣是三縣中的大縣，轄地既廣，學額也較多。但吳縣是大縣，卻不是首縣，首縣乃是長洲，所以稱為長、元、吳。可是長洲雖首縣，吳縣以大縣資格，亦以首縣自居。蘇州有句俗語，叫作"長洲弗讓吳縣。"出三節會的時候，長洲城隍與吳縣城隍往往為了爭道而儀仗隊相打起來。如果一家小兄弟爭吵，他們的母親往往罵道："你們又長洲弗讓吳縣哉。"及至辛亥革命，三縣歸併成一縣，統稱之為吳縣，而吳縣的區域愈大了。

蘇州有一個考場，稱之為貢院，在封門內雙塔寺前（一名定慧寺巷），雙塔細而高，正像兩枝筆，這是吳下文風稱盛的象徵。據老輩說：蘇州從前本沒有貢院，那個考場，是在崑山的，士子考試，要到崑山去。到後來蘇州才有考場。現在這個考場很寬大，裏面可以坐數千人。有頭門、二門，進去中間一條甬道，兩邊都是考棚，一直到大堂，大堂後面，還有二堂以及其他廳事、房舍等等，預備學政來考試住的。

每當考試時，那裏就熱鬧起來，一班考生，都要到貢院周圍，去租考寓。為的在開考那一天，五更天未明時，就要點名給卷，點名攜卷入場後，就要封門，封門以後，任何人不能進去了。如果住得遠一點的考生，便要趕不及，又如果遇着了風雨落雪，更加覺得不便。因此大家都要在鄰近考場的地方，租定一個考寓。

住在貢院附近人家，到考試時出租考寓，視為當然的事。房子多餘的人家，不必說了，把家中空閒的房屋，臨時出租，那大廳、門房，凡是可以住人，都可以派用場。即使是小戶人家，自己只住兩三間屋的，也可以讓出一間與考生，或者將自己所住房間，以及牀鋪、家具都讓給他們，而自己另想法子，暫住到別處去的。

蘇州一向是尊重讀書人的，對於考生，以為斯文種子，呼之為考相公，便是租考寓與他們，也不事苛求。這一場考試下來，他們的考寓中，考取了多少新秀才，他們引為榮耀，而且誇為吉利。住在他那裏，有如家人婦子一般。我有一位同學，住在考寓裏，被女主人看中了，就把女兒許配了他。這不僅是我國的留學生中，有此豔遇，那舊日的考試中的考寓裏，也有此佳話呢。

租考寓是訂明三次考試的，即縣考、府考、道考。租金比尋常租屋略貴一些，但這是臨時租借性質，而且把牀榻、家具、爐灶等等，都臨時借給你的。這屋子裏，也同學校宿舍一般，一間房子可以住多少人，有多少鋪位。三考完畢，大家回去，也有的得第以後另外送一些謝儀，這是例外的。

除了考寓以外，便是臨時設立的許多書舖子、文具店。因為這個地方是住宅區，他們都租借人家的牆門間，設立一個簡單的舖位。幾口白木的書架，裝滿了書，櫃台也沒有，用幾塊台板，套上個藍布套子。招牌用木板糊上白紙，寫上幾個大字，卻是名人手筆。這時觀前街的幾家書店，也都到這裏來，設立臨時書店了。若到了府考、道考的時候，更為熱鬧，因為常熟、吳江、崑山的考生都要來。也有上海的書店，他們是專做趕考生意的。

　　文具店不像現在那樣都成了歐美化，從前的文具店，完全是國粹。紙、墨、筆、硯是大宗，還有卷袋、卷夾、墨匣、筆匣等，更帶賣些詩箋信封、白摺子、殿試策，沒有一樣不是國貨。可是卻有一樣，非外國貨不可，那就是洋蠟燭是也，這洋蠟燭，在文具店裏也有買，原來這考試有時到深夜，須要接燭，而中國蠟燭太不適宜：一則，煙煤，要結燈花；二則，如果跌倒，燭油便要污卷；三則，沒有插處，又常常要易燭。洋蠟燭均無此弊，當時德國的白禮氏船牌洋燭，已傾銷於中國，而考生則非此不可（即鄉會試亦用得着），正給它推行不少呢。

　　在此時期，臨近一帶的菜館、飯店、點心舖，也很熱鬧。從臨頓路至濂溪坊巷，以及甫橋西街，平時食店不多，也沒有大規模的，到此時全靠考場了。假如身邊有三百文錢（那時用制錢，有錢籌而無銀角），三四人可飽餐一頓，芹菜每碟只售七文（此為入泮佳兆，且有古典），蘿蔔絲漬以蔥花，每碟亦七文，天寒微有冰屑，我名之日冰雪蘿蔔絲。我們兒童不飲酒，那些送考的家長們、親友們，半斤紹興酒，亦足以禦寒，惟倘欲稍為吃的講究一點，那些小飯店是不行的，就非到觀前街不可了。

縣府考

縣、府考都要隔夜就派人去佔座的，因此夜間貢院前就很是熱鬧，而攤販也極多，他們都是來趕考市的。在平時，那些讀書人家的子弟，不肯在街頭沿路吃東西，以為失去了斯文的體統。到了考場前，就無所謂了。餛飩擔上吃餛飩，線粉攤上吃線粉，大家如此，不足為異，此外測字攤卜以決疑，詩謎攤對準古本，也都到考場前來湊熱鬧了。

到了府考時候，還要熱鬧一點，因為在縣考時，只有長、元、吳三縣，而到了府考，其餘的六縣都要來了。因為蘇州當時是省城，而且是首府，便有觀光上國之意。在下縣中，常熟文風最盛，而吳江、崑山，也不退班，他們都是府考之前，先來租好考寓，以便赴考從容。還有僱好一條船，直開到蘇州城河裏來，考寓就在船上，竟有以船為家的。有些久居鄉下，沒有到過蘇州的，借着送考為名，借此暢遊一番，因此在考市中，連蘇州別的商業也帶好了。這個小小考市，雖沒有南京、北京之大，但以吳中人文之區，在那時倒有一番盛況。

我在十四歲初應縣府試的時候，租的考寓，即是和尤家在一起。那時巽甫姑丈說：因我年小，要大人招呼，而他們家裏應考的人多，送考的人也不少，不如附在一起吧。我父親很高興，因為我還是初次應試，而他們家中卻年年有人應試，況且我的表哥子青（名志選，比我大兩歲），他這次也要出考呢。

我記得那個寓所在甫橋西街陸宅，正對着定慧寺巷的巷口。他們家裏房子很多，每次考試，尤家總借着他家作考寓，也是老主顧了。一切招待很為周到。那陸家也是書香人家，好在他們的宅子，鄰近考場，他們雖不靠着出租考寓，然而一個考市裏，也可以得到不少收入，不僅是尤家，還有其他人家來租的考寓。

事先，母親給我預備了一隻考籃，這考籃是考試時一種工具。提到了考籃，記得有一部小說《兒女英雄傳》上的安老爺，鄭重其事地取出一隻考籃給他的兒子安龍媒，作為傳家之寶，迂腐可笑。還有京戲的《御碑亭》中王有道為了赴京趕考，手中所提的考籃型式，曾引起了戲劇家的爭論。其實考籃是沒有一定型式，各地方的情形不同，何須爭執？

我的一隻考籃是中型的，共計兩層，上面還有一個屜子。母親在下一層，給我裝了許多食物、水果之類，上一層，讓我裝筆墨文具，以及考試時必需之物，或必需所帶的書籍。有許多人，帶了不少書的，因為縣、府考向不搜檢，你可以儘多帶書，但我卻一些也沒有，因為我當時也買不起那種石印的可以攜帶的書，不過像那種《高頭講章》《詩韻集成》之類，這是一定要帶的。

在尤氏的考寓中，將近進場的時候，吃一頓進場飯，很為實惠。但我卻一起身，吃不下飯，好在他們也備粥，我就吃一頓進場粥，也覺得很為暖和。這時考場前要放三次炮，所謂頭炮、二炮、三炮是也。頭炮，赴考的人便要起身了；二炮，是吃飯的吃飯，吃粥的吃粥，不租考寓住的稍遠的，就要出發了；三炮，必定要到考場前，聽候點名了。點名完畢，就要封門，封門又要放炮，謂之封門炮。此外開門也要放炮，放榜也要放炮，每在放炮之前，門外兩旁的吹鼓亭內，必定要吹吹打打的一陣子，這也是前清時代對於考試場的老例，恐怕也是歷代相傳下來的。

蘇州長、元、吳三縣中，以吳縣童生報考的最多，大概每次有七八百人；其次是長洲；其次是元和，總共有二千多人。三縣分三處點名，三縣知縣官親自臨場。因為那時天未大明，為了使考生們知道點名的次序，所以做了好幾架燈牌，燈牌上糊以紙，考生姓名都寫在上面，預先自己可以認清自己的姓名在第幾牌，第幾行，到了听點的時候，可就覺得便利多了。

點名是知縣官坐在當中，旁邊一個書吏唱名的，府試是九縣分場考試，也是知府親臨點名的，點到那一個人姓名時，其人答應了一聲"到"，便上前接取試卷。主試人看了看那人的年貌，便在名冊上點上一點，也有臨點遲到的，點完後尚可補點一次。照例是要本人應點接卷的，但縣考竟有託人代為應點接卷的，不像道考那般嚴正。

記得我那一次縣考時，吳縣知縣是馬海曙，他是江蘇一位老州縣，連任吳縣知縣有好幾年。是一個捐班出身，據說：他從前是一位米店老闆。他對於作文章是外行，但於做官是十分老練。在一般考生的目中，因為他是捐班出身，便有些瞧不起他，常常的戲弄他。在點名的時候，都擠在他案桌左右，七張八嘴，胡說白道，甚而至於用一根稻草，做了圈兒，套在他的頂珠上，以為笑謔，也是有過的。

然而這位馬大老爺，依舊是和顏悅色，笑嘻嘻地對他們說："放規矩點，不要胡鬧。"為甚麼呢？一則，有許多全是未成年的孩子，不能給他們認真。二則，蘇州地方，紳士太多，紳權極重，這些考生們，有許多都是宦家子弟，未便得罪他們。三則，自己是個捐班出身，須得謙和知趣一點，萬一鬧出事來，上司只說他到底不是正途出身，不知道國家進賢取士，與夫科舉之慎重尊貴。

那時元和縣知縣是李紫璈，是個兩榜出身，俗呼老虎班知縣，這些考生們，就不敢戲弄他了。但是有些頑劣的童生，還是喚他"驢子咬"，"驢子咬"（吳語，驢讀如李，咬讀璈），他也只得假作不聞。原來蘇州小考，童生們的吵鬧是有名，人們呼之為"童天王"，那些書吏們辦公事的，見了他們都頭痛。後來各省設立了學校，蘇州各學校的學生，也常常鬧風潮，其實也不是新玩意兒，在我們舊式考試時代，已經很流行了。凡是少年們，都喜歡生出一點事來，那也是一種自然的趨勢，古代如此，今代亦然，中國如此，外國亦然。

童天王最鬧得厲害，卻在府考的時候，因為那時候，不但只有上三縣，下六縣的考生也都來了。在考場裏，尤其是蘇州人和常熟人常常相罵，甚而至於相打。各方有各方的土語，蘇州人以為常熟人的說話怪難聽，常常學着常熟人的說話，嘲笑他們，可是常熟人要學蘇州人的說話，卻是學不來。加着蘇州人的說話，又是刁鑽促狹，常熟人說不過他們，於是要用武力解決了。

常熟那個地方，為了瀕臨江海，在吳中文弱之邦中，民風略帶一點強悍性質。所以說不過你，就預備打局了，然而是十之七八打不成功的。因為相打是要有對手的，蘇州人嘴是兇的，真正動手是不來的，這有些像近代國際間的冷戰，只可相罵，不可相打，至於真要相打，蘇州人都溜光了。但到了常熟人覺得英雄無用武之地，蘇州人又一個一個出來冷嘲熱罵了。

縣、府考每次都要考三場，這次縣考，在吳縣七百多人，第一場取出約一半人數，我的文字，自己知道作得一塌糊塗，試帖詩上還失了一個黏（即是不協韻），滿以為在不取的一半人數裏了，誰知發案（同於放榜）出來，倒也取在第一百十餘名。共取了三百多名，我心中想，難道所取的名次中，還有二百多人的文字還作得比我壞嗎？於是那個失敗心便降抑下去，提高了一些興趣起來。第二場，便跳起到九十五名。但我的表哥尤子青，他一開頭就是前三名。

府考時，我名次也差不多，總在百內百外之間，其實已可以決定院試的不能獲售。但父親說：這一次原不望我進學，只是所謂觀場而已。以文字而論，如果取進，那真可以算得僥倖了。縣府考既畢，到明年二三月裏，便是道考。這道考兩字，還是依舊從前名稱，從前放的是學道，所以稱之為道考，現在卻已改為學政，三年一任，人家又稱之為院試。其所以稱為院試者，因為學台衙門，名稱為提督學院。這個學政，不但來考童生，而且還要來考生員，三年兩試，一名科考，一名歲考。

院試

　　江蘇學政，是要巡行江蘇全省，替皇帝選拔多士，在清朝這個官制，算是欽派在一省的欽差大臣。所以他在這一省內，考過一府，又考一府，匆匆忙忙，幾乎席不暇暖。學台衙門是在江陰的，然而他在衙門裏的時候很少。這一任的學政是誰，我已記不起來了，好像是個滿洲人，姓名上有一個"溥"字的。

　　院試不比縣府考那樣的寬鬆，那是要嚴格得多了。院試考取了，便是一名生員，稱之為秀才。一個讀書人，在那時算有了基礎了。一名生員，有甚麼好處呢？你不要小看他，卻有許多利益。第一，任何一個老百姓，如無功名，見了地方官，要叩頭下跪，稱呼縣官為大老爺，要是一生員，便長揖不拜，口稱公祖而已。第二，在前清，老百姓犯了罪，要枷頭頸，打屁股，生員只可打手心，而且要老師（學官）才能打，不能衙門裏役吏打，除非革去功名，然後方可受普通刑罰。第三，老百姓是沒有頂戴的，生員就可以戴一銅頂珠。其他利益還很多，在一個小縣份，或是鄉鎮之間，一個秀才，便等於一個紳士，所以在俗語中，往往"紳衿"兩字並稱，據友人齊如山談：在北方，凡有人家子弟進了學，可以免出幾畝地官租，若在南方，則未之前聞。

　　學台一到了那個考試地方，便住到貢院裏去，他照例甚麼客也不拜，人家也不能去拜他。這是為了關防嚴密，恐怕通了關節之故，一直要到考試完畢以後，方才可以拜客，而接連就是辭行，要到別一府去考試了。所以一位學政到了那裏，一直關閉在貢院裏，連那許多看文章的師爺，以及帶來的長隨、承差等，也都是如此的。

　　學台到了以後，所有吃的、用的，都是縣衙門裏辦差。像蘇州那樣，自然是長、元、吳三縣攤派的，反正知縣官也不挖腰包，總是公家的錢。學政來了以後，縣裏便設了一個機構在貢院前，遇到學台要甚麼東西時，便由那個機構去辦。學台帶來的人，不能出貢院門，需要何物，便在大堂上大呼"買辦"（官役中買東西的人，非洋行買辦也）。據說：從前學政臨試，要抬進一箱銀子，外面寫着供應所需，考試既畢，這箱子仍復抬出，其實這箱子內空空如也，不過有此規制，總之學政臨試，地方上對此供應，可以作為正開支，並且還要送一筆錢的。

　　對於供應，遇到了不容易伺候的學政，要這樣，要那樣，百端挑剔，地方官也很受他的累。臨走時，所有辦差來的東西，通統帶去了。也有哪位學政清廉自守，而所帶來的人不肯放鬆，也是有的，除了木器等笨重之物，不能帶走，其餘一切供張，均席卷而去，連看文章師爺，也得分潤，他們以為此項供張，縣裏已作正開支，不拿也太呆。他們這些窮翰林、窮京官，在京苦守了多年，深望放一次考差，可以稍為撩一點兒，這已是公開的秘密，連皇帝也是知道的。

　　前清時代，每府、每縣都有一個學宮，在所謂學宮旁邊有幾間房子，選一二位學官住在裏面，這是一種最冷的官，最簡陋的衙門，然而卻是最清高的職務。別的大小職官，不許本省的人來做本省的官，惟有那種學官，大都是本省人做的。他們終年不必上督撫衙門，毫無官場競爭習氣。他的官名叫訓導，有的叫作教諭，而大家都呼之為老師。他長年清閒無事，就是兩個時期最忙，一是春秋兩次的丁祭，一是學台來考試的時候了。

　　春秋兩次丁祭，是他的職司，也是最忙的時期，平常與省內的長官，難得見面，只有這次是可以見面了。而且這些大員，很客氣地都喚他一聲老師，昔人有詠教官的詩句云："督撫同聲喚老師"，便是這個典故。至於學台來的時候，也是他們最忙時候，因為學台是他們的親臨上司，可以管理這學官，考驗這學官的。關於童生及生員的事，惟學官是問，要責罰他們，也由學官去執行，好像是代理家長似的。

在前清封建專制時代，凡是童生應試，必須備有保人，具有保結。這保人有兩個階級，一是本縣的廩生，一是本縣的學官。為甚麼要保人呢？原來有許多人是不許考試的。譬如說吧：所謂娼、優、隸、卒的四種人的子弟，便是不許考試的，這院試是士子進身之階的始基，所以特別嚴厲。還有本省人須應本省的考試，本府縣人須應本府縣的考試，如果別省府縣人來考試，這個名稱，謂之"冒籍"，那就要受本省府縣人的反對而攻訐的。

關於娼、優、隸、卒四類人的子弟，不能考試，我且述其大略。

先言娼：娼是指身為娼妓，及曾開妓館而言，譬如說：他的母親從前是個妓女，嫁了他的父親，而父親是一個紳士，這怎麼辦呢？但這是無關宏旨的，因為當時是所謂宗親社會，重父而不重母的，況且他母親已經從良。不然，有許多姨太太所生的兒子，他的母親都曾當過妓女的，便不能考試了嗎？除非他的母親是老鴇，而他的父親是龜奴，又當別論，但這樣人家的子弟，也不會來考試的。

次言優：優是指唱戲的，即使你是一個名伶，譽滿全國，兒子也不許考試，不論唱京戲、崑戲、地方戲，都是一樣。當時是戲子與婊子同等的，後來才解放。以次推及雜技，如北方的說大鼓的，南方的說書先生（此輩均由地方上的甲頭監管），以及俗語所說"吃開口飯"者，他們的兒子，都不許考試。

次言隸：隸就是奴隸了。貴族人家的家奴，賣身投靠的，不必說了，便是僱傭性質的老僕、書童，以及官長的長隨、青衣、長班等一切服役人等，總之屬於奴隸之類的，都不許應試。不過女傭卻是例外的，即使母親在人家當老媽子，而兒子刻苦讀書，照常可以考試的。

次言卒：卒是就官中人役而言，譬如像差役、捕快、地保、甲頭、更夫、親丁之類，都不許考試。但是一個官署中，便有許多辦公的人，也有許多分科的人，這種人俗稱之為“書辦”，書辦的兒子，卻准許考試。因為有官必有吏，此種人是屬於“吏”的階級，且既名書辦，亦是文人階級也。

　　此外，在其他各省中，有所謂墮民、賤民、流民等等，其子弟有永遠不許考試的。但到了辛亥革命以後，所有不許考試的規定，一律解放了。

觀場

我這次院試，已是十五歲的春天了，而在縣府考報名時，還給我報小了兩歲，名冊上只有十三歲，這是蘇州的風氣，有許多初考試的，都是如此。我的十五歲，本是虛歲，加以身體瘦弱，發育未充，騙人十三歲，也騙得過，從縣府考到道考，相隔也有幾個月，假使如我巽甫姑丈所說：在這幾個月裏用用功，再有點進步，本來在縣府考是百上百下的名次，再能跳高幾十名，可以僥倖取中，也論不定。

原來全國各縣考取生員的名額是不同的，我們吳縣是個江蘇大縣，每次報考的常有七八百人，所以考取的學額，是有四十多名。（據放過學差的老前輩談，有些荒僻縣份，每屆考試，報考的只有二三十名，而學額倒也有二十名，只好"一榜盡賜及第"了。）原在縣府考百名以內，跳上數十名到學額中，也不算難事呀。

但是我在幾個月內，一點沒有用功。又加着正在歲尾年頭，和同學們開春聯店，到處奔走听"說會書"，在新年裏又是到處遊玩，真是"春天不是讀書天"，荒嬉到正月裏半個多月，及至到朱先生處開學，雖然急來抱佛腳，也無濟於事。大家也以為我這次考試，也不過觀場而已，並不加以嚴厲的督促。

院試的前夜，也同去冬的縣、府考一樣，住在尤家所借的陸氏考寓。可是縣、府試是寬容的，院試是要莊嚴得多了。所謂童天王的威勢，到此也消滅了，學台的尊稱是大宗師，他是專管你們的，遇到年老長厚的學使還好，若遇到年輕風厲的學使，你要犯規不率教，不客氣的便要予以刑責。在吾鄉有一位青年，在院試時，不知為了甚麼事，吵鬧起來，學台便命令學官（老師），在案頭敲打手心二十下，老師命他討饒，他不肯，後來打到第十八下，忽然討了一聲饒，學台便命止打。這位先生，我們題他一個綽號，叫作“胡笳十八拍”。責罰以後，學台仍舊教他去作文章，而且這科就考取入學了。

在縣、府考的當兒，考生只是穿便衣，院試卻不能了，至少也要戴一頂紅纓帽子，卻是沒有頂珠，只有一個圈兒。學台點名，就在貢院的大門內，這時天還沒大明，燈燭輝煌，衣冠羅列，學台坐在正中，在兩旁站班的有各縣知縣，有各縣學的老師，有各廩保，以及各吏役、承差等，這氣象顯得威嚴而隆重。

這貢院大門的門限，足有半個成人的高，在縣、府考時，去了這門限的，院試不去除，我那時身小力弱，跨不進這個高門限，幸而巽甫姑丈家有個送考的僕人，把我一抱，便送進去了。听到點上我的名時，便應一聲“到”，而站立在旁邊的廩生，便高呼曰：“某某人保。”談到這個廩保的事，我還得說一說：原來這個童生應試，也須備有保人，具有保結。當保人的是誰呢？就是本縣的廩生，而且廩保還須有兩位，一名認保，一名派保。何為認保？在認識的人中覓取的；何為派保？是由學官指派。那時我的認保，是馬子晉先生；也是朱靜瀾師的老友，預先約好的。派保是誰，現已忘卻了。為甚麼考試要保人呢？在封建時代，對於士子，不許他們流品太雜，如前所述，有許多種人是不許考試的。

點名即發卷，我們胸前都懸有一個卷袋，領卷後即安置卷袋中，手提考籃，魚貫入場。這個考籃，又與縣、府考的考籃不同，雖亦為竹製，而有網眼，在外面可以觀察裏面所貯之物，因為便於搜檢也。說起搜檢，這也是可笑可惱的事，縣、府考是不搜檢的，即使到鄉試、會試，也是不搜檢的，有多少書，帶多少書，不來管你，惟有這個學政來院試時，片紙隻字，不准攜帶入場，一經點名接卷以後，進入考場，便要搜檢，恐怕你有文字夾帶。有時還要解開衣服，遍體捫索，鞋子也要脫去檢視，頗像後來上海的"抄靶子"，及現在各海關的搜檢旅客一般。

雖然嚴於檢查，但是懷有夾帶的人，還有很多。以前沒有洋紙，也有一種極薄的紙，叫作甚麼"桃花紙"，用極纖細的字，把成文抄在上面。其實懷挾夾帶的人，卻是最愚笨的人，哪裏有所出的題目，恰是可以供你抄襲的呢？而且看文章的人，對於你所抄襲得來的，也就一望而知呢。但是在進場時，搜檢出來後，有甚麼罪名呢？也沒有甚麼，把夾帶搜出來以後，仍舊讓你進場去作文章，不來滋擾你了。

院試出題目，總是出兩個，一為已冠題，一為未冠題。未冠題比較容易一點，年紀報小，可以避難就易吧。可是這位學政，大概喜歡年小的兒童吧？所以把報考十三四歲的童子，一概"提堂"。所謂提堂者，就是提到堂上去作文章，那時我也是其中的一位。這一屆我們吳縣的題目，是《宜其家人》一句，我倒是選取的已冠題（這不強制你的年齡而選取題目的）。詩題是甚麼，早已忘懷了（鄉、會試以及大考等，總是五言八韻，小考只要五言六韻）。但是有兩件事，最為麻煩：一件是卷後補草稿，一件是必須默寫《聖諭廣訓》。

在考卷的後面，附有一二頁白紙，那是備你作草稿用的，因為院試是不許帶片紙隻字入場的。但是有些人的草稿，塗寫得模糊不清，非用另紙起草不可；有些人到了時間急促時，就下筆直書，不起草稿（我便是這樣的一個人）。而考卷上既備有稿紙，非要你起稿不可。那也是防弊之一法，生怕你的文字，有人代作，或抄襲得來，有了草稿，可以核對。實在看文章的人，有如許的卷子，真似走馬看花，哪裏還有工夫來細看你的草稿呢？所以這個補草稿，在前面幾行，還有些清楚，後面便看不清楚，隨便塗些甚麼。有人說：在急的時候，用一根穿制錢的草繩，在墨盒裏塗了墨，在草稿紙上一彈，就算數了。

默寫《聖諭廣訓》，也是令人頭痛的事。這種《聖諭廣訓》，也不知是前清哪一代的皇帝，發下來誥誡士子的訓話。反正每一個專制皇朝，總有皇帝的綸音，對於士子的訓誡，不但"作之君"，還要"作之師"。但是這個《聖諭廣訓》，我們平日既沒有讀過，私塾裏的先生，只教我們讀《四書》《五經》，沒有教我們讀《聖諭廣訓》，既然沒有讀過，如何能默寫出來呢？可是每逢院試，必須要默寫一段，由主試摘出，從某一章某一句起，至某一章某一句止。結果，各考生都發給一本《聖諭廣訓》（在交卷時繳回），照抄一段完事，誰也沒有去研究它，只不過虛應故事罷了。

這一次，我雖然以幼童提堂，到底沒有入彀。吳縣學額最廣，可以取進四十餘人，大約二十人，取進一人，照我的縣、府考成績而言，除非要加兩倍學額，方可以取進。家中人恐我失意，很安慰我，但我自知文字不濟，決不怨人。巽甫姑丈原說："這一回，不過觀場而已。"我也只好以此自掩其醜。可是我的表兄尤子青哥，卻是就在這次以第二名進學了。

我這回不能進學，大家都原諒我，因為我年紀究竟還小，號稱十五歲，實際上不過十四歲而已，雖父親很希望我得青一衿，但即使僥倖得售，實在也沒有甚麼益處，反使兒童輩啟其驕傲之心。吾吳童子試時，頗也有十二三歲便進學的，曾有一位戴姓，九歲便進學，大家稱之為神童，但後來卻是潦倒科場，不曾有所發達，豈所謂"小時了了，大未必佳"嗎？

但下一科則大家對於我期望甚切。不僅我家中人，親戚中如巽甫姑丈、伊耕表叔，以及我的受業師朱靜瀾先生等，他們都說以我的資質，倘能用用功，學業當可大進。他們都說我"有悟性"。怎麼叫有悟性？好似佛家語，我實在不明白，大概說我思想開展而已。下一科考試，也不過距離一年半，或二年，在我不過十六七歲，也並不算遲呀。

讀書與看報

考過以後，我仍附讀於朱先生處，果能努力用功嗎？實在是未必。這時朱先生的事也太忙了，也東奔西走於別種事業，家裏學生也漸少了。其間我又患了一場病，拋荒了幾及兩三個月。所讀的書，《四書》還好，常能背誦，《五經》大都背不出，我最怕的是《書經》與《易經》，講解也講解不來。習練作文（八股文），一個月不過作兩三篇，而且因為不常作，也怕作，真是"三日不彈，手生荊棘"了。

幸虧還有一件事，足以稍為補救的，便是喜歡看書。從小就看小說，幾部中國舊小說，如《三國演義》《水滸傳》《東周列國》之類，卻翻來翻去，看過幾遍。後來還看《聊齋誌異》《閱微草堂筆記》這些專談鬼狐的作品。這些小說書，蘇州人都稱之為"閒書"，不是正當的書，只供有閒階級，作為消遣而已。凡是青年子弟，嚴肅的家長是不許看的，而我卻偏喜歡看此等書。

不過當時所謂正當的書，我也沒有秩序地讀過不少，《史記》是在《古文觀止》上讀過幾篇；《漢書》偶亦涉獵；看過《綱鑒易知錄》，與零零落落的《通鑒》；看過《三國演義》以後，很想看看正史的陳壽《三國志》，卻沒有看到。偶亦看子書，《莊子》《墨子》，盲讀一陣，正所謂"抓到籃裏就是菜"，不管它懂不懂，讀下去再說。有時硬讀下去，讀到後面，居然前面也有些明白了。古人所云："讀書不求甚解"，難道便是這種境界，或者就是他們所說的悟性嗎？

但是我家裏沒有書，要購買那些書來讀，哪裏來這許多錢呢？這就感到從前舅祖吳清卿公所說的一句話："讀書是要有資本的"了。那末上面所能讀到的書，不用說，都是借來的，或是在親戚人家偶然的機會中看到的。不過借來的書，人家要索還的；偶然在人家看到的書，即使你有一目十行的本領，也是很匆促的；這兩項總歸不是自由的，怎能可以供你細細的研究呢？

所以我所讀的書，是沒有系統的，不成整個的，甚而至於只是斷簡殘編，我就視為枕中秘笈了。但是當時習於制藝文的時代，有些老先生們，不許學生們看雜書的，因為功令文中，譬如你的題目出在《四書》上，《四書》是周朝的書，就不許用周朝以後的典故，用了就有犯功令的。並且對於思想統制，大有關係，當時的士子，必須要崇奉儒教的，那所謂孔孟之道，倘然你相信了莊、墨的學說，就是你"攻乎異端"，有違儒教了。

實在所謂莊、墨學說，當時我還不能明晰了解，我還喜歡看小說、筆記之類，容易懂得的雜書。這時國內很少圖書館，家庭間則多有藏書者，然也不肯輕易借給人看。我那時要看書，惟有向人情商借閱，至於廉價的書，只有自己購買一二了。親戚中，吾姑丈尤家，他們是個大家族，有許多書是公共的，不好借出，只有吾表兄子青哥的書，可以借閱，而且他們很少我所愛看的雜書，因為我姑丈即不大許看雜書，舅祖吳家，藏書甚多，卻有許多雜書，記得有一次，我發見他們一書櫥，都是那些筆記、小說之類，這些都是鉛字印的，上海申報館一個附屬出版所，名曰"申昌書畫室"所印行的（如沈三白的《浮生六記》等，也是此時代刊物），我大為歡迎。所以我每跟祖母歸寧，不大肯回來（當時有伊耕表叔還指點我作文），就是捨不得他們這些雜書呀。

我對於報紙的知識，為時極早，八九歲的時候，已經對它有興趣。其時我們家裏，已經定了一份上海的《申報》，《申報》在蘇州，也沒有甚麼分館、代派處之類，可是我們怎樣看到《申報》呢？乃是向信局裏定的，那個時候，中國還沒有開辦郵政，要寄信只有向信局裏寄。信局也不是全國都有的，只有幾個大都市可以通信。江、浙兩省，因為商業繁盛之故，信局很密。蘇州和上海，更是交通頻繁，除書信以外，還有貨物。我記得一封，自蘇至滬，或自滬至蘇，信資是五十文，這個信資，例須收信人付的，如果寄信人已付了，信封背後寫上"信資付訖"四個字。

寄信多的商號和住宅，信寫好了，不必親自送信局，他們每天下午，自有信差來收取。這些信差，都是每天走熟了的，比後來郵局的信差還熟練（蘇州開信局的，大都是紹興人）。他們並沒有甚麼掛號信、保險信，卻是萬無一失。我們看上海出版的《申報》，就是向這班信差手中定的，不獨我們一家，在蘇州無論何人，要看《申報》，就非向信局信差定閱不可。

而且蘇州看到上海的《申報》，並不遲慢，昨天上午所出的報，今天下午三四點鐘，蘇州已可看到了，當時蘇滬之間，還沒有通行小火輪，火車更不必說了，如果是民船，就要三天工夫，怎麼能隔一天就可以寄到呢？原來這些信局裏，有特別快的法子，就是他們每天用一種"腳划船"飛送，所有信件以及輕便的貨物，在十餘個鐘頭之間，蘇滬兩處，便可以送達呢。

"腳划船"是一種極小的船，船中只能容一人，至多也只能容兩人，在一個人的時候，不但手能划船，腳也能划船，所以稱之為腳划船。它那種船，既輕且小，划槳又多，在內河中往來如飛。他們蘇州在夜間十點，或十一點鐘開船，明天下午一兩點鐘，便可到達上海，上海也是夜間開船，明天到蘇州，則在中午以後。當時蘇州風氣未開，全城看上海《申報》的，恐怕還不到一百家，這一百份報，都是由中信局從"腳划船"上帶來的，因此隔日便可看報了。

我們所定的《申報》，就在每日下午三四點鐘，送到我們家裏。我當時還幼小，不知道《申報》兩字命名之所在，問我們家裏人道："為甚麼叫《申報》呢？那個'申'字，作甚麼解釋呢？"我們的顧氏表姊，那時也有十四五歲了，她自作聰明地答道："《申報》是每天申時送來的，每天下午的三四點鐘，不正是申時嗎？"我那時還不大能讀報，但知道上海的《申報》來了，便有新聞可聽。

那時候，正在癸未、甲申年（即光緒九、十年）間，法蘭西和中國開戰，我們兒童的心理，也愛听我國打勝仗。那個黑旗兵劉永福將軍，真是我們大大的愛國英雄，我們非常崇拜他。還聽到那些無稽不經之談，說劉永福把火藥裝在夜壺裏，大破法軍，那都是那些無知識的人，瞎造謠言。後來又聽得法國大將孤拔陣亡了，我們奪回了台灣的雞籠山（按：即今之基隆），以及種種捷報的戰爭吃緊時，一見《申報》來了，我們總要請父親給我們講許多戰爭新聞與故事。

到了十四五歲時，我略諳時事，愈加喜歡看報了。這時上海除《申報》以外，《新聞報》也出版了。蘇州看報的人，也漸漸多起來了，他們在蘇州都設了代理處，不必由信局派了。我家那時雖沒有定報，我就時而零零散散買來看。跟着祖母到了桃塢吳家時，他們是定着長年的上海報紙的，始而看《申報》，繼而看《新聞報》。而且我們這位清卿公，看過了報以後，不許丟掉，一個月訂成一冊，以便隨時翻閱，那時候的報紙，是用薄紙一面印的，不像現在的報紙，都是兩面印的（按：兩面印的報紙，由上海《中外日報》開始），所以仍可以做成線裝。

這於我是大為歡迎，我每日下午垂暮時候，便到他們的賬房間裏去看報，竟成為日常功課。那時的報紙，也像現代報紙一般，每天必有一篇論說，是文言的，這些論說，我簡直不大喜歡看，一般的論調，一般的篇幅，說來說去，就是這幾句話。從前的報紙，無論是新聞，無論是論說，都是不加圈點的，清卿公想出主意來了，教我每天把論說加以圈點，因為這樣，一定對於文字上有進境。於是圈點論說，變成為我每天一種功課。可是伊耕表叔卻不贊成，他說："這些報館八股，成為一種陳腔濫調，學了它，使你一輩子跳不出它的圈子。"

自文衙衖至曹家巷

在我十五歲的下半年，家裏又遷居了，這回是從文衙衖遷居到曹家巷，仍在閶門內的一隅。

我們遷居的地址，是在曹家巷的東口，三條橋的塊。所謂三條橋者，是曲尺式的接連三條橋，一條下面有河，可通船隻，兩條都在平地。蘇州城廂內外不知有多少橋，數也數不清。本來人稱蘇州為東方的威尼斯，多了水，就多了橋咧。往往平地也有橋者，一定是這個地方是河濱，後來漸次填平了，而橋的舊址與其名稱，卻依然存在。

我們所租住的房子，卻也是一家故舊的大宅。房主人李姓，他們是大族，現在是子孫式微，便把這座大宅子分析，於是你佔內廳，我佔花廳，好似一個國家，成為割據局面，為了自己靠了那些祖傳的房屋，以之出租，可以不勞而獲，於經濟上有所進益，於是各將分得的一部分房屋，紛紛出租。因此我們所住居的這座大宅子，同居的人家，總共有二十餘家，比了以前，在桃花塢姚宅所住的房子，更見複雜。

我們所住的是東首一個樓廳，這個樓廳，他們也稱之為花廳，實在庭前只有一堆亂石砌的假山，幾叢雜蒔的花木而已。房東告訴我：「這裏文徵明也住過。」還指給我看，這個廳上，有一塊匾額，寫着「蘅蕪小築」，也是文衡山的手筆，我笑說：「我們剛從文衙衖遷居來，此間又說文徵明住過，何與文氏有緣若此耶？」其實考諸《里乘》，文待詔從未住過，大約有此一塊匾額所題的字，便附會上去，似乎是有光門楣了。

我的房東李先生，年已六十餘，老夫婦兩人，膝下僅有一女，年可十八九，並無兒子，我們租住他們的房子，只是樓下一間，樓上三間，廚房公用，自我出生以來，從花橋巷，而劉家浜，而桃花塢，而文衙衖，而曹家巷，至此凡五遷了。但每遷必住居樓房，因為祖母喜歡樓房，為的是樓房高爽，平屋則未免潮濕陰暗，尤其對於江南那些故宅老房子為甚。

在這房子裏，最使我愴痛的，便是我的父親，在這屋子裏逝世了。其他還有兩件事，一是我的胞姊，在這屋子裏出嫁；一是我在這屋子裏進了學，成為一個窮秀才。還有附帶的是我在這屋子裏生了兩場病。

我的身體素來很弱，年幼時就有了胃病，不能多吃，多吃了胃裏便要脹痛，這個病一直到了壯年，在北方住了幾年，卻好起來了。在十歲以前，我每次吃飯，只吃一小碗。蘇州人家，從前還不吃白米，只吃一種黃米，更容易消化。我又不喜歡吃肉（此言豬肉），偶吃一點，非極精不可。最愛吃的是蝦與蛋，但蛋又不能溏黃的，假使清晨吃兩個"水鋪雞蛋"（此北京稱為臥果兒），胃裏就要一天不舒服。此外麵條也不能吃，看人家吃大肉麵，爆魚麵，以及各種各樣的麵，深訝人家怎麼有這樣的好胃口，不過到了後來，我就甚麼都可以吃了。因此我是消瘦的，不是壯健的，親戚中有人說：因我的祖母和母親太鍾愛之故，吃東西非常謹慎，不敢給我多吃，以致慣成如此。也有人說，是母體所關，我母親是多病的、瘦弱的，所以先天不足。其實都無關，一個兒童，總有他的特性，不過我到十四五歲，就沒有甚麼大病，偶或受點感冒，傷風咳嗽，過一兩天就好了。就說是胃病吧，不吃夜飯，安睡一夜，到明天也會好了的。所奇者，我的胃病卻與天氣有關，風日晴和的時候還好，假使在淒風陰雨的天氣，我便要戒嚴了。硯農表叔是懂得醫道的，他傳來一方，用"小青皮"（中藥名，即橘之未成熟者）磨汁沖服，就可愈了，試之果驗。

但在十六歲的初春，這一場病卻不小，先是出痧子（這個病，別的地方稱為出疹子，蘇州人卻稱為痧子），後來腮下卻生了一個癮。本來這個痧疹，每人都要出一回的，尤其在兒童時代。但這個病是有免疫性的，出過了一回，便無妨礙，沒有出過的，便容易傳染。我在年幼時，每遇家中人或鄰居有出痧子的，祖母或是母親，帶了我，避居到舅祖家或是外祖家去，所以直到現在十六歲，還不曾傳染過。可是到底不能避免，此刻卻傳染來了。

起初不曾知道，後來方知住在我們後進的李家，有一位十三歲的女孩子，先我在出痧子，我這次的病，來勢很兇，家中人急得不得了。至此，方知《論語》上孔老夫子所說的"父母惟其疾之憂"的這句話的真切。那時父親失業，家中已貧困不堪，然而他們典質所有，為我療病。這一年在蘇州，兒童們因痧疹而死亡者很不少，他們心中更焦急，幸而痧子愈了，在腮下近齶處，生下一個癧，腫痛非常，有人說：這叫作"穿腮癧"，說不定把右腮潰爛到洞穿了。實在是痧毒未清，須要開刀，天天到外科醫生吳召棠那裏去醫治，這一病，足足病了近三個月。

病愈了，也沒有到朱先生處上課，一病以後，學業也就荒疏了。但是在家裏，也很感到寂寞，不比在朱老師處，他們家裏人多，而且還有同學。家裏和我同伴的僅有姊姊一人，但她正習女紅，幫母親理家事，她已訂婚許氏，不久也就出嫁了。同居的這位李小姐，她是婉妙而活潑的，長日間，惟有伴母親刺繡。我無聊之極，常到她們那裏去聊天，在她們飯罷繡餘，有時講講故事，有時弄弄骨牌，倒成了一個伴侶。那時她已十九歲，早已訂婚了，我僅十六歲，她常呼我為弟。我在這時候，對於異性，不免漸萌愛意。

就在同個宅子裏，我們的隔鄰，開了一家紗緞莊，莊名叫作恒興。這些紗緞莊，在蘇州城內是很多的，大概有百餘家，因為蘇州是絲織物出產區呀，紗與緞是兩種織物，行銷於本地、全國以及國外。（有一種織成的紗，都銷行於朝鮮，因為當時朝鮮的官僚貴族，都以白色紗服為外帔，恒興莊所織之紗，都外銷於此。）這種紗緞莊，只做批發，不銷門市，大小隨資本而異，亦有數家，在蘇州是老牌子，海內著名，但像我們鄰家的恒興莊，只不過此業的中型者而已。

舊日的蘇州對於職業問題，有幾句口號："一讀書、二學醫、三去種田、四織機。"關於種田與織機，是屬於農工的，但屬於住居城的大戶人家，卻變為"收租"與開"絲帳房"（絲帳房即是營絲織物機構之統稱）。所以織機亦是蘇州最正當的一業。那時中國還沒有大規模的織綢廠，而所有織綢的機器，都是木機，都屬於私人所有的。這些私家個人的機器，而他們有技術可以織成紗、綢、緞各種絲織物的人家，蘇人稱之為"機戶"。這些機戶，在蘇州城廂內外，共有一千數百家。

實在，紗緞莊是資本家，而機戶則是勞動者。更說明一點，紗緞莊是商，而機戶是工。一切材料，都由紗緞莊預備好了，然後發給機戶去織，機戶則限定日期，織成紗緞，交還紗緞莊，才由紗緞莊銷行到各行莊去。有的是各莊預備了的存貨，推銷各埠；有的是各處客幫訂下來的定貨，規定了顏色、花樣的。這個行業，從前在蘇州可不小呀！

那些織機的機工，都住在東鄉一帶，像蠡市、蠡口等鄉鎮也很多，近的也在齊門、婁門內外。所以那些紗緞莊，也都開設在東城，像曹家巷我們鄰居的一家，已在城裏偏西的了。織機的雖是男女都有，但還是男人佔多數，因為那是要從小就學習的，織出來的綢緞，燦爛閃亮，五色紛披，誰知道都是出於那班面目黧黑的鄉下人之手呢？

這家紗緞莊，因為是鄰居，我常去遊玩，結交了兩個小朋友。他們都在十七八歲，是個練習生之類。一位姓石，還是蘇州從前一位狀元石韞玉的後代。他曾經送過我石殿撰親筆書寫的試帖詩兩本，那是白摺子式的小楷，可惜我已經遺失了。他的家裏我也去過，住在清嘉坊，踏進大門，茶廳上還有"狀元第"三字的一塊匾，雖然紅底金字，已經黯然無光了。還有一位張潤生，是個徽州人，家裏開了一爿漆店（按：蘇州徽幫極多，除了典當朝奉以外，有各種商業，都屬於徽幫，漆業其一也），他長我兩歲，識字有限，而為人幹練，但常向我執卷問字。這位朋友，相隔了三十年，不通音問，忽有一天，探尋到我家來（時我已住居上海），他說：他的兒子結婚了，請我去吃喜酒。詢其行藏，卻在上海某一巨商家裏，當一舊式的西席老夫子，奇哉！

面試

十六歲的春天，病了一場，這上半年的學業，全荒廢了。其實這個年紀，是一生求學最嚴重的時代，在學校制度上，當進入高中了。父母因為我病已告痊，實為大幸，也不來督責我。並且我也在家不大出門，朱先生那裏也不去，也沒有甚麼同學朋友往來。不過我的學業雖不進，我的知識當然隨年齡而自然增長了。我仍舊喜歡看雜書和小說，這時候，中國的雜誌也尚未流行，我於小說，不論甚麼都看，甚而至於彈詞與唱本。母親不甚識字，而喜听那些悲歌離合的故事，在她深夜做女紅的時候，我常常在燈下唱給她听。

我在十二三歲的時候，上海出有一種石印的《點石齋畫報》，我最喜歡看了。本來兒童最喜歡看畫，而這個畫報，即是成人也喜歡看的。每逢出版，寄到蘇州來時，我寧可省下了點心錢，必須去購買一冊，這是每十天出一冊，積十冊便可以線裝成一本，我當時就有裝訂成好幾本，雖然那些畫師也沒有甚麼博識，可是在畫上也可以得着一點常識。因為上海那個地方是開風氣之先的，外國的甚麼新發明，新事物，都是先傳到上海。譬如像輪船、火車，內地人當時都沒有見過的，有它一編在手，可以領略了。風土、習俗，各處有甚麼不同的，也有了一個印象。其時，外國已經有了氣球了，畫報上也畫了出來。有一次，畫報上說：外國已有了飛艇，可是畫出來的是有帆、有槳、有舵，還裝上了兩翅膀，人家以為飛艇就是如此，而不知這是畫師的意匠。（飛機初時傳至中國，譯者譯之為飛艇，畫者未見過飛機，以為既名為艇，當然有帆有舵了。）

後來在上海辦雜誌，忽發思古之幽情，也想仿效《點石齋畫報》那樣辦一種，搞來搞去搞不好，無他，時代不同，頗難勉強也。

我以為無錢買新書，只能常跑舊書店。那時舊書店裏舊書，還沒有像後來奇貨可居，但是大部的舊書，我還是買不起的，只是那些小部的，普通的，刻印得不精的。每一舊書店，往往在門前擺一個舊書攤，一條護龍街上，有幾十家舊書店（有的還帶賣小品舊貨），我則常常巡禮於那些舊書攤，而獵取我所欲得的書。

我在舊書攤上，購的書倒也不少。較古的甚麼《世說新語》《唐代叢書》等等，較新的甚麼《隨園詩話》《兩般秋雨庵隨筆》部等，還有許多殘缺不全，破碎不完整的，我也兼蓄並收，以价較便宜，不過制錢數十文，或僅十餘文，本來人家已是字紙笠中的物，我卻抱人棄我取的心。偶然出門帶一根"錢籌"（按，當時墨西哥銀圓已流行於蘇州，而並無輔幣，卻有所謂錢籌，削竹為之，每根為二百文，由各錢莊所發行，雖製作甚簡陋，而信用甚著），回來可以購得一大捆。

但我不大量地買，只是今日買一兩冊，明日又買一兩冊，護龍街幾家舊書店，都認得我的，因為我不是買大部的書，精印的書，而只在書攤上，拾取殘編斷簡，這並不是甚麼好主顧。但是那些擺在攤上的書，幾經風吹日曬，久已置之度外，而看我只是一個書房裏的學生，也就馬馬虎虎了，可是雖然日購一兩冊，積之已久，成了幾大堆。又沒有好好的一書房，好好的一個書櫥，於是弄得桌上、椅上、榻上、牀上，都是那些長長短短，厚厚薄薄，破破爛爛，殘缺不全的書了。

有一次，我在一個舊書攤上，見有《李笠翁十種曲》，但殘缺不全的，只有半部。我想半部也好，十種曲不是就有了五種嗎？因為殘缺，自然取价甚廉。攜回家去翻翻，連《風箏誤》也在其內，甚為高興。乃過了一月，在另一家舊書攤上，又發見了半部，這正是我所缺少的，遂即購之而歸，當然价甚便宜，正不知道一部書為甚麼分了兩個舊書攤呢。

即如沈三白（復）的《浮生六記》（在《獨悟庵叢鈔》中），我也是在書攤上購得的，這時上海的"申昌書畫室"用鉛字版（當時名為"聚珍版"）印了不少的書，我所購的有《西青散記》《三異筆談》《解頤錄》《快心編》……亦為數不少。《浮生六記》缺二記，久覓不得，東吳大學教授黃摩西（常熟人）出一小雜誌名《雁來紅》轉載之，而上海書賈又翻印之。世界書局的王均卿（文濡）偽造二記，人不知覺，連林語堂亦為所蔽。五十年後，沈三白忽走紅，家喻戶曉，而且大攝其電影呢。

十六歲的下半年，博覽群書，把當時視為正當的作舉業文的功課都拋荒了。可是巽甫姑丈很注意我，不過他自己常常病倒在牀。即使不病的時候，也是一燈相對，懶得出門，從前一年還到我家來幾回，看望我的祖母，現在他自己不來，卻派子青表哥來看望外祖母，常常的小有獻贈，以娛老人。

有一次，子青哥來看望外祖母，我正借着一部大版石印繡像的《紅樓夢》，在大研究其紅學，被他瞥見了。又見我案頭許許多多破破爛爛的筆記小說，他覺得全都不是正當的書。子青哥比我大兩歲，今年十八歲，卻擺出個道學先生的架子，他當時即向我說："父親的意思，勸吾弟少看那些小說與雜書，恐因此拋荒了正業。"我不禁為之面赤。甚麼父親的意思？全是他的意思，姑丈又沒跟他來，怎麼知道我在看《紅樓夢》呢？但他對於我這忠告良言，我怎能埋怨他呢？

過不了幾天，巽甫姑丈寫信來了，他請我到他那裏去談談。我想：這是東窗事發了，必定這子青哥回去告訴了他，我在看《紅樓夢》和雜書。"醜媳婦總要見公婆"，我只得硬着頭皮去了。他倒並不譴責我看《紅樓夢》和雜書，他只查問我近來作了幾篇制藝文。可憐我這幾個月內，實在沒有動過筆。

他諄諄告誡："你的家境不好，而你的祖母與雙親，企望你甚殷。你既然不習業做生意，讀書人至少先進一個學，方算是基本。上次考試，你的年紀太小，原是觀觀場的意思，下一次，可就要認真了。那種八股文，我也知道是無甚意義的，而且是束縛人的才智的，但是敲門之磚，國家要憑借這個東西取士，就叫你不得不走這條路了。而且許多寒士，也都以此為出路，作為進身之階，你不能不知這一點。"

我被他說得眼淚也要掛下來了，我說："姑丈的話，是藥石之言，我今後當加倍用功。現在請姑丈出兩個題目，我去作來，兩三天交卷，請姑丈批閱。"他想一想，說道："這樣吧！你後天上午到我這裏來，在這裏吃飯，吃飯以後，我出一個題目，你就在這裏作，我看看你的程度究竟如何。"

我想：他是面試我了。出了題目拿回去作，還可以捱延時刻，翻閱書本，到他這裏來作，真是使我"白戰不許持寸鐵"了。沒有法子，到了後天，只得去了。吃過飯後，他出了一個題目，叫我去作，他說：不必全篇，只作一個起講。題目本不難，但我在此一暴十寒之後，思想遲滯，又在他監視之下，頗為枯窘。不得已，寫好一個起講，送給姑丈去看。他看了以後，便不客氣地指出：這個地方不對，那個地方不對。他卻不動筆給我改正，要我把他所說不對的地方，自己去改正。

他說："你以後每五天來一次，也像今天一樣，在我這裏吃飯，飯後，我出題給你作，不必要全篇，半篇也可，一個起講也可。"臨走時，他又給了我幾本明朝文的制藝，和清初文的制藝，叫我去揣摩細讀。我覺得這種文章，都是清淡無味，如何算得名文。原來當時的制藝八股文，也分兩派，一派是作清文章的，一派是作濃文章的，作得好，清的濃的都好。譬如名廚作菜，作得好，清湯也好，紅燒也好。巽甫姑丈是作清文章的，尤其是小題文（題目一句、兩句），人稱名手，不過大題文（題目一章、兩章），便不是他的拿手了。我在他那裏作文數次，出了一個題目，先把題的正文，以及上下文講解一次，然後讓我去下筆。他說："先要明白題旨，然後方能理路清楚，理路清楚以後，文機自然來了。"

那時考試的制藝，流行一種惡習，往往出了那種"搭題"。所謂"搭題"者，把《四書》上的上面半句，搭到了下面半句，或是上節的末一句，搭到了下節的首一句。有絕不相關者，名之曰"無情搭"。相傳俞曲圍（樾）放學政時，曾出過這類題目，如"王速出令，反"與"君夫人、陽貨欲"等等怪題目，以此壞了官。又有某主試曾出一搭題為"以杖叩其脛，闕黨童子。"那個考試的童生寫道："一叩而原壤驚矣，再叩而原壤昏矣，三叩而原壤死矣，三魂渺渺，六魄悠悠，一陣清風，化而為闕黨童子矣。"四五百年來，此種關於八股取士的笑話極多。現在此制既廢，不必為死人算命，徒多詞費了。

可是巽甫姑丈所出的題目，卻不曾出過搭題，這是我所高興的，但也有我所厭煩的，就是作得不對，要我重作。我對於重作怕極了，我情願另出一題目，別作一篇，而不願以原題目重作。但他卻要逼我非重作不可。寧可少作一點也好。這三個月以來，我的確有些進境，一題在手，不像以前的枯窘了。從前因為想不出如何作法，所以也頗怕作文，現在也不怕，就要想出一個題旨來了。姑丈又嫌我作得慢，要練習得加快一點，不要過於矜持，想到便信筆直書，但寫出以後，又必須自行檢點一遍，有不對的地方，必須改過。但三個月以後，姑丈的舊病又發，我的面試，也因此中止。

父親逝世之年

十七歲，是我慘痛的歷史，乃是我父親逝世之年了。

我父親平日身體也很好，不過精神是不大舒適，憂傷壓迫着他過日子。自從在湖北應城縣回來後，並無固定的職業，即使有所貿易，亦往往失利。更不肯仰面求人，也曾有人舉薦他到某一商業機構中去服務，但他又不肯小就。人越窮，志氣越傲，而且又好評論人、指摘人，在這樣一種腐惡的社會上，他是失敗了。

我們是一點產業也沒有，說一句現在流行話，真可以稱之為"無產階級"。雖然在我們曾祖時代，經營米業，亦為巨商，但經過太平天國之戰，已經掃蕩得精光大吉了，我父即使在有餘資的時候，也不想置產。即居屋而言，在當時蘇州買屋極廉宜，建屋亦不貴，但他寧可租屋居住，而不願自置產業。他以為自置一屋，是固定的，反不如租屋居住，是流動性的，如果嫌此屋不好，立刻可以遷居。並且他既不事生產，而又不善居積，在從前讀書人中，往往稱之為名士派，而他是商業中人，也似沾染了名士派的習氣，便這樣的窮下來了。

那時候，蘇州也有一種投機事業。甚麼投機事業呢？原來那時銀行制度還沒有流行到中國來，所有金融事業，都握在幾家大錢莊手裏，這時幣制有三種，一曰制錢，二曰銀兩，三曰洋圓。制錢即銅錢，外圓內方，古人稱之為孔方兄，現已不經見了。銀兩即當時所行用生銀制度，以兩為單位，亦有鑄成為元寶者。洋圓（每寫作元）便是已盛行於中國東南各省的墨西哥銀圓。

但此三種幣值的比例，時生差異。譬如當時每一洋錢，兌換制錢一千文，而有時為九百八十文，亦有時為一千零二十文，甚至有時長至一千一百文。銀兩與洋錢有比率，制錢與銀兩亦有比率，此中升降，商人即因之做交易。於是出錢入洋，出洋入銀，而以之投機生利，但憑口頭一語，不必有實物者，謂之"買空賣空"。當時買空賣空，頗為盛行，顯然是公開的，其實則近於賭博，蘇滬一帶，名之為"做露水"。

　　做露水的地方，蘇州則在閶門內東中市的錢業公所。我曾隨公親往觀，上、下午兩市，其熱鬧不亞於上海後來之交易所。父親向他們說："買進洋錢三千元。"但憑一句話，並無片紙隻字作為憑證。我初不解，父親何以有力買進洋錢三千元呢？何以一句話就可以算數呢？不到半個鐘頭，父親對我說："已賺錢了。"我的兒童心理，覺得這樣賺錢真太容易，又覺得但憑一句話，父親的信用未免太好了。當然父親是錢業出身，是個內行，他有遠識，對此可以稱為"億則屢中"。然而這到底近於賭博，有許多朋友做露水，弄到跌倒爬弗起，甚而至於亡家破產者，比比皆是。所以祖母知道了禁止他，母親也勸阻他。但父親也不過小試其技，不敢作此投機呢。

　　又有一次，舅祖清卿公，以父親無固定職業，邀他到他的家中，佐理他們的田業事務。此種田業事務，是管理收租、催租，一切也很為紛繁的。那時蘇州紳富人家，家家都有田地，以為這是保產最好方法，不勞而獲，家中設立賬房，開倉收租，經營其事者，名曰"吃知數飯"。但父親沒有耐心於此業，而又是外行，意欲不往，然迫於甥舅之誼，重以祖母之命，又不得不往。可是未及三閱月即歸，託言有病，因為父親生性梗直，不直其舅之所為，謂其既富且吝，壓迫農民。且常欲以其理論，教訓我父，父親實不能忍受也。

　　父親的憂傷憔悴，固然是他早死的原因，而在他病後的醫藥雜投，當有絕大關係。他害的是一種痢疾，時間是在初秋，在現代說來，痢疾並非不治之症，只要醫治得法，立可痊癒。何況現在中外醫藥界，有種種的新發明，痢疾也有專治的藥品。但那時卻談不到此。起初父親不要請醫生診視，自然也為了省錢，且以為不久就可以痊癒的。及至後來病勢厲害，大家都發急了，家中人又都沒有醫學常識的，"病急亂投醫"，請了這個醫生，未能見效，又請另一個醫生，這與病人是太不相宜了。

雖然蘇州那時已有了外國教會所辦的醫院，用西法治病，但大家都不相信它。害了病，還是要中國醫生診視，而我所最恨者，要是換了一個醫生，必定把前一個醫生所開的藥方推翻，只有他所開的方子是對的，別人所開的方子都是不對的，再換一個醫生，也是如此。醫生越換越多，各人的見解，越是不同，弄得病家無所適從，到底聽了哪個醫生對呢？而一個病人睡在牀上，做了他們互相競爭的目的物了。

當時我父親病了十餘天，身體已虛弱不堪了。一個醫生道："不能再打下他的食滯了，須要用補藥，補他的虧損了。"另一個醫生道："你父親的病體，是虛不受補，現在吃的補藥，把病邪補住了，須將所吃的補藥剝去，再行施治。"試想：這樣不是叫病人太苦了嗎？但我父親已自知不起，堅不肯吃藥，母親苦勸不聽。及至祖母臨牀，他回念自己是一個遺腹子，幸賴寡母撫育長大，未曾有所報答，不禁淚涔涔下，祖母要他吃藥，他就吃了。

上半年，姊姊出嫁，父親以向平之願，了去一半，姊丈許嘉淦（號杏生），也是一位讀書人（父親不相信商業中人），頗為溫文爾雅，比我長兩歲，筆下比我好。雖然我們家道很拮据，勉強湊付，也得一副不太簡陋的奩具。姊丈早孤，有兩兄，不事生產，所以常來我家，和我討論文字，吾父顧而樂之，以為郎舅至戚，在文字相切磋，不是更為相得嗎？

不想下半年父親就病了，病而至不起，寧非意外的慘傷，那種悲痛的事，到現在已近六十年了，想起來，真是非常錐心。我當時還有一種感想：祖父在三十多歲已故世了，父親在四十多歲亦故世了（故世時四十五歲，我今日寫此稿時，正是一百歲），遺傳下來，我的壽命，也不會長吧。但我今日忽忽年華，已是七十多歲了，人家還恭維我得天獨厚，老而彌健，但我了無建樹，只是虛度一生而已。

　　寫到此，想起一件事，在我四十多歲時，在上海有一位老友管君，招攬我人壽保險，我那時筆耕所入，每歲收穫，尚有餘資，而子女眾多，念此亦等於儲蓄之一途，乃欣然應命，擬以五千元投保二十年。這是上海一家著名之英國保險公司。保壽險先得要檢驗身體，這是我所知道的，於是由管君陪我該到公司所指定的外國醫生處檢驗。這個外國醫生，我也不知道是英國人、美國人，听心臟，驗小便，又用小榔頭，敲我膝蓋，令其反應，問我："曾患過性病否？"對他說："沒有。"鬧了一陣子，管君說："三四天後，保證書就可出來了。"乃遲至兩星期，未有回音，我以電話問管君，管君支吾其詞，我情知不妙。管君說：即來訪我。我說："生死有命，孔子所云。大概我是不及格了，兄亦無須諱言。"管君說："不！我知道該公司檢驗身體者，不止一醫生，我現已知道有另一醫生，我們明日再往檢驗可也。"我此時甚為心灰，由管君強而後可。則此醫生，年齡已老，白鬚垂胸，云是法國人，檢驗也未如前醫生之苛細。驗後，管君私問人，醫言："大致可及格。"果然，三日以後，保證書即到了。這保險到了我六十六歲滿期，連息得七千餘元，足為長兒留學德國之需，亦云幸矣。

　　父親逝世之日，尤其使我痛心的，他要我讀書，至少也得青一衿。假使父親今秋不死，本年我可以僥倖進學，也未可知。因為巽甫姑丈曾說以常理而論，可以獲售，但要視看文章的人目光如何。因為考場中看文章，有如走馬看花，而這一叢花，不是特別惹人注目的花，也許是欣賞了，也許是錯過了，這要看你運氣如何了，因為照文字而言，也在可中式與不可中式之間呀。如果父親遲一年故世，而我於今年進學，不是稍慰了他在天之靈嗎？

父親逝世以後

　　家中本已困窘，在父親病中，母親所有剩餘的一點衣飾，也典質淨盡了。父親身後的料理，亦極為簡約，但我們還是一個中等人家，而且都是高貴的親戚，那些普通的場面，還是要的。必須開一個弔，出一個殯，從前沒有甚麼殯儀館，停柩在家三十五天，這些封建時代的排場，必須應有盡有。《禮記》上說："喪禮，稱家之有無。"但我們受孔子戒的人，都服膺於"慎終追遠，民德歸厚"。我想父親最後一件事了，也未可過於落薄。

　　父親喪事，正可以算的羅雀掘鼠，我也不忍言了。本來還就讀於朱先生處，到此便踏出學堂門，不再是一個學生了。如果我在十三四歲時，學了生意，到了這時，三年滿師，也可以當小夥計，每月掙到一兩塊錢，但我讀了死書，一無所獲，真是"百無一用是書生"，以後將如何度日呢？父親在世之日，雖然也是日處窘鄉，卻是父親挑了這家庭的擔子去，現在這副擔子，是落在我肩頭上了。

　　蘇州有很多慈善濟貧事業，有所謂"儒寡會"者，一個窮讀書人故世了，無以為生，他的孤寡可以領一筆恤金。各業中也都有救濟會，以錢業中為最優。親戚中頗有為我們籌劃領取此種恤金者，我抵死拒絕。父親是個商人，不能冒充讀書人，入甚麼"儒寡會"。至於錢業中的恤金，父親在世，深恨錢業，況且脫離已久，假如我們要用錢業中一個小錢，使我父親死不瞑目，我實在是個不孝罪孽之子了。

　　舅祖清卿公，他當時是號稱蘇州首富的，他答應每月資助我們數元，我也婉謝了。我說：「你與我的祖母為同胞姊弟關係，每月送祖母幾塊錢，我們不能拒絕，祖母實在太苦了，此外我們將自行設法。」雖然說是自行設法，但我一個十七歲讀死書的人，將怎樣的自行設法呢？後來清卿公每月送祖母兩元，在他也算厚惠了。

於是我在家開門授徒，做起教師先生來，一個十七歲的小先生，有誰來請教呢？第一節，收到了一個學生，那個學生，卻是一位女學生。原來住在我們一宅的，裏面一家姓潘的，也是書香人家。這位潘先生，有位女公子，今年九歲了，父母鍾愛，想要她讀一點書，而又不願送她到宅子外面的私塾裏去。本來想明年請一位先生，所以一說就成功，而我做了《牡丹亭》裏的陳最良了。

寫到這裏，我有一個插話了，我自從教過這位潘小姐後，一直沒有教過女學生。卻自從山東青州府（今益都縣）辦了學校，回到上海以後，卻在各女學校裏教書，女學生不計其數，現在所記得的，如黃任之夫人、楊千里夫人、顧樹森夫人、宋春舫夫人等等，都是我的女學生。那末最先的這位潘小姐，比例這些武俠小說所說的，當是我的「開山門」女弟子吧？

其時潘小姐的束脩，是每月一元。那時候，地方上周恤寒士者，還有一種書院膏火。蘇州有三個書院，其他兩個，童生不能考，只有一個平江書院，專為童生所考，考一超等，得銀七錢（約合制錢一千文），特等減半。但也不大容易考取，有已進學的高材生，也冒充童生來考取呀。

後來我認得一個舊同學，他是糧道衙門一書吏之子，他們有一種糧冊，要發給人抄寫。字不必寫得工整，但是要寫楷書，大約是三分錢一千字，我若認真寫，自早至晚，每天可寫五千字，不是每天有一角五分的進款嗎？這比考平江書院的卷子還可靠得多了。可惜那不是常有的，雖然每千字僅有三分，還是搶寫者紛紛的，只費點筆墨而已。

其實，自從父親故世以後，不是我挑了一副家庭生活擔子，而是母親挑了一副家庭生活擔子。她在親戚中，一向有針神之譽，她的女紅，是精細而優美的，就在父親沒有故世之前，我們在窘鄉中，她就把她的女紅所得，取出來儘量補助家用，父親故世後，幾乎全靠她的女紅收入了。

蘇州的繡品是出名的，有些顧繡莊，放出來給人家去刺繡，但工資卻微薄。繡一雙衣袖（都是行銷到內地各省、各區，為婦女官服披風上用的）不過制錢二百八十文，而工夫非三天不可。但母親則日以繼夜，只兩天就完工了。蘇州人家，嫁女必備繡品，尤以新牀上的裝飾為多。如在牀的中間，掛有“發祿袋”（其典未考），兩旁則有如意、花籃、插瓶等等，都是繡品，都須描龍繡鳳，極為花團錦簇。或誇示新嫁娘的針線精妙，其實都是床頭捉刀人所為。親戚家知我母親擅於制此，轉輾相託，如此忙了一個多月，也可以獲得十餘元，我正讀唐詩，讀到了“苦恨年年壓金線，為他人作嫁衣裳”之句，因想這正為吾母詠的了。

不過這都是臨時性質的，不能固定有那種收入，但我母親的女紅是不斷的。我們的同居，不是有一家紗緞莊嗎？這紗緞莊把所練成的“紗經”或“緞經”放出去，給女工們絡在軸轤上，厥名謂之“調經”，一束經，謂之一和（這是絲織品家的術語），調紗經一和，可得五文，緞經一和，可得十文，不過此種工作，限時限刻，今日取了，明日必須交去，有時須整夜工作（凡絲織物直線為經、橫線為緯，這裏所謂經，即是直線）。

祖母年已六十餘了，她也要工作，她也要調經，勸之不聽。於是母親取得淺色的經，如雪白、湖色、蜜黃的經，都與祖母。深色的經，如黑色、墨綠、深藍的經，都歸自己，因祖母年老，目力不濟呀。又母親和我商定，即清卿公每月給與祖母的二元，歸祖母零用，我們家用中，不能再用它。但此兩元中，仍有大一半祖母供給我用，如吃點心呢，買糕餅呢，添小菜呢，都是為她們所鍾愛的這個孫兒而花費的。

這幾年來，我們總算得是茹苦含辛了，但我並不算苦，苦的只是母親。她一天到晚，不過睡四五個鐘頭，其他時間，都是工作。可是生活倒也安定，那時生活程度，已比我六七歲的時候，高得多了。我們一家，每月五六塊錢的開支，再也不能少了，房租近兩元，飯菜約三元（這是祖母、母親和我三人的食用），其他還有雜用，我們在衣、食、住、行四者之中，只有食與住兩個字，衣服不能添做，走路只靠兩腳了。

我家有一個規範，無論如何貧窮，不得借債。所以父親在日，雖常處窘鄉，也不肯向人告貸，我也遵守父訓，一生從未舉債。實在到不得已時，甚而幾及斷炊，則惟有典質度日。因此那些高牆頭，石庫門的當舖，我常常光顧呢。我們這時已家無女傭，祖母和母親都是纏過腳的，不能上街，《舉鼎觀畫》（此本為戲劇名，時人喻之為上當舖），我常演此劇，凡衣袖中可藏之小品（如首飾等），則可坦然直入，但衣服之類（父親衣服極多，皮衣服大毛、小毛俱全），則挾一大包袱，如遇熟人頗露窘態。既而思之，"我還搭少爺架子嗎？"便也夷然自若了。

那時的家庭生計，起初很覺得困難，後來有一個安排，倒也不覺得甚麼了。有時每一個月中，反而有盈餘，於是把典質去的衣物，贖些出來。"贖當頭"是高興的事，從前有個寒士，改了古人詩句道："萬事不如錢在手，一年幾見贖當頭"，可發一噱。不過在這家庭預算，也常常有突出來的事，譬如送禮，蘇州人家是講究交際的，所謂"禮尚往來"。父親開弔時，收了人家的禮，現在人家有喜慶喪的事，我們可以不送禮嗎？普通也得二百八十文送一張禮票。我家現在雖處困境，還是要面子，不願在這個封建社會上被扔下來。

這個家庭的擔負，大概我擔任了十分之三，母親擔任了十分之七，第二節，我又收了兩個學生，連潘小姐共有每月兩元的收入，考書院、鈔寫糧冊，那是例外的。我覺得母親這樣的勞苦，心中實在不忍，然而又無可如何。可是有一個奇跡，母親是有肺病的，在我年幼時，肺病常發，並且咯血，可是現在如此勞苦，身體反而堅強，其實即有小病，她也忍耐過去了。我們親戚中，沒有一個不稱讚母親賢德的，他們說："你母親的不病，真是天佑善人。"

適館授餐

我十八歲的春天，便到人家去當西席老夫子了。這個館地，是吳偉成表叔所介紹的（偉成叔是上海現在名西醫吳旭丹的父親）。祖母的母家，不僅是桃花塢吳宅一家，還有史家巷吳宅一家，他們都是所謂縉紳門第，貴族家庭，我記得那時張仲仁先生（一麐）尚館在他家。其實，我們在桃花塢與史家巷親戚關係是一樣的，不過其間略有親疏之分罷了。

在新年裏，偉成叔來向我祖母拜年，便談起了這事，是他的一位老朋友張檢香，他家裏要請一位教讀先生，曾經請他物色。他們有三個男孩子，大的不到十歲，小的只有五六歲，剛才上學。他想介紹這個館地給我。雖然他們束脩出得少，但他們是個縉紳人家，一切供應，都是很優待的。祖母听了很願意，不過說："年紀輕，交新年不過十八歲，要是他父親不故世，自己還在學堂裏呢。"偉成叔說："不妨事！表侄年紀雖輕，我覺得他很老成持重，況且那邊的學生，年紀很小，正在開蒙時候呀。"謝謝偉成叔的兩面說合，我這個館地便成功了。談定每年束脩二十四元，三節加節敬，每節二元。

如果我在家開門授徒，所入可不止此數，因為已有幾個學生，在去年說定，要來就學，至少每月也有三四元。但是祖母和母親的意思，寧可讓我到外面去處館，第一是為了吃的問題，因為到人家去處館，就吃了別人家的了，所謂適館授餐，蘇州人家請先生，對於先生的膳食，特別優待，以示崇敬，正合乎《論語》上所說"有酒食，先生饌"了。我家也請過先生，知道這個規矩的。

我的館主人張檢香，他們住居於因果巷（蘇州人念為鸚哥巷），在城的中心點。這個宅子很大，而他的父親也是兩榜，做過京官的，現在已經故世了，而只生下檢香一子。檢香也是讀書人，也曾進過學，所謂書香門第。但現在不求進，做一個保產之子，人極規矩，一點嗜好也沒有。蘇州的有產階級中，像他這樣的人很多。這種人，大家說他真能享福的。

　　選定了正月二十日為開學日期，屆時他們用轎子來接，舉行拜師之禮，儀式頗為隆重。還端正了一席菜，請了幾位陪客，偉成表叔當然列席，而先生則坐了首席（蘇俗敬師，家有宴會，老師總是坐首席的）。那個書房，也很寬敞，是一個三開間的廳堂，用書畫窗隔開了一間，作為先生的臥房，其餘兩間，都是書房，倒也窗明几淨。臥房預備先生住宿，臥具非常清潔，那可以住宿在館裏，不必天天回去了。

　　膳食的確是很好，每天三葷一素，飯是開到書房裏來，我一人獨食，學生們都裏面去吃，不陪伴先生。最初幾天，在吃飯以後，他們的廚子，到書房裏來問道：“師爺明天想吃些甚麼菜呀？”這可使我窘極了，我在家裏，從來不會點菜，給我吃甚麼，我就吃甚麼。那時母親知道我的口味，向來不問我的，我只得說道：“隨便，我甚麼都吃。”那個廚子還不肯走，報出許多名目來，說道：“炒腰蝦好嗎？鴨雜湯好嗎？韭芽炒肉絲好嗎？”我說：“好！好！隨便！隨便！”那個廚子走出書房門，還開了我的玩笑道：“師爺說隨便，這個隨便，叫我到哪裏去買呀？”這是他們講給偉成叔聽，偉成叔告訴我的。

　　後來又常常來問：吃甚麼菜？我只得向年長的一位學生說：“我想不出甚麼菜，但是甚麼菜都吃，請不必來問了。”他進去向他的母親說了，以後廚子也不再來請點菜了。我想：他們三葷一素，即使有一樣我不吃的，也有其餘我吃的呀。有一次，他們燒了一樣鱔糊，我當時還不吃鱔，沒有下箸，他們知道我不吃鱔，以後就不進此品了。

　　住在館裏的時候，除了午飯、夜飯兩餐之外，還有兩頓點心，即是早點晚點。有時也來問吃甚麼點心，但我知道他們早上也是吃粥的（蘇州人家早上總是吃粥的，一粥二飯，稱為三餐），便對他們說：「我在家裏，早晨是吃粥的。」以後他們便送粥進來了，常有很好的粥菜，如火腿、熏魚、醬鴨、糟雞之類。晚點不能吃粥，那就無非饅頭、糕餅等等，不再問我，隨便打發了。

最初住在館中，白天教書，夜來便覺寂寞了，因為學生不讀夜書，吃過夜飯後，只有在油燈之下（當時蘇州既沒有電燈，而有些人家，為了防火燭，也不點火油燈）看看書而已。因此我也規定，住在館中兩天，便回家中住一天，沒有特別事故，我是概不放假的。因為館址在因果巷，離觀前街很近，放夜學時候早，偶然也到觀前街散步（蘇人稱為「蕩觀前」）或到護龍街舊書店巡禮一回，不過要早些回來吃夜飯，不叫人家等候。

蘇州人的吃茶風氣，頗為別處的人所詬病，有吃早茶的，有吃晚茶的，因此城廂內外，茶館林立。但當時的茶館，是一種自然的趨勢，約朋友往往在茶館中，談交易也往往在茶館中，談判曲直亦在茶館中，名之曰：「吃講茶。」假使去看朋友，約他出去吃一碗茶，那末談心的地方，就在茶館裏。好在那地方點心也有，零食也有，說高興了以後，便從茶館而轉移到酒館，到老義和喝三杯去。

飲茶喝酒，一個人就乏趣了，一定要兩三朋友，我那時朋友很少，除非從前在朱靜瀾師處時有幾位同窗，否則便到我姊丈許杏生處，他們住在史家巷西口，和因果巷很近，一同到觀前街吃茶，有些人是他的朋友，而我也漸漸地熟識了。記得有一位顧子虬君，是他的朋友，我也與之相熟，後來知道他就是顧頡剛的父親，那個時候，蘇州學校風氣未開，顧君也在家裏開門授徒，教幾個學生呢。

夜飯以後，我的館東張檢香，偶然也到書房中來談談。那位張先生，真是保家之子，為人端謹，他的年齒，差不多比我長一倍，而與偉成叔是好朋友，我所以呼之為叔，而他則恭敬地仍呼我為先生。他非常節儉，常穿布衣，一無嗜好，連水煙也不吸（其時中國香煙尚未流行）。他見我也布衣，不吸水煙，似引為同志。實則我常穿布衣，是為在孝服中，不吸水煙是年輕，亦不喜此。這位張先生得青一衿，即在家納福，人頗羨之。

實在我這位女居停張太太，操持家政，極為能幹。張先生娶於永昌鎮的徐家，永昌徐氏是蘇州著名的一家"鄉下大人家"，擁有田產甚多，在近代說來是個大地主。張太太上無翁姑，持家井井有條，待人接物，處理得宜，兒童輩畏母而不畏父，婢僕輩亦都請命於夫人。偉成叔私語我道："不要笑他！張檢香是陳季常一流人也。"我笑道："我叔曾做過蘇學士嗎？"

我在張家處館有兩年，但我覺得我的性情，實不宜於教書。我和朱先生犯了一個毛病，我對於學生太寬縱，不能繩之以嚴格，學生見我如此，也就疏懶起來了。張家的三個孩子，其中間一個，資質較鈍，也有些頑劣，他的母親很不喜歡他。那天，送進一塊戒尺來，要叫我施以夏楚，但我覺得責打學生這件事，我有些弄不來。因為我自從上學以來，一直到出學堂門，從來未被先生打過一下手心，便是祖母、父親、母親，也從未打過我，我不相信打了人，就會使這個人變好。所以他們雖送進了戒尺，我也不肯使用，他們實在頑劣，我只有用"關夜學"的一法，在別人放學，他不放學，至多我犧牲自己，也不出去，陪他坐在書房裏罷了。

我在張家兩年，賓主也還相得，然而我總覺得這種教書生涯，好像當了一個保姆。學生在書房外面闖了禍，也要抱怨先生；偶然遲到早退，更要責備先生，我覺得擔這種責任，很是沒趣。而他們也有些嫌我對於學生太寬容，先生腳頭散，他們對人總說："我們這位先生，到底年紀太輕了。"因此我覺得第三年不能蟬聯下去了。我只得託偉成叔轉達，只說："學生們年歲漸大了，我的學力，不夠教他們了。"

訂 婚

我的訂婚的年齡，也是在十八歲。在那個時代，婚姻制度是牢不可破的“父母之命，媒妁之言”的結合呀。我雖然已經讀過了不少描寫婚姻不自由的著作與小說，覺得婚姻是要自由的，但我對於戀愛，一無對象。在親戚中，我幼年時期的表姊妹極多，可是到現在，有出嫁的，有遠離的，已都星散了。並且那時的男女之防極嚴，那所謂有禮教的家庭，一到了十七八歲，青年男女，當然不大能見面了。

我自從在七八歲時，在外祖母家，他們以我與表妹兩小無猜，給我開了玩笑以後直到如今，就沒有正式提過訂婚的事。從前中國民俗，訂婚都是極早的，尤其在江南各處富庶之鄉，兒女們在五六歲時已訂婚。甚而至於父母說得投機，指腹為婚的，鬧出了種種傳奇故事。我祖母及母親，都不贊成早日訂婚。因為無論男女，小時節都看不出甚麼來，及至長大了，有了缺點，也因為已經訂定了，不能解除，不是便成了一個人的終身憾事嗎？

當我十三四歲時，在朱先生處讀書，盛家浜一帶，古木參天，沿着一條河浜，所有人家，門前都有一條板橋，以通出入，最好是在夏天，晚風微拂，大家都移了椅子，在板橋上納涼。東鄰西舍，喚姊呼姨，夕陽影裏，笑語喧嘩。其時貼鄰沈家，有一位女娃，小名好小姐，年亦與我相若，殊為婉妙。常常從她們的板橋，到我們的板橋來，我也到她們的板橋去，共相遊玩。顧氏表姊（亦即我之師母），見我們兩人，似相親昵，戲謂將與我兩人作媒。問我：“好不好？”我羞不能答，然心竊好之。於是顧氏表姊就和她的母親說了，因為我們是朝夕相見的，她母親頗有允意。顧氏表姊又和祖母說了，祖母卻不大以為然。那沈家是藩台房庫書吏，家裏很有錢，我們貧士家風，恐仰攀不上。但自從有了說媒一件事後，好小姐便不到我們板橋上來，我也不再到她們板橋去。十年以後，重經盛家浜，曾口占一絕，上二句已忘卻，下二句云："童心猶憶韶華好，流水斜陽舊板橋。"不免自作多情，而好小姐已"綠葉成陰子滿枝"矣。

又有一次，大約十五六歲吧，舅祖清卿公說起，要將硯農叔的一位小姨九小姐（她們姓郁，前為富族，今已凌夷），許配與我。祖母亦不願意，因為一則輩分不同，以親戚論，九小姐要比我長一輩，雖則年紀僅比我長兩歲。二則身弱多病，是林黛玉式的（後來果然未到三十歲即故世了）。我父在世時，曾經說過："最好是要讀書人家的女兒，其丈人峰也是一個宿儒之類，必於學問請教上，有點益處。"

這一次，又是朱靜瀾先生做媒，我的婦翁陳挹之先生，原籍是江蘇溧陽人，而遷居於蘇州的洞庭東山。他們的先世是武職，而他倒是一位生員，不過捐了一個甚麼官銜，已棄了舉子業了。他有兩個女兒，一個兒子，兒子卻還年小，朱先生說媒的是他的大女兒，這回是他直接和吾祖母及母親說了。

然而我當時實在不注意於自己的婚姻問題。第一，我家裏現在太窮了，一家三口，祖母、母親和我，靠了母親和我兩人的收入，僅足以勉強糊口，而我且就食於人，怎能再添一口呢？況且一個年輕婦女，到底也要添些服飾之類，我又如何吃得消呢？第二，我也有一點自私的心，我被那種不自由的婚姻所刺激，耳聞目見，以及刊物上的故事，新聞所記載，加以警惕，我希望我年紀大一點，可以自由擇配呀。

但是母親卻極力勸我，她說："祖母自你父親故世以後，心中鬱鬱不樂，身體更加不好了。她總希望你成一個家，得見孫婦一面。她昨天說：'即使不見孫婦一面，定了親以後，也可以稍為安心了。'又據朱先生說：

那位陳小姐非常之好，在家裏粗細工作，都非她不可的，而且也讀過幾年書，身體又非常健全。我是帶病延年的人了，她來了，是我一個好幫手。況且現在即使下了定，也不能就結婚，也須你進了一個學，得到一個好點的職業，方可以預備結婚呀。"

母親的話，真是仁至義盡，祖母自父親故世以後，傷逝嗟貧，漸漸地步履維艱，形成半身不遂之病，舉動需人扶挾，有一次，半夜起來解手，跌在牀側。從此以後，母親便即睡在祖母房裏了，只要听到牀上轉側的聲音，便起來扶持她。在冬天，連自己睡眠時衣服也不敢脫，真是"衣不解帶"。老年人的心情，見孫子漸漸大了，也希望有個孫子媳婦在眼前，這也是人情之常。

況且這不過是訂婚，並非結婚，訂婚以後，也足以使老人安心。陳小姐是書香人家的女兒，我婦翁也是一個讀書人，這與我逝世的父親所祈望的條件相合。不過我的意思，要懇求朱先生說明，我們是窮人家，在我家裏做媳婦是吃苦的，現在是窮，將來也未必是富，這話須要聲明在先，非請朱先生傳話不可。朱先生說："他都明白，陳抱翁不是嫁女要選擇財富人家的，他是個明理的長者，並且他自己境況，也是寒素的。"

陳抱翁相婿倒也精嚴，先要與我見面，作一次談話；又要把我所作的文字（從前稱之為窗課），送他去觀看。我奉了母親之命，一一如他們所願。我初見他時，好像是在一個慈善會裏，由朱先生作介紹，他那時已留了鬍子，我覺得他有點道貌岸然，實在是一個和藹可親的人。文字是朱先生取了給他去看的，自然選了幾篇比較看得過的文字。這兩件事，他都覺得滿意了，這一件婚事，總算可以訂定了，但訂婚的儀式，要在明年我滿了孝服以後，方才舉行。

從前中國的婚禮中，照例是要兩個媒人，我的訂婚中，一位當然是朱靜瀾先生，另有一位是江凌九先生，那是女家提出來的。他是我婦翁陳抱翁的妹婿，在我將來要呼之為內姑丈的。他是吾鄉江建霞（標）先生的族弟，此刻建霞正放了湖南學政，他跟了建霞到湖南代他看文章去了。這個媒人的名字，是暫時虛懸的，好在到了我們結婚時，他又要回來了。（江凌九丈，自建霞湖南學政卸任後，又隨着吳蔚若郁生放學差，看卷子，回京後，遇到義和團，幸免於難，此是後話。）

我自十八歲訂婚至二十五歲，方始結婚，中間相隔七年之久，在這個時間中，所遇見的女性不少，然而我的心中，好像我的身體已經屬於人家了。雖然我與我的未婚妻，未曾見過一面，未曾通過一信（在舊式婚姻是不許的），但是我常常深自警惕，已有配偶，勿作妄想。因為在這七年中，我曾單獨到過上海好多次，也曾思追求過女性，也曾被女性所眷戀，幾乎使我不能解脫。然而我終懸崖勒馬，至結婚還能守身如玉者，我的情慾，終為理性所遏制了。

進學

　　十九歲那一年，在父親的喪服滿後，我便一戰而捷地進了學了。從前對於父母是三年之喪，實在只有兩年零三個月，就算是滿服了。在臨考試前，巽甫姑丈又招我去面試了一下，他說：“大概是可以了。”說了“大概”二字，言外之意，也有所不能決定，這就覺得那幾年工夫，不曾有十分進步。但要取一名秀才，或者可以得到。

　　他也原諒我，因為我自己在教書，不能埋頭用功，不比我子青表哥，他幾年工夫，大有進境，考紫陽書院卷子，總在前三名，與張一麐、章鈺等互相角逐。上次鄉試得“薦卷”而未中式，氣得飯也不吃，我笑他功名心太重了。巽甫姑丈又企望我，他說：“這回無論進學不進學，我介紹你一位老師，你還得好好用功。不要進了一個學，就荒廢了。”巽甫姑丈本來自己可以教導我，無奈長年在疾病中，過他的吞雲吐霧生涯呀。

　　可是我對於八股文，沒有十分進步，為了自己坐館教書，固然是一個原因。但我還是老毛病，不肯多練習，當時已出學堂門，亦無人指導，還是喜看雜書，心無一定。那一年是甲午年吧，我國與日本為了朝鮮事件打仗，上海報紙上連日登載此事。向來中國的年輕讀書人是不問時事的，現在也在那裏震動了。我常常去購買上海報來閱讀，雖然只是零零碎碎，因此也略識時事，發為議論，自命新派。也知道外國有許多科學，如甚麼聲、光、化、電之學，在中國書上叫作“格物”，一知半解，咫聞尺見，於是也說：“中國要自強，必須研究科學。”種種皮毛之論，已深入我的胸中，而這些老先生們則都加以反對。

我這一次的考試，不曾在貢院前租借考寓。即在姊丈的許家出發，因為他們住的史家巷，比我們住的曹家巷，離貢院要近得多。開考時的炮聲也聽得見，從他那裏出發，也可以從容不迫。我們睡到半夜起身，便即飽餐一頓，為的是進場以後，不能吃飯，只能進一些乾糧，直要午後放炮開門，方能出來進食。這次考試，我與我的姊丈在一起，他比我大兩歲，我考吳縣籍，他也考吳縣籍，郎舅在一起，我祖母和母親，也足以放心呀。

這一次我考試進學，人家以為我很有把握，其實我卻覺得是僥倖的。那時江蘇的學政是瞿鴻禨（字子玖），他是湖南人，年紀也不大，出的題目也不難，是論語上的"入於海"一句（每縣一個題目如長洲則為"入於河"，元和則為"入於漢"），這種題目，有點詞藻，文章可以作得好的。不過題目太容易，反而容易流入浮泛。我起初是刻意求工，作好了一個起講，自己覺得不好，塗抹了重新再作，我的出筆本來是慢的，那時卻費了不少時刻，及至我第二個起講作好，人家已是大半篇文字謄清了。

這時我心中有些急了，但越是急，越是作不出，一切思想，好像都塞滯了。我本來是有胃病的，胃間又隱隱作痛起來，那是許氏這一頓早起進場飯，在那裏作祟了。而且文思正滯時，雜念紛起，這個患得患失之心，橫亙在胸中。那八股文是有起股、中股、後股，一股一股的對比的，很費工夫，而我又素不擅此。

看看人家，已將完篇，不久就要放頭排了，筆下迅速的人，便可以交卷出場了（第一個交卷的，名曰"紅卷"，特別優待）。我要用那種細磨的工夫，句斟字酌地作下去，弄到了"搶卷子"，可不是玩意兒呀。（搶卷子者，到了放末牌，大家都走了，你還沒有交卷，承差就來搶去你的卷子，趕你走了。）於是把心一橫，拆拆濫污，聽天由命，不取就不取了吧。便把起講又改了一改，改作了一篇散文，分為三段，洋洋灑灑地一口氣寫成了四五百字，把海上的詞句，都拖了上去，甚麼"天風浪浪，海山蒼蒼"；甚麼"海上神山仙島，可望而不可接"咧；以及關於海的成語古典，運用起來，堆砌上去，氣勢倒也還順，不管它了。補好了草稿，抄好了《聖諭廣訓》，還要作一首試帖詩，便交卷出場，已經放第三牌了。

出場以後，人是疲倦了，但胃也不痛了，心頭似覺穩定了。可是祖母的關心，因出案（即放榜）尚有幾天，要我把文字默出來，送給朱先生及巽甫姑丈去看，請他決定可以取進，還是不可以取進？但是我這篇野馬似的文字，簡直不像是八股文，如何拿得出來？而且當時未起草稿，只是在卷後胡亂補了草稿，現在要我默出來，大致不差，到底是有些走了樣呢。

因此我便和我的姊丈許君商量了，因為他和我是同一題目，而他的這篇文字，作得非常工整，循規蹈矩，不像我的那一篇似野馬奔馳一般，把他的一篇借給我，讓我塞責一下，這是我的不老實處，說來有些慚愧的。姊丈是個敦厚的人；他答應了，因為他不必把文字抄給人看，而留有草稿，也還齊整。我先給朱靜瀾先生看，他力保一定可以取中。我又給巽甫姑丈去看；子青哥先看，他向我道喜，他說："一定取了！一定取了！"巽甫姑丈也說可以取中，但他到底是個老法眼，他說："這篇文字，頗不像你的作風。"意思似說：你恐怕還作不出那篇文字呢。

及至放榜時，我取了第二十七名，而姊丈則名落孫山。他自然十分懊喪，而我也心中覺得非常難過。我於是立刻披露，送給朱先生及巽甫姑丈看的，是姊丈的文字，不是我的文字。他們一面也為之嗟歎不平，一面又索觀我自己的文字。巽甫姑丈說："你這篇文字，雖然野頭野腦，氣勢倒是有的。場中看文章的人，每天要看幾百本卷子，看得頭昏腦漲，總覺千篇一律，忽然有一篇是散文而別出一格的，讀下去倒還順利而有氣勢，倒覺得眼目一清，所以提出來了。"巽甫姑丈的話是對的，後來考畢以後，領出原卷來看，卻見卷子上批了四個大字道："文有逸氣。"

考了第一場，不能算數，還要覆試呢。第一場，依照應取名額，多取若干名，到第二場覆試時，又除去若干名後，方算正式的取中入學了。

蘇州人的諧語，稱第一場即不取者，名之曰"總督"，第一場取了，第二場試後不取，被黜落者，名之曰"提督"。這是甚麼意思呢？原來蘇人讀"丟"字的音如"督"，第一場即不取，謂一總丟棄了；第二場覆試不取，謂提覆後丟棄了，因此有總督、提督之稱。我這時第一場總算僥倖了，惴惴然深恐第二場覆試不取，那便要做提督了。

覆試甚為簡單，只要上午半天工夫，但是要到堂上去面試，一點沒有假借。又為了人數很少，顯得十分嚴肅。我們吳縣的題目，是《論語》上，"不有祝之佞"一句，作這一個題目，要用一點技術。因為作那些小題文，最忌是"犯下文"。《論語》上的原文是"不有祝之佞，而有宋朝之美，難乎免于今之世矣"。所以在文中不能提到一個"有"字，只能說"不有"兩字，如果單說一個"有"字，便是"犯下文"了。

出題目的人，便有這種故弄狡獪處，但也是八股文的法律，制定是如此的。這要謝謝我巽甫姑丈了，以前巽甫姑丈命我到他家裏去面試時，也往往出的這一類題目，他是人稱為小題聖手的，和我講得很清楚，所以我曉得這種訣竅。這次覆試，只要作一個起講，我於破題的第二句，寫道："若不容其不有矣。"巽甫姑丈見了道："好！扣題很緊，必不會作提督了。"後來將考卷領出來看，果然在破題第二句上，圈了一個雙圈，以下的文章，便不看了。

覆試後，我又跳上了幾個名次，從二十七名跳到了十九名，那是沒有甚麼關係的，取中總歸是取中了，即使是考取在末尾，一名秀才，總歸是到手了。姊丈這一回未曾進學，下一屆院試，以第一名入泮，蘇人稱為"案首"，亦頗榮譽，所謂"龍頭屬老成"也。

入泮

　　讀書人進了學，算是一個基本學位，又是科舉制度的發軔之始，因此社會上也較為重視。進了一個學，有些人家還要請酒、開賀呢。請酒、開賀不稀奇，新秀才還要排了儀仗，好似中了狀元一般，跨馬遊街，鳴金唱道的出來拜客呢。但這在江南，尤其在蘇州，那些縉紳富豪人家的子弟，方能如此。清寒人家的子弟，即使許你如此，也沒有這個力量。

　　但這要年輕的小秀才，方能有此機會。當在十六歲以內，越小越好，如果在二三十歲之間，雖然進了一個學，那也應該自傷老大，連賀也不高興開了。我們親戚中，我所見的如伊耕表叔、子青表哥，開賀那一天，都排導到我家拜謁祖母，他們進學，都在十六歲以內呀！此外如蘇州的彭家、潘家等，科名聯翩不斷的，也都有此盛舉。更有一件令人家豔羨的，那個新秀才，倘然已訂婚而未結婚者，這天也要到未來岳家拜謁一過，那必定轟動親戚鄰舍，來看新相公。

　　那一天，這位新秀才的服裝也特別了，身上穿的是藍衫（原名襴衫，本為明朝所制定的秀才服裝，今則以絲織物特製），披了紅綢。頭上戴的是雀頂，兩邊插上金花。腰間又排滿了甚麼荷包、風帶、各種佩物，腳踏烏靴，有些年紀極輕的小秀才，在十四五歲以下的，他家裏人給他面上敷粉，真是一位白面小書生。

　　出門時的儀仗，也頗為別致，頭導先是有許多彩旗，那種彩旗五色紛披，稱之為"竹筱旗"，拔取竹園中新生的長竹，張以狹長的彩綢，上面有金字的聯語，一對一對的，當然都是吉祥的句子，甚麼"五子登科""三元及第"之類。竹枝上的竹葉，亦不芟除，蓬鬆地披着。這種彩旗，都是由親友們送下來的，前導往往十餘對以至數十對，這種古典，不知始於何時。此外便是銜牌，在清代做過甚麼官，便有若干對銜牌，官做得越大，銜牌便越多，新秀才自己沒有銜牌，但是他上代做過官的，把祖宗三代的銜牌，一齊搯出來了。其餘便是鑼呢、傘呢，甚麼儀仗都可以加進去，最後一頂四人大轎，那個新秀子，似小傀儡般坐在其中。據說這一天，即是蘇州最高長官撫台大人出門也須讓道，為的是尊重讀書人呀！好在撫台也難得出門的，此故事未能徵實。

這是所有新秀才，在一個日子上舉行的。出門後，大家都到學宮裏謁聖（拜孔夫子），拜學老師，然後散出來，向各處去拜謁親友。那些事，蘇州的所謂"六局"者，都很明了（六局者，專辦理人家婚喪喜慶事的），他們是有相當經驗者的。最可笑的，還有一架彩綢所紮的龍門，新秀才到那家人家，先把龍門擺在人家大門口，讓這位新秀才在龍門底下進去，一邊還要鼓樂放炮，以迎接這位新貴人。

我是一個窮苦人家的孩子，沒有這一套的，不要說出門拜客，連里也不謁，賀也不開，只是躲在家裏。那天恰值是我父親冥誕之辰，每天到這一天，家祭一番，我這一次跪拜，磕下頭去，淚如泉湧，竟仰不起來。我母親極力加以勸慰，而她自己也嗚咽得不能成語了。這幾天，祖母又值有病，未能起身，母親道："快快揩乾眼淚，不要被祖母看見了，又起悲哀呢。"

進了一個學，就要那些大排場，這惟有紳富人家的子弟，方能辦此。因為他們經濟寬裕，可以花錢，但即使是清寒人家，大錢不花，也須花些小錢。吳縣有兩個學官，一個名教諭，一個名訓導。這兩位老師，平日實在清苦得很，雖名為官，還不及我們的教書先生，全靠三年的歲、科兩試，取中幾個生員，他們方才有一筆進款，那便是取進後送進去的保結，要他簽字蓋印，而新進秀才人家送他的一筆贄金。要是像我們那些孤寒子弟，他是得不到甚麼好處的。他所希望的，是本縣裏新進幾位富貴人家的子弟，最好是暴發戶，而上代沒有甚麼讀書人的，他可以敲一筆小小的竹槓，贄金可以加到數十元至百元。遇到富而且吝的人家還不肯出，於是要"講斤頭"了。講斤頭的人，總是廩保做中間人，而水漲船高，廩保也可以得到較豐的報酬。

不是說一個童生考試要兩個廩生作保嗎？一為認保，一為派保，我當時的一位認保，是馬子晉先生。朱師的老友，為人非常和藹。派保沈先生，已忘其名（後來到了上海，方知是沈恩孚先生的令兄）。當時我的孤貧，是大家所知道的。兩位老師，各送了贄金兩元。老師也哂納了，知道"石子裏榨不出油的"。派保沈先生，也送了兩元。馬子晉先生並且辭謝不受。母親說："這是不好的。"馬先生處送了一些別樣禮物。

還有一件可笑的事。進學以後，要向親友人家送報單。那種報單，是用紅紙全幅書寫的。另有一種人，專門書寫那種扁體的宋字，上面寫着："捷報貴府□□（以上是尊卑稱呼）少爺□□□（以上是新秀才姓名）蒙江蘇督學部院□（學台的姓）高中蘇州府吳縣第□名……"到那一天，兩個報房裏的人，一個背了許多捲成一束束的報單，用了一面鑼，嘭嘭嘭地敲到人家去；一個提了一桶漿糊，在人家牆門間，或是茶廳上，高高地貼起來。人家也以為某親友人家的子弟進了學了，算也是榮耀的事，未便不讓他們貼。而且還要發一筆賞封，這項賞封，不過數十文而已，然積少成多，亦可以百計，報房之樂於為此，正為此賞封也。鄉試中了舉人以後，也有報單送與親友，不過顏色是黃的了。

我此次進學，也花費了數十元，都是母親在籌劃。雖沒有開賀，但幾家至親密友，都送了禮。舅祖清卿公，送了八元，那是最闊氣的了。巽甫姑丈送四元，館東張檢香，也送四元，此外送二元、一元的也不少。從前送禮，不比現在。凡遇慶弔，送一元已算豐厚，若送四元，比一擔米有餘裕了。因此也勉強敷衍過去。最高興的是我的館東張檢香，連忙把每月束脩兩元的加到了每月三元，那也是蘇州處館先生的升級條例呢。

自以為榮譽地出去應酬，穿上衣冠，紅纓帽上，正正式式地戴上一個金頂珠（其實是銅的）。以前我在未進學以前，出去應酬，也戴一個金頂珠，那是非正式的、僭越的（清制：一品為紅珊瑚，二品為鏤金珊瑚，三品為藍寶石"俗稱明藍"，四品為青金寶石"俗稱暗藍"，五品為水晶，六品為硨磲"俗稱白石"，七品至九品，皆為金頂珠），所以不要看輕這一個金頂珠，自秀才、舉人，以至新翰林，都戴這一個金頂珠。

我這一次同案中，有許多中舉人，中進士的，我已經記不起他們了。只有一位單束笙（鎮）先生，他中了進士後，即放部曹，民國時代，曾經做過審計處處長，直到大家老年時候，方才認識，同住在上海時，時相訪問。還有一位歐陽鉅元，也與我同案，此君早慧，十五歲就進學，他不是蘇州人，曾為蘇人攻其冒籍，後有人憐其才，為之調停，旋至上海，成一小說家，筆名茂苑惜秋生，李伯元延之入《繁華報》。有人謂：《官場現形記》後半部全出其手。聞罹惡疾，不幸早夭，年未及三十歲也。

記徐子丹師

我進學以後，未到半年，巽甫姑丈又約我去。他從前不是說過的嗎？無論取進不取進，要給我介紹一位老師，不要以為進了一個學，就此荒廢了。他說："一個寒士，不能與富家相比。有錢人家不能上進，是沒有關係，反正家裏有產業，守守產業，管管家務，一樣的很舒服。而且現在即使考不上進，還可以捐官，捐官直可以捐到道台。貧家可不能了，用真本事換來。你父親早故，祖母年老，母親勤苦，企望你甚股。倘然在科舉上能再進一步，豈非慰了堂上的心。因此我覺得這敲門的磚頭，還不能丟棄。"

我听了姑丈的話，頗為感動。我想：現在真弄得不稂不秀了。再去學生意，年紀已大，學生意大概是十三四歲，最為適宜。給人家當夥計，誰要請一位秀才相公來做夥計，而且誰敢請一位秀才相公來做夥計呢？我的前途，注定了兩件事，便是教書與考試，考試與教書。在平日是教書，到考試之期便考試，考試不中，仍舊教書。即使是考試中了，除非是青雲直上，得以連捷，否則還是教書，人家中了舉人以後，還是教書的很多呢。讀書人除此之外，難道再沒有一條出路嗎？

巽甫姑丈給我介紹的這位師長，便是徐子丹（鋆）先生，他也是一位廩生，博學多才，大家以為像徐師那樣的學問，早應該高發了，但他卻是久困場屋。他年紀也差不多四十五六歲了，也是在家裏開門教徒。不過他的學生都是高級的，除了在他案頭有幾位以外，"走從"的很多。所謂"走從"者，就是每月到他那裏去幾回，請他出了題目，作好文字，再請他改正了。

我也是在走從之列，言明每月去六次，逢三逢八，便到他那裏去。但是徐先生聲明：不要我的脩金。我說："孔夫子也取束脩，所以說："自行束脩以上，我未嘗無誨焉"，怎樣可以不要脩金呢？"巽甫姑丈說："你不要管！我和他的交情夠得上，你自己所得微薄，不能再出脩金，而徐先生也曉得你的情況。他是一位有道德有學問的人，並且最肯培植後進，你見到他就知道了。"

徐先生不是一個儀容漂亮的人，而是一個樸素無華的人。他頭頸裏又生了一串瘰癧（蘇人稱為癧子頸），因此頭有些微側，蘇州的一班老友中，背後呼他為"徐歪頭"，可是當時徐歪頭之名字，也為人所傳述。第一天拜師，徐先生很為客氣，加以慰勉之詞，大概巽甫姑丈把我的近時境況，都和他談過了。當天他出了兩個題目，我記得一個是《孟子》上的"非無萌蘗之生焉"一句，一個是《論語》上的"使民以時"一句。上一個題目，在行文上有些技術性的；下一個題目，可以發揮一篇富瞻的政論。

叫我作這兩篇文字，原是測驗我的程度的，兩篇文字交卷了，徐先生說：對於《非無萌蘗之生焉》一文，作得不差，有兩股他還加以密圈。對於《使民以時》一文，他覺得頗為平疲，很少發揮。原來前一題，看似枯窘，但那是虛冒題，着重在"非無"兩字上繞筆頭，前經巽甫姑丈出題，已作過了好幾回，頗能學得一點訣竅。那《使民以時》這個題目，極容易寫文章的，而且可以使你大大地發揮的，但題目太容易，反而使你寫不好出色的文章。若能敷佐詞華，包孕史實，也可以成為一篇佳文。

實在我書倒看得不少，卻是毫無理緒，又不能運用自如。在徐先生那裏不到一年工夫，確是頗有進境。考平江書院卷子，常考超等，至少也考一個特等。考紫陽書院卷子，也可以考一個特等，一個月，這一筆書院膏火，也有兩三塊，不無小補呀。另有一個正誼書院，它的月考是"經解"與"古學"，所謂古學，即是詞章之學。在這兩門中，經解我不喜歡，嫌其破碎支離，詞章我是性之所近，很願意學習的。原來徐先生的詞章功夫是很好的，我便請教於他，請他出了兩個賦題，我便學作起賦來。

但是那個時候，中國和日本打起仗來，而中國卻打敗了，這便是中日甲午之戰了。割去了台灣之後，還要求各口通商，蘇州也開了日本租界。這時候，潛藏在中國人心底裏的民族思想，便發動起來，一班讀書人，向來莫談國事的，也要與聞時事，為甚麼人家比我強，而我們比人弱？為甚麼被挫於一個小小日本國呢？讀書人除了八股八韻之外，還有它應該研究的學問呢！

我那時雖然仍在徐先生處學習詞章之學，覺得駢四驪六之文，頗多束縛，倒不如作一篇時事論文，來得爽快，也曾私擬了一二篇，卻不敢拿出來給人家看，自然是幼稚得很的。但是當時許多老先生是很反對的，他們不許青年妄談國事，尤其是去看那洋鬼子們的種種邪說，這都是害人心術的，這都是孔門所說的異端。他們說：這些學說，都是無父無君，等於洪水猛獸。當時的父老們，禁止我們看新學書，頗似很嚴厲的，但我是一個沒有父兄管束的，便把各種新出的書，亂七八糟地胡看一陣。徐先生雖然知道了，也不加深責，因為那時的風氣，已漸在轉移了。

過了一年，徐子丹先生就館到費屺懷（念慈）家裏去了。原來費屺懷本是常州人，卻在蘇州桃花塢新造了住宅，預備長住在蘇州，於是延請了徐先生，教他的兩位公子。我那時仍舊走從他，本來常到王洗馬巷徐先生家裏去的，現在改到桃花塢費公館去了。這兩位公子，一號子怡，一號叔遷，他們當時年紀還小。這兩位老同學，到後來在上海方才敍舊。叔遷忙於做官，不大晤面，子怡往來蘇滬，且在上海亦有住宅，因此時相過從，有許多他的朋友，也是我的朋友。

有一次，我從上海回蘇州，在火車上與子怡相遇，他問我：“到蘇州住在哪裏？”我說：“住在表弟吳子深家，也在桃花塢，與府上是街坊。”他唯唯。但到了明日，他到吳家來，說：“明日中午，家母請老世兄便飯，務請惠臨。"原來費屺懷先生的夫人，乃是清代狀元宰相徐頌閣的女兒，據說費屺懷頗懼內。曾孟樸的《孽海花》小說中，曾經調侃過她，說有一次，江建霞太史去訪費，他夫人疑江為北京唱戲的相公，操杖逐之，以江年輕漂亮，雅好修飾故。實在孟樸的《孽海花》，以小說家言，不無渲染故甚其詞也。

我頗錯愕，以費老夫人從未見面，何以請吃飯呢？如期而往，亦有三五客在座，費太夫人出見，雖老，而體頗豐腴（她有二子二女，都是胖子），我執世侄禮甚恭，子怡說："家母欣賞吾兄之小說，故極欲一見"云云，我急慚謝。既而我想："我那時正預備寫《留芳記》小說，而費家的軼事亦正多，她怕我再如《孽海花》一般，把她們牽涉進去吧。"

我又說到後來的事了，如今且說我向徐子丹師受業的第三年，他在本年的鄉試，中試了舉人了。先是，巽甫姑丈曾談及："徐先生今年秋闈，是背城借一之舉了，他年已近五十了，大概此次是志在必得吧。"我因說："以徐先生的文才，早可發科，何以蹭蹬場屋？"姑丈說："他的學生，已有兩個中舉了。"我覺得姑丈之言，似乎所問非所答，後來有人告訴我，這兩個學生，是徐先生代筆給他們中試的。人言如此，我也未敢信以為真。

明年會試，徐先生連捷中了進士，殿試三甲，外放在山東做了三任知縣，也沒得到了好缺，就此故世在某縣任上。宦囊不豐，清風兩袖而已。一位讀書明理，而藹然仁者，哪裏會多得錢？但徐先生是我的恩師，我受了他的教誨，方有寸進，而從學了他兩年多以來，他不肯取我一點脩金，他對於別一位學生，從未有此，此種恩義，真使我沒齒不忘的。

求友時代

我從二十一歲起，可稱為我思想改變的開始。那正是甲午中日開戰，我國戰敗以後，有些士子，都很憤激，而變法自強之說，一時蜂起。這些主張變法的知識分子，人家稱之為維新黨，我當時也很醉心於維新黨，以為除非是這樣，方足以救中國。

但是那時候，科舉還沒有廢，一個士子的出路，還是要靠考試，而考試還是要作八股文。我在徐子丹先生教導之下，本年歲試，居然考取了一個一等（那次題目是《有不虞之譽，有求全之毀》兩句，那倒是規規矩矩的八股，不是瞎扯的散文了）。但我這個一等，只可稱之為“矮一等”，吳縣共取一等十六名，而我的名次則為第十一名（按：秀才歲科考，例分一等、二等、三等，科考可以不到，而歲考必須到的）。照例，考了一等，可以挨次補廩，而在我們吳縣補廩，非常煩難，往往考了前三名，也一時補不着廩。因為它是有名額的，要遇缺即補，甚至有用賄賂之法，買缺出貢的。至於矮一等，想也休想了。

然而雖是矮一等，親友間卻予我以厚望。其時即使是作八股文的，也風氣一變了，不能規規矩矩地依照先正典型，往往野頭野腦，有如野戰軍。並且那些當考官主試的人，眼光也改換了，專取才氣開展的那一路文章，不大墨守以前的準繩。

就是徐子丹先生中舉後，刻出來的朱卷，第一場《四書》題，還是循規蹈矩地作了；第二場《五經》題，有一篇文中，運用了許多子書。而且包孕時事，如列子御風而行，便象徵空中飛行等等（那時飛機初發軔，已有傳說到中國來了），在以前八股文中，那是不許引用的，倘被磨勘出來，是連試官也有處分的。

到後來，那種書坊店的奇詭的書都出現了，有一部叫作《天下才子書》，好大的口氣，真嚇壞人。我以好奇心，去買了一部，薄薄的兩本，翻開來一看，盡是八股文。其中有康有為的應試文，還有許多名人的應試文，我可不記得了。好像有一篇署名林獬的，後來知道林獬就是林白水，又號萬里，在北京開報館，一九二六年在北京為張宗昌所殺。

此外，清代的許多禁書，也漸漸地出現了，那些都是明末清初的書，關於種族仇恨，鼓起了人民排滿思想。可是蘇州那個地方，到底還是範圍狹小，要買新書，非到上海去不可。因為上海有印刷所，有鉛印，有石印，那些開書坊店的老闆（以紹興人居多數），雖然文學知識有限，而長袖善舞，看風使帆，每有他們的特識（那時商務印書館、中華書局都未開張）。他們的大宗生意，就是出了書，銷行內地到各處去。不僅是新書，即使那種木版書，不是上海出版的，也能集攏到上海來。或者有些別地方出版者，請他們搜求，也可搜求得到。

我還是脫不了那個教書生涯，在二十一歲的時候，又館在城南侍其巷的程宅去了，我的館東是巡撫衙門裏一個書吏，家道小康，這位先生難得見面，所以他的大號，我也不記得了。教三個學生，他們脩金較豐，而待遇卻不及因果巷張家。最大的一個學生，也已十四五歲了，名為開筆作文，出了題目，難得交卷，強迫着他，東抄西襲，不知塗些甚麼，而且虛字不通，改筆也無從改起。三天兩天，不到學堂，家裏也放縱他。這種撫台衙門的書吏，也是世襲的，大概他們也不想在科舉上求取進，這個館地，只處了一年，我實在敬謝不敏了。

我從家裏城北到侍其巷城南，是多麼遠啊！而盛家浜的朱師處適在中心點，因此常到朱師處打尖歇腳。顧氏表姊，視我如胞弟，有時不住在館裏，便住在朱家，明晨一早到館。朱先生依然在家開門授徒（聞曾有一度館在嚴孟繁（家熾）家，旋即離去）。其時我有一位同窗李叔良（志仁），最為知己，曾訂金蘭之譜（當時所流行的，俗名換帖弟兄），他比我小三歲，溫文爾雅，詞筆優秀，又寫得一手好字。而且我因為與這位盟弟的關係，又認識了許多朋友。

這些朋友，都是住在胥門一帶的，最遠的是住在盤門。朋友都是牽連交結，漸漸的志同道合而親密起來的，當時所認識的便有祝伯蔭、楊紫驊、汪棣卿、戴夢鶴、馬仰禹、包叔勤諸君，年齡都與我相伯仲，加上李叔良與我，共為八人。那時還拍了一張照，此八人中，伯蔭、棣卿、夢鶴、叔良及我皆入了學，其他三人，則未入此途。我今寫此稿時，七人均已逝世（夢鶴最先，棣卿最後），而我則孑然尚存也。

我不菲薄蘇州從前吃茶的風氣，我也頗得力於此種茶會。當時我們就有一個茶會，在胥門養育巷的一家茶館裏，每月約定日子，至少聚會兩次。在聚會的時候，便無天無地地討論一切，有甚麼新問題、新見解，便互相研究，互相辯難，居然是一個學術座談會了。那個茶館裏，往往有一種圓桌，我們便開了圓桌會議，笑語喧嘩，莊諧雜出。後來我們又組織了一個文會，輪流當值，出了一個論文題目，或是屬於文史的，或是屬於時事的，大家回去寫了一篇，特地送給當地名人去指點批評。

其中除李叔良外，我又與通譜者二人，一為戴夢鶴（昌熙），一為楊紫驊（學斌）。紫驊與我同庚，卻比我小幾個月，叔良、夢鶴都比我小幾歲，所以在四人中，我是大哥了。夢鶴最聰明，十五歲就進學，文章斐然，兼擅詩詞，年十八九歲，所寫的字嫵媚絕倫，雖老書家亦歎弗如，惜其患有肺病甚深。紫驊為李叔良的姊丈，其兄綬卿，為一孝廉公，現在盛杏蓀（宣懷）處當文案，也算是一個通曉洋務的人材。家居上海，故紫驊亦時遷居滬上，往依其兄，並時預備進上海洋學堂，不作科舉之想了。

當時為了國家變法，國內要開學堂之說，也盛唱一時。外國人在中國來開學堂的，也漸漸多起來了，大概都是外國的教會辦的，這些學堂，國人都稱之為洋學堂。我當時也怦然心動，想我也可以進那種學堂，重新做起學生來吧。但是我的環境不許可。第一，我現在是要贍家的了，雖然現在所得館穀不多，但如果連這一點也去掉了，家用更難支持，而我的母親要更苦了。第二，進學堂要學費、膳費（蘇州無洋學堂，非到上海不可），既無進款，反加出款，這筆錢從哪裏來呢？三則，祖母年老，孫承子職，我不能離開蘇州，出外就學呀！

這時候，關於文學上，有一事頗足以震動全中國青年學子的，是梁啟超的《時務報》在上海出版了。這好像是開了一個大炮，驚醒了許多人的迷夢。那時中國還沒有所謂定期刊物的雜誌，《時務報》可算是開了破天荒，尤其像我們那樣的青年，曾喜歡讀梁啟超那樣通暢的文章。當時最先是楊紫驎的老兄，寄到了一冊，他宣佈了這件事，大家都向他借閱，爭以先睹為快。不但是梁啟超的文章寫得好，還好像是他所說的話，就是我們蘊藏在心中所欲說的一般。

我把這信息告訴了子青哥，他也馬上託人在上海定了全年一份。它是一種旬刊，每十天出一冊，還是線裝的，用中國連史紙宋體字石印的。每期中梁啟超必定自寫一篇，其餘也有許多別人所寫的，以及歐美的政論，並且還有短篇小說，如《福爾摩斯偵探案》，中國的翻譯國外偵探小說，也是從《時務報》首先開始的。（後來梁啟超又辦了《新小說》雜誌，寫了《新中國未來記》，他提倡中國人寫小說，也是開風氣之先的。）

我不曾定《時務報》，只是向人家借看，自然向子青哥借得最多。《時務報》不但是議論政治、經濟，對於社會風俗，亦多所討論，主張變法要從民間起。於是興女學咧、勸人不纏足咧、研究科學咧、籌辦實業咧、設立醫院咧，大為鼓吹提倡。一班青年學子，對於《時務報》上一言一詞，都奉為圭臬。除了有幾位老先生，對於新學，不敢盲從，說他們用夷變夏，但究為少數，其餘的青年人，全不免都喜新厭故了。

自從這個風氣一開，上海那時風起雲湧，便有不少雜誌出現。關於各種學業的，也有《農學報》《工商學報》，吾鄉的汪甘卿先生（是個舉人），在上海辦有《蒙學報》，以為啟蒙之用。不獨是上海，漸漸的有各省開通的人士，也出版了許多雜誌，如湖南的《湘學報》、四川的《蜀學報》之類，但歸結起來，總沒有梁啟超的《時務報》普遍而深入人心。直到戊戌政變，汪康年改辦了《昌言報》，《時務報》也關了門。後來國事愈演變，思想愈前進，辛亥革命以後，以康、梁主張君主立憲，國民黨詆之為保皇黨。可是平心而論，此一時也，彼一時也，梁啟超的《時務報》，對於開風氣一方面說來，不能說沒有大功勞。

西堂度曲

　　我在二十三歲的時候，又館在劉家浜尤氏了。那年正是前清光緒二十四年（1898 年），有名的戊戌政變時期。我所教的是巽甫姑丈的兩位孫子，即子青哥之子；以及詠之表姑丈的一個孫子，即听彝兄之子（我們與尤氏有兩重親戚，前已說過）。其時我對於處館生涯已極厭倦，最好跳出這個圈子。但是巽甫姑丈是有恩於我的，他對於我的教育、對於我的提攜，後來又介紹我到徐子丹先生處，盡義務地教導我，使我有所進益。現在他請我教他的兩個孫子，我好意思拒絕嗎？而且我和子青哥，在表兄弟中是素所敬愛的，他的學問又好，我正好借此向他請益呢。

　　還有我祖母、我母親，都願意我館到尤家去。一來是親戚，到底是自己的姑丈家，有了招呼。二來他們那些紳士人家，對於先生待遇甚佳，即在膳食方面，我那時身體瘦弱，母親總顧慮我營養不好。他的束脩，是每年六十元，似乎比一個新進學的教書先生優厚了。那時的生活程度，也已比十年前提高多了。我為了重闈的督促，也不能不去了。

　　但是我的教書，實在不高明，這是我所自知的。我不知如何，野心勃勃，總覺得有點坐不住。譬如在做學生時代，放了幾天學，關到他學堂裏來，也要收收他的放心，而我卻收不住自己的放心。正如《孟子》所說的“一心以為有鴻鵠將至”，不能聚精會神地對付學生。而學生都幼稚的，又是嬌養慣的，不大說得明白，我對此殊少興趣。幸虧他們是個大家庭，我鼎孚、詠之兩位表姑丈的公子不少（鼎孚有七子，詠之有二子，連子青哥在內，共有十位），在我都是表弟兄，他們常到我書房裏，大家說笑玩樂，破除了一時寂寞。

這書房很不小，也是三間一廳，書房的前進，是一座小花園，有亭有池，比我從前居住文衙衖七襄公所的小花園差不多大。不過那園門不大開，有甚麼請客宴會之事，都在那裏。鼎孚表姑丈是個北闈舉人，授職內閣中書，與吳中官紳常有交往也。這一班小兄弟中，都與我年相若，只有兩位，年紀不過十二三歲。另請一位先生姓盛的，在另一書房裏，這位盛先生已屆中年，他們嫌他道貌岸然，都不去他那裏，而擠在我這裏來。

他們總是在下午放學的時候來，因為我放學很早，下午四點鐘就放學了。他們有的着圍棋，有的猜詩謎，這些我都不大喜歡，我便溜出去，寧可蕩觀前、孵茶館、逛舊書店了。但是有一時期，他們幾位小弟兄，在我書房裏，設了一個曲會，請了一位笛師教曲，我倒不免有些見獵心喜了。因為我從小就常看崑劇，又亂七八糟地看過那些曲本，略有一點門徑，他們一定要拉我入會，可是我從未唱過，一上口便知很不容易了。

那個時候，蘇州的拍曲子，非常盛行，這些世家子弟，差不多都能哼幾句。因為覺得這是風雅的事，甚至知書識字的閨閣中人，也有度曲的，像徐花農他們一家，人人都能唱曲的。這時吳瞿庵我還未曾認識，俞粟廬（俞振飛的父親）吳中曲家所推重，有許多人向之習曲（他是唱旦的，年已六七十，從隔牆听之，宛如十六七女郎）。因為習曲要體驗你的嗓子如何，嗓子便是本錢，本錢不足，那是無可奈何的事。

凡是青年學曲，都是喜唱小生，因為那些曲本，都是描寫才子佳人，難得有脫其窠臼者。尤氏兄弟，人人都唱小生，我亦學唱小生。惟有子青哥，他偏要唱淨（即俗稱大面），唱了《訪普》一出（即趙匡胤雪夜訪趙普故事），大聲磅礴，我們以為很好，但曲師說："橫裏是夠了，豎裏卻不夠。"原來江南一帶，都沒有大喉嚨的，即說話也是輕聲細氣。只有一人，在女冠子橋一家糕糰店的司務（我已忘其姓名），橫豎都夠，人家呼之為"糕糰大面"，凡曲家都知之。如有高尚的曲局，邀之惠臨，他便脫去油膩的作裙，穿上藍布長衫，傲然而來，縉紳先生敬之如上賓，當筵一曲，響遏行雲，群皆歎服。他常常唱《刀會》《訓子》，都是關公戲。但他從未客串過。因他身材太短，頗有自知之明也。

初學曲子唱小生的，都先唱《西樓記》中的一出《樓會》，第一句是"慢整衣冠步平康"，用俗話解釋，就是妓院裏去訪一個妓女的意思。這個曲牌名，叫作《懶畫眉》，何以學小生必定要先唱此曲，大概在音韻上的關係，傳統如此，教曲者便盲從了。我也是如此，這《懶畫眉》共有五句，只是前三句，我唱了一月多，也未能純熟，而且是日日夜夜在唱。俗語說得好：叫作"拳不離手，曲不離口"，但是要我說起來，還可以改為"曲不離口，也不離手"。為甚麼呢，因為口中在唱，手裏還要拍，所以叫作"拍曲子"，有所謂"三眼一板"，錯一個音，就叫你唱不下去呢！

我們一群拍友中，以尤賓秋為最好，他也是我表弟兄，與我同庚。他也唱小生的，天賦既好，學力尤勤，朝也唱，夜也唱，坐也唱，立也唱，走路也唱，在書房裏唱，在臥室裏唱。但是我可不能，我是他家一位西席先生，雖然是親戚，到底有些客氣，怎能一個人在書房裏，提高嗓子，唱那不入調的歌曲，未免有失尊嚴吧。

於是回到家裏時，有時深更半夜的哼起來，母親寵我，一任所為，因為她的母家，常有"同期"曲會，我的母舅唱正旦（即京戲中的青衫）出名的。但是祖母卻說；"人家那些紈袴子弟，吃飽了飯，無所事事，消閒玩樂，自命風雅，你去勞神費力，學它做甚麼呢？"祖母的話頗為嚴正，我那時以為祖母頗煞風景，還是擠在他們一起學習。可是我總是遲鈍得很，沒有甚麼大進境。

有一天，我問我的曲師道："為甚麼大家都唱小生？難道我們的嗓子，都配唱小生嗎？"他說："不！各人的嗓子不同，不過你們都喜歡唱生，隨便唱唱，也無不可。"我問："我的嗓子，應唱哪種腳色？"他說："你的嗓子，帶雌而又能拔高，最好是唱老旦。"我听了很不高興，誰去做一個老太婆呢？那曲師知道我不高興，便笑說：“老旦不容易呢，許多崑曲班裏，沒有一個好老旦，即如京戲裏，老旦也是鳳毛麟角呢。”

我知道這位曲師是在敷衍我，而尤氏這一班老表，則又慫動我，老旦既然難能，何妨試試，反正這是玩意兒，又不是登台叫你扮一個老婆子。於是我便改唱一出叫作《姑阻》，是一個女尼陳妙常的故事兒，所謂《姑阻》者，是潘必正的姑母，也是一個老尼姑，阻止他不要去戀愛陳妙常。我還記得開頭兩句是“書當勤讀，奮志青雲上”，比唱《樓會》容易得多，而毫無興趣。實在我這時對於拍曲子也是厭倦了，就此也半途而廢。

這一班我的表兄弟中，就是賓秋成功了，他翩翩佳公子，寫得一筆好字，常能吟詩，寫了“西堂度曲”的詩句。他們本是尤西堂（侗）的後裔。賓秋之弟號翼如，那時方結婚，我送一幅新房對聯給他，由子青哥寫了，上聯是“南國喜聞鳥比翼”，下聯是“西堂今見女相如”，嵌了“翼如”兩字，作為“並蒂格”，而西堂兩字，則即寓其姓。我那時就是常好弄筆頭，作對聯，蘇州人家，每逢婚喪，都有送對聯的，他們常來請我捉刀。

外國文的放棄

上海的新空氣，吹到蘇州來了，蘇州也算開風氣之先的。大家傳達，西方人的一切學術，都根據於算學。但是舊中國人的思想，只有商業中人要用算術，讀書人是用不着算術的。從前我們的算術，也有三種，一曰心算，二曰珠算（就是算盤），三曰筆算。心算就是在心裏計算，不要看輕它，盡有好本領的。我最佩服那些菜館飯店的夥計（蘇州稱"堂倌"），即使有客七八人，吃得滿台子的碗碟，及至算賬起來，他一望而知，該是多少。而且當時蘇州用錢碼，這些菜館用錢碼又不是十進制度，以七十文為一錢，如果一樣菜，開价是一錢二分，就是八十四文，這樣加起來，積少成多，他們稍為點一點碗碟，便立刻報出總數來了。算盤是商業上通用的了，不必細說。筆算有時也用得着，但屬於少數，鉛筆也未流行，誰帶了毛筆來算賬呢？

但西方的算學，明末傳到中國來了。在清代也曾以算術取士過的了。不過大家都鑽研於八股八韻，把這一門學術，視為異途，早棄之不顧。現在趨於維新，要效法西人，學習算術了。可是西法的算學教科書還沒有，只好搜求到中國舊法的算學教科書。我當時借得了一部（書名已忘卻），線裝木刻的，共有四本。裏面的數目字，還是中文，並不用阿拉伯數字，也只到加減乘除吧。我埋頭學習，學到加減乘，除法便不甚了了。其方式與現今的教科書不同，我記得那個乘法，是用"鋪地錦"法，說與現代名算學家，恐怕他們還瞠目不知呢。

我這無師自通的算術，也就淺嘗即止，後來又讀起日文來了。自從中日戰事以後，我們覺得日本國雖小而比我們強，於是許多新學家，及政府裏有些自命開通的人，都願意派子弟到日本去留學。留學自然最好到歐美去，但是到歐美去，一則路途遠，二則費用大，三則至少外國語有了根底。到日本去，就是路近，費省，即使不懂日本話，也不要緊，因日本與中國為同文之國，有文字可通，便省力得多了。

那時中國政府派出去留學日本的很不少，而自資留學者也很多。我們所認識的有楊廷棟、周祖培諸君，他們都是學法政的。先一排，到日本去學法政，後一排便是到日本去學師範。至於其他各種科學，問津的很少，老實說，日本那時也不大高明。而當時中國人的思想，以為學了法政以後，回國後就可以做官；學了師範以後，國內正預備大興學校，將來教書的冬烘先生是太不時髦了，他們可以在洋學堂裏，當一位教師。

我們這一群朋友中，便與這班留日學生聯絡起來，常常通信。他們在書信中，告訴我們種種事情。他們把日本的有些法政書籍，都翻譯了中文，而日本的許多書籍，則都譯自歐美。我們讀歐美文字的書不容易，讀日本文的書，以漢文為主，較為容易，我們因此間接地讀到了許多歐美名著，這不是他們給我們做了一半功夫嗎？因此大家便發動了讀日本文的心了。一半是為了留學日本的基礎，一半是為了可以看日本的書籍。

但是到哪裏去讀日文呢？尤其是在蘇州那地方。可是自從中國甲午之戰後，中國割地賠款，又許開了五口通商，蘇州也是五口之一，在蘇州的封門、盤門之間，有一塊地方，喚作青暘地，特許他們作為租借地。也有一個日本領事館，可是其他一無建設。原來日本到底是個小小島國，哪裏有西洋人肆意侵佔，開闢殖民地那種氣魄，而青暘地卻是蘇州一塊荒僻地方，蘇州人，誰也不和日本人有甚麼交易，這地方冷冷清清的鬼也不到那裏去。雖然日本人到蘇州來的不少，卻只在城裏做一點小生意。

其時有一個日本人和尚，好像姓是藤田，名字是忘記了。日本是崇信佛教的，他們國內也到處有寺院，有僧眾。有一個本願寺，也像西洋人的基督教會一般，向各處傳教，不過他們的力量是很小的。那個日本和尚，就是本願寺和尚（在上海虹口就有一個本願寺），他在蘇州城內，開了一個日文學堂，於是我們怦然心動了，我和李叔良、馬仰禹等幾個人，便去讀日文。好在學費並不大，每日只上一點鐘的課，時間在下午五時，還不至妨礙我的教書工作。

雖說是日本和尚，並不像我們中國和尚一樣，仍舊穿了他們的和服，不過腳上不穿木屐，已是皮鞋一雙了。他便把我們似教日本小孩子一般地教起來，先教五十一個字母，甚麼平假名、片假名，我們也就這樣阿、衣、烏、哀、屋地念起來，思之可笑。這些日文教科書，在中國是沒有的，也由他去辦，好在日本路近，不久，便由郵局寄來。這些書，正是日本初等小學教兒童的教課書。

那時李叔良最用功，書也讀得最熟，我就不成功。我的意思，要知道他們的文法，便可以看得懂日本書。我覺得不懂日本話，那倒沒有大關係，反正我也無力可以到日本去留學。但是他還要教我們日語，像教他們的兒童一般，我有些受不住了。好容易有三個多月的光景，我於他們的文法，有些弄得明白了，日本書上的漢文比較多的，我也看得懂了，我輟了學，進行自修，比這日本和尚所教，還容易進步。李叔良卻還是勤懇地讀下去，後來留學日本，得益頗多。至於馬仰禹，未到三個月，即已不來了。

我讀過英文，也是處館在尤家的時候，我們這幾位老表，對於拍曲子到了厭倦的當兒，又想讀英文了。歐風東漸，由上海吹到蘇州，有許多青年，對於外國文躍躍欲試。但是蘇州沒有洋學堂，要進洋學堂讀西文，除非要到上海去。但當時蘇州的父老們都不願意放子弟到上海去，因為上海是個壞地方，青年人一到上海去，就學壞了。不如請一位西文教師到家裏來教教吧。

可是蘇州要請西文教師，也不容易，後來請得一人，我記得是姓顧，他是蘇州電報局的電報生領班，也是在某一家紳士人家教英文。舉薦的人說道："他的英文很好，可以與外國人直接通話。"可是我們也莫名其妙。

那時候，英文教科書，中國還沒有哩，也由這位教英文的顧先生去辦理。第一本叫《拍拉瑪》，這是啟蒙的，以後漸序而進，共有五本。你道這些英文課本是哪裏來的，乃是英國人教印度小孩子讀的，現在由印度而到中國，據說上海甚流行，初讀是《一隻貓》《一隻小山羊》，我們相顧而笑。蘇州鄉下也不養羊，不知小山羊是怎麼樣的。這一套英文課本，在商務印書館初開張，未編教科書時，把它譯注翻印了，名之曰《英文初階》《英文進階》，銷數以萬計，實為商務印書館發祥的刊物呢。

這一次讀英文，也有半年多，但是我終不能讀得熟流，終覺得非常艱澀，生字終歸拼錯，這是因為我不能專心。試想我那時以教書為本業，雖然只有幾個小學生，也很為勞神。有時為了博取膏火、補助生活之故，還要作些書院卷子。而且為了交際，常常地到茶館裏，或是朋友家裏，高談文藝，議論時政，我的野心一放不可收拾，哪裏還能專心致志地讀英文呢？

當尤氏弟兄興高采烈地請先生教英文的時候，子青哥卻不與其列。他說："讀外國文最好是要在年幼時候，那時記性好，人事少，到了我們這樣的年紀，就難於專心了。"不過後來有許多"半路出家"而成就的，也是很多，但譯書容易，而說話較難。子青哥確也有先見之明，三個多月後，尤氏弟兄也漸闌珊了，我也讀了後面，忘了前面，狼狽不堪了。現在我的家庭中，只有我們一對老夫婦不懂英語，下一代，再下一代，無男無女，無老無少，都是滿口英語，還有通數國語言文字的，如果給我的前輩听到了，真要呵為用夷變夏呢。

除了日文、英文之外，我還讀過法文，教我法文的這位先生姓江（名已忘記），他是從前畢業於廣方言館的學生，也是蘇州人。這位江先生性頗孤傲，不諧時俗，不然，他一個法文很好的人，何至於投閒置散，回到家鄉來，當一個教法文的先生呢？他所收的學生，共為二十人，成為一班，都沒有讀過法文的，也都是年過十六歲的學生。我又怦然心動，想讀法文了，可見我的不知自量，心無一定了。因听得人家說：法文在歐美極為重要，所有外交公文，都以法文為正則。而我還自恃讀過英文，或者比較容易一些，哪知越讀越難，不到八個月，我又退下來了。

法蘭西文字，使人最困惑的，是每一名詞，有它的公性，母性，誰知道這個字是屬於公性、母性呢？我對於讀法文，似乎比讀英文還勤一點，但究竟是徒勞。那便是子青哥所說的年齡已大，記憶力不足，加以人事繁雜，終難於專心一志了。我們這一班讀法文的同學中，只有兩人是成功的，一位楊蘊玉，他是世家子，但可惜很早就逝世了。一位陸雲伯，他是吳江人，是名畫家陸廉夫（恢）的公子，後來進了上海徐匯法文學堂吧？在我寫此稿時，年紀也近七十了，但他也不曾有過甚麼得意的職業。在我後來辦《小說雜誌》的時候，他給我譯了不少法國小說，還有許多關於書畫的筆記。（廉夫先生還贈了我一幅《秋星閣讀書圖》。）

自此以後，我對於讀外國文一事，只得放棄了。古人詩句云："讀書原是福"，我就沒有這個福分，我當然是自己未能專心勤學，實在也是我的環境使然。但後來我在我的朋友中，見到許多半路出家的人，到二十多歲方始學習外國文者，居然也能譯書。還有些在外國人所開設的洋行中就職的，於外國文雖然不大精通，而外國話卻說得滾瓜爛熟，不覺自歎是個笨伯而已。

東來書莊

　　那時有幾位朋友，留學日本，我們常與他們通訊。並且蘇州設立了日本郵便局，我們常託他們郵寄書報，在文化交通上，較為便利。尤其那時候，日本於印刷術很為進步，推進文化的力量很大。吾國在日本的留學生，也逐漸多起來了，有許多留學生，都是國文已經很好的了。日本政府，為了吸引中國青年去留學，特設了法政專科，師範速成科那種投機學校。為了中國去的留學生不諳日語，在教師講解的時候，還僱用了翻譯，極盡招徠的能事。因此當時官費、自費的留學生，在日本的竟有數千人之多。

　　為了日本的印刷發達，刊物容易出版，於是那些留學生，便紛紛地辦起雜誌來。為了中國各省都派有留學生到日本，他們的雜誌，也分了省籍。如浙江學生所出的，名曰《浙江潮》；湖南學生所出的，名曰《新湖南》；直隸學生所出的，名曰《直言》（即今之河北，在前清則為直隸）。在我們江蘇學生所出的，即名曰《江蘇》，大概對於這個"蘇"字，另有一義，作蘇醒解（按：金松岑的《孽海花》，即首先在《江蘇》上發表的）。諸如此類，各省留學生，出一種雜誌，都有合於他們省的名稱。此外也有約了幾個同學同志，另有組織的。

　　就是我們幾位認識的留學生，他們別出了一種雜誌，叫作《勵志彙編》，因為他們已有一個小組織，叫作勵志會呢。這《勵志彙編》也是月刊性質，寫稿人都是法政學生為多，當時中國學生到日本去習法政的，以早稻田大學最為吃香，此輩亦都是早稻田學生呢。雜誌有譯自日文的，也有自己創作的，我還記得有盧騷的《民約論》，也是日文從西文中轉譯得來的，這個《勵志彙編》，執筆者有不少人，他們很有志把種種知識學問，輸入到中國來。

有許多日本留學生的雜誌，寄到蘇州來，託我們推銷，我們是要有一推銷機關的。在蘇州，那時城裏也有三四家書店，觀前街一家叫作文瑞樓比較最大，我們亦最熟，可以走進他們的櫃台書架旁隨意翻書的。但是他們都是舊書，木版線裝，滿架是經史子集，新書不大歡迎，最近也點綴其間，除非是暢銷的書，至於甚麼雜誌之類，一概不售的。其他有甚麼綠蔭書屋、掃葉山房，連石印書也不問訊，有一家瑪瑙經房，專售佛經、善書的（蘇州當時刻善書很盛行，可以消災避難）。那末要託書店代為推銷，頗為窒礙難行了。

我不是前章說過我們當時共有八位志同道合的朋友嗎？我們也組織一個學會，叫作勵學會。我們當時有兩個志願：一是由勵學會出一種月刊；一是開一家小書店。出月刊這一件事，在蘇州可不容易，我在下文再當詳述；開小書店的事，卻不禁躍躍欲試了。不久，書店事居然成議，皇然是股份公司，每一股是十元，總共是多少資本呢，說來真令人可笑，共為一百大元。這很像我們從前放了年學開春聯店一般，不過春聯店在年底至多開十餘天，到除夕就要關門大吉，這個書店，卻是長期性的。

書店雖小，首先要一個店名，大家擬了幾個名字，最後擇定了一個，叫作東來書莊。這東來兩字，還可以引用"紫氣東來"的一句成語，實在的意思，便是說：都是從東洋來的罷了。開辦費可以簡直說沒有的，雖然號稱書莊，只借了人家一個牆門間，那是女冠子橋包叔勤家的一個門口，從前也是開過春聯店，房租不出，還借他們家裏兩隻舊書架。安放幾隻半桌，攤上一方藍布，就算是櫃台了。並且勵學會的社友，省下了在茶館裏聚會，大家無事時，便到東來書莊來談天了。

我們不用店員，僅有一個學徒，社員們（也是股東大老闆）輪流當值，這於來購買書籍雜誌的人，大有裨益，因為我們能指導你購買何種書籍，對於知識階級的人，請坐送茶，周旋一番。雜誌都是寄售性質，賣出還錢，銷不完的還可以退還，以八折歸賬，因此我們可以無須要多少資本。後來我們又附帶出售了日本的圖書、文具之類，必須要用現款去批發了。

說起了出售日本圖書的事，真足以令人發一浩歎。中國在那個時候，已在甲午中日戰爭以後，戊戌政變之前，還沒有一張自己印刷的本國地圖，但日本已經印了有很詳細的"支那疆域地圖"了。我們在他們書店的廣告目錄上，看見有許多地圖的名目，便託朋友寄幾張來，及至一看，全圖都是漢文，難得有幾處註着和文的，而且印刷鮮明，紙張潔白。我們批購了十張，不到一星期，都售光了，連忙添購二十張、三十張……雖然上面寫的支那，大家都也不管，真是可憐。後來我們也批了世界地圖、東亞地圖，雖不及中國地圖的銷場好，但生涯也自不惡。

原來那時蘇州已在發動開學堂了（學校的名稱是後來改的，最初是喚作學堂），便不能無歷史、地理等課目。教地理連地圖也沒有一張，豈非憾事，那些專習八股文的先生們，四川是否通海、長江纏到黃河裏去，也得先開開眼界。這個地圖的風氣既開，竟有許多紳士人家，向我們買了大幅的世界地圖，懸在書房裏，代替掛屏用的。除地圖以外，還有動物、植物的掛圖，也是五彩精印，日本的小學校裏的，他們也歡迎作為壁上的裝飾品。

日本文的書籍，當然無法推銷（後來我到了上海，到虹口幾家日本書店去看看，全漢文的書就不少，連《杜工部詩集》也有的）。但對於數學書籍、英漢文詞典等等，也有人來定購的。除了圖書以外，我們還帶賣一點文具，也都是從日本寄來。日本那時已經有不少儀器，都是從西方仿造來的，但是價錢既貴，我們小資本店就不敢問津，而且在蘇州也難覓銷路，只是批發一些細巧的文具，都是蘇州所未見的。那個時候，墨水筆也沒有，僅有鉛筆，也是舶來品。關於許多紙品，如信封、信箋之類，我們銷得很多。信封是一種雙層紙的，裏面一張畫着各種畫，外面一張薄紙，映出裏面的畫來；信箋是一種捲筒紙，紙張潔白，你高興寫多麼長，就寫多麼長。比了中國固有的信封信箋，自覺耳目一新，雅有美術趣味，也是蘇州人所樂用的。

東來書店的生意發達，不到三個月，已是對本對利，不到一年，我們的資本，自一百元變成了五百元，好在我們即有盈餘，從不分紅。但是既然賺錢，便思進展，不是在人家牆門口，以一種開春聯店的姿態可以濟事了。因此在玄妙觀前街西首、施相公衕口，覓得一市房，是一開間上、下樓房，每月租金十元，以一家小書店，出這麼大的房屋租金，也不容易。又添了一個店員，因為那些股東，大家有事，不能常來輪值，我們勵學會的同人，便公舉我做了東來書莊經理，那是盡義務不支薪水的。

我雖然還有教書工作，每天下午放學以後，總要到東來書莊去一次。那時不全是販賣日本圖書、文具了，因為中國的風氣漸開，上海也出了許多新書、雜誌，我們每天看上海來的報紙（這時蘇州還不能看上海當天報紙，一直要到蘇滬火車通後），見有甚麼新出的書籍、雜誌，連忙寫信去接洽，要求在蘇州推銷，但是所用的那個店員是外行，所以寫信接洽等等，非我親自出馬不可。還有店中的賬目，從前只有一本大型粗紙賬簿，記出每日所售之貨，名曰“流水”，我去了以後，造了幾冊分類的賬簿，但我也是外行，以意為之而已。

但東來書莊有一件事，使我覺得非常得意，就是我們對於各鄉各鎮的顧客，很有信譽。蘇州有許多鄉鎮，文化的發展，並不輸於城市。尤其蘇州當時是個省城，而交通也甚發達，人文尤為薈萃。即以蘇州府的幾個縣份而言，如常熟、吳江、崑江等縣，都是文風極盛的，他們知道蘇州有個東來書莊，便都來買書、定雜誌，不必到上海去了。

因為在太湖流域一帶，到處都是水鄉，各地都有航船，而蘇州也是聚會之地。每日都有航船上人，送上一張單子，開列着一排新書和雜誌的名目來配書，於是有的立刻配給他，沒有的便給去搜羅。上海有幾家出新書的，我們也略有聯絡了。生意愈推愈廣，不僅是蘇府各縣、各鄉鎮，連常州、無錫、嘉興等處，也都有寫信到蘇州東來書莊來問訊配書了。

我這個小書店經理，雖然是盡義務，不支薪水，然而有一難得的好處，不論甚麼新書、新雜誌，我得以先睹為快，因此有許多顧客上門購書的，問到我時，我可以略說一點大意。雜誌上我也可以指出哪幾篇文章可讀，他們就說我是一個不尋常的書賈了。不僅此也，而且我在東來書莊，認識了許多朋友，如住在常熟的曾孟樸，初見面時，便是吳訥士（湖帆的父親）陪他到東來書莊訪我的。住居吳江同里鎮的金松岑、楊千里，本來也是老主顧，每到蘇州，必來訪我。還有崑山的方惟一（他當時姓張，叫張方中，後來歸宗，叫方還，辛亥以來，一度任北京女子師範校長），那時他在甪直鎮沈家教書的，也常來光顧。此外城區裏的許多文人，都是最初在東來書莊買書時認識，後來成為友好的。

最可笑的是那位周梅泉（他初名美權，後又號今覺，是周馥的孫子，藏郵票甚富，人稱他為中國郵票大王），他是安徽人而住居在揚州。向我們定了一批日本書，許多都是算學書，一時我們未能配齊，他大發其少爺脾氣，稱我們為書儈，寫了一封長信罵我們，那時我也不服氣，寫信回罵他，稱他為紈袴子，發臭脾氣，大打其筆墨官司。辛亥以後，他從揚州遷居到上海來了，我們認識了，時相酬酢，到了老年，還提起那件事，互為軒渠，正如江湖上有句話：「不打不成相識。」

木刻雜誌

上文說過：我們的勵學會同志有兩個志願，一是由勵學會出一種月刊，一是開一家小書店。現在東來書莊成立，開小書店的志願已遂了，便想到出月刊的事了。但是出月刊第一件就發生麻煩的事，因為蘇州沒有鉛字的印刷所，除非編好了拿到上海去排印，這有多麼不便呀！這時候，杭州倒已經有印刷所了，而蘇州還是沒有，向來蘇杭是看齊的，不免對此抱愧呀。

後來我們異想天開，提倡用木刻的方法，來出版一種雜誌。用最笨拙的木刻方法來出雜誌，只怕是世界各國所未有，而我們這次在蘇州，可稱是破天荒了。可是蘇州的刻字店，卻是在國內有名的。有許多所謂線裝書，都是在蘇州刻的。在前清，每一位蘇籍的名公巨卿，告老還鄉後，有所著作，總要刻一部文集，或是詩集，遺傳後世，所以那些刻字店的生涯頗為不惡，而且很有幾位名手。

於是我們和蘇州一家最大的刻字店毛上珍接洽了。毛上珍老闆覺得這是一筆很大的長生意，也願意接受。我們所出的那種雜誌，名為《勵學譯編》，大半是譯自日本文的。因為同社中有幾位對日文也看得懂，對於國文素有根柢的，尤其容易了解。此外還徵求留學日本的朋友，給我們譯幾篇，是一種幫忙性質，我記得楊廷棟（翼之）、楊蔭杭（號補堂，又號老圃，無錫人）都幫過忙，他們都是日本早稻田大學的學生，那些譯文，都是屬於政治、法律的。至於稿費一層是談不到，大家都是義務性質，而青年時代，發表欲也頗為強盛。

《勵學譯編》是月刊性質，每期約三十頁，在當時的中國，無論是日報，無論時事雜誌，都沒有兩面可印字的紙（日報的兩面印，是上海《中外日報》創始的）。所以我說三十頁，若以今日洋裝書的說法，那要算六十“配其”了。那時洋裝書在上海還少得很，何況是蘇州呢。當時，稿子是要一個月前交給他們的，可以讓他們馬上刻起來。好在那些稿子，並沒有甚麼時間性，都是討論傳述的文章，每期三十頁，不過兩萬多字而已。

我們和毛上珍訂了一個合同，他們也很努力，刻字和排字一樣的迅速，這三十頁木板書，盡一個月內刻成。書是用線裝的，紙是用中國出產的毛邊紙印的，字是木刻，可稱純粹是國貨，只是裏面的文字，卻是從外國轉譯得來的。刻版是毛上珍經手，印刷當然也是毛上珍包辦了。可是木刻比了鉛印、石印，有一樣便利，便是你要印多少就印多少，反正木版是現成的哪。

這個《勵學譯編》，也是集資辦的，最初幾期，居然能銷到七八百份，除了蘇州本地以及附近各縣外，也有內地寫信來購取的。我們也寄到上海各雜誌社與他們交換，最奇者是日本有一兩家圖書館向我索取，我們慷慨地送給他們了。我想：這是他們出於好奇心吧，想看看中國人出版的木刻雜誌，也算一種軼聞。當時雖然也曾轟動吳門文學界，至今思之，實在覺得幼稚而可笑呢。

《勵學譯編》的總發行所，便是東來書莊，出版了這一種雜誌，東來書莊也忙起來了。有批發的，有定全年的，有零購的，還有贈送的。批發是照定價打七折，各縣各鎮，頗多每期五本、十本來批發的。本來定價是每冊二角，全年十二冊的定戶，只收二元，寄費酌加。但有許多外縣鄉鎮，他們都是由航船上來取的。零購都是本城人，隨意購取，看過了送與別人。我們贈送卻不少，蘇州的大善士敬送善書，寫明有“隨願樂助，不取分文”八字，我們大有此風。這個木刻雜誌，大概也出了一年吧？銷數也逐漸減縮了，大家興致也闌珊了，就此休刊完事。

但是這個翻譯日文的風氣，已是大開，上海已經有幾家譯書處，有的兼譯日文書，有的專譯日文書，因為譯日文書報較為容易，而留日學生導其先河，如洪流地泛濫到中國來了。最普及者莫如日本名詞，自我們初譯日文開始，以迄於今，五十年來，寫一篇文字，那種日本名詞，搖筆即來。而且它的力量，還能改變其固有之名詞。譬如"經濟"兩字，中國亦有此名詞，現在由日文中引來，已作別解；"社會"兩字，中國亦有此名詞，現在這個釋義，也是從日文而來，諸如此類甚多。還有一個笑話，張之洞有個屬員，也是甚麼日本留學生，叫他擬一個稿，滿紙日本名詞。張之洞罵他道："我最討厭那種日本名詞，你們都是胡亂引用。"那個屬員倒是強項令，他說："回大帥！名詞兩字，也是日本名詞呀。"張之洞竟無詞以答。

這個木刻雜誌，不僅是《勵學譯編》呢，過了一二年，我又辦起了《蘇州白話報》來了。這個動機，乃由於杭州有人出一種《杭州白話報》而觸發的。蘇杭一向是並稱的，俗語說："上有天堂，下有蘇杭。"蘇州是應與杭州看齊的。其時創辦《杭州白話報》者，有陳叔通、林琴南等諸君。寫至此，我有一插話：後來林在北大，為了他的反對白話文而與人爭論，實在成為意氣之爭，有人詬他頑固派，這位老先生大為憤激，遂起而反唇也。至於反對白話文，章太炎比他，卻還激烈。再說：提倡白話文，在清季光緒年間，頗已盛行，比了胡適之等那時還早數十年呢。

這個《蘇州白話報》，並不是蘇州的土話，只是一種普通話而已。其實即就古代而言，如許多小說、語錄，也都是用語體文的，民間歌謠等，更是通俗。當時我們蘇州，有一位陳頌文先生，他在清末時代的學部（革命以後，改為教育部），就是極力提倡白話文的，可是當時的朝野，誰也不關心這些事。那時已在戊戌政變以後吧，新機阻遏，有許多雜誌，由政府禁止，不許再出了，《勵學譯編》本是蝕本生涯，蝕光大吉，再辦《蘇州白話報》，大家也沒有這個興致了。

但我卻躍躍欲試，還想過一過這個白話報之癮。只是還不能與《杭州白話報》比，因為杭州已有印刷所，而蘇州實到如今還沒有呢。偶與毛上珍刻字店老闆談一談，他極力贊成，自然，他為了生意之道，怎麼不贊成呢？我又與我的表兄尤子青哥一說，他滿口答應說："你去辦好了，資金無多，我可幫助你。"而且他還答應，幫助我編輯上的事。我有了他這個後台老闆，便放大膽與毛上珍老闆訂約了。

《蘇州白話報》是旬刊性質，每十天出一冊，每冊只有八頁。內容是首先一篇短短的白話論說，由子青哥與我輪流擔任；此外是世界新聞、中國新聞、本地新聞都演成白話。真是"麻雀雖小，五臟俱全"。關於社會的事，特別注重，如戒煙、放腳、破除迷信、講求衛生等等，有時還編一點有趣而使人猛省的故事，或編幾隻山歌，令婦女孩童們都喜歡看。

我們這個白話報，要做到深入淺出，簡要明白，我和子青哥是一樣的意思。我們不願意銷到大都市裏去，我們向鄉村城鎮間進攻。曾派人到鄉村間去貼了招紙。第一期出版，居然也銷到七八百份，都是各鄉鎮的小航船上帶去的，定價每冊制錢二十文（其時每一銀圓兌制錢一千文），批銷打七折，有許多市鎮的小雜貨店裏，也可以寄售，為了成績很好，我們更高興起來了。

子青哥創議："我們辦這個白話報，本來不想賺錢，我們只是想開開風氣而已。我們可以像人家送善書一般，送給人家看，也所費無多呀。"蘇州有些大戶人家，常常送善書給人家的，或為道德家的格言，或以神道說教，他們算是"做好事"。有些耶穌教堂在蘇傳教，也是如此的。而且他們印書的成本，比我們的白話報也貴得多呢。但我則期期以為不可，我說："送給人家看，人家也像善書一般，擱在那裏不看。出錢買來看，他們到底是存心要看看的呀。況且我們的資本有限，借此周轉，也不夠一送呢。"子青哥被我說服了，我還自詡子青哥學問比我高，經驗卻不及我呢。

但是我可忙透了，編輯也是我，校對也是我，發行也是我，子青哥是難得出門的，稍遠就得坐轎了，偶然步行到觀前街，一個月也難得一二次，他也幫不了我甚麼忙。不過這種木刻雜誌，只能暫濟一時，豈能行諸久遠。文化工具，日漸進化，蘇州的所以沒有新式印刷所者，卻是為的離上海太近，人家印書印報，都到上海去了，因此也無人來開印刷所。我們也不能儘量開倒車，最慘者，不及三年，所有《勵學譯編》和《蘇州白話報》的木版，堆滿了東來書莊樓上一個房間了。及至東來書莊關店，這些木版又無送處，有人說：“劈了當柴燒。”有人還覺得可惜，結果，暫時寄存在毛上珍那裏，後來不知所終。

譯小説的開始

外國小說的輸入中國，以我所見，則在前清同治年間，其時上海的《申報》上，時常見一二有譯載似小說的紀事。如《巴沙官故事》等，及記載一艘帆船失事，有一船員匿在酒桶中，飄流海面，卒乃遇救事。其他亦常有數短篇，不復能記憶了。我幼時，在朱靜瀾先生家中，曾見有最初出版之《申報》，訂成兩冊，中乃有此。後來梁啟超的《時務報》，遂有《福爾摩斯偵探案》的附載，這可以算得中國翻譯外國偵探小說的鼻祖了。

自從林琴南的《茶花女遺事》問世以後，哄動一時。有人謂外國人亦有用情之專如此的嗎？以為外國人都是薄情的，於是乃有人稱之為《外國紅樓夢》。也有人評之為茶花女只不過一妓女耳，也值得如此用情，究竟小說家言，不登大雅之堂。說雖如此說，但以琴南翁文筆之佳，仍傳誦於士林中。這個時候，號稱所謂新學界的人，都提倡新小說。梁啟超發行的一種小說雜誌，名字就叫《新小說》。那個雜誌，不但有許多創作小說、翻譯小說，而且還有許多關於小說的理論。梁啟超自己就寫了一個長篇的理想小說：《新中國未來記》，這時把文學上的小說地位便突然地提高了。

我的寫小說，可稱為偶然的事。其時我的一位譜兄弟楊紫驎，他在上海虹口中西書院讀書，為的要學習英文。我到上海去，常常去訪他。因為他住在乍浦路，那邊有一個中國公家花園（簡稱中國公園），我們常常到那裏去坐地。說起這個公園，很令人生氣。原來上海租界中，當時有好幾個公園，都不許中國人入內遊玩。黃浦灘一個公園，門前掛出一個牌子來，寫着："華人與狗，不得入內。"這個牌子，不是直到如今，還傳為侮辱我華人一個史實嗎？當時我們住居租界中人吵起來了，為甚麼華人不得入公園呢？造公園的錢，也是華人納稅所出的。工部局不得已，便在沿蘇州河一帶、圓明園路口，另造了一個較小的公園，專供華人遊玩。可憐的住居租界的華人，算得了一些小面子，就此不響了。

紫騮為了讀英文以供研究起見，常常到北京路那些舊書店，買那些舊的外文書看。因為那時候，上海可以購買外國書的地方很少，僅有浦灘的別發洋行一家，書既不多，价又很貴。他在舊貨店買到一冊外國小說，讀了很有興味，他說："這有點像《茶花女遺事》，不過茶花女是法國小說，這是英國小說，並且只有下半部，要搜集上半部，卻無處搜集，也曾到別發洋行去問過。"

在這個中國公園中（因為這個公園，專為中國人造的，習慣稱為中國公園），紫騮常帶着這本殘舊的英文小說，隨讀隨講給我听。我說："你不如把它譯出來呢。雖然缺少上半部，有這下半部，也思過半矣。"他說："我的國文不行，除非我們兩人合譯，我把英文翻出來，你把中文記下去，如何？"我說："那倒可以，我們且來試試看。"於是兩人就在公園中，一枝鉛筆，一張紙，他講我寫，我們當時便譯了一千多字。兩人覺得很有興趣，因此約定了明天再來。

明天是星期六，下午，我們再到公園裏，就譯有二千字光景。再下一天星期日，又在公園譯有二千多字，這三天工夫，便有五千多字了。雖然這不過是極草率的稿子，還須加以修飾，但是我們覺得很滿意。可是我不能常往上海，至多來四五天便即回蘇州了，但我們卻立意要把這小說譯完。後來紫騮說："你先回去，以後我隨便寫出來，寄給你，不管通不通，請你重新作過就是了。"

因此他在課餘時間，常把他譯出來的寄給我，我便加以潤飾。回到蘇州後，給勵學社同人看過，他們都很稱讚，而《勵學譯編》正籌辦出版，他們便要求加入《勵學譯編》去了。這一篇小說即取名為《迦因小傳》，這是我從事於小說的第一部書。因為那時候，譯外國小說的人很少，倒也頗為人所愛讀。後來林琴南覓得了這書的全部，在商務印書館出版，取名為《迦茵小傳》，只於我們所譯的書名上的"迦因"二字，改為"迦茵"，並特地寫信給我們致意，好像是來打一招呼，為的是我們的《迦因小傳》，已在上海文明書局，出了單行本了。當時我們還不知原書著者是誰，承林先生告知：原著者為英人哈葛得，曾印有全集行世。

除了《迦因小傳》外，我又從日本文中，譯了兩部小說。這兩部小說，一名《三千里尋親記》，一名《鐵世界》。日本自從明治維新以後，文化發達，出版的書籍中，對於歐美的文學書，譯得不少。他們國內的新舊書店很多，讀書的人，把已讀過的一部八分新的書，看過以後，往往即送到舊書店。為的他們的讀書界，抱推陳出新主義，賣去了舊書，立刻便掉換讀新的了。一到舊書店，價錢便減了不少，而又可以嘉惠後學。我所譯的兩部日文書，都是我的留學日本的朋友，從舊書攤拾來，他們回國時送我的。

我知道日本當時翻譯西文書籍，差不多以漢文為主的，以之再譯中文，較為容易。我就託了他們，搜求舊小說，但有兩個條件：一是要譯自歐美的；一是要書中漢文多而和文少的。我譯的兩種日文小說，就是合乎這兩個條件的。那一種《三千里尋親記》，是教育兒童的倫理小說，總共不過一萬字左右，譯自意大利文的，在原文還有插圖，以引動兒童興趣。就是一個兒童，冒着艱危，在三千里外去尋他母親的。另一種《鐵世界》，可以說是科學小說，是法國文的，那大概有三四萬字。雖說是科學小說，也淺顯而不大深奧的，那時法德世仇，便是寫小說也互相謔詆，那裏面德國人如何酷烈，法國人如何和平，德人欲害法人，而法人如何逃避的情形，都寫在書中。

這兩部小說，後來我都售給於上海文明書局，由他們出版。因我自己無力出版，而收取版稅之法，那時也不通行。文明書局是一班無錫人所開設的，如廉南湖、丁福保等都有份，而裏面職員的俞仲還（前清舉人）、丁芸軒等，我都是認識的。大概這兩部小說的版權是一百元（當時雖也按字數計，約略估量，不似後來的頂真），我也隨便他們打發，因想這不過一時高興，譯着玩的，誰知竟可以換錢。而且我還有一種發表慾，任何青年文人都是有的，即使不給我稿費，但能出版，我也就高興呀！

後來《迦因小傳》的單行本，也由文明書局出版，所得版權費，我與楊紫驎分潤之。從此以後，我便提起了譯小說的興趣來，而且這是自由而不受束縛的工作，我於是把考書院博取膏火的觀念，改為投稿譯書的觀念了。譬如說：文明書局所得的一百餘元，我當時的生活程度，除了到上海的旅費以外，我可以供幾個月的家用，我又何樂而不為呢？

但是我的英文程度是不能譯書的，我的日文程度還可以勉強，可是那種和文及土語太多的，我也不能了解。所以不喜歡日本人自著的小說，而專選取他們譯自西洋的書。他們有一位老作家森田思軒，漢文極好，譯筆通暢，我最愛讀他的書，都是從法文中譯出來的。還有一位黑岩淚香，所譯的西文小說也不少。可是很少由美國出版的書，實在美國那時沒有甚麼文學家，寒傖得很，日本文人，也不向那裏去搜求了。

到了民國初年，上海的虹口，已經開了不少日本書店，我每次到虹口去，總要光顧那些日本書店，選取他們翻譯西文的小說。不過那時候，日本的翻譯小說，不像以前的容易翻譯，因為他們的漢文都差了。最可厭的，有一種翻譯小說，他把裏面的人名、地名、制度、風俗等等，都改了日本式的，當然，連他們的對話、道白，也成為日本風了。所以往往購買五六本的日文翻譯小說，也只有一二種可以重譯，甚至全盤不可着筆的。

至於像上文所說森田思軒、黑岩淚香所譯的書，早已絕版多年，於是託留學日本的朋友，到舊書店裏去搜求，倒還可以搜求到不少。他們有時並且給我向圖書館去搜求，那些絕版的書，圖書館裏倒還存留着，覓到以後，他們就做了一個"久假而不歸"。我說："這怎麼可以呢？"他們說：“無大關係，至多罰去保證金而已，況且這種破爛的舊書，他們已視同廢紙了。”

所以我之對於小說，說不上甚麼文才，也不成其為作家，因為那時候，寫小說的人還少，而時代需求則甚殷。到了上海以後，應各方的要求，最初只是翻譯，後來也有創作了。創作先之以短篇，後來便也學寫長篇。但那時候的風氣，白話小說，不甚為讀者所歡迎，還是以文言為貴，這不免受了林譯小說熏染。我起初原不過見獵心喜，便率爾操觚，誰知後來竟成了一種副業，以之補助生活，比了在人家做一教書先生，自由而寫意得多了。

蘇滬往來

自從東來書莊開設，他們舉我為經理以後，我常常到上海去，因為許多日本的圖書，不必從蘇州向日本郵寄，上海虹口，已有日本書店，我們可以自去選擇。我認識了兩家，要甚麼圖書，可以託他們到東京去定，郵寄也很方便。還有日本出品的文具、紙品，虹口也有批發出售。再有的，上海近來新出的書籍雜誌也不少，出版、發行的地方，各各不同，他們也有的委託東來書莊為蘇州代銷處，大概以七折或八折歸賬，都是賣出還錢，不須墊本的，那種生意，大可做得，所以也須到上海招攬與接洽。

那時蘇州與上海，火車還未通，但小輪已經有了。小輪船蘇滬往來，也不過十五六個小時，每天下午三四點鐘開船，到明天早晨七八點鐘，便可到了。小輪後面有拖船，小輪不載客，後面的拖船載客，有散艙，有煙篷，還有叫作"大菜間"的，房艙比散艙寬舒，一個房艙，可睡四人，所謂大菜間者，並無大菜可吃，只不過比較寬敞一點而已。煙篷只是在拖船的頂上，頭也抬不起來的，得一席之地。當然，價錢也分等級，你要舒服，便不能不多出一些錢。不過在船上只有一夜天，吃完夜飯，即行睡覺，一到天明，便到碼頭，比了從前蘇滬往來，坐船要三天兩夜，那就便利得多了

可是從前旅行，比了現在，還是麻煩得多。第一，就是行李的累贅，像我們出門旅行，至少要有四件行李：一是鋪蓋；二是皮箱；三是網籃；四是便桶。現代的青年人，恐怕都不知道了，不嫌詞費我且瑣述如下：

先說鋪蓋：鋪蓋就是臥具，從前的所謂客棧、旅館，都是不備臥具的，客人要自帶鋪蓋。不要說住客店了，在一家商店做店員，也要自帶鋪蓋，所以停歇生意，名之曰“捲鋪蓋”，南方人稱之曰“炒魷魚”，即由此而來。此風由來已古，文詞中所云“襆被而行”亦即此意。這個鋪蓋可大可小，要是在嚴冬，或是年老怕冷的人，還非有重衾厚褥不可呢。

　　次言皮箱：皮箱即衣箱，以前沒有人穿西服，這長袍馬褂，皮的棉的，就是一大箱。你如果不帶了，天氣忽寒忽暖，怎麼辦呢？而且這衣箱，都是笨重非凡，不似近來的新式的皮箱，可以舉重若輕的。直到如今，凡是旅行者，無論到甚麼文明的地方，一隻旅行的皮箱，總不可少的呀。

　　再講網籃：這是一種竹製的籃，籃面上張了一個網，旅行家稱之為“百寶箱”。所有面盆、手巾、雨鞋、紙傘，一切雜用之物，都安置其中。有些先生們，凡家常用慣的東西，一切都要帶了走，茶壺、飯碗，亦在其列。至於讀書人，則書籍、文具，也是不可須臾離的。到上海來，總要買些東西，沒有網籃，就不可能安放。

　　最後談到那個便桶了，便桶就是馬桶。莊子所云：“道在屎溺”，蘇州人不能似北方人那樣上廁所、登野坑，而必須要一個馬桶。但旅館裏不備此物，務須貴客自理（那時抽水馬桶，尚未出世），於是行李中不能不有此一物了。不但有馬桶，有些常常出門旅行的老先生，還要帶夜壺箱。蘇州出品的夜壺箱，做得很為考究，方方的像一隻小書箱，中置青花瓷的夜壺，上有一抽斗，可放筆墨信箋之類。箱門上還刻了字，有一位老先生的夜壺箱上，刻了一句古人詩曰：“詩清都為飲茶多。”我問：“何解？”老先生笑道：“‘詩’字不與‘尿’字同音嗎？”

　　這四件行李，剛成一擔。蘇州那時沒有人力車，只有僱一個腳夫挑出去。那時蘇州的小火輪，還是日本人創辦的，喚作“大東公司”，輪船碼頭，在盤門外的青暘地日本租界，從城裏出去多麼遠啊。後來中國人自己也辦了一家小輪公司了，喚作“戴生昌”，旋在閶門外分設了一個碼頭，那就便利得多了。至於上海的輪碼頭，全在蘇州河一帶，這些小輪船，都開往蘇州、杭州各處。

到了上海，便住旅館，那時還沒有旅館的名稱，只喚作客棧。船抵碼頭，便有客棧裏派出招攬的人，此種人名曰"接客"。對於接客，有一種好處，便是可以把行李交給了他，自己僱了人力車，到住所旅館裏去，不然，你與這些碼頭小工，搞不清楚，正添不少麻煩呢。我到上海，常常住在寶善街（即五馬路）一家客棧，叫作鼎陞棧，這家客棧，也未必有甚麼特別，只不過比較熟一點，茶房與接客熟了，那就方便得多了。

那時的上海，還沒有新式旅館，普通的客棧，每天每人只要二百八十文，食宿在內（二百八十文等於銀圓二角八分）。不過那是以榻位計的，大的房間有四五榻，最少的房間亦有二榻，儘管不相識的人，可以住在一房。否則你除非包房間，以榻位計值也是可以的。每日晝夜兩餐，也是照榻位開的，房間若干人，取共食制度，不能分餐。另有一種客寓，專招待官員來住居的，氣魄大一點，價錢不免也貴一點。

上海有一種家庭旅館，那是最舒服的最安適的了。我本來也不認識這家旅館，那一天，我要到上海去，有一祝心淵先生也要到上海去（祝亦曾隨着江建霞到湖南做學幕看文章，現在蘇州開一個私家小學校，是最早的，有名的"唐家巷小學"）。旅行有伴，那是最好的事了。在船中對榻而眠，他家中有不少書，尤其有許多明末清初的禁書，收藏不少，現在漸漸出籠了，此番到上海，大概與書賈有所接洽。

我問他到了上海，住在哪一家旅館裏？他說："住在雅仙居。"我覺得雅仙居這個名字很別致，上海客寓，總是甚麼平安、高陞等名字，因問："雅仙居是何型式，有何特別之處？"他笑道："一個小客寓耳，不過是蘇州人開的，於我們蘇州人很相宜，店主還是一個女老闆。我到上海，住在那裏，貪其可以吃蘇州菜，價錢也和別的旅館一樣，不過小賬我們多給一些。你倘然沒有一定的旅館，也住到雅仙居來，我們可以談談。"我聞言欣然，因為心淵先生比我年長一倍，也是個才識開明之士，可以隨時請教。並且雅仙居是蘇州人開的，也可以一嘗家鄉風味。

原來這個雅仙居的女主人，是一位年近四十的蘇州女人，她嫁了一位湖州絲商（從前經營生絲出口的，很多湖州人）。他們本來住居在上海的（有人說是黑市太太，那也不去管它了），後來那位絲商故世了，遺下了她，還有一個女兒，這女兒名字喚作"金鈴"，現在也十八九歲了，生得很為美麗，也在私塾裏讀過幾年書。絲商故世後，無以為生，母女二人，便開設了這家雅仙居。

雅仙居開在近福州路的市區，是上海所謂衖堂房子、石庫門三樓三底，他們把這房子隔成不少間數，便做成一家客寓。這是一家小客寓，但特別是家庭式的，不用甚麼男茶房，男的只有一個打雜的，女傭人倒有兩人。關於客人的飯食，女主人親自下廚房；女兒略知文墨，便做了簡單的賬房。最使人賞識的，就是開飯開在客堂裏，店主東的母女和客人共同進食，而蘇州菜的合乎旅客口味，尤其是女主人的拿手。

住在雅仙居的都是熟客，陌生的人難於問津。它那裏有兩幫客人，一幫就是做絲生意的，也許是與女店主已逝世的丈夫是同業，他們住很久，常是包月的。一幫便是蘇州客人，也是老客人，深知底細，愛吃蘇州菜的。那不過到上海來有點業務上的關係，或者遊玩一次，至多不過一星期，那是短期的客人。

生長在上海的女孩兒，當然比在內地的要活潑伶俐一點，何況她是一位俏麗的女郎。吃了蘇州菜，還想一餐秀色，但她的母親管束甚嚴。我友吳和士，從日本留學回來，和我同住在雅仙居，他是一位翩翩佳公子，對於金鈴頗為傾慕，捉空兒便與金鈴作絮語。可是其母從不許金鈴踏進客人的房間。和士乃與金鈴隔着窗子談話，一在窗外，一在窗內，但一聞母喚，如驚鴻之一瞥去矣。我調以詩曰："茜窗玉立自亭亭，絮果蘭因話不停。安得護花年少客，敢將十萬繫金鈴。"和士歎曰："在日本，房東家女兒，雖共相調笑，了不足怪，中國婦女，總是那樣閉關自守呀。"

但我難得住雅仙居，因為它碼頭上沒有接客，許多不便，除非在蘇州有伴，同來上海，他們是住慣雅仙居的。我最初來上海，好像是為了到南洋公學（現今交通大學的前身）來考師範生的，雖然在七八歲的時候，為了父親的病，來過上海一次，以後一直沒有來過，隔離了十餘年，當然大不相同了。這個時期很早，似還在戊戌政變之前，中國正提倡興學。興學應當是小學、中學、大學，層層向上，但中國興學，卻自上而下，這是甚麼原因呢？因為開學校必先有師資，而中國師資沒有，叫那班從事八股八韻先生們去當教師是不行的，只有這一班高材生，到國外去學習師範，然後可以回來當教師呢。

　　我到南洋公學去考師範，是和馬仰禹一同去的，那時主持南洋公學的是胡二梅，也是一位兩榜先生。他出了一個題目，總之是經史上的，很古奧的，現在我已完全不記得了，我胡亂作了一篇，自己也不滿意，明知是不能取中的。及至揭曉，我與馬仰禹俱名落孫山。因為這個師範生，考取以後，不但不要學費，而且還有津貼，並且有資送出洋希望，因此大家趨之若鶩。但在未考之前，便有一種謠言，說所取的名額少，而報考的人數多，非有關節囑託不可，這也是一個無從證實的謠言。這次錄取的記得有劉厚生（垣）諸君，後在上海，亦為老友。

　　我最初到上海去，住旅館是"滿天飛"，總想找一家潔淨些，安靜些的，可是住來住去，都是一樣。而且我又不慣與那些陌生人同房，倘然自己包一個房間，又未免費用太大。那時我在上海朋友很少，只有楊紫驎，我到上海，必定去訪他，他還在中西書院讀書，難得同他吃一次番菜。這時上海戲館已經很多（都是老式的），我一個人也沒有這個興致去看戲。至於甚麼女書場、夜茶館，更不敢踏進去了。那個時候，蘇州人家，不讓青年子弟到上海去的，他們說，上海不是一個好地方，好似一隻黑色大染缸，墮落進去便洗不清了。

煙篷的故事

公元一九〇〇年（光緒廿六年）歲次庚子，那一次我也到了上海。前章所述，我到上海，不是常住在寶善街鼎陞棧嗎？到了那裏，恰巧樓上有個小亭子間，是佔兩榻地位的，我便把它包了。所謂包者，就是一個人出兩個人的錢，本來每客二百八十文一天的，現在出到五百六十文一天。如此則不容有個陌生人來同居，而飯菜也可以豐富些。有一盞電燈，夜裏不出門，也可以看書寫字，沒有人來打擾，好在住居的時候不多，所費也還有限。

本來預備住四五天，至多一星期，因為那時候，北方正在鬧義和團，風聲鶴唳，時常有種種謠言。正想把所辦的事，料理清楚了，即行回去，有一位老友龐棟材（別號病紅，常熟人）來訪我，他辦一個詩鐘社，出了題目，叫人作兩句對聯，然後評定甲乙，予以贈獎，這也是文人無聊之事，而當時洋場才子所樂為。可是其中有廣告性質的，有似後來的填字遊戲一般。龐棟材所辦的詩鐘社，便是那種性質，而詩鐘的評定與發表，每日卻附錄於《蘇報》的後尾，當時的報紙，亦沒有副刊之類。

龐君的意思，要我為他代理一星期，因為他急欲回常熟一次，當然不是白當差，也自有報酬的。我那時也喜歡弄筆，甚麼作詩鐘、撰對聯，很有興趣，正是投我所好。尤其每天必要到蘇報館一次，我還不知道報館是如何排場，說如何權威，正要瞻仰，趁此我且把蘇報館說一說。

"蘇報館"最初是由胡鐵梅創辦的，其時為一八九六年（清光緒廿二年），用他的日本籍老婆駒悅名義，向上海日本領事館登記（上海那時的報館，掛外商牌子的很多，以此為護符也）。但這個報館不發達，便移轉給陳夢坡（號蛻庵）接辦。陳夢坡是湖南人，曾做過知縣的，因案裏誤革職，便攜眷住到上海來，大概宦囊有幾個錢，便出資盤受了這家《蘇報》。

那時的《蘇報》是怎樣的呢？說來真是寒傖得很，開設在英租界棋盤街一家樓下，統共只有一大間，用玻璃窗分隔成前後兩間。前半間有兩張大寫字台，陳夢坡與他的公子對面而坐，他自己寫寫論說，他的公子則發新聞，有時他的女公子也來報館，在這寫字台打橫而坐。她是一位女詩家，在報上編些詩詞小品之類，所以他們是合家歡，不另請甚麼編輯記者的。

再說那後半間呢，一邊是排字房，排列幾架烏黑的字架；一邊是一部手搖的平板印報機（甚麼捲筒輪轉機，上海最大的申、新兩報也沒有呢）。這排字房與機器房，同在一房，真有點擠了。前半間沿街是兩扇玻璃門，玻璃門每扇上有"蘇報館"三個紅字。推門進去，有一小櫃，櫃上有一塊小牌，寫着"廣告處"，這位專管廣告的先生，和氣極了，見了人總是含笑拱手，惜我已忘其名，後數年《蘇報》案發，這位先生也陪着吃官司呢。

我每晚到蘇報館一次，便在這個廣告櫃上一具紙製的信箱內，收取詩鐘投稿。對於陳夢坡，我見他老氣橫秋地坐在那裏，不敢與他招呼。那個地方，也沒有一隻可以安坐寫字的桌子，只得回到棧房裏去了。可是這個鼎陞棧的小亭子間，白天倒還清靜，一到夜裏，便喧鬧起來。原來推出窗去，有一個小月台，月台對面，正是一家妓院（上海稱為長三堂子），因為樓下恰是一條堂子衖堂，每到了上燈時候，酒綠燈紅，哀絲豪竹，全是他們的世界。

那條衖堂很狹，我房間外面的月台，和對面那家妓院裏的月台，不但可以互相講話，伸出手去，竟可以授受東西。我為了避囂，時常把窗門關了，但是房間既小，關了窗很悶，開了窗的時候，對面房間裏的人，時來窺探，年輕的少女，從十四五歲到十七八歲有三四人之多。我這時雖然已經二十歲出頭的人了，還是非常面嫩，見了年輕的女人，便要臉紅。她們見我如此，便故作揶揄，尤其那班十四五歲的女孩子，吵得厲害，有時呼我"書踱頭"（吳語，即書呆子之意），有時裝出我近視眼看書的狀態，這種頑皮的女孩子怎麼辦呢？我只好不去理睬她們。

有一天，龐棟材到鼎陞棧來訪我，他走到我窗外的月台上，向對面一望，他說："噯呀！這是金湘娥的房間，我曾經到那裏吃過花酒的呀。"他又指着對面一位年紀較長，約有十八九歲，斜倚在月台欄杆上的說道："這個喚作阿金的，也算上海北里中的名葉（當時上海妓院中，稱姑娘們為花，稱侍女們為葉），你住在這裏，真可以稱得'流鶯比鄰'了，我來給你們介紹一下。"那時我想阻止他，卻已經來不及了。

"阿金姐！"龐棟材踏出月台，便喚着她。又給我介紹道："這位你們朝夕相見的二少，也是蘇州人，是你們的同鄉呀。"又向我道："這位是鼎鼎大名的金湘娥家的阿金姐。"那個阿金也打着蘇白道："龐大少，倷同子二少，一淘過來白相嘸！"我怪棟材，鬧甚麼玩意兒，又是硬派我做二少。棟材道："不是你有一位令姊嗎。你在上海，不要做一個迂夫子呀。"原來龐棟材算是一個"老上海"了，他和小報館裏的李伯元等，常在一起，於花叢中人，頗多馴熟，所以認識了她們。李伯元便是別號南亭亭長，寫《官場現形記》的這個人。

從此以後，那些女孩子們，不再對我揶揄了。有時在對面月台上見到阿金，也對我點點頭，報以微笑，我覺得阿金很美而且很大方，但我那時從未涉足青樓，也覺得十分矜持。這時候，正是八國聯軍進攻北京城的當兒，而上海醋嬉如舊，為了有三督聯保東南之約（三督者，粵督李鴻章、江督劉坤一、鄂督張之洞也），不過北方鬧得厲害，難免不擾及南方。有一天，不知從哪裏來了一個謠言，說是洋兵要佔領上海，軍艦已開進吳淞口了。中國人那時是最容易相信謠言的，這個謠言不翼而飛，便到處宣傳，人心紛亂了。

不但是上海，這個謠言便立刻飛到蘇州，還加添了許多枝葉，說上海如何如何。我祖母因我在上海，老不放心，竟打了一個電報來，叫我即日回蘇。那時候，蘇滬間還沒有鐵路，只有小輪船可通。我接到了電報，立刻到蘇州河一帶內河輪船碼頭去一問，各小輪船公司的船票，盡已賣光了。那種往來於蘇滬之間的小輪船，本來拖了好幾船的，這次拖得更多，竟拖了六七條之多。

每一條拖船上，都是擁擠非凡，而且船價沒有一定，隨便討價。多帶行李，還要加租，一隻箱子，就要加兩塊錢，以前是沒有這個規矩的。我想：今天不走了吧？但祖母急想我回去，母親亦在懸盼，說不定明天還要擁擠，還要漲價。有一家戴生昌小輪公司，我有一個熟人，和他情商，他說：“除非在煙篷上，或者可以想法，但是你先生怎可以乘煙篷呢？”我說：“不管了！只要能搭上去，就可以了。”

一張煙篷票，賣了我四塊錢，在平時只要兩角五分，那也不去管它了。不過他還關照我，買了票就到船上去，煙篷上也是擠得很的。我回到客棧裏，拿了鋪蓋便到船上去，果然，煙篷上已經擠滿了不少人了。所謂煙篷者，在拖船頂上布篷之下，身體也不能站直，只好蛇行而入，向來所謂上等人，從沒有乘煙篷的。

我鑽進了煙篷後，便打開了鋪蓋，因為打開鋪蓋，就可以佔據了一個地盤。當我正在滿頭大汗攤開鋪蓋的當兒，忽聽人堆裏有人喚道：“二少！你怎麼也來了呀？”我回頭看時，卻正是我寓樓對面金湘娥家的阿金。我那時也顧不得羞慚了，便道：“買不到票子，沒有辦法，只好乘煙篷了。”她笑道：“人家說：‘大少爺拉東洋車’（按，此為上海一句俗語，指少年落魄之意），現在時世，大少爺乘起煙篷來了。”她便爬過來，幫我攤被頭。又低低地說道：“和你掉一個位置好嗎？”原來她的貼鄰，是一個不三不四，像馬車夫一樣的人，她有些怕他。我明白她的意思，便給她掉下一個擋，做了他們之間的一個緩衝。

船一開行，就吃夜飯了。飯是船上供給的，但只有白飯，沒有菜餚，僅有一碗公共的鹹菜湯。我臨行匆促，沒有買得路菜，誰知阿金倒帶得不少，她說都是小姊妹送的，醬鴨、熏魚，硬把頂好的塞在我飯碗裏，說道：「吃嘘！吃嘘！吃完數算！」我很覺難為情，但又不能不吃。吃完夜飯，船就漸漸開得快了，天也漸漸黑了，煙篷上只挂着一盞朦朧略有微光的煤油燈，漸漸的鼾聲四起了。我是睡不着，但睡在我隔鄰的阿金，微閤雙目，我不知道她是睡着了沒有。

到了十二點鐘以後，我還是睡不着，而且還有些刺促不寧，原來我的小便急了。和阿金調換位置以後，我睡在裏擋，而阿金睡在外擋，如果我要到船邊，拉開布篷去小解，必然要爬過阿金身上，我只得且忍耐住了。但越是忍耐，就是忍耐不住，更是睡不着，已經忍耐過一個鐘頭多了。阿金也已有所覺察，張開眼睛來，微笑道：「二少！阿是睡不着？」我沒有法子，只得告訴她要小解，她道：「怎麼不早說呢？好！我讓你爬過去。」

於是她就蜷縮了身體，讓我從她的被頭面上爬過去，可是一揭開布篷，外面的一陣寒風吹進來，令人發抖。原來那時候，已是舊曆九月的天氣了，我連忙退縮進來。這時江深月黑，船因開得快，重載以後，顛蕩傾側，站在船舷上，又無欄杆，危險殊甚。阿金見我縮進來了，便問：「怎麼樣？」我說：「站立不住，危險得很。」她說：「那末不小便，這是要熬出『尿梗病』來的呀！」

那時她便想出一個辦法來，解下了她的一條白湖縐紗的褲帶來，把我攔腰一縛，叫我站在船舷上去，她在後面緊緊拉住。果然，這方法很靈，而我也膽大了不少，小解過後，我也就此舒服了，得以安眠。她嘲笑我說：「吃這樣的苦頭，真正作孽。」她這時又問：「討了少奶奶沒有？」我搖搖頭，表示沒有。她笑說：「快點討少奶奶吧！可以服侍你。」她又問我道：「為甚麼急急要回去，真怕洋鬼子打到上海來嗎？」我告訴她：「祖老太太打電報來，一定要叫我回去。」我回問她道：「你呢？你為甚麼急急要回去呢？」她說：「鄉下有信來，要叫我回去。」我問：「為甚麼要回去呢？」她有點含糊其詞了。

天微明的時候，大家都起身了，因為那船很快，七點鐘就可以到蘇州。起來時，一陣忙亂，大家都是打鋪蓋，把臥具捲去。這時，她幫我打鋪蓋，我亦幫她打鋪蓋，但我於此道是外行，有點尖手尖腳，一樣的幫忙，還是她幫我的忙幫得多。雖然我當時已經二十以外的人了，她還不過十八九歲，身軀比我小，氣力好像比我大。她這時便對鏡梳掠，我坐在她旁邊，她問我："還要到上海吧？"我說："是的。""還住那客棧嗎？"我說："是的。"我回問道："你也仍在金湘娥那裏嗎？"她笑了一笑，也說："是的。"

回家去了兩個月，時局平靜，北方雖是聯軍進城，兩宮出走，而上海醋嬉如舊。不知如何，我雖與那個青樓侍兒，僅有同舟一夕之緣，卻是不能去懷，我覺她是一個又溫柔，又豪爽的女孩子。我這次到上海，竟然坐大菜間了，價值僅及上次煙篷的四分之一，船過金雞湖，口占一絕曰："短篷俯瞰碧波春，一夢溫馨豈是真？兩岸青山看不盡，眉痕一路想斯人。"癡態可掬如此。

到了上海，當然仍住在鼎陞棧，幸喜這個小亭子間仍空着。第一、要看看對面金湘娥家的阿金來了沒有？可是推窗走到月台上一望，不免大失所望，原來金湘娥已經調到別處去，而換了一家陌生人家。問旅館裏的茶房，他們也不知道。當夜我到一家春番菜館進西餐，我知道番菜館的侍者（上海呼為西崽），他們都熟悉各妓院的近狀，向他們查詢。他們說："現有三個名叫金湘娥的，不知先生要哪一位？"我對此茫然，不得已，把三個金湘娥都叫了來，沒有一個家裏有阿金的。有位小姑娘說道："上海堂子裏名叫阿金姐的，少說也有十幾位，你真是沙裏淘'金'了。"這有甚麼辦法呢？悵然而已。

過了兩天，我又遇到龐棟材了，告訴他與阿金同船回蘇州的事，並且託他訪問阿金。他道："噯呀！我在中秋節前，好像听得說阿金過了節，就要回到鄉下去嫁人了。因為她從小就配了親，男家已經催過好幾次了。阿金雖在堂子裏，人極規矩，有許多客人要轉她的念頭，卻轉不到，嫁了人，也不會再出來了。"說到那裏，他又笑道："老兄還自命為道學派，只同船了一次，已經把你風魔了，無怪崔護當年，有人面桃花之感了。"

　　我為甚麼瑣瑣寫此一節，這是我未成熟的初戀，也是可嗤笑的單戀，此種事往往到老未能忘懷的。後來我曾經寫過一個短篇，題名為《煙篷》，在《小說月報》上刊出的，便是這個故事。

名與號

　　中國所謂上中階級的人，一向都是有名有號的，除了名號之外，還有許多別號以及小名等等，如果一個文人，更有許多的筆名。我的最初的名字，喚作清柱，這個名字，是姻伯姚鳳生先生給題的。原來我父親的名字是應塤，號韻竹；我祖父的名字是瑞瑛，號朗甫；而我曾祖的這一輩，是"大"字輩。大概是我父親請鳳生先生為我題名時，說出了輩行，鳳生先生便擬定了二十個字，成了四句五言詩道："大瑞應清時，嵩生嶽有期，……"當我小時候，還能很清楚地背出這四句詩，現在卻只記得上面十個字了。

　　為了這個排行，在我一代，應得是用"清"字輩分了。至於那個"柱"字，大概我的八字裏缺木的緣故，因此在名字中要選一個木字偏旁字的了。但是這個"清"字，是當時的國號（大清國），底下不可亂加甚麼字，於是題了"清柱"兩字。我們這位姻伯，是不是祝頌我將來成為皇家棟梁的意思，總之是出於他的好意是無可疑的。所以我自從上學起一直到進學止，一直用了這個名字，從來沒有更易。

　　到了二十二三歲的時候，我看看新書，漸漸有了一點新思想，又發生了一種民族意識，感覺得現在統治我們的是一個異族，而種族革命的呼聲，又在呼喚我們的青年。我那時就感到我這"清柱"兩字的名字不妥當，朋友們問起這兩字有何意義，是否真要做皇家棟梁？令我慚愧，於是我便毅然決然地自己改名了。

　　在從前，已入學的人，要改換他的學名，也有點小麻煩，而在學署裏也要花些手續費，這是為了鄉試會試起見。我可不管這一套，便自行主張改了。我讀《論語》，有兩句道：“士不可以不宏毅，任重而道遠。”我覺得這“毅”字可用。因為我自己覺得對於求學處事，都缺少毅力，用這個毅字為自己警惕之意。起初我想改單名，大家說不好，因為我上有一姊，排行第二，而蘇州人的土音，二與毅聲相同，例同張三李四之類。於是又想改為“君毅”兩字，但君字用於號者多，用於名者少，覺得君字不及公字大方，而且我們祖先有位包孝肅，是婦孺皆知，大家都稱之為包公的，因此也就用了這個“公”字，定名為公毅。

當時的名片，並不流行那種外國式的、雪白的、像雲片糕似的小名片，而是大紅紙的大名片。因為那時，紅是吉祥的顏色，白色是忌諱的。那種名片上的字，常常請名人名書家寫的。我改名以後，就請我的譜弟戴夢鶴，寫了一個是魏碑的，到後來，也曾經由幾位名人寫過，記得請張季直寫過一個，請章太炎寫過一個，木刻都精工。最後還請狄平子寫了一個，他做了鋅版送我，那時已經不大流行老式名片了。後來老式名片漸行廢棄，我這些名片木戳，都不知丟往哪裏去了。

談起名片，頗有許多趣事可述，我在十三四歲的時候，曾有集藏名人名片之癖。先集狀元的名片，現代人如洪鈞、陸潤庠、翁同龢等，我都有了；先代的也覓得兩三張（張謇那時尚未中狀元），至於榜眼、探花，蘇州就可抓一把（我還有張之洞的名片），翰林更不必說了，總共也收集到近百張呢。這個東西，後來我遷居上海，一古腦兒送給一位朋友了。

再說：當時的風氣，凡是一位新進士、新翰林，初中式時，出來拜客的名片特別大，本來七寸的名片，放大至近尺。而名片的名字，則亦頂天立地，費念慈這個“費”字，足有兩寸多，到後來，慢慢縮小，到授職編檢，已縮小許多，至出任疆吏，就和尋常一樣了。但有一可笑的事，蘇州的妓女，也用大名片，竟與此輩太史公看齊。我們坐花船，吃花酒，召妓侑觴，她們照例送來名片一張，請爺們到她那裏坐地。這個風氣，最先也曾傳到上海，我曾得到林黛玉的大名片一張，簡直與那班新翰林者無二。

最壞者借名片為招搖、需求、欺騙、威脅之用。就小事而言，蘇州有各處私家花園，雖然開放，亦收門票，但只要某紳士一張名片，可以通行無阻。或介紹一個傭僕，或為親友說情等等，這名片亦有用。大之則所謂不肖子弟，仗其父兄勢力，用彼父兄的名片，招搖撞騙，向人欺詐。那些結交官場的惡地主，動不動說："拿我片子，送官究辦。"以威嚇鄉下人，這名片的為害烈矣。

我的話不免又支蔓了，我將紋入正文：有名必有號，自古以來，中國上、中階級的通例。至於下也者，不但無號，抑且無名，就以阿大阿二、阿三阿四叫下去了。我在十五歲以前，是並沒有號的。還有，一個人題他的號時，總與他的名有關聯，古今人都是如此。但我若題號時，必與原來的柱字上着想，又是甚麼棟臣、樑臣之類。可是我的號，並未與名有聯關，這個號，倒是我祖母提出的。其時中國有一種風氣，往往在他號中，有他祖父號中的一字，而加以一"孫"字。譬如他的祖父的號是雲伯、雲甫之類，他的孫子，便可以取號為雲孫。為了我的題號，祖母笑着說："他的祖父號朗甫，就取號為朗孫吧。"祖母不過因為懷念祖父，隨便說說，並不是要決定如此。但後來沒有另取一個號，我就把祖母所說的朗孫二字，隨便用用，不知不覺，便成為我固定的號了。

中國人的命名，於他們的宗族，是大有關係的，如用名字排輩行，不容紊亂。兄弟間則以伯仲叔季為次序，古來就是如此，傳至於今，仍復如此。除以承繼其祖取號者，亦有承繼其父取號，譬如父號雲伯、雲甫者，其子號少雲、幼雲者，不計其數。這是宗法社會，不獨中國，外國亦有此風，不過他們的姓名，很多囉唆，不及我們的簡捷耳。

我的小名叫德寶，現在已經無人知道了，這也是祖母所題的名字。當時我祖母及父親、母親並其他尊長，都呼我以此名。平輩中長於我的呼德弟、寶弟，幼於我者呼德哥、寶哥，傭人們呼我為德寶官（蘇俗：對兒童的尊稱，不論男女，都呼曰官），稍長，即呼為德少爺、寶少爺，但寶少爺三字較順口，在我十二三歲時，凡我的女性的長輩，都以此寶少爺三字呼我。我記得讀《易經》時，有兩句道："天地之大'德'曰生，聖人之大'寶'曰位。"我便寫下來，作了我小名的嵌字聯。

這個"天笑"兩字的成為筆名，也是出於隨意的，到了後來，竟有許多朋友，不知我的原來名號，只知道是天笑了。最先用這個名字時，還是在譯《迦因小傳》時，用了這個筆名叫作"吳門天笑生"，在那時的觀念，以為寫小說是不宜用正名的，以前中國人寫小說，也是用筆名的多，甚而大家不知道他的真姓名是誰，要探索好久，方才知道的（其時同譯的楊紫驎，他的筆名是蟠溪子）。

有人問我：這"天笑"兩字，有何意義？實在說：並沒有甚麼意義，不過隨便取了這個字罷了。我當時還有許多筆名，不過這只是許多筆名中之一而已。只記得子書上有一句"電為天笑"，那是好像一句非科學的哲人的話，而詩人又常常引用它。要是從前人的詩句上，我也可以找得出這兩字可以聯合的，最先如杜工部的詩中，有兩句道："每蒙天一笑，復似物皆春。"近人如龔定庵詩句中，有"屋瓦自驚天自笑"的句子，譚嗣同也有"我自橫刀向天笑"的句子。我只是腹儉，倘真要檢尋，古人詩中，關於此兩字的，恐怕還多。但這也不過牽連附會而已，實在說來，都與我這筆名無何關係。

我最初用的是"吳門天笑生"，共有五個字，後來簡筆一些了，只用"天笑生"署名，僅有三個字。再到了後來，便只署"天笑"二字，及至後來到了上海的時報館，常常與陳冷血兩人寫極短的時評，他署一個"冷"字，我署一個"笑"字，這是從"吳門天笑生"的五個字，縮而成為只署"笑"的一個字了。

當時我有不少的筆名，後來都放棄，這也是文人積習，自古已然。我還記得我有一個別號，喚作"包山"，我自己姓包，而又叫作包山，這不成為包包山了嗎？但古人早有其例，如大家所知道的文文山等，我也算是仿古。以包山為號的，古人中有位陸包山，他是著名的畫家，但不姓包。包山並不是沒有這個山的，屬於蘇州的太湖中洞庭東、西兩山，那個西山，就是名為包山的，因為它是包於太湖中間的意思。我用包山兩字作別號，在結婚那年為最多，因為我這位新婚夫人，她雖然原籍是溧陽，但是生長的地址則在洞庭山。有一位畫家任君，還為畫了一幅《包山雙隱圖》，而我的譜弟，為我寫了一個木刻封面《包山書簡》，是北魏體的。

我的筆名之多，連自己也記不起來了，甚麼軒、館、樓、閣之名，恐怕也都用到。只有兩個，到老還是用着，一個叫作"秋星閣"，一個叫作"釧影樓"，有時寫點筆記之類，常是寫着《秋星閣筆記》，或是《釧影樓筆記》，有時我高興寫日記起來，也是寫着《釧影樓日記》的。

釧影樓

秋星閣與釧影樓，兩個筆名，我是常用的。秋星閣這個名兒，我曾經用了在上海開過小書店，現在且不必去說它。至於釧影樓這個名兒，我用得最多，有好幾方圓章，都是刻着釧影樓的。人家覺得這釧影樓三字，未免有點脂粉氣，好像是個應該屬於女性所使用的。又懷疑着這釧影樓三字，好像是個香豔的名詞，有沒有我的甚麼羅曼史在裏面？其實這釧影樓的名詞，我不過紀念我母親的一段盛德的事實罷了。

在我五六歲的時候，那一天，是舊曆的大除夕了，那時我父親從事商業，境況比較地還好。我們是習慣地在大除夕夜裏吃年夜飯的。那時的吃年夜飯，並不像現時所流行的邀集親朋，來往酬酢，因為各人自己也要回到家裏吃年夜飯，只是家人團聚，成了一個合家歡。像蘇州那些大家庭、大家族，到那一天，婦女孩子聚在一起，常常有數十人、百餘人，不為奇。但我家吃年夜飯，只有六個人，便是祖母、父親、母親、我們姊弟二人，以及長住在我家裏的那位顧氏表姊。

吃年夜飯已經在夜裏十點多鐘了，為的是在吃年夜飯之前，先要祀先，這便是陸放翁所謂家祭。蘇州人家，對於家祭極隆重，一年有六次，如清明、端午、中元、下元、冬至、除夕，而除夕更為隆重。

而且也要必須等父親從店裏回來以後，然後設祭。大除夕這一天，無論哪一家商號，都是最忙的一天。及至我父親結好了賬，從店裏回來，已經要九十點鐘了。吃年夜飯，照例要暖鍋，裝得滿滿的，還有許多冷盆，喝着一點兒酒，大家說說笑笑，吃完的時候，已經將近十二點鐘了。

雖然大除夕的夜裏，人家有通宵不睡的，但是我們小孩子是要瞌睡了。

母親在大除夕的夜裏，每年常是不睡的，到深夜以後，還有甚麼封井（蘇州人家每個宅子裏都有井，除夕要封井，至初五方開）、接灶（送了灶君上天後，要於除夕夜裏接他回來）、掛喜神（祖先的遺容，新年裏要懸掛起來，有人來拜年，還要拜喜容）、裝果盤（自己房裏點守歲燭，供果盤，還用以待客）等等的事。除此以外，還要端正我們兩個小孩明天元旦穿新衣服。父親也還沒有睡，他在算算家庭和個人的私賬，一年到底用多少錢。

其時已經元旦的凌晨兩點鐘了，忽聽得叩門聲甚急，是甚麼人來呀？本來大除夕的一夜，討賬的人在路上絡繹不絕，甚至於天已大明了，只要討賬的人手提一隻燈籠，依舊可以向你追討，一到認明是元旦，只可說恭喜了。但是我們家裏的賬，早數天都已清還，並不欠人家的賬呀！

開門看時，原來是我父親的一位舊友孫寶楚先生，形色倉皇，精神慘沮，好像很急的樣子。問其所以，他搖頭太息，說是活不下去了。因為他虧空了店裏一筆款子，大約四五百元。這四五百元，在從前是一筆不小的款子呢。這位孫先生，又不是一個高級職員，他一年的薪水，至多也不過百餘元而已。這種錢莊上的規矩，伙友們支空了款子，到了年底，都要清還，如果不能清還，明年就停歇生意了。

但是大除夕，是一年最後的一天，孫君還不能歸還這筆款子。即使借貸典質，也僅能籌到百餘元。假如明年停歇了生意，一家老小，靠甚麼生活，況且還有八十多歲的老母，還有三個未成年的孩子呢。而且蘇州的錢莊是通幫的，你為了用空了錢而停歇出來的，還有哪一家再肯用你呢？那末到此地步，只有死路一條了。

他這一次來，當然是求助於我父親了。不過，他怎樣的會拉下這許多虧空的呢？全部是"做露水"（錢業中的賣空買空投機事業）蝕去了的。因為他是個中等職員，薪水微薄，不夠贍家，於是想弄點外快。不想這"做露水"的事，就像賭博一樣，贏了想再贏，輸了想翻本，就不免愈陷愈深了。

本來那種跡近賭博而輸去了錢的人，有人目為那是自作自受，不大肯加以援助。但父親和他是老友，且一向知道他為人誠實，可是到此也愛莫能助呢。父親當時向他說道：“你若早兩天來，還有法子可想，怎樣直到這個時候才來呢？”原來父親已經結束好了賬，也沒有寬裕，只不過留着幾十塊錢，以供新年之用。在新年裏，所有金融機關都停滯，一直要過元宵節（俗名燈節）方可調動款子呢。

那末，即使我家中所留存的數十塊錢，都給了他，也無濟於事，而我們新年裏沒有錢用，倒也不去管它。如果立即拒絕了孫君吧？人家正在危難之中，不加援手，也覺得於心不忍。父親正在為難之間，母親卻招了父親到房裏來，說道：“我看這位孫先生的面容不對，如果今夜這個年關不能過去，恐有性命之憂，他不是說過只有死路一條嗎？”

“那又有甚麼辦法呢？”父親皺着眉頭道：“我現在手頭沒有四五百元，可以接濟他呀！假如他早兩天來，甚而至於在大除夕的白天來，我還可以給他在朋友中想辦法，現在已是大年夜的半夜裏了，叫我到哪裏去給他借錢呢？”母親躊躇道：“你問問孫先生，如果不是現款，也可以的嗎？”父親道：“不是現款是甚麼呢？難道半夜三更，還可以拿房契田單，尋人去抵押嗎？”母親說：“何必要房契田單呢？況且我們也沒有這種東西呢。”父親道：“那末你說是甚麼呢？”母親道：“難道金飾也不可以嗎？”

父親熟視母親道：“你的意思，願意把你的金飾，救助孫某嗎？”母親道：“救人之急，我很願意的，你快去問孫君吧！”父親道：“明天是個元旦呀，大家都要穿戴，而你卻沒有，這如何使得？”母親笑道：“這有甚麼關係？即使我有了，不戴出來，也由得我呀！況且那副絞絲鐲頭沉甸甸的，我真懶得戴它呢。至於老太太問起來，我會告訴她，她也是慈善而明白的人，她決不會責備我的。”

父親很高興，擁着母親道：“你真是好人！你真是好人！”他便奔出去，告訴了孫寶楚，孫感激得眼淚只管流下。及至我母親走出去時，孫君便要向母親磕頭，母親急急避去。母親所有的金飾，分量最重者，便是那一對金絞絲手鐲，每隻差不多有二兩重，此外還有一隻名為"一根蔥"較小的，此外還有金戒指，此外還有我們孩子們金鎖片、小手鐲等。母親向父親道："救人須救徹，請孫君儘量取去就是了。"

據估計當時的金價，除了最重的一對絞絲鐲之外，再加幾件零件，還有孫君自己借貸典質的錢，也可以張羅過去了。那時中國還沒有鈔票，要是拿三四百塊現洋錢，卻是非常笨重的。此刻雖是金飾，丟出去就是錢，這時黃金是非常吃香的，最硬的東西，總而言之，孫君明年的飯碗是保牢了。

孫君臨行時，向我母親說道："大嫂！你是救了我一條性命。"他說時，在衣袋裏取出了一隻圓型牛角盒子來。裏面是甚麼呢？卻是滿貯了生鴉片煙膏。他說："我到此地來，是最後一個希望了，如果這裏沒有希望，我覺得無顏見人，借此三錢生鴉片煙畢命了。"因為孫君平素是不吸鴉片煙的人，他藏了這生鴉片煙在身邊，真是企圖自殺的意思呀。

到了年初三，孫君到我們家裏來拜年，他神氣很高興，因為生意到底連下去了。趁着拜年，他真的向我母親叩一個頭，母親便忙不迭地還禮。我們還請他吃飯，父親陪他喝一點酒，在席間，母親便勸他："孫先生，這些近於賭博的露水做不得了。"孫君說："吃了這一次苦頭，幾乎把性命丟掉，幸而有大嫂相救，假如再要做那種賣空買空的勾當，不要說對不起大嫂，也對不起自己呀。"

關於這金釧的事，孫君後來漸漸把這筆款子撥還，也需要一年多光景。母親除了兌還孩子們的金飾外，重新去兌了一對比較輕的手鐲。到了後來，我們的家況日落，父親沒有職業的時候，她還是把它兌去了，以濟家用，以供我讀書之需。我想起了這個故事，我並不痛心，我只讚禮我母親慷慨好義，慈善救人，是一個尋常女人所不肯。她是不曾讀過書的，識字也有限，而卻有這仁厚博大的心腸，我們如何不紀念她。

這便是我題這釧影樓的典故。

結婚

我是二十五歲結婚的，我妻與我同庚，也是二十五歲。我是在二月初二日生的，她是四月初一日生的（俱屬舊曆），我比她長了兩個月。中國人每多早婚，尤其是在江南，二十五歲結婚，在當時已算是遲的了。就我們的親戚中說：大半是在二十歲以內，十八九歲為最多。若是女孩子，一過了十六歲，便可以出嫁了。至於鄉下地方的婚嫁，好多是畸形的，不必說它了。

主張我即行結婚的，第一是祖母。父親故世了，我的三位姑母全故世了，連她所喜愛而領在我家的顧氏表姊也已出嫁了，我姊也出閣了。老太太們喜歡小孩子，她的晚景，將寄託於抱曾孫了。至於母親，也未嘗不希望我結婚，因為我已成年，而她的身體日就衰弱，很望有一勤健的兒媳，來幫她的忙。就只家中貧苦，人家嬌養的女兒，不知能否食苦為慮。

我對於結婚的事，很有點猶疑。第一，我是為了家計，我幸有母親的操勞支持，勉強可以過度。娶了親後，家中既添一個食口，而人家一位青年姑娘，到我家來做媳婦，似不能過於艱苦。並且結婚以後，不能不生育，小孩子一個一個添出來，這個負擔，也就不輕呀。還有一個意思，全出於自私之念，我覺得未結婚的人，自由得多，結了婚的人，便不免生出多少牽慮來了。

但是我的家庭，已使我不能不結婚了。原來我的祖母已成了癱瘓之症，不能步履行動了。她那時已是七十多歲了，而軀體豐肥，起牀也須有人扶持。起牀以後也只能坐在一張藤椅子裏，冥坐念佛而已。還有半夜起來溲溺，也須有人扶掖，這都是我母親的責任。如果是別人呢？譬如女傭之類，她們不能半夜驚醒，而且粗手粗腳，未能熨貼，這是使母親不能放心的。

所以自從祖母得了這半身不遂之病後，母親便不睡在自己房裏，一直睡在祖母房裏了。有一天，祖母半夜裏起來小解，她因為知道我母親夜裏做女紅，睡得很遲，不想驚動她，便輕輕悄悄起來。誰知沒有站穩，一轉側間，跌倒在牀前地下。母親睡得異常警醒，听得了聲響，急忙揭開帳子一看，吃了大驚，因為老年人是不能傾跌的，何況祖母又是身軀肥重呢。

從此以後，母親在夜裏更為警醒，祖母牀上一有聲響，她便立刻起來。到了冬天，衣不解帶，只是和衣而睡。後來祖母病了，常常不能起牀，有時連溲溺都在牀上，一切鋪墊、洗溺等事，都由母親任之。祖母捧着母親的手涕泣道："求求菩薩！但願你的兒媳婦，也這樣的孝順你。"我听了，心中也很難過。因為我們一家只有三人 —— 祖母、母親和我 —— 我是一個男子，飢驅奔走，我又不能代母親之勞。而且母親的身體也不健全，日就衰弱，每天吃得非常之少。她是有肺病的，帶病延年，現在已是五十多歲的人了，人家以為即此也不容易。希望我結婚以後，有個媳婦幫助她，總歸是好的。

我的結婚日子，是在那年四月二十五日（都是舊曆，以下仿此），那個時候，所謂新式結婚（俗稱"文明結婚"）還沒有流行呢。新郎新娘，以前從未見過面，現在稱之為"盲婚"，這兩字甚為切當。一切儀式，都為老派，從辛亥革命以後出生的諸位先生們，恐怕有莫名其妙的。但中國歷代傳統以來，對於婚姻制度非常隆重，即使要寫一些近代婚姻風俗史，也非成一巨帙不為功，我今就我的結婚，略述一二：

首先說迎娶，依照古禮，新郎親自到女宅去迎親的。直到如今，在中國別省猶有此風，但東南各省，已無此風了，只是用全副儀仗，敲鑼打傘去迎接她。其中最有別者，新娘要坐一頂花轎，這頂花轎，不僅屬於虛榮，抑且恃於權勢，婦人對於嫡庶之爭，往往說：「我是從花轎抬進來的。」好比清朝的皇后，說：「我是從大清門進來的」一般。蘇州的花轎，卻是特別考究，明燈繡幄，須以八人抬之。但我們沒有用花轎，僅有用一藍呢四人轎，以花轎多所靡費也。惟儀仗一切則如例。

次言拜堂，當新娘未出轎以前，新郎已迎候於堂前，新娘出轎後，即同行拜堂禮。先拜天，後拜地，然後新夫婦行交拜禮，這是中國舊婚禮中最隆重的一個節目。當拜堂時，新郎則下跪叩頭，新娘卻只跪而不叩頭。問其所以，則云新娘鳳冠上附有神祇云云，其實她滿頭插戴珠翠，且罩以方巾，不能使其更一俯首也。所有禮節中之跪拜，都受命於一贊禮（蘇人呼之曰「掌禮」），此人穿方頭靴，皂袍、皂帽，插金花，披紅巾，全是明朝服飾，此古典當是清入關時始也。

拜堂既畢，把紅綠牽巾，繫在新郎新娘手上，這不知是何意義，或者是赤繩繫足的故事吧？這時新郎倒行，新娘順行，腳下則踏以麻袋（此種麻袋，都向米店中去借來），名之曰「傳代」，諧音也，此俗在明代已盛行。然後進入內廳，行合巹之禮，蘇人則俗稱為「做花燭」，新郎、新娘對向坐，中間點大紅巨燭四枝，作為新婚夫婦對飲對食狀。旋即有青年四人（預先選定者），各持一燭，送入洞房。

入洞房後，新郎、新娘並坐牀沿，此一節目，名之曰：「坐牀撒帳」。那時新娘頭上仍遮上大紅方巾。入洞房後，第二節目便是揭去她這個方巾，名曰「挑方巾」，挑方巾必延請親戚中的夫妻團圓（續弦不中選），兒女繞膝的太太為之，這個時候，新娘方露出廬山真面，為妍為媸，可以立見。以後便是新娘至後房易服，卸去鳳冠霞帔的大禮服，而穿上紅襖繡裙的次禮服，出來謁見翁姑及各親戚尊長行見面禮，與新郎偕，此一節目，名曰「見禮」。吳中風俗，並無所謂翁姑端坐，新婦獻茶的儀式。以後有一節目，曰：「祭祖」。那是儒家規範，於禮甚古。祭祖時，翁姑在前，新夫婦居中，而合族中人都來行禮也。以後更有一節目曰：「待貴"。此是設盛筵以待新婦，而新郎不與其事，新娘居中坐，往往選未出嫁的小姑娘為之陪席，亦有"定席""謝宴"小節目，不贅述。

依照舊式婚姻喜慶事，我家於以上所述節目，一一遵行。最後我談到了"鬧新房"一事。鬧新房雖然不是善良的風俗，但亦是青年人意興之所趨。又因為中國傳統，對於少女太不開放，男青年對於女青年，很少有見面的機會，而女人又養成羞怯的習慣。醉飽以後，哄入新房，欲見新娘子一面，說說笑話，打趣一番，原無所謂。如果是惡作劇，甚至演出無禮的舉動，這便是令人憎厭，而為不受歡迎的賓客了。

我此次結婚中，並沒有鬧新房的一個節目。原因我為了簡省之故，未發請柬，僅僅幾位至親密友來吃喜酒。有幾位比我長一輩的，怎好意思鬧新房。至於我所交的新朋友，他們有些新時代氣息，不喜此種舊風習。還有一種趨勢，鬧新房具有報復性質，你如果喜歡鬧人家的，到了你結婚時，人家也來鬧你新房了，這便叫"我不犯人，人不犯我"，我就是不歡喜鬧新房的，所以也沒有人來鬧我新房了。

這一回，親友的賀客雖然不多，卻也吃了八桌酒席。女賓倒也不少，還有許多兒童。蘇州人對於吃喜酒，那是最欣欣鼓舞的事。想起了從前的物價，使現代青年人真有所不信，那時普通的一席菜，只要兩元，有八隻碟子，兩湯、兩炒四小碗，雞、鴨、魚、肉、湯五大碗，其名謂之"吃全"。紹興酒每斤二角八分。八席酒菜，總計不過二十元而已。不過最高價的筵席，則要四元，那是有燕窩、鴿蛋等等，我們那天的"待賓"節目，即用此席，新娘例不沾唇，留待家人分餉。至於後來的甚麼魚翅席、燒烤席，蘇人從未染指也。

我妻端莊而篤實，我祖母及母親，都極摯愛她。尤其是身體健全，不似人家所說的工愁多病的林黛玉型那樣人物，因為她在家裏也是操作慣了的。雖然她是纏了小腳的人（那時蘇州風氣，凡上、中等人家，如果討了一位大腳的新娘子，便將引以為恥，而為親朋所嘩笑），可是行走極便利。在文字上，她曾進過私塾，讀過兩三年書，《論語》上半部，她還能琅琅上口，只不過不求甚解而已。至於縫紉刺繡，卻是從前吳中閨女的必修科。倘欲洗手作羹，則正可向我母學習耳。

在從前未出閣的小姐們，對於婚姻事，一听父母支配，自己連提也羞於提起，怎敢有甚麼主張。嫁了過來，侍奉舅姑，是其本職，哪裏有甚麼自由行動，也沒有甚麼組織小家庭的志願的。尤其像我是一獨生子，又沒有伯叔兄弟，祖母僅有這一個孫媳，母親僅有這一個兒媳，自然是格外的寵愛了。我見到祖母與母親都鍾愛她，我也為之心慰。

不過我那時已呼吸了一些新空氣了，那時大家又在那裏提倡女學，解放纏足，有些外國教會裏也在開設女學堂了。我們寫文章也是動不動說婦女要解放了。而我所娶的女人，卻是完全舊式，好像是事與願違。但是我們在六七年前已經訂婚了，雖是父母之命，媒妁之言，也是經我同意。那個時候，也沒有所謂洋學堂裏女學生。就是到我結婚的時期，女學生也還是很少的，所有我們親戚朋友中，哪一家不是娶的深閨中的小姐呢。

這時上海已有了女學校了，蘇州還是沒有。即使有了，在我們的環境上，也不許可，試想我要進學校，尚且不可能，何況她是個女人，怎能許可呢？直到後來我住居在上海，我在女學校教書，所住的地方是在上海老西門，那邊有好幾家女學校，她曾經在民立女中學的選科中，學習音樂與繪畫，這時年已三十，更有了兒女，也像我的學習外國文，一無成就，只得放棄了。

我妻姓陳，名震蘇，這個名字，很不像一個女人名字，那是我的岳丈陳挹之先生題的。陳挹翁有兩女，她是長女。次女名蘭儀，嫁王稚松君。

初到南京

　　在我結婚的那年，還館於尤氏，雖心厭教書生涯，但無別的出路。許多同學，有的到日本去了，如李叔良、汪棣卿諸君；有的出外就學，如楊紫驎、戴夢鶴諸君。只有株守故鄉，絕無發展之餘地。在新婚的一月間，通常稱之為蜜月，蘇州有個俗例，叫作"月不空房"，意思就是這個月裏，要夜夜雙宿。我向來是住在館裏的，三四天回家住一夜，現在要夜夜回家，遵此俗例，新婚宴爾，早晨到館，不無遲了一些。有一天，我那兩位表侄的學生，見先生未來，頑劣惹禍，女傭們便抱怨師爺遲到，剛被我聽見。雖佯作不聞，而心殊不樂，從那一天起，我就打破了"月不空房"的俗例，依舊是三日回家一次，雖祖母不以為然，我殊不顧也。

　　我這時野心勃勃，覺得株守故鄉，毫無興趣，倘能離開了這個教師生涯，闖到別一個地方去，換換空氣。但以重幃在堂，祖母是年老有篤疾的了，許多尊長們似不以我出門為然。現在家裏既添了一個人，而這人也是一個健婦，足以幫助我的母親不少。那末我即使不能遠遊，在本省之間，或在太湖流域各處去遊學，或者也是可能的事吧？

　　自從戊戌政變以來，各處都鬧着開辦學堂，其時南京便設立了一個高等學堂。那時還無所謂大學堂、中學堂的等級，名之曰高等學堂，便是徵集國內一班高材生而使之學習，說一句簡要明白的話，便是把從前的書院體制，改組一下，不一定研究西學，而還是着重國學，不過國學中要帶有一點新氣，陳腐的制藝經文，當然不要它了，但也不過是新瓶舊酒而已。南京的高等學堂是官辦的，這些官辦學堂，不但不收學費，而且進入這個學堂後，學生還有若干膏火可拿。不過學生是都要考取的，它的資格，至少是一個生員，而才識通明之士，自佔優勝。

這個南京高等學堂是江蘇省辦的，派了一位蘇省候補道員蒯光典（號禮卿）為督辦。在前清開辦官立學校，無所謂校長之稱，最初為督辦，後來便改為監督。那位蒯光典是安徽合肥人，李鴻章的侄女婿，他是在光緒九年癸未科中進士，散館授翰林院檢討，後來外放為江蘇候補道的。提起當年各省的候補道，以江蘇為最多，齊集在南京的，少說有三四百人。其中分紅道與黑道兩種，因為江蘇地區雖大，道員的實缺，只有幾個，那便靠各差使了。好在道員是萬能的，無論甚麼差使，都可以派道員去當。但是紅道台可以優先得差缺，而黑道台不用說得缺了，得一差也難若登天。

怎樣是個紅道台呢？要出身好、家世盛、交際廣、才學富，方覺優異。蒯光典可說是佔全了，說他出身好吧，他是一位太史公，為世所重，他的家世，父親曾任江蘇藩台，而他又與合肥李家為親戚；他在南京，與幾位知名之士如繆筱山、劉聚卿、張季直等，都為好友，時相酬酢；他是在舊學上有根柢的人，不是那些捐班的道員可比了。但是他在南京，有蒯瘋子之稱，大概他是一位高談時政，議論人物的人，故有此號。當他初辦高等學堂時，還有人譏誚他，說他鬧了一個笑話，因為他向總督衙門去謝委，那時兩江總督是劉坤一。人們說：委辦學堂是聘任的，師道當尊，不宜謝委。但蒯說："學堂不是書院，書院請山長是用關聘的，我沒有接到關聘，只有札委，應當是謝委的。"那時的官場，確有許多把戲。

我的譜弟戴夢鶴，他年紀雖輕，卻是一個多才積學之士，他早就考取了南京高等學堂，這位蒯禮卿先生非常器重他，可憐夢鶴是個肺病甚深的人，在高等學堂裏的時候，已經有些勉強的了。可是這個高等學堂開辦還不到兩年，適在戊戌政變以後，新政受了阻遏，各處學堂，悉令停辦，這個高等學堂也奉令停辦了。蒯光典另行得了一個十二圩鹽務督辦的差使，不過他愛才心切，把高等學堂幾位他所賞識器重的學生，都招致了他家裏去，栽培他們，供養他們，使之可以成材。

夢鶴肺病，時發時愈，他覺得病在蒯的公館裏，終覺不便，不如回家養息，候病愈後再去。回家後，病乃略瘥，又思再去南京，實在這種肺病，漸漸深入，大家勸他養好了身體再去，他說：「蒯師盛意，我必定有一個交代。」但到南京後，又復略血。蒯公知其病根已深，派一親信家人，護送回蘇。臨別時，又委託了夢鶴：蘇州有沒有願意出來就事而就學的人，請你舉薦一人，我要給兩個孩子，請一位教讀先生。

夢鶴就舉薦了我，他說：「好！我相信了你，就相信了你的朋友，包君倘願意，就請他來吧。」夢鶴回蘇州，便和我說了，我久聞蒯公大名，頗為願意，因為常常聽得夢鶴稱道其師學問淵博，也可以有所進益。但是又要我做教書先生，我覺得我的命運注定如此，真是萬變而不離其宗，未免有些厭倦了。夢鶴道：「你不願意教書，也可以申明，蒯先生最能量才使用，在他那裏，別的事也就很多呢。我在給他的信上透露一點你的意思，你去後再說吧。終究是我們一條出路，恨我病深，不能與兄同行也。」

我回去，便與祖母、母親商量，她們說：「你不要以我們兩個老人為念，既然有此機緣，不可放過。況且南京就在本省，也不能算遠。」祖母說：「不過你還新婚呀，你也要問問震蘇呢。」其實震蘇早已通過了。那時我還館在尤氏，我立刻寫了一封信給巽甫姑丈，即行辭館，因他此刻正在病中。他當然不能阻止我，子青哥且力促我行。但我們的聘約，要至年終，於是我請了一位代館先生張湛甫以終其事。張為我之表姑丈，亦一名宿也。

那個時候滬寧鐵路尚未開通，從蘇州到南京，要先到了上海，然後乘長江輪船到南京。我既未到過南京，亦未乘過長江輪船，不免有些惘惘。可是夢鶴家裏有個老僕人，名字喚作金福的，曾經陪伴了夢鶴去過幾次南京，可算是識途老馬。因此向戴家借用了金福，陪伴我去，祖母與母親，又向彼叮嚀，與以酬勞。不過在上海情況，比金福還熟悉，一上長江輪船，便要听金福的指揮了。我們在上海無多耽擱，便去定了江輪船票，這時長江輪船有三個公司，一是太古、二是怡和、三是招商局。這三個公司是班輪，此外還有日本的甚麼日清公司等等，上海人稱之為"野雞輪船"，自由通行。

這三個公司中，只有招商局為中國人自己辦的，太古、怡和兩公司，都是英國人辦的。無論哪一個國家，海岸通商，外國輪船是可以來的，至於內江、內河，從來不許外國輪船可以侵入的。但中國乃是失去主權的國家，一任它長驅直入，不但侵襲我主權，抑且掠奪我利權，這且不必說了。當時我們就在這外國輪船公司（船名已忘卻了），買了兩張船票，我的一張是房艙，金福一張是散艙。本來我也想買散艙，由金福的勸告，他道："長江輪上著名的扒手極多，壞人充斥，還是房艙好些吧。"

船主是外國人，關於搭客裝貨等事，僱用中國人管理，這些中國人經理其事的，就喚作買辦，一條船上有大買辦、二買辦、三買辦的許多等級，這些買辦，大多數是寧波人。………我這裏也不必再絮煩了，且說我們到了船上，等候開船，但聞碼頭上邪許之聲，正在裝貨。未幾，貨裝完了，汽笛聲聲，便即開船。船一開了，許多怪現狀都顯形了，首先是鴉片煙盤，一隻隻都出現了，鬼火磷星，東起西滅，而且船上也有鴉片可買。其次，便是賭局，非但可以叉麻雀，牌九、搖攤也行。据金福說：有時還有隨船的妓女，一路可以接客，但這次卻沒有。這些客艙中茶房，權力極大，向船客"敲竹槓"，小賬之多，比了票價還要多。一個大艙，往往有十幾個茶房，各人還可以沿路帶走私貨。

我是第一次乘長江輪船，幸有金福為之照顧，他年紀已五十多歲，頗為老成。那天風和日暖，波靜浪平，我在甲板上觀覽長江風景，過鎮江後，便到南京，船是一直要開到漢口為止。本來預備船倘在下午到埠，不及進城，便在下關住一天旅館，現在上午已經到了，就可以即日進城了。這時南京的市內交通，有馬車，也有人力車，本來想坐馬車進城，但這些馬車（都是敞篷的），破爛不堪，亂討價錢，金福說：「還是坐人力車吧。」兩部人力車，坐了人，還裝上一些行李，直進儀鳳門而去。

南京我也是第一次來臨，這個「龍蟠虎踞帝王州」（李白詩句），倒時時在我心目中。本來江南鄉試，我們蘇人是要到南京來的，但我這時對於科舉，不甚有興趣，又自知學問淺薄，未必能中舉，徒然來做一個不第秀才，因此也懶得來了。現在一進儀鳳門，但見一片荒蕪，直到鼓樓，好像是一條馬路，此刻馬路上遍生青草。至於馬路兩旁，全無房舍，難得有幾處，有住居近處的，筑幾間茅屋，種幾丘菜地，此外則一望無際的蔓草荒煙而已。金福說：「听此間人講，本來從三牌樓到鼓樓一帶，原也是繁盛之區，打長毛（太平天國之戰）當兒，一把火燒乾淨了。」

過了鼓樓，分東西兩路，而我們則向西路行。那邊有兩個城門，一曰旱西門（往來封柬，常寫「漢西門」，大約因「旱」字不佳）；一曰水西門，而蒯公館則在水西門安品街也，我覺得突如其來便到蒯公館，未免輕率，不如覓一旅館，暫為駐足之地，然後進謁，較為妥適。由於人力車夫的介紹，找到一旅館，門前有兩塊招牌，寫着「仕宦行台，客商安寓」八個大字，走進去先是一片場地，然後有幾處房屋，卻是冷清清的不知裏面有無旅客。我們住了一個單房，紙窗木牀，倒也乾乾淨淨。時已過午，便在這旅館裏吃了一頓飯，便命金福到蒯公館投帖報到。

金福回來說：「蒯大人不在家，但他早已吩咐，請包老爺（老爺之稱，我也是第一回）立刻搬進公館去住。」我託旅館僱了一輛老爺馬車，因有幾件行李等等，和金福便到蒯公館來。原來他住的地方，是南京安徽會館的鄰宅，亦與安徽會館相通連，裏面一個大庭院，雅有花木之勝。出來迎迓的，是姓方的方漱六君，也是安徽人，後來知道是蒯先生的侄婿，年亦不過三十左右，人極幹練，蒯公不理家務，似乎一切由他經理。

我到了蒯公館，應當以晚輩之禮，先去拜謁這位蒯公，但是直到垂暮，他還沒有回家。方漱六道：「四先生（他行四，大家都呼他為蒯四先生）今晚有飯局，回來必很遲，閣下長途辛苦，宜早安置，明晨可以相見呢。"但到了晚膳以後，我正想要安睡時，蒯先生一回來，便到我屋子裏來了。他是一位瘦瘦的五十多歲人，嘴唇上一撮小鬍子，頭髮略有一些花白了，但是精神奕奕，非常健談，一口安徽廬江口音，起初我還聽不清楚他的話，後來漸漸馴熟了。他很謙和地說道："我們這裏一切都不拘禮，今天閣下舟車勞頓，早些安息，我們明天晚上談談。"又問了問："夢鶴的病況如何？"他極力稱讚夢鶴的品性與才華，深為他的病體扼腕，叫我寫信時，代為問候。

記蒯禮卿先生

　　且說自南京高等學堂停辦後，由蒯禮卿先生留在他公館裏的，約共
有五六人。現在我所見的，一位是汪允中，他是安徽歙縣人；一位是陳
宜甫，他是鎮江人；一位郭肖艇，他是安慶人。蘇州人本有兩人，一位
是戴夢鶴，一位余同伯，夢鶴有病不能來，而同伯則另有他就，已向
別處去了。但另外有一位蘇州人，是王小徐，他並非是南京高等學堂學
生，他是吾蘇王紱卿先生的次公子，他的哥哥王君九（季烈），也是我
所熟識的人。大概蒯與王紱卿為甲榜同年，所以小徐呼蒯禮卿先生為年
伯也。

　　我所下榻的地方，就在那大庭院的翻軒裏，這個翻軒，一排共有五
間，我便佔了兩間，一間作為臥房，一間作為起居，壁間也懸有甚麼書
畫之類，沿窗安置了一張有抽斗的書桌，以供讀書寫字之需。在我所住
的左首，有一個月洞門，走進去卻是另一個小庭院，也有三間寬大的屋
子，那便是汪允中、陳宜甫、郭肖艇三人所住的。我到蒯宅的時候，
王小徐還沒有來，他在北京當小京官，蒯先生約他來，就是擬聘請他在
十二圩鹽務督辦差上當一位文案，實在紱卿逝世後，他周恤故人之子也。

　　到了明天晚上，吃過夜飯以後，他果然到我的室中來了，一談就談
到了深夜。他問我近來喜歡看點甚麼書？主張哪一種學說？這一問，可
就把我問窘了。我雖然也看看書，然而我的看書，是毫無系統的，雜亂
無章的，俗語所謂"抓到籃裏就是菜"。而且有許多書看了以後，老實說
"不求甚解"，甚而至於過目即忘，從未有深入堂奧，加以深切研究的。

現在要問我學說不學說的話，我更茫無主張，無詞以對了。

我只得坦白地說：“實在孤陋淺薄得很，因為家貧不能購書，只不過從親友處借來看看，所看的也都是蕪雜的一類，至於正當有系統的書，看得很少，以後要請先生指教。”他似乎頗喜我的坦白，便說：“你要看書，我這裏有個小小藏書室，書雖不多，但求學上應看的書，約略均備。現在新學盛行，據夢鶴說：足下頗喜新學，我這裏上海近來新出的書，我覺得可觀的，也隨時託人添購一二，不過有許多簡直是胡說白道。你愛看甚麼書，就看甚麼書，明天你自去選擇就行了。”

原來他所說的小小藏書室，就在我所住的房子的隔鄰。不是我說的我的下榻地方，是一排五間的翻軒嗎？我所住的是東首的兩間，而最西首的一間，便是他的藏書室，裏面排列着七八具大書櫥與大書架，都裝滿了書，其餘的桌子上，櫃子上，也堆滿了書，那當然都是線裝木版書，雖然也約略分類，可是不大整齊。我進去展覽一過，真是如入山陰道上，目不暇給。起初想隨意取數冊攜歸房中閱讀，但是史類呢？集類呢？那是我性之所近而容易看得懂的。既而想從前無書可讀，偶有所獲，不加抉擇，今有如許可讀的書，不能再亂七八糟，要定有一個方針，且與劂公談談，他是個有學問的人，或能開我茅塞也。

一日，偶與劂公談及諸子，他說：“看看子書也好，可以開發思想。我們營逐於科舉，博取功名，死守儒教，只知四書五經，而不知尚有許多學說也。”於是我在藏書室，選取一部《莊子》，一部《墨子》。《莊子》，我在以前也曾看過幾篇，浮光掠影似的也都忘了。《墨子》我不曾看過，但我讀《論》《孟》時，曾知“墨子兼愛，摩頂放踵而利天下”，現代作家，常引用《墨子》的學說，好像很時髦的一部書。我預備先讀《莊子》，後讀《墨子》。誰知這部《莊子》，還是明末版本，紙張既薄且脆，我一不小心，翻書時用力一點，便扯破了一頁，問他們有別的《莊子》嗎？一時也找不到。我覺得這是名貴的書呢，不要損壞了它，草草看過，還了藏書室。

蒯先生又要索觀我的詩文，以我的自卑心理，實在覺得拿不出去。而且我又不大留稿，在南京來的以前，夢鶴就關照我，"怕蒯公要看吾兄的大作。"我就怪他，必是你為我捧場，夢鶴說："蒯公很肯教導我們後進，給他看看何妨。"因此我就抄錄了幾篇，又默寫了幾首詩，送給他看。他第二天晚上來談天的時候，就袖之而去。到了明天，他來還我的時候，說道："你近來很在讀龔定庵的詩文集吧？所寫出來的詩文，都有龔定庵的氣息了。"

　　提起了龔定庵，我又有插話了，約在四五年前，我在護龍街舊書店獲得《龔定庵補編》兩本，木刻大字本，但有文而沒有詩，心竊好之，以其文氣奇兀，不同凡俗也。因思有《補編》必有《正編》，向護龍街各舊書坊竭力搜尋，均無所獲。後聞祝心淵先生有全集，擬向借觀而尚未果。會戴夢鶴至南京，我託他向南京書坊問訊。後來夢鶴自南京歸，道經上海，寫信給我說："南京無龔集，而在上海覓得一部，是杭州版，其中有數頁已斷爛空缺，而索價須五元，計六冊。"我覆書謂無論如何，請弟購之歸。自此以後，我得讀了定庵《己亥雜詩》等諸詩。那個時候，上海書賈，尚未有龔氏詩文集出售。及至我居住在上海時，在鄧秋枚（實）先生處，得到了《定庵集外未刊詩》一冊，我請人用精楷石印，在"秋星社"（小書店）出版，銷行了一千冊，此是後語。

　　蒯先生那時卻說："文字亦隨風氣為轉移，龔定庵近來頗為入時。早年大家提倡桐城派，此刻漸覺陳腐了，一讀龔定庵，似乎眼前一亮，尤其是他的詩詞等，顯出驚才絕豔，青年人更為喜歡它。不過究非詩的正宗，有人甚至說它為野狐禪，真要學詩，非從古詩入手不可，僅僅讀近代人的詩是不夠的。作文亦然，必須多看書，多研究，並非說古人的話全對，不過多閱覽以後，引起了你的思想，便有了一個抉擇。"

　　這時候，民主思想，漸入人心，雖沒有打倒孔家老店那種大炮轟擊，但孔子學說，已為新學家所疑問。為了《論語》上有"民可使由之，不可使知之"兩句，於是嘩然說這是孔老夫子的愚民之術。據說這還是到中國來傳教一位教士，研究了中國書後，倡此說的。於是信奉孔子者，為之辯護，說這兩句書為宋儒所誤解，這個句讀，應當為"民可，使由之；不可，使知之。"我們偶與蒯先生談及此，他說："這是孔子的明白國家的政治，世界各國，無論哪一國號稱民主的國家，都是民可使由，不可使知的。不必用句讀給他辯護。說到傳教士倡此說以詆孔，尤為可笑，他們的教會，就是一個'可由不可知'的大本營。"

蒯先生的談鋒真健，可說無所不談，從宗教到社會，由哲學至時政。他頗研究佛學，常和我們談佛學，他常贊歎：佛學是廣大圓融的。王小徐、汪允中，他們於佛學是有點研究的，但是我卻一竅不通。可是他不管你懂不懂，總是娓娓不倦地講下去。我問："如何於佛學有一點門徑，可以摸索進去呢？"他叫我去看《大乘起信論》，於是我便去買了一部《大乘起信論》。這時南京有一家"金陵刻經處"，專刻佛經，流通各地，是楊仁山老居士所辦的。但是我看了仍不明白，難起信心，大概我是一個鈍根的人吧。

蒯先生既好健談，又能熬夜，我們都不敢早睡，他常常吃了夜飯，甚至在十一二點鐘，到我們屋子裏來了。一談常常談到半夜，當然都是他的說話，有時竟至雞鳴。他自己往往不知道，直到他太太令僕人來催請。有時談至深夜，上房裏送出了些茶食、糖果等類，與我們同食。我想送茶點出來的意思，也有警告他時已深夜，可以休息的意思。不過來談時，總是在我屋子裏的時候多，後院竟不大去，這是因為我屋子離上房近。聽講的也是王小徐、汪允中與我三人為多。

本來我到南京來，原是由戴夢鶴介紹，教蒯先生的最小兩個孩子的，但來此已多日，竟不提起教書的事了，每天只是叫我看書。他既不提起，我也未便詢問，後來得到了夢鶴蘇州的來書，他說：教書的事，仍由陳宜甫蟬聯下去了，本來這兩個小孩是宜甫教的，一時偶思易人，現在不調動了。陳宜甫是研究小學的，為人沉默寡言，但他一口鎮江話，也覺得很不易听。據說：這兩位世兄，也很聰明，有一天，講日月兩字，先生說：“這兩個象形字，在篆文上，日字像個太陽，月字像個月亮。”學生道：“這個我們明白了，但在讀音上，為甚麼日字不讀月字音，月字不讀日字音呢？”這不知陳宜甫如何解釋，若是問到我，我可就無詞以答了。

在那裏不到半個月，他們的賬房，便送來了十二塊錢，說是我的月薪，這使我問心有愧了。我來到這裏，既不是教讀，又沒有其他名義，終日間除白天看書，夜來听蒯先生談話，並無別樣工作，豈不是無功受祿嗎？在那時候，也不能輕視這十二塊錢，一位舉人先生，在蘇州家鄉教書，每月也不過十二元的館穀呢。我因此問問汪允中諸君，他們說：“我們也是如此的，這是蒯先生樂育英才的意思。”不過王小徐，他在十二圩另有職務的，他的月薪是二十元。那真使我卻之不恭，受之有愧了。

我在那裏，差不多住了有一年，在筆墨上，只不過做了幾件事。有一次，有一位先生（忘其為誰），刻他的詩文集，請蒯先生給他作一篇序文，他便將詩文集給了我，叫我給他代擬一序。他說：詩文都不甚高明，你只恭維他一下好了。我便當夜寫成，交給了他，不知他用了沒有？又有一次給人家題一幅山水畫，也叫我來題句，我寫了兩首七絕，請他選一首，他說：“很好！”也不知用了沒有，倒是有些對聯，我作得不少，以挽聯為多，那都是用了，因為他是請人來寫的，我都看見。這都是應酬之作，他只給我一個略歷，或這人有行述，加以刪改，這些諛墓之文，更為便當了。

在南京

　　我在南京住了幾個月，到了年底，回家度歲，過了新年，到正月下旬再去。這也是到了下關搭了長江輪船到上海，再回蘇州的，此次便老練得多了。到了上海，望望幾位老朋友，無多耽擱，便即歸家。祖母和母親，幸尚康健，吾妻更歡愉，人家說："小別勝新婚。"真是不差。往訪戴夢鶴，先由祝伯蔭告我，夢鶴的肺病，據醫家說：已到第三期了。到他家裏，我見他面色紅潤，不像是有沉痾的人，談談南京情況，似乎頗為高興呢。走訪尤氏，巽甫姑丈亦病不能興，令我臥在煙榻之旁，與我談天，語頗懇摯。子青哥我在南京時，常與他通信，他對我歆羨不已。

　　轉瞬新年即過，我又到南京來了，道經上海，那個上海又增了許多新氣象，添了許多新人物了，不過我都是不認識的。最興奮的，上海除《申》《新》兩報之外，又新開了一家《中外日報》。這家《中外日報》出版，使人耳目為之一新。因為當時《申》《新》兩報，都是用那些油光紙一面印的，《中外日報》卻潔白的紙兩面印的，一切版面的編排也和那些老式不同。這個報，在近代的刊物上，都說是汪康年（號穰卿）辦的，其實是他的弟弟汪詒年（號頌閣）辦的，他們兄弟分道揚鑣，編輯上的事，穰卿並不干涉的。汪頌閣是聾子，人家呼他汪聾朋，為人誠摯亢爽。我即定了一份，要到第三天方能到南京。

　　其時章太炎已有藉藉名，當時大家只知道他是章炳麟，號枚叔，南京那邊方面的一般名流，呼之為章瘋子，出了一本書，古里古怪地喚作《訄書》（訄音求），大家也不知道裏面講些甚麼。蒯先生欲觀此書，託人在上海購取，卻未購到。他託我道經上海時，購取一冊，因我在上海，有些出版的地方是熟悉的，我為他購取了一冊，那時嚴又陵的《赫胥黎天演論》，早已哄動一時，我購了兩冊，帶到南京，贈送朋友。

到了安品街，仍舊住在老地方，時屆初春，這個似花園一般的大庭院，已經春意盎然。靠西有一座大假山，假山上有個亭子，署名曰錦堆亭，雜花環繞其旁。亭中有一張石台，有幾個石鼓凳，我們幾個朋友，便笑傲其間。這時又來一位蒯老的侄子蒯若木（此君在民初做了一任甚麼青海墾殖使的官，我可不記得了），頗喜發表議論，就居住在我的鄰室，頗不寂寞。在我們一班人中，蒯先生最佩服的是王小徐。小徐從前是北京的同文館肄業，通曉俄文，精於算學，他常以算學貫通哲理，是一位好學深思的青年。他與蒯先生談佛學，常常有所辯難，蒯也不以為忤。汪允中也研究佛學，但蒯先生則說他駁雜不純。但汪允中常常寫文章，小徐卻從未見他寫文章。直到晚年，他再耽於禪悅之理，自離南京後，我久不見王小徐了。他的母親，蘇州最有名新人物，喚作王三太太，開了一個振華女學校，倒也栽培了不少家鄉女孩子。當國民政府在重慶時，有人告訴我：王小徐到峨眉山削髮為僧了。這個消息，其實是不確的，我卻認識了他的女公子王淑貞醫師，自美國習醫歸國後，現為上海婦孺醫院院長。因為我們都是尚賢堂婦孺醫院的董事（熊希齡夫人毛彥文也是），我見了王淑貞戴了孝（其時為一九四七年），方知她父親故世了。

夜來，蒯先生仍時來談天，但不如去歲之勤，因他的交遊既廣，應酬頻繁也。飯局也大都在夜裏，不是人家請他，便是他請人家，大概都在自己公館裏，有時也在菜館裏，甚而至於在妓館裏，秦淮畫舫，此時正趨繁華也。南京的候補道，出門都坐四人轎，倘然是實缺道台，可以旗鑼傘扇，全副儀仗，現在不過是候補道，而且在省城裏，那不過是坐四人轎而已。但是有差使的，在轎前可以撐一頂紅傘，有二個或四個護兵，轎後有兩個跟馬，是他的親隨。不過蒯老雖也是有差使的道員，他沒有紅傘與護兵，只是跟馬是少不了的。

有一天，他在家裏請客，忽然把小徐、允中和我都招了去做陪客，見一位圓圓的面龐，高談闊論的，他介紹是劉聚卿；一位紫棠色臉兒，靜默寡言的，他介紹是張季直；還有一位是否是繆筱山，我已不記得了，這幾位都是他的好朋友。向來他家中請客，我們概不列席的，這一回，不知何故，大約是人數不足一席了吧？那個時候，張季直已是殿撰公了，那是我初次見面。後來我住居在上海，在江蘇教育總會裏，他是個會長，我是個幹事，一個月就有好幾次見面了。

我在南京，不太出門，因為路徑不熟，除非和幾位朋友，一同出去遊玩。因此南京所最繁華、最出名的秦淮河一帶，也難得去的。有一次，大概是十二月（舊曆）初旬的天氣吧，那是郭肖艇兄弟請客，他們預備回到安慶辦電燈廠，我們在夫子廟一家菜館裏吃了夜飯。酒罷，汪允中提倡要到釣魚巷去遊玩。釣魚巷是秦淮河一帶妓院薈萃之區。席中有幾位，都是釣魚巷的顧客，都有他們相識的姑娘，尤其是方漱六，還有他特別相好的人。只有我與王小徐，不曾到過釣魚巷，對此並不熟悉。他們喝了一點酒，意興飛揚，我由於好奇心，也要跟他們去看看，王小徐是一個無可無不可的人，我們那時便跟了他們走。

自然，方漱六最內行，因此便到方漱六所熟悉的一家去。南京的妓院，和蘇州、上海是完全不同了，他們的門口，站立着許多人，當你來時，大家垂手侍立，一副官場氣派。因為方漱六大概是常常來的，他們都認得他，喚他為方老爺。我們這一組有六七人，以方漱六為領導，便轟到那個院子裏來了。秦淮的妓女，十之八九為揚州一帶的人，他們稱之為揚幫，與蘇州、上海的妓女，稱之為蘇幫的，實為東南妓女中的兩大勢力。

方漱六所賞識的那一位，好像名字喚作金紅，文人詞客，又把她的名字諧音改作"驚鴻"。但秦淮妓院中，不靠甚麼風雅的名字，她們是尚質不尚文，名字起得好，有甚麼關係呢？她們所用的甚麼小四子、小五子以至小七子，甚至小鴨子，像這種庸俗的名字多得很。蘇北歷歲以來，都是荒歉，而揚州夙稱繁盛，於是像鹽城各縣的苦女孩子，從小就賣出來，送入娼門為妓。古人詠揚州有句云：「千家養女先教曲，十里栽花當種田。」實在這都不是揚州本地人，但是他們總稱之為揚幫。這種妓院，規模倒也不小，房屋倒也很好，而且自己都有遊艇。因為南京官場中人，頗多風流狎客，常常有逛秦淮河挾妓飲酒的。至於科舉時代，每逢鄉試年份，更是青年士子獵豔之處了（有些考寓，即與釣魚巷鄰近）。

因為金紅的房間寬敞，又裝了火爐，於是大家一窩蜂地都轟進了她的房間裏去，只有王小徐一人在外間一個屋子裏，那時天氣已冷，人家已穿了皮袍子了，小徐向來穿的樸素，只穿了一件舊綢子的棉袍，外面罩了一件藍布長衫，也不穿馬褂。我們正在金紅房間裏鬧鬧吵吵的時候，早把那個同來的朋友忘懷了。忽然走進一個女掌班（俗稱鴇媽），她道：「方老爺！你們跟來的這一位當差的（僕人），正在外房等候你們。我看他扛了肩胛，寒噤瑟縮的好像身上有些冷，我就給了他一杯茶，覺得可以暖和些兒。」

我們想：我們並沒有帶甚麼當差來呀！方漱六跑到外房一看，卻見小徐真個縮了頭頸，手裏捧着那杯熱茶，踱來踱去，正在沉默地推闡他數學上的哲理思想。便被漱六一把拖進房裏去，一面便罵那女掌班道：「該死！這是北京下來的王大人，怎麼說他是我們的當差的，還不賠罪？」那女掌班嚇得真要叩頭求饒了。其實小徐在北京某部，確是當個小京官，至於大人之稱，在南京了無足異。本來清制，凡四品以上方可稱大人，外官則知府方能稱大人，知縣只能稱大老爺。南京地方，做官的多，給他們升升級，也是「禮多人不怪」吧。

我在南京，差不多有一年多，除看書以外，便請教剛先生，而以他的素好健談，又誨人不倦，因此也很多進益。不過在他那裏的朋友，除了王小徐是他的年侄外，如汪允中、郭肖艇、陳宜甫諸位，都是他的學生。我沒有來得及進高等學堂，如果進去，也是他的學生了（當戴夢鶴入高等學堂時曾亦有此志願）。但是他的教導我，也和他的學生一樣，我頗想拜他為師，執弟子禮。因託汪允中為之說詞，但蒯先生謙辭，他說：
"交換知識，切磋學問，就可以了，何必執師弟之禮？一定要拜師執贄，將置朋友一倫於何地耶？"

金粟齋譯書處

　　越年，我又從南京回到上海來了。原來蒯禮卿先生在上海有金粟齋譯書處的組織，派我和汪允中到了上海。先是在一二年前，侯官嚴又陵先生，翻譯出一部《天演論》，震動了中國文學界，好似放了一個異彩。這位嚴先生，本來是考送到英國去學海軍的。他是福建人，直到如今，好似福建人習海軍是有傳統的。回到中國，中國哪有甚麼海軍，嚴先生一無用武之地，他自己便研習起文學來了，所以他的文筆是很好的。

　　他為了溝通中西學術，便從事翻譯，《天演論》一出版，這個新知識傳誦於新學界，幾乎人手一編。第一是他的譯筆典雅，他曾說：譯外國書有個三字訣，便是信、達、雅。他既說到此，自然便循此三字而行。創立名詞，如《天演論》中的“天擇”“物競”之類，亦至為切當。那個時候，白話文還不曾流行，甚麼人讀書、寫文章，都要用文言。即如以後提倡白話文的魯迅、胡適，最初作文、譯書，也用文言的。就因為他們譯筆好，所以在當時的那兩位福建先生，嚴又陵與林琴南，在文壇上走紅。

　　但嚴又陵那時是一位直隸（今河北）候補道，屬於北洋，住居在天津。他雖然在文場上走紅，在官場上卻是走黑。照例，他是一位出洋留學生出身，熟悉洋務，應該是走紅的了，其所以成為黑道台的緣故，據說：他的脾氣很不好，喜歡罵人。對於同僚，他都瞧不起，當然，這些候補道中，有些花了錢買來的捐班出身，肚子裏一團茅草，火燭小心，而他對上司，也有藐視態度。況且自己又吸上了鴉片煙，性子更懶散了，試想一個做官的人，怎能如此的嗎？

他不但走黑而且鬧窮了，他託人介紹，向蒯禮卿借了三千元，蒯慨然借給他。後來他說：要他還債，他哪裏還得出，現在他正譯了幾部書，自己既沒有資本出版，給人家印也沒有受主，蒯君道義之交，就把這幾部所譯的書，作為償債之資吧。那時蒯也承受了，不過那是譯稿，要印出來賣給人家，方能值錢。這些譯稿，計共有七部，便是《穆勒名學》《原富》等等的幾種書。

其時還有一位葉浩吾先生，他是杭州人（葉葵初的令叔），曾到日本去習過師範教育，在上海當時也是新學界的人。回國後，譯了許多日文書，並開了一個東文學堂，這位老先生，真是名士氣太重，甚麼事都想做，而從不為自己的經濟着想。他譯了許多日文書，自己想印而又沒有錢，把譯稿售與人家，人家又不要，弄得很窘，以致生計缺乏，甚至斷炊。在嚴冬時，為了棉袍子已付質庫，早晨不能起身，於是友朋輩為他製了一件厚呢袍子，作為綈袍之贈。也由友人介紹，來向蒯先生借了七百元，也是把他的譯稿作為抵償。

蒯先生收了嚴又陵、葉浩君的西文、東文譯稿一大部分，可有甚麼辦法呢？新文學是有時間性的，不比中國的古書，可以束之高閣，藏之名山，為了開風氣起見，趕緊要把那些印出來才好。因此策動了他開辦譯書局的意念了。不過倘要印書，現在全國只有上海較為便利，並且出版以後，就要求銷路，求銷路必須到上海，上海四通八達，各處的購書者，都到上海來選取，各處的書商，都到上海來批發，因此他決定到上海來，辦理這個譯書事業了。

這一個機構，就喚作"金粟齋譯書處"，那個名稱，是他自己題的，"金粟"兩字，也是佛書上的典故吧？第一步，先派方漱六到上海去租房子，置家具，安排一切。第二步，便派汪允中與我兩人去辦理印刷等事。不多幾天，方漱六在上海寫信來，說房子已經租定了，在南京路的某某里（這個里名，我已忘卻，其地址在雲南路與貴州路之間，老巡捕房隔壁），於是我與允中兩人，便離開南京，到上海去了。

　　蒯先生的意思，卻叫我們兩人常駐上海，方漱六則經理一切，或往來寧滬，管理業務上及財政上事，至於編輯、印刷、校對等，由我與允中兩人分任之。譬如像嚴又陵先生的書，我們是不能贊一字的，但是校對這一件事，卻要十分細心。蒯先生也諄諄以此為囑。一部高深的書，只不過錯了幾個字，往往原意盡失，如何對得起人呢！至於葉浩吾先生的譯稿，因為他的日本文氣息太重，他是直譯的，甚而至於就在日本書上勾勾勒勒，不再另紙起稿，那非加以修改不可的。

　　我與允中到了上海後，第一件事，便是尋訪印刷所。那個時候，上海可以印書的還不多，我們所印的書，當然要設備完整一點的呢。第二件事，便是整理稿件，我們決定哪一部書先印，哪一部後印，雖然蒯先生給我們二人以全部處理之權，如果二人不能決定，還須請問於他。第三件事，那是商量版式、行款、字型等類，允中比我內行，全憑他的設計。當時還是流行線裝書的，不流行兩面印的裝訂的。

　　尋訪印刷所的事，我比允中較為熟悉，連日奔波，找到了兩家較為合式的，一家喚作吳雲記，一家便是商務印書館。我們預備出書快一點，所以找到了兩家印刷所，可以分部進行，兩家比較起來，商務印書館規模較小，而設備較新。它是開設在北京路的河南路口，也是一座平房，他們裏面的工人與職員，總共不過三十人，經理先生夏瑞芳，人極和氣，他們的職員都是出身於教會印書館的。開辦這家商務印書館，資本金是三千元。除印教會書籍外，也搞一點商家的印刷品，後來又把英文課本（就是英國教印度小孩子的課本，中西對照的翻譯出來），譯成了《英語初階》《英語進階》等書，那是破天荒之作，生涯頗為發展。

　　吳雲記是一家個人所開的印刷所，地址在蘇州河以北，號稱北河南路，泉漳會館側面的對門。記得這時候，那邊還有一條河浜，更有一座橋，吳雲記就在橋塊下。那個印刷所，比較舊氣一點，有幾間大廠房，工人多，出書較快。當時為了先印甚麼書，我們討論起來，我最初主張印葉浩吾的書，因為他從日文譯的都是淺顯易解，如關於政治、教育、法律等為現時所切用，篇幅不大，容易出版。嚴又陵的書，文筆很深，非學有根柢的人，不能了解，故不如先易而後難。

但允中所主要者，也很有理由，他說："葉浩吾所譯的書，都是直譯的，全是日本文法，非加以修潤不可。但修潤起來，也要相當時日，不若嚴又陵的書，立刻可以排印。況且自從嚴譯《天演論》後，名噪一時，有好多人急於要看看嚴又陵續出的書。也已有人知道有嚴譯許多書，將即由我們金粟齋出版了，倘若遲遲不出，不免令人失望，所以我們應該趕緊將嚴譯排印出版。"後來寫信到南京去，取決於蒯先生，回信說："不論嚴譯、葉譯，以迅速出版為主。對於那幾部書的印刷費，我已籌備齊全了，不過我們是為了開風氣，不是想在出版上獲利。到出版以後，可以借此周轉最好，不然，我們到那時候，另想法子。"

於是我們便與吳雲記和商務印書館訂了合同，我們兩人便分工合作起來。大概是我擔任校務，而允中還擔任修改葉浩吾的譯稿。嚴又陵的，大半是在商務印書館排印的，我因此便風雨不改地天天跑商務印書館了。嚴先生的稿子，他有自己刻好的稿紙，寫的一筆很好的行楷，當然也有添註塗改的地方，但他的改筆，一例是紅墨水的，鮮豔可喜。不比葉先生的譯稿，真是一塌糊塗，我們說笑話，只怕問他自己，也認不出來呢？但是嚴先生的稿子雖然清楚，我總是小心翼翼，無論如何不敢擅改一個字的。倘有一點可疑之處，我惟有攜回去，與汪允中揣摩商量，不敢有一點武斷。

我們對這譯稿，要校對四次，頭校、二校、三校之後，還有一次清樣，清樣以後，簽了一個字，便算數了，即使再有錯字，排字工人不負責任（除非校出來了，他沒有改正），校對人負責任了。葉浩吾的書，也有幾種，由汪允中修潤以後，即以付印，大概由吳雲記印行。葉浩吾是一位好好先生，自從我們設立這個金粟齋譯書處後，他是常常來的。允中給他說，他的譯稿要修改，他說："很好！很好！我是直譯的。"這個日文一長句中，便有很多的"の"字，他都把它譯成中文的"之"字，那一句話中便有七八個"之"字，這個句子就顯得很彆扭，很囉唆了。我們有時搞不清楚，只好請他來，和他商量。

葉浩吾先生本是一位教育家，開了東文學校外，又在《中外日報》擔任東文翻譯。年在五十左右，留着稀疏的小鬍子，很似有一些道學氣，可是我們常給他開玩笑。時常鬧窮，但他有了錢"東手接來西手去"，只要身邊有一點錢，人家向他借時，立刻借給人家，不管自己明日要斷炊了。他子然一身住上海，他的太太和兒子住在杭州，不寄家用去，葉師母常常吵到上海來（他的這位公子，後來便是寫《上海之維新黨》譴責小說之葉少吾）。

葉先生當時還鬧了一個笑話；因我們所住的南京路這條衖堂，前面沿馬路是三上三下的房子，到後面去，卻都是一上一下的房子，可是裏面便有不少的野雞堂子（上海人亦稱為雉妓）。到了夜裏，便有許多野雞妓女及女傭們，站在衖堂口拉客。那一天，比較深夜了，葉先生到我們那裏來談天，剛走到衖堂口，便被野雞們抓住了，喊道："老先生！到我們那裏坐坐去！我們新到了一位小姐。"葉先生很窘，說道："不是的，我到金粟齋譯書處去。"她們以為金粟齋也是和她們一類的，便說："我們那裏比金粟齋好。"於是幾個女人，把葉先生你推我擁的，拖到野雞窠裏去，那些女人蠻力很大，葉先生一個瘦怯老書生，哪裏抵擋得住呢？後來到底花了一塊錢，方許他贖身出來。

談起金粟齋出版的書，嚴譯的《穆勒名學》《原富》之外，還有《社會通詮》《群學肄言》等等，都是名貴之作，雖然比不上《天演論》，可也傳誦一時。但是我們出版書中卻有一種，頗受人訾議，還有人寫信來罵我們的。原來在葉浩吾所譯的日文書中，有一冊《日本憲法》還附有《皇室典範》一卷，這不過幾頁書而已。這也不能怪葉先生，我們應擔負這個責任。原來這個時候，中國已有主張立憲的動機，一班維新黨的志士們，也在紛紛倡議，歐美各國都有憲法，為甚麼中國不能有憲法呢？汪允中和我談論：“現在大家鬧着甚麼君主立憲，日本也是有皇帝的，這個日本憲法，不妨印出來給大家看看，以供參考呢。”當時我也並不反對，本來叶譯的書，全由允中主張，及至印出以後，漸有人加以批評，說是日本的憲法，哪裏算得憲法，那是他們天皇頒佈的，名之為《欽定憲法》。印出那種書來，將來貽害於人民的。可是在那個時候，清廷專制，也沒有一點兒憲法萌芽，誰也沒有想到中國後來有幾次大革命呢？

金粟齋時代的朋友

我在金粟齋譯書處時代，認識了不少的名人。因為那個時代，正在戊戌政變以後，來了一個反動，禁止開學堂，談新政，康、梁逃到海外，許多新人物，都避到上海來。再加以庚子拳變，兩宮出走，洋兵進京，東南自保，上海那時候，真是熱鬧極了。

我們這時候的金粟齋譯書處，又遷了一個地方。那個南京路（上海稱為大馬路）的老地方是一個繁盛的區域，但我們的譯書處，卻並不一定要一個繁盛區域，尤其是後面是個野雞堂子，燕鶯成群，使葉浩吾先生為群雌所俘，鬧成笑柄，住在這裏，更不妥當。我們如果找一個清淨的區域，不是也很好嗎？於是我們和方漱六商量了，預備遷居，擇一個比較清靜所在。這時上海的公共租界，正在向西北區擴展，開闢不少新馬路，我們便向這些新馬路去找尋房子，卻便找到了登賢里一座也是三上三下石庫門式的房子，我們便遷移了進去。

那條馬路在南京路的西北，當時還未定名，大家呼之為新馬路，後來便定名為白克路，租界收回以後，又改名為鳳陽路了。那地方最初是一片曠地，荒塚亂草，但是那些地皮商人，已經在那裏建筑起房子來了。我們遷移去的登賢里，便是新造房子，圍牆也沒有砌就，僅把籬笆圍了起來。可是鄰居一帶，我們便相識起來。在我們後門相對的一家，便是吳彥復的家；在我們前面，有一片方場，另外有一帶竹籬，便是薛錦琴女士的家。

薛錦琴是廣東人，記得是她叔叔薛仙舟帶她到上海來的。有一次，靜安寺路的張園，開甚麼大會（按：張園又名味蓴園，因為園主人姓張，故名張園，園內有一廳，名安塏第，可容數百人），有許多當時號稱維新志士的在那裏演說。忽見一位女子，年可十八九，一雙天足，穿了那種大腳管褲子，背後拖了一條大辮子，也跑到演說台上去演說。在那個時候，上海還是罕見的，雖然也很有不少開通的女士，然而要她們當眾演說，還沒有這樣大膽的。

一時鼓掌之聲，有如雷動，薛錦琴女士侃侃而談，說得非常慷慨激昂，聽者動容。至於說了些甚麼，也是說中國要革新變法這一套，但出於一位妙齡女郎之口，就更為精彩了。因為她是一位不速之客，踏上台來演說，雖然听她口音（廣東官話），看她服飾（那時候廣東婦女的服飾，與上海絕異），一望而知是廣東人，下台以後，方知道是薛錦琴女士，並且知道也住在登賢里，還是我們的芳鄰呢。

住在我們後面的一家，便是吳彥復先生，他是一位公子，又是詩人，號北山，又號君遂，他的身世，記述者很多，無容細述。他是一位禮賢好客的人，那時章太炎先生就住在他的家裏，這是我第一次見到太炎。在南京的時候，早已聞名，有人稱章枚叔是怪客，也有人呼之為章瘋子。我見他時，他穿了一件長領的不古不今，不僧不俗的衣服，有點像日本人所穿的浴衣。手裏拿了一柄團扇，好似諸葛亮的羽扇。他老早就剪了頭髮了，亂糟糟的短髮披在頸後，好像一個鴨屁股。他是浙江餘杭人，那時他的排滿思想，已塞滿在他腦子裏，但他的講話，還是那樣溫文遲緩，並沒有甚麼劍拔弩張之勢，不過他這個餘杭國語，實在不容易听呢。我們偶然請他寫點文字，他也很高興，但一定用黃帝紀元，有人請他寫扇子，他也寫，字頗古豔，別有風姿，我就請他寫了一個名片。

吳彥復帶了他的那位姨太太，喚作彭嬤的，還有兩位女公子，住在這裏，但是他家裏的賓客很多，有時開出飯來，便坐滿了一桌。這時從日本回國的，從歐美回國的，從北京下來的，從內地出來的，都齊集在上海，都要來拜訪吳彥復、章太炎。常到他家裏的有沈翔雲、馬君武、林萬里（即後來的林白水）、章行嚴，都是一班有志青年。行嚴這時年少翩翩，不過二十歲剛出頭的人吧，他常到吳彥復家裏去，與太炎先生，討論學術。因為他與太炎同姓，人家有疑為他們兄弟行的，其實太炎是浙江人，行嚴是湖南人，可謂同姓不宗。後來行嚴也編過一部《黃帝魂》，充滿種族思想，那時候的種族革命思想，實已深中於人心。

行嚴也常到金粟齋來，金粟齋的後門，正對着吳彥復的前門，兩家賓客，川流不息，因此便顯出更熱鬧了。我們有時吃了夜飯，也便到吳彥復家裏去玩，常見他們那裏高朋滿座，議論風生。彥復先生對人和藹，每喜獎掖後進。他曾經送我一部《北山詩集》，其時我的《迦因小傳》正再版，也送了他一冊，他還作了詩呢，起初我不知道，後來讀梁任公的《飲冰室詩話》，卻載有一則，今錄如下：

> 十年不見吳君遂，一昨書叢狼籍中，忽一刺飛來，相見之歡可知也。相將小飲，席間出示近稿十數紙，讀之增歎。顧靳不我畀，惟以別紙題《迦因傳》一首見遺，錄此以記因果。詩云："萬書堆裏垂垂老，悔向人來說古今。薄酒最宜殘燭下，暮雲應作九洲陰。旁行幸有妻迦筆，發喜難窺大梵心。會得言情頭已白，鬢鬢相見久沉吟。"《迦因傳》者，某君所譯泰西說部，文學與《茶花女》相埒者也。

任公說這話，那是過寵了，我們何能與畏廬先生的《茶花女》相埒呢？不過彥復何以對此而發牢騷，有人說：那個時候，彥復的如夫人彭媽，正是下堂求去，他不免借他人的酒杯，澆自己的塊壘，而任公也知之，所云"因果"者，乃以掩揚出之耳。

有一天，我從金粟齋出門，看見章行嚴攜着吳彥復的兩位女公子，到薛錦琴的家裏去。我問他何事？他說："奉彥復先生命，拜薛錦琴為師，薛錦琴是固中西文並茂也。"彥復的兩位女公子，長名吳弱男，次名吳亞男，那時兩姊妹，年不過十一二，我們在彥復家裏時，常見她們憨跳狂躍，不想後來弱男女士，便做了章行嚴夫人。因為大家都出國留學了，想是在國外締結這姻緣吧。及至又二十多年後，我在北京的車站，乘京滬路車回上海，又遇見了章夫人，那時行嚴在滬大病，恰巧邵飄萍來車站送我，鄰室的章夫人，還託邵君打電報到上海去呢。此是後話，在此不贅。

我們的金粟齋譯書處開辦了有半年多後，得到了蒯先生一封信，說是嚴又陵先生要到上海來，我們要略盡招待之責。嚴先生是住在天津的，這一回到上海來，並不是甚麼遊玩性質，說是奉命來辦理一項洋務交涉的。我們得到了蒯先生的信，當然要歡迎他。他在上海也有很多朋友，這次來，他是寓居在一位同鄉的家裏，那也不去管它。約了上海幾位名流，請他吃了一次飯，自由方漱六去安排，不必細說。

那時候，嚴先生的《穆勒名學》剛在金粟齋譯書處出版，因有許多人不知道名學到底是一種甚麼學問，名學這名詞，應作如何解釋？便有人來和我們商量：趁嚴先生此次來上海，我們不如開一個會，請嚴先生講演一番，使得大家明白一點。我們於是請命於嚴先生，他也允許了，便即選定了一個日子，借了一所寬大的樓房，請了許多人來听他的演講。我們這個會，定名為名學講演會。

這個名學講演會，我們邀請的人可不少呢。除了常到金粟齋來的朋友，以及常往來於吳彥復家中的名流，都邀請外，還有僑寓於上海許多名公巨子，餘者我都忘懷不記得了，我只記得有兩位，一位是張菊生（元濟），一位鄭蘇堪（孝胥）。這兩位在我卻是第一次見面。吳彥復陪了章太炎也來了，還有我們未曾邀請的，朋友帶朋友的也來了不少。關於聽講的事，我們可以拒絕嗎？當然一例歡迎。

本來約定是下午兩點鐘的，但到了三點鐘後，嚴先生方才來了。原來他是有煙霞癖的，起身也遲一點，飯罷還須吸煙，因此便遲了，他留着一抹濃黑的小鬍子，穿了藍袍黑褂（那時沒有穿西裝的人，因為大家都拖着一條辮子），戴上一架細邊金絲眼鏡，而金絲眼鏡一腳斷了，他用黑絲線縛住了它。他雖是福建人，卻說的一口道地的京話。他雖是一個高級官僚，卻有一種落拓名士派頭。

我們的設備，也不似學校中那樣有一座講台，只在向東安置一張半桌，設了一個坐位，桌上供以鮮花和茗具。聽講的人排列了許多椅子，作半圓形，那都是方漱六所安排的。嚴先生講演得很安詳，他有一本小冊子，大概是摘要吧，隨看隨講，很有次序。不過他的演詞中，常常夾雜了英文，不懂英文的人，便有些不大明白。但這種學問，到底是屬於深奧的學問，儘有許多人，即使听了也莫名其妙。坦白說一句話，我是校對過《穆勒名學》一書的人，我也仍似淵明所說的不求甚解。所以這次來聽講的人，我知道他們不是聽講，只是來看看嚴又陵，隨眾附和趨於時髦而已。

這次講演，大約有一小時之久，我們雖設有坐位，嚴先生卻沒有坐，只是站着講。他演講的姿勢很好，平心靜氣，還說了許多謙遜話。不過雖是一小時，在他也覺得吃力了。講完以後，我們餉以茶點，聽眾也都星散，留了張菊生等幾位。張菊生是他的老朋友，從前在北京和他一起創辦過通藝學堂的。可是他也沒有多坐，便匆匆回去了。

這個名學一門學問，嚴先生雖倡譯此名詞，他也覺得不易使人了解，後來他譯了一部《名學淺說》，那不是金粟齋出版了。到了現代，有許多研究新學術的人，也不大提及這一門學問。有人說：在日本人方面，則稱之為“論理學”。我國近代，“邏輯”兩字，頗為通行，且有所謂“邏輯學”者，聞“邏輯”兩字，為章行嚴所創譯的名詞，是否從名學而來，會當問之孤桐先生。

我第一次與新聞界有緣的是《蘇報》，前已說過了，第二次便要說到《中外日報》是後起之秀，雖然有《申報》《新聞報》兩個大報籠罩於上，但不免暮氣已深，況且這兩報都是外國人資本，外國人創辦（《申報》屬英，《新聞報》屬美），報館好似一家洋行，華經理稱為買辦，主筆呼為師爺。這班維新派的人鄙夷它，而他們也以注重商業為本位，只要能多銷報，多登廣告就滿足了。《中外日報》是中國人辦的，當然沒有那種洋商報館的習氣。為了汪氏昆仲的關係，我們早與《中外日報》接洽，金粟齋出版的書，必須在《中外日報》登廣告。後來因為金粟齋沒有辦發行所，出了書也就由《中外日報》寄售了。

中外日報館我是去過好幾次的，館址至今已想不起來，那規模比了《蘇報》可是大得多了。但是要比現在的大報館，還是不能同日而語。主筆房只有一大間，汪頌閣以總經理而兼總主筆，佔了一張巨大的寫字台，此外的編輯先生，各佔一席。兩位翻譯先生對面而坐，譯東文的是葉浩吾，譯西文的乃溫宗堯（粵人，號欽甫）。說起當時報紙上翻譯，殊令人發生感慨：第一，一般普通的讀者，不注意國外新聞，譬如說：現在某國與某國已在交戰了。他們說：外國人打仗，與我們中國無關。除非說，外國將與中國開戰了，當然有點驚慌，但是說，不打到上海來也還好，東南自保之策，也就是這種心理。第二，翻譯新聞，翻譯些甚麼呢？那時各國的通訊社都沒有到上海來，只有英國的路透社一家，中國報館要叫它送稿，取價甚昂，以英鎊計算，實在路透社報告的都是西方消息，讀者也不甚歡迎。於是翻譯先生們只好在上海所出版的西報上搜求，如《字林西報》等，倒有好幾家呢。日本有一種"東方通訊社"，記得也還未有，日本報館，似已有兩家開設在虹口。不過日本報紙可能常常由大阪、東京寄來，足供葉浩吾的選譯。

我今再提起一人為馬君武先生，君武亦吳彥復家常到的賓客，為人誠摯而好學，我常見他坐在人力車上，尚手不釋卷咿唔不絕。然其天真處亦不可及，當時傳有兩事：其一，這時日本留學生回國者甚多，頗多浪漫不羈之士，如沈翔雲則挾妓駕了亨斯美車（一種自行拉韁的馬車）在張園兜圈子。如林少泉（即白水）則見其穿了日本和服在抽鴉片煙。至於出入花叢，竟無諱忌。某一日，一群青年在妓院鬧事（上海人稱之日"打房間"），據說為龜奴所毆，君武本不作冶遊，乃因同伴被辱，前往助戰，亦受微傷。汪允中告我，初不信，明日見之，果額角其有血痕一條。其二，君武迫其母、夫人入女學讀書，母云："我已五十許人了，何能再求學？"但君武固請，至於跪求，太夫人不得已，勉徇愛子之請，梳辮子作女學生妝，隨少女曾入學數星期。此為當時友朋對馬君武的趣談。

更有對於我一嘲弄可笑的事，我今亦不諱言。當時金粟齋常來遊玩的賓客中，有一對青年夫婦，邱公恪與吳孟班。公恪名宗華，為吾鄉邱玉符先生之子，夫人吳孟班，亦吳人，他們年齡都比我小，而才氣橫溢，雄辯驚座，不似我之訥訥然的。尤其是孟班，放言高論，真不像是個吳娃。我們以同鄉的關係，時相過從，孟班常說我太拘謹無丈夫氣。一天，在朋友輩宴會中，宣言於眾，說我像一位小姐，於是這個小姐之名，不翼而飛，傳播於朋儕間，如蔣觀雲先生（智由）見我即呼我小姐。三十歲以後，本已無人知我有此雅號，一日，與南社諸子吃花酒，諸真長（宗元）忽宣泄我這個隱名，於是又飛傳於北里間，花界姊妹，亦以小姐相呼，真使我啼笑皆非，甚至老年時，陳陶遺還以此相謔呢。

再說邱公恪與吳孟班這對夫婦吧，我離金粟齋後越一年，聞孟班即以病逝世，或云難產。公恪到日本，習陸軍，入成城學校。但日本的那種軍官學校，課務嚴厲，他雖意氣飛揚，但體魄不能強固如北方健兒，又以他們這對青年伉儷，情好素篤，夫人逝世後，不數月他亦以病退校，友朋們送之回上海，未及一月，亦即長逝。兩人年均未屆三十也。葉浩吾挽以聯曰："中國少年死，知己一人亡。"蔣觀雲挽吳孟班詩句云："女權撒手心猶熱，一樣銷魂是國殤。"我今白髮盈顛，回憶五十多年前，多情俊侶，再無復有呼我老小姐的，思之不禁有餘哀也。

重印《仁學》

　　自從我到了上海，擔任了金粟齋譯書處的工作，離蘇州故鄉更近了，因此每一個月總要回去一次，留在家裏兩三天，或是三四天。那個時候雖然蘇滬火車未通，小輪船也甚為利便。其時東來書莊還開在那裏，由馬仰禹在經理，我還在上海盡一些接洽和運輸的義務。還有勵學社的諸位同志，有的還在日本，有的已經回國，也常常訪晤通信，在當時也可以說到"同學少年都不賤"這一句詩了。

　　在這個時候，最可悲痛的是我的譜弟戴夢鶴逝世了，他年齡還不到二十四歲，是一個絕頂聰明的人，卻為了肺病而夭逝，真是極可惜而可哀的事。我從上海回蘇州時，常去看他，前兩個月，我去看他，見他面色紅潤，精神甚好，不像是有病的人。私心想念，或者從此會好起來吧。我的母親不是也有肺病的嗎？她現在已經五十多歲了，從前五十歲後便稱中壽了，夢鶴也能活到五十多歲，其所成就當然不小。

　　最近十日前，得馬仰禹來信，說是夢鶴病重，已臥牀不起了。蘇州人有句俗語，叫作"癆病上牀"，便是說已無生回之望，因此凡是患肺病的人，平日間往往好似無病的人，起坐隨時，一直到了病勢沉重，不能起身，從此就再不能離牀了。不過上牀以後，也還有能淹遲若干時日的。不意十日後，我自滬回蘇，一到家裏，即見到他們的報喪條子，即於是日就是他的大殮日子。急往弔唁，已陳屍在室，道義之交，知己之感，不覺淚涔涔下。他父母在堂，夫人尚比他小一歲，向以美麗稱，伉儷甚篤，並無兒女，開弔發訃文期，友朋輩欲我寫一文，以志其志行，隨訃分發。在從前是越禮的，我寫了一文，傳記不像傳記，祭文不像祭文，充塞悲哀，無從下筆。

寫至此，我又回憶到以肺病而殺害許多才智青年的，還有我的表叔吳伊耕先生。他的逝世，比戴夢鶴還早一二年吧。他是富家子，然而這個肺病，專門向那班富家子弟侵襲，鄉下人種田漢，便不會有這個疾病。他聰明好學，為我吳葉鞠裳先生（昌熾）得意學生。他的病與夢鶴有異，差不多一年中有半年臥病，不是這裏，便是那裏，以西醫言，則同出一源，所謂的結核病也。（憶我曾譯過一小說，名《結核菌物語》，結核菌可以走遍全身，肺病即肺結核，此外如瘰癧、肛癰等等，皆屬此。）

伊耕表叔之內兄，為蘇州大名鼎鼎的醫師曹滄洲，曾為西太后看病，有御醫之稱。但縱使此名醫，也醫不好這個纏綿惡毒的肺病。曹滄洲還歸咎於我的這位舅祖清卿公，過於迷信，專吃乩壇上的仙方。直在那些仙方，吃不好也吃不壞。總之這個肺結核病，在號稱文明的歐美各國，醫學日漸發明者，至今尚束手無策呢。我在八九歲的時候，隨祖母歸寧，常住吳家，由伊耕叔教我讀書，及逝世後，清卿公涕泣語我道：「他生平沒有一個學生，就只有是你。」我知其意，故挽聯上竟以師禮尊之，自稱受業。伊耕叔有一子，甚慧。三歲而殤。於是乃以硯農叔之次子子深嗣之。

我今再敍一悲哀的事，在此時期中，我的尤巽甫姑丈亦去世了。我得信後，立即從上海回去，在他棺前痛哭了一場。因為我當初從尤宅辭館出來，到南京去的時候，使姑丈有些不大愉快，他是有點守舊的，不願我走新的一條路。就是我在館的時候，因為我腳頭太散，不太認真，也有些不滿意，常寫一個便條，交子青哥勸告我。我寫給了他的回信，充滿了窮人的傲氣，有些話竟有些頂撞了他。事後也非常痛悔，曾寫信去道歉謝罪。及至听得他故世了（他已久病），想起我的得有今日，也虧了姑丈提攜栽培之力，因此在他大殮之日，我不禁在他靈前大哭起來。

我姑丈故世以後，子青哥真是哀毀骨立，但是他的思想上，可以逐漸解放了。因為我姑丈還相信科舉不至廢棄，還希望他作科舉中人，所以不大贊成他讀新書。自從戊戌政變，康梁逃亡，科舉復活，他的信心愈堅了。然而時勢所趨，無法阻遏，自從姑丈逝世後，我在上海時時與子青哥通信，凡是蘇州所購不到的書，都是我從上海郵寄給他，也常常把我所交際的，學習的告訴他，與他討論，與他批評。他也有他的新見解，新議論，有時一封長信，千餘字不足為奇。

有一次，日本的橫濱印出了譚嗣同的《仁學》一書（譚字復生，湖南瀏陽人，為戊戌六君子死難之一），我的一位留學日本的朋友，寄給了我五本，我寄給蒯禮卿先生一本，送了汪允中一本，子青哥一本，僅剩了兩本，但有許多朋友，知道我有此書，紛紛向我索取。我只能說：再託日本朋友寄來。但日本朋友的回信說：此書出版後一搶而光，只好等候再版。但此是禁書，不知是否能再版，重行寄來，未可一定。

我當時是每天跑商務印書館的，為了校對嚴又陵先生的譯稿。那天我忽然靈機一動，這部《仁學》，是譚先生的遺著，而又是清廷所禁止者，在日本印行，並沒有甚麼版權，只要能流通。既是許多人要讀它，我們何妨來重印一下呢。我就帶了這部《仁學》，到商務印書館和夏瑞芳商量。我說：“我要印這部書，你們可以擔任嗎？”他說：“你先生要印甚麼書，怎麼不可以擔任呢？”我說：“這是一部禁書呀！”告訴他譚嗣同是戊戌政變六君子之一，為清廷所殺戮的故事。他說：“沒有關係，我們在租界裏，不怕清廷，只要後面的版權頁，不印出哪家印刷的名號就是了。”

我這時便把那本《仁學》交給了他，請他印刷估價，我說：“只要印一千本，但要用潔白紙張，裏面還有一頁譚復生先生的銅版照相圖。因為我印這本書，不想賺錢，也不想多印，預備半送半賣，得以略撈回一些成本就算了。”夏瑞芳所估的成本並不貴，大約連紙張排印，不過一百元左右。他說：“你老兄的事，這是核實估價，不能再便宜了。”

雖然如此說，但是我想印這部《仁學》，而印書之費，還沒有籌到。如果交給東來書莊印，也有問題，因為這是禁書，內地不能出版與發行，而且要取得各股東的公意。我私人獨資印也可，可是我那囊中這時還沒有一百元的餘資。我於是寫信給子青哥了，告訴他：我想印這部《仁學》而獨力不支。他立刻回了我一封信，極力贊成，他說："由我們兩人私人印行好了，如果印費要一百元的話，我出六十元，弟出四十元如何？"不過他要求出書以後：定價要低廉，我們是為尊重譚先生遺著，並非翻印謀利，望弟速與商務印書館訂定。

我與夏瑞芳又磋商了一次，《仁學》便立即開排了。好在我每天要到商務印書館去校對嚴又陵先生的譯稿，附帶的校對《仁學》的校樣。我總是每天吃過午飯後便去，總是在那裏工作一個下午。我自覺我的校對很精細，可能不會有錯字，我以為校對的錯誤與不細心，對於作者與讀者，殊為抱歉。直到後來，我自己寫稿子，對於那些出版家，校對疏漏的，深為難過。往往一篇文章中，只要被它差了兩三個字，竟使這篇文章大走其樣，真使你啼笑皆非，奈何它不得呢。

直到《仁學》印好裝製的時候，夏瑞芳忽然對我說："這部《仁學》，我添印了五百部。"我覺得夏君是違約了，我們訂定了印一千部的，怎麼他忽然添印五百部呢？印刷所受人之託，擔任了印書的職務，怎可以添印呢？大概夏君也不知道《仁學》裏面，講的是些甚麼話，只知道是一部新出的禁書，而又知道是沒有版權關係的（實在我曾寫信到橫濱，與原出書人接洽過，還允許送給他們若干書的）。或者有人給他說：譚嗣同遺著很吃香，可能多銷幾百部呢。

但是既沒有版權關係，我能印，他亦能印，而且夏君也還算老實坦白，換了別一個書賈，他也不必告訴我，別說多印五百部，多印一千部，我也無從知道。我只能說：我印這書是有後台老闆的，我不能允許你。他見我有難色，便道："這樣吧！我多印了五百部，我在印費上，給你打一個九折吧。而且這書也由你精心校對的，作為小小酬勞。"

這事本想與子青哥商量，但子青哥於印書事，完全外行，並且他一切託了我，即使問他，他也說由我做主。況且我們印這部書，並無權利就想，只有推廣主義，多印五百部，豈不更好？因此我也就默許了夏君，不過向他聲明，"我們是做蝕本生意，半送半賣，定價甚低，你不要和我們來搶生意。"夏君答應道："我知道！我知道！"出書之後，送給了橫濱數十部，贈給朋友的也不少，其餘則分散在各寄售所。距今三十年，我在舊書攤上，還看見了我們所印的那部《仁學》，而子青哥墓木已拱矣。夏君的五百部，不知銷在何處，我偶然問及他，他笑着說道："不夠銷！不夠銷！"

夏瑞芳，上海本地人。有人告我：夏在年輕時，曾在英租界當一名巡捕（巡捕為租界中的警察），常在華英印書館門前站崗。遇到了華英印書館中的鮑咸昌等兄弟，勸他何必當巡捕（那時租界華巡捕每月薪水不過數元，尚不及印度巡捕），不如從事於印刷事業。夏亦覺當巡捕無甚意思，他們都是基督教徒，於是便組織這家商務印書館。因夏甚能幹，便舉為經理。這是後來商務印書館發達後，有人談起的，語云："英雄不怕出身低"，做巡捕又何妨。但我知夏瑞芳確是習過排字業的，業務繁忙時，他也能捲起袖子，脫去長衫，向字架上工作的。

雖然那時資本不過三千元的商務印書館，頗思有所發展。夏瑞芳不是中國舊日的那種老書賈，而以少年失學，於文字知識上有限的。他極思自己出版幾種書，但不知何種書可印，何種書不可印。不過他很虛心，人家委託他們所印的書，他常來問我是何種性質？可銷行於何種人方面？當然他是為他的營業着想，要擴展着他的生意眼，忠實於他的事業。他又常常詢問我："近來有許多人在辦理編譯所，這個編譯所應如何辦法？"我說："要擴展業務，預備自己出書，非辦編譯部不可。應當請有學問的名人主持，你自己則專心於營業。"夏君搖頭歎息道："可惜我們的資本太少了，慢慢地來。"

夏瑞芳雖然不算是一位文化人，而創辦文化事業，可是他的頭腦靈敏、性情懇摯，能識人，能用人，實為一不可多得的人材。後來商務印書館為全中國書業的巨擘，卻非無因而致此。但是夏瑞芳後來在商務印書館發行所門前被人暗殺了，這是很可惜的。至於為甚麼被人暗殺，想歷史上當有紀載，我這裏不多說了。

金粟齋的結束

　　金粟齋譯書處的不能維持下去，就是它的經濟基礎不曾打好。當時一班有志之士，提倡新文化事業，都是為了開風氣，並不是為了謀利潤，因此便不在經濟上打好基礎，這大都是不能持久的。蒯禮卿先生辦這個金粟齋譯書處，最初的動機，便是嚴又陵向他借了錢以譯稿為抵償，後來又有了葉浩吾的幾種日文譯本，如果不印出來，不是把它們凍結起來，成為死物嗎？所以他籌出一筆款子來舉辦，最低限度也要使嚴又陵、葉浩吾的幾部譯稿，可以早日出版。

　　這個譯書處，只有他個人的資本，並非股份性質。而且沒有規定應用多少錢，沒有固定資本。用完了錢向他說話，又像是一種無限性質的，這個基礎就不穩定了。真是當時說的只能耕耘，不問收穫。蒯先生是世家子，雖然做了官，以名士派而帶點公子脾氣，他不知現代的出版事業，已成了商業化了。還像從前的名公巨子，出一部詩文集，贈送給人的這種玩意兒嗎？

　　但是我們當時對於這個譯書處，也寄以無限的希望的，鑒於嚴又陵的《天演論》足以哄動中國的文學界，以後關於嚴譯的書，一定可以風行海內，不脛而走。便是葉譯的幾部書，也是當務之急，雖然由日本文中譯出，而日文的譯本，不是現在正風起雲湧嗎？並且我的在日本留學的朋友，听得我在譯書處，他們也來承攬生意，願意給金粟齋譯幾部書，只要開哪一種類。如果出版的書，源源不絕，收回成本，繼續出書，不是便可以成為一個永久的機構嗎？

原來他們那些當外官的人，經濟是流通的，尤其像那班候補道。有了差使，可以揮霍；沒有了差使，只好坐吃老本，那時蒯禮卿的十二圩鹽務差使，聽說要交卸了，繼續有甚麼差使，卻還沒有下文。因此之故，他便有了緊縮譯書處的意思。可是金粟齋的開銷也不小，除了關於印書費用以外，我們幾個人的薪水以及房租、食用，還常常要當碼頭差使。有許多當時的維新黨人物，都跑到金粟齋來，是一個文星聚會之所。熱鬧是熱鬧了，花錢也更多了。

我和汪允中兩人，是不管金粟齋的經濟的，管經濟的卻是方漱六。有一天，方漱六哭喪着臉向我們道：「老頭子（指蒯公）寫信來罵了，說我們費用太大，要我們緊縮，但他又常常介紹他所認識的人，到上海來，要我們招待請吃飯，太太又要在上海託買東西，我都是有賬可查的。」但漱六的賬，我們從來不看的，他是蒯公的姪女婿，是他親信的人。又有一天，方漱六告訴我們：「老頭子有補缺的希望。」我和汪允中都說：「那就好了，金粟齋當可發展了。」方漱六搖頭道：「更糟！誰不知道金粟齋是蒯光典辦的，沒有得缺的時候，尚無所謂，得缺以後，京裏那班都老爺，參你一本，說你『勾結新黨，私營商業』，那就是革職查辦了。」後來蒯公果然被補授了淮揚道，金粟齋卻早關門了。

可是金粟齋是注定要失敗的，我們也不能辭其責，這便是當時我們對於出版事業實在是外行。不比那些舊書坊，它開好了一家書肆在那裏，基礎已立，看機會刻幾部書，與同行交換銷行，就立於不敗之地。我們可不能這樣做，我和汪允中兩人，一到上海，便商量印書事，如何發行，並未計議及此。汪允中還主張印好幾部書，一齊出版，便是在報紙登廣告也合算些，體面些，或可以轟動一時，那真是書生迂腐之見。當時還以為一出書，便可以收回多少成本，實是一種幻想。因為自己既沒有發行所，須向各書店推銷，這時上海書店還不多，對於出版的新書，信心未堅，不肯大量來批發，至多來批十部、五部，試為推銷。出版家沒有辦法，只好用寄售的方法了。

寄售的方法，是賣出還錢，那實在不是生意經。一般書賈，售出了十部，只報告五部，有的還是三節算賬。他們當然不能給你登廣告，即使書價可以全部收回，也是雞零狗碎，增添許多麻煩。書已寄去了好多時，錢老不回來，若是寄售在外埠的，那更糟了，冥鴻一去，永不回頭，誰花了路費，去討回這些微的書價呢？所以不單是金粟齋，當時有好多的出版家，起初是一團高興，到後來半途而廢，便是這個緣故。

金粟齋譯書處不到兩年就結束了。只有支出，沒有收入，成了個無底之洞，如何支持下去。這個兩年來，蒯先生已經花了不少的錢，怎能叫他再維持，就說開風氣，也要有個限度呀。不過金粟齋所存留的譯稿，未印者尚有十分之一二，到此也只好暫時停止了。既已準備結束，也須有個善後方法，房子退租，工人遣散，自有方漱六去料理。但是已經印好的幾部書，如何發行出去，難道束之高閣嗎？

後來我們決定辦法了，和中外日報館商量，金粟齋已印就出版的幾部書，託中外日報館代售，一齊交給他們經理。汪頌閣為人誠懇，而且在他的報上，常年登出義務廣告（幾年以後，嚴譯的幾部書，如《原富》等等書的版權都歸入了商務印書館了。這個交涉，不知何人經手，我未知道）。至於人事問題，容易解決。總共只有三人，方漱六、汪允中和我。除了方漱六暫時留在上海辦理善後未了事宜，日後自回南京去。不過汪允中和我，與金粟齋脫離關係，便無所事事了。

承蒯先生的厚意說你們不妨仍到南京來，但我們覺得很不好意思，因為現在情形，不同往日，從前是為了剛卸高等學堂的任，他有培植後進之意，招留幾個青年，此刻恐沒有這個意味了。況且我也不能長此倚賴他，一無所事，白白地受他供養呢。汪允中也不願回南京去，他在上海已很活動，賣文亦足以度日，並且他已有了女友，我卻只好回到蘇州去，再想辦法了。

當時還有一件事，我有幾位留學日本的朋友，听得金粟齋辦理譯書事，也要求譯一些書，以補助學費，這事通過了蒯先生，他也應允了。

有的付了一小部分譯費，有的訂了約，未付款，但是對方已開譯了，此刻金粟齋結束，如何辦理呢？我便請命於蒯先生。他說道："我知道！此輩都是苦學的青年，不能使他們受虧，我可以照約收受，這不過三四百元的事罷了。"因為我是介紹人，蒯先生不使我為難，我也深為感謝他。

不過我想這些留學日本朋友的譯稿，蒯先生即使收受了，也不能再行印出，豈非埋沒了人家一番心血。而且那些譯稿，多少是有些時代性的，譬如廚子做菜，要博個新鮮，倘成為隔宿之糧，有何意味。這時我在上海，已認識了好幾家書店，他們都向我徵求書稿，那時的所謂書稿，自以譯本為多，但那時出版的書，以文言為正宗，也沒有人用語體文的。譯筆則以嚴又陵所標榜的信、達、雅三字為宗旨。我那些留學日本朋友的譯稿，他們是在課餘的工作，只求其速，不免有些粗糙了。本來到了金粟齋後，也要加以一番琢磨工作的。

因此我便另行作一計算了，既是那幾家新書店向我索稿，我便把留學日本朋友的譯本，介紹給他們，便可迅速出版，豈不是好？那時我便開出書名，略述大意，向這些新書出版家一一兜售，他正值出版荒，都願意收受。於是我便寫信到日本去，向他們說明，已約定的譯本，照常收受，照常付款，金粟齋雖結束，由我負責，他們當然很滿意，不過這些譯稿甚為草率，實在有些拿不出手，非加以潤色不可。幸而他們把原本，也隨同譯稿寄來，我也懂得一點日文，有甚麼錯誤之處，也可加以校正。不過我雖加修潤，不附己名，仍用譯者原名，不敢有掠美之嫌。

巡遊譯書處

我自從離開了金粟齋譯書處以後，便與蒯禮卿先生疏遠了。本想特地到南京拜訪他一次，汪允中說："不必了，他也不拘於這種禮節的人。"此刻滬寧鐵路還沒有通，還是要乘長江輪船到南京的，往來有許多跋涉。蒯先生謀補空缺，正忙於做官，不久便實授了淮揚道，我又到了山東，連音問也不通了。直至他以四品京堂內用，放了歐洲留學生監督，出洋時道經上海，這時我已進入上海的時報館了，方去拜謁一次，那天賓客如雲，也沒有說幾句話。我只見他老了許多，鬍子頭髮，全都灰白了，從此以後就沒有再見過他了。

金粟齋出來，便預備回家了，只是我在想：回到蘇州，做甚麼呢？還是處館教書嗎？要謀生計，在蘇州更無出路，正在躊躇之際，遇見了葉浩吾先生。他問我："金粟齋已結束，有何高就？"我笑說："低就也沒有，回家吃老泡去了。"（老泡乃是一種泡飯粥，回家吃老泡，蘇諺失業之意。）葉先生說："老朋友！到我那裏幫幫忙好嗎？"原來叶先生曾經辦過一個日文譯書館，是個學習日文的機構，那是速成的，只求能讀日本文，不求能說日本話。畢業以後，許多習日文的學生要求工作，葉先生乃設立一個名叫啟秀編譯局以容納他們。因為日文譯本一時風行，葉先生也招徠了不少主顧，以應各新書店的需求。

我想這也好，暫時有所托足，便到啟秀編譯局去了。但是葉先生請我去，不是要我譯甚麼日本書，卻要我做整理工作。就叶先生自己所譯的稿本而論，也叫人看了很費腦筋，這是我們在金粟齋已見過的了。他的譯文，只是在日本原文上的倒裝文法，用筆勾了過來，添註了中國幾個虛字眼兒，就算數了。有時一句句子長得要命，如果不加以剪裁，把那句子另行組織，簡直拖沓得讀不下去。若是在日文原書上勾勾勒勒，排字工友也弄不靈清。葉先生請我去，就是把他們的譯稿，做這種整理工作。

可是葉先生這個啟秀編譯局，我一進去，便知道前途不甚佳妙。葉先生實在是一位老書呆子，他全不懂經營事業。幫他譯東文的，都是他的學生，有些日文未通，連國文也未通，甚難加以修整。他雖然對那些出版家，採取薄利多銷主義，可是過於粗製濫造，也難以使顧客歡迎。

葉先生不是一個自私的人，他為了辦這個啟秀編譯局，負了滿身的債，甚至把所有的衣服都當光，真是"范叔何一寒至此"。

葉先生是一個人在上海，他的夫人和兒子，都仍住在杭州。每個月要寄錢去杭州作家用的，但他最初不過愆期，後來竟至中斷，雖然杭州的家書如雪片飛來，他是"學得無愁天子法，戰書雖急不開封"。葉師母沒有辦法，只得帶領了他的這位少君到上海來了。但是葉先生無錢是事實，石子裏榨不出油來，葉師母到啟秀編譯局質問他。我們看見葉先生眼睛看了日本書，手裏筆不停揮地譯書，耳朵裏聽廚子索取所欠的飯錢，嘴裏還要與葉師母反唇相稽，我說他真是五官並用，大有毛西河遺風。

我在這裏又有一段插話了，我所要說的是葉先生的這位少君葉少吾。當師母帶了他到上海來時，他年齡不過十五六歲，穿的衣服，宛如一個花花公子，袖中的手帕兒，灑滿了香水，我們以為像葉先生這樣的規行矩步的教育家，必定痛責其子，但只對他皺眉歎息，斥他不長進而已。大概以葉師母的溺愛，免致衝突。向朋友張羅籌款，送他們母子回杭州，以博耳邊清淨。越一年，有人到杭州，遇見了葉少吾，他詢問道："喂！我們的浩吾，在上海搞得怎麼樣了？"又越數年，他寫了一本小說：名曰：《中國之維新黨》，署名曰："浪蕩男兒"，把當時維新黨中人，罵了一個狗血噴頭。但葉浩吾先生他是維新黨中之卓卓者，幸而具有天良，未曾齒及，至於一班父執世交，則難逃筆誅了。

不要以為此書荒唐，當時很有一班反對維新黨的，讀之以為痛快。這個時期譴責小說風行，如《官場現形記》《二十年目睹之怪現狀》，皆以罵之人為宗旨，讀者都為之提倡。維新黨中，也大有可罵人在，《中國之維新黨》一書中，自不免添枝加葉，故甚其詞，然此輩所謂有志青年的私生活，亦不能誣為羌無故實呢。辛亥革命以後，葉少吾曾於滬軍都督陳其美處得一職，陳頗信任之，因少吾與上海做軍裝生意的某洋行有淵源，介紹了一筆軍裝生意而囊有餘資了。其時葉浩吾先生已歸道山，而葉少吾則頗為活躍。會北京開議會，四方賢傑，均走京師，少吾亦北上，頗思有所營謀，那時候，上海的北里亦動員。

花界姊妹也到首都去掘金，有一位海上名妓花元春，也到八大胡同樹艷幟，乃部署初定，忽以喉疾殞命。舉目無親，無以為殮，葉少吾慷慨拍胸口說：「花老六我雖與她沒有發生關係（發生關係，上海妓院中已有肉體之親的術語也），一切殮費，我自任之。」於是北京胡同中姑娘，都稱頌他是一位「有良心客人」。乃未及數月，葉少吾亦病死於北京，那時花叢諸姊妹，謂以義氣博義氣，群起而理其喪。此事大有傳奇性質，自北京傳至上海，各報亦競載其事，有人為作挽聯曰：「秋雨梧桐悲一葉，春風桃李泣群花」。實在群花理喪，並無其事，葉少吾之叔清漪先生，與其堂兄葵初先生皆有書致報界辯正呢。

言歸正傳，我在葉浩吾先生處，幫了他三個多月的忙，只拿到了一個月的薪水。他是一位忠厚長者，我不能向他催索，我也不忍向他催索。不過我為了要瞻家，為了要糊口，也不能從井救人。有一天，我遇見了章太炎先生，他問我：「現在何處？」我告以在啟秀編譯局。他笑說：「何不到剛毅圖書館去。」我問：「哪裏有剛毅圖書館呢？」他說：「啟秀與剛毅，不是庚子拳變時代的名人嗎？」後來葉先生這個啟秀編譯局，到底支持不下去，負債過多，幸賴他的人緣很好，大概是許多朋友幫他料理過去吧。

我從啟秀編譯局出來後，又到廣智書局的編譯所去，誰介紹我去的，我至今真是百思不得其解，因為我那時的廣東朋友很少，廣智書局裏卻全是廣東朋友呢。那時候，上海的新書店，已越開越多，廣東是開風氣之先的，當然要着此先鞭，廣智書局的規模不小。既然有了書局，也想自己出書，因此也設立了一個編譯局，有人說，康南海、梁任公都有資本，也有人說，不過以此為號召而已。我以有人介紹，瞎天盲地地闖了進去，那個編譯所的編輯主任為誰，我也不記得了。

廣智書局編譯所的情形，和啟秀編譯局完全不同，有一種嚴肅的氣氛，不像在葉先生那裏，可以談笑自由。編譯員連我共有五六人，編譯主任目灼灼坐在那裏，好像一個監試官。譯書是支配的，他配給我一本日文的講下水道工程的書，便是講開發道路溝渠工程的種種事的。我不是一個工程學家，對於那書是很少興趣的。

但我當時有一種自尊心，覺得他們支配你譯的書，而你第一次便退還他，足見得你是無能，我於是勉強接受了，好在篇幅還不算得太長，其中的解釋，也不深奧難懂。就只有許多土木工程上的日本名詞，有的還是用和文拼出來的西洋名詞，這可叫人有些頭痛的了。

我那時只得狂翻日本文詞典，請教深於日文的人，購買參考書，日本人所編的《和漢新詞典》，中國人所印的《和文奇字解》（上海作新社出版），乞靈於那些工具書了。不到兩個月，居然全部完成。這書譯成以後，我就敬謝不敏，從廣智書局出來了。因為裏面全是廣東人，我和他們言語不通，未免有些扞格。再者，他們給甚麼工程科學的書給我譯，我的科學知識實在淺得很，也不敢再獻醜了。不過我又想：像這部專講下水道的書，雖然是冷門，也不能不說是當務之急，現在各處正在要開馬路、建工廠，而外國已在流行甚麼抽水馬桶的話，這是將來市政上一件重要的工程而必須研究的事，不過我當時譯這一科門的書，不免有點盲人瞎馬了。所以譯完此書後，參加了一個簽條給總編輯，大意是"對於下水道從未研究過，請由專家加以檢定"云云，但我在兩年以後，卻見這部書赫然在廣智書局的櫥窗裏了。

從廣智書局出來，真想回老家了，忽遇蔣觀雲先生（蔣先生名智由，號心栽，觀雲其筆名也），問我近況，告以從廣智出來，正想回去。蔣先生說："不要回去，請到我那裏去，我那裏還有你的一位同鄉蔡君，一定可以和你融合無間，使你高興。"原來蔣先生那時也辦一個譯書處，這個名字叫作"珠樹園譯書處"，那個名稱，很覺美麗，珠樹園三個字，真可與金粟齋三字作一對偶。珠樹園後於金粟齋，蔣觀雲先生是一位詩人，宜其有此題名，當時的一班新文學家，都喜研究佛典，這兩個名詞都從佛典來的呢。

蔣觀雲先生是浙江紹興人，是前清的一位孝廉公，而又是一位學者、詩人、革命家。他有兩句詩曰："文字收功日，全球革命潮"，後人訛為是寫《革命軍》一書的鄒容所作的，其實不過是鄒容重述一過而已。我們在金粟齋的時候，蔣先生常常來遊玩談天，因此我們認識他已久了。他為人非常和藹，愛說笑話的。

在那個時候，有人推黃公度、夏穗卿、蔣觀雲為近代詩界三傑，互相唱和。這個珠樹園譯書處，也有兩位孝廉公，一位是楊秉銓，江蘇武進人；一位就是我的同鄉蔡雲笙兄了。

珠樹園譯書處也和金粟齋一般，如上海所稱的石庫門三樓三底的房子。蔣先生住在樓下，我們都住在樓上，每天飯開一桌，自己有廚房，那比在廣智書局舒服得多了。我和蔡雲笙同住一房，楊秉銓和另一位朋友同住一房。雲笙的年紀，只不過比我大一歲，他名晉鏞，二十一歲上便中了舉人，為人極慧敏而風趣，我們兩人一見便成為好友，為甚麼呢？一則我們兩人志趣相同，二則為了同鄉之故，愈見親切了。

在珠樹園那裏，我自由極了，他不支配你做甚麼工作。你高興做甚麼工作，就做甚麼工作。但蔣先生卻見他寫作很忙，他好像在甚麼雜誌、日報上寫文章（《中外日報》上有時也見他的著作），那時他還自己出了一種雜誌，名曰《選報》，那是選取近代名人的著述的。但雖云《選報》，也有並未見於其他刊物，而直接寄給他發刊的。這個珠樹園譯書處，我記得我並沒有譯甚麼書。不過他們也徵收外稿，請為檢定這稿子可用不可用，簽出來加以評語，請蔣先生復核，這個工作我做了。至於蔣先生的《選報》，我無從幫忙，偶然給他看看清樣而已。

我們在珠樹園雖甚開適，卻不大出去遊玩，上海是個金迷紙醉之場，我和雲笙，都是阮囊羞澀之人，也不敢有所交遊。只是偶然兩人到小酒店喝一回酒，那時我有紹興酒半斤的量，再多喝一點兒，便要暈酡酡了；雲笙卻可以喝一斤還多。不過都守了孔夫子所說的"惟酒無量不及亂"，就是適可而止了。回到家裏，我們聯牀共話，無所不談，上自世界大事，下至男女性事，我們常常談至半夜三更，了無足異。

有一次，我們談到一向傳言山西大同府的婦女性器官，有重門疊戶之異，雲笙言：絕對沒有這事。因為他有一位親戚，曾經在大同府做過知府，他們的幕僚，也因素聞此傳說，欲一驗其異，那地方土娼極多，歷試之平淡無奇。雲笙又言："雖然無此故實，然前人筆記卻有此記載，我曾假定這重門疊戶為有三重門戶，每一重門為之製一聯一匾。"我說："願聞其妙。"他道："第一重門的聯曰：'鳥宿林邊樹，僧敲月下門。'匾曰'別有洞天。'這聯與匾都用成詩成語呢。"我笑曰："佳！第二重門呢？"他說："第二重門聯曰：'山窮水盡疑無路，柳暗花明又一村'，匾曰'漸入佳境'。"我道："好！第三重門呢？"他說："第三重門聯曰：'雲無心兮出岫，鳥倦飛而知還'，匾曰'極樂深處'。"說罷，相與大笑。好在我們都是結過婚的人，而珠樹園也沒有一個女職員，故能如此荒唐。

過了兩個月，我記得已是初冬十月天氣了，蔡雲笙來了兩位朋友，邀了我一同到廣東館子裏去吃火鍋，廣東人謂之"打邊爐"，這是宜於嚴冬的，十月裏似乎太早。但舊曆在江南十月，往往會來一個冷訊。我飯罷回來以後，便覺得身子不舒服，夜來便發起寒熱來。到明天，我以為可以退熱了，誰知寒熱加甚，而且喉間作梗痛。那個時候，蘇滬一帶，正患着這個傳染極速的喉症，當時還不大知道甚麼白喉、猩紅熱那種病名，統稱之曰："爛喉痧"。我一想不好，在外間害病，大非所宜，且使家人焦急，不如歸家為宜。

我當時即與雲笙說了，通知蔣先生，蔣先生來看我以後說："你有病，一人回去，我們很不放心。"他便派了一個幹僕，買好船票，送我回蘇州。雲笙還直送我上小輪船，叮嚀而別。回到家裏，我已很憊了。因為我說喉間梗痛，吾妻一看，喉間已有腐爛的白點。她口中還說："沒有甚麼。"我見她臉色發白，兩手震顫，飛奔往告堂上。都知道這是危險的病症。其時蘇州有一位著名專治喉科的醫生，喚作馬筱嚴，他是中醫，吃中國藥，不過他已治好了許多患喉病的人，因此聲譽鵲起，祖母、母親也急了，立刻延請這位馬筱嚴醫生，為我診治。

一清早去請了他，直到下午上燈時候才來，這倒並非搭架子，實在忙不開來，可見那時候患喉症者的多。馬筱嚴診病很細到，他說："是爛喉痧，目下流行的時疫，是一種要傳染人的疾病。"他開了方案，匆匆地去了。當時我們也沒有隔離，小孩當然不許進病房，而老人 —— 祖母與母親，住在樓下，我住在樓上，看護我的僅有我妻震蘇，那時，蘇州地方，還沒有一家醫院呢。

她說："在未嫁之前，已經生過一次喉病，可無妨礙。"這話不知是真是假。但除了她以外，也沒有別人看護我呢。我心中惝惝然，畢竟我妻是沒有傳染的。

馬筱嚴出診到我家兩三次後，我病漸有起色，因為他診費很貴，我有些吃不消（其實每次不過三四元，在當時已算貴了），以後便坐了轎子，到他家裏這個醫室去就診了。喉症愈後，頷下又生了一個外瘍，到一切復原，差不多要兩個月了。當時由上海倉猝返蘇，留在珠樹園的物件，都沒有拿，後來託人帶回來一隻衣箱，箱中一件羊皮袍子，不翼而飛，那也不去管它，大概珠樹園的侍者，實做了順手牽羊，取去禦寒了。病愈以後，祖母不許再到上海去了，於是遊歷譯書處的行蹤，到此告一段落了。

　　到了明年，得到了蔡雲笙的信，珠樹園譯書處也告結束了，其情形與金粟齋相同。真是無獨有偶，他們這些辦出版事業，好似"大爺串戲"一般。蔣觀雲先生呢，說是要離開上海，不是北京，便是日本。可是從此以後，我竟未與蔣先生再一次謀面。倒是在十餘年後與他的公子蔣百器君（尊簋）曾見過一面。這一天，狄楚青請客，似專請百器者，因楚青與觀雲，也是老朋友呀。那時百器已卸浙江都督任。這一次宴會，使我至老不能忘的，乃是第一次見到賽金花。那時她還只是將近四十的中年，在上海懸牌應徵名賽寓，百器飛箋召來，他比賽年齡還輕得多呢。

回到蘇州

遊歷譯書處倦遊歸來，我那時又失業了。為了生計問題，我不能空閒無事。幸而我以賣文所得，少有積蓄，家用又極省，雖然蘇州的生活程度，漸亦提高，非比往年，但每月有十元左右，亦足支持。我偶然譯寫一部書，得百餘元，足供數月之用，亦頗優游。那時蘇州興學的風氣已開，但私塾還是未滅，且有人勸我設帳授徒的，我再做教書先生嗎？無論如何，這隻冷板凳坐不住了。

東來書莊那時已成暮氣了，自從我到南京去後，我們勵學會的諸同人，除了戴夢鶴故世外，大半亦都離開了蘇州，如汪棣卿、李叔良、馬仰禹，都去了日本，有的學法政，有的學師範。祝伯蔭到上海，到了大清銀行為行員，後改為中國銀行後，他一直在那裏。

因此東來書莊無人管理，不知哪一位股東，介紹一位經理先生來，是位鎮江人，我已忘其姓，以前在錢業中做過事，對於書業，完全是外行了。

有人來問他：上海新出版的甚麼書有嗎？他也不說有，也不說沒有，只是昂起頭想。想了半天，再去翻書，實在他不知道這書到底有沒有，因為當時不流行把新出版的書，擺在外面，須在書架上去尋。顧客看到他這種態度，早已等不及拔腳跑了。東來書莊資本小，不能多添書，別的書坊，也漸漸帶賣新書了。加以觀前街漸趨熱鬧，房東又說要加租，因此感覺到入不敷出，而同人的興趣也已闌珊了。我們於是加以商議，就此關門大吉，便把這個書店結束了。

關於蘇州興學的事，好像全是地方上幾位開明的紳士發起的。那時候，清廷還沒有明令要叫各省開學堂咧，各省自行發動，地方官也不瞅不睬。蘇州本來私塾最多，讀書人靠此為生，現在要把那些私塾廢止，改成小學堂，第一就是沒有師資，不要說那些冬烘先生無所適從，便是那班翰林進士出身的大紳士，對之亦覺茫然。於是地方上便派一班青年而有才氣的人，到日本去學習師範，回來可以當小學教師，這一班人大約有十餘位，而我友汪棣卿、李叔良皆在其列。

許多中國青年都湧到日本來，日本便大搞其投機事業，以速成為誘餌。於是有速成法政學校、速成師範學校等組織。這個速成師範學校，只要一年便可以畢業，給了你一張文憑，回國便可以當教師，皇然以受過師範教育自命了。這個速成師範，正是但求速成，不管你所學程度如何，一概與你畢業，可謂一榜盡賜及第。還有些人到日本去的，對於日文、日語，卻是茫然，日本人更加遷就，僱用了翻譯人員，老師一面講解，翻譯人員就站在旁邊解說，真是教育界一種怪現象，不過我們蘇州派出去的青年，至少於日文都有一些根柢，若李叔良等則日語也勉強可說。

小學既興，私塾漸廢，可是這輩一向教慣私塾的先生們如何處理呢？蘇州當時是個省城，地方紳士頗有勢力，好在官廳也不來管你這本賬，因此他們便設立幾個"師範傳習所"。就是請那幾位從日本學習師範回國的青年來教那些私塾先生。

這個設計是不差的，一則，私塾既廢，這些私塾先生飯碗都要打破，不能不予以改造；二則，小學既興，還需要不少師資，改造以後，便可以把向來教私塾者轉而教小學了。

可是這"師範傳習所"成立以後，便鬧了不少笑話，原來有許多私塾先生，都是高年，甚至蒼髯白髮，年齡在花甲以外，向來以教書為主，私塾既廢，絕了他的生路，不能不來學習。在日本學習師範回來的青年，都不過二十歲左右。有的論起輩分來，還是他們的尊長，甚至長兩輩，長兩輩要喚他為公公的。還有一位青年，看了一張傳習所報名的單子，搖頭道："我不能教！"問其所以，他說："裏面有一位，教過我書的老師，我甚頑劣，他打過我手心，我今卻來教他，太難堪了。"主事者無法，只好把這位老先生調到另一傳習所裏去。其他，屬於姻親中的尊長，世誼中的父執，也就馬馬虎虎了。

他們從日本學習回來的，說是教師上堂，學生必起立，但私塾裏是沒有這規矩的。現在覺得這傳習所裏，要教這許多老先生對於青年們起立致敬，也不相宜。而且有的起立，有的不起立，參差不齊，也不雅觀。因此議定了不必起立。還有上課以前，要先點名，這個點名，有人主張不廢止，因為可以借此查出他列席不列席，又可以借此認識他。也有人以為對於這些尊長的老先生，直呼其名，殊不合於中國的禮教。後經吳訥士先生（湖帆的父親）調停，每一人姓名下，加"先生"兩字，點名時呼"某某某先生"就可解決。這議案也就通過了。

最妙的這班學員先生（因那些老先生，未便稱之為學生，改稱之為學員），向來常不釋手的小茶壺以及水煙袋，也都帶到了課堂裏來，當他們聽講听到高興時候，便點頭搖腦地說道："這倒對的！"喝了一口茶，潤潤喉嚨。或者听到得意的時候，說道："這個我贊成！"旁顧他的學友道："諸君以為如何？"於是劃了火柴，呼嚕呼嚕地吸起水煙來。我沒有到傳習所裏去學習，這個情形，都是我的譜弟李叔良講給我听的。我說："怎麼許他們帶那些小茶壺、水煙袋到課堂裏來呢？"他說："要他們以為對，可以贊成，也就不容易了，不然，給他們引經據典反駁起來了。"

蘇州向來是讀書人多，私塾既廢，小學便興起來了。這些小學，要分幾類。一類是由家族創立的，蘇州有許多大家族，歷代簪纓不絕，族中的子弟很多，他們本來也有甚麼義莊、義學之類，儲有一筆公款的，於是就把公款分出來辦學堂了。這個制度，不獨蘇州為然，全國都有，我們讀《紅樓夢》，賈寶玉進的家塾，也便是這一種。於是蘇州便有了彭氏小學堂、潘氏小學堂、吳氏小學堂、汪氏小學堂，以及各個皆冠以姓氏的家族小學堂，這種小學堂，除了本族之外，親戚鄰里間的子弟，也招之入學。一類是由同業中發起的，蘇州有許多大商業，如錢業、金業、綢緞業等等，每一商業，都有他們的集團，便是他們稱之為公所的。每一商業，也都要招收學徒，而這些學徒，本來是從私塾中來的，現在私塾既廢，各業自設學堂，教以各業基本上的學識，不是更為合適嗎？因此某業小學堂，亦分門別類，亦興起來了。還有，蘇州地方，向有各種善堂，每一善堂便有一個義學，這些義學，真是不堪承教，湊集街頭流浪兒童，教之識字，真是"天地玄黃喊一年"，現在也想改良、擴充，成為公立小學堂。所以蘇州的小學堂，也便風起雲湧了。

雖然如此，但是那些紳富人家的子弟，還是不大願意送到小學堂去的。這有兩個原因：一是科舉真的要廢止嗎？蘇州好像是個科舉發祥地，他們對此尚有餘戀，洋學堂即使發展，總非正途出身。二則那些紳富家的子弟，都是嬌養慣生的，以為那些小學堂中的學生，總是良莠不齊，不如請一位先生在家裏教讀，覺得放心，尤其是太太們的意見，都是如此。所以雖然小學堂風起雲湧，而那些大戶人家，延請西席先生，還是很多。

那個時候，我既沒有到甚麼師範傳習所去學習，也無意於去當小學堂教師，我想這也不過是"換湯不換藥"的玩意兒，我根本就不願意做教書生涯。然而在此期間，我終究還是教了半年多的書，自我矛盾，可謂已極。這時我的舅祖吳清卿公已故世了，伊耕表叔是早已故世了，硯農表叔為了他的令郎，我的壽祉表弟與子深表弟，請不到先生，要我給他們代館半年。我在情誼上是義不容辭的，因為在兒童時候，伊耕表叔曾經教過我書的，我正賦閒無事，這怎能推卸呢？

我只得應承了，說我賦閒無事，其實我那時也忙得很，這種忙，正是俗語所說的"無事忙"。我和硯農表叔聲明：我在南京、上海幾年以來，心已野了，不適宜於靜坐教書，請表叔趕緊訪求明師。我和兩位表弟，不要有甚麼師弟型式，我只是一個伴讀而已。硯叔也答應我。但是這半年來，我覺得很苦悶，他們還是墨守舊法，從《四書》《五經》讀起。這兩位表弟，年齡尚小，還未開筆作文。壽祉人頗忠厚，子深卻聰明而頑皮（現在他已為名醫師而名畫師了），我沒有師道尊嚴，他們也不怕我。這半年來，坦白說來，兩俱無益，尤其我的腳頭散，朋友多，無論風雨寒暑，每天要出去，已經成為習慣了。

世事是推陳出新，交友之道亦然，我在蘇州，又認識了不少新朋友。其中一部分，是新從日本留學回來的，如上文所說，以學習師範、法政的最多。學習師範的正預備在故鄉作師資，學習法政的如周祖培、楊廷棟（號翼之）等諸君，他們都是日本早稻田派的學生，回國來也思有所發展了。上海是開風氣之先的，而蘇州是個江蘇省城，距離上海還近，也是得了上海風氣之先，有許多號稱新學者也崛起了。於是我又認識了不少以前沒有認識的新朋友了。

蘇州向來吃茶之風甚盛，因此城廂內外，茶館開的極多。有早茶，有晚茶。所謂早茶者，早晨一起身，便向茶館裏走，有的甚於洗臉、吃點心，都在茶館裏，吃完茶始去上工，這些大概都是低一級的人。高一級的人，則都吃晚茶，夕陽在山，晚風微拂，約一二友人作茶敍，談今道古，亦足以暢敍幽情。到那種茶館去吃茶的人，向來不搭甚麼架子，以我所見的如葉鞠裳、王勝之等諸前輩，也常常在那裏作茗戰哩。

觀前街為茶館集中之地，因為它是在蘇城的中心點，以前有一家喚作玉樓春，後來又改名為雲露閣，算是最出名的。裏面有一個樓，名曰逍遙樓，四壁都是書畫，還陳列着許多古玩，一切椅桌器具，都極考究，那是士大夫們在此吃茶的地方。近來最著名的便是吳苑了，吳苑那時是新建設的，地址頗大，茶客亦雜，好在各種茶客，自能分類集會。裏面有一處，喚作四面廳。（按，那是四面都是迴廊的，蘇州建築家以及園林，每多喜此。）

吳苑四面廳裏的茶博士，對於我們一班茶客，個個都叫得出姓名，某少爺、某先生，羅羅清楚。連你們的家世也都明白。有幾位寫意朋友，還有自己的茶壺、手巾存放在那裏的，這要算是待客了。這種茶館裏，點心及小吃，都是極豐富的。吳苑門前有一個餅攤，生煎饅頭與蟹殼黃（餅名）也是著名的，此外你要吃甚麼特別點心，鄰近都是食肆，價廉物美，一呼即至。至於小吃，那些提籃攜筐的小販們，真是川流不息。至於賣報者，吳苑有兩人，享有專利權：賣報的也是租看的，出制錢一二文，足以使你一覽無餘。

寫到此，我又想起了"吳苑三癡子"的故事。三癡子者，都是吳苑四面廳的老茶客。為甚麼奉他們以癡子的名號？因為蘇州人都以溫良風雅為貴，遇有性質特別，有異於眾的人，輒呼之為癡子。這也不獨是蘇州為然，如我前文所說的，當時呼章太炎為章瘋子，削禮卿為削瘋子。別地方的瘋子，亦即蘇州人所稱的癡子，實則借用一句古典話，所云"臣叔不癡"也。我且述三癡子如下：

第一先說馮癡子。馮君號守之，他是一個田主人家賬房，這一種職業，蘇州人稱為"知數業"，其名稱當有來歷。馮自言只讀過三年書，而好談時政，他的政治知識，全是從報紙上得來的。他一到吳苑，便是謾罵，罵政府、罵官僚、罵紳士，無所不用其罵，四面廳上，好像只聽得他的聲音，別人也無從與之辯解。但即使別人不理會他，他也一人喃喃地罵，因此人呼他為馮癡子。後來，他認識了幾個日本人，經營日本股票，頗有所獲。再後來，便住居日本去了，在商業發了一點小財。我那一次到日本去的時候，堅欲留我在其家盤桓幾天，他說："我家有牀有帳，有桌有椅，完全是蘇州派，不必席地坐臥也。"我以在國內有職業，辭謝之。

第二是朱癡子，號梁任，是一位深思好學的人，他的父親是位文秀才而武舉人，得一個武職，未就任，家頗小康。但梁任從未考試過，他排滿最烈，剪辮子最早，剪辮而仍戴一瓜皮小帽，露其鴨尾巴於背後；身上長袍，御一馬甲，拖一雙皮鞋，怪形怪狀，因此人呼為朱癡子。他最佩服章太炎，當太炎因《蘇報》案被囚時，他每至上海，必到提籃橋監獄一訪太炎。他有口吃病，期期艾艾不能暢言，而性頗卞急，他也是吳苑的常茶客，卻是來去匆匆，坐不暖席。後來聞他以陪某幾位名士，至甪直鎮觀唐塑，他攜其兒子，另僱一小船同往，途經一湖，忽遇風浪，船覆於水，他們不識水性，父子同死。那時我不在蘇州，未識其詳。關於朱梁任事，我下文再有多次述及。

第三是張癡子，名一澧，號沅圃，他是張仲仁的族弟，這位先生也有些特別，他是一位評論家，在吳苑中人人識之。向例茶館中泡一壺茶有兩茶杯，意示一壺可以供兩人飲也。但張君自己並不泡茶，好與友人共一壺，時人稱之為共和先生，因"壺"與"和"同音故。張君又曾寫一小說曰《老騷》，乃記述楊崇伊（楊雲史之父，時寄居在蘇州）與吳子和（吳郁生之弟）在蘇爭奪一妾事，話多嘲謔。後來張一鵬（號雲摶）主持上海的《時事新報》，繼孟心史（名森，號蓴孫）之後，朱梁任、張沅圃均為編輯，一日兩癡為一小問題，幾至大打出手。《時報》與《時事新報》望衡對宇，兩人均來赴訴於我，我笑謂："你們兩人，各打板子一百，此小事不足爭論，我請客，分餉大菜一餐，復為朋友如常。"

吳中公學社

我寫此回憶錄，往往因前事而述及後事，又因追思往事，涉筆成趣，不免莊諧雜陳。我今又回敍到我重回蘇州這二三年的事。那個時候，我真是所謂吊兒郎當，說我閒吧，我一天到晚也像是很忙的；說我忙吧，我忙了些甚麼事，真是自己也覺得莫名其妙。蘇州釀着興學，各處要設立小學堂，我又無意於此。我本也有好多機會，在上海去謀事，有幾家書局設立編譯所了，但是我祖母年老，母親日就衰病，遵守家貧親老，不事遠遊的古訓，諸尊輩都告誡我不離故鄉。其時，吾家中又添了一女（名可青），居然四代同堂，八十餘歲的老祖母，得見此重孫女，當然晚景一樂也。

在此興學潮中，蘇州城南有一喚作位育善堂，這個善堂，不是蘇州地方人士所設立的，是一班僑居於蘇的寓公們集資所創辦，是一種會館的格式。不過會館是一地方的人士所設立的，而這個位育善堂卻不拘於一地方人。因為蘇州是個省城，人物薈萃，故別省、別府、別縣的人僑居於此者甚眾。

這個位育堂內，也設有一個學堂，這個學堂，不同於尋常善堂中所辦的義學。尋常善堂中所辦的義學，不收學費，拉幾個街頭失學的兒童，使他讀一二年書就算了。這位育堂所辦的學堂，是高級的，一樣收學費，不同於義學，雖然學生的程度可達到中學，雖然沒有英文課，卻是有洋學堂的派頭，因此不獨是許多在蘇寓公的子弟就學，蘇州本地方的子弟，也就學的很多。這個學堂不分班別，大約共有學生四五十人吧。

忽然之間，那個學堂裏的學生鬧起風潮來了。原來那時候，正在上海的南洋公學學生大鬧風潮之後，好似銅山崩而洛鐘鳴，蘇州亦如響斯應。這位育堂的學生，為甚麼鬧起來呢？說是大不滿意於哪位教師。這位教師是誰呢？便是王均卿（名文濡，湖州人，後為上海世界書局編輯，偽造《浮生六記》遺失之二記者），學生們說他傲慢與偏見，本來有四五十學生的，一哄就哄出了二三十人，去其大半。這如何辦法呢？書是總要讀的，他們就以上海南洋公學為藍本，學生出來了，組織了愛國學社，他們也要自設一個學社之類。

　　單是學生，也鬧不出甚麼事，沒有甚麼魄力的，但是有幾位家長，幾位教員，卻幫助了他們。因為位育善堂裏這個學堂，是僑居於蘇州的人士辦的，甚麼董事之類，很多官僚派，以善堂而辦學堂，還帶有官氣，雖然一樣收學膳費，不免仍有義學臭味。於是由幾位家長以及幾位號稱開明的學界中人，開了幾次會，組織了一個喚作“吳中公學社”。

　　這個吳中公學社，當時算來是自治的、民主的，有許多地方，都是由學生自主，學社裏的費用，由學生家長們公攤，房子是也一位姓汪的家長，把一所待租的空屋，借給學社用，不收租金。倒也有一廳數房，可作課堂與宿舍之用。教職員都不領薪水，有的略領一點極微的津貼。其時祝心淵自己辦了一所唐家巷小學，他是有了辦學經驗的，同人奉為指南，還有朱梁任、王薇伯諸君相助為理。

　　我本來不參加與其事的，他們託祝心淵來極力勸駕，他說：“與其蕩觀前、孵茶館，何不來幫幫忙、盡盡義務呢？”我便去當一個國文教員。

　　那時有吳帙書、吳縮章兄弟兩人，日本留學回來。吳家也是蘇州望族，他們在日本倒不是學的甚麼速成師範、速成法政，帙書學醫，縮章學理化。而他們回國時，卻帶來一位同伴，一直到如今，成為中國歷史上特殊有名的人物，你道是誰？便是蘇曼殊是也。蘇曼殊，在當時還沒有這個別號（按，曼殊的別號，不下數十個），我們只知道他叫蘇子穀。据帙書說：他是在札幌學醫的時候認識他的，他不曾到過中國的上海來。"這一次，隨了我們到上海，但他在上海又沒相熟的人，我們回蘇州，只得又跟了我們到蘇州來了。"恰巧這時候，吳中公學社的學生，要一位英文教員，以應潮流，曼殊是懂得英文的，吳氏昆仲便把他推薦到吳中公學社裏來，住在社裏，供他膳食，借此安頓了他。

當我初見曼殊的時候，他不過二十一二歲年紀吧，瘦怯怯的樣子，沉默寡言，那也難怪他，他第一次到蘇州來，哪裏會說蘇州話，而且他說的廣東話，我們也不懂。那時不獨他一人，還帶了一位年約十歲左右的男子。起初我們以為是曼殊的弟弟，後來聽說曼殊並沒有弟弟，據吳氏昆仲說：是他朋友的弟弟，但曼殊也不肯詳言其身世，我們也未便查三問四。至於曼殊自己的身世，只知道他父親是位廣東商人姓蘇的，母親是日本人，到後來說他母親是河合氏，父親蘇某某，差不多到了曼殊逝世以後才發表，這也由於曼殊抱有身世之痛，生前不大肯吐露之故吧。

也有人說：曼殊從小就在廣州的某一個寺院出家，當了個小沙彌，後又還俗了。在南社裏的一班朋友們，都喚他為蘇和尚。但在那個時候，並不像一個出家人，也不談甚麼佛學，不過他是剃了一個光頭，牛山濯濯，卻像一個和尚了。說起光頭，我又有一個笑話了：原來和曼殊一同來的吳帙書，也是剃了一個光頭的，他未到日本去以前，早已結婚了，回來後，裝了一條假辮。他家有個女傭，告假回鄉下去，及至再來時，不知主人已歸。驚告同伴道："奇怪！少奶奶房裏有個和尚！"眾皆大笑。

當時，日本留學生剪了辮子的不少，去的時候，都留着辮子，但是這條辮子頗為惹眼，只有中國人有此怪狀。日本那些刻薄文人在報紙上稱之為"豚尾"；日本有些小孩子追逐其後，呼之為"半邊和尚"。然而中國人有些還不肯剃去，為的是歸國以後，將來還須考洋舉人、洋進士，不能沒有這一條辮子呢。譬如像端方的兒子，在日本留學，把他的旅費、學費，都揮霍完了，向老頭子要錢。老頭子不答應，他說："我要剪辮子了。"他們滿洲人，怎能剪辮子呢？端方一急，便匯了一千塊錢去。曾孟樸《孽海花》上的回目，本來有甚麼"一辮值千金"回目，後來端午橋把他招致入幕，這回書便不曾寫。於是通融的辦法，大家便裝假辮子，像曹汝霖、陸宗輿等回國考試時，都戴着假辮子呢。

且說蘇曼殊最初以不通吳話故，沉默寡言，後來漸漸也聽得懂了。吳中公學社諸同事，都兼任了別處事的，也都很忙，吳氏昆仲亦難得來，曼殊不免趨於寂寞。我那時比較空閒，常到他房裏去看他，起初我們作筆談，後來也就不必了。但曼殊卻喜歡塗抹，有時寫幾句西哲格言，有時寫一首自作的小詩，即以示我，最後則付諸字簏。他又喜歡作畫，見了有空白紙張，便亂畫一番，結果亦付諸字簏。有一次，我購得一扇頁（摺扇的扇面），那是空白的，他持去為我畫，畫了一個小孩子，在敲破他的貯錢瓦罐，題之曰：《撲滿圖》（按，撲滿者，小兒聚錢器也，滿則撲之，見《西京雜記》）。但這個“撲滿”兩字，有雙重意義，那一個扇面，我卻珍藏之，可惜今亦遺失，不然，倒是曼殊青年遺墨也。

吳中公學社有兩學生最為出秀，一曰王公之，一曰藍志先。王公之自吳中公學社解散以後，不知何往，藍志先後改名為藍公武，他本是廣東潮州人，其父在蘇州養育巷開一土棧，志先恥之，乃改為蘇州吳江籍，實亦生長於蘇州。他最崇拜梁任公，作文亦仿梁任公的文章，洋洋灑灑一大篇，後入北京，為研究系中人，久不聞消息，及至最近，方知其早已加入共產黨。回想當年，是一位十六七歲的青年學生，現在大約也是皤然一老了。

但吳中公學社不到一年，即已解散，學生們便都星散，這是沒有基礎的一個學社。

在那個時候，我們還有一種戲劇性的演出。我們那時候，大家對於種族革命，似很熱烈。上海有章太炎等在那裏鼓吹，蘇州雖然不敢明目張膽，然而一派自命新派的文人，亦常常以排滿為革命先驅。清初文字之獄，最為酷烈，此刻則許多禁書，都在上海出版了，甚麼《揚州十日記》《嘉定屠城紀略》等書，讀之使人心痛，使人髮指。其中以朱梁任是個激烈分子，在吳苑茶館裏，也是那末亂說。有人問他：“你姓朱，是否明朝後裔，要是換一個朱洪武來做皇帝，我們也不贊成。"這都是戲謔之詞，梁任也期期艾艾，不以為忤。

有一天，是個下雨的天氣，朱梁任穿了一雙釘鞋，握了一把雨傘，到我家裏來。其時我已遷居，自曹家巷遷至都亭橋的承天寺前，這一條巷名很別致，喚作東海島郎山房。原來吳人佞佛，承天寺這個寺院佔地極多，從前那地方本為寺產，現在已成為民居，甚麼東海島、郎山房（疑是狼山房），都還是當日寺院中的名稱。但我家門前，卻有一個古跡，對門一口井，這口井便是宋末遺民鄭所南的一部《心史》出現的地方，見之於顧亭林的文集中。但是這雖是一口古井，仍舊為鄰近各小家所汲用。梁任來訪我，常要到井畔去徘徊，談及鄭所南故事。那一天，也是在我家上下古今，高談闊論，臨出門時，又到那井邊指手畫腳，這井邊正停了一副餛飩擔子，不知如何，他的雨傘柄一伸，把那餛飩擔打翻了，賣餛飩的拉住了他，不肯干休。還是我出去和解，因為這餛飩擔也是我家老主顧，賠了數百錢了事。

有一天，朱梁任忽然發起要到蘇州郊外獅子山去招國魂。這種玩意兒，現在想想，也大有癡意。我問："何以要到獅子山呢？"他說："我們中國是睡獅，到此時候，睡獅也應該醒了。"偏偏祝心淵、王薇伯等都附和他。還拉了我和蘇曼殊，我當時也是好動不好靜的人，曼殊是無可無不可的，這種事有幾位老先生，真以為我們發癡了。於是由梁任去僱了一條小快船，因為在蘇州作郊遊，並無車馬，總是要坐船的，還由他備了一些祭品，到獅子山去了。

記得那時候，重陽已過，正是在九月中，一路黃花紅葉，秋色漫爛，久居城市中的人，身心為之一暢。爬上獅子山的山巔，扯了一面"招我國魂"的紅旗。

朱梁任還帶了一枝後膛槍（因他的父親是個武舉人，實在當時家藏槍械也不禁的），向北開放了一聲巨響，引得獅子山下的鄉下人，莫名其妙，以為洋鬼子又來打獵了。這天，只有朱梁任最嚴肅，我們不免都帶有一些遊戲態度。我當時還作了幾首《招國魂歌》，在獅子山頭，同人大聲歌唱。那歌詞我早已忘卻了，我向來偶寫詩歌之類，都不留稿的，二十年後，在金松岑的《天放樓詩集》裏，忽然見到他卻轉載我的《招國魂歌》，而且還有他的和作。

　　談起了金松岑，我又想起了我們吳江縣同里鎮這一班老朋友了。當時蘇州一府九縣，同里一鎮，屬於吳江縣，而他們人文英發，開風氣之先。蘇府屬的同里鎮，時人比之亞洲的日本。我首先認得的是楊千里，楊千里的認得，是在東來書莊時代。因為同里鎮和蘇州城，相隔非遙，同里鎮是個水鄉，他們自己家裏都有船，家裏的傭工，都能搖船到城裏來。同里老早就有男女學校，與東來書莊也常有往來，因此千里到蘇州來，常來看我，有時也吃吃小館子，互作東道，他是一個世家子，而弟兄姊妹極多，他約我到同里去玩，他的父親是位孝廉公，似在那裏做學官。耽擱一天兩天，我就住在他家。

　　因楊千里而認識了金松岑，松岑本是南菁書院的高材生，也是同里鎮人，此刻在家鄉辦一學校。說起來大家都知道，那便是寫《孽海花》小說的發起人，後來他自己不高興寫，便讓給曾孟樸了。但那時也出版了許多小本書，如《三十三年落花夢》《自由鐘》等等，到同里鎮時，總是招待請吃飯。又由金松岑而認識了陳佩忍，後來有一時期，在上海幾與佩忍朝夕見面，那是在南社時代，此是後話不提。最後，又認識了柳亞子，他們這許多人，都是住在同里鎮的，吳江縣城內，反而顯得沉寂。但柳亞子不是同里人而是黎里人（黎里亦稱梨里），不過黎里與同里，一水之隔，相距甚近。此一輩人中，以柳亞子年最輕，那時他沒有亞子這個名號，我們只知道他為柳安和，正在松岑所辦的學堂裏當學生咧。

　　有一次我到同里鎮，是金松岑等所開的學堂裏，開了一次遊藝會，請我去當評判員，那是他們放船到城裏來接我去的。遊藝會開完以後，松岑就在學堂裏，宴請幾位評判員和教職員，大家興高采烈，行了一個酒令，是寫了許多國名，都做了字鬮兒，誰拈着哪一個國，就算那一個國的統治者。某一國對一國是世仇，或是某一國對一國，有所侵略，有所抵抗，便拇戰起來。偏偏我拈着的是俄羅斯，當時是在帝俄時代，尼古拉斯二世即位後，頗多侵略，頗多暴政。於是在座各國，都來打我。我的酒量，紹興酒只有半斤，拇戰又不擅長，喝得酩酊大醉，嘔吐狼藉，這是我生平第一次大醉。

重幃棄養

我二十七歲那一年（公元一九〇二年，清光緒廿八年），是我慈親故世之年。我母親年輕時，就有肺病，在我五六歲，她在三十四五歲時，咯血病大發，至為危殆。然而到底逃過了這個關，後來吐血病常發，在父親失業，家況窮困的時候，她常常諱疾忌醫，終是勉力支持，即使病發時，她也不大肯睡眠，因蘇州有一句古老的話：叫作"癆病忌上牀"，她說："我不能上牀"，所以仍力疾操作，人家勸她也不聽。

親戚姻婭中，均預料她是不壽的，不久於人世的。在三十四歲大病時，醫生都已回絕了，後事也準備了，以為是無可挽回了，而她卻漸漸好起來，從此就是帶病延年，一直到逝世那年，她是五十四歲了。有些略知醫理的人，都以為是奇蹟。而篤信因果的女太太們，都說她本來在三十四歲那年要故世的，因為她奉養衰姑，一片孝心，感格上蒼，所以給她延壽二十年了，到五十四歲方才身故。

當時這個口碑，是傳誦於戚鄰間的，吾舅祖吳清卿公，姑丈尤巽甫先生，尤讚歎不置。向來說是"家貧出孝子"，現在正是"家貧出孝婦"了。但在此二十年間，第一，她的睡眠不充足，每夜須至十二點鐘以後方睡，為了從事女紅，並看護我祖母，早晨往往天初微明，即起身了，至多每夜不過睡五六個小時。第二，她的營養不調和，每天的飯吃得很少，僅及常人之半，而一個月裏，都有三分之二是茹素的；便是吃葷的日子，僅有的葷菜，也是讓給老的、小的享受，而自甘藜藿。第三，她的操作太勤苦，家中常常用不起女傭，從無一刻可以安閒，勤勞若此，真是捨己拯人的仁者了。

吾母親是在正月底病倒了，直至四月十八日逝世。即在病中，凡是能力疾起來的，總是起來，照看着祖母。因為同睡在一房，她非常警醒。病到三月間，實在不能支持了。醫生說：並不是她的舊病復發，實在是她的精力盡了，正似庾子山《枯樹賦》上的話："此樹婆娑，生意盡矣。"雖有神醫，也無法挽回了。

母親直到了不能起牀時，還關懷着祖母，那時我夫婦本住在樓上，我囑吾妻，亦睡在祖母房中，可以照顧她們兩位病人。其時吾姊及姊丈，也和我們合住，可以幫着我們的忙，我則出外奔走，以求糊口之方。母親在病中，更使她受着一個很大的刺激的，是我最初生的一個女兒可青的殤亡是也。這孩子名為三歲，其實不過二十個月，卻很為聰慧，吾母親極鍾愛她，而她也極能討祖母的歡心，忽然之間，以驚風病（新名詞當為腦膜炎）不到三天便夭亡了。母親經此一悲痛，病愈加重了。

母親自得病以後，即知道自己的病是不起了，一心掛念着不能侍奉祖母到天年，她告訴我們祖母老境的悲苦，她生了兩個兒子、三個女兒，沒有一人送她的終，就只剩了一個我是兒媳，我還要先她而離開人世，其悲慘為何如？我們夫婦只得安慰她，祖母的事請放心，我們不能有一點忽略。可憐祖母這時耳已失聰，不能詳細听得我們的話，她只是坐在牀上念佛，她還希望吾母親的病體，還有一線轉機哩。

母親故世以後，我像癡呆一樣，真是欲哭無淚。家人催我辦她的後事，我已莫知所可。幸而母親的病，大家知道不起，她的甚麼壽衣、壽衾，我們都陸續預備好了。關於棺木，她極力叮囑不能比父親的好，而且不要預置壽材（祖母已預置壽材多年，而且壽衣等也都製好）。蘇州風俗，棺殮以後，停放家中，過了五七，然後開弔出殯，吾母信佛，我不能屏棄佛學，在未殮以前，便做了一堂佛事，名曰"繫念"，在靜夜中，我听了僧人們的那種安和圓融的梵唱，似覺得可以安慰母親的靈魂。

在出殯以前，發出訃聞於親友，我寫了一篇關於母親的行述，隨訃分發。在前清時代，惟貴顯人家的父母尊長故世了，方始可以有行述，倘然是個平民，雖有德行的人，身死後也不許表彰，可見當時的專制不平。

我卻不管這種體制，我就我母生前的行為，寫了一篇《哀啟》。我是一點沒有虛飾之詞的，因為吾母親一生，最不主張欺人，她自己也從未做過欺人的事，所以我的文字中，也沒有一句半句欺人的話。（那時蘇州最初有用鉛字印刷的印刷所，我所寫的行述是鉛印的。）

開弔的那一天，因為我的文友多，送下來的挽聯很不少。有的親友中，本來知道吾母親德行的，有的是看了我所寫的行述方知道的。我記得我的姑表丈尤鼎孚先生送了一聯道：

> 一諾千金，閨閣共傳吳季子；
> 鞠躬盡瘁，家庭今見武鄉侯。

這副挽聯，上聯便是說我母親脫一雙金約臂，拯救了吾父親的朋友孫君的事，那是我寫的行述上所載的。下聯是吾母親事姑的純孝，那是凡我們親戚中都知道的。這幅挽聯，雖字數不多，卻撰得渾成貼切，大概吾母的德性，在《列女傳》上也找不到，就用兩個男人來比擬了。後來知道：這聯句雖是吾鼎孚表姑丈署名致送，實在是我那位子青表哥所撰的。

自母親逝世後，我們夫婦，在母親大殮以後的當夜，便睡到祖母房裏，睡到母親一向所睡的牀上去了。這時候，吾妻震蘇，又懷了孕了，祖母的意思，不願意勞動她，僱有一個婢女睡在房內也好了，但是我們如何能放心呢？況且母親臨終時，再三叮嚀，要我們好好照顧祖母的呀。有一天，我在樓上自己房間裏，寫一篇文字（那時我在家裏賣文為生，也寫譯些小說之類），到深夜尚未下樓，吾妻年輕易睡，不及吾母的警醒，祖母起來小便，向須有人扶掖，那天她不欲驚動懷孕酣睡的孫婦，因原諒她白天操作也很忙，便偷自起身。震蘇在睡夢中，忽聞一聲巨響，急起奔至牀前，見祖母已坐在馬桶上。所云一聲巨響者，乃馬桶蓋落地聲也。自此以後，我也不敢久留樓上，即有工作，亦在樓下房裏挑燈握管了。

母親故世後，吾祖母的老境，愈益傷感。她常常垂涕道："我應該死在她的前頭，使她好好地送我的終，怎麼現在倒要我去哭她呢？"當然，這樣一位舉世無雙的孝順媳婦，先她去世，怎麼不使她悲哀？祖母那時身體愈加衰弱，但是她神志清朗，雖然睡在牀上，不能行動，可是家事由她處分。有些事，母親在日，由母親處理，原是不必要費她老人家的心呢。

我自從母親故世後，一直沒有離家，連上海也難得去。可是到了明年的初冬，在蘇州有幾位同志發起，蘇州沒有女學堂，別地已有發起設立的，如上海、杭州等處，吾吳文化素著，不應後人。朱梁任說：他在閶、胥兩門之間的城腳下，有祖傳的一塊空地，可以捐出來造房子，在造房子的時間，他也可以募集一點錢。但是有兩位同志說："要等到造好房子，方始開辦，未免太遲緩了。真是要辦，房子可以先行租定，城裏空房子很多，便是吳中公學社的房子，還是空着呢。有了學堂的基礎，再造房子不遲。我們不妨在今冬即先籌辦起來，籌辦成熟明春即可以開學。"

我也主張這一種計劃，但是所說的先行籌備起來，這籌備卻先從何處着手呢？因為在蘇州開女學堂是破天荒，別處卻已有先開辦的。第一步，不如先到別處已開辦的女學堂去參觀一下，並徵求他們規模、章程之類，以供參考。倘到別處去參觀，先到何處去呢？上海是開風氣之先，自然先到上海了。第二步是請甚麼人去呢？他們便一致公推了我。一、因為他們都有事羈身，而我較為空閒；二、我到上海比較熟悉，認識的人多；三、請我調查以後，將來開辦時，便含有推我做該學堂的主任的意思。

我答應到上海去了，可是這一去，卻抱了終天之憾。臨去時，得了祖母的許可，規定連來去是三天。她那時神氣非常安閒而清朗。我問她：“要些甚麼東西嗎？”她說：“上海如有文旦，買一隻回來，別的都不要。”那時候，蘇州雖然也有這種果品，但來得很遲。我約定三天回來，雖說不作遠遊，三天諒無妨礙，誰知我到第四天回來時，已素幃高懸，靈柩在望，我見了一個頭眩，昏暈倒地了。

　　原來我到了上海，可以供我參考的，只有一個愛國女學社，是中國人自己辦的，那時務本女塾等等都不曾開辦咧。其他，有幾個教會女學堂，都在外國女教士主持中，我都是不熟悉的。我於是只得去訪問愛國女學社了。那時候，愛國女學社是在蔡子民先生（元培）主持下，蔡先生我本來也認識的，我去訪問時，他極為懇摯，詳細指示一切，又介紹我見林宗素女士（林萬里之妹）。

　　蔡先生听了我說蘇州將開女學，甚為興奮，並且他說：如有可以幫忙之處，願盡力幫忙。我要向他徵求愛國女學社的章程規則、課程表之類，以便參考進行。他說：“今天來不及了。”他此刻匆匆地還要去上課，明日當檢齊一份，以便閣下攜歸。因此我明天下午，再去向蔡先生叨教一番，因此之故，不免多延遲了一天。

　　我在家臨行的時候，沒有關照家中，到上海住在甚麼地方。因為左不過來去只有三天，也未能決定住在哪家旅館。到了上海，也沒有寫信回去，誤就誤在這個上，太覺大意疏忽了。祖母在我動身的那一天白天，還是好好的，夜裏還吃了粥，不改常度，誰知到了明天清晨，一口氣便回不過來了。這天是農曆十一月十六日，吾祖母享壽八十四歲。

　　震蘇和吾姊，一時束手無策，連忙到桃花塢去，通知吳硯農表叔（其時吾舅祖清卿公已逝世，硯農叔為祖母之侄），他們一來了，便料理祖母的後事，震蘇主張打電報給我，但上海這樣一個地方，人海茫茫中，這電報打到哪裏去呢？從前有金粟齋譯書處等，他們是知道的，現在連我最後從事的珠樹園譯書處也解散了。本想打電報到中外日報館，因知道我是看《中外日報》，登一廣告，傳此噩耗，促我即回，後亦未果。硯農表叔道：“這就嚇壞他了，我們這位老表侄，身體素弱，上下那種小輪船，尤應小心。老姑太太（他們呼我祖母）得終天年，命中注定無兒孫送終，現在我們定明日大殮，能在此時期回來最好，否則也不能停靈待了。”吾妻也不能堅持定要我回來大殮，他們便這樣安排決定了。

　　為甚麼硯農叔說命中注定無兒孫送終呢？據說：祖母年輕時，曾有一算命人，算她的兒女雖多，卻無一送終的人。祖母共生二子三女，厥後，我的三位姑母，相繼逝世，我的大伯早夭，及吾父故世而星者之言大驗。祖母常引蘇州的兩句俗語云：“裝得肚皮寬，哭得眼睛酸”，為老年喪子的痛語。自我生長後，有人私詢這算命者，問：再下一代如何？其人搖首道：“恐怕也靠不住。”這話不令祖母知，他們以為我亦不育，或者先祖母而死耳。父親故世後我便是承重孫，孰知鬼使神差，為了籌備女學事，我離家往滬，而實踐了即一孫也不能送終的妖言。

　　到了我去上海的第三天，祖母便成殮了，因為祖母的身後一切，早就預備齊全的了，壽材（即棺木）壽衣（入殮所穿的衣服），在十年前早已預備，還有身故後焚化的經懺錠箔，她在病中，自己也早以安排。其他喪儀佛事，都有吾母故世時候的前賬，不過祖母的喪事，都要比母親豐裕些，所用款項，在我未歸前，均硯農叔代付，日後由我歸還。不豐不簡，一切也還滿意，所最不滿意者，就是在祖母臨終時，未見一面，沒有送她的終。到了第四天，我方才回家，竟只見廳堂中停了一具黑漆的棺木了。孔子說：“父母在，不遠遊，遊必有方。”這便是我的罪名。我見了那隻上海帶來的文旦，禁不住熱淚盈眶呀。

葬事

　　自從吾父親和母親故世以後，即寄柩於城北在桃花塢背後之輪香局厝所（其地亦名五畝園）。每歲春秋兩季，前去拜奠。人死後以早日安葬為宜，古今中外一例。古語云："入土為安"。現在人家，往往以華屋為山丘，停棺不葬，為人後者，終覺心中不安。當父親故世時，我以年幼，且這筆葬費也無着。母親故世後，我正籌備父母合葬，卻又適逢祖母故世了。我那時便籌備父母及祖母葬事了。這事便與硯農叔商量，他極為贊成。

　　向來蘇州人家辦葬事，隆重而麻煩，沒有葬地的，便要購買葬地，還要請教風水先生，橫看豎看，這一種成為封建時代的學術，為的是祖宗的墓地，關係着子孫的榮枯。我們卻沒有這種麻煩，因為我們本有墓地，在蘇州西郊鄉下的白馬澗，我的祖父朗甫公，早已葬在那裏了。這是吾祖母的父親吳炳齋公，幫助吾祖母經營的。所以離他們吳家的墳墓，也很相近，我往祭掃時，有時也與他們吳家一同去的。

　　我家還有一個祖墓，這個地名，叫作臥九嶺（是否這兩個字，我還未深考），那個地方較遠，我們去掃墓，從白馬澗要翻一個嶺過去，那是我的高祖以及曾祖等的葬地，那個墓規模很大，佔地很廣，這一帶鄉下人稱之包家墳，我跟了父親，在十四五歲時便去過，但不加修理，很多荒圮，有許多樹木也被人砍伐了，我們的宗族凋零，只有我們一家去祭掃，因為路遠，一天工夫來回很迫促，也不能年年掃墓。

　　這白馬澗一處，墓地雖小，頗為緊湊，對面是青山，四圍是松林，鄉下人呼之為"綠山"，究竟是哪一個相同的字音，我未查志書，怕志書上所未載。我家的看墳人（蘇州人稱為墳客），是一個寡婦，年約三十餘歲，她的丈夫名阿罩，我們呼之為阿罩娘娘。每逢年底，必到城裏來，送些鄉下土物，以及冬青柏枝之類。吾祖母則留宿、留飯，饋贈頗豐。有一次，阿罩娘娘來說：在我們的墳後，本來是沒有路的，現在鄉下人為了貪便利，行捷徑，走出了一條路來，禁止不可，不知有礙風水否？祖母問我怎麼辦？我素來不信風水之說，隨口胡謅道："後面有路，是最好的了。"其實既然在我們墳外，如何可以禁得住，除非筑一道圍牆。筑圍牆又很費事，正是他們的生意經來了。而且鄉下人的事，你要禁止他行走，他偏要行走，就生出事來了。

蘇州有句古老的俗語，叫作："鄉下人打官司，城裏人做墳。"意思是說鄉下人打官司，必定要到城裏來，請教於城裏人，這時要吃城裏人的虧。反之，城裏人做墳，必定到鄉下去，仰仗於鄉下人，可是也要吃鄉下人的虧。撇開鄉下人打官司不說，城裏人到鄉下去做墳，的確對這班鄉下人有些不容易對付。他們是地理鬼，對於做墳的事，比城裏人內行熟識得多。他們知道城裏某一家大戶今年要來做墳，那就是他們的好生意來了。甚麼土工、石工以及關於葬務上的工作，你總逃不出他們的手，而且他們每一鄉一村都團結好了，不許別鄉別村的人，來侵襲他們的範圍所有權的。

我們白馬澗這個墓地，在支硎山腳下，為支道林養白馬所在地，因此得名。春二三月，遊人到天平、范墳諸勝地，倘在掃墓以後，坐了山轎，到日落時，還來得及一遊。那地方的婦女，也以抬山轎為業，十八九、廿一二的鄉下姑娘，抬了山轎行走山路，其捷如飛。我有一次掃墓時，船泊環龍橋，有兩婦人，一老一少，搶着要抬我這一肩山轎。抬至半路，略事休息，我見那少婦翻開桃紅色袖子，還是一位新嫁娘，問之果然，原來此兩人一姑一婦也。我問老的道："她多少年紀？"說是十九歲，我說："怎抬得起山轎？"那老的道："前幾天，貝家大少爺，一個大塊頭，身重二百斤，也是我們婆媳抬了走。"

最奇妙的，她們放下山轎，便從事於刺繡，這一鄉村，婦女刺繡，也是一種職業，所繡的一為神袍，一為戲衣，北京、上海等地戲班裏所穿的袍服，都取給了蘇州，而蘇州各繡莊，則放此工作於鄉村婦女呢。

我於建築墓地的事，完全是個外行，這又不得不請教於硯農表叔了。他們的賬房裏，有一位胡琴孫先生，他是一位熟手，最近清卿公的葬事，也是他經手辦理的，與鄉下人接洽得很為妥當。而且吳家的墳與吾家的墳，相離不遠，鄉下人也都認識他，呼他為胡師爺。不過我們的墳和吳家的不能相比擬，他們的規模大，我們的規模小呀。所以我請命於硯農叔及胡琴孫先生，懇他們幫助我辦理這件葬事。經他們都答應了，硯農叔就託胡先生陪我籌備一切，擇日即盤柩下鄉了。

我們當時便僱了兩條船，一條大的船，裝載了祖母及父親母親三具柩；一條小船，便是向來我家每年去掃墓的那條小快船，載了胡先生和我兩人。從城裏出發到白馬澗，也需要行程三四個小時哩。再說：這塊墓地只夠吾祖父母和吾父母的四個穴位，我們夫婦的穴位是沒有的了。當時我曾想：就在吾祖父母和父母的墳地相近，買一塊地，為我夫婦及兒輩將來葬身之地，則我們死後，也可以魂依左右。一時有這個思念，卻也未曾實行，因為我時常出門遠遊，離開了家鄉，東奔西走，迄無定所。又因世變日亟，內外戰爭，逃了好幾次難，哪有閒工夫，辦理此事，況且現在經營公墓，提倡火葬，對於墳墓的事，不足注重。我寫此回憶錄時夫婦都已七十四歲了，身在異鄉，未知能否歸骨故鄉，那麼幾根枯骨，不知兒女輩如何措置它呢。

我辦理這葬事，是在我二十八歲的冬天了（一九〇三年，清光緒廿九年），那一天棺柩入土的時候，正在清晨（名曰開金井），天氣嚴寒，還飄了幾點雪，鄉下人又說是吉兆，很難得遇到的。我辦了酒飯魚肉，請他們吃了一頓，我和胡琴孫先生說：他們很認真勞力，我們宜寬待他們一些，不可苛刻，所以這班工作的人，也無所苛求。仗了胡先生的精明，處理得很好，這地方的鄉民也還是良善的，不致被敲了竹槓，可是我們也沒有虧待他們呀。到底我們不是大戶人家來做墳，他們也加以原諒。

營葬以後，我對於祖母以及父母的事，好像是有了一個歸束。在這期間，卻又有使我悲痛的一事，乃是我的子青表哥逝世了。他是可以不死而竟死了，更為令人可哀。譬如我的盟弟戴夢鶴，他的肺病已深，無可挽救，而子青表哥是身體素來強健，別無病痛，他比我長兩歲，今年剛三十歲了吧。因為這時他們一家都患了最屬害的喉症，首先是他的母親傳染了。那時蘇州並沒有醫院，僅有在葑門天賜莊美國教士所辦的一個小醫院；喚作博習醫院，僅有數張普通牀位。並且這時候中國人不相信西醫，尤其所謂上流社會，即使有醫院，也不願把病人送到醫院裏去，雖然有許多病是要傳染的，還是守在家裏，預防之法，並不嚴密。只有相信中醫，而中醫卻不善治此種傳染的惡疾。

那時他的母親（是我的姑母，非吾祖母所出，是巽甫姑丈的續弦，母家江氏），也知道是傳染病，叫子青哥趨避，他不肯听，因為他事母至孝。結果，他母親死了，他撫屍痛哭，他也傳染而死了。此外，他的夫人兒子，當時亦都傳染，幸而未死。子青哥死了，我哭了他好幾場，他是我的兄兼師的，我沒有兄長，視之如親兄，而哥亦無弟，愛我若胞弟。我們這個表兄弟，有勝於親兄弟也。他在幼年時，即拘束於家中，別無朋友，且亦難得出門，我想他的朋友除我之外，就很少了。我有甚麼要想發起的事，他都做了我的後援，如印《仁學》、發刊《蘇州白話報》等等。他的環境，為舊勢力所包圍，然而他是趨向新的路上走。我在外面，得到風氣之先，有時對他報告，對他啟發，他也很以為是。他的對於時代評論，個人學識，我亦為之心折。不想他乃殉身於舊道德，這是很足以悲痛的。他有兩個兒子，都是我的學生，後來也未能出勝，次子又早故世，長子溫如，頗為落拓。子青哥生前有一些著作，不知何往，屢次詢問溫如，思為編集，他卻模糊其詞，我又與他家人久別，思之不禁泫然。

我自從祖母故世以後，打破了"父母在，不遠遊"的古訓了。我覺得株守家鄉，太無意味，至少出外謀一個工作，目的地當然在上海，我倘然在上海工作，而家眷則仍在蘇州，也沒有甚麼不便。現在內河小輪船，愈開愈多，蘇滬之間，一夜可達，將來火車一通，不是更加便利嗎？這時滬寧鐵路，已在建築，先開通蘇滬一段，蘇州鄉人稱之為"旱火輪"，在齊門外已在鳩工儲材了。我以賣文為活之生活，亦足自給，因為家庭開支很省，我每月所得儘夠支持，這隻冷板凳我是要遠遠拋棄了。

　　不過我雖有此計劃，而未能積極進行，上海雖然也去過一兩次，也沒有甚麼機會可遇。而且我是不大願意於求人的，並非高傲，實是懶散。在蘇州呢，朋友之中，除了幾位略有新思想的，都遠離家鄉，出門去了。蘇州那時也真太安閒了，屈指計之，有數種人：第一種是紳士。蘇州可稱是紳士最多的地方，因為蘇州科舉發達，做大官的人多，有的做京官，告老還鄉；有的做外官，歸營菟裘；不但是本地人，外省、外府的人，也都到蘇州來，以為吳風清嘉，而且又是江蘇省城，因此冠蓋雲集，互相交遊。至於本地的紳士呢？也有些擔任地方公益慈善事業，此外便是親朋們的應酬，婚喪喜慶，衣冠跪拜，一天到晚，便是忙着這些事。第二種便是富家子弟，保守財產者，家裏有田地房屋的產業，不必出而謀事，所謂安富尊榮之輩，一切外事不問。每天叉叉小麻雀，踱踱觀前街，了此一生。還有吸上了鴉片煙的，吞雲吐霧，重簾不捲，短笛無腔，說是吸上鴉片，可以保守產業，不至於外出狂嫖濫賭，任意揮霍了。第三種就是屬於我輩號稱所謂知識階級了，弄弄詞章，畫畫山水，遊遊花園，拍拍曲子，也可稱逍遙自在。最苦的是一班素以教書為業的老學究，雖欲改造而也無從改造起了。

　　前章說的為了籌辦甚麼女學堂，到上海去調查，以至不能對祖母親視含殮，心中正是鬱塞。祖母故世後，在家守孝三十五天，照例不能到人家去（舊俗，在此期間，到人家去，人家視為不祥），朱梁任雖來看我，我也只約略告訴他，把所徵求的規章都交給了他。他們也覺得當時要我上海去而鑄此大錯，心中有些不安，所以一直也沒有對於此女學有所進行。這件事還沒有一個基礎，大家一鬆淡，就此鬆淡下去了。而且我還有一個私心，我是不願意長處蘇州的，如果女學辦成，要我做主任，我又在蘇州生了根了。還有如果子青哥不死，他一定能幫助我，今則已矣，尚何言哉？大家意志渙散，女學僅一場空論。

到青州府去

當我正在佗傺無聊的當兒，忽然有到山東青州府去辦學堂的一事。

先是那一天，我婦翁陳挹之丈，來視其女，並對我說道："昨天遇到彭誦田先生，詳問你的地址，說是要來訪你。"我覺得很為驚異，蘇州彭氏，是吳門第一家大鄉紳，狀元宰相，簪纓不絕，其發甲還在潘氏之前。他們世居封門，俗稱旗竿里彭宅。所以稱為旗竿里者，因他們住宅門前，有八根旗竿（清制，凡狀元、大學士，門前都得豎有旗竿，可以懸旗），因是得名。不過到了清末，也沒有人做大官了，但誦田先生，還是一位兩榜，當了京官好多年，至今解組歸田，在地方上當一名紳士。

那個時候，好像端方在當江蘇巡撫吧，自命為開通人物，也想屬行新政。為了地方自治張本，請省內紳士擔任公益事務。其中有一個節目，叫作"講鄉約"，在清代的皇帝的諭旨中，也常有此一條。幾位紳士主其事，他們自己不講，約了幾位老學究來講，每逢三、六、九，在玄妙觀裏壽星殿開講。從前"講鄉約"，大概依照《聖諭廣訓》中詞意，推闡一番，現在不免要變通一些了。我的岳丈，便是講鄉約老學究之一，而彭誦老則為輪值之紳士，他們所以相識。我這時急急問道："為甚麼要訪我？有甚麼事嗎？"我岳丈道："好像是關於辦學堂的事，他未詳言，我不大清楚。"

我想：辦學堂的事，一定是彭氏小學堂的事了。彭氏小學，吾友汪棣卿等諸人在辦，何須來問我？難道辦女學的事，又有人發起了嗎？胡思亂想了一陣，不過想到彭誦田先生到吾家來造訪，我的房屋湫隘，他們是轎馬出入的紳士，也許我不在家，有失迎迓，他是鄉前輩、鄉先生，既有所事，不如約了日子，我去拜訪他。吾岳丈亦以為然，說：「你是晚輩，應當如此，明天我給你約定日子，你去見他就是了。」

兩天以後，我去拜訪彭誦老了。他是不住在封門旗竿里老宅裏，住居在他的丁香巷新宅裏，招待在他的花廳會客室裏。原來是他的一位親家曹根蓀先生（名允源），也是蘇州人，丙戌進士，由部曹而外放山東青州府知府（當時中國府治尚未取消，故各省知縣之上，有知府一級）。

清政府廢科舉，辦學堂，諭令全國各省，每一府要設立一個中學堂，每一縣要設立一個小學堂。青州府這個中學堂，已經設立了，但看看不像是一個學堂。曹根翁是由京官而外任，已經很幹練了，但是辦學堂是個外行，他想請一位懂得辦理學堂的南方人，整理此事。

那位曹根翁便拜託了這位彭誦老了，要他在蘇州物色人材，因為聽說近來家鄉風氣開得很早，學堂也開得不少，最好聘請一位家鄉中人，而於新舊文學都能貫通的人，來辦理這個學堂，他可以放心了。彭誦老又說：「這個青州府中學堂監督的事，我想閣下一定能夠擔任，所以我前天同你令岳丈說了。」我那時不免有些受寵若驚，這是我的自卑感，試思我是一個讀私塾出身的人，從未進過洋學堂，一向坐那些冷板凳的人，忽然要我去當一個官學堂的監督，如何吃得消呢？甚麼叫作監督，監督就是現在所稱的校長，在前清初辦那些官立的大中小學校的時候，不稱學校，而稱學堂；不稱校長，而稱監督；這也很奇怪。

這個到山東辦學堂的事，忽然飛到我頭上來了，真是睡夢裏也不曾想到，正不知彭誦老何以看中了我？我當時辭謝了，我說：「我一則年輕學淺；二則我也沒有辦過學堂。現在我們蘇人中，到日本去學習過師範回來的人很多，何以不請教他們呢？」但是彭誦老卻一定要我去，他說：「我已考慮過了，覺得你去是最適宜的，我已問過幾個人，他們也一致推薦你。老實說：到山東去辦學堂，要比蘇州容易得多，曹根翁又是我們的同鄉，你不必推辭了。」

我還說容我思考，彭誦老竟好像已經決定似的打電報到青州府去了。後來知道他也詢問過別人，一則，他們因為不要那班在日本留學回來的師範生；二則，蘇州人怕出遠門，誰願意老遠到山東這個地方去，他們在蘇州舒服慣了，起居飲食，都不方便，家鄉有個職業，就安居樂業吧。還有，誦老有位公子，號彥頤，在日本留學多年，我和留日學生的蘇州同鄉，常有接洽，也許是彥頤將我推薦，不過誦老並未說出來罷了。

回家與震蘇商量：從前因為祖母老病，不能遠離，現在祖母已逝世了，所謂男兒志在四方，正好向各處走走。恰巧有此機會，山東也好，山西也好，雖然沒有辦過學堂，粗枝大葉，約略也曉得一點。縮在蘇州，覺得不大有出路，上海一時也沒有機緣。不過現在去山東，不帶家眷，往後再說。山東與江蘇，雖為鄰省，已是北方氣候，起居飲食，一切都有些不同了。

決定以後，彭誦老去電，青州知府曹允源的關聘便來了。因為那個中學堂，是屬於青州府的官立學堂，青州知府領有個督辦名義，學堂裏的一切經費，都是府裏開支的。監督由府裏聘請，這個學堂監督，好像與府主有賓主關係，似從前書院裏的聘請山長一般。我的薪水，是每月白銀五十兩，因為青州地方，不用銀圓，更無洋錢，還是以銀兩計算的（小數目則用錢票）。五十兩銀子，恰好是一隻元寶，在南方可以兌換銀圓七十元左右。我自從受薪以來，以每月束脩二元始，至此亦可算是最高階級了，私心竊喜，學佛者也不能戒除這一個貪字呢。

隨着關聘而來的，還致送了一筆川資，是五十元，那是彭誦老處代墊的了。以五十元的川資，從蘇州起身到青州，大概是很敷用的了。那是從蘇州乘小火輪至上海，在上海耽擱一二天後，便乘搭海輪到青島，然後再由青島坐膠濟鐵路的火車，便到青州，也可以算得跋涉的了。

那時候，我還有兩位同行的人，卻也不很寂寞。原來青州府中學堂，還聘請了一位教英文的教員杜安伯君，那也是曹根翁託彭誦老介紹的。

那位杜君的父親，也是一位老先生，我在朱靜瀾師讀書的時候，他與朱師為老友，常來訪問，早已識他，卻已忘其名。現在這位杜安伯君，是上海南洋公學畢業的，年不過二十四五，新結了婚，這回去青州，帶了他的新夫人同行，有此伴侶，也是有興味的事。

我到了上海後，急來抱佛腳，買了一點近來新出的關於教育的書，以供研究。自己想想好笑，我還是做教書先生，舊教育改換新教育，換湯不換藥罷了，終究跳不出這個框子。安伯夫人是第一次到上海，雖然無多耽擱，也不免要稍事遊玩。我沒有攜眷同行，也只有訪問訪問幾位老朋友。第一件事，我們便要去定好到青島去輪船。

那個時候，差不多大半個山東，全是德國人的勢力。為了在曹州殺害了德國兩名教士，他們便佔據了膠州灣，開闢了青島租借地，第一條鐵路由膠州灣直達山東省城濟南，這便是所謂膠濟鐵路。一切統治管理權，都屬於他們的，就是從上海到青島的輪船，也是德國的商船辦理的。非但侵奪吾國的航海權，連別國也不許問津。我們當時便託旅館裏的賬房，先去定好了船，那家船公司，喚作亨堡公司，有好幾條船，在中國沿海駛行。上海和青島的船，每星期對放一次，行走只有三十六小時，那船的名字，我已不記得了。船主當然是德國人，船上的買辦，便是中國寧波人，本來德國的商業，在上海、天津，已經佔很多數了。我在這時候，只乘過江輪，還不曾乘過海船，我的身體又很弱，惴惴然，怕的是要暈船。但想到反正只有三十六小時，無論如何有風浪，總還可以忍受吧？

我們定的是房艙，艙中共有四榻，兩上兩下。我和杜安伯夫婦共三人，空了一榻，也不招外來人了。我睡在上榻，讓安伯夫婦對面睡下榻，這樣的上下牀，似乎很為適宜。安伯新夫人，不過二十一二歲，而且是纏了小腳，她從來未出過遠門，上船下船，都要人扶持。一面要照顧行李，一面要扶持這位新夫人。不比我沒有挈眷同行，行李較為簡單，他們有了女眷，甚麼東西都要帶了走。這也難怪，因為各處的習俗不同，不能不預為之備呀！

我們當時乘的那條船，是一個外國文名字。房艙每客十餘元，連飯菜都在內，飯是到賬房裏去吃的，全是寧波菜，好在我們都帶了路菜。一出吳淞口，稍一顛蕩，我已坐不起來了，不要說行動吧。我恐防要嘔吐，把一隻洋鐵面盆，放在枕邊，幸而還沒有吐，但安伯夫人已掌不住了。那時只聽東有嘔吐之聲，西也有呻吟之聲，雖然茶房來招呼吃飯，只好敬謝不敏了。

好容易熬過了三十六個鐘頭，船到了青島，我們都住在一家喚作悅來公司。這家悅來公司，也是寧波人所開設的，從前沒有旅行社，而悅來公司卻已有這個規模。他們從事轉運事業，招待往來旅客也是一部分的業務，我們是在船上早接洽好的了，好在那幾條船上，從買辦以次，也全都是寧波人。近幾年來，中國開關商埠，第一個先到的便是寧波人，其次的方是廣東人。

他們開疆闢土，勇往直前，這個功勞着實不小，商場裏沒有寧波人，就像軍隊裏沒有湖南人一般，不能成事，並且他們鄉誼極重，拔茅連茹，便自然而然地集合成市了。

德國人對於山東土著的人，太不客氣了。名為青島，其實是個膠州海灣，德國人沒有來時，是一片荒寒的海灘。然而那個地方，冬暖夏涼，氣候最佳，雖近北方，是個不凍海岸。為甚麼德國人一下子便挑了這個地方呢？可見他們覬覦已久，中國有此好地方，不加注意，別人家早已留意，一旦有事，乘隙便來攫奪了。德國人來了以後，斬荊除棘，便在這個區域以內，把居住在這裏的土著，盡行驅逐出去，要建造西式房子，不許造中國式的房子，原來住在這膠州海灣的山東人，都移到一個喚作大包島的地方去，真是喧賓奪主了。

山東人本來也是以強悍著稱的，登、萊、青一帶，綠林中人也很多，他們也不怕洋鬼子。據說：德國人待之尤酷烈，初來的時候，也曾吃過山東人的苦頭，後來他們定打了一把極大的剪刀，捉了強盜來，就把他齊頸一剪刀。有人說:"這太慘酷了。"他們說:"你們中國人捉了強盜來,也不是殺頭嗎?哪裏去找道地的劊子手,這不更爽快、更簡捷嗎?"這是悅來公司的賬房先生講的。

他又說:"在青島可分別出四等人來。"我問:"怎樣的四等人?"他說:"第一等人,不必說了,自然是他們的白種人,尤其是德國的官商,志高氣揚,不可一世。第二等人,中國的官員,或是濟南省城來的,或是別省大官,經過此間的。第三等人,便是我們南方來的商人,和他們有生意上往來,他們好像客氣一點。第四等人,對於山東的土著鄉民,十分虐待,簡直奴僕不如了。"听了這樣的分成階級,真令人痛歎不置的。

我們在青島只耽擱了一天,明天便搭了膠濟鐵路的火車,到青州府去了。膠濟鐵路的火車,也分三個階段,便是頭等、二等、三等。購買火車票,我們早就託了悅來公司去辦理,我們初來此間,搞不清楚的,原來購買膠濟鐵路的火車票,分用三種幣制:如買頭等車票,用銀兩;買二等車票,用銀圓;買三等車票,則用銅圓(這種銅圓,是青島特製的,他處不可通用)。

起初,我問悅來公司:"中國人也可以坐頭等車嗎?"因為我坐到青島來的德國輪船,中國人就不能購最高級的艙位,如一般人們所說的大餐間之類,故有此問。他們說:"很少,總是外國人居多,不過他們也沒有規定不許中國人乘坐。"我想:既然沒有規定中國人不可以坐,我們何妨坐一次,即使價錢貴些,究屬有限(因為膠濟路直達濟南,在青州府只不過全路之半),但杜安伯不贊成,他的不贊成是合理的,因為我只是單身,而他帶了夫人,卻要出雙份呢。

我們到了車上,我看了看頭等車,頗為華麗,每間可坐六人,另有玻璃窗可以關住。二等車也還好,是長條的皮椅,亦甚清潔。但三等車便不堪了,三等車並無坐位,所有旅客,都坐在地上,行李雜沓,有的便坐在行李上,鄉下人的魚肉菜蔬,也雜亂地放在那裏,腥臭難聞,那是別處鐵路的火車上,從未有的。

頭等車裏果然都是外國人，可是二等車裏也有不少外國人，在我們的車廂裏，便來了一個德國兵，正坐安伯夫人的對面。這些德國小伙子，對於中國的婦女，不大有尊重的態度，目灼灼看着安伯夫人。但是你不去理他，他也不敢怎樣無禮。安伯卻是懂得英文的，他有些看不慣，便操着一句英語說道：“她是我的太太。”不想那德國兵，也戲謔地操着英語，指指自己的胸脯道：“不，她是我的太太！”這時安伯夫人已面漲通紅，而安伯也弄得很窘。我忙說：不要理他，他們不過開開玩笑而已。果然後來那個德國兵，見我們不理，他也沒有甚麼無禮態度，過一站，便下車去了。

　　不過德國人，在膠濟鐵路上，已是驕橫成習了。數年以後，有一位黃中慧君，在膠濟鐵路頭等車裏，被德國人拖了出來，因為黃中慧是個名人，上海各報都登載了這則新聞。不知為了何事，也似我的要硬坐頭等車嗎？黃君憤恚，要與膠濟路辦交涉，小事一椿，有何交涉可辦。所謂“弱國無外交”，中國積弱之餘，被外國人欺負的，豈僅黃中慧一人呢。

記青州府中學堂（一）

火車到青州府車站，約在下午兩三點鐘，因為在青島已經打了一個電報去，府衙門裏已經派人到車站來接了。

安伯夫婦和一位先在青州府中學堂教算學的胡菊如同居，他們早先已約定了，我沒有帶家眷來，就住在學堂裏。

我到學堂還沒有坐定，正想去拜謁這位青州府知府曹根翁，堂役忽報：“太尊來了！”太尊者，知府的尊稱（清制：知縣稱大老爺，知府以上，方稱大人，不過太尊是知府專有名稱）。原來在青州府的文官，以知府為最尊，他每次出衙門，必定要放炮吹打，所以合城皆知，他要到哪裏去，也先有人快馬通報，因此學堂裏，也先已得到了消息，堂役們即趕緊來通報。

果然不一刻兒工夫鳴鑼喝道，府大人已來了。他是翎頂輝煌，朝珠補服地坐在會客廳裏，這就使我很窘了。因為那時穿了祖母的孝服（我母親的孝服未滿，又接穿了祖母的服，因為我是承重孫），雖然有一套素衣冠，卻不曾帶來。這時他衣冠整肅地先來拜客，而我卻便衣出迎，未免失禮不恭。但這也無可如何了，不過我當時和彭誦老曾經說過：我是不懂官場規矩的，誦老說：曹根翁最和易可親、熟不拘禮的，到此也沒有辦法，只得穿上了一件布馬褂，便去迎接他。我以鄉長者之禮，依蘇俗喚他為老伯，並請一切指教。又說：“在守制中，未具衣冠，殊為不恭。”他說：“我們概不拘禮。”又說：“我們做了官，只能衣冠桎梏的了。”

這個青州府中學堂監督，是青州府裏聘請的，好像人家請了一位西席先生，而他們以尊師之禮，一定要先來拜見。他去了以後，我立刻便去回拜。他請我在花廳相見，甚麼升炕啊、獻茶，完全是一套官場儀式，使我真有些吃不消。幸虧我在南京蒯禮卿先生處，稍為懂得一些，不然，真的要鬧出笑話來咧。譬如官場的會客送茶，那茶是不能輕喝的。倘然主人招呼用茶，或是客人自己端茶，旁邊的僕從人等，立刻高聲喊"送客！"客人便立刻起身了。但是我呢？當主人端茶時，他便招呼一聲道："隨便喝！"只這"隨便喝"三個字，僕從們有了暗示，便不喊送客了。

　　為了學堂的事，我初來時，茫無頭緒，自然要和他詳談一下，他也談得非常坦白而誠懇。他說："我們是科舉出身的人，當京官磨蹭了好幾年，放了外任，對於現在辦學堂的事，完全外行。至今要政府屬行新政，通令外省各府要辦中學堂，各縣要辦小學堂。這裏本來有個雲門書院，我把它改辦了一個中學堂。起初以為也照從前的書院制度，選取幾個高材生，在此肄業就是了。哪知現在的新法必須要英文、算學、理化等等，要成為一個新式學堂規模，那就要請一位專家來辦理了。彭誦翁推薦閣下到此，一切都要借重了。山東雖是聖人之邦，風氣卻還閉塞得很，據說：青州一府，還算是較優秀之區咧。"

　　原來青州府城內有三座學堂，一座是青州府中學堂，那是青州府辦的官立學堂；一座是益都縣小學堂，這是益都縣辦的官立小學（益都縣是青州府的首縣），還有一座是青州鹽業學堂，是省裏辦的，而由益都縣兼管的，因為這地方宜於養鹽呢。這三座學堂以外，便只有私塾了。晚清自拳變以後，上下內外，都想變法屬行新政，辦學堂對於外任府縣，上司有個考績，不能馬馬虎虎，於是他們遂有不得不辦的趨勢了。

　　青州府這個中學堂，對於學生真是優待極了。不但是不收學費，而且供給膳宿，所有膳宿費一概不收，並且還有膏火，真是極盡招徠之道。因為當時此地風氣未開，父兄都不願子弟到這種他們目為洋學堂裏去讀書。青州一府所轄有十餘縣，十餘縣裏的青年子弟，都可以到青州府中學堂來肄業，然而來者卻很寥寥。在我初來的時候，學生還不到六十人，但到後來漸漸擴充，到我兩年以後走的時候，也仍不過八十餘人。因為學生全都住在學堂裏（他們是各縣來的），齋舍有限，再添學生，便要再建齋舍，並且府裏的辦學經費，也有一定限度，不能隨意擴充呀。

　　學生是由各縣保送而來的，並不是像科舉時代的縣考府考的考取的。據說：當時徵求學生，也和徵兵一樣難。貧家子弟，不是沒有讀書的，他們大都務農為生，要在農隙時，方才讀書，誰能捨農業而出門讀書呢？富家也持保守主義，不相信那種用夷變夏之法，他們還是相信科舉不能廢，考試有出路。所以這個中學堂，雖是極力徵求，百般提倡，來者究竟不多。

　　我在這個中學堂裏，卻有幾位學生，年齡比我大的。我那年是二十九歲（舊曆虛歲），他們有年齡過三十歲的。

　　這時候大家拖着一條辮子（我也拖着一條辮子），我見那些學生，有的是紅辮線的，有的是黑辮線的，不解何故？因之請問於那監學李先生（他是監學而兼庶務的），他是安徽人，年約五十左右，是一位老山東了。他告訴我道：“這裏面有分別，凡是紅辮線的，是沒有結婚的人；黑辮線的，是已經結婚的人。”我一看，學生中黑辮線的人很多，那都是已結婚的人了。已結過婚的人，要他們當學生，住在宿舍裏，半年不得回去，無怪他們視學堂為畏途了。

　　這些學生中，有已進過學的秀才四五人，而且還有一位舉人先生，這使我很為慚愧，因為我只是一名諸生，而我的學生，卻是一位孝廉公，這如何說得過去呢？我便去請教曹根翁，他說：“他雖是個舉人，學問也淺薄得很，他是本地益都縣人，其人頗想知道一點新學，他要進中學堂來，我們也不好拒絕他呀。或者，請你特別給他談談，他是只領膏火而不住齋舍的。”我便約了他談談，此公姓李，年不滿三十，果然，除了八股之外，一無所長。但其人甚為謙抑，常對我“老師”“老師”，叫不絕口。我想：在我們江浙兩省中，一個舉人，往往目空一切，而自命有紳士資格了。

　　這個中學堂，是此地的雲門書院改造的，雲門書院不知何時建造，我未考據，大約甚古。因為距離非遠，就有一座雲門山，在青州是著名的。自從改了中學堂後，只不過把房子修飾了一下，無多改建。據說：本來是沒齋舍的，後來添建了齋舍。這些齋舍，土牆泥屋，與青州那種普通民房一樣，作為學生修習之地。學堂中空地甚多，如果經費充裕，再添造數十齋舍，也綽有餘裕。進大門後，一條很長甬道，直通到大廳，這個廳現在已改為課堂了，東西兩側為會客室及學監室。後面一大院落，還有廳室、房舍，我與有兩位住在學堂裏的教員們，便住在那裏。旁側又有一園子，園雖荒廢，但是裏面古木參天，都是百餘年前大可合抱的柏樹。進門以後的甬道兩旁，也排列着很多的柏樹，還豎立着幾塊碑碣，是一種學院威嚴的氣象。

　　我到了第二天，便和學監李先生，同到各處巡視一下。第一件事是改正課堂。原來的課堂，朝南正中，設一師位，桌上圍一大紅桌帷，上設筆架及朱墨筆硯。學生的桌子，坐南面北，正對着師位。我命他們立即撤去，這不像是課堂，而像衙門裏審官司的法堂了。乃改為師位向東，甚麼大紅桌帷，及朱墨筆硯等，一概除去。並命製了高一尺的講壇，又備了一黑板及粉筆之類，學生的坐位，也改為坐東向西。這個課堂，已改為嵌玻璃的紙窗了，倒也很明亮。但是中間進門處，卻又裝了一個大紅黑鑲邊的棉門簾，這是北方規矩，不必去改它。

　　原來這學堂最初設立時，只有國文，教師有總教習、副教習等名目。至於英文、算學、理化等課程，都是沒有的。國文先生上課，沒有一定時刻，他要上課了，便令堂役向齋舍去搖鈴召集。上課時，教師並不點名，亦不講解，命學生們圈點甚麼書（從前書本，都無圈點的），由教師指定，師生們均默坐無嘩。不過有些學生，看書有看到疑難的地方，可以請教老師。老師坐在課堂上，覺得有些倦了，隨時可以下課。此外便是學生們到齋舍的自修時期。那些學生肯自修嗎？看閒書、着象棋，還算是安分守己的，否則便溜出去胡鬧了。

學生上的甚麼課呢？曹根翁已告訴過我了，他曾經託人在上海買了十部《資治通鑑》（某書局石印的），分給學生們圈點，供給他們研究史事之用，這便算是歷史課了，至於地理課卻是沒有。處在這時候，中國也沒有甚麼合乎中學生的教科書，只不過選讀幾篇古人的文章，如《古文觀止》一類的東西。不過我們此番來時，在上海，杜安伯為了選取英文教課書，我也選取了幾種合於中學程度教材與參考書，以資應用。自然這一回，要定出一個課程表來了。每一天，上課幾小時，逢星期日休假，不能再像從前那樣馬馬虎虎了。

學生的齋舍裏，我也看過，髒得不成樣子。我寫了幾張條子，請學監李先生，貼在齋舍裏，要他們保持清潔，自己掃除。所有被褥衣服，要自己整理。學堂裏所用工役有限，不能來服務，要養成學生自治之風。學堂裏雖然也有幾個茅廁，然而學生們都喜歡在草地上大便，糞穢狼籍，臭氣熏人，因請李先生招人把這幾個廁所修治整潔，以後再不許他們在草地上大便。飯廳裏也去看過，學生們是吃饃饃的。（南方人呼為“包子饅頭”，又稱“高腳饅頭”，作橢圓形。）

此外有小米子粥，煮得非常稀薄，也有幾樣蔬菜，大蒜是家常必需品了，肉類就很少。我們南方去的先生們，是吃大米飯的，雞肉葷腥，魚類比較少一點，無論如何，不能與他們學生同餐。學生們的飯食是包給廚房的，每一學生，每天若干錢，學生告假，卻要扣算的。但是廚子卻來訴苦，說是：“先生們（他呼學生為先生，呼我們為老爺）在飯廳上儘管吃，我們沒有話說，但是他們吃完以後，還要帶幾個到齋舍裏去，常常鬧饃饃不夠吃，我可虧負不起呀。”

我問李先生：“果有此事嗎？”他說：“確有此事。因為這個緣故，廚子不肯包飯，便換了幾個廚子。而且每次開飯，學生總嫌廚子饃饃太少，不夠吃，甚至要打廚子，飽以老拳。他們每一餐，要吃四個饃饃，像我們南方人，吃兩個已經夠飽了，可是他們吃了四個，還要帶着幾個走，廚子就吃不消了。"我說："現在只有理喻他們一番，如果在飯廳裏，不要說四個，就是五個、六個，也盡他們吃，要帶出去，可是不能。"李先生去勸說了一番之後，學生們不承認把饅饅帶出去。我說："不承認最好！所謂'有則改之，無則加勉'，只要以後不帶出去，那就解決了。"

但是過了兩月，廚子又不肯做了，說是先生們依舊帶饅饅出去，並且敲破了他的盤子。那個時期，蘇滬之間，學生鬧飯堂，風行一時。記得我友葉楚傖，在蘇州高等學堂肄業，也是為鬧飯堂而被開除。（說來可笑，飯廳裏每桌坐學生八人，有一樣菜，喚作"蝦滾水豆腐"，是蘇州家常菜。端上來時，楚傖用筷子一撈，說我們有八個人，而裏面的蝦只有七隻，怎麼吃呀？於是附和他的同學，便把台面一翻，捲堂而去。）其實這是當時學生不滿於高等學堂監督蔣君，鬧飯堂是借端發揮，楚傖被開除，就此走廣東鬧革命去也。

不過我當時想到學生果然喜鬧事，廚子也多刁頑。就是說砸破了一隻盤子，這種粗劣的盤子，能值幾文錢，他便大驚小怪地把破盤子，送給我看，好像是我打破了的，我心中很是生氣。我就說："廚子不肯做，另換一個。"李先生雖是唯唯答應了，但是他說："府裏限定學生飯食費若干，廚子若是虧本，誰也不肯做的。"

那時學生又舉代表來說："廚子供給饅饅，不夠吃飽。"那我真擔當不起呀！傳到曹根翁處，他要說：我是請你來辦學堂，卻叫學生餓肚皮。我發狠道："我也上飯廳，與學生同吃饅饅。"幾位南方來的同事，勸我道："何苦呢？你的身體不大好，吃一星期，就得生胃病。況且他們仍舊拿饅饅，你近視眼，看也看不見。"

我試了半個月，實在吃不消，因為我從小嬌養慣，父母寵愛，對於飲食的營養，向來是好的。後來做了教書先生，適館授餐，都是富家，待先生饌肴，又都是最豐的。從來也沒有吃過這樣的飯食，但是在我飯廳裏同食的時候，卻還安靜，以後廚子又向學監先生囉唆不已了。他們的齋舍，我是通常不大去的，因為這是李先生的責任。有一天，我偶然進去觀察一下，卻見齋舍裏剩餘的饅饅，丟在牆陰屋角，任它霉爛，如此暴殄天物，實難隱忍，明明拿了，而又矢口說不拿，而且拿了以後，又儘量糟塌，這我可生氣了。於是我請李先生，站在從飯廳到齋舍的通道中，一個一個地搜檢，搜出了一大堆。因為他們所穿出的大褂子，袖山有一尺多寬，藏幾個大包子在內，還綽有餘地呢。

　　因說：這一次不記名，搜出的還給廚子，以後可不能再拿，要記出他的名字來了。這位李先生，初時還不敢搜檢學生，恐怕得罪了他們。他是一位好好先生，越是不敢得罪他們，他們也就不大客氣。我說："你不要怕，由我負責，越怕越不成功，你若一再讓步，那鬧飯堂、打廚子的風潮就來了。"但是我後來想想，也不免自悔孟浪，青州府的學生還是馴順的，要在上海等處學潮正盛的時候，敢於搜檢學生，我這中學堂監督，怕不被他們拳而逐之嗎？

記青州府中學堂（二）

到青州府中學堂後，有一事，覺得很難忍受，便是學生見了老師，必定要"請安"。所謂請安者，就是屈一膝以施敬禮，那個風氣，是滿洲入關帶進來的，在北方是盛行的，而且他們已習慣成自然，見了尊長，必須如此。即使一天見幾回，便請幾回的安，在路上遇見，亦當街請安。可是我們南方人，實在覺得不慣。我一到學堂，便想改革此風。

一則，像那種屈膝請安，不免帶有奴性（在南方僕役對主人帶點官氣的，也行此禮）；二則，他向你請安，你也要還禮吧？不回禮似乎有點倨傲（本地尊長對於下輩是不回禮的），如果要回禮請安，我們很不習慣。

於是我們南來的教員們提議，把請安改為打拱、作揖，然而學生們對於打拱、作揖都不習慣，他們的打拱作揖，自下而上，好似在地上捧起一件東西來。見了這種打拱作揖，各教師均掩口胡盧而笑。於是我出了一個主意：以後學生見師長，既不要請安，也不要打拱作揖，只要垂手立正就是了。這個禮節，起初學生們還不大習慣，忍不住還有請安，後來漸漸地矯正了。

談起請安，在北方，子弟見尊長，僕役見主人，下屬見上司，都要請安。他們做官的人，很講究此道，請安請得好，算是風芒、漂亮、邊式。做大官的人要學會一種旋轉式的請安，假如你外官初到任，或是到一處地方，有許多比你低級的，環繞着向你請安，你要環繞着回禮，這種請安，名之曰"環安"。你要弄得不好，踏着自己的袍子，一個失錯，向前跌衝，那就要失態了。還有所謂請雙安的，屈兩膝，身體一俯，也要講究姿勢，滿洲婦女優為之，從前的官宦人家都要講求那種禮節。

我的話又說野了，言歸正傳的說，初到青州府中學堂時，也頗有種種趣事：譬如課堂裏的紅桌帷，以及種種紅的色彩，我都叫他們除去了，但是這個會客廳的紅椅靠、紅炕枕等等，他們都不肯換。原來在中國一向以紅色為吉，以白色為凶，尤其是在官場，做官的人，更為迷信，一定要觸目見着一些紅顏色的。他們因為客廳裏是太尊時常要光臨的，他來了，如果見一白無際，沒有一點紅顏色，是官場所禁忌的。他們既如此說，這本是官學堂，不脫官派，只好聽之。其他可改者改之，不可改而無傷大雅者，也只好聽之。

關於商量課程的事，首先是國文。國文教員本來有兩人，都是本地青州府人，有一位已辭職去了，他們就是上課不規定時間，而上堂只是圈點《通鑒》的，曹根翁告訴我：他已經在濟南請了一位教員來了，這位教員，是一位四川先生，姓張的。

英文與算學，是杜安伯與胡菊如兩人分擔，這兩人都是南方來的（胡菊如是寧波人），但又新添了理化教員兩人，這理化教員哪裏去請呢？就是在上海，當時能教理化的人也難覓呢。可不知青州府有一個天主教堂，據說教堂裏也辦有一個小學堂，卻介紹了兩位理化教員來，一位姓白，一位姓黃，每星期來上兩次課，那都是府裏請他們的，我可全不管。說老實話，我也不懂甚麼理化，這黃、白兩位先生，自己帶了一本書來，口中念念有詞，我也不知他們講些甚麼東西。

寫到此，我又有一些插曲了。有一天，府裏先來通知了，說是今天下午，有兩個外國人來參觀學堂了。甚麼外國人，我起初以為又是甚麼德國人來亂搞吧？便請李先生來一問，原來就是本地天主教堂裏的兩位神甫，要來看青州府的新學堂了。我說：“我們要怎樣招待他們嗎？”李先生道：“不必！隨便領他看看好了。”果然，到了下午，這兩位神甫來了。我以為既是外國人（說是美國人），必然是西服筆挺，或者穿的是教徒的制服。一見之下，卻是長長的藍布袍子，大大的黑呢馬褂，腳上雙樑緞鞋，雪白土布的襪，頭上一頂瓜皮帽子，頂上還有一大紅帽結。除了高高的鼻樑，深深的眼睛以外，完全是一個山東人打扮，而且還是道地的山東口語。李先生引領他們到課堂各處去看看，口中不絕地說："好！好！也是！"一副謙恭下士的態度。我想：外國人到中國內地來傳教，也穿了中國內地的衣服，按照中國的禮儀風俗，這真可謂"深入民間"呀。

　　我來當這個中學堂的監督，本來可以不擔任教課的，我的關聘上，也沒有要我擔任教課。但曹根翁的意思，想要叫我擔任一點課，屬於訓育之類，隨便你高興講甚麼，就講甚麼。上了課以後，可以認識了這班學生，不至於太隔閡，也可以親近起來，這話是無可厚非的。而且我也覺得太空閒了，好像有點無功食祿，於心不安。但是我可以講點甚麼課呢？要我可以擔任，而學生們可以听得進的才對。後來我想出一法，我說：我試講講《論語》如何？曹根翁大為贊成。我和曹根翁，都是從八股出身的人，對於《論語》當然很熟，到了明天，立刻送了官書局精印的一部大版《四書》來。

　　於是排出課程，我每一星期上三次課，規定在星期一、三、五。我們這個中學，僅有一間課堂，並無班級，真是簡單之至。我的講《論語》怎樣講法呢？說來也甚可笑，就是用作八股文的老法子，選了一個題目，寫成一篇講義。不過八股是有排比，有規制，這所謂講義者，算是一篇散文而已。我這個講義，卻並不是高頭講章式的，有時把時事、新政，都穿插在裏面，學生們倒也覺得新鮮可喜，如果宋儒理學大家朱、程二先生當今之世，那是一定要呵斥我這小子離經叛道的了。

　　這個中學堂，雖然也有暑假與年假（那時中國還奉行夏曆），但是學生們每逢春、秋兩季，必定要告假回去十餘天。春天是春耕時期，秋天是秋收時期。因為他們在學堂裏，固然是長袍短褂，是一個學生，回到家裏，脫去鞋襪，自己可以下田，而且他們都是自耕農，沒有租佃的，他們名正言順地來告假，我可以拒絕嗎？我忽發奇想，和曹根翁商量：

我們這學堂,不放暑假與年假,或縮短暑假與年假,而改放春假與秋假,使學生得以便於農事,豈不甚佳。曹根翁道:"您的意思甚善,但每年各學堂要放暑假與年假,是政府的通令,我們是個官學堂,不能違背政府的法令呀。"

我辦這個中學堂,總算是很為順手。第一,曹根翁的言聽計從,從不掣我的肘,自然我提出的計劃,提出的要求,也是在他範圍裏做得到的,並不強人所難。還有,那學堂的經濟權,握在府署裏的,學堂裏有所需要,如與經濟有關係的,當然要與府裏商量,經過批准。一年以後,風氣也漸漸開了,又因為當時那種官辦學堂,優待學生,各縣的學生,也很多願意到這個府中學堂來就學。似乎這六十位的學額太少,我常與曹根翁討論增額。

曹根翁也願意增額,但是增額先得籌經費,而且要向省裏去請示,不是貿貿就可以的。因為學生都是住堂的,就得添建齋舍,假使我們增額到八十人,那得再添造齋舍十間(以兩人住一間,原有學額是六十名),並且一切飯食雜費,都是由學堂供給,培養一個學生,一年要經費若干,那是要通盤籌算一下的,而且要經省裏核准。可是到了第二年,曹根翁居然籌出一筆經費來,添建齋舍,學額增到八十名。

我在青州府中學堂時,只有兩件事,與曹根翁有些不愉快,但過去以後,也就諒解,並無一點芥蒂了。

在第二年開始,省裏有命令,各中學堂要添設體操課,青州府中學堂本來沒有體操課的,乘年假我回到南邊來時,曹根翁便託我請一位體操教員。我道經上海,和朋友談及此事,那時有位徐念慈君,他是常熟人,正幫着曾孟樸在上海辦"小說林書社"。他說:他有一個弟弟號粹庵,可以擔任此事,粹庵是學過體操的,年紀很輕,不過二十多歲。我以既是老朋友的弟弟,當時也便即行約定了。

我們同到了青州,山東學生對於體操一課,甚為高興。我於此道,實在外行,據說也都是日本學來的,名之曰兵式體操。曹根翁還託我在上海定了六十套操衣操帽，我便轉託同回上海的胡菊如兄，操衣操帽是灰色呢的，有些仿德國兵的制服。（這一項冠服，上海製就後，運到青島後，為德國人扣留查詢，多方解釋，始得放行。）學生大概出於好奇心，也很高興穿這種制服。雖然把辮子塞在操帽裏，棉襖裹在操衣裏，也顯出一種尚武精神來。至於操場，學堂裏有的是曠地，不過那裏都有樹木，徐粹庵還討厭這些樹木，說："地小不足以回旋。"我笑說："這不過幾十個人罷了，難道是一師一旅，要甚麼大操場嗎？"

過了幾月，粹庵說是經學生們請求，要甚麼盤槓子、踏鞦韆架的玩意兒。他說："這是屬於柔軟體操的。"我想：山東學生，懂得甚麼柔軟體操呢？是你這個體育教師的新貢獻吧。當時甚麼網球、籃球之類，內地尚未夢見，每天喊着"開步走！""立正！"太無意思。姑徇所請，在操場上置一架鞦韆架。但學堂裏每有所修建，都是要由府裏派人來的，於是寫信到府裏去，請置一鞦韆架，府裏也答應了，但遲遲不來裝，以為此乃不急之務，幾及一月了，粹庵又來催我。我說："再等幾天，待我面見曹根翁時，提起一聲吧。"

這時，我家眷已到了青州，我便不住在學堂裏了。那一天，到學堂時，粹庵很高興地告訴我道："鞦韆架已經做好了，請你去看看吧。"我說："那就很好，府裏派人來做的嗎？"他說："不！是學生們自己做的。"

我想怎麼是學生自己做，急往看時，原來是截去了一棵柏樹，把它橫釘在另外兩棵柏樹中間，下面係了兩條粗繩，懸住一塊板，據說是學生合力動手，而粹庵自然是總指揮了。

但是無端截去了一棵柏樹，被釘的兩棵柏樹，也受了損傷，那是一個問題來了。因為本地人對於這些柏樹，很為寶貴，他們是不肯加以戕伐的，青州府中學堂的前身是雲門書院，地方上的公產，算是借給府中學堂的，當時的點交清單上，還列明柏樹多少株的，怎麼可以隨便砍伐呢？雖然這事不是我做的，可是我要負責的。當時我埋怨徐粹庵，為甚麼不通知我，讓學生擅作主張，但樹木已經砍下來了，枝葉已經丟掉了，所謂既成事實，又有甚麼辦法呢？

果然，曹根翁知道了，對於這事，大不高興。他雖然譴責徐粹庵，但我覺得就是譴責我。他是一個愛惜名譽的人，以為學堂裏做一個小小鞦韆架，而砍去一棵可貴的柏樹，地方上人一定嘖有煩言。我不得已只好寫了一封謝罪的信去，自承己過。截下來的一棵柏樹是無法想了，幸而是較細的一棵；被釘的兩棵，把它解放了，也還不致有大損傷。此外便請府裏，立刻來做鞦韆架。我笑語同事各教員道："為了老柏，卻使老伯不大高興（因為我呼曹根翁為老伯），以後我們要謹慎些呀。"

另有一事，卻較嚴重了。原來那時的山東巡撫為周馥（號玉山，安徽人），他不知有甚麼事要到青島去，與德國人有甚麼交涉。從濟南乘着膠濟鐵路火車到青島，要經過青州府的。省裏先有一個通知，給青州府知府，意思是說撫憲路過青州府，要令本府全體學生，到火車站列隊迎送，以示本省興學有效。

那時府裏就派了一位幕友，到學堂裏來通知一聲，說是明天撫台大人過境，應請監督率領了全班學生，到火車站排隊迎送。誰知這位幕友，碰了我一個釘子回去。我說："不但是我不到車站上去迎接，連學生我也不叫他們到車站上去迎送。"我說："辦學堂是為的造就人才，不是為官場中送往迎來用的，今天接一個撫台，明天送一個藩台，一天到晚，都是跑火車站，不必再讀書了。"

那位幕友，碰了我一鼻子的灰回去，府裏覺得這事弄僵了，又怪那位幕友不善措辭，又推了一位高級幕友王鴻年先生來。此人也是一位知縣班子，他很能宛轉陳詞，他說："朗兄的意思，太尊很以為然，學生豈是要他們送往迎來的。不過據兄弟們的意思，省裏既然要我們去接，我們也不能不服從。也許他們要看看我們的學堂辦得怎麼樣了，學生們整齊不整齊，倘然我們太倔強了，別的沒有甚麼，怕的與太尊的考程有礙。我想如果朗兄不高興去，請派了監學李先生去，也無不可。"

我听了王鴻年的話，只得轉意了，便說："既然如此，就請監學先生帶了學生們去吧”。於是傳諭學生，明日到火車站迎候撫台，恭听訓誨。可是學生們消息很靈，已知道了這事，便來問我，要去不要去？我只得推說：“我穿了素服，沒有衣冠，有所不便；再則我頭痛發燒，火車站上風大得很，所以李先生陪了你們去。”結果，學生去了十分之七，十分之三沒有去。

這件事，在第一次的這位幕友（安徽人，忘其姓名）來過以後，我就有一點悔心，覺得言語也說得太激烈。試思中國官場，哪一個不奉承上司，惟上司之言是听。曹根翁是位長者，又是一位好好先生，這事怕要損了他。不過前次那位幕友，神氣得很，好像命令我率領學生去接官，我是有點傲氣而吃不消呀！如果我對學生一番申說，學生都是青年，他們一鬧彆扭，那大家都不願意去，那真是弄僵了。

到晚上，監學先生陪了學生回來了，我問怎麼樣？他說：“不但學生們沒有見到撫台，連太尊以及益都縣也沒有見到，說是一概擋駕道乏。據說：撫台大人在專車裏睡中覺，概不見客。”我問：“那麼他也不知道學生們車站上接他嗎？”他說：“他哪裏知道？學生們在車站上站了班，只見一個武巡捕，手裏抓了一大疊手本，喊道：‘哪一位學堂裏的頭腦？’‘哪一位青州府中學堂的？’他望着那班學生發怔，後來我迎上前去，他說：‘着學生一概退去！’我們听了，也就退出來了。”

這件事，那位幕友初回到府裏去時，不無媒蘗其詞，說我怎樣不近人情，而曹根翁听後當然也就不大樂意了。到了王鴻年來過，我並不堅持學生不去車站，也贊成監學可以陪了他們去，他也漸漸釋然了。及至火車站的情形，他也自己親眼看到時，也覺得甚沒意思。其實周馥並不注意甚麼學堂與學生，他也並不要學生去車站迎送他，都是那班下屬討好上司罷了。那時周馥已是七十多歲了，是一個聾子。有人說：“他其實並不聾，關於遇到尷尬的事，他便裝着聾子，沒有聽見。”他在他的專車裏閉目養神，但並沒有睡着，深得前清做大官的技術，語云：“不癡不聾，不作阿家翁。”

青州風物

　　我在山東青州府計兩年多，第一年，未帶家眷去；第二年，方攜我妻震蘇及新生的一女可芬偕往。幸而有幾位南方教員，已攜有家眷在此，即以本學堂而言，有杜安伯的夫人，她是蘇州人；有胡菊如的夫人，她是上海人，也是最近從上海來了。此外，府尊曹根翁的兒媳，也是蘇州人，他便是彭誦田的女兒。此間首縣益都縣知縣李擂臣（祖年），一家又都是常州人，他的衙門裏師爺，大半是常州人，而攜眷來此者亦甚多。

　　青州府的房屋，也盡是北方式，庭院卻很大。我們家中，僱用一個老媽子，和一個僮兒。老媽子名張嫂，年約四十左右，做事很勤懇。僮兒年十四五，名喚犬兒，也很活潑誠實，及至我們回南時，他堅欲跟我同去，我以其母在青，未允攜歸。本地人多睡炕，我們不慣，然此地無藤墊、棕墊之類，只有高粱稈子所做的牀墊，睡了倒也覺得很為安適。此間無樓房，全都是平屋，較講究的方為磚地，否則都是泥地而已。

　　自膠濟鐵路通車後，青州府適在鐵路的中心點，亦漸成為山東一大城市。故此間居然也有洋貨出現，洋貨來自上海的，也有來自天津的。日用必需之物，如洋皂、洋火之類，市上亦均有售處，不過本地人卻難得用。各方來此的人也不少，便帶了那些舶來品來了。市上購買雜物，數目少的用錢票，從一千到十千（一千即名一吊），那種錢票，都是破爛不堪。數目大的用銀塊，幾兩幾錢，臨時用天秤稱之，旁置一夾剪，分量如太重，則夾去一塊。

　　青州府僅有一條熱鬧的大街，店肆林立，我們如果買過一兩次東西，他們便認得你了，叫得出你的姓，知道你住的地方。

　　大概他們對於南方人，是一望而知的。假使你買了東西，身邊的錢不夠，你儘管拿走好了，他們信得過你。掌櫃和夥計，都是很客氣，買了東西出來，常常送你到門口，口中不絕地道謝。最妙者，這裏有一個郵政局，局長也是青州府本地人，此外有一兩位郵差兼助手。我們和他熟極了，寄信可以坐到他辦公桌上，自己打郵戳。因為來信有一定時間，膠濟路的上行車與下行車，都在青州府交車，而我們有信沒信，只要等火車站上的郵差回來，便知道了。

　　在青州府的第二年，上海的《時報》已出版了，我便去定了一份《時報》。本來學堂裏也有一份《新聞報》要等府衙門裏看過後，然後送來，已隔了好多天了。我在南京誚公館的時候，《中外日報》新出，我就自己定了一份《中外日報》。人家說，這是我體己的報，實在說：報紙總在日求進步，《中外日報》出版後，報紙有一進步，《時報》出版後，報紙又有一進步，我是不喜歡墨守而喜歡創新的。

　　我從學堂裏回到家裏去時，郵局是必經之路，我最注意的，今天有沒有報紙寄來呢？還有我所購的新書、所定的雜誌，有沒有寄來呢？那時並沒有信箱之類，那位郵局長給我安放在一處，我喜歡自己去領取。最可笑的，是在第一年，我要寄家用到蘇州去，而青州和蘇州的郵匯不通，並且幣制不同，因為蘇州是用洋錢的，青州是用銀子的。但是小包郵件是可通的。郵局長說：“你可以把整隻的元寶，當小包的郵件掛號寄去，已經有人試過了。”恰好我的每月薪水是五十兩元寶一隻，於是由麻布包縶縫好，到了蘇州，由公估局估定，到錢莊兌換，倒極為便當了。

　　我喜歡吃閒食，也是我們蘇人的習慣吧？青州也有乾果店、糕餅店，其食品也為可口，我有時也常去光顧。中秋時節，也有月餅，但這種月餅，不同於蘇州月餅、廣東月餅。我乃知全中國各處，都有月餅，除了一例是圓型以外，便有種種的不同。我也曾吃過七八種不同的月餅了，倘然開一個全國月餅展覽會，倒也很有興趣呀。此間宴客，以海參席為最闊綽的了，不有甚麼魚翅之類，可見山東是個簡樸守儉之鄉。家常菜則豬肉雞鴨之外，魚類較少，蝦蟹更少見。

還有，此間的菜蔬頗佳，膠州白菜，尤所馳名，味極腴美。本地人吃麵食，山東麵粉，在美國麵粉未來傾銷以前，亦為國中首屈一指。他們不大吃油，南方人則非油不可，此間本地人是吃得很苦的，但我們都有得吃，一切不受甚麼影響。這時香煙還不曾流行，我們南方人，都是吸旱煙與水煙的。我在四十歲以前，甚麼煙都不吸的，但是青州人卻喜歡吸一種黃煙，短短的一根煙管，藏在袖子裏。我初到這中學堂裏，有許多學生，都是吸那種黃煙的。有一天，那位國文先生正在上課，我到課堂裏去看看，卻見煙雲繚亂，原來那些年長的學生們，一面聽講，一面偷偷地在吸煙。我便下了一個諭帖：“學生們不許吸煙”，但也只能辦到上課時不吸煙，他們的齋舍中不能免了。

這種黃煙，是山東本地出產製造的，氣味很不好聞，我在學生們走近身時，就聞到這種味兒，因此知道他們還在偷吸的。（還有他們喜歡吃大蒜，這氣味亦殊難聞，但是不能禁止的。）又有時，在路上遇見了他們，總見他們手中攜着一枝短煙管，下垂一個煙荷包，見了我，連忙把煙管藏在背後，但我早已看見，也只好佯作不見了。

益都縣是青州府的首縣，縣令李撎臣先生（名祖年，江蘇武進人，年約四十許），他也是一個進士，所謂榜下知縣。這人很開通，我們常常到他的縣衙門裏遊玩，走得比府衙門還勤，因此他們有幾位幕友，我們也都熟識了。倘到府衙門裏去，必定要有甚麼事，或是謁見太尊，而縣衙門卻由我們隨便到處亂跑，加以李撎臣又是好客健談，對我們一點不搭官架子。在前清，無論哪一個縣衙門，都脫不了紹興師爺。惟有益都縣衙門裏，竟找不到一位紹興師爺，所有刑名、錢穀，都是常州人。初意，我以為這位李大令引用同鄉之故，後來知道當幕友的常州人，在山東卻有一大部分勢力，在紹興師爺的勢力範圍內，可以分一杯羹。

那時候，中國司法尚未獨立，審官司乃是知縣的職務，我在家鄉，從來不踏進縣衙門裏去，也有朋友，約我去觀審，這時刑訊尚未廢除，當用刑時那種慘呼哀號之聲，我不忍聞。現在到了青州，在益都縣衙門裏，我倒看過幾次審強盜，審奸情的案子。

審強盜，用夾棍，用天平架，說起來，"三木之下，何求不得"，但這還不算非刑。但是山東民情強悍，盜案最多，有些在刑求之下，死去活來，他們咬緊了牙關，死不肯招。我問擂臣："何必要用嚴刑呢？"他說："這些都是證據確實，一些沒有冤枉的，不過刑事重口供，如果沒有口供，是不能結案定罪的。"

至於有些奸情案，他都在花廳上審問，這些都不是上等人家的事，女的本來不是甚麼天姿國色，到這時候，做了監犯，也都是面黃肌瘦，憔悴不堪了。男的更是醜陋，斷不是戲劇中所描寫的蘇三起解，三堂會審了。重大的案子，女犯也要用刑，用幾枝小木棍，夾在指縫內的，名為梭子，把它收緊了，據說是痛徹心肺的。我笑向李擂臣道："你這樣焚琴煮鶴，不太煞風景了嗎？"他說："這是國家法度。不過那種奸情案子，到了你們小說家的筆下，總是幫着女人的，可以裝點成一篇戀愛傳奇小說，而我們總是酷吏呀！"

青州府也有土娼，我們學堂裏教英算的胡菊如，在他太太未到青州來的時候，為了解決性慾，曾去領教過。縣衙門裏有兩位師爺，也做過入幕之賓，他們很熟習這種門徑。有一位姑娘，大概是十八九歲，說是此中翹楚，胡菊如和她發生了關係，留髡之夕，嫌她的褥不乾淨，把自己的鋪蓋，先派人送了去，明天再送回來，一時傳為笑柄。我笑說："你真是《詩經》上的'抱衾與裯'了，古來只有女人如此，今乃出於男子。"

我以好奇心，每到一個地方，要看看那邊的娼妓風俗，除家鄉以外，在上海，在南京，也都曾跟了朋友，到過妓院。但此刻到底是一個學堂監督，不敢問津。有一次，在我學堂裏的辦事處，從紙窗裏，塞進一張匿名信來，上面寫着："英文教員胡老師，在某一夜，到某土娼家裏，品行有虧……"云云。我給胡菊如看了，他承認不諱，確有此事，那就可以知道學生們也恰巧光顧到這土娼家裏,被他們撞見了。我經此一嚇,愈不敢去觀光了。

然而到我卸了青州府中學堂監督之任,在離青州前幾天,終究觀光了一次。那位姑娘穿了一套紅棉襖、綠褲子,紮了褲管的,不大不小的腳,臉上粉白脂紅,額上留了一圈劉海髮,背後拖了一條大辮子,這是她們的時髦裝束。她體健軀高,似一匹高頭大馬。她的裝飾是土氣極了,但是活潑憨跳,不作遮掩羞態,倒也有天真可取處。青州府無論男女,都比較全省為俊秀。我想:就像這位姑娘,改換了裝束,衣以錦繡,教之歌舞,到了通都大邑去,不就成為一位名伎了嗎?

青州地方,氣候可以養蠶,土壤可以種桑,因此在那裏,開辦了一所蠶桑學堂,那是一個省立學堂,而由益都縣縣令為之監督。裏面所請的教員,大半是浙江省的杭州與嘉興人(記得有一位鄭辟疆君,還有朱君,已忘其名,他們都是史量才的同學)。因為杭州先有一個蠶桑學堂,而他們都是在此中畢業的。山東本來出生一種野蠶,名曰柞蠶,織成了一種絲織物,光潔堅實,銷行各省,稱之曰府綢(因由濟南府銷行,故名),又號繭綢(我曾有此質料之一袍),現在既是考察下來,山東宜於桑蠶,氣候與土壤都適合,於是就在青州開了一個學堂,這也是開風氣的意思,而這筆經費,也是益都縣所開支的呢。

這個學堂,在養蠶的時期,概不上課,完全實習,那時的學堂,便成為養蠶場了。過此以後,便依然上課,大約與普通學堂相同。照中國古時說法,養蠶以女子為宜,亦應招致女子的。但山東的女界,尚未開通,而且還都是纏了小腳的,所以這學堂全是男生。學堂中除了學生以外,教員中是清一色的南方人,所以我們也常去遊玩。我曾詢李擶臣:"養蠶是婦女天職,何不設立一女子蠶業學堂?"他說:"一個男學堂維持也不易,還設立甚麼女學堂。"至於男女同學,當時還未敢作此想。

青州府蠶桑學堂,也是我們常去遊玩之地,因為那些教員,都是南方人。有一次,我們到那裏去遊玩,他們剛購置得兩架顯微鏡,那也是蠶桑學堂的必需品，所以為檢驗蠶子之用。他們告訴我："可以看一切微生物，並可以看人類的精蟲，你要試試吧？"我以為開玩笑，但他們說："不開玩笑，我們朱先生已經試過，就是用佛家所謂'非法出精'的手術，在玻璃片上驗過。"我說："到底精蟲是甚麼樣子的，可以賞鑒嗎？"他們說："形似小蝌蚪，有條尾巴的，很為活潑，我們不能製標本，看過只好放棄了。"

那個蠶桑學堂，我也曾去教過半年書，那是李搢臣一定要我去的，這學堂監督是專任的，不能兼職，我怎能擔任別一個學堂的教課呢？可是後來李搢臣竟直接與曹根翁說了，我只得去擔任了。我便把嚴復的《赫胥黎天演論》，給他們講解，學生倒也愛听。原來這個學堂裏的學生，不僅是青州府一屬，別一府縣的學生也有。有了這個學堂，便開了青州府養蠶的風氣，現在相隔了四十餘年，久未通訊，不知怎樣了。

我在家眷未到青州去的時候，一年回南兩次，便是暑候與年假。家眷去了以後，便又住了一年有餘，我的身體不大健全，航海時常要暈船，也因青島與上海往來，航線沿岸而行，每多風浪，但也有時風平浪靜，比了坐長江輪船，還要穩定。

第一年的年假回蘇州去後，交新年我已三十歲了，本預備過了新年，即攜眷至青州，但我的生日在二月初二日，許多親友，欲為我小做生日（蘇州有句迷信俗語，叫作"三十弗做，四十弗發"），且因此為我餞行，故我的行期，便須延遲數天，預備到二月初四、五日動身。誰知到了正月底，青州府卻來了一封電報，要我速即來青。因為"學生不受約束，夜間踰牆出遊，太尊晉省未歸，擬派一營兵，駐紮學堂周圍，以阻學生跳牆。"

我得電大駭，因想這可要鬧出事來了，甚麼派營兵駐紮學堂周圍，是甚麼人的主張，而太尊又晉省拜年去了，必是那些幕友們的輕舉妄動。我立刻打了一個電報去："請將學堂門夜間勿鎖，儘讓學生們自由出入，營兵未駐者勿駐，已駐者即撤，請待我來處理。"原來學堂規定在正月二十日開學，學生在未開學前，已紛紛住堂，以齋舍為旅舍，而正月下旬，青州府尚有些新年景象，學生夜出遊玩，亦屬常情。

學堂向來規例，夜間到九點鐘，大門上鎖，無論何人，不得出入。監學先生，自然守此成規。但雖然算是開學，監學及一部分教員未來。新年裏，學生頗好嬉遊，見學堂大門已鎖，無法出入，可是齋舍周圍，一帶牆垣，並不崇高，牆垣以外，便是菜圃麥田，他們只要填幾塊石頭，便可一躍而出了。如果你派了營兵在那裏，他們知甚麼，見學生踰垣而出，便去禁阻他們，追捕他們，可不要鬧出事來嗎？

因此我打了一個急電去，過了我的生日，便急急忙忙地攜帶家眷，到青州府去了。心中卻捏了一把汗，萬一鬧出事來，我雖不在學堂裏，總是我的責任，為甚麼不在開學以前即行趕到呢？吾妻即寬慰我道："要是鬧出亂子，早就有電報來了，既沒有電報，當然平靜無事，就可以放心了。"到了青州府，果然平靜無事，依照我的去電，營兵沒有駐紮，大門不鎖開放，學生自由出入，也就不必有跳牆的事了。其實也有幾個學生，夜來要出去遊玩，新年一過，也不想出去了。因此我想到古人有兩句話："天下本無事，庸人自擾之"，真的有此種道理呢。

我到了青州府，曹根翁也已從濟南回來了，對於學生夜來跳牆出遊的事，我也不去查究，自今起始，照舊規定下午九點鐘鎖門，十點鐘熄燈睡眠。學生們也循規蹈矩，再沒有甚麼爬牆頭的事了。青州府的學生，可算循良了。

青州歸來

在我到青州府中學的第二年深秋，從府衙門裏得到一個消息：山東巡撫周馥，將升任兩江總督，山東巡撫卻調了一位楊士驤來了（號蓮府，安徽泗縣人，光緒十二年翰林）。那時政府對於督撫，時常調動，原不足異，可是這一調動，與曹根翁卻大有關係，並且連帶了與我亦有關係。因為這位新撫台楊公，與曹根翁是兒女親家，曹根翁的第二女公子，便是嫁給楊撫台兒子楊琪山為妻。

照清代的官制，上司與下屬如果是兒女親家，那個當下屬的照例要呈請回避。那麼這一回楊士驤到山東當巡撫，青州府知府的曹根翁，自然要呈請回避了。曹根翁一調動，我這中學堂監督，恐怕也不能繼續下去，因為我這個職位，雖由彭誦老所推薦，實仗曹根翁所支持。我是不慣與官場中人相處的，很帶有書呆子脾氣，但曹根翁是同鄉，他對我一點不搭甚麼官架子，雖不過兩年賓主，也還和洽，換了一個別人來，我恐怕難能與他周旋呢。

不久，周馥走了，楊士驤來了，曹根翁呈請回避的摺子也上去了。他為了回避人家而調動，是不會提空的，又有了他親家的幫忙，便調任了湖北襄陽府知府。（後來聽說未到任，又調了湖北漢陽府知府，兼八卦洲釐金總辦，這是他的老同年陳夔龍任兩湖總督，特別照應他的，此是後話。）

我在這裏辦學堂，不是他的幕友，不能跟他走的，我便先向他辭職。曹根翁極力勸我不要辭，他說："學堂辦得方有成績，學生們以及地方上，對於你的感情也不壞，你又何必辭呢？”那時李摺臣兄也來勸我，他說：“等新任來了，你覺得不能相處，請到我們蠶桑學堂來，不過有屈你一點就是了，至於待遇也與中學堂監督一樣。”

不久，新任的青州府知府發表了，是一位姓段的，記得是河南人，他的大名，我現在已想不起來了。起初，我惴惴然怕是放一位滿洲人來，我和他有點敘不下去，這時我們的胸中，還充滿了排滿的思想，實在滿洲人中，也有較開通的。據曹根翁說：這位新任的段太尊，也是進士出身，年紀較輕，不過四十多歲，我心中為之一慰，既然是讀書人，還有甚麼說不通的呢。

誰知這位段先生上任以後，在兩三個月內，我一連碰上了他好幾個釘子。這是在曹根翁時代從來沒有過的。他接印後，我以賓師的地位，不曾先去拜謁他，只寫了一封信去，我想他心中先已不高興了。但他也不曾到學堂裏來過，接印後三天，忽然傳下一個命令來：“明天上午，太尊到學堂裏來拜孔，吩咐監督，率領全體教員，一同在禮堂行禮，學生亦一體參加。拜孔以後，太尊要對學生，加以一番訓話。”這個命令下來後，就很使我為難了，我且申說一下：

第一，學堂裏就沒有禮堂，也沒有設孔子的甚麼神位。因為學堂是雲門書院改建的，房屋無多，除了添造學生齋舍以外，其他並沒有造甚麼房子。只有兩個課堂，還是勉強的，此外都是散屋，萬不能做禮堂。現在他要率領全體教員學生行三跪九叩之禮，這如何可行呢？不得已與監學商量，把一個大課堂，改作為臨時禮堂。而且還要備許多拜墊，除了太尊自己的拜墊，是自己帶來的（前清官場是如此，都是自己帶拜墊，如拈香、祭神等），此外只得向別處去借了。

第二，除太尊外，要監督及全體教員學生一同跪拜行禮。監督不生問題，從小上學時，就拜孔子的了。學生也不生問題，可以強制執行，說起來，你們山東人而不拜孔子，也似乎說不過去。但是這位英文教員胡菊如，他們全家是天主教徒。更有物理、化學兩教員，也是本地教會中人，他們只信上帝，豈能拜孔，不得已只好由他們臨時請假了。此外教員中，也有不大願意拜孔子的，只好請他們看我薄面，委屈一下了。

第三，這位段太尊，明天是翎頂輝煌，衣冠整肅地來了，他穿了官服，我們陪拜的也應穿官服了。學堂裏有幾人有官服呢？如監學李先生，本地國文教員，至少有紅緯帽一頂，但我就沒有官服，而且我帶祖母的孝，尚未滿服（本來祖父母之喪，是期年，因我是承重孫，須服兩年又三個月），素衣冠，做既來不及，借又無處借。並且我在這個時期中，對於衣服，一點也不注意，一件黑布馬褂，袖子已經破了，夷然不以為意。山東的天氣，比較江南冷，而我只是棉袍子、棉馬褂，並不穿皮衣服過冬，好像自己要鍛煉一下耐寒的身體。那時不但我沒有官服，南方來的教員，誰也都沒有帶官服來，既沒有官服，只得穿便服了。

這一天拜孔之禮，總算拉扯過去了，但是說要對學生訓話，卻並未實行。據云，另有要公，必須打道回衙去了，那倒使我輕鬆一下，不然，他訓話一番之後，至少我也要說幾句恭維他話吧。不過他留下一句話，說是以後每逢朔望都要來拜孔。其實青州府也有學宮，也有大成殿，你一定要拜孔，也可以儘管正式到那裏去。而且地方官各府各縣，也從沒有規定每逢朔望，必要拜孔謁聖的，那豈不是故意給學堂搗蛋嗎？但他是青州府知府，又是學堂的督辦，辦學堂的經費，要從府裏發放的，俗話說：“不怕官，只怕管。”他要怎樣，只得依他怎樣了。所以每逢朔望，行拜孔典禮，好似串一齣戲，那倒不去管它了，而這一天的上午，為了把課堂權作禮堂，並且為了謁聖，便不能上課了。上午謁聖，下午學生便借詞休息了。起初還像樣一點，後來教員溜之大吉，學生則“如不欲戰”，我勸他們幫幫場子，好在一個月只有兩次，後來連太尊也不能如期來，但是我們倒要預備呀。

有一次，為了學堂某一件事，必定要與府裏商量請示，我便寫了一封信去。那是曹根翁在任時，一向是如此的，有例可援。可是這次那裏的號房（收發處）拒絕不收，把原信退了回來。問他們是甚麼原因呢？說是："送來的信，沒有紅簽條，不合程式，況且我們大人，老太太在堂，避免那些沒有紅簽條的信封，送到上頭去，碰過了釘子，所以不收。"原來有這麼多的忌諱，那真是出於孝心嗎？他們官場中最怕丁艱，丁艱就要棄官守制，是做官人最犯忌的事。

我說："這容易辦，換一個信封就得了。"（原來蘇州那些箋扇店，古色古香，製了這種有瓦當文、鐘鼎文的信箋信封，有朋友送了我兩盒，我便帶到青州，不經意地用了。）那時我便換了一個紅簽條的大信封，裏面的信箋也換過，開頭寫了幾句恭頌他的四六句子，然後方說到正事，想沒有話再說了。至於說不合程式，一個學堂監督，對於他們地方官，應用如何程式，當時也沒有規定，只好我行我素了。我覺得曹根翁在任時，我太脫略了，甚麼程式不程式，我完全不知道，但官場中最講究程式，直到辛亥革命以後還不能改。

又有一次，段太尊到了學堂裏來，學堂裏有一間會客室，上面有炕，炕上鋪以紅呢的墊子，有銅痰盂，有瓷帽架，富麗堂皇，十足是個官樣文章。以前曹太尊來，也是先到這會客室坐地，如今段太尊來，也在那裏坐地。那個監學兼庶務的李先生，為了會客室四壁空虛，掛了一些從上海購來的植物、動物彩色圖畫。這都是日本印刷品，那動物圖中屬於水族一類中，有許多魚類龜類的標本。段太尊看了，覺得很不順眼，便叱問道："誰主張把這忘八也掛在這兒啦？"立命撤去。

諸如此類，不勝枚舉，他那樣思想不開明，實在我已沒有法子再和他周旋了。這時他又覺得學堂裏的課程表，不合他的意旨，要加以重新修改。我不等他的提出，便把辭職書送進去了。他在面子上，也加以挽留，但我知道不過虛與委蛇而已。總之我總算客氣地離開這青州府中學堂監督之職了。

這在兩年以前，學風起初很不好，學生們到學堂裏來，好像是住不要錢的旅館。因為膳食、住宿、雜費，全是學堂供給的，上課無一定時間，吃飽了飯，出去遊玩，晚來回齋舍裏住宿，再自由也沒有了。這兩年來，不敢說如何進步，總算是上了軌道。以曹根翁的努力，學生也增加到八十人。

學生的思想也漸改正，很有幾個人肯用功的，可惜他們年齡太大了。有幾個和我比較親近的學生，當我離開青州府的那一天，還到車站上送我，這使我不禁有些慚愧感想呢。

在我離開青州府的時候，南方來的幾位教員也聯袂走了，並非和我同進退，實在也覺這位段太尊有些敘不下。胡菊如後來有朋友介紹到上海申報館當會計，一直到他故世。杜安伯回到蘇州當英文教員，好像在草橋中學也教過書。徐粹庵回到常熟，忽然留了一部大鬍子，但過了幾年，鬍子又剃去了，此君鄉譽不大好，他的哥哥徐念慈，卻是不壽，中年即逝世了。

做官人往往相信運氣，曹根翁是光緒丙戌進士，他這一科，有徐世昌、陳夔龍、楊士驤等，都是同年，偏他與楊士驤結成了兒女親家。他最初簡放直隸（今河北）宣化府知府，那時楊蓮府不過是直隸通永兵備道，道府非直屬，不用回避。乃楊累擢至藩司，那便例應回避了，於是調任青州府知府，不意楊又追蹤而至，升為山東巡撫，又要回避，再調湖北襄陽府知府。其時，陳夔龍已是湖廣總督了，未到任以前，謁見陳筱石，陳筱石說：「老同年仕途蹭蹬，我既在此，應得幫忙，請不必到襄陽府本任，我以鄂督名義，奏調署漢陽府，兼八卦洲釐金總辦，或可稍充宦囊，便即歸營菟裘吧。」但他一直老書生本色，不善經營，恐亦未有所得。

辛亥革命以後，他回到蘇州故鄉來了，蘇州人因他是鄉前輩，推他為省圖書館館長，即在滄浪亭對面的可園中。其時我已移居上海，那一年回蘇之後，便去訪問他。他送了我一部是他自己的詩文集，是木刻大本線裝的。還約我請吃便飯，我以來去匆匆辭謝之。他的長公子恭翊，即彭誦老的女婿，在外交部當差，曾做某處的領事（似為紐絲綸，已忘卻了），次公子恭植，後為李擷臣的女婿，早故。李擷臣，後升山西大同府知府，旋擢巡警道，革命以後，曾任山西財政廳長。有一天，我在上海法國公園遇到了他，已自山西告病回來，觀其走路蹣跚，語言塞澀，恐是真病，未幾亦謝世了。後又認識了他的弟弟李祖虞大律師，又認識他的一位公子李宗瀛兄，這都是後話。寫到此，歸結了在青州府的登場人物，可以閉幕了。

移居上海之始

　　我在青州府中學堂的時候，和上海的諸友好，頻通音問，我所交遊的，當然是一班文人。那時上海的文化，愈益進展。商務印書館自被火燒後，加股增資，延請了張菊生（元濟）設立了編譯所，編譯了許多新書，大事擴張，其他新的出版家，一家一家地開出來了。出版的書，自然各種都有，關於政治、經濟為大宗，其次也涉及各科學，而最特出的，乃是小說，曾孟樸在上海辦了一個出版所，名字就喚作"小說林"，顧名思義，這個出版所，不必問，完全是出版小說的了。

　　他們不但這出版所稱喚作小說林，還出了一個月刊，也叫《小說林》。孟樸自己寫《孽海花》長篇小說，連載在這月刊，頗足哄動一時。原來《孽海花》本來是吳江金松岑發起的，借一個名妓賽金花，以貫通前清同光之間的軼聞史事。那時我國日本留學生，在日本辦了各種雜誌，江蘇留學生辦的，就喚作《江蘇》。孽海花本在《江蘇》上發表，《江蘇》停辦了，金松岑只寫了三四回，無心再寫下去，因為孟樸高興寫，他在北京，知道這班名公巨卿的軼事甚多，便讓給他寫了。

　　我在青州時，孟樸也曾寫信給我，徵求小說稿。我在那時候，自己還不敢創作甚麼長篇，只偶然寫幾篇短篇而已。短篇大都是文言，長篇應是白話，但譯作雖是長篇，亦用文言，這個風氣，自然要說是林琴南先生開的了。我從上海到青州府去時，也到虹口去選擇了幾部日本小說，不論是甚麼名家非名家的，記得有一部喚作《銀山女王》，還有幾種名字也已經忘了，隨時譯寄給他們，他們倒也歡迎。

自從《時報》出版了，我在青州即定了一份，雖然要隔了三四天，方可以寄到，但青州沒有出版物，幾等於空谷足音。中國的報紙，我覺得自《中外日報》出版後，革一次命。以前報紙自己每日沒有專電，從《時報》起始，方每日有專電了。以前報紙上沒有小說，從《時報》起始，方登載小說了。我很贊成《時報》的編輯新穎，別出一格，沒有陳腐氣，除社論外，所寫短評，簡辟精悍，僅僅數語，能以少許勝人多許。亦有筆記、詩話，狄平子所寫；小說大都陳冷血執筆，皆我所愛讀。

我此時不覺技癢，偶亦投以筆記、短篇，立見登載，並寄來稿費。既而狄楚青、陳景韓均以書來，詢問近狀，並暗示與其在山東那種地方辦官學堂，何不到上海來幫幫我們的忙呢？同時曾孟樸也有信來，意思說：高興到《小說林》裏來吧？我們正虛左以待呢。這時曹根翁走後，正感到這位段太尊的難於伺候。我想即使放棄了這隻新式冷板凳，也不愁沒有啖飯地，於是我便浩然有歸志了。我是到了明年（一九〇六年，光緒三十二年）夏曆二月中旬，才到了上海來的。因為辭職以後，便覺得"無職一身輕"，在青州的朋友們，都勸我過了新年去，我與吾妻商量，也覺得回蘇州過年，未免太局促了，在異鄉過一個新年，也別有風趣。我雖然到了青州府兩年來，竟沒有到過省城濟南，在正月下旬，又同幾位友朋，到濟南去一遊，攬賞大明湖、歷下亭風景。回來後，又遇這個時候，天氣不好，航海有風，又耽擱了好多天，但我覺得歸心如箭，不能久待了。

誰知這一回，到了船上，遇着一次極大風浪，為生平所未經過的。因為我幾次航海，都不暈船，而且有兩次真是風平浪靜，好似在長江船上一般，這次卻吃不消了。自上船以後，便不敢進食，嘔吐頻作，震蘇已病不能興，連三歲的可芬也嘔吐了。那個浪頭，高過於船樓，只聽得甲板上忽朗朗一片水聲。他們把上下艙門全都釘起來了。船是德國船，德國人是有勇氣的，船上的職員與水手們，大家穿了雨衣雨靴，一致在風浪中工作與搏鬥，只聽得呼喚聲、水聲，鬧成一片。

船行至半途，忽然拋了錨，船上有開炮的聲音，我覺得奇怪了。問起了船上人，原來是前面發現了一個水雷，他們要開炮打沉了水雷，船方開行。那時中國的海面，怎麼有水雷呢？原來還是上一年日俄戰爭時候，留下了遺物。那水雷是不生眼睛的，而且他們的戰爭，就在中國的近海，水雷沒有掃淨，它便到處飄流了。這個討厭的戰爭遺物，總是危險的東西，所以即使航行時不碰着它，或者以為時間長了，不能起甚麼作用，可是看見了它，總要把它毀滅，自己不受害，也怕別人受害，這也是他們航海家的一種公德心呀！

到了上海以後，我們就住居在漢口路一家新開的旅館裏，那時候的旅館，已進步得多了，我們便包了一間房，飯食另計。我想在上海遊玩幾天，然後回到蘇州去。即使我在上海就事，家眷住在蘇州，亦無不便。蘇滬鐵路造成，早已通車，往來不過兩三小時，可云迅速。可是到了上海以後，天天下雨，這一次，下了二十幾天的雨，我們在旅館裏悶住了，因為帶了很多的行李，還有小孩子，下雨天不便回蘇，因此一天天地拖了下來。

可是有許多朋友，都勸我，家眷何必要回到蘇州去，就居住在上海，豈不甚好？從前你有祖老太太在堂，不能離開蘇州，現在僅有夫婦兩人，和一個女孩子，只是一個小家庭，你既在上海就事，便沒有回蘇州的必要。那一天，我去訪問楊紫驎譜弟，適遇他的哥哥楊綏卿在家（他是一位孝廉公），也勸我住在上海，因為他最近從蘇州來，知道近來蘇州的近況及生活問題。他說：“有許多人以為住在上海費用大，住在蘇州費用省，我最近調查一下，衣、食、住、行四個字：衣物原料，倘是洋貨，還是上海便宜，不過裁縫工錢略大，但難得做衣服，或自己能裁縫的，沒有關係；米是蘇州便宜，青菜與上海相同，魚肉豐富；所差者房租上海要比蘇州貴兩倍多，但只是一個小家庭，也不過上下數元之間；在行的方面，上海有人力車，車錢支出較多，但倘使家眷住居蘇州，免不了一個月要回去幾趟，一去一回，這筆火車費，計算起來，倒也不小唎。”

被他這樣一分析，覺得從經濟上着想，住上海與住蘇州，也相差無幾。更有一件事：現在上海風氣，往往對於職員，不招待膳宿，即使有可以膳宿的，也總覺不大舒服。如果借住在親戚朋友之間呢？上海寸金地，擠人家也不好，而且可以白吃白住在人家嗎？一樣要貼費給人家，倒成了蘇滬兩面開銷了，若是住旅館，那是費用太大，更不合算了。

因此與震蘇一商量，便決定住在上海了。既然決定住在上海，便要立刻去尋房子，雖然天常常的下雨，也要冒雨進行了。到哪裏去尋房子呢？我卻有一個目的地的，便是向新馬路一帶進行。所謂新馬路者，後來的派克路、白克路一帶地方，從前都呼之為新馬路，因為那地方的馬路，都是新開闢的呢。

為甚麼我要那地方進行呢？這有幾個原因：一則，那地方是著名的住宅區，我有好多朋友和同鄉，都住在那個區域裏，彼此可以訪問和招呼。二則，從前金粟齋譯書處，就在白克路登賢里，我在那裏住過，路徑比較熟悉。三則，曾孟樸小說林編輯所，也在新馬路梅福里，此刻雖沒有說定，將來恐成為事實，而到時報館去，也不甚相遠。為了這幾個理由，我所以向新馬路一帶進行。

但是說容易卻也不容易，我一連去跑了三天，有種種關係，都覺得不合適。而且近幾年來上海日趨繁盛，因此空屋子也就不多。直到了第三天，已經跑到了愛文義路一條河浜邊（這條浜，原名陳家浜），有條衕堂，喚作勝業里，是個新造房子，里口貼了召租，說是一間廂房樓要出租，實在那地方已經出了我目的地的範圍了。我便不管甚麼，便跑進去看那房子。

我叩門進去，有一十八九歲的姑娘，靜悄悄地在客堂裏做鞋子，容貌甚為美麗（就心理學家說：這個印象就好了），我便說明要看房子，便有一位老太太出迎，領我到樓上看房子，本來是兩樓兩底，現在只把樓上一個廂房間出租，因為房子是新造不久，牆壁很乾淨，廂房朝東，後軒有窗，在夏天也很風涼，一切印象都好，我覺得很為滿意。

我問她租金若干，那位二房東老太太先不說價，詳詢我家中多少人？是何職業？何處地方人氏？我一一告訴她，她似乎很為合意。她自己告訴我：他們家裏一共是五人，老夫婦兩人外，一個女兒，便是剛才所見的，還有一子一媳。他們是南京人，但是說得一口蘇州話，因為她的兒媳是蘇州人。她說：「我們是喜歡清清爽爽的，如果人多嘈雜，我們便謝絕了。你先生是讀書人，又是蘇州人，我們不討虛价，房租每月是七元。」我立刻便答應了，付了兩元定金，請他們把所貼召租，即行扯去。

回到旅館，就與吾妻商量，請她去看過一遍，以為決定。她說：「我不必去看了，你以為合適就是了，我在上海，一切不熟悉。」她又說：「既已看定了房子，最好能早些搬進去，住在旅館裏，花錢太多，而且實在不便。」上海借房子，就是那樣便利，今天說定了，明天便可以搬進去。

於是不到兩天，我們便從旅館裏遷移到愛文義路勝業里蔡家的房子裏去住了。

但這是一個草創的家庭，一切器具都沒有，雖然我們在蘇州的家具甚多，也可以運到上海來，卻是緩不濟急，且有許多煩雜，不如簡單地在此置備一些。那時上海初流行的鐵牀，還是舶來品，我就買一張雙人牀，其他的木器家具，也算是應有盡有，總共也不過百元左右，最要緊的是炊具，廚房可以合用，爐灶必須安排，草草佈置一下，居然一個很安適的小家庭了。

新聞記者開場

我到了上海的幾天內，即到《時報》館去訪問狄楚青、陳景韓兩君。那時候的《時報》，是在福州路巡捕房對面廣智書局的樓上。走上去是一條黑暗的樓梯，到了樓上，始見光明。《時報》是在一九〇四年，清光緒三十年間開辦的，到這時候，大概有一年多了吧？雖然銷數不及《申》《新》兩報之多，一時輿論，均稱為後起之秀，是一種推陳出新的報紙。

我知道上午是報館裏沒有甚麼編輯人的，所以到了下午方去。到了報館裏，先見的陳景韓，他見了我，開口便說：“楚青想請你到報館裏來，可以不可以呢？”正在談話時，楚青已來了，他總是滿高興的樣子，穿了一件黑呢的馬甲，胸前一連串的鈕扣，向來是一個也不扣的。匆匆忙忙，好像是坐不定、立不定似的，我和他初次見面，好像我已答應他到報館裏來了，便和我當面講條件了。

他的條件，是每月要我寫論說六篇，其餘還是寫小說，每月送我薪水八十元。以上海當時的報界文章的價值而言：大概論說每篇是五元，小說每千字兩元。以此分配，論說方面佔三十元，小說方面佔五十元。不過並沒有這樣明白分配，只舉其成數而已。這個薪水的數目，不算菲薄，因為我知道我的一位同鄉孫東吳君，比我早兩年，進入申報館當編輯時，薪水只有二十八元。孫君說：“就是每月二十八元，也比在蘇州坐館地、考書院，好得多呀。”（他是南菁書院高材生，素有文名的。）何況八十元的薪水，還比青州府中學堂監督的一隻元寶還多咧，因此我也很滿意。寫論說，自然是針對時事發言，那是有時間性質的。我是作八股出身的，寫論文只不過偶然為之。

也曾看到報紙上的論說盡是那種濫調，人稱之為報館八股，但我這個科舉八股，怕對於報館八股不中繩墨。寫小說，已覺得輕而易舉了，並不硬性規定每日要登多少字，但至少也得像個樣兒，可以引人入勝。因為《時報》很注重小說，狄楚青在梁啟超創辦的《新小說》雜誌上，便寫了長長的一篇提倡小說的論文，說是小說感人的力量最深，勝於那種莊嚴的文章多多。

陳景韓（筆名冷血）也在《時報》上寫小說的，他寫的小說，簡潔雋冷，令人意遠，雖然也有許多譯自日文的，但譯筆非常明暢，為讀者所歡迎。那時候，正是上海漸漸盛行小說的當兒，讀者頗能知所選擇，小說與報紙的銷路大有關係，往往一種情節曲折，文筆優美的小說，可以抓住了報紙的讀者。楚青的意思，要我與冷血的小說，輪流登載（那時的報紙，每日只登一種小說），以饜讀者之望。

單是寫論說與小說，我不必天天到館，這個工作，在家裏也可以做呀。但楚青的意思，要我天天到館，在主筆房裏，另設了一張寫字台，安排了筆硯之類。他說：在報館裏天天見面，大家親切有味，有甚麼問題，可以互相討論。便是寫論說，也可以對於新聞上，有所討論商酌，每一個報館常有論調與人不同之處，論說上或還有必須修改之處，僅僅是閉門造車，我以為是不大相宜的。

這時候，上海的報館，沒有一定的制度，不像現在那樣，有社長、有總編輯，以及許多名銜。一個報館裏的兩大權威，便是總經理與總主筆。名義上自然總經理管報館裏一切事務，總主筆擔任編輯上一切事宜，但是總經理有時也可以干涉到編輯部，而且用人行政之權，就屬於總經理（私人出資辦理者，便稱為報館主人），所以當時的總經理，就等於現在的社長地位了。

時報館，狄楚青是總經理，羅孝高當時是總主筆。羅孝高是廣東人，他是康南海的學生，梁卓如的同學，因為時報館的成立，是有康、梁一部分資本在內的，所以他們推舉羅孝高為總主筆。此外主筆中，也另外有兩位廣東人，一位是馮挺之，另一位的姓名，我已忘卻了。但羅孝高除審查論說外（有時也寫論文），其餘兩位廣東先生撰寫論說外，他們都不管編輯上的事。

羅孝高有家眷在滬，不住館內，兩位廣東先生合居一室，因為言語不相通，很少與我們接洽。

《時報》的編輯新聞人員不多，除羅孝高總主筆，及專寫論說的兩位廣東先生外，專編新聞的人，只有兩位，便是陳景韓與雷繼興，他們都是松江人（那個時期，上海報館裏松江人最多，上海縣亦屬於松江府也），而且兩人是郎舅，繼興的夫人，便是景韓令姊，雷繼興學名一個"奮"字，他是日本早稻田大學的高材畢業生，思想明捷，筆下很好，我覺他是一個絕頂聰明人，可惜他是有病的，還是一種很深的肺病唎。

此外還有一位翻譯西文的程先生，那時上海中文報，對於外國新聞，不大注重，英國的路透電，不送中文報，要從西文報上轉譯得來，讀者也不注意，除非世界有大事發生，始登一二。其他外國通訊社，也很多尚未出版的，所以這位翻譯西文的程先生，每天不過從《字林西報》譯載二三條關於中國新聞的，至於編者不用，他也就不管了。還有一位專譯電報的張先生，也是廣東人，年紀五十多，他的譯電報，可真熟極而流，看了號碼，便知甚麼字，用不着翻電碼書。《時報》上的專電，都是深夜方來，幸虧他翻得快，不致耽誤時刻。以外便是校對先生了，只有兩人，都是熟手，因此報上的錯字還不多。

報紙上，除了論說、時評（時評兩字，也是《時報》首創，一是時事的評論，一是《時報》評論，有雙關之意義）以外，便是新聞。新聞可以分三部，一是要聞，實言之便是北京新聞；二是外埠新聞；三是本埠新聞。要聞當然是最主要的，這時候，中國並沒有通訊社，可以當天發電報，要消息靈通，便靠報館裏自己的私家專電。那些專電，大概都是北京打來的，因為前清的政府在北京，所以政治的重心，也在北京了。其次是北京通訊，這北京通訊，也是《時報》所創始，延請文學好而熟悉政情的人，觀察時局，分析世事，那種通訊，大為讀者所歡迎。其時為《時報》寫北京通訊的是黃遠庸君，江西人，前清進士，曾留學日本，後亦為《申報》北京通訊，袁世凱帝制時代，在美國為華僑所暗殺。後來又有邵飄萍、徐凌霄諸君，也為《時報》寫過北京通訊，此二人為我所推薦。

外埠新聞，就是除了北京以外的全國各地新聞。但是就各地而言，也只有東南幾個省城，或是幾個通商口岸，才有訪員（俗稱訪事），這些訪事的薪水，極為微薄，每月不過通若干信，他們也訪不到甚麼新聞的。只是鄰近上海的各處，如蘇州、杭州、南京，以及江浙兩省的各繁盛府縣市鎮，《時報》設有分銷處地方，新聞也便多一點了。但是某一地方，倘然發生了特別重要事件，那也有發專電，寫通訊之可能。

本埠新聞，在最初是極不重要的，報館開在租界裏，所載都是租界內的事。主要是公堂訪案，專管人家吃官司的事。公堂訪案就有公共租界與法租界的分別，那些訪員的薪水也少得可憐，每月僅在十元以內，但是他們不嫌菲薄。因為他們是有一個團體組織的，擔承上海各家報館的本埠訪員，送出來的稿子是一律的。別的我不知道，我只知道在北浙江路會審公廨（又叫新衙門）對面，有一家茶館，便是那班公堂訪員的茶會。倘有一件官司，當事人不願登報的，知道這個門徑，或者進行了賄賂，他們就可以把這件案子，不送報館。但是後來不行了，上海的事業，日漸繁複，本地的新聞愈趨重要，各報館都有了外勤記者，這一班舊式的本埠訪員逐漸淘汰了。

在《申報》《新聞報》的當初，編輯方面，更為簡單了，他們是所謂混合編輯。用一種只可以一面印的油光紙印的，統共只有一大張，倘然加半張的話，名之曰附張，附張上專載各省督撫的奏摺之類。正張上，開首是一篇論說，以下便是上諭，宮門抄（不是最近的），以下便是各地新聞，本埠新聞，也從不分欄的，此外便是洋行廣告了，總之是廣告多於新聞的。直至《中外日報》出版，方用了兩面印的白報紙，可是《申報》

《新聞報》，老不改良，在我進《時報》的那年，還是由一面印的紙張咧。

《時報》上的要聞與各埠新聞，都是陳景韓編的，本埠新聞是雷繼興編的。那個時候，各地正在鬧地方自治，上海本地的一班有志之士，興教育，辦實業，也正在奮發有為，在租界以外的南市、西門、閘北、浦東，也都興盛起來，繼興是精明法政的人，所以他編上海的地方新聞，是最為適宜的。

我進了《時報》三個月後，楚青與陳、雷兩君商量以後，把編新聞的事，再一調整，是景韓編要聞，我編外埠新聞，繼興仍編本埠新聞。但是仍舊通力合作，如果有一人因事告假，其餘兩個人中，可以代為發稿，我們三人又商量定了，各人在他所編的一欄裏，就當天所發的新聞中，擇要寫一個極短的時評。那時評一，屬於要聞；時評二，屬於外埠新聞；時評三，屬於本埠新聞。

我後來這論說就不寫了，起初寫了幾篇，交給總主筆，有的馬上登出來了，有的沒有登出，有的略加修改後登出。初進報界，我不知道如何立論，方合輿論，方切時局，方符體裁，自然還是學習態度。那是白紙黑字，印出來要給人家看的，當然要句斟字酌了。我向來寫甚麼文字，既不起稿，又不修改，我妻常笑我，說我的寫文章，"出門不認貨"，這次較仔細一點，但沒有登出，不免有些懊喪。再有寫文章的人，往往有一種偏見，見人家改竄了，心中便有些不舒服，便要根尋以何理由而改竄？倒是不登，來得爽快。

後來我問起景韓、繼興他們也不寫論說，我覺得他們的文字，都比我寫得好。景韓的文章，簡潔老辣，即寫時評、小說亦然。繼興，是日本早稻田高材生，他在新出的《法政雜誌》上也寫文章，理解鮮明，文詞暢達，為甚麼都不在《時報》上寫論說呢？我問了他們時，他們說："反正有廣東先生在寫了，我們樂得藏拙躲懶。"於是我學了他們的樣，我也不寫論說，我也藏拙躲懶了。並且以後編外埠新聞稿，每月要寫三十則時評，難道還抵不上篇論說嗎？

實在，當時報紙上那種長篇累牘的論文，倒不如短小精悍的短評，易於使人動目。大概普通讀報的人，一份報紙到手，翻開來最主要的是要聞與專電，其次是本埠新聞與外埠新聞，就在那時候便有一二百字短文，也連帶一起讀下去了。到了最後，或者讀讀論文，事忙的人，對於政治不感興趣的人，簡直乾脆不看論文。況且那時又都是文言，沒有圈點，像近日的新式符號。寫論文的說來說去，就是這幾句話，成了一種濫調與老套，因此人稱為"報館八股"。

　　就這樣，俗語說的，我就吃了報館飯，做起新聞記者來了。當我就職時報館的時候，我的家鄉許多長親，都不大贊成。

　　他們說當報館主筆的人，最傷陰，你筆下一不留神，一家的名譽，甚至生命，也許便被你斷送。我的婦翁陳挹之先生，便以此告誡我，他是一位好善的長者。我想：如果我的祖母在世，也許不許我就此職業。那時的清政府，也痛恨着新聞記者，稱之為"斯文敗類"，見之於上諭奏摺，然而我素喜弄筆，兼之好聞時事，不免便走上這條路了。

在《小說林》

在報館裏編新聞，於每日的時間，很有關係。編要聞，時間最晚，因為要等北京的專電到來。那種專電，往往要到夜裏十二點鐘以後，甚而至於到午夜兩三點鐘送到，也說不定。為甚麼這樣遲呢？原來那時的電報是分幾等的，如一等電、二等電是官電，民間不許通行；三等、四等電，方是民電，又稱為急電，我們所打的乃是四等電（及至民國成立以後，乃規定有新聞電，以便利報界。四等電每字一角，新聞電特別便宜，每字僅三分）。當然電報局要先發官電，繼發民電，然後方發新聞電，即各報館的專電了。

好在陳景韓那時是住在報館裏的（他的夫人故世後，其時尚未續弦），不必深夜歸家，那便利得多。還有報紙全部排好，拼成版子，將要開印的時候，還要仔細看一遍，有無錯誤，這叫作"看大樣"。大概看大樣的事，屬於總編輯的，也是在深夜最遲的，但羅孝高不來，兩位廣東先生也不管，為了怕要聞中有甚麼錯誤矛盾之處，景韓也就看看了。

本埠新聞的編輯，比較要早得多，大概到下午九點鐘的時候，訪稿全都來了，編本埠新聞的到十點鐘就沒事了。如果在九點鐘以後，發生了特別事故，有重要新聞，明晨必須見報的，當然可以加入，其餘的瑣聞細事，他們也就不再送稿了。至於編外埠新聞的，更要早一點，從前還沒有快信、航郵，下午五點鐘以後，郵差不再送信了，把當日所到的信，評定它的輕重與緩急，發清了稿子（有的須要修正一下），就沒有你的事了。

剛到上海，住在旅館裏，曾孟樸就託徐念慈來訪問我了，便是商量請我到"小說林編譯所"去。單寫小說，便不必一定要到編譯所去，當時已流行了計字數酬稿費的風氣了。但是他們還要我去幫助他們看稿子與改稿子，那就非去不可了。因為《小說林》登報徵求來的稿子，非常之多，長篇短篇，譯本創作，文言白話，種種不一，都要從頭至尾，一一看過，然後決定收受，那是很費工夫的事。還有一種送來的小說，它的情節、意旨、結構、描寫都很好，而文筆不佳，詞不達意，那也就有刪改潤色的必要了。

我也告訴了他們進入時報館的事，待時報館的事定局了，再接受《小說林》的事。再則我那時房子也沒有租定，住在旅館裏，紛亂如麻，未能決定。及至時報館事定局了，我覺得反正上半天沒有事，便接受《小說林》的事。我們規定上午九點鐘至十二點鐘，星期休假（報館是星期不休假的），他們每月送我四十元，我也很為滿意。我有了時報館的八十元，再加上《小說林》的四十元，每月有一百二十元的固定收入，而我的家庭開支與個人零用，至多不過五六十元而已，不是很有餘裕嗎？

況且我還有寫小說的額外收入呢，寫小說便成為我一種副業了。起初大家不知道我在上海，後來見了時報館上登了我的長篇連載小說，許多人才知道了。這個時候，上海的小說雜誌正風起雲湧，都寫了信來，還有自己來造訪的。狄楚青的有正書局也出了《小說時報》，本來是陳景韓編的，我去了與景韓輪流編輯，我們是不取它的編輯費，但稿費即照算的。其時還有龔子英編的《新新小說》、吳趼人編的《月月小說》，我都寫有小說稿子，此外甚麼小說雜誌記也記不清楚了。

這時上海的小說市價，普通是每千字二元為標準，這一級的小說，已不需修改的了。也有每千字一元的，甚至有每千字僅五角的，這些稿子大概要加以刪改，但是許多出版家，貪便宜，殺窮鬼，粗製濫造，也是有的。更有一些窮文人，為了生活所迫，雖然他的稿子很不壞，但深入窘鄉時，也不待善價而沽了。像那位筆名平江不肖生的向愷然君，他從日本回國時，寫了一部《留東外史》，描寫當時一般中國留學生在日本留學的狀況，到上海來，兜來兜去，這些書賈，以為其人不見經傳，無人肯要，就是以每千字五角，賣給某書賈的。誰知後來銷數甚佳，卻賺了不少錢。

我的小說，後來漲價到每千字三元，那是商務印書館要我在他們的《教育雜誌》上寫教育小說而加價的（按，此一筆稿費，適在商務印書館逐年增資期中，他們請我把稿費作為股份，我亦允之，每月亦不過三四十元而已），這算是特別優待。但在時報館（有正書局）及《小說林》兩個基本地方，仍作每千字兩元算。其時林琴南先生已在商務印書館及其他出版社譯寫小說，商務送他每千字五元，但林先生不諳西文，必須與人合作，合作的大半是他的友朋與學生，五元之中，林先生即使取了大份，亦不過千字三元（後來商務印書館給林先生每千字六元）。

這時候寫小說，以文言為尚，尤其是譯文，那個風氣，可算是林琴翁開的。林翁深於史漢，出筆高古而又風華，大家以為很好，靡然從風地學他的筆調。後來到五四時代，極力提倡用語體文的如魯迅、胡適之輩，所譯寫的短篇小說，也是用文言的，其餘的更不必說了。不過如果寫章回小說，每回都有回目，純中國舊小說的體裁的，傳統下來的是用白話文了。

所以曾孟樸的《孽海花》，是用章回式舊小說體裁，而是以白話文寫的。他寫的同、光之間的北京掌故，常常是用北京話，而在京話的對白中，卻要說得漂亮，簡捷俏皮，好在他是住過北京的，可以對付。不過他的《孽海花》實在寫得太慢了。在《小說林》雜誌上預告，每期可以登一回（《小說林》是月刊），但他還是常常脫期，即使不脫期的話，每期登一回，試以全書八十回而言，也須六年又八個月，可謂"長線放遠鷂"了。

孟樸的寫小說，正與我相反，我是寫了下來，不加修飾，並且不起第二回稿，以前寫制藝文、敍事文，都是如此。直到如今，有好多小說，我已記不起它的內容，並且記不起它的題旨與書名了。我想：這也是我的一個惡癖與懶性，必然因此而錯誤很多吧？孟樸卻不然，他是句斟字酌，改了又改，甚至將作好的一兩回全部推翻了，重新再作起來，也是有的。可是錯誤還是有的，因為《孽海花》不是虛構，而是影射那時代的實事的。孟樸的著書與寫小說，全在夜裏工作，至少要到半夜，時常至於通曉，因為他是有煙霞癖的，他獨居在《小說林》編輯所的樓上，他的家眷都不在此。

他的有煙霞癖，為了他的多病，他在《孽海花》小說上的筆名，不是叫作"東亞病夫"嗎？為了這個緣故，他在上午是不起身的，有時要到下午三四點鐘才起身，起身以後，便與阿芙蓉為伴。

我每天到《小說林》去是在上午，那個時候，他正是"春眠不覺曉"，在他的黑甜鄉裏，不便去驚動他。要去訪他，最好是在吃過夜飯後，而他也是精神最健旺，即使和你談一個通宵，也不算一回事。

在《小說林》的時候，我們還有一個志願，可惜到後來，這個志願，一個都沒有償。因為孟樸說：他的《孽海花》，寫到庚子拳變，兩宮回鑾以後，就結束不寫了，賽金花讓她活下去吧，也就無關緊要了。因此徐念慈（《小說林》總編輯）說："我想寫一部長篇小說，記東三省紅鬍子的事。"在清代稱紅鬍子為胡匪，又稱為馬賊，民間則有稱為義勇軍的，這時候正在崛起時代，他也起好了一個書名，正在搜集材料。他說：這部小說，正好接在《孽海花》之後，可以出版。

我說：我想寫革命事跡。當時革命黨東起西應，排滿風潮熱烈。恰有徐錫麟、秋瑾的一件事發生，秋瑾是中國女子中革命的第一人，我想把秋瑾做書中的主人，而貫穿以各處革命的事跡。書名也已擬好了，叫作《碧血幕》，並且在《小說林》雜誌上登載過一兩回的，後來《小說林》雜誌不出版了，我也就此擱筆了。

孟樸的《孽海花》始終沒有完篇，最初出了有二十回的單行本，倒也風行一時。但是這單行本出版以後，雖然書中人物出於影射，然而核對事跡，一望而知。因此得罪了許多老前輩，第一，他的老岳丈汪柳門，便不以為然，更有許多還是他的父執，尤其蘇州人中，如陸鳳石、汪芝房、葉鞠裳等，對於他都有譴責之詞。後來端午橋邀了他去，說何必寫這種小說得罪人呢？你何妨到我這裏來呢？（舊回目中，本亦有涉及端方的事。）這時他們又搞甚麼宏文館，編甚麼《博物大辭典》，那時我已不在《小說林》了。總之資本已經蝕光，關門大吉。

這以後，孟樸便浮沉於宦海中，辛亥以後，陳陶遺任江蘇省長時，他是甚麼水利局長、財政廳長，鬧了一下子，我也弄不清楚，其實吏事非其所習，他是一個文學家呢。

到一九二七年，他官又不做了，他的大公子曾虛白，從法國留學回來，在上海開了一家"真美善書店"（我們稱之為父子書店），又出了《真美善》雜誌，《孽海花》又寫了十餘回，寫到賽金花那時從洪宅出走為止，那一個回目是《青陽港好鳥離籠》，以後便不曾寫下去了。

徐念慈的紅鬍子小說，可憐他並不曾着筆，便這樣齎志以沒了。我的《碧血幕》，也不曾繼續寫下去，後來便是辛亥革命，僅僅秋瑾一方面的事，也不足以包羅許多史實。但我對於這個志願，當時總攦在心頭，老想以一個與政治無關的人，為書中的主角，以貫通史實，這不但寫革命以前的事，更可以寫革命以後的事了，只是我卻想不起我的書中主人。

直到民國七八年間，我在北京，和張岱杉先生（名弧，別號超觀，紹興人，曾一度為財政部長，是前清舉人）談起此事，他知道我要寫此歷史小說，他提醒我道："眼前有一個極適當的人，你沒有留意嗎？"我問是誰？他說："梅蘭芳將來是一個成名的人，而且都搭得上政治歷史的，何不把他為書中主角呢？"我被他提醒了，大為稱善，於是我便寫了《留芳記》，但也只寫了二十回，給林琴南先生看過，他還給我寫了一篇序文，在上海中華書局出版。關於寫《留芳記》的事，我後將再述。

在從前以一個文人，辦點商業性質的事，終究是失敗的多數。《小說林》也是如此，雖然所出的書，倒也不少，銷路也不差，還是虧本。譬如說：放出的賬，收不回來；管理處不得其法等等；而且出版物是有時間性，尤其是小說。他們是自辦印刷所、排字房的，後來搜出了半房間的鉛字，都是拆了版子，不歸原位，傾棄在那裏，只好作為廢鉛賣了，諸如此類，都是吃了人家的虧。《時報》後來的失敗也是如此，他們兩位，狄楚青與曾孟樸，都是公子哥兒呀！

息樓

到了時報館後，我認識了不少的友朋，除了報館同人以外，還有許多館外的同好，也常常到時報館裏來的。這是狄楚青本來是好客的人，而陳景韓與雷繼興，也是友朋很多，他們常常到報館裏來訪問與閒談。時報館的主筆房，不是像後來各大報館的嚴肅整齊，而卻像人家裏的書房一般，隨便起坐談笑的。

有些朋友，也就喜歡跑到主筆房，但到底有些妨礙工作。而且有些新聞，報館裏往往稱為獨得之秘，不願在報紙上未經披露之前泄露了出去。若是為各報館競爭起見，還恐怕偶不留意，傳到了別家報館裏去，被他們佔着先鞭，這也是當時報界中的常情。

但《時報》又是歡迎他這班朋友來的，因此在館內樓上，辟出一間房子，作了一個小俱樂部，那個名字，就喚作"息樓"。起這個名的意思，無非是聊供休息所需，有許多朋友來訪問、閒談，便請在息樓裏憩坐。在報館裏的同人，工作之餘，也在息樓中休息一下。或有朋友見訪，就可以在息樓中會客。息樓那一間房子，由報館供給，不取租費；另僱一個茶房，專管息樓內的茶水、差遣等等，備了幾份日報，供客瀏覽，所費無多，而得益匪淺。也有朋友們在息樓裏吃點心的，好在時報館在福州路望平街，鄰近都是點心店、西餐館，叫茶房去喚他們送來，自吃自惠鈔，很多便利。

息樓裏常來的幾位朋友，就記憶所及，略述數位如下：

沈信卿，名恩孚，他是我們吳縣人，是前清的舉人，他現在是上海龍門師範學堂的校長，那時候，公立學堂的主持人，沒有監督的名稱的。龍門師範，是上海原有的龍門書院改組的，屬於地方公有性質的，那時他已五十多歲了，學高望重，我們呼之為信先生，他雖是蘇州人，因為他以前久居於嘉定，因此蘇州人和他少親近，而上海人和他較密邇。

袁觀瀾，名希濤，寶山人，也是前清的舉人，他的一位女公子，還是我的學生。他是常常到息樓來的，他一來了，我們老遠就聽得了他的聲音，因為他聲帶作嘶音，而又很為響亮。辛亥革命以後，他曾一度為教育部次長。我在商務印書館出版過幾部教育小說，承他在教育部任上，獎給我幾張獎狀，無任愧感。他有兩位弟弟，袁希濂、袁希洛，都是我的老友。

黃任之，名炎培，川沙人，也是前清的舉人，在息樓的三舉人中，他的年紀最輕。他在家鄉為了鬧革命，幾乎被地方官（那時松江府知府戚揚審訊）捉去被殺。他的夫人和令妹，都是我的學生，在國民黨統治時代，屢次請他出來任教育部長，他沒有應允，只在上海辦職業教育社。在這個時候，他正在運動幾位工商家辦學堂，如楊斯盛等。

龔子英，單名一個傑字，蘇州吳縣人，也久居上海了，他是前清的秀才，精於算學。他們世代經營金業，在上海金業界中，亦推巨擘。那時候，他正在上海辦一個金業小學堂。他們兄弟四人，他是最小，排行第四。他的長兄龔子瑜是上海匯豐銀行的買辦（按買辦在當時上海是尊稱，後來諱言之，改稱為華經理）。辛亥革命初期，曾一度為江蘇財政廳長。

林康侯，名祖潛，上海人，前清秀才，遊學日本。他自稱為半個蘇州人，因為他的母夫人是蘇州人（上述沈信卿是他的母舅），他現任南洋公學附屬小學的校長，他的書法極好。他們是老上海的紳士階層，他與龔子英，均在時報館，任本埠新聞編輯。後因江蘇、浙江兩省，自辦江浙鐵路公司（滬杭鐵路公司的前身），調往鐵路上辦事，始離新聞界。康侯的履歷甚富，漸入銀行界。他與我是丙子同庚，後與穆藕初等成立丙子同庚會。我寫此稿時，他在香港。

史量才，名家修，他原籍是南京人，他的父親在上海郊原的泗涇鎮開了一家米店，他就成了泗涇人了。他是杭州鹽業學校畢業生，我到《時報》的時候，他在高昌廟開了一座女子鹽業學校，是有許多人幫他的忙的，我也在他那個學校裏當義務教師，他是天天到息樓來的一個人。辛亥革命時，他當了甚麼松江運副鹽務事。他的接辦申報館，是張謇、趙鳳昌出力最多。其人有幹才，後為國民黨特務所暗殺。

吳懷疚，他是上海人，在上海人中，開女學堂的算他最早（除了愛國女學以外），也是辦得最發達的人。他所辦的務本女塾，學生最多，規律最好，因為那個時候，男女同學，還不曾流行。上海早有一個中西女學，是美國教會辦的，但教會氣息太重，於是群趨務本女塾，他的學堂，開在西門，是華界不是租界，有許多家庭，為了要送女孩子入學，都住到西門去，以至一時蔚為風氣，西門的女學堂也便多起來了。

朱少屏，他是上海人，我記得那個時候，他是開了一個"健行公學"，也是在西門。後來他又辦了個"寰球中國學生會"，對於中國出洋留學的學生，輔助不少。在上海各文人所組織的"南社"中，他是主幹。朱少屏是老同盟會會員，但在國民黨中，一向不甚得志。他的夫人岳麟書女士，也是我的學生。在第二次大戰前，楊光泩任菲律賓總領事，朱少屏任副總領事，為了抵抗日本，均為日軍所戕害。

楊白民，上海人，住在南市的竹行衖，他也開了一個女學堂，叫作城東女學。他因為這一座房子自己的頗為寬大，不似租界裏的那些衖堂房子，自己家庭也住在這裏，成了個家庭女學校。學生極多，年齡不齊，幼者不過十二三歲，長者則已二十多歲了，許多太太們，就學者甚眾。楊白民到息樓來，總是抓人到他城東女學去教書，陳景韓、雷繼興、林康侯，都去教過書，黃任之是基本教員，因為他的太太，即在城東當學生。記得後來當監察委員的劉三（號季平）也去教過。我也曾教過一年多吧。還有一個奇跡，吳懷疚生了五六個女兒，沒有兒子；楊白民也生了五六個女兒，也沒有兒子。他們都是開女學堂的，大概拼命地在那裏為自己製造女學生吧。

楊翼之，名廷棟，他是蘇州人，他從日本回來，我便認識他。自從我到時報館後，他常來訪我，便為息樓中的常客。不過他也是日本早稻田大學畢業的，和雷繼興等一班學習法政，都是同學。在那時候，上海的一班有志之士，號稱維新黨，組織所謂憲政預備會，意思是督促清政府速行立憲，他們皆與其選。還出版了一種《憲政雜誌》，大家寫文章。那時候，大家還主張君主立憲的，到時報館息樓中高談宏論，意興奮發，不可一世。

管趾卿，無錫人，是上海德國人分設的西門子洋行的買辦，西門子洋行，做電機生意的，在中國甚為活躍。息樓裏來的人，大概都是學界人，只有他一個是"康白度"（上海洋涇浜語）。他與我們這班人聯絡，在營業上毫無所益。後來我子可永到德國柏林大學習電機工業（時年十四歲），又在西門子德國總廠實習，甚得管君之助。

葉養吾，他是青浦人。青浦距上海甚近，因此來上海的人很多。上海新聞界中，青浦人也不少。葉養吾有個兄弟，名葉石，也是同在日本留學的，也同在時報館的。但葉養吾在日本學的是商科，進了商科大學，他家裏也很有錢，預備到上海來辦商業。那時日本人也都在上海辦商業，葉養吾頗認得幾位日本巨商，頗思與他們合作，但日本人做生意，很為精刻，沒有成功。還是自己從事於電燈事業，嘉興、紹興，那兩處的電燈廠，都由他創辦的。

楊蔭孫，他是蘇州人，比國大學畢業生。他原先和他的弟弟楊景森，都是南洋公學的學生。他被派出洋，到比利時留學，學的是銀行學，回國以後，到上海來，也是息樓中的一客。後來到了北京，便入了北京的銀行界。梅蘭芳第一次到上海，正遇到楊蔭孫也回到了上海來結婚，梅蘭芳還沒有到戲館裏唱打泡戲，卻先為楊家婚宴上唱堂會戲了（蔭孫結婚，在上海張園的安塏第），一時稱盛。楊蔭孫後任北京交通銀行行長，我到北京時，常相過從。

楊景森，蔭孫的弟弟，他是美國留學生，回國後，即在上海謀事，那時美國留學回國的，已經很多了。他很聰明而好學，可惜是有病的，這病不容說，又是當時中國最流行的肺病了。那時上海報紙，也漸漸注意到外國的新聞輿論說，狄楚青即請他在《時報》翻譯此種文字，他譯得極快而又極多，但報紙上容不了這許多，他心中大不高興。他後來為中華書局編輯部請去，另外還賣文譯小說。他對了一頭親事（舊式婚姻），其未婚夫人是富家女郎（上海施家，是著名的外交家），為了結婚場面豪華起見，拼命勤勞的寫作，雖以病軀，力疾工作。結婚以後，未及數年，病即大發，養痾於莫干山，即病歿於山上。

此外常到息樓來的，還有夏頌來、王培孫、沈叔逵、黃公續及其公子黃伯惠（即後來接辦時報館的），更有蘇州來的吳訥士、常熟來的吳斯千（曾孟樸的妹婿），不能一一記憶起來了。但狄楚青的許多朋友不來，如葉譽虎、葉葵初、熊秉三，以及他的弟弟狄南士，都不到息樓。更有我後來有許多南社裏的朋友，也沒有到息樓來，因都另有聚會之處呀。上海這個地方，真是人材薈萃之區，而我當時年輕，也是一個愛好朋友的人。寫此稿時，息樓裏的朋友，陳景韓在上海，黃任之在北京，林康侯、黃伯惠，均在香港，餘則均作古人了。

女學校教書

自從到了時報館，從事於記者生涯以後，我是決計放棄了教書工作了。我自從十七歲父親故世後，即開門授徒，做了一個小先生，一直處館教書，坐熱了那隻冷板凳。以至脫離私塾制度，又踏進了新式教育，甚麼吳中公學社咧，又是山東青州府中學堂監督咧，真是"人之患，在好為人師"。這一回，到了上海來，上海也正在各處興辦學校，一到上海，就有人來請我去當國文教員，我實在對此厭倦了，便一概加以婉辭。

然而到底不能脫去這個樊籬，第一個破我戒的，便是史量才。量才在西門外高昌廟地方，開了一座女子蠶業學校，除了養蠶時期，女學生都要服務以外，其餘時間，便同別的女學校一樣，只不過加一點與蠶桑有關係的學科而已。他是常常到時報館息樓裏來的，時報館的幾位編輯先生，如陳景韓、雷繼興、林康侯等被他拖去教書了，我初到時報館，他便以我為鵠的了。

我起初拒絕他，我說："我已教了十餘年書了，舊的、新的，都已教過，對此漸少興味，我現在要換換方向了。況且我現在也沒有工夫教書，時報館、《小說林》之外，偶有餘閒，還得要寫一些小說。"但量才百方勸駕，他說："你鎮日埋頭寫作，也未免太悶損了，必須換換空氣。況且我不是天天要你來，一星期來三天或兩天，每星期擔任五六個鐘頭的課，終可以抽出這工夫吧？《時報》是在夜間，《小說林》在上午，那麼下午你有工夫了。"

他又說："山東青州府蠶桑學堂中教員，都是我的老同學，我知道你在青州辦學堂，很為吃力，但是上海的學堂非青州之比，尤其是女學堂。你不曾到女學堂來教過書，何妨來試試呢？把山東的男學生，和上海的女學生，作一比較如何？並且我們學校裏，到四月裏就要養蠶了，蠶忙的時候，便不上課，現在到養蠶時節，至多只有兩個月，那是很輕鬆的事，況且景韓、繼興，他們也來教過呢。”

我為他說動了，我的確不曾在上海教過書，尤其不曾在女學堂裏教過書。我當時又動於好奇心，凡是沒有經過的事，我總想去經歷一番。又想到量才所說：他的學校，四月裏就要養蠶，過後至多再讀一個月書，接着便要放暑假了，那麼總共也不過教三個月書吧！

而且我當時正想寫社會小說，搜集各種資料，商務印書館又來接洽，要我寫教育小說。無論是社會小說也好，教育小說也好，各方面的情形都要曉得一點，這個女學生社會，也是應該曉得一點，作一個實地觀察呢。

回想我十七歲開始做小先生的時候，曾教了一個女學生潘小姐，以後就沒有教過女學生。但現在所要教的不是一個女學生，而是成群的女學生了。我問史量才：“你是女學校的校長，何妨傳授心法。”他說：“也沒有甚麼方略，但是你不可太嫩，太嫩了，壓不住她們，便吱吱喳喳地吵起來。雖然不必板起面孔來，但至少也得裝起老氣橫秋的樣子，方可以吃得住。”量才這話，正說中了我的病，我就是太嫩，尤其對於女人。其實我那時也有三十歲出頭了，人家看我，卻不過二十三四光景。

我所教的這一班女學生很整齊，全班不過十餘人，年紀都在十八歲以上，因為這是一班最高級，快要畢業了。女子蠶業學校裏沒有太年輕的學生，因為他們在招考的時候，就規定要十六歲以上，方能報考。這有兩個原因：第一，他們在養蠶時期，有一個很辛苦的服務，時常要輪流守夜，而且很沉重的蠶匾，要掇上掇下，非幼稚女生所能勝任。第二，在育種的時候，須用顯微鏡，仔細觀察，而且對於蠶蛾的交配，詳細解釋無遺，在交尾中，還要輔以人力，這也是那種幼稚女生所非宜。

大概從前女學堂裏的女學生，頂會吵的是十四五歲，到了十六七歲，便漸次沉靜了，一過了十八歲，便不會吵鬧了，還有的在初進學校的女學生，最是會吵，在將畢業的女學生，便不大會吵的了。更有一說：在男先生的課堂裏會吵，在女先生的課堂裏，她們便不大敢吵了。在她們不大佩服的先生，自然吵得更加厲害，在她們佩服的先生，就不大吵了。這些都是當年在女學校教書的經驗之談。

　　在上海教會裏所辦的女學堂，像“中西女學”之類，他們對於中國的國文，不十分注重，所請的國文教員，都有些冬烘氣息，女學生們常常開他的玩笑。我記得有一位國文教師是松江人，督責學生們倒也很嚴。教她們讀《古文觀止》，那班學生們讀到蘇東坡的《赤壁賦》，中有句云：“巨口細鱗，狀如松江之鱸。”她們大聲朗誦道：“松江豬玀！松江豬玀！”先生正把她們無可奈何。又有一個十三四歲的女學生，不知如何觸犯了先生，那位先生便拉着她，要到女校長那裏去申訴，她大呼：“男女授受不親。”（《禮記》上語。）嚇得那位教師急忙縮手。可是對於那些外國女教師，雖然背後也罵她老太婆，或給她提出醜惡的、可笑的綽號，然在當面，卻甚畏懼她，非常服帖。

　　我在女子蠶業學堂未及一月，而城東女學校校長楊白民，又來勸駕了。意思說：一樣的朋友，能在女子蠶業盡力，也希望在城東女學幫忙。我說：“我的工夫來不及。”他說：“每星期只要來三天，不到女子蠶業的日子，便到城東女學來好了。”我一時面軟，也就答應了。但是女子蠶業，在西門外過去的高昌廟，城東女學，則在南市的竹行衖，自己卻住在租界裏的愛文義路，一面在極西，一面在極東，這樣的終日奔波，很為勞累。並且高昌廟與竹行衖，都在華界，到了那邊，便得更換人力車，但是我那時很有勇氣，覺得教女學生，很有興味。

　　城東女學這一個學校的學生，卻是複雜得多了。我這一課堂中，約計有三十多人，年齡小的不過十三四歲，年齡大的已有三十餘歲，已是太太型的人了。就像黃任之的太太王紉思，也在我的課堂裏，同學們都呼她為黃師母，因為這時候，任之也在城東女學授課呢。還有他的兩位令妹黃冰佩、黃慧兼，也在一課堂。年齡最輕的就像袁觀瀾的女公子袁世莊，不過十三四歲，程度自然參差不齊。但在這個時候，實在出於無法，只要有志向學的，便是來者不拒，所以這個班次，只好勉強合併了。

我初在這些女學堂教書時，的確有些兒面嫩，她們似乎比你老練得多，不過她們也並不使我受窘，就是喜歡多說話，常常說到功課以外去。有時，她們說："今天先生不必講古文，請說一段故事給我們听。"她們以為我常寫小說，必定有一肚皮的故事，藏在心中。我只好說："故事今天不曾預備，下一課期講故事。但是我口講故事，請你們把我所講的故事，用筆記起來，那也是習練作敘事文的法子呢。"她們听了，覺得不大寫意，後來就不請我講故事了。其實記出來不是很好嗎？而她們視為強人所難。

我從青州府回到上海來，衣服很不入時，上課時，用粉筆寫黑板，有一位女學生最喜歡多說多話的，便道："喂！先生！你的袖子管太長了。"我只好說："是的！我的衣服不入時了。"我以為她沒有甚麼說了，但是又繼續說道："先生！你的指甲也太長，要剪去它，寫粉筆不大便當。"那時我真有些窘了，幸而和她同座的一位同學，怒之以目，別的同學則俯首掩口而笑。後來我告訴了楊白民，他說：這人素來如此，就是上海人所說的"十三點"脾氣。

後來我想：她所勸告我的並不錯，我的袖子管的確太長，我的指甲確是好久未剪。大概別的學生，也在這樣批評我，而她卻忍不住，心直口快地便嚷出來了。下一次上課，我把指甲都剪光，衣服也換了件袖子短的。上了課堂以後，我就伸出手來給她們看，我說："我是從善如流，听你們的勸告，把指甲都剪平了。"那位女學生，反而面漲通紅，俯首無言。

兩三個月以來，我便老練得多了，我對於上課並不怕，但是對於這個改課卷，實在有些怕。試想：女子蠶業近二十人，城東女學有三十餘人，每星期就有五十餘本作文要改，而且不能積壓，一積壓就要拖下去。我那時把課卷帶回家中，預備開夜車，可是一吃夜飯，睡魔便降臨了。

而且那時候，《時報》已登了我的連載小說，明天的稿子，也要預備。把課卷帶到報館去吧？發稿已畢，可有餘閒，但報館裏朋友多，談談說說，莊諧雜作，談笑風生，早已把學生的課卷，置之腦後了。

後來想出一個辦法來，將學生的作文課本，安放在學校的教員休息室內，上課以前或以後，倘有餘閒，即行改卷。再在學生作文的鐘點內，她們在作文，我在課堂裏監視的時候，便是改課本，這樣覺得好一些，不致積壓起來吧？

然而我的朋友中，有幾位，一天要上好幾個學堂的課，都是按着鐘點，方始趕到（那時上海各教員，也是按着鐘點計值，一天要跑幾個學校）。他們的口號，叫作“下車上課，下課上車。”那個情況，就像後來上海的說書先生，按着鐘點趕電台一樣了。

在我們從愛文義路遷居到西門敦潤里以後，上海民立女中學校的校長蘇本嵒女士，又光臨寒舍來了，她又要請我到她那個學校裏去教書。蘇家開了兩個中學校，一個民立中學校，屬於男學生的；一個民立女中學校，屬於女學生的。民立中學校是蘇穎傑主持，民立女中學是蘇本嵒主持，他們原是兄妹，為上海望族（蘇女士已嫁，其夫為王孟綠）。這個民立女中學，也開在西門，西門可稱是女學校的大本營。最大的務本女塾，也是開設在西門，是人材最多的。

我這時女子蠶業學校已不再去教書了，城東女學校卻還是去的。蘇本嵒女士到我家裏，和我妻說：“我知道包先生很忙，但是你們不遷居到西門來，我不好意思來說，既已遷居到西門來了，離我們學校很近，可否請包先生屈就一下？”又笑說：“我是奉學生之命來的，有幾位學生，都推薦包先生，因為她們的姊妹同學們，有的在女子蠶業，有的在城東女學，都歡迎包先生教得很好，所以我來敦請，務必俯允。”

這樣的高帽子戴上來，我又只得答應了。不過我的教書，不是過於自卑感，實在自己覺得不甚高明。但我以為在這一代的女學生，卻是在啟蒙時代，當以啟發她們的知識為首要，能多懂得一點新知識，就是好的。啟發了這一代的女學生，然後使下一代的女學生，更注重於種種學問呀。我在民立女中學教的這一班學生，頗為整齊，一共只有十人，年齡都在十八至二十歲，是稱為卒業班，程度也相差無多，課堂裏沉靜無嘩，與城東女學的學生，正大不相同。

女學生素描

我到上海以後，並沒有在男學校教過書。我在山東，對付學生，覺得還好。到上海後，我惴惴然怕對付不了這班男學生。

況且我的職業，已命定我當新聞記者的了，我不能再分一半力量，來做教書先生。而且我立志也不願教書，這不過變相的冷板凳而已。

況且我青年失學，讀書甚少，就我所學，也不足以為人師，仗一點小聰明，並無真學問，古訓所說：“人之患，在好為人師。”我倒服膺龔定庵這句詩，“但開風氣不為師”。

至於在女學校教書，她們既不討厭我，我也就我所知的和她們講解，覺得很有興味，而且女子往往別有慧心，較男學生聰明。在我所教的三個女學校中，以城東女學校教得時間最長，民立女中學次之，女子蠶業又次之。此外上海當時還有兩個著名的女學校，一為務本女學，一為愛國女學。這兩個女學校，我不曾正式受聘去教過書，但曾給朋友去代過課，務本只代過一星期，愛國卻代過一個月。這個愛國女學，還是蔡元培先生那時所創辦的，直到民國八九年時還存在着，那時的校長，好像是蕭蛻呢？

此外上海還有個美國教會所辦的中西女學，開設在公共租界的中心區，那是重西文而不重中文的。雖然它在三馬路的時代，我的女兒可芬，也在那裏讀過書；後來那個“小中西”，我的孫女兒，也在那裏讀過書，那都是外國女教士當校長的，這個女學校，我總嫌它的貴族氣太重，夕陽西下，門前汽車停了一條長龍，往後也就不再去上學了。

城東女學的地址，在南市竹行衖，一條極狹的衖堂，彎彎曲曲地走進去，裏面卻有古老式的，不像租界那種房子的一座房屋。楊白民便利用這座祖遺的房子，開辦這個女學校了。他那個女學校是家庭式的，因為他的家眷也住在裏面，除了有間廳堂可以做課堂，其餘的屋子，除了自己居住外，便做了女學生的宿舍，為遠道來的女學生住宿（這時外縣如松江、蘇州、無錫、常熟、嘉興等地，到上海來就讀的女學生極多）。至於本地通學而走讀的也不少。

城東女學的校長是楊白民，他的夫人，便當了管理學生的舍監（適與民立女學相反，民立是蘇本喦為校長，而其夫王孟綠為教員）。楊師母雖在中年，尚有睡在搖籃中的小女孩兒，她主持中饋，更是一位家庭主婦。於是住在他們家裏的女學生，課餘之暇，便給她抱小孩，有時還幫着楊師母燒小菜。她們的課程中，本來有幾項屬於家事的，如縫紉、烹飪之類，縫紉不必言了，那時毛線工作，正在長足進步，而烹飪一課，亦別有風味。

楊先生主張烹飪一課，每月要實習一次，在星期六舉行，以每一學生捐銀兩角，十個學生為一組，輪留當值。從前有兩元，可以辦很好一桌家庭飯菜，請各教師來白吃（還講出《論語》"有酒食，先生饌"的古訓來），吃後請加以批評。至於校長則貼酒飯與柴火，其事至為公平。不過有幾位學生，本來是會燒菜的，當然很能入味，有兩位從未燒過菜的，那些嬌養慣的小姐們，雞手鴨腳，燒出來的菜，咸不咸，淡不淡，令人攢眉。有位老先生正要加以批評，我拽了他的袖子，笑道："吃了白食，不要瞎批評了。"於是大家都說道："好！好！"

女學生們，向她們說了幾句重話，都要哭的，但我不曾惹她們哭過。陳景韓在城東女學教書，常常罵得她們垂淚，他自己也撅起嘴唇，面相很覺難看。所以陳先生上課，她們不敢多說多話，背後卻罵他"冷血動物"（因他的筆名是"冷血"也）。實在，像民立女中與女子蠶業，我所教的一班，都非常整齊，用不着疾言厲色。城東女學，班次既雜，人數亦多，往往不大整肅，似非稍加嚴峻不可。你若太放縱了，她們就愈加撒嬌了。

要是誠懇地同她們講，也並不是講不通的。我最討厭她們的，是把那些絨線生活，暗帶到課堂裏來，她們一面聽講，一面在桌子底下織那絨線生活。她們是熟極而流的，眼睛不必去看它。但是一不小心，鋼針落地，丁零一聲，大家都回首以觀，掩口而笑了。有時候，的溜圓的一個絨線球，直滾到了教師桌子旁邊，她又不好意思來拾取，倘把絨線儘扯，卻是愈扯愈長。我已經幾次託楊師母給她們說了，她們卻還是老不改，我只得自己開腔了。說了以後，果然就沒有帶絨線生活上課堂來了。

城東女學的故事是很多的。有一次，他們那裏招收了一個漂亮的女學生，年約十七八歲。雖然漂亮，但衣服穿得很樸素，不施脂粉，完全是個女學生型。這個女學生，是在黃任之所教的國文班裏的。城東女學招生，不似別的女校裏十分嚴格。因為學生都是幼年失學，到了年長，方始來補習的。在現代那種校風說起來，又要說她是“校花”甚麼之類了。在城東女學也來了有兩個月了，倒也是很聰明而且很勤懇。

有一天，黃任之有應酬，人家請他在某一西菜館裏，內中是有許多商界中人的，他們“叫局”（即召妓侑飲），黃任之自己不叫局，而不能禁止人家不叫局。

一時之間，鶯鶯燕燕都來了，可是其中有一人，恰好坐在他的對面，酷似城東女學每日上課的這一位漂亮的女學生，不過是遍體綺羅，裝束入時，完全是兩樣了，他越看越像，而這一位堂子裏來的姑娘，見了黃任之以後，也很為局促，側着身子，不敢以正面對他。

偏偏那個叫她堂唱的商人，還對着黃任之誇說：“黃先生！你不要輕視她，她還是一位女學生哩。”那位姑娘臉漲通紅，愈加不能存身，立即起身告辭了。黃任之也不待吃完西餐，說另有他事，起身離席，一腳奔到竹行衖，告訴楊白民以剛才所見的一切，於是學生們也大嘩起來了。但這事也不能怪楊白民，他怎能知道她白天在讀書，夜裏在出堂唱呢？這也沒有別的辦法，只有等她明天來時，把她開除就完了。可是不必等你開除，她從此就不再來了。

後才知道這人便是上海妓院裏當時鼎鼎大名的四小金剛之一的金小寶。她和一位客人青浦名士陸達權很要好的，陸達權是留學日本的一位高材生。因為她的妹妹也是城東女學的學生，是她指引到城東女學來讀書的。陸與楊白民、黃任之等，也全都認識，如何讓一個妓女來附讀呢？但是後來租界裏美國教會所辦的中西女學，它的校址在漢口路，四周圍都是妓院，它那裏附設的慕爾堂，辦了一個婦女補習學校，妓院裏的雛妓，在那裏補習的不知其數。試從寬展處着想，哪一等人是不應受教育呢？孔子云："有教無類。"

城東女學每年一定要開一次遊藝會，而這一次遊藝會中，也一定要演一回戲。每一次演劇時編劇、導演，又一定是我充當的。那個時候，現代所稱為話劇的那種新戲，已經流行到中國來了。我們在日本的留學生，也在東京演劇，上海男女各學校，每逢甚麼節日、紀念日，學生們也常常在演劇，這個風氣已經是大開了。我記得：第一年，我給他們編導的一個故事，名曰：《女律師》；第二年，我曾選取了我所譯寫兒童小說《苦兒流浪記》的一片段。

《女律師》取材於莎士比亞集，林琴南的《吟邊燕語》中，譯名為《肉券》，有的書上則又譯為《一磅肉》。我因為在女學校裏演出，而為安東尼辯護的，卻又是一位女律師，所以便取了此名。

這時女學生中，大家都不肯演這個猶太人。我說："如果戲劇中全是好人，沒有壞人，這戲劇也演不成功了。"後來有一位女學生挺身而出，她願意做猶太人，這位學生是吳傳絢，蘇州人，我友吳帙書、吳縮章的胞妹。學校演劇，當然草草不恭，卻也有聲有色。（按，吳傳絢後嫁一李君，我忘其名，杭州人，日本士官畢業，為一旅長，革命有功，乃早逝世，傳絢寡後，到上海即住我家，以與我妻甚友好。抗戰期間，攜其子同至重慶，後即不通音問了。）

《苦兒流浪記》，要選取一位年齡在十一二歲的學生，飾為苦兒，且要是聰明活潑的。當時選取楊白民女公子中最小的一人，喚作楊雪珍。（楊氏姊妹，都以雪字排行，其長女曰雪瓊，有一位名雪玖，今已成為女畫家。）但劇中人是一個男孩子，現在以一女孩子權充男孩子，亦無不可，惟多一條髮辮。因為那時候，中國婦女，尚未流行剪髮，女學生們都拖着一條辮子。但雪珍當時為了演戲，竟毅然地剪去了那條辮子（那時女人愛惜她的秀髮，不肯輕易剪去的）。這一次，在女學校中，也傳為佳話。

女子蠶業學校開辦甚早，在那裏畢業出來的學生，由各處聘請，或自設養蠶所。史量才辦了申報館後，它的後身，就是蘇州滸墅關女子蠶業專門學校，擴大發展，歸為江蘇省立了。那民立女中學校，我所教的最高一班，不是說整整齊齊的十個人嗎？但其後果，皆不甚佳。我後來听得人說：有一位嫁夫早寡，有一位以產難逝世，有一位帶髮修行，長齋禮佛，更有一人，竟正式做了尼姑。這位正式做尼姑的，乃即是民立女中學校長蘇本喦的女兒。她在杭州近西湖主持一小庵，到上海來，必至我家，訪問包師母，因我妻亦信佛，她們引為同志也。我問她："有何刺激，乃至出家？"她說："並無刺激，只是信仰。"

蘇本喦女士兄弟姊妹頗多，其妹蘇本楠女士習醫，為著名兒科專家，他們本為一大族，下代所出，亦多學者。後來他們也不辦學校了，那種私立學校，亦已被上海市政機關所接收，我在寫此稿時的前三年，常在上海一家茶室中，遇到王孟綠、蘇本喦一對夫婦，年在八十，互相扶持，互相愛好。老年不稀奇，老年夫婦而如此健康互愛，則不可多得。

孟綠嗜崑曲，唱旦角，以八十高齡，能迫緊喉嚨，唱《遊園驚夢》的杜麗娘給我听，真是不可企及呀！

我的女學生，後來頗多為我朋友的夫人，如蔡雲笙夫人（孫潤宇的妹妹）、陸費伯鴻夫人（陸費伯鴻是中華書局總經理）、顧樹森夫人、宋春舫夫人等等。有的其初還沒有知道，後來由其夫人道及，往往都親治一餐以餉我。我在北京時，在宴會上，遇宋春舫，他說：「有一人要見你，明日我開車子來接，到吾家便飯，便可相見。」我問何人？他說：「現且不說，見後自知。」明日以車來迎，春舫築室於清華大學之旁，至其家，夫人出迎，乃我學生朱潤女士也。亦得餉一餐。春舫所筑之室，名「春潤廬」，即以其伉儷之名名其室，室外花木環之，室內圖書羅列，甚為雅潔。飯後，導遊西山，至暮仍由春舫開汽車送歸。至於黃任之夫人、楊千里夫人、朱少屏夫人等，都為我的學生，前文已說過，不贅。

《時報》的編製

《時報》當時的編製，我於上文已述及，但新聞事業，在中國是繼續進步的，不是墨守成法的，而且隨着時代的進化而轉移的。中國的開發，比較歐美為遲，在東方，比較日本為遲，這是無可諱言的。所以中國的新聞界，在那時只可以算草創時代，精神與物質上，都是趕不上人家呢。但無論如何，我們總想是在進步，決不是退步的。

中國報紙的編輯上，有三件事，都是由《時報》創之：一是專電，二是特約通訊，三是副刊，我將依次約略言之。

第一說專電：專電者，是報館裏特派人員在北京，每日將政界要聞，特地發電報到報館裏來，以便迅速發刊。因為中國當時自己還沒有通訊社，政府也不重視將新聞傳播於民間，有時還諱莫如深，報館要知道政界重要事件，只有靠在京的特派員打專電了。上海的外國報紙，如《字林西報》之類，也派了專員在北京，他們是和他們的使館聯絡的，很可以得到許多政界要聞。中國的報紙上，反而沒有，要到外國的報紙上轉譯過來，豈不可恥。所以我們派了專員在北京，專拍政界要聞的電報了。

因為《時報》先有了專電，於是別家也有了。始而專電少，非關於重要的新聞不發，既而專電多，雖非重要的新聞，亦發專電了。為了各報都有了專電，便成一個競爭的目標。譬如北京政府發生一重要的事，這一家報館有這樣一個專電，而那一家報館卻沒有，明天報紙上發表出來，這豈不是使沒有這個專電的那一家報館相形失色了嗎？

發專電要有一筆電費，從前是由報館匯一筆錢給特派員，或是每月有一個約數，規定電報費若干。到了後來，電報費可以記賬，民國時代，交通部優待新聞界，新聞電比普通電特別便宜，專電也就多起來了。再到後來，各大報館在北京特設機關，名曰"通訊處"，專司每天採訪新聞，拍發電報了。

在辛亥革命以前，上海報館在北京所委託的通訊員，有些是秘密的。也有的是政界中人，因為非此不足以得到正確重要消息。時報館曾經有一位通訊員姓鍾的（杭州人，還是王文韶的孫婿），為了洩漏秘密消息而被捕，幸有王文韶的老面子，得了輕罪。不過到了革命以後，那些通訊員，也就公開了。但是在探訪新聞時，也有個競爭，看各人的手腕，有的得到了新聞，有的得不到新聞，未可一概而論。

因為是新聞電，它的電費最便宜（每一字三分），所以北京電報局每壓在最後發出，一直要等到官電、加急電、商電發完以後，方始發新聞電，所以上海報館裏接到電報，都在深夜。但是電報局也知道這些電報，是你們明天報紙上要登出來的，所以儘速在當夜也給你送到，即使在深夜兩三點鐘，也仍照送。可是報館編輯最頭痛的，就是深夜來的電報，那個時候，報紙將要開印了，但專電不能不加進去（這時上海各報館，還沒有一家有捲筒機），而且極遲來的電報，往往是極緊要的新聞。幸虧我們時報館裏翻電報的張先生，他已翻得熟極而流了，不用翻甚麼電報新編，信筆疾書地寫下去。但是電報號碼上，倘有錯誤，他卻不管，翻好以後，就送到主筆房來。

可是這種專電，常常有號碼的錯誤，而且錯誤得奇形怪狀。那是要猜詳出它的原文來，到底是甚麼字，有的要從它的上下文看出，方能猜到是甚麼字；有的卻很難猜詳，只不過電碼上一個數字之訛。尤其是人名、地名之類，往往差得你匪夷所思。並且發電的人，為了省錢，電報打得字數愈少愈好，非有極重要事件發生，不肯打字數較多的電報，往往因了一二字電碼的錯誤，使一條電報不能明了的，很使人費了腦筋。而且這些簡略的電報，在明晨報上，不能將原文登出，必須要裝頭裝腳，加進了許多字，充足了這個電報的意義，方可以使人看得懂。

第二，特約通訊這件事，也是由《時報》創始的，雖然《申報》《新聞報》，各地都有訪員，但是這些通訊，都是無足觀的。《時報》當時最重要的是北京通訊，當然，那時的政治重心在北京，所以北京通訊，顯出重要來了。自然那幾位特約通訊員，都是有政治知識而文筆優富的人，方可以勝任愉快。記得《時報》最初的通訊員是黃遠庸（筆名遠生），他是江西人，還是前清的進士，曾到日本留學。因為他與《時報》的雷繼興（奮）同學，狄平子與他亦相熟，因此《時報》一創刊，即擔任為《時報》通訊。後來史量才接辦申報館，便把黃遠庸拉去了，但仍為《時報》偶爾通訊。袁世凱帝制時代，為了上海開設亞細亞報館事，友人勸其赴美避禍，卒遭暗殺，真是冤哉枉也。此外，邵飄萍與徐彬彬，亦都曾為《時報》做過北京通訊員。飄萍太忙，發專電是專長；彬彬得不到重要消息，文章多肉而少骨；都不及黃遠庸，飄萍與彬彬皆我所推薦。

這班北京特約通訊員，都在報上標明"北京特約通訊記者某某"，雖不是天天要寫通訊，但一星期至少要有兩篇通訊。這種有系統的、文藝性的，觀察時局，評論人物，用一種輕鬆而幽默的筆調寫出的通訊，頗為讀者所歡迎。大約每篇總要有兩三千字，過短覺得不足以過癮，過長則又覺得冗長無味，甚而至於畫蛇添足。我們收到了每篇北京通訊之後，都排列在專電後，各種新聞前。除非看出它有筆誤或有所忌諱外，未敢輕改一字。凡屬高才，都不喜人家擅改他的文字。我每見許多編者，恆喜亂改他人文章，自詡博雅，其實識力不足，反致點金成鐵，更為作者所不悅，所以因此為戒呢。《時報》上偶然也有國外通訊，那是難能可貴的，是幾位留學在歐美、日本的，或是使館裏的朋友寫來的，這是他們一時高興，而也是不受甚麼報酬的，並非是一種職業性的通訊員。

到後來，上海的各大報館，也都有了特約通訊員，更為當行出色，這都是民國時代的事了。報業既進步，經濟自更發展，像黃遠庸在《時報》寫通訊，不過月酬二百元，已經算是最高了，其他報館不肯出此（如當時申報館的總主筆張蘊和，在外國資本時期，月薪不過四十餘元）。在《大公報》的特約通訊員，則除了月薪之外，還有交際費可以開支，那當然寬展得多了。

有一時期，邵飄萍曾擔任了《時報》的專電與通訊，在新聞上可以說統一。因為飄萍那時在新聞上大發展，除了在北京開設了"京報館"，又辦了一個通訊社，網羅了許多人材，在北京認識了許多人。認識尋常人不足異，要認識在政界方面足稱重要的人，方可探索出重要的新聞來。因為他的交際廣闊，方可以對於新聞上，如張網一般，無所遺漏。他這時不但與《時報》發電，也曾與《申報》發電。正在軍閥時代，有許多秘密的消息也傳了出來（有要聞他不打新聞電）。但上海的各報，都是持保守主義的，狄楚青膽小，認他是一位冒險人物；史量才竟說他要壟斷上海新聞。加以他在北京連吃官司，結果和黃遠庸一樣，斷送了生命，殊可哀也。

第三，從前的報紙，並沒有甚麼副刊的，雖然也登載些小說、雜文、詩詞之類，都附載在新聞的後幅。我在初進時報館去時候，便是如此。但《時報》那種雜錄，如楚青所寫的《平等閣筆記》和《平等閣詩話》（後為陳子言所編）都是附載在新聞之後。還有名人投稿，棄之亦屬可惜，當時報紙，除小說以外，別無稿酬，寫稿的人，亦動於興趣，並不索稿酬的。因為《時報》的讀者，都說《時報》是趨向於文學方面的，喜歡弄筆的人都來了。

後來我創議別辟一欄，名字喚作《餘興》，專登載除新聞及論說以外的雜著，商諸楚青，他頗贊成，便囑我主編。當時亦沒有甚麼副刊的名稱，但自辟此欄後，投稿者非常踊躍。因為《時報》對於教育家、文學家，著有信仰，上海以及外埠的各學校都閱《時報》，尤其是青年學子，故所有投稿家，大半是從此中來的（我認識范煙橋、周瘦鵑，即在此時）。這餘興中的文字，正是五花八門，矜奇鬥巧，諷刺歌曲，遊戲文章，可謂層出不窮。

他們雖不受酬，可是我們為了鼓舞投稿人的興趣起見，分別酬以有正書局的書券，好在有正書局那時的出版物，甚為豐富，都是狄平子所選取的。蘇州、常熟、吳江（同里鎮）的投稿家，積聚了許多書券，到上海來，選擇了一大包回去。

後來《申報》《新聞報》，也便有了副刊了，《申報》的喚作《自由談》，《新聞報》的喚作《快活林》，其他各報也都有了副刊。自從畢倚虹進了時報館以後，我們又商量了別闢一欄，名之曰《小時報》，一切都是小型的，可謂具體而微，有小評論（我與倚虹輪寫，一名小生，一名小可）、小專電（此電是電話）、小新聞（里衖間瑣屑奇怪的事），一概都是袖珍式的，頗覺新穎有趣。其時助我們的，還有濮伯欣、陳彥通諸君，詩詞並載，莊諧雜陳，可以做到雅俗共賞之作，為讀者所歡迎。編副刊亦要有種種技巧，而且常常要變換方式，乃可以引人入勝。這種副刊，畢倚虹題其名曰"報屁股"，現在報屁股三字，已傳誦人口。

集會結社

這個時候，上海有一個"江蘇教育總會"，在江蘇全省的教育上是很有勢力的。雖然那時是在前清末紀，政治腐敗，可是一班革新人士，以為欲改革政治與社會，非興教育不可。況且江蘇省內，上海、南京、蘇州、無錫，以及各府各縣的學校，也風起雲湧了。江蘇教育總會設立在上海，因為上海是人文薈萃之區，而交通亦利便，可以支持各地的新教育而總其成。

江蘇教育總會的會長是張季直（謇），並無副會長，另有一位總幹事是沈同芳，他是常州人，好像在前清曾做過官的，是位孝廉公，我已不記得了。這位總幹事，就同後來的秘書長似的，管理會內一切事務。每逢開會，都是他報告處理一切行政事項，紀錄開會時的議決案。他是住在會裏的，可以領取一筆車馬費（實在便是薪水），其餘的幹事，都是沒有薪給的。

江蘇教育總會最初的地址，是在白克路的醬園衖（後來改名為青島路），我初到時報館去的時候，還是在醬園衖的，後來他們籌集了一筆款子，就在老西門外，造起了一座西式的兩層樓來，便作為永久的會址了。

到那個時候，會務也忙起來了，幹事中如沈信卿、袁觀瀾、黃任之諸君，最為活躍，他們是中堅分子，因為他們都是教育界的人。那時這個江蘇教育總會，在江蘇教育界中，頗有勢力，以張謇為會長，可以直接與江蘇最高長官相交接，因此之故，也很有反對他們的人，稱之為學閥，還有一班人，罵之為"西門破靴黨"。

入會的資格，要辦過學堂，當過教員的人，或是對於新教育有知識的人，我當然有這個資格了。我起初並不想入江蘇教育總會，後來卻參加了。一則，楚青勸我加入，他自己本是一個幹事，卻從不到會，但《時報》在教育界頗佔勢力，雖然陳景韓、雷繼興，都未加入（他們不高興加入），而常到時報館來做客的人（簡稱息樓中人），大半是那邊的幹事與會員，借此可通聲氣。二則，有許多蘇州同鄉，都慫恿我加入教育總會，可以有部分力量，在故鄉或可多少便利之處。所以我的介紹入會的人（須有兩個會員介紹），一位是狄楚青，一位是我的表姑丈尤鼎孚先生（蘇州紳士）。

第一年，我是普通會員，第二年，他們便選舉我為幹事了。幹事約計有二十餘人，但我實在是個啞幹事，在會議席上，難得發言。這因為我在江蘇教育界的情形，不大熟悉，而他們都是教育界老前輩呀！不過我是有表決權的，倘然我不列席，表決權就少一票。所以每逢開會，總是打電話到報館裏來催請，被催請得急，只好去了。他們的開會時間，總是在下午五六點鐘，這時候，我總在報館裏發外埠新聞，被他們一捉就着。遇到他們開會不足法定人數，拼命地打電話來，宛如十二金牌一般。這是義務性質，自己還要貼錢。但亦有所酬報，開完會後，會中備有一頓豐富的夜飯，足供一飽。

江蘇教育總會，一直到辛亥革命以後，便即取消了。因為當時的政府，以為教育是屬於政府的，政府自有教育方針，不能操縱於一班士紳之手，會員們、幹事們，也都別有所事，有的離滬，有的做官，大家星散了。我寫此稿時，從前教育總會的同人，大概都逝世了，只剩一個黃任之，還在活躍咧。

除了江蘇教育總會以外，我所加入的集會團體，便是南社。我從山東回到上海的時候，南社早已成立了。

第一次參加時，覺得人數極少，不過十餘人而已。這個南社的組織，既無社址，也沒有社長，每逢開會，不過聚幾個文藝同志聚餐會談而已。

到了後來，社員漸漸多起來了。每年有一次大會，但仍然是聚餐性質。地方沒有一定，我記得有一次在蘇州虎丘開會，還是坐了畫舫去的；有幾次就是在上海西餐館開會。原來社員的入會，再簡便也沒有，有朋友介紹，說某君願入南社，說出他的姓名履歷來，大家都贊成。也有某君，某君，我們要邀他入社，只要某君答應了，便算是社員了。社員雖多，並不須要列席，即使算是開會了，聚餐一回，餐後即散，無所事事。到了後來，有了編輯社友詩文集這一件工作，算是一點成績。

我的加入南社，因為南社中早已有了我幾位老朋友。如陳佩忍，在吳江同里鎮金松岑家裏就認得的。如蘇曼殊，在蘇州吳中公學社就認得的。還有許多人，也都是到上海來後認得的。後來在南社成為主幹人物的柳亞子（他起初叫柳安如），那時還在他的故鄉吳江黎里鎮咧。那時主持南社的人，我只知道陳佩忍與朱少屏。少屏名葆康，早入孫中山先生的同盟會，在西門辦了一個健行公學。陳、朱兩位常居上海，每逢南社開會聚餐等，總是由朱少屏處發出通知，社員名籍、住址，也都是由他保管。他英文頗好，但要似南社一班文人詞客般，吟詩填詞，他是敬謝不敏的。不過他在辦事上，甚為幹練，在新學界中，認得的人也很多，後來于右任發起的《民呼報》《民吁報》《民立報》以及《太平洋報》，都由他幫忙拉攏不少。

在南社中，我認識了不少朋友，其中自然是江蘇人最多，浙江人次之，廣東人又次之，此外各省人都有。那是因為它的基地在上海，尤其是僑寓上海的人，其次，就是常常往來於上海的人。最初，報界中人，入南社者甚少，即以《時報》而言，就只有我一人，《申》《新》兩報，是闕其無人。有一天，狄楚青問我：“南社裏是有些甚麼人？有人說：是一個革命機關。”蘇曼殊到報館裏來看我，報館裏有位廣東先生，問我道：“這位西裝朋友，人稱他是一位革命和尚。”我說：“和尚應穿袈裟，他怎麼穿西裝呢？不但不穿袈裟，而且還吃花酒呢。”因一笑置之。

南社是提倡舊文學的一個集體，雖然其中人物，都是鼓吹革命的。

但他們的作品，還是固守着文言，不摻雜白話的。上言報界中人，入南社者甚少，但辛亥革命時期的《太平洋報》，幾乎全部是南社中人，葉楚傖的入報界，便是從《太平洋報》開始，他本來是在廣東，和姚雨平在一處的。在南社裏的朋友，我認識的就有諸真長、鄧秋枚、李叔同、陳陶遺、胡寄塵等；僅有一面之交的，還有高天梅、高吹萬、劉季平（即劉三，後在南京，與他同寓則常見了）、黃晦聞、蔡哲夫等等，現在已不能盡憶了。有一次開會，于右任、汪精衛亦列席。南社中人更有一特客，則為陳仲甫（即陳獨秀），似亦一社友，此真所謂百花齊放，百鳥爭鳴了。

在此時期，我要提到陳佩忍，佩忍自他夫人故世後，並未續娶。僅有一女，他攜其女，住居上海，每晚必至福州路一妓館花雪南家。花雪南年十六七，貌不甚佳，聞其為巫來由籍。但佩忍志不在花雪南，從未與染，乃借她的房間，作為會客之所。凡是熟朋友，要訪佩忍，晚間至花雪南處，必可見到。上海妓家，有一規例，房門前掛一門簾，無客則懸起，有客則垂下，如果門簾垂下，生客無論何人，即不能擅入，名之曰“闖房間”，為所禁忌，則曲在闖入者了。

所以當時上海一班有志之士，高談革命，常在妓院門簾之下，比了酒家、茶肆、西餐館，慎密安適得多。花雪南貌既不揚，生涯亦寥落，絕少訪豔之客，而佩忍更滿意，常盤據其房間，甚至寫文章，通書札，亦在此間，他的一位八九歲的女公子，也帶到此間。

其所報酬於花雪南者，則逢時逢節，必開筵請客，妓家謂之“做花頭”，如無人做花頭者，佩忍拍胸脯包辦，在妓家開筵請客，即是上海人所說的“吃花酒”了。以其交遊之廣，群賢畢至，就我所記憶得的，如諸真長、鄧秋枚常在座，有時亦有楊千里，如蘇曼殊在上海，極為高興，主人為他召集許多名花坐其側，我有句云：“萬花環繞一詩僧。”在座大都是南社中人。我亦常在座，無容諱言，二十年顛倒於狂蕩世界，誠難自懺也。

南社後來無形消滅了，這也是有理由的。第一，因為這班人，都是研究舊文學的，不能與後起的新文學沆瀣一氣。有些人是無論如何不肯寫白話文的，而且也不贊成那種歐化的新文學與新詩詞的，在五四時代，已成為過去人物了。第二，南社裏有許多人已入政界，他們做官去了，也有的是別種職業，誰也沒有閒情逸致，來南社做文人詞客了。剩下幾個人來，也漸漸取消極態度。第三，南社是一點沒有基礎的，既無社址，也沒有職務，當初只不過每次開會，大家湊出錢來，聚餐一回。雖然辛亥革命以前，他們也很鼓吹革命，辛亥以後，便是軍閥時代，一直到北伐成功，政府也不曾支持它，而它覺得這個政府實在不能滿意呢。

在我初進時報館去的半年中，便有幾多有志之士、熱心朋友（有些是從日本留學回來的），組織了屬於政治、法律以及地方自治等會。因為《時報》同人及息樓來賓，不少是在日本的政法大學畢業的，而尤以早稻田大學為多，如雷繼興（奮）、楊翼之（廷棟）以及常來《時報》的人。自從清廷對外吃了幾次敗仗，國內革命之聲漸起，又承了戊戌政變、庚子拳禍以後，上下都鬧着要變法了。於是清廷便下預備立憲之詔，意思要君主立憲。那時世界各國，皇帝還很多，君主立憲也很盛行，實在清廷這個預備立憲之詔，也不過緩和一下空氣而已。

在當時，日本留學青年，便出版了提倡立憲的許多書報，召集了討論立憲的許多集會，時報館同人以及館外賢達等，也有一個會，好像是甚麼“憲政期成會”吧？現在我已記不起這個名稱了，總之就是這麼一回事罷了。

這個會，也有數十人，雖不限於江蘇人，但十之七八是江蘇人。張季直、馬相伯，這兩位老人是不祧的，每開會必有演說。馬相伯的演說，最擅勝場，詞令之妙，無可比擬，深入淺出，層次井然。其次要算雷繼興，起初聲音很低，愈說愈高。他們從未預先起一稿，錄一底，只是隨機應變，大概非平時練習不為功。此外又出一種雜誌，是一種月刊，名字叫作憲政甚麼的，可是現在想不起了。雜誌中的材料是豐富的，因為他們都是法政學家，可以一揮而就，我卻是門外漢，可是他們有如淮陰將兵，多多益善，也把我拉進了這個會裏去了。

在編輯雜誌的時候（雷繼興主編的），他們一定要我寫一點東西，可是我一個跑龍套，跑龍套照例是不唱的，我能寫些甚麼呢？小說是用不着的，政論又怕不合意旨，在日本報上東翻西翻，翻着一篇《俄羅斯新憲法》。那個時候，俄羅斯還在沙皇時代，"蘇聯"兩字尚未出現，大概也是國內革命黨鬧得不可開交，所以不得不頒佈一種憲法，這種憲法，也是和日本一樣的欽定憲法吧？現在上海一班維新黨，主張君主立憲，也足以供參考，我就"瞎貓拖死鼠"的，以此塞責了。不過，這個憲政雜誌，沒有出到半年，也就停刊了，大概是沉悶不過，難以引起人家的興趣吧。甚麼叫作立憲，也有許多人，怕還是老不明白呢？

對於地方自治，也有很多人加以研究。那些到息樓來的朋友們，以上海本地人很多，目睹租界裏一切地方行政，都操在外國人手裏，中國人無從問津。中外有甚麼交涉，老是中國人吃虧。喧賓奪主，就是上海本地人，也被壓得透不過氣來。此刻在租界外的地方，如南市、閘北以及浦東等，也漸漸繁榮起來了，極思有所振作。即使在租界裏，納稅者也都是中國人，不能放棄這個權利，當時倒沒有在租界當一個大亨的思想。誰知後來，卻出了許多土豪地棍，靠着洋人，恃勢作惡，以此為巢窟呢。

編輯雜誌之始

　　我今要談到我與編輯雜誌的關係了。我與雜誌的關係，大概都是屬於文藝的，其次是屬於教育的。在我沒有從山東回上海的時候，上海出版的雜誌已經風起雲湧了，其中小說雜誌更是不少，一半也歸功於梁啟超的《新小說》雜誌，似乎登高一呼，群山響應，雖然《商務印說》出版了，引起了知識界的興味，哄動一時，而且銷數亦非常發達。

　　那時就有了曾孟樸的《小說林》月刊，吳沃堯等所編的《月月小說》，龔子英等所編的《新新小說》，以及商務印書館的《小說月報》，陸續出版的小說雜誌，不下七八種。我不能詳細敍述，吾友阿英，他有《晚清小說考證》等著述，調查得很為清楚咧。那時綜合性、專門性雜誌，也有出版，但總不及小說雜誌暢銷。

　　因為通俗，因為有興趣，大家都看得懂。不過那時還是譯自外文的多，自己創作的少。我在月月小說社，認識了吳沃堯，他寫《二十年目睹之怪現狀》，我曾請教過他。（他給我看一本簿子，其中貼滿了報紙上所載的新聞故事，也有筆錄友朋所說的，他說這都是材料，把它貫串起來就成了。）那時我還自己不曾寫過那種長篇創作，但是《月月小說》裏，我有幾篇譯作，如《鐵窗紅淚記》等，也有四五萬字左右，分期登載。

　　這時一個生力軍的《小說時報》出版了。原來狄平子是心醉於小說的，《時報》上就每天有長篇連載，自我來後，便急須辦《小說時報》了，他本有一個有正書局的出版所，又有一個很好的印刷所，鉛印石印齊備，辦一個雜誌，也較為方便。又有《時報》上，不花錢可以登廣告。在籌辦期中，登報徵求小說稿，無論長篇短篇，文言、白話，一例徵收。那時譯寫小說的人，已經很多了。有的本有固定的職業，性之所好，以此作為文人的副業。有的竟是生計艱難，賣文為活的。一時投稿者實在不少。

這些小說稿，都要選擇過、檢定過的，倒也很費工夫。冷血不耐看那些徵求來的小說，那麼閱讀小說便是我的工作了。本來看小說是有興味的事，有了名小說，我們還要急急去購求，但是強迫着每日要看若干萬字的平庸小說，便覺興趣索然了。好的小說，固然越看越有勁，壞的小說，卻是如吃苦果了。不過也有文詞生硬而意思還好，也有沒有甚麼旨趣，而用筆也很技巧，便不能不看下去。我常是為投稿人設身處地想想，投稿不用而退還，是多麼使人難堪呀！

編輯《小說時報》，是我與冷血二人輪流合作的，不過我們每期都要擔任些短篇和長篇，此外便是選登若干外來的短長篇了。《小說時報》是個月刊，編輯並不難，就是每期要擔任若干稿子，也是夠忙的了。對於長篇小說，其他雜誌，都是分期刊出，每期不過登出四五千字，如果稿是四五萬字的，要十期方始登完，使人悶損，但《小說時報》上，倘然是個中篇，必一次登完，長篇而字數較多的，則分為兩期，最多是三期，也一定登完。在《小說時報》上，我認識了許多人，如周瘦鵑、范煙橋等，他們都不過廿一二歲初露頭角的青年。

還有幾位女作家，記得一位是張毅漢的母親黃女士，還有一位黃女士閨友，好像也是姓黃的，她們都是廣東人，都能譯英文小說，或是孀居，或是未嫁。其時張毅漢（今更名為亦庵），年不過十二三歲，他母親的譯稿常由他送來。到後來我屢次辦雜誌，張毅漢中英文精進，幫助我的譯作，實在很多。《小說時報》除了短、長篇小說之外，還有筆記、雜著等等，有徵求得來的，也有自己投稿的，我記得葉譽虎、李孟符（曾著有《春冰室野乘》一書者），以及許多知名之士，都有作品，不過他們都另有筆名，不欲顯露其真姓名，這般都是狄楚青的朋友，不過他的《平等閒筆記》，還是披露於《時報》上為多。

　　從前辦那種文藝雜誌，也很注意於圖畫，尤其是小說雜誌。《小說時報》除了在小說中偶有插圖外，每期前幅，還有許多頁銅版畫圖。這些銅版圖，有的是各地風景，有的是名人書畫，但狄平子以為這不足引人興趣，於是別開生面，要用那時裝美人的照片。這種時裝美人的照片，將向何處去搜求呢，當時的閨閣中人，風氣未開，不肯以色相示人，於是只好向北里中人去徵求了。

　　上海那時的風氣，以吃花酒為交際之方，有許多寓公名流，多流連於此。狄平子與其弟南士，他們時出而應酬，認識花界的人很多。常向她們索取照片，登載《小說時報》，不過這事也有許多麻煩，儘有許多名妓，已經很紅，而不大有照片的；也有雖有照片而其容貌、姿態，未能中選的。那個時候，甚麼電影明星、舞廳嬌女，都還沒有出世，向這北里中人索取照片，除非要同她們去攝影，要這樣的伺候妝台，不是成為一件苦事嗎？

　　後來卻有一件便利的事，原來狄楚青在南京路西、跑馬場對面，開了一家喚作"民影"的照相館。這家照相館，他的原意是為了有正書局要影印許多古書畫，名碑帖，又請了兩位日本技師研習珂羅版，不能不自己有個攝影所。這許多印件，又都是情借得來的珍貴之品，要委託別家照相館，倘被遺失或損毀了，這都是不世之珍、無價之寶呢。照相館不是專映古書畫、名碑帖的，自然也可以為人攝影，為了我們要時裝美人的照相，便極力運動那班花界姊妹來照相了。

　　請她們來照相，有兩個方式，一個方式是在民影照相館請客（民影的地方很寬裕，有一兩次吃花酒，便移到民影來吃的，她們應召而來），來了便給她們照相。另一方式，是由民影照相館製成一種贈印照相券，交給花界姊妹，請她們來攝影。這兩個方式，當然都是免費的了。

　　第一個方式，效力最大。民影照相館是一座三層樓，最高一層是照相館，最下一層是一家民報館，而中間二層樓，便是這個俱樂部了。這時候，常到俱樂部來的，有熊秉三（希齡）、葉譽虎（恭綽）、濮伯欣（一乘）、陳彥通（陳三立第七公子），還有那個唱戲的賈碧雲，其餘還有許多客，已經記不清楚了。在俱樂部設宴請客，都叫局侑觴，一來了便請她們照相。有時還約集了一個日子，集團照相，如《小說時報》上登出的"金釵十二圖"，是上海當時最著名的紅姑娘十二人。還有甚麼"八寶圖"者，把一個胡四寶，一個洪四寶，兩人合照在一起，這些都是楚青的玩意兒。

第二個方式，雖沒有第一個方式效力大，但零零落落的來照相的也不少。年輕的女孩子們，誰不喜歡照個相兒呢？全身的、半身的、坐的、立的，盡着她們自由意志。好在她們的底片，都是留在照相館裏的，《小說時報》就取之不盡，用之不竭了。這些照片，在《小說時報》登載過後，有正書局還出了單行本，用最好銅版紙精印，裝以錦面，名曰《驚鴻豔影》，購的人還很多唎。

《小說時報》出版後，銷數很好，我在這個雜誌上寫有不少短長篇小說，此刻有許多也已記不起來了。只有最初出版的第一期上，曾寫了一個短篇，題名為《一縷麻》。這一故事的來源，是一個梳頭女傭，到我們家裏來講起的。（按：當時上海有一種女傭，每晨約定到人家來給太太、小姐們梳頭的，上海人稱之為"走梳頭"。）她說："有兩家鄉紳人家，指腹為婚，後果生一男一女，但男的是個傻子，不悔婚，女的嫁過去了，卻患了白喉重症，傻新郎重於情，日夕侍疾，亦傳染而死。女則無恙，在昏迷中，家人為之服喪，以一縷麻約其髻。"我覺得這故事，帶點傳奇性，而足以針砭習俗的盲婚，可以感人，於是演成一篇短篇小說。不用諱言，裏面是有些誇張性的。當這篇小說登出來時，我還在女學校裏教書，有許多女學生，便問我："果有這事嗎？"好像很注意這個問題。

這篇短篇小說《一縷麻》，我寫過了早已忘懷了，乃於十年以後，梅蘭芳忽然把它編成了戲劇，寫信來取我的同意，在北京演出。我當然同意，而且也很高興。據梅蘭芳後來告訴我，那時天津地方也有類此指腹為婚的事，看了他的戲而解約退婚的。不過他到上海來時，沒有演過這戲，而我到北京，也未看過這戲呢。又過數十年，上海越劇正盛行一時，袁雪芬、范瑞娟，兩位女藝員，忽又看中了這篇《一縷麻》短篇而演出戲劇了。那是在上海演出的，她們也來商量劇本，但越劇是有歌唱的，另有編歌詞的人，我完全是外行。而且我也向來不看越劇的，《一縷麻》開演，她們送了八張贈券來，我們全家去看了一回。坦白說起來，《一縷麻》這一短篇，有甚麼好？封建氣息的濃重如此，但文藝這種東西，如人生一般賦有所謂命運的，忽然交起運來，有些不可思議的。

本來《小說時報》幾個月來都是我編的了，因為冷血常常出外旅行。過了一年多，楚青又想出一種《婦女時報》來了。於是《小說時報》重歸冷血編，而我又專門編《婦女時報》了。《婦女時報》是綜合性的，不能專談文藝，而且裏面的作品，最好出之於婦女的本身。但是當時的婦女，知識的水準不高，大多數不能握筆作文，因此這《婦女時報》裏，真正由婦女寫作的，恐怕不到十分之二三，有許多作品，一望而知是有捉刀人的。好在那個範圍很寬，凡是可以牽涉到婦女界的，都可以寫上去，還有關於兒童、家庭等等，都拉進《婦女時報》去了。

《婦女時報》開卷，也要有幾頁銅版圖，那是這個時候辦雜誌的通例，即使到了近代，也是如此。第一，要徵求閨秀的照片，這可難之又難，那時的青年女子，不肯以色相示人，守舊人家，不出閨門一步，怎能以照片登載在書報上，供萬人觀瞻呢？不過我那時也得呂碧城姊妹、張昭漢（後改名默君）、沈壽（著名刺繡家）以及幾位著名女士，也可算得鳳毛麟角了。

最可異者有兩位朋友溯源，還是從《婦女時報》而認識起來的，一位是邵飄萍（原名邵振青），先由其夫人湯修慧，在《婦女時報》上投稿而介紹認識的。一位是畢倚虹（原號畢幾庵），為其夫人楊女士（楊雲史的女公子）投稿詩詞文藝於《婦女時報》（倚虹代庖的），而後來見訪認識的。此外還有說不清、記不起的許多男女友朋。

狄平子的有正書局，還出版了一種《佛學時報》，那是由濮伯欣（一乘）所編輯的，這個冷門貨，銷數太少了，大概出了不到五期，就停刊了。

　　在辛亥革命以後，第一年，我還編了一種《中華民國大事記》，每月一冊，也是有正書局出版的。初編的時候，志願甚大，用了紀事編年的體例，逐月的編下去，可以成一種史料。雖然取材於各報，但是編起來很為辛苦，不是可以抓到甚麼新聞亂塞一陣子的。我起初以為這一種史實材料，是大家要看的，誰知銷數並不見佳。到後來事態複雜，愈編愈難，也曾編到一年多吧，積存不少銷不出去的《大事記》，這吃力不討好的工作，我只得停止。

還鄉三事

　　我自從在上海定居以後，即思往蘇州一行，遊子不忘故鄉，也是自然之理。況且現在蘇滬鐵路，早已通車，自滬到蘇，不過兩三小時，便利極了。這回到蘇州去，也有幾個原因。第一是掃墓：在前年冬天，辦理了祖母及雙親葬事以來，便接連兩年，到了青州，錯過了清明祭掃的時期，此次必須要去看看了。第二，蘇州有許多親戚故舊，幾年來變遷得很多，也要去探望一下。第三，當時我攜眷到青州府去的時候，我的老家仍在蘇州。本來我姊和我同居的，我姊丈也有職業在蘇，臨走時，我就託他們照管，所有家具器用，箱籠衣物，也都留在那裏，此刻也想去檢點一番，能否運一些兒到上海應用呢？

　　那一天，我們夫婦，帶了一個三歲多的女兒可芬一同去的。我們的老家，住在閶門內承天寺前地名西海島一條巷裏，不是前文曾說過，門前有一口古井，乃是鄭所南藏在鐵函裏的《心史》，就在這井中發現的嗎？現在我們回去，當然仍住在老家，也已經寫信通知了我姊的了，在我們住居樓上打掃了一下，以便安居。

　　這時候，正在春末夏初，天氣又是佳晴，如果作春遊，真是大好時光，不過我在上海也只告假幾天，來去也殊匆匆呢。

　　到了先去僱船，那是我家一向僱用的熟船，停泊在崇真宮橋塊陸狀元住宅前（陸鳳石故居），一條小快船，有六扇玻璃窗的。船上沒有男人，母女兩人，依此為家，也靠了這條船生活。那個船婆是個孀婦，女兒名叫阿龍，年約十八九，生得白白淨淨，很討人歡喜。我們原是老主客，不必講價錢，她們的船，明天有空，便定下來了。本來蘇州城裏人家上墳掃墓，婦女、小孩都不大去的，婦女纏腳，行山路不便，婦女不去，小孩也不去了。可是現在也不拘了，反正是要坐山轎的，於是當夜即燒好了祭菜，備好了祭品，明天一清早，便出發了。

船出閶門，一路進發，過了鐵嶺關，全是郊區了。久不作郊遊，天氣又這樣的好，桃花還未全謝，東一簇，西一簇，也沒有人理它，隨意開花。一路上的菜花，又黃得使人耀眼睛。船到環龍橋，已有許多抬山轎的男男女女擠在那裏。有一個中年的鄉婦喊道：“那是包家裏的少爺，我前抬過他的。”又有一個半老婦人道：“他舊年也不曾來上墳呀。”他們的記性都很好的，一與他們接觸，總是牢牢地記着不忘的。

鬧鬧嚷嚷中，我們上了岸，從這裏到墓地，路不算近，總是要坐山轎的。那就是要兩肩山轎，我坐一肩，我妻和我女坐一肩。由他們支配下來，奇妙極了，兩個女人抬我，兩個男人抬我妻和我女。問他們為甚麼如此安排？他們說：“你一人身輕，（我當時身體甚瘦，體重百磅多）你少奶奶還有個小姐咧。”我想想也有道理，何必一定要男抬男，女抬女呢。問了我妻，她也不反對。此外還加了一個十五六歲男孩子，挑了祭菜品等，一同上道了。

到了墓地，我們的墳客（蘇人對於看墳者的稱呼），早已得信，即來迎候，她是一個中年寡婦，我們叫她阿罩娘娘。便到墓地祭奠，見松楸無恙，掃除清潔，略可安慰。餕餘向例即送給墳客們。又分派了“添土錢”（添土錢者，墳鄰的兒童輩都來聚觀，各給以數錢使之勿來墳地踐踏）。於是墳客邀往其家小坐，燒了茶，請我們喝一杯，平時她家裏不吃茶，只飲白開水而已。

那時她家中正養着蠶，也有小小的一片桑田，我和震蘇，都是見過養蠶的，我女阿芬，從不曾見過，看了那碧綠的桑葉上，臥着許多雪白的蠶，正想討幾條蠶，帶到上海去，其母呵之乃止。

在我們這墓地白馬澗鄉村一帶，這些婦女，正是多才多藝。不但養蠶，而且還工於刺繡。蘇州那時有一種工業，專做神袍戲衣，城內開設這種神袍戲衣店的，不下十餘家。所謂神袍者，便是各種神像，穿上身的都是繡花的衣服。所以這種神袍戲衣店，生涯卻是不惡，各處都有到蘇州來定製的。這種神袍戲衣上繡品，都是粗線條，不要太工細的，所以都放到鄉間婦女去做。這裏鄉村一帶的婦女，卻正是做這種活的（鄉婦們對於刺繡，稱為"做生活"），所以她們放下細針密縷的刺繡工夫，又可以粗腳大手地去抬山轎了。不但是多才多藝，實可稱能文能武。

回到船上，時已近午後兩點鐘了，隨即開船回去，我們也就吃飯。飯菜是船上母女兩人燒的，甚麼紅燒鯽魚、薺菜炒肉絲、蝦仁蛋花湯，這兩菜一湯，不脫蘇州風味，加着這時候，肚裏也覺得餓了，愈加覺得適口有味。吃過了飯，看看沿河的一帶農村風景，小橋流水，幽草閒花，這也正在農忙時期，農人卻覺得自由自在。夕陽影裏，已近市區，及至歸家，便到黃昏時候，和姊丈及我姊談談家常，即行安眠。

關於訪問親戚故舊的事，真是思之惘然。最可悲者，我的兩位最愛好、最友善的異姓兄弟，一位表兄尤子青，一位盟弟戴夢鶴都逝世了。夢鶴逝世後，我從此便沒有到過他的家裏，他夫人甚賢慧，而青年守志，我一向未見過面，未便訪問。子青哥的兩個兒子，都是我的學生，年均幼稚，我們的這位表嫂，我也未見過，這是舊禮教和大家族的封建制度所限制了。再回憶到子青哥和夢鶴弟，生前有多少著作，我後死者沒給他們收拾整理一下，至今思之，實在很多愧憾呢。

親戚中，我的顧氏表姊也逝世了，她還死在我祖母之先，表姊丈朱靜瀾我師，續娶了一位夫人，曾到我家拜我祖母，認為外孫女，以慰老懷。但她的年紀比我還輕，我叫她表姊好呢？還是叫她師母好呢？朱師那時也很憔悴，他既不能再做教書先生，也不能再做職業慈善家，那個急救誤吞生鴉片煙的機構，也取消了，家計也日趨困窘。其時我家有個親戚，是我一個遠房表弟吳霞赤，得了一個甚麼釐卡差使，請他相助為理，大約在浙江省某一處地方，不想朱師就在那裏得病，急即送歸家中，不數日便即逝世，此時我尚在山東青州府，還不能向我師撫棺一慟呢。

還有我師徐子丹先生，自從鄉試中舉以後，赴京會試時，我去送他，聯捷中進士，以即用知縣，分發山東。連任了山東三處地方的知縣官（縣名我已忘卻）。有一時期，我還在山東，但不相聞問。但徐先生卻歿於最後任所，自赴京會試送他後，從此便不曾見面。這一次回家，知道徐先生已由其公子扶柩回籍安葬，在家擇日開弔。我知道了信息後，作了一副挽聯，那天從上海回去，拜奠了一下，徐先生是我巽甫姑丈的好友，也是我的恩師呀。

諸親戚中，只有桃塢吳家，卻還興盛。我舅祖清卿公早已故世了，現在硯農表叔當家。他們家的產業，本來只限制於蘇州本地，近來也漸有發展到上海之勢了。這有兩個原因：一則是蘇滬鐵路通後，交通便利，一天可以來回；二則是上海日趨繁盛，商業發達，獲利容易。清卿公在日，他是一向持保守主義的，也曾有人勸他在上海有所營運，他總是搖頭，他說：“上海是鬼子世界，我們也不想發甚麼洋財。”

其實上海自開埠以來，最先到的便是蘇州商家，當時的大商業，如珠寶業、綢緞業、藥材業、參茸業、典當業，以及錢莊、金舖，都是蘇州人來創始。說句可恥的話，因為蘇商的發展，妓館也借說書為名，號稱書寓，而成為蘇幫了。上海在一年一年發展中，於是幾個大商家，寧波人也來了，廣東人也來了，各省的人都來了。但是像寧波幫、廣東幫，都是從海道來的，不免帶了一點洋氣，而蘇幫卻是從內地來的，營業也就有國粹意味。

不過近歲以來，蘇人以近水樓台，也想分我一杯羹，因此在上海營地產事業，遷居上海的也就多起來了。

此外，還有幾位舊友，從前開東來書莊，出《勵學譯編》的同好，也都散處各方，謀求職業，只有我的譜弟李叔良還在故鄉，在中小學校教書，約了他，在“吳苑深處”喝茶，以敍契闊。這個吳苑，是我在蘇時常去的地方，現在許久不來，熟友甚少，覺得“舊雨不來今雨來”了。還有我的岳父母還住在蘇州，一位姨妹已嫁，我妻帶了女兒，亦必須去省視一下，以敍別情。這樣也有四五天工夫，便須要回上海去了。

至於家具器用，箱籠衣物，想運一些到上海的話，那只是空想罷了。以家具而言，我父親從前置備甚多，從廳堂以至臥室，都是上好木材，比上海那些木器店裏的要好得多。以前沒有甚麼外國家貨、沙發椅之類，可是中國式的太師椅、楊妃榻等等，我們也是應有盡有。後來屋子住得越來越少了，家具便成了供過於求。因此有的寄給人家，有的借給人家，有的老老實實賣給人家了。但是還留下不少，即如我結婚時的一張新牀，雖不大考究，卻是照蘇州迷信的俗例，不能賣去的，可是這個龐然大物，如何搬運到上海去呢？還有箱籠等物，我母親的嫁妝紅漆箱四隻，我妻的嫁妝紅漆箱四隻（還是簇新的），還有白皮箱、黑皮箱，單是這箱子就有十餘隻，不管裏面都是些舊衣服、破衣服，但是如何把它安頓呢？

還有我的書櫥、書箱，開出來一看，蠹魚先生已經據為己有了。無論新的、舊的，有用的、無用的，好像都不忍捨棄。我妻也是一樣，對於衣服器物，甚至廚房用具，都有戀情。我說：「除去木器以外，對於細軟，我們現在只好揀最切要需用的帶一點去，以後不是常常要到蘇州來嗎？來一次帶點回去就行了。」有了這緩衝之法，便把此事解決了。

一天的臨時記者

以後，我也常常回到蘇州去，只不過一兩天就回來了，滬寧路的特別快車已通，甚而至於早車去了，夜車回來，也是有的。可是有一次回到蘇州去，似乎重要，卻是帶有戲劇性的。

有一天，吳訥士先生，到時報館來訪我，他說："我們蘇州即將開一次運動會，為了提倡體育，召集各學堂學生，在城中王府基操場，作競賽運動。"我鼓掌贊成道："這是我蘇州破天荒的事，屆時我一定到蘇州來觀光。"他說："不是觀光的事，我今天特地來拜訪你老兄，屆時要請你在會場上當一位臨時記者，報告運動會場上一切的事。關於家鄉的事，你老兄一定要幫忙。"我說："家鄉的事，應當盡力，但是那些體育、運動的事，我完全是外行。"訥士笑道："你是外行，我們在外行上還加一'瘟'字呢。（按這一"瘟"字，吳語作愚蠢解。）不過還要請撫台大人到場檢閱（按當時的江蘇巡撫是陳夔龍），至於他們官場中人，更加是莫名其妙了。"

那時蘇州的學堂，分為幾派：一派是官辦的，那就是庚子、辛丑以後，清政府詔令各省都要設立學堂，省有高等學堂（大學堂則設在京師），府有中學堂，縣有小學堂，蘇省當然是遵辦了。一派是公立的，有許多中小學堂，那是地方上以公款辦理的，由地方上舉出人員來辦。一派是私設的，許多富厚之家，擴大他們的家塾的制度，如彭氏小學堂、潘氏小學堂等等。還有一派是外國人以傳教性質，到蘇州來辦學堂的，那是別開生面，便不在此例了。

在蘇州的辦學經費而言，卻不必愁，即那三個書院（正誼、紫陽、平江）都有它們的產業，如田地房屋等。還有甚麼"賓興"款項，那是補助士子們鄉會試所需的。現在科舉既廢，以之辦理公立學堂，最是適宜。而這種公款，一向是地方上紳士所管理的，稱之為紳董。現在的公立學堂，也是這樣，承襲此制。吳訥士便是紳董之一，他是吳清卿先生的嗣子，對於辦學堂等事，饒有興味。即如出了許多的知名之士如顧頡剛、葉紹鈞等的草橋中學，也是他和吳中的一班同志所創辦的呢。

訥士所說的王府基，是甚麼地方呢？原來是在蘇州城內的一片大荒場，在元朝末年，張士誠在這裏起造的王府，當時佔地很大，想起來也必定是宮殿巍峨的。後來張士誠為朱元璋所滅了。留下這一片瓦礫之場，為的是王府的基地，至今稱之為王府基，蘇人也稱之為"王廢基"的。蘇州城內，好幾個閱兵之場，都不在郊原，像北寺塔後面有一個校場，也是個練武操兵之地，見之於《范成大詩集》，可見在宋朝即已有之了。現在這個王府基，原亦是操兵場之一。

据訥士言：今已把這個地方修葺整治起來，野草亂石，概行掃除，也還可用。那邊還有一座演武廳，本來空空洞洞的，此刻也臨時打掃安排起來，招待許多官紳，總要做得像模像樣，不能太覺寒傖。

我答應了他，但說："我一個人獨木不成林，要幾個人幫助才是。"他說："放心！幫助的人有得是，早已預備好了。"那個時候，《時報》在蘇州銷數不少，城市和鄉鎮，共約有三千份，為上海各報之冠，即《申》《新》兩報，亦望塵弗及（《申》《新》兩報，本埠銷數最多），我便想借此為《時報》出出風頭。便去買了一塊近兩尺見方的白紡綢，做成一面旗子，正中有"優勝"兩個大字，旁側有"時報同人贈"五個小字，請狄楚青寫的。又囑我妻震蘇繡成紅字（這時她正買了一部縫衣機器，可以繡花的，結果她說不好，還是用手工繡的），雪白的紡綢上，繡出的紅字，倒也覺得鮮豔奪目，到了那一天，帶到運動會上，作為獻禮。

開運動會的時候，記得是在秋天，這正是"已涼天氣未寒時"，日子可已經忘懷了。王府基的場地，果然整理掃除一清，在南面紮了幾十丈的籬笆，不是與運動會有關的人，都只能在籬笆外觀看。蘇州地方的人，原是最容易起哄，即如城裏人看三節會，鄉下人看草台戲，每足以哄動一時。況且這種運動會，是洋學堂裏帶點洋氣的玩意兒，從古以來，也沒有見過。有位老先生說：在書上見過，有甚麼吳宮中教美人戰的故事兒，說不定蘇州將來的“小娘唔”（小娘唔，乃蘇人對一般少女的稱謂），都要上操場咧。這時萬人空巷，都來觀看，一早便已擠了不少人，兒童輩則都帶着長凳來的，好像上海的跑馬廳周圍看跑馬。更有許多做小生意的人，也來湊熱鬧，有賣水果的，有賣糖食的，有賣油豆腐線粉的，有賣五香茶葉蛋的，真是有吃有看，十分寫意。

那個演武廳上，今天更熱鬧了，因為今天撫台大人要來，所有蘇州城內，司、道、府、縣各官，都要迎候站班；還有本地的紳士們，夠得上與官場交際，並能與撫憲說幾句話的，也一齊都到。演武廳上掛紅結彩，氣象堂皇，加着那些官紳們，翎頂輝煌，衣冠整肅。只聽三聲炮響，先有報馬報到：“撫台大人已出轅了。”

當這位江蘇巡撫陳筱石中丞的綠呢大轎，抬進運動場，在演武廳階前停下時，各屬員，各紳士都群趨迎候。那時候的陳筱石，還不過五十多歲吧，白白的臉兒，黑黑的鬍子，真是一位漂亮而和藹的人呢。

那時候，各學堂的學生運動員，早已一隊隊魚貫入場，也都有他們的地盤與崗位，準備一顯身手。我們的臨時新聞發行所，就在演武廳旁邊新搭蓋的一間席棚，很為寬大。已預備了幾具油印器，都是日本貨，從各學堂借來的。幾捆毛邊紙，那都是國貨。還有好幾架腳踏車，有的教員與學生，已經學會了，可以在觀前街飛馳出風頭了，如今也借來一用。那就是每一個比賽節目開始，與每一個比賽節目結束，用油印器印出了報告，以腳踏車環走於會場，散發觀眾的。但是他們怎樣的比賽，哪樣的節目，我現在已經全然不記得了，總之不外乎跑跑跳跳而已。西方的運動新花樣，在上海方才發軔，在蘇州更是望塵莫及。但在那天最後一個節目，是八百八十碼賽跑，那好像京劇裏的壓軸戲，陳筱石中丞見了，他說："八百八十碼，未免太劇烈了，可否改為七百七十碼呢？"在他也是體恤學生呢，但大家听了，不覺好笑，便傳諭奉撫憲命，八百八十碼，要改七百七十碼了。此事大家引為笑談，但我想八百八十碼是誰立的法？七百七十碼有何不可呢？

這種關於體育運動的事，老實說：我實在是個外行。從前在青州府中學堂，那個體育教員徐粹庵，搞甚麼兵式體操，我看也不去看的。此刻幸虧有在這裏的幾位體育教師幫忙，我也便濫竽充數了。陳撫台來了，坐在演武廳正中，真像檢閱軍士，觀看秋操一般。我想他是比我更為外行的，大概不到一個鐘頭，便鳴鑼喝道，回到衙門，吃午飯、睡午覺去了。撫台一走，各官員也紛紛如鳥獸散。但是各紳士、各學董、各學堂的教職員等，還要支持這個場面，不能走的呀！

這次運動會，也有一張順序單，分派於觀眾的。下午還有好幾個節目，運動員正興高采烈，喜氣飛揚，因為許多官老爺走了，大家都顯得鬆動起來。我們也照常發我們圈子裏的新聞，我算是這個雛型新聞的總編輯了，還有好幾位副總編輯，還發表了一點滑稽小評論（那天徐卓呆也在場，他曾在日本學體育，他夫人湯劍娥，便是教體操教來的）。這時籬笆外的觀眾，看到他們得意處，也不謀而合地拍手歡呼，做起啦啦隊來了。

可是到了壓軸的八百八十碼賽跑，卻發生問題來了（當時陳中丞說：改為七百七十碼，雖然如此說，卻有違憲諭，並未改過）。大家都不肯跑，說是選手與非選手的問題，成了一個僵局。實則其中還有官立學堂與公立學堂的內幕問題，因為這兩派學堂向不協和。那時就有人向之調停，卻未能解決。但這是最後一個節目，夕陽已掛林梢，怎能這樣地僵下去呢？

吳訥士心中很急，便來和我商量。我這時見我帶來的這面白底紅字的優勝旗，他們裝了一根竹竿，插在演武廳的欄杆上，迎風飄拂，我這"門角落裏諸葛亮"(蘇州俗語，言能出歪主意也)，忽然心生一計，我說："現在試說，由《時報》獻議，不論選手非選手，只要是運動員，誰能在此八百八十碼跑第一者，《時報》即贈送這面優勝旗。"這個布告貼出去，大家說贊成，於是立刻打破這個僵局了。結果，高等學堂一位學生跑了第一，走上演武廳，拔去優勝旗，一群同學簇擁着、歡呼着，高高舉起了這面旗幟，耀武揚威地回去了。

我想：這一回的贈旗之舉，不免好事多為：對於《時報》卻是擅自主張；對於運動會，出於越俎代謀；都是不合於法的。但因此一面旗而獲有排解糾紛的功用，實非始料所及。這一天夜裏，吳訥士在家請客，好像是一個慶功宴，還請大家吃蟹，時節已深秋了。他住居在葑門內南倉橋，原是他們世代的老宅。葑門外有蟹市，他家也有老主顧。那時陽澄湖大閘蟹，已漸著名，馳譽上海，其實秋老菊黃，太湖流域港灣繁多，處處有蟹，所謂金背紅爪云云，亦不過老饕溢美之詞而已。

那天晚上所吃的蟹絕巨，以一團一尖對搭，重可一斤，蘇人名曰"對蟹"。我初不解大閘蟹之名，因問："閘"字何解，疑為"炸"字的音同字異，大家用此閘字，亦習非成是了。座中有方惟一先生(名還，原名張方中，大約過繼外家，後乃歸宗，我館在尤家時，即識之)，崑山人，他居近陽澄湖。因說："閘字不錯。凡捕蟹者，他們在港灣間，必設一閘，以竹編成，夜來隔閘置一燈火，蟹見火光，即爬上竹閘，即在閘上一一捕之，甚為便捷，這便是閘蟹之名所由來了。"談起蟹來，便也有種種故事，茲不贅述。

座中又談起這位陳夔龍陳撫台。訥士說：他本是杭州許家，即許庚身家的女婿，他的所以升遷這樣快，不用說全靠許氏之力。所以他對於他的這位太太是非常尊敬的。只可惜膝下無子，僅有一位千金小姐，她的父母，當然對她寵愛非常。這位小姐，年方十七八，秀外慧中，真是既聰明，又美麗，在陳夔龍來蘇州上任以後，不幸這位小姐，竟香消玉殞了。他父母是哀痛逾恒，那也是無可奈何的事。最可笑的，蘇州官場中那些下屬，趁此竟大拍馬屁。有一位下屬，請了個名畫師，畫了一幅仙女圖，縹緲雲霧之間，似月裏嫦娥一般，還作了詩，呈獻上去，說這位小姐，不過小謫人間，現已仙去了。這還算是附庸風雅的事，更可笑的，此間有一位巡警道汪某（或云汪瑞闓），叫紙紮店紮了一隊巡警隊共三十六人，和人身一樣高，服裝也和現代巡警隊一樣齊整，到了這位小姐出殯的那一天，作為儀仗隊焚化靈前。陳夔龍雖也覺得這種事無聊得很，但礙於太太正在悲痛愛女之時，也就不管它了。

談起了吃蟹，又忽憶起了吃熊掌的一件故事兒。小時節讀《孟子》，有兩句道："魚，我所欲也，熊掌亦我所欲也"兩句。魚是在我們江南水鄉，已經吃得很多，熊掌卻從未嘗過呀！有一天，吳訥士到上海來，便走進了時報館的息樓，他也是息樓中來賓，蘇州同鄉除我外，還有龔子英、楊翼之諸位，是息樓常客，而也是訥士的熟友。他說："今天請你們吃夜飯，有熊掌一味，請你們嘗嘗。"原來那是他的一位北方朋友帶來送給他的（按，他們吳家，和袁世凱、張之洞家都是親戚）。他說："這個熊掌，我問了上海幾家菜館，都不知怎樣燒法，連那些號稱北京館子也說搞不來，倒是廣東館子說可以做。我昨天已交給杏花樓了，不過要今天晚上九點鐘才可以吃，請各位賞光。"杏花樓是上海最老的粵菜館，開設在福州路，和望平街不遠。熊掌我們誰也沒吃過，大家也願意去嘗試一下，以快朵頤。

那時還有一個小插曲，為了守候吃熊掌的時刻，雷繼興、林康侯等提倡打小撲克。這時舶來的賭品，已侵略到上海來了，幾奪麻雀之席，還有一種叫作"沙蟹"的，上海人稱之為"強盜賭"，我們還不敢染指，撲克則已風靡一時。先時，訥士拿到三個十，換兩張，我起首就是四個A，故意換一張，我的下家，卻是不換牌，可知不是同花，便是順子了。不想訥士所換的兩張中，又有一個十，也有了四個十。於是連我下家不換牌的，三人爭加注碼不已，當然最後是我勝了，贏得數十元。所以那天的杏花樓，除了熊掌以外，其他的酒席，是我付的賬，當時物價廉，不過二十元而已。息樓打撲克，很多奇跡。有一次，有人以一個同花，遇着人家一個同花順子，狄楚青在旁拍手大笑道："我得妙句矣，其詞曰：'君有同花，我有同花順。'妙極！妙極！"因為王漁洋有句云："郎似桐花，妾似桐花鳳。"曾傳誦一時，至詞人稱之為王桐花，楚青乃改之以為雅謔。至於這個熊掌，卻是紅燒的，顏色濃重可觀，想見杏花樓已到火候功深地步。不過我卻嫌其太黏膩。不是我和孟夫子鬧彆扭，他說"舍魚而取熊掌"，我則寧願舍熊掌而取魚呢。

編輯小説雜誌

前所紀載，我在上海的時報館當編輯的時候，同時也寫小説、編雜誌，一天到晚，就忙了那些筆墨上的事。那個時候，我正當壯年，精神很好，除了編輯報紙雜誌以外，每天還可以寫四五千字，在賣文上，收入很豐。那個時候，各女學校的教書已不去了，因為這個工作很苦，你倘然上兩小時的課，就有一小時奔波在路上，租界華界，還要換車。而且課前還要預備，課後還要改卷。所得報酬，微乎其微，在史量才的女子蠶業學校，與楊白民的城東女學，算是半義務性質，每小時僅致酬半元；民立女中學則每小時致酬一元，覺得不如安坐家中，寫寫小説，較為自由而舒服便利得多了吧？

今要提起我所編輯的《小説大觀》，《小説大觀》是以文明書局名義出版的，那時文明書局已歸於中華書局了。而它的名義尚在，不過做了中華書局一個附庸。主其事者為沈子方，那時還沒有開辦他的世界書局，便經理文明書局。他是紹興人，紹興人在上海，一向是在舊書業中一股巨流。

《小説大觀》是預備每年出四巨冊，每冊約二十多萬字，大型本。每年出四冊的，名之日季刊，現在出小説雜誌的，都是出的月刊，出季刊的卻還是沒有。我對於出季刊，卻也贊成，但對於《小説大觀》這個名稱，嫌它太庸俗，不雅馴。因為那時候坊間所出的甚麼大觀、甚麼大觀，實在太多了，他們只求量多而不求質佳，未免令人齒冷。可是以沈子方的見解，似乎要標示他的雄心豪志，如淮陰將兵，多多益善，執定非《小說大觀》四字不可。他說："我們一出版就要使人家哄動。我們決定以後，我就要預先登廣告，如果用《小說大觀》這個名字，我在推銷上，大有把握，若用別的名字，我就不敢說了。"我沒有法子，只得屈從他了。因為我那時知道：一種出版物的發行，非常重要，在推廣銷路上，也正大有技術，他們商業上所稱的"生意眼"，未可厚非。他是在發行上有把握的人，我們不能不相信他，以為是可靠的了。

商量到封面的事，我卻佔勝了。因為近來普通的那些小說雜誌，都考究它的封面畫，各種封面畫，都用到了，而最多的封面上畫一美人。直到如今，封面上用美人的還是很多，人稱之為"封面女郎"。但我卻主張用樸素的封面，不要那些封面畫。這是一本大型挺厚的雜誌，須用厚紙作封面，以樸實古雅為宜。子方想了一想，也以為然。不過每一期的封面上《小說大觀》四字，每期要請一名人書寫，這也是可以做到的事。

出版《小說大觀》的時候，已經在辛亥革命以後了，也舉辦了三年，整整的出了十二巨冊，每一冊上，我自寫一個短篇，一種長篇，此外則求助於友人。如葉楚傖、姚鵷雛、陳蝶仙（天虛我生）、范煙橋、周瘦鵑、張毅漢諸君，都是我部下的大將，後來又來這一位畢倚虹，更是我的先鋒隊，因此我的陣容，也非常整齊，可以算得無懈可擊了。而且那時候，創作的小說漸漸增多，不似以前的專靠翻譯。我寫的短篇，記得有《冥鴻》《牛棚絮語》《影梅憶語》《天竺禮佛記》等等，大半都有本事。惟周瘦鵑及張毅漢兩君，都是譯作。此外有許多名作，最使我不能忘懷的，那是蘇曼殊所寫的一個中篇《非夢記》。那是他最後的一篇小說了。（按，在翻譯小說中，有一部是署名《悲慘世界》，是蘇子由、陳由己兩人合譯的，其實蘇子由即是蘇曼殊，陳由己即是陳獨秀。原書是法國囂俄作品，上海東大陸書局出版，後來我屢覓未得，附記於此。）

推銷方面，沈子方的確有把握，因為他們各埠都有分店，各處也有分銷處，最少四五千份是靠得住的。以前上海辦雜誌，以能銷三千份為一個本位，倘然第一版能銷三千份，就可以不蝕本了，他們的支出與收入，也作三千份計算，假使銷數超出了三千份，那就要算賺錢了。以後越銷得多，便是越賺錢，因為他們既打好了紙版，倘使添印，所有稿費、排工，都不必計算在內了。

《小說大觀》中的作品，在五六萬字以內的中篇，便是一次登完。十萬字以外的算是長篇，也必在兩期內登完，太長者我們便不大歡迎了，那只可以在日報上連載較為合宜。讀小說如聽說書一般，要繼續讀下去，方有興味，那種季刊要三個月出一期，人家把三個月前讀過的，早已忘懷了。其次，《小說大觀》裏面的雜俎欄，那些筆記、詩話、小品文、隨感錄，亦都是名人所作，頗能引人入勝。不過當時許多著作，還是文言為多，白話較少。

關於《小說大觀》的圖畫，我倒不能不說一說。沈子方也是要許多時裝士女作為號召的。在《小說時報》時代是狄楚青很為高興，由他擔承一切，還有他的民影照相館，可以供應資源，不愁缺乏。但是在《小說大觀》上，沈子方沒有辦法，卻是全要我去張羅了。每一期的《小說大觀》，圖畫要十餘頁，除去一二頁中國風景或外國人物之外，全是要所謂時裝美人，而且每一頁不止一個人，二三人、三四人不等，還要予以配合，外加花邊（這事我請了孫雪泥君為之繪畫），試想一時之間，哪裏去弄這些照片呢？

要向那班閨秀名媛去索取照片，休得問津。從前我辦《婦女時報》，也只有幾位開通的女士們，方肯取出照片來，給我登載。那些深閉固拒的太太小姐們，好像凡是正派的女子，都不能以色相示人。我那時在上海也身入花叢，偶然也可以向她們索取一兩張照片，但也無濟於事，那時上海的照相館有一個規則，非得本人同意，不能把照相送給人家與賣給人家的。

還有這《小說大觀》上所要的，大都是海上名校書，素負時譽的人物，而她們有些還不肯以照相示人的；有些不喜歡照相的，偶然照了一次，又覺得這也不好，那也不好的，所以徵求照片那件事，在當時也是有些麻煩的。

可是機緣來了，我那時認識了一位笑意老六（她後來是錢新之夫人），我向她索取照片，並訴說向姊妹們索取照片的不易。她笑說："你今晚十二點鐘到我這裏來，我可以供給不少照片。"我絕不爽約，報館裏的事完畢後，如期而往。不想剛到了她的妝閣裏，她又要匆匆出堂唱去了。她臨走時，投給我一個鑰匙，說道："這個鑰匙，是開梳妝台抽屜的，照片全部都放在抽屜裏，請你自己去選取吧！"

我便開了她的抽屜一看，除了她的幾件珍貴的飾物以外，滿抽屜都是姊妹們的照片。有些是我所求之不得的，有些是她們秘不示人的。原來笑六自己就喜歡照相，她照了相後，便把自己的照片，與姊妹們交換，交換得來後，就塞在抽屜裏。我這時如入寶山，便有些應接不暇了，看看這張也好，那張也好，都覺得不能捨棄了誰。她本來說：盡我攝取的，我就老實不客氣，不管環肥燕瘦，一鼓而擒之了。

我便留下一張條子，報告她取了若干張，又聲明用過以後，可以一律奉還。這一部分照片，足可以供《小說大觀》三四期之用，而且都是當行出色，名下非虛的。第二天，我請她吃夜飯，謝謝她的盛意。我問她："這些照片，不得她們本人的同意，登出來沒有妨礙嗎？"笑意老六的為人，非常豪爽而坦白，她拍着胸脯道："請放心！有人說話，我負責。吃堂子飯的人，還搭甚麼架子呢？"因為她喜歡看小說，我便送了她我自己所寫幾部單行本，如《情網》《空谷蘭》《梅花落》之類，《小說大觀》出版以後，也贈給她與登有照片的姊妹們，託其轉贈。

除了《小說大觀》外，我們又出了一種《小說畫報》，那是別開生面的。這《小說畫報》的設計，說來也很為可笑的。那是有一天，我患了失眠，夜來睡不着，胡思亂想，便想出了這個設計來。誰知這個空想，卻成了事實。這《小說畫報》的幾個大綱，卻如此的：

一、《小說畫報》中的小說，不用文言，全是白話的。因為上海那時所出的小說雜誌，文白兼收，有的堆砌了許多詞藻，令人望之生厭，所謂鴛鴦蝴蝶派的小說，就在這個時候出現，現在的《小說畫報》全用白話，一如畫家的專用白描，不事渲染，可以一矯此弊。

二、《小說畫報》中的小說，都要創作，不要譯文，這也是因為現在譯作太多了，尤其在英文、日文中譯出來的，他們外國文還沒有讀通，便想譯小說以博稿費，因此錯訛百出，而譯出來又不大能用，不是枉費精神嗎？也有的外國文雖好，而國文欠佳，往往辭不達意。因此之故，主張多登一些創作的小說。

三、《小說畫報》是石印而不是鉛字印的，這在當時，卻有點像開倒車，而且還是用線裝的，這不免更有些復古意味了。不過這種線裝，卻是模仿的日本型式，用各式絲線，在書脊上貫穿着，像他們對於幾種美術書本，都是如此的，雖是仿古，而卻有新趣味。

四、無論長篇短篇的小說裏，都有插畫，為的是圖文並重，所以稱之為《小說畫報》。但是絕不用照相銅版圖畫，而是仿從前的《點石齋畫報》那種型式，畫要工細，不要那種漫畫、速寫，或是半中半西式的。當時給《小說畫報》繪圖的，我記得有錢病鶴、丁慕琴（悚）、孫雪泥幾位老朋友。

這在起初時，不過是一時理想，偶與沈子方談起，他竟大為贊成，卻以為這是一個新鮮玩意兒。和這些商家合作，他們往往有一種"說着風，就扯篷"的脾氣，並且督促我即日籌備，邀約寫小說的朋友，好在我的班底是現成的。至於印刷發行上的事，由他負責，照印書的成本算，反較鉛印為廉。但是我卻覺得這種刊物，不免有些標新立異，是個反時代性質。因與他約定了，不論銷數如何，必須辦完一年。因那時上海辦雜誌，真是風起雲湧，但亦很多短命的，才露頭角，便即夭逝，他也立即答應。

《小說畫報》是月刊，於是我便約齊了許多朋友，有的寫短篇，有的寫長篇，有的短、長篇都寫，為的是都要創作，大家便提起精神來。記得畢倚虹寫了一個長篇，題目叫作《十年回首》，署名是"春明逐客"，是記述他十年前在北京當京官的故事兒。因為他家是簪纓世族，他十六歲就到部裏當差去做官的。他寫的為了身體矮小，特定製了一雙厚底靴子，在家裏演習；"引見"時的排班背履歷；到部謁見堂官等等，都是未經人道過。那時北京的相公堂子，還未消滅，他也跟着人逛胡同。可惜這書未寫下去，那要比李伯元所寫的《官場現形記》高明得多咧。因為李所寫的，只不過是道聽途說，而他卻是身歷其境呀。

周瘦鵑也寫了一個短篇，名曰《芙蓉帳裏》，是敍述他新婚之夜的事（按：瘦鵑其時新結婚，是我做了他們的證婚人）。他的夫人名鳳君，這篇小說寫得很細膩，那也已經不似我們那時的舊式婚姻了，他的文詞中有"鳳君啊""鳳君啊"的幾句，同人每以此為取笑之資（現在寫此稿時，這一位賢淑夫人已逝世，瘦鵑已續娶了）。其他如葉楚傖、姚鵷雛、陳蝶仙諸君，每期都有稿子。還有一位新作家是劉半儂（後改名劉半農），我也忘記是誰介紹來，他寫了一個長篇，開頭還好，後來不知寫到哪裏去。向來雜誌上的稿費，都是分期付的，而且要出版以後付的。有一天，他跑到我家裏來，他說："這長篇完全寫成了，你付給我稿費吧。"我問何以如此急急？他說有一機會，要到北京去，以此稿費作旅費，請幫幫忙。但是我向沈子方說，他不肯付，他說："不能破例。"而劉半儂又迫得我甚急，大概為數有六七十元，不得已我只得挖腰包墊付了。以後劉半儂從未見過面，亦未通過信，而他的到法國、考博士，榮任北大教授，也可算得一帆風順了。

《小說畫報》初出版時，卻也風行一時，照例印三千冊，可以銷完。但石印書不能打紙版，也不復再版，可是後來的銷數漸漸退縮了。我就覺悟到這種刊物，到底是有點反時代性，不能再用古舊的型式，以示立異。那時的讀者，只求外觀，不顧內容，最初以好奇的心理，購幾冊來看看，以後又顧而之他了。不過無論如何，也得履行前約，出完了一年十二冊，以了此局。

不久，文明書局便正式歸併於中華書局，沈子方就跳了出來，組織了他的"世界書局"。他們紹興人對於書業有根底,向來對於舊書業有辦法,現在對於新書業,一樣有辦法。同時另一個紹興幫也開一家書局,這就叫作"大東書局"。

如果那時候以商務印書館與中華書局為上海第一號書業的,那麼,世界書局與大東書局便是上海第二號書業了。那個時候,在福州路(俗呼四馬路),從山東路(即望平街)起至河南路(即棋盤街)止,完全是報館與書店,所有"商務""中華""世界""大東"都在其內,所以人稱此一帶為"文化大街"。

沈子方開辦了世界書局以後,一切要另起爐灶,自不必說,而那時這個後起之秀的大東書局也崛然而起。有一位沈駿聲君,是沈子方的侄兒,英俊有為,他是大東書局一個幹部,專與上海的作家接洽,我又為他們編了一個周刊,名曰《星期》,是小型的。雖然是小型的,卻也長篇、短篇、筆記、雜俎、小品文,色色俱備,可以說得"麻雀雖小,五臟俱全"。

這個時候,在寫作上幫我忙的,以畢倚虹為獨多。這時他已不在上海時報館了,為了他父親故世,虧空了公款,他以承繼人的資格,關在杭州縣衙門裏吃官司。雖然吃官司,卻住在縣衙門的花廳裏,清閒得很,就是不能出門一步。於是一篇一篇的短篇,寫了寄給我。此外便是徐卓呆,專寫諷刺滑稽小說。姚蘇鳳不寫小說,好寫小品文。范煙橋的寫作,趣味盎然。此外如葉小鳳、姚鵷雛、陳蝶仙君,各有所事,不再寫稿了。

但有一個人,我必須在此提及,便是這位筆名平江不肖生先生了。向君留學日本,寫了一部小說,名曰《留東外史》,回國售稿,卻沒有人要。後某君以極廉價購了,出版後,銷數大佳,於是海上同人,知有平江不肖生其人(關於《留東外史》及向愷然其人其事,將另述)。但《留東外史》雖暢銷,而向愷然其人則蹤跡杳然,有人說已回湖南去了,有人說又到日本去了,莫衷一是。

有一天,我遇到張冥飛君,談及此事。冥飛笑道:"你們不知,我卻知道向愷然仍在上海,但此君意氣消沉,不願多見客呢。"我急問其住址，我說：“我以誠意訪他，或可一見。”冥飛以向的住址告我，乃在新聞路一條極湫隘的衖堂裏，名曰斯文里。冥飛且告我：“你要訪他，須在下午三點鐘以後，倘然在夜裏去更好。”我說：“我知道！向大人乃癮君子也。”冥飛鼓掌道：“對啊！對啊！”因為張冥飛亦是湖南人，故我知所言甚確。

到了明天下午四點鐘，我便去訪問他了。他住在一家人家的樓上，一踏進去，我便記得從前人家一副集句的對聯，便是“垂簾不捲留香久，短笛無腔信口吹”。有一位少婦，不知是不是他的太太，總之是他的愛人。此外房間裏還有一隻小狗，一頭猴子。他是剛起身，必須過了癮方有精神，我就不客氣就在他煙榻上相對而臥了。那天就談得很好，我要他在《星期》上寫文字，他就答應寫了一個《留東外史補》，還有一種《獵人偶記》。這個《獵人偶記》很特別，因為他居住湘西，深山多虎，常與獵者相接近，這不是洋場才子的小說家所能道其萬一的。

後來為世界書局的老闆沈子方所知道了，他問我道：“你從何處掘出了這個寶藏者。”於是他極力去挖取向愷然給世界書局寫小說，稿資特別豐厚。但是他不要像《留東外史》那種材料，而要他寫劍仙俠士之類的一流傳奇小說。這不能不說是一種生意眼，那個時候，上海的所謂言情小說、戀愛小說，人家已經看得膩了，勢必要換換口味，好比江南菜太甜，換換湖南的辣味也佳。以向君的多才多藝，於是《江湖奇俠傳》一集、二集……層出不窮，開上海武俠小說的先河。後來沈子方索性把這位平江不肖生包下來了。所謂“包下來”者，就是只許給世界書局寫，而不許給別家書局寫，就像上海戲館老闆，到北京去包了名伶來唱戲是一個典型。

這個《星期》周刊，也只辦滿了一年，整整五十二冊，其中有四個特刊，甚麼婚姻號、婢妾號等。我覺得辦周刊很為吃力，每七日一期，是追緊在後面的，要休息幾天也不能，又沒有一個助手，我對此實在有點倦意。

我便與經理這一部分事的沈駿聲相商，我說："倘繼續辦下去，請另換一人編輯，寫稿我仍擔任。"

可是續編也找不到人，其時瘦鵑也正在大東書局籌備一種小說雜誌，取名《半月》，那就正好，於是《星期》便即停刊，《半月》是半月刊，比《星期》從容得多了。

在商務印書館

我自入新聞界以後，每日與筆墨為緣，自不必說了。但譯寫小說，則不是這個時候為始。第一次寫小說為《迦因小傳》，那時間的譯作，都是文言體。在未到時報館以前，在山東青州府中學堂的時候，上海商務印書館便與我通信，因他們出版了《教育雜誌》，要我寫一種教育小說，或是兒童小說，要長篇的，可以在《教育雜誌》上連期登載。但是我當時意識中實在空無所有，那就不能不乞靈於西方文化界了。

這時我每從青州回蘇州，或從蘇州去青州，每次必道經上海。到上海後，必常到虹口的日本書店，搜尋可譯的日文書，往往擁取四五冊以歸，那都是日本的作家，翻譯歐西各國文字者，我便在此中選取資料了。於是第一部給《教育雜誌》的便是《苦兒流浪記》；第二部給《教育雜誌》的便是《馨兒就學記》；第三部給《教育雜誌》的便是《棄石埋石記》。

先說《苦兒流浪記》，原著者是一位法國人，名字喚作甚麼穆勒爾的，記一個苦兒流離轉徙，吃盡了許多苦頭，直至最後，方得苦盡甘回，敍事頗為曲折，頗引人入勝，而尤為兒童所歡迎。實在說起來，這是兒童小說，不能算是教育小說。我是從日文書中轉譯得來的，日本譯者用了何種書名，是何人所譯，我已記不起了。不過我所定名為《苦兒流浪記》，頗合原書意味。後來聞章衣萍曾譯此書，定名曰《苦兒努力記》；徐蔚南又譯之曰《孤零少年》，均在我所譯的十年以後，我均未讀過，想他們均在法文原本中譯出的了。這《苦兒流浪記》還曾編過電影，在還不曾有過有聲電影的時代，已經在歐西有出品了。這電影到過上海，我錯過了沒有看到，後來有友人告訴我的。

再說《馨兒就學記》寫此書時，卻有一重悲痛的故事，原來我最先生育的一個男孩子，他的名字是喚作可馨，這孩子生得俊美而聰明，又因我們前此有幾個孩子不育，我夫婦頗鍾愛之，因此我寫這小說時，便用了《馨兒就學記》的書名，不想寫未及半，馨兒還未滿三歲，又殤亡了。（關於馨兒殤亡的事，後再擬提及。）後來夏丏尊先生所譯的《愛的教育》一書，實與我同出一源。不過我是從日文本轉譯得來的，日本人當時翻譯歐美小說，他們把書中的人名、習俗、文物、起居一切改成日本化。

我又一切都改變為中國化。此書本為日記體，而我又改為我中國的夏曆（出版在辛亥革命以前），有數節，全是我的創作，寫到我的家事了。如有一節寫清明時節的"掃墓"，全以我家為藍本，今試摘錄一小段於下。

三月二十三日，我侍我父母，往掃先人之墓。我祖塋在支硎山下白馬澗，相傳為支公飲馬地也。時則父母攜我及妹往，並隨一老蒼頭。自金閶門，買棹行，雖輕舸一葉，而明窗淨几，蕩漾於波光山影之中，如入畫圖也。船娘二十許人，為態至甜淨，衣服復楚潔，舟行如飛，和風煦拂，春意中人欲醉。兩岸桃花，繽紛如紅雨，落英飄墮水面，爭為游魚所接也。

船進環龍橋，即繫纜於樹椿，岸距吾塋可三里弱，吾母及妹乘山輿以行，老蒼頭擔籃而從，余與吾父喜徒步，循紫陌而行，菜花已黃，蜂蝶作團，而泉流之聲淙淙然，與枝上流鶯相酬答。展墓時，我父告我以："主位為若曾祖父母，昭穆乃若祖父母也。若祖母吳太孺人，以孝聞於戚友間，若祖父早卒，祖母事衰姑，十餘年如一日，食不安味，瞑無恬睡，所謂先雞鳴而起，後斗轉而息，仍未一解帶安睡者。卒以勞瘁過甚，先汝曾祖母而逝，悲夫我母也。"我父言此，淚為之潸。

我母聞父言，亦襟袖為濕，而阿妹見母哭，則嗷然大號，

我乃癡然如木人。我祖母之旁,有一小塋,我母語我曰:"此汝
長姊可青也,殤時僅三歲,最得祖母歡心,每晨,必向婆婆索
餅餌,後以病殤,殤時猶緊握爾父之手呼爺也。嗟夫青兒,今
得長侍慈愛之大母矣。"我母語時,亦泣不能仰,我妹攬母頸,
謂母不要哭。守墓者為一嫗,與我父縷縷然道太夫人事,而肩
山興之老鄉人,亦能話我家前三代故事。展墓既竟,守墓人請
顧其廬,將烹茗餉客。我妹入鄉村,覺在在皆可愛玩,沿路行
來,掇拾野花,芳菲盈握,置諸吾青姊之塋,云將以此代花圈
耶。既入嫗室,亦頗精潔,村中兒童,圍而觀之,復竊竊私語,
我母出銅圓數十枚分贈之,曰"添土錢",此鄉俗例也,咸歡躍
道謝而去。

這都與《愛的教育》原書原文無關的,類此者尚有好多節,無需贅述
了。當時尚不用語體文,那也是時代背景使然。以現在一般人的目光,
那種文言,已成過去了。

至於《棄石埋石記》,這是日本人所寫的教育小說,作者何人,已不
記得,總之是一位不甚著名的文學家。其中關於理論很多,是日本人對
於教育的看法。好像關於師生的聯繫,有所論列,那也對於我們中國尊
師傳道的統緒,若合符節。那書倒是直譯的,譯筆有些格格不吐,我自
己也覺得很不愜意。所以究竟是怎麼一個故事,到現在連我自己也說不
清楚了。

這三部書的發行,銷數以《馨兒就學記》為第一,《苦兒流浪記》次
之,《棄石埋石記》又次之。《馨兒就學記》何以銷數獨多呢?有幾個原
因。一,那書的初版是在庚戌年,即辛亥革命的前一年,我全國的小學
正大為發展。二,那時的商務印書館,又正在那時候向各省、各大都市
設立分館,銷行他們出版的教科書,最注重的又是國文。三,此書情文
並茂,而又是講的中國事,提倡舊道德,最合十一二歲知識初開一般學

生的口味。後來有好多高小學校，均以此書為學生畢業時獎品，那一送每次就是成百本，那時定價每冊只售三角五分。所以此書到絕版止，當可有數十萬冊。《苦兒流浪記》雖然編劇演戲，也盛極一時，銷數不過萬餘；至《棄石埋石記》，不知曾否再版（商務初版，例印三千部）。

我寫此稿時，案頭有三部《馨兒就學記》，那都是友人從舊書攤上拾得了寄給我的。有一冊是民國二十七年在長沙的商務印書館出版的，版面還畫了一幅兒童觀看的畫，標明國難後第四版；有一冊是上海第十八版的。還有除商務出版以外，各地方翻印的也不少呢。

民國成立以後的某一年，教育部忽然寄給我三張獎狀，那就是獎給我這三部教育小說的。何處來這不虞之譽，好似天外飛來。詢之商務，乃知前在時報館息樓中的常客袁觀瀾（希濤）先生，已榮任了教育部次長，蒙他加以寵賜呢。其時總長是誰，我已忘卻了。

再說到這三部小說的稿酬吧，那是每千字三元。千字三元，在當時也很算優待了，平常不過是千字兩元。但每月所登載的不過一萬字，只不過三十元左右而已。但我要寫一筆，這三部書的稿費，沒有全部入我荷包。為甚麼呢？原來那時候，商務印書館正在加股，這加股是不公開的，盡先對於自己公司裏的職員，有優先權。有幾位同事，勸我將稿費積存作為股款，可以作一個小股東。（那時是每股百元吧。）這個時候，商務的營業，已年年有盈餘了，也真能引人入彀，於是我在商務的股份便逐漸增長起來。到後來，有一位友人鄭君，他有一部分商務股份，也讓給了我，我共有了商務股份三千多元，夠得上一個董事資格（商務任董事，起碼要有股份三千元），不過到我寫此稿時，早已歸公了。

我進了時報館以後，商務印書館的編譯所早已成立了，張菊生（元濟）是總編輯。夏瑞芳那時已為總經理，以他的長袖善舞，成為書業界巨子了。記得那時中華書局尚未開業，商務印書館幾位老友，後來訪問我：“能到我們編譯所來嗎？我們大家歡迎你來。”可是我那時已答應了曾孟樸的《小說林》，每天又要報館裏編輯新聞，隨後又被拉到女學校去教書，東扯西牽，實在忙不過來。我想有一個時期，曾稱之為"遊歷編譯處"，現在又要走老路了嗎？還有一個問題：商務的編譯所，是在閘北寶山路，那是屬於華界的，我到上海，先住在英租界的愛文義路，繼又遷居到老西門，到寶山路有多麼遠呀！坐人力車，到那裏要換車子，因為租界裏的車子不能去呢。所以我總婉辭了。

直到一九一二年，就是辛亥革命的明年，莊百俞奉了張菊老之命又來勸駕了。那個時候，我已遷移到接近北火車碼頭（即滬寧鐵路的上海站），一條里衖喚作慶祥里，南出愛而近路，北接界路，到他們編譯所的寶山路較近，踏到寶山路口，便可僱車，似覺便利得多。並且那時《小說林》也不去了，女學校教書也停止了。只是我要問莊百俞兄："我倘到你們編譯所去，有何種工作呢？"

百俞道："這個我還未能知其詳。"我想要我譯日文書嗎？又是寫小說嗎？我的伎倆，只有此耳。因為我在廣智書局時要譯一本《下水道》的工程書，把我嚇怕了，不敢再嘗試。百俞說："不！大概是關於教育一方面的。"我說："那不免問道於盲了，我也不懂得甚麼教育，近來許多在東西洋學習師範回國的人也不少，不是可以延請嗎？"

百俞說："你如能俯就的，最好請到編譯所看看，或者和他們幾位主任談一談。"我說："好的，我當來拜訪一下。"

約定了日子，我便到寶山路商務的編譯所去了。商務印書館可說是以編輯教科書起家的。最先以三千元的資本開設在北京路的印書館時候，便有《華英初階》《華英進階》等，銷行於上海各中、小學堂，一時頗為流行。他們號稱商務印書館，當然以賺錢為主，現在學校繁興，這是有利可圖的事業，更有推進文化的功勞。自從擴張了印刷部，推廣了發行部，又開辦了這個編譯所，延請了許多知名之士，大大地致力於此，已非昔日寒傖可比。雖然此刻新刊、古籍、叢書雜誌、連續不斷，而仍屬於教育為大宗。

我那天去了，就算是拜訪莊百俞，他那裏有個小小的會客室，坐定以後，百俞出見，他說：「今天竹莊沒有來（按，蔣竹莊，名維喬），要見見菊生先生嗎？你們也是熟人。」張菊老我前在金粟齋譯書處時，曾經會見過多次（現在金粟齋出版的嚴復所譯各書，也歸商務印書館發行了），他也和狄楚青相熟，但不甚親密，不過商務出版的新書廣告，只登《時報》一家（有一時期，商務每日出版新書兩種，規定登《時報》封面報頭旁邊，以包月計，每月似為二千元），到上海後，數年來沒有見過張菊老，從前的所謂維新黨人物，今亦寥落了。

張菊老出見，長袍馬褂，風采不減當年，就是同我一樣，腦後少了一條辮子了。先談談金粟齋的舊事，旋問問時報館的近狀，然後談到了正文。他說：「我們出版的小學國文教科書，年年改版，現在革命以後，又要重編了，要請閣下來擔任其事。」我說：「我沒做過這個工作，恐怕才力不及。」他說：「看過你寫的教育小說，深知你能體察兒童心理，必能勝任愉快。」又加上我幾頂高帽子，我算是答應了。後來我和莊百俞商量，我只能去編譯所半天，因時報館裏回去得遲，早晨起不了身，於是定了每日下午一點至五點，星期日休假，他們送我每月四十元。

這個編譯所規模可大了，一大間屋子，可能有四五十人吧？遠不同我從前所遊歷過的那些編譯所，每人一張寫字台，總編輯的那張寫字台特別大，有一個供參考用的書庫。既不像葉浩吾那個「啟秀編譯所」的雜亂無章，又不同蔣觀雲那個「珠樹園譯書處」的閉戶著書的型式。雖然這個大廈聚集許多人，卻是鴉雀無聲，大有蕭穆的氣象。

這個編譯所，以江蘇人為最多，江蘇人中，尤以常州人為最多。即以我們編輯教科書方面，如蔣竹莊、莊百俞、嚴練如諸位，全是常州人。那時候，商務印書館編輯《辭源》已在發起了，而主其事的陸偉士先生（爾奎）也是常州人；還有孟蓴孫先生（森，又號心史）也在商務編譯所任事，我不知道他是擔任哪一科。其他還有我所不相熟的常州人也不少。次之乃是無錫人，我所熟識的如蔡松如（文森，後來成為親戚）、王西神（蘊章）諸君，而我本鄉蘇州，則寂無一人。其時王雲五尚未進商務印書館，而沈雁冰、鄭振鐸則是後起之秀。

編寫這個小學國文教科書，我完全是個外行，雖然我一向以教書為生涯。雖說是重編，其實也可以算改版，先把前任原來的課本，作為參考。還有莊百俞、嚴練如，他們兩人是熟手，可以和他們商量，有時還請教於蔣竹莊老作家。那時又認識了高夢旦先生（鳳謙），他們都是年齡比我長的長者，高先生人極和氣而懇摯，每有所咨詢，必詳細答覆，所以我們也常和他接洽。

這個高等小學國文教科書，共編四冊。我卻小心翼翼，頗為謹慎。每編三四課，就要與莊、嚴兩君斟酌（《教育雜誌》就是他們編的），編成一冊，即送高夢旦批閱，然後請總編輯檢定。我當時即知道日本所有的教科書，均須經他們的文部省檢定的，可是那時的中國，還沒有這個制度呢。新國文的內容如何呢？我現在已完全不能記得了，大約我所持的宗旨，是提倡新政制，保守舊道德，老實說，在那個時代，也不許我不作此思想，現代的青年，也許目之為封建產物了。

當這書出版時，我主張封面印一新國旗，即紅黃藍白黑的五色國旗，標明五族共和之意，商務印書館的教科書，是銷行於全國的。同事諸公，初時還有些猶豫，後來決定不印在封面而印在內頁，即在開卷第一頁上。大概發行以後，不到三年，這高小國文教科書又改版了，那時我早已出了商務編譯所了。這時期正是籌安會興，袁世凱想做皇帝，幸而洪憲八十三天，就此夭亡了。不然，這高小國文教科書，將要歌功頌德，另費筆墨呢。但後來改版的高小國文中，卻摘取了我《馨兒就學記》中關於掃墓的一節文字，如我本章上文所述的，故在現今年已五六十歲的朋友，凡讀過商務高小國文教科書的，猶留有印象咧。

高小國文編成後，我又編了書名《新社會》的四冊。那是高夢旦先生提議而經眾贊成的。這不是教科書，而是一種課外讀物。所謂《新社會》者，亦可以稱之為新知識，意在對於社會革新而言。國家既已革命了，社會也須革新。但這個題目，實在太廣泛了，因為太廣泛，反致無從着手。若說是課外讀物，自宜注重給學生們閱讀的，那不外於培養他的德、智、體三育。可是要改造舊社會而建立新社會，則又有種種如破除迷信、改善家庭、戒絕嗜慾、厲行節儉等等，亦為新社會所應有的條件，那就並不限於學生，亦為一般成人，無論男女所當知道的了。

編這個東西，我實在也想不出甚麼好法子。那時白話文尚未流行，我只能以最淺近的文言出之。這也分章的，寫了幾章看看，自己不覺搖頭。我想倘出之以小說體裁，把所有應當改造的新社會包孕其中，或者稍有一點趣味，而當初約定的並非小說。現在我所寫的甚麼《新社會》，只是老生常談而已。而又好像板起面孔，向人說教，誰要听你的濫調呢？我覺得還是《時報》上每天寫一個短評，有意思而且有趣味得多呀。果然出書以後，銷數並不多，遠不及我的三部教育小說。

我這個人自己知道很少恒心，對於商務編譯所又有些厭倦了。我覺得這一個編譯所，像一個學校裏的課堂。張菊老似一位老師，端坐在那裏，披閱文稿，也難得開口；編譯員似許多學生，埋頭寫作，寂靜無嘩，真比了課堂，還要嚴肅。我卻一向習於鬆散，自從出了書房門，又當教書匠，以及現在的記者生涯，都是不大受束縛的。而最大的原因，自顧才力疏陋，學殖荒落，商務編譯所正多通才博學，珠玉在前，自慚形穢。大約還不到一年，我患了一個頭痛之病，卻就借病辭職了。

記余覺沈壽事

在《時報》任事後，第一次出遊是在南京開南洋勸業會時候。南洋勸業會到上海來，邀請上海各報記者參觀，一切由他們招待。

楚青便派了我去，他以為我在南京住過，較為熟悉，景韓、繼興，還都不曾到過南京，他們也不願意去。其實，當時我住在蒯禮卿公館，就不大出門，甚麼地方也都沒有去過。加以南京地方遼闊，路徑生疏。此刻南洋勸業會所開設的地方，卻是新辟的一個區域，好像是甚麼叫作丁家橋吧。我那時性好遊覽，沒有去過的地方，總想去走走；沒有見過的事物，總想去看看；便欣然答應去了。

南洋勸業會是上海各報館都邀請的，那時和我同行的，有申報館的席子佩，他是蘇州洞庭山人，現在寄居於青浦珠家閣（那時《申報》還沒有讓渡於史量才）。有《神州日報》的汪壽臣（名彭年，又號瘦岑，安徽旌德人），還有一位章佩乙，也是吳縣人，是我的同鄉，卻已忘卻是哪一家報館。這三位同業，在我可還是初交，原來上海各報館的編者，向來不互相往來，除非本是舊交。不過大家聞名已久，也有相見恨晚之雅，一路之上，談笑甚歡。

提起汪壽臣，我又有一段插話了。《神州日報》本來是于右任等諸位所創辦的，後來轉輾入於安徽人之手，汪是皖籍，與一班皖籍有勢力的人如楊士琦等互通聲氣，頗為密切，但《神州日報》很為風厲，譏彈政事，出之嬉笑怒罵的文章。洪憲帝制議起，那時亦女權活躍，有沈佩貞者，她在名片上有"大總統門生"字樣，人稱為女志士。但放浪形骸，招搖過市，時人為之側目。有一天，在北京醒春居宴客，以嗅女子腳為酒令（按，當時沈不承認有此事），上海《神州日報》盡情登載，連刊三日，描寫當時的醜態，於是沈佩貞大發雌威，率領了劉四奶奶、蔣三小姐一班娘子軍，直趨南橫街汪宅（其時汪以選舉眾議院議員，滯留北京），孰知汪不在家，適有另一待選議員的郭同，借住汪宅，卻被那班女志士毆辱了。這事成為一時趣史，濮伯欣在《小時報》上，寫有打油詩云："最是頑皮汪壽臣，醒春嗅腳說來真。何人敢打神州報，總統門生沈佩貞。"但這是後來的事，不在我們同赴南洋勸業會時期，此亦當年報界一軼事，偶一回憶，故記之。

且說那個南洋勸業會，也算是中國破天荒之舉，因為中國從來沒有過這種國內物產展覽會呢。那時好像端方正在做兩江總督，他是自命為滿洲人中的新人物，要行一點地方新政誇示於人，號稱南洋勸業會，也徵集東南各省的新產品不少。

我們到了那裏，便有人來接往招待所居住。丁家橋這裏，本來一片荒蕪，招待所還是臨時建築起來的平屋。我們到了以後，也有開會、飲宴，然後領導各館陳列所展覽，忙碌一時，且不必說。

到了晚上，回到招待所，有客來訪，視其名片，卻是"余覺，號冰臣"。這個人我們早已知道，因為他夫人沈壽，是中國一位著名的刺繡家，曾繡了一位意大利皇后像，馳譽中外。《時報》上曾登過她的新聞，《婦女時報》則徵求沈壽的照片。余覺是浙江省一位舉人，現在北京當一位小京官，他的所以見訪，也因為《時報》曾經為他們宣傳過，並且沈壽還是我的同鄉咧。原來他們所住的招待所，和我所住的招待所，恰是貼鄰，不過咫尺之間，來去甚便。只是我和余覺，卻是初次見面，沈壽雖是同鄉，亦未見過面的。

他來過訪後，我立即去回訪。一則禮尚往來，從前的交際總是如此的。二則渴欲一見這位在中國號稱針神的沈壽。那時沈壽年在三十多，端莊貞靜，不減大家風範，待客殷勤，餉我以茶點。但有兩女郎，一為十七八，一可在二十許，跳躍歡笑，頗為活潑。余覺告我道："這兩人乃是小妾，癡憨如此，這個年小的，預備送到日本去學繡，日本有刺繡一科，屬於美術學校，中國卻沒有，得此基礎，將來庶幾有傳人。"辭出後，我想沈壽自己也還不過三十多歲，竟讓她的丈夫納妾，而且一納就是兩人，誰說婦女善妒是天性呢？（按，後知沈壽有隱疾，性冷感症，故亦無所出。）

這個南洋勸業會，有一部分的出品，可以出售的，我以窘於資，也沒有購買甚麼，就只從湖南出品的瓷器，略選購一些。我國的瓷器，當然以江西的景德鎮最著名，人稱之為瓷都，南洋勸業會中陳列也很多。我覺得它那時只是墨守成法，不肯改良。今見湖南新產品，瓷質明淨，繪畫新穎，因購了杯碟數套。記得一套是繪的枇杷，一套是繪的青菜，色彩美麗，甚為可愛。

我當時正在編《婦女時報》，歸時乃索得沈壽的照片，及其製品的照片。隨後，余覺又寄來他的赴日學繡的小夫人照片，姿容曼妙，手張日本絹傘一輪，含笑睞人，亦印入《婦女時報》中。

越二年，余覺到時報館訪我，顏色甚沮喪，他說："你知道我的在日本學繡的小妾，已背我隨人去了嗎？"問其所以，他說："此人本為天津班子中人（天津妓院，均稱某某班），是北方人，今隨一趙某而去，亦北方人。那趙某是留學生，亦是革命黨，在日本演新劇，藝名趙嗜淚，原名趙欣伯。"我說："你何以調查得如此清楚？"乃勸慰他道："佳人已屬沙叱利，足下可以揮此慧劍，斬斷情絲了。"

余覺道："此事尚有新聞，最近聽說兩人為了革命，到武漢去，已被捕獲，存亡未知。你們報館，武漢當有訪員，可否請為一詢？"我那時正編地方新聞，因答應了他，一詢武漢訪員，來信模模糊糊。說是傳聞有一趙姓革命黨被捕，最近又有一女革命黨，髮髻中紮有白頭繩，傳為趙之配偶，趙則已伏誅了。我即以之覆余覺，其時在辛亥革命之前。越四十年，余覺館於我表弟吳子深家，課其子，告我道："前所云我有一小妾在日本隨一趙姓而去的趙欣伯，並未死去，現已在偽滿洲國為立法院長了。"至其院長太太，是否在日本學繡的女郎，則未加考證呢。

至於在南通發生的一段因緣，余覺、沈壽之間，忽插進一張謇，這正是佛家所謂一重業障。好事者詳為記述，新聞界添此材料，我就所經歷的說一說：那時余覺在憤恨之餘，寫了一冊《痛史》，登載了張謇的親筆情詩，精楷石印（他本是書家，擅楷書與草字），便來訪我，意思要我介紹這《痛史》登上海各報。我正言告訴他："張四先生是我們江蘇的鄉先生、鄉前輩，眾望所歸，我不能為你向各報介紹此冊。老實說，即使介紹了，上海各報，也沒有一家肯登的，我不犯着去碰這一個釘子。"

　　余覺遲疑久之，便說：那麼登小《晶報》如何？（上海的《晶報》，人每呼之為小《晶報》，這是出於街頭報販之口。）我倒為之一怔，便說："我也不能介紹，你自己看余大雄便了。"我知道《晶報》一定歡迎的，他們的宣言，常說凡大報所不敢登不願登的，我《晶報》都可以登。

　　這個我未便阻止他了，《晶報》果然把他的《痛史》，排日登出，於是喧傳遐邇。後來大生公司（張謇所創辦）一班朋友，有疑心我給余覺代送《晶報》者，那真不白之冤。平心而論，張謇、余覺，都有不是處，而沈壽最是可憐。她以身懷隱疾，專精藝術，兩方竟挾以相爭，釀成似是而非的三角戀愛，怎得不憤鬱以促其生命呢？

　　張謇邀沈壽至南通一段因緣，我不甚了了。但余覺自辛亥革命以後，即無職業。既邀沈壽，余覺自必偕行，南通事業大，必可得一好位置，張亦曾予以照應，出資為經營一"福壽繡品公司"，後來虧蝕了，尚有其他經濟上的事，總之兩方都不慊於懷，余覺遂離去南通。張謇至此，遂有買珠還櫝之心，親沈壽而疏余覺。其最無聊者，張忽自作多情，寫出了許多纏綿悱惻、鴛鴦蝴蝶派的詩詞，貽人口實，這位殿撰公，算是怎麼一回事呢？

　　及至沈壽病死於南通，張葬她於狼山風景之區，樹一墓碑，不題其夫姓，又無余覺署名，於禮亦不合。余覺更大憤，至欲將沈壽棺木自狼山遷出移葬，且聲言欲與張打官司，正紛擾未已間，而張亦逝世了。一死以後，諸事都解決，安土重遷，沈壽孤墳，亦長眠於狼山。余覺年至八十餘，遺一子一女，即其另一如夫人所出，女嫁我一遠房的吳氏表弟。

春柳社及其他

我自幼即愛好戲劇，七八歲時，常由父親領着到戲院子裏去看崑劇（蘇人稱為文班戲）。那個時候，在蘇州以崑劇為正宗，但城內也只有一家戲院子。雖然京戲班子，也有得到蘇州來，只許在城外普安橋一個戲院子裏開演。崑劇的所以盛行，也因為蘇人喜歡听曲者多，所有紳士人家，每遇喜慶，常有"堂會"，青年子弟，恒多客串，我因此也看得多了。後來我館於我姑丈尤家，諸位表兄弟們都是曲家，我也隨之學習，雖然未能成功，卻也略窺門徑。

後來到了上海，那時以京劇為主體了。有人說：北京是中國第一戲劇都市，那麼上海便是中國第二戲劇都市了。戲院既多，名角也眾，但我對於京戲，興趣沒有崑劇高，大概是沒有研究的緣故吧？

回憶在我小時候，偶然也看一二回京戲，回家後，祖母問我："你看到了甚麼戲嗎？"我說："我不知道！只看見紅面孔與黑面孔打架。"家人引為笑柄。

隨後，上海的京戲也在改變了。夏氏兄弟排演了甚麼時事新戲。根據太平天國之戰（俗名《鐵公雞》），那時號稱時裝戲，有個向大人（榮），紅頂花翎黃馬褂，出現於舞台，上海人好奇喜新，一時哄動。於是《鐵公雞》一本、二本、三本，一直編演下去。後又由夏氏兄弟，特建了新舞台，添加各種佈景，花樣翻新，層出不窮。那時有個伶人潘月樵（藝名小連生），時常到時報館來，請教於陳景韓。他是唱老生的，演新戲最賣力，慷慨激昂，滿口新名詞。對於觀眾，好作似是而非的演說（他們京戲中的術語，名之曰"洒血"），但觀眾反而拍手歡呼。（後聞潘月樵曾經一度為岑春煊的武巡捕，辛亥革命以後，也就潦倒了。）

既而又有一位名伶汪笑儂來到上海了，據說此君是滿洲人，曾經做過某處一任知縣，為甚麼忽然下海唱戲呢？不知道。其所以自己改姓名為汪笑儂的緣故，說是有一天，他以其自己認為卓越的藝術，晉謁於北京著名老伶工汪桂芬。以為汪桂芬必獎讚他，誰知汪對他不置可否，只笑了一笑，他自己就把名字改為汪笑儂。人家這樣說，不知確否？

其時我友陳佩忍，正在上海辦一種戲劇雜誌，名曰《二十世紀大舞台》，那也是中國戲劇雜誌的破天荒，意思也想戲劇革命。但佩忍自己一點也不懂得戲，上海那些寫戲稿的人，不知有多少，卻都不合他的規律。汪笑儂來上海所編唱的戲，甚麼《哭祖廟》《罵閻羅》之類，覺得頗為別致。他因此拉着我，要去同訪汪笑儂。我說："汪是一個癮君子，白天不起身，夜裏要上戲院子，要去訪他，最好是散戲以後，到他寓所去，在他煙榻上，一燈相對，那是他精神最足的時候。"

約定了一天，在夜裏十二點鐘以後，佩忍打電話到時報館來，邀我同去訪問汪笑儂。汪是住在他的朋友那裏，蓄了一條小狗，是北京帶來的。他倒還沒有北方伶人的那種習氣，談鋒也很健。

向來北京的那些名伶，都稱"老板"（其實"板"應作"班"，乃是掌班的意思，後來以訛傳訛，都寫成老板，所謂約定俗成。也有寫成"老闆"者，伶界很不通行），我們只稱之為汪先生。佩忍本想和他談談戲劇改良的事，但他轉而講及北京的政治，痛罵官場，連那些王公大臣都罵上了。據說他的文詞也不錯，佩忍本來原想請他在所編的戲劇雜誌上寫點文章，後來不曉得怎樣，好像寫了幾首詩，我可忘懷了。

其時學校演劇，上海也漸漸開這個風氣了。法國人在上海所辦的天主教學校，有一所徐匯公學，常常訓練學生演戲，我有朋友介紹，也曾去看過幾次。每逢甚麼節日，或是招待學生家屬，開甚麼懇親會時，常常演戲。有時也有很好的短劇，不是完全宗教性的，不過他們講的是法語或英語。那戲台只不過是象徵的，臨時搭起，服裝更是極簡單的，但必定是有一個幕。到後來，上海中國人所辦的學校，學生演戲，也大為盛行，開甚麼遊藝會、懇親會、畢業會以及許多節日，也常常有此餘興，那是這班青年男女學生最高興的事了。不是我在前數章，也曾述及過在上海城東女學演劇的事嗎？

這時在我國戲劇史上，開闢一個新天地的，那是我們在日本的留學生，看了日本新興所謂新派劇，回到中國，開辦春柳社的事了。可以說：我們中國後來流行的話劇，大都開源於此。日本留學生開始在日演新派劇，發動在一九○七年，這是借一個賑災遊藝會的名義，在東京神田區青年會舉行的。

談起春柳社，使我第一個想起的便是那位李叔同先生，他是春柳社的最先發起人。他世居天津，也曾在上海南洋公學教過書，後來留學東京美術學校。在留日學生發起演日本新派劇的時候，他們所主演的戲，便是《茶花女》。這時候，林琴南和他的友人所譯的法國小仲馬所寫的《茶花女遺事》一書，剛出版未久，正哄動了上海的文學界，幾乎是人手一編，因此我國在日的留學生，便選定此故事，作為劇本。

李叔同美豐姿，長身玉立，跌蕩風流，經同學推定扮演茶花女，他也很高興。可是他那時還留着一抹美式的小鬍子，為了扮演茶花女，竟也剃去了。

茶花女是法國女子，不能穿中國或日本女子的衣服，他特地還製了幾身當時最漂亮的西洋女子裝服。其實這一部《茶花女》，也只演了兩幕而已。那時叔同在戲單上的藝名，便喚作李息霜。可是他就只演了這一次，就沒有演過第二次，而且也更沒有演過別的新劇。（我記得後來他們留日學生又演過《茶花女》，那卻是江小鶼（名新，江建霞的次公子）扮演的茶花女了。）但叔同雖不演戲，卻曾經穿了這幾套漂亮的女西服，拍了許多照片，贈送文友。我曾在我友毛子堅家裏，見過了幾幀，那便是茶花女的扮相了。

李叔同先生，我和他只見過一面，以後便沒有見過了。他也是南社中人，南社中有兩個和尚，一是蘇子穀的曼殊上人，一是李叔同的弘一大師。兩位都是詩人，叔同詩頗綺麗，自入空門，即不復作；曼殊則一動筆即是纏綿悱惻語了。兩位又都是畫家，叔同能作大幅油畫，不多見；曼殊頗多白描小品，散見於友朋處。但兩人都是學佛者，叔同精嚴，曼殊圓融也。傳叔同有一位日本太太，出家後，即與絕緣，這位太太涕泣求見一面，無論如何不見，人有疑其絕情者，但學佛者，首先戒除貪、嗔、癡、愛，而愛字最難戒，非猛勇不可，弘一卻能堅持此毅力呢。關於李叔同軼事，有真有假，有是有非，我只就其演新派劇一事連類及之。

留日學生，在東京所演的新派劇，除《茶花女》外，還有好幾種，他們都是自己編劇，自己導演，共不求助於日人的。日本的伶人們，倒也欣賞中國青年有藝術天才，頗多來參觀的。但這個春柳社到上海來演出，卻是以陸鏡若的力量為多。陸鏡若，原名扶軒，江蘇武進人，鏡若是他登台的藝名。他是商務印書館編輯《辭源》主任陸爾奎的兒子，東京帝國大學文科學生。他的戲劇知識，並不是無師傳授，而是像中國戲劇界時傳統一樣，曾拜了一位日本新派劇的名伶藤澤淺二郎為師，而且也親自登台實習過。

陸鏡若回到上海後，便到時報館來訪我，我本來不認識他，那是我友徐卓呆所介紹的（卓呆原名筑巖，因筆畫太多，自改為卓呆，又筆名曰半梅），徐卓呆也是日本留學生，性好戲劇，與春柳社這班人時相過從。

那時，《時報》上新添了一個附刊，喚作《餘興》（其時尚無副刊這個名稱，《申》《新》兩大報，有一個附張，專載各省大吏的奏摺的），這《餘興》中，甚麼詩詞歌曲、筆記雜錄、遊戲文章、詼諧小品，以及劇話、戲考，都薈萃其中。

這些關於戲劇文字，別報都不刊登，只有《時報》常常登載，徐卓呆卻常在《餘興》中投稿。卓呆和我是同鄉老友，為了要給春柳社揄揚宣傳，所以偕同陸鏡若來看我了。

這個陸鏡若，卻有些怪狀，雖然穿了一身西裝，卻戴了一頂土耳其帽子。那帽子是深紅色的，有一縷黑纓，垂在右邊。上海這個地方，雖然華洋雜處，各國的人都有，除了印度人頭上包有紅布之外，像戴這樣帽子的人很少，所以走進時報館來，大家不免耳而目之，他卻顯得神氣十足，了不為怪。他的年紀不過廿二三歲，到底是世家子弟，又是文科大學生，溫文英俊兼而有之。他和我談到日本對於新劇的發展，不似我們中國的固守舊劇，一片烏煙瘴氣。

春柳社所演的新劇（那時還沒有話劇這個名稱），我差不多都已看過。每一新劇的演出，必邀往觀，不需買票，簡直是看白戲。但享了權利，也要盡義務，至少是寫一個劇評捧捧場，那是必要的，那而且是很有效力的。這些劇目，現在我已記不起來了。只記得他們曾演出過的《黑奴籲天錄》，是陸鏡若的弟弟陸露沙演的黑奴，好極了，他本來去日本學醫的，一向沉默寡言，朋友們給他說句笑話，便要臉紅的，可是化裝演了黑奴，扮演了一個被白人虐待的黑奴，非常成功。

另一部春柳社演出，使我至今不能忘懷的，名曰《不如歸》。那是根據於日本的一部小說而用原名演出的（這部日本小說，很為著名，歐洲人也把它譯了，而林琴南又從歐文譯成中文，在商務印書館出版的）。這是一部悲劇，大意是："一對年輕恩愛的夫婦，結婚以後，其夫出征，其婦患了肺病，但其姑則以此為傳染病，不許其子與婦相見。婦在醫院，渴念其夫，信無由得達，及其夫得信，迅速歸來，急趨醫院，而婦已死了。"那時還沒有男女合演（日本也是如此），這個戲，陸鏡若為男主角，馬絳士為女主角，而馬絳士這個臉兒，不用化妝，天然是一隻肺病面孔。

他們刻畫這個悲哀之處，真是令人垂淚。有一天，我同一位女友往觀，她看到了第二幕時，已經哭得珠淚盈眶了。我說："好了！我們為求娛樂而來，卻惹起悲哀，陪了許多眼淚，不如不看了吧。"但她卻不肯，越是悲哀，越是要看下去，戲劇之感人有如此者。

我與歐陽予倩的認識，也在這個時候。第一次見面，好像也是陸鏡若這一班人，在春柳社介紹的。予倩是湖南瀏陽人，他家和譚嗣同、唐才常那兩家的革命烈士，都有同鄉親戚關係。歐陽予倩的祖先，也是清代做官的。予倩在日本時，進入了成城學校，但是他的志願，並不在此。在東京他也是愛好戲劇的，但是他的祖父很守舊，不許他演劇，以世家子弟而淪為優伶，將為門閥之羞。及至他祖父逝世了，予倩遂得到的解放。

予倩在上海很活躍，而且他的志願也很廣大，他不拘拘於一個所謂劇團，喜歡打遊擊。他極力想改良京劇，於是自己學唱，與唱京劇的人，結為朋友。那時有一位江子誠者（號夢花，上海名律師江一平的父親），也是一位票友，唱旦角出名的，予倩便向他請教，自己也學唱旦角。後來予倩自編京劇，自撰歌詞，並且自己登台，記得他自己寫過一篇《自我演劇以來》的文章的，我現在記不得了。

有一時期，予倩編了許多《紅樓夢》劇，這些都是歌唱的，並不是話劇。所編的有《晴雯補裘》《鴛鴦剪髮》《饅頭庵》《尤三姐》《黛玉焚稿》《寶蟾送酒》等等，我大部分都看過。第一演出的《晴雯補裘》就唱紅了，唱着那"從今後，怡紅院，紅消翠冷……"等詞兒大家都聽得懂。這是在一家"笑舞台"戲院演的，行頭全是新制，佈景也甚華麗，雖是歌劇，也是分幕的。演《紅樓夢》劇，旦角要多，姑娘丫頭一大群，笑舞台的旦角卻特別多（徐卓呆那時也上台，常演丑角的，那時扮一個晴雯的嫂子，真是一個十惡不赦的人）。《寶蟾送酒》這一齣戲，予倩自己扮寶蟾，真演得出神入化。這劇只有三人：夏金桂、薛蝌、寶蟾，卻一動一靜，都是戲情，從無一點冷場，這戲我看了它幾次，很為佩服。

不過有一次，我和他辯論過，為了《潘金蓮》的一齣戲，他從《水滸傳》上翻案，同情於"潘金蓮"。意思是她嫁了像武大這樣一個人，而忽遇到英俊的武松，當然要移情別戀，大有可原之處。我則以為別戀是可以的，但謀殺是不可恕，不管他是丈夫不是丈夫。武松為兄報仇，也是正當的，也不管她是嫂子不是嫂子。但這個戲謬種流傳，後來到處開演了。甚而至於潘金蓮被殺時，露出雪白的胸部，向武松求愛，說願死在他的手裏，那我的頭腦真是冬烘了。

在清末民初這一個時期，戲劇界的變化最多。上海那個地方，不但中國人有許多劇團劇社，外國人也有他們演劇的組織運動。記得那時上海博物院路，有一個喚作蘭心戲院，便是他們英美人所經營的。那個地方，我倒去過數次，戲院雖不大，建築的格式，完全是西方型的，不像中國那些亂七八糟的老式戲院。同時他們有個業餘劇團，簡稱為 A·D·C，他們每年總要演劇三四次，而且都是西洋名劇。當然他們是說外國話的，而我卻不諳西語，被留學西洋的朋友，拉去觀光，他說妙不可言，而我卻覺得莫名其妙。

其次是日本戲劇，在虹口一帶，很有數家。日本人真會想法，把上海那種三上三下的衖堂房子，拆拆裝裝，二層樓變成三層樓，拼拼湊湊，可以容納一二百觀眾。我幾次被徐卓呆拖了去，記得有一家在文路那邊，名曰"東京席"，卓呆說是從東京來的名優，他的名字好像有五六個字，不要說現在不記得，當時也沒有進耳朵。這種小型戲場，實在難於領教，第一，走進去就要脫鞋子，幸我早知道這規矩，不敢穿破襪；第二，盤膝坐在榻榻米上，實在吃不消。劇中沒有音樂，用兩塊竹片，拍拍地敲着，口中好像唱歌，又不像唱歌。我起初也是為了好奇心，跟他去見識見識，可是以後就敬謝不敏了。

那個時候，劇團之多，屈指難數，劇本荒更不必說了。於是亂抓一陣子，抓到籃裏便是菜，我的《迦因小傳》小說，也被他們抓了去，說是王鐘聲、任天知這班人搞的，連我知道也不知道，他們也沒有通知我。帶了這個劇本，到漢口各處出碼頭，徐卓呆和他們都認識，還稱贊他們演得很好。再後來這個新派劇演得更濫了。不要劇本，只求通俗，列一張幕表，配定腳色，演員可以憑自己的意思亂說話，那便是當時稱的文明戲了。（按：在辛亥革命時期，文明兩字，極為流行。即如那時的結婚制度改變了，便稱之"文明結婚"，婦女放小腳，一雙天然腳也稱之為"文明腳"，想來有些可笑，這都出於婦女之口。）到後來每況愈下，這所謂文明戲者，取材於彈詞腳本，甚麼《三笑姻緣》《白蛇傳》《珍珠塔》《玉蜻蜓》等等，都演之不已，於是開店娘娘、隔壁姐姐，座為之滿，而生涯亦復大盛。

這個新劇，因為沒有音樂歌舞，後來便改稱之為話劇。那自然和文明戲截然不同，自有電影以來，幾乎便同化於電影劇了。那個時候，南方對於新劇，正大為流行，而北方戲劇界則大為反對。北方以京劇為正宗，即崑劇也已退治，你這個沒有音樂，沒有歌舞，沒有化裝，沒有藝術，隨便甚麼人跳上台去，胡說白道，這算是甚麼東西。記得在辛亥前一年吧，我友黃遠庸從北京到上海來，他要觀賞上海近來盛極一時的新劇，我們陪他去看了一回，他大不滿意，便在《時報》上寫了一個劇評，痛罵一場。過了一天，這個新劇裏，為了報復他，添了一場，一個名記者，喚作王大頭（黃遠庸在北京有大頭的渾名），是個小官僚、小政客，如何如何，據說這出於演員鄭正秋所為。

自從有了學校演劇、素人演劇（這是日本名詞，在中國則稱為是客串，是玩票），上海人一窩風，我有許多朋友，也都喜歡上台一試身手。最慘者，楊千里的弟弟楊君謀，在學校演劇中，演一名劇名曰《血手印》。先和他的同學約定，藏一袋於胸口，滿貯紅水，一刀刺入，似血染胸臆，以像其真。孰知其同學一刀誤刺入心臟，君謀即以此殞命。開弔的那天，有人送一祭幛，曰"嗚呼於戲"。（因《論語》上嗚呼兩字，均寫作"於戲"。）陸鏡若亦早故世，我挽以一聯云：

> 似此英年，遽爾銷沉誰之罪；
> 竟成悲劇，空教惆悵不如歸。

因為《誰之罪》《不如歸》兩劇，均為春柳社最著名的兩劇也。我已忘卻，陸丹林兄，乃以錄示。還有那位劉半農博士，少年跳蕩，在十六七歲，對於新劇，亦見獵心喜，在某一新劇中，扮一頑童，徐半梅為之化妝，軼事甚多，茲不贅述。

《時報》懷舊記（上）

我從十七歲踏出了學堂門，為了生計問題，奔走衣食，所就的職業種類，可也不算少。但是都沒有悠久性，少或一年，多至三年，又顧而之他。只有在上海的《時報》，為期可算最長。自清光緒三十二年（一九○六）至民國八年（一九一九），服務至十四年之久，要算是最長的了。而且即使與《時報》脫離以後斷斷續續，一直與新聞界為緣。從前有人說：新聞界也是一隻大染缸，在這個染缸裏一浸，便很不容易脫色。這也未必然吧？我有許多新聞界的老朋友，早已跳出這個圈子了。不過我還是執著，對於這十餘年來的《時報》，至今還寤寐不忘。

從前上海的報館，哪有現代報館的設備完全，規模宏大。即以《時報》的編輯部而言，最初只有一位總編輯（以前稱總主筆），是羅孝高君。羅君脫離後，實在沒有甚麼總編輯名義，編輯部就是三個人主持，一編要聞，一編地方新聞，一編本地新聞。自我進《時報》以後，陳景韓編要聞，我編地方新聞，雷繼興編本地新聞（那個時候副刊也還沒有咧，但狄楚青有些詩話、筆記之類，則附錄在新聞之後），此外卻有一位翻譯，兩位校對，論說是請館外寫的，三位編輯員每人每日寫一時評，只此而已，但報紙卻每日要出三大張，好像並沒有甚麼緊張。

而且時報館還附屬了一個帶有俱樂部性質的息樓。幾位編輯先生在工作的餘暇，常常溜到息樓去，與來賓談天說地。後來息樓裏索性流行了叉麻雀、打撲克，楚青也一持放任主義。可是報紙也照常編得齊齊整整，並沒有甚麼歪曲、錯誤，有時也頗多精彩之點。並且我們這位陳冷血先生，脾氣古怪而突兀。有一天，無緣無故，忽然失蹤了。他的第一夫人，早已故世，尚未續娶，子然一身，住在報館裏，那天報館裏找不到他，到雷家去問，也不知其蹤跡（雷繼興太太，是景韓的姐姐），眾皆錯愕，幸而楚青接到郵局寄來一封信，說是告假出遊幾天，也不說去了哪裏，大家知道他的性情，也暫安心。後來接到他一封信，卻從東三省寄來的，他一人遨遊於白山黑水之間去了。

我在時報館，自己分為前後兩期，以辛亥革命為分界，辛亥前為前期，辛亥後為後期。

前期很熱鬧，後期漸冷落，第一那個中心人物陳景韓去了《申報》，此外編輯部中人也變動了，息樓裏的朋友們，做官的做官了，遠遊的遠遊了。編輯部中變動最多者莫如本埠新聞版，我初進去時，兩三年後，一直雷繼興，自雷繼興去後（辛亥革命前夕，他已進入政界了），林康侯繼之（林原為上海南洋公學附屬小學校長）；既而林又去了，繼之者為沈叔逵（沈又號心工，繼林康侯南洋附小缺，即是最初編《學校唱歌集》的）；沈叔逵去了，龔子英繼之（龔為蘇州人，久居上海，為金業學校校長）；龔子英去了，瞿紹伊繼之（瞿亦上海人），以後又經數人，最後乃為戈公振。（戈初入《時報》為校對。）

所以我雖不是《時報》的創辦人，服務於《時報》的時期，要算最長，其次乃是陳景韓。不過景韓雖然脫離了《時報》，到了《申報》去，好像以顧問資格，常來《時報》。直到黃伯惠接辦了《時報》以後，還與《時報》有淵源，不似我後來出了《時報》，便灑然以去了。

當我在山東青州府中學堂的時候，景韓便寄了一張照片給我，照片上兩個人，一穿西裝，一着中服，說明是羅孝高與陳景韓，因為兩人我都未見面，他要我猜誰是羅，誰是陳。我知羅為廣東人，乃猜穿西裝者為羅，作書詢之，彼亦未答。及至見面，方知是猜差了，穿西裝者卻是景韓。其時上海穿西裝還很少，大家拖一條辮子，但景韓剪辮甚早，全時報館也只有他一人剪辮子，穿了西裝呢。

在編輯部（從前叫主筆房），我與景韓同一室，每人同樣一張寫字台。台上亂七八糟堆得滿滿的，都是各方通信、投稿、報紙（有些與外埠交換的），雜件等等，有尺許高，從不清理。館中僕役也不敢來清理（狄楚青另外一個房，名曰總理室，他的桌子上，堆得比我們的還要高，有許多書畫、碑帖、古董之類，通常房門鎖起來，要等他來了才開門）。我們房裏的兩書桌，一旦要清理了，我覺得這也不好丟棄，那也應暫保留，遲遲疑疑的。景韓的桌子呢？他看也不看，把桌子上東西，雙手捧起來，向大字紙簍裏一丟。我說：“這一件應當留着吧？”他說：“不要！不要！留此徒亂人意。”這可見我們兩人性情之不同。

初見陳景韓時，有兩印象，一為腳踏車，一為煙斗。我常笑他：他屬於動靜二物，動則腳踏車，靜則煙斗。他不坐人力車，腳踏車又快、又便、又省錢，隨心所欲，往來如飛，文學家稱之為自由車。提起腳踏車，我又見獵心喜了，頗思學習。他說：“好！我來教你。”於是租了一輛車，選一新開闢的馬路，行人較少，每天下午去學習。到了第三天，剛剛能夠不要人扶持，一跤跌在路旁一小溝，滿身泥污，眼鏡幾乎跌碎，從此就不學習。但景韓說：“要學習，跌幾跤，算甚麼事。”再說到煙斗，當他口銜煙斗，腳踏在書桌上，作靜默構思狀，我說你是從福爾摩斯那裏學來的嗎？他也不理我。他所吸煙絲不知何名，我吸之甚不耐此味。我雖吸過國粹的旱煙、水煙，但其時香煙尚未上口咧。

某一年，景韓自北京回上海，攜來一頭狼狗，據說原來軍用狗，是北京軍界中的一位姓錢的送給他的。這狗狀甚兇猛，性卻馴善。好像有一個名字，而其名不彰，時報館裏的人，都叫它“冷血的狗”。在編輯室中，它老是伏臥在我們書桌的中間，它頗靈敏，知主人意旨，听主人命令，此原是狗的本性，而人的愛狗亦在此點。我不喜狗，但也不厭狗，淡然處之而已。起初，它隨着主人出入，跟着腳踏車，亦步亦趨。後來，它可以獨往獨來。有一天，我從館裏出來，正思回家，忽有一巨物，直撲我身，兩腳搭上我的肩頭，嚇了我一大跳，卻正是“冷血的狗”。我想：

在主筆房裏，和它不瞅不睬，何以忽然和我親熱起來？或以為路上忽遇老朋友，也得招呼一下，不能反面若不相識嗎？這條狗，在景韓續弦娶第二夫人時，便送給人家了。

景韓的趣事甚多。有一天，好像康侯與繼興，在息樓中，為了一塊錢，你推我讓，一個要給他，一個說不要，恰巧景韓走來，說："你們都不要嗎？那就丟了吧。"他就拈起這塊錢，向窗外馬路上一丟。累得那個息樓茶房，向馬路拾取，早已沒有了。景韓道："沒有最好，省得再推來推去。"又有一次，滬杭鐵路，招待我們到海寧觀潮，到江岸邊，要跑一段路。早晨天涼，景韓穿了件夾大衣，跑路時不覺熱了，脫去大衣攜在手中，甚覺累贅。同行一友笑說道："既然累贅，棄之可也。"路旁正坐着一個老乞丐，景韓便把這夾大衣丟了給他。這個乞丐方錯愕間，景韓說："給你！給你！"揚長而去。

更有一事與人不同者，凡屬親友的婚喪喜慶，他概不送禮。如果是弔喪、慶壽，絕對不來，結婚或者來看看，亦不道賀。但他娶第二位夫人時，居然宴客，客凡十七人，我亦其一也。吃的是西餐，座無女賓，新娘亦未臨席（他的第二夫人王氏，忘其名，上海人，中西女學畢業生）。人每目景韓為怪人，當時的所謂怪人者，便是不諧世俗，好自立異，或者出於禮法之外。但景韓實一志識高尚的人，凡所作為，亦未有損於人。結婚以後，我覺得他起居有節，也便隨俗得多了。

我與景韓相處的時間多，不覺拉雜談了不少。我再談到雷繼興，也實在是個可佩而可惜的人。他是日本早稻田高材畢業生，研究政治法律的，可是他有肺病，不過二十多歲的人，那病已經很深了。他的夫人，便是景韓的令姐，因為景韓的父親，卻是繼興老師，幼年時即賞識他的聰明，便以女兒配給了他。狄楚青開時報館，把陳、雷兩人拉了來，那正在清代末紀，立憲啊，革命啊，鬧個不清，像雷繼興這樣精通政法的學者，真是在當時不可多得的人材。

繼興是進過學的，寫文章通暢透切，口才也好，可說得是辯才無礙。

那個時候，上海到處開會，到處演說，那演說不是容易的事呀，有許多人想好了一篇演詞，起好了腹稿，及至走上台時，全都忘卻，兩眼白瞪。也有的人言不由衷，語無倫次，像說書先生一般的"口銃""漏洞"，接連發生。當時上海演說最好的首推馬相伯，第二名就是雷繼興了。但据內行人說：馬相伯雖然演說得好，不無有些矜才使氣；而雷繼興卻舉止從容，穩健有力。有听他初發言時聲音甚低，慢慢地高起來，及至說到最緊要時，不期而然全座掌聲雷動了。

辛亥革命前夕，他是江蘇各巨公如張謇、趙鳳昌等的高等顧問，即是世所謂智囊者，那時早脫離了《時報》了。旋又至北京，雖不曾做官，不似許多同學的都成為新貴，聞其潛勢力頗大。我當時自知能力薄弱，不求上進，不在這圈子以內，所以也不大知其詳。

後据友人傳達，在開國之初，袁氏未謀帝制之前，有許多法律規章，均為雷奮所起草的，不知此語能否證實呢。

此外，如林康侯、龔子英、沈叔逵諸君，雖他們早離開了時報館，我和他們仍相交往。尤其是康侯，他入了銀行界以後，我常與他在銀錢上有小小的往來。後來我們又組織了個同庚會（因為我與他同為光緒丙子年生的，有穆藕初等共二十人），每月聚餐一次，所以他如在上海時，每月必見一面，關於康侯的事，以後當再提及。

入《時報》以後，那時卻另有一班朋友，這卻是因狄楚青而認識的，實在是與《時報》無關。就在那個時候，楚青在靜安寺路東口（今稱南京西路）跑馬廳對面，設立了民影照相館（樓下為民報館），樓上沿馬路一間，本為招待賓客，研究影印書畫所需，後來竟成了一個俱樂部。許多朋友，常來此遊玩，而有兩位朋友，也便住在那裏。這兩位朋友，一為濮伯欣（號一乘），一為陳彥通（陳三立的第七公子），這都是楚青小一輩的朋友。

其他楚青的朋友，有熊秉三（希齡）、葉譽虎（恭綽）諸位，譽虎是難得來，而秉三卻常常來此。那個時候，陳彥通最是活躍，以世家子風流文采，又好冶遊，北里中名花群集，只有熊秉三規行矩步，謹守閫令。他也是《獅吼記》中陳季常的流亞，那時他的朱夫人尚未逝世，至於毛彥文女士卻尚在雛年。

因《小說時報》徵求照片而獵豔（曾見前章），又以陳七公子的浪漫作風，民影照相館鶯鶯燕燕，遂成為珠香玉笑之場，我的和花界姊妹為緣，亦由此開端。杜牧之所謂"十年一覺揚州夢，贏得青樓薄倖名"，非無故也。張四先生（謇）板起面孔向人說道："時報館冷血好賭，天笑好嫖，哪裏辦得好？"（據史量才傳說。）我不足惜，冷血不過叉叉小麻雀耳，乃竟以好賭加之。又聞陳伯嚴（三立）向人抱怨楚青，說把他的兒子老七引壞了。回念前塵，殊可懺悔。

《時報》懷舊記（下）

我於前章，曾分《時報》為兩時期（黃伯惠接辦後，乃另一組織，不算在內），辛亥以前為前期，辛亥以後為後期，確有此種境界。

原來江蘇諸元老，合謀接收席子佩申報館，聘請陳景韓，事前把狄楚青瞞住，他一點也沒有知道，並且連我也一點沒有知道。因為倘被楚青知道，他決不肯放景韓走的。及至他知道時，事已大定了，楚青的憤恨可以想見。因為景韓是楚青言聽計從的人，凡事都與他商量。以前如雷繼興走了，林康侯走了，他並不十分置念，況且他們也並非跳槽，現在景韓走了，似挖去他心頭之肉，他真的要和史量才拼命了。可是上有江蘇元老派（如張謇、趙鳳昌等）的壓力，下有息樓裏一班朋友（如沈信卿、黃任之等）的幫腔，玉成其事，而且他們是有政治力、經濟力，楚青卻是孤掌，難與為敵。

還有，狄楚青雖是江蘇人（他是溧陽縣人，屬於鎮江府），卻與上海的一班松江人、蘇州人、常州人，不大融洽的。即以息樓的一班朋友而言，都是上海本地人和松江府屬人為多，都不是他原來的朋友。他的一班舊友、老友，從來不到息樓中來，息樓雖是附屬於時報館的，他卻也難得來。這是一弱點。其次，辛亥革命成功，《時報》雖已脫離了康、梁的關係，這個保皇黨的餘臭仍在，不能在這個時候吃香，這又是一個大弱點。而《申報》以舊日威權，新興勢力，一切要改革上海新聞界頹風，重整旗鼓，氣象萬千，哪得不大家都來傾向呢？

於是黃任之、林康侯等向楚青來勸慰，說這是元老們所主張，要辦好《申報》，非請冷血出為總主筆不為功，但《申報》的編輯事，仍由張蘊和總其成。景韓可以算不曾脫離《時報》，仍舊時常到《時報》看看，你有甚麼事，可仍與他商量。你還有天笑咧，景韓所擔任的一切，如專電、要聞各欄，可由天笑任之。楚青還有甚麼話可說。於是我就頂了景韓這個缺了。

我的薪水，每月八十元，自初進時報館以來，一直沒有加過。景韓的薪水，為了他續弦以後有家用，加到了月支一百五十元（到《申報》後，月薪三百元，董事會議定，五年為期）。不過我的八十元，在初進《時報》時，約定要寫論說、小說，後來論說不寫，小說另計，學編外埠新聞，寫一短評，實在輕鬆。而我又東搭西搭，向別處寫小說、編雜誌，可兩倍於《時報》薪水。現在楚青亦每月送我一百五十元，如景韓例。

這一回兒，楚青很不高興，那也無怪其然，好似戰爭方酣，邊失一員大將。向來每到下午三四點鐘，一定到報館，第一件事是看信。報館裏茶房守候他來了，一大疊信件、一把剪刀，他就分別是編輯部的，是發行部的，是他自己的，是編輯部同人的，除了私人標有姓名的信件不拆外，其他拆開看過，分送各部，這是他的每天工作。但是這一回兒常常不來，打一個電話，囑我代為看信，不是說身體不舒服，便是說有正書局印刷所事忙。那些本來也是無關緊要的信，我便做了官場中的"代拆代行"了。

談起有正書局，楚青倒是以全力經營的。它的發行所，就在望平街時報館的旁邊；印刷所卻又在他的海寧路的住宅旁邊。說起他的工作來，實在花於有正書局精神、時間，還比《時報》多。就是那個用珂羅版精印各種古今名畫，也是由他創始的。他僱用了日本兩個技師，訂了兩年合同，專管印刷古畫的事，又令他的廠中藝徒加以學習，所以不到日本技師兩年合同期滿，他們都已學會了。到了後來，《時報》困窮，入不敷出，而有正書局卻歲有盈餘，於是挖肉補瘡，以其盈餘，補其不足，《時報》得以支持數年下去，也很靠有正書局為之扶助呢。

我自從頂了景韓的缺後，覺得他的編輯要聞，發發專電，事甚輕鬆，以他的果斷明決，大有舉重若輕之概。及至接手以後，方覺得未可輕量。我們蘇州人有兩句俗語道：“看人挑擔不吃力，自上肩頭嘴也歪。”也正是新流行的一句話，叫作“不簡單”了。那時黃遠生還沒有脫離《時報》，他的北京通訊稿，是游夏不能贊一詞的，讀了一遍，看它沒有甚麼筆誤，便即發下排字房了，就是這個專電，那真有點麻煩呢。

那時北京政府算是優待新聞界，所謂新聞電者，特別便宜，每字只收三分，可以記賬（其他普通電，每字一角，三等電倍之，至於一二等電，便是官電，只許官家打了）。因此電報局便把新聞電儘量壓後，甚而至於到午夜二三點鐘，方始發出。報館裏呢？為了省電費，字數又儘量減少簡約。譬如關於一個人的姓名，單寫一個姓容易纏誤，於是就分出甚麼老徐（徐世昌）、小徐（徐樹錚），老段（段祺瑞）、小段（段芝貴）等等。

但是那些新聞電，還常有錯誤，有些照了它上下文，可以看得出，有些卻錯誤得看不出，而且還是緊要的字，這卻很費腦筋了。這個叫作“詳電報”，似詳夢一般去詳，有時鬧得困窘非常。越是重要的電報，越是來得遲，午夜兩三點鐘還沒有電報來，真是急死了人。那時各報都有了專電了，到了明天，人家都有這重要的專電，而我們報上沒有，豈不是相形見絀。最可笑的是“造專電”，怎樣是“造專電”呢？報紙全版排好了，空着一個地位，只等專電，真似《三國演義》上說的，萬事齊備，只欠東風，而專電老是不來。於是有幾位編輯先生，便造出專電來。我們同業中的邵力子先生，最是能手，因為他們的《民國日報》最窮，專電常常脫稿，他造出來的假專電，和人家的真專電竟無甚參差，可稱絕技。

其次便是看大樣。所謂看大樣者，就是報紙全部排好，最後復看一次之謂。當我在編輯外埠新聞時，真是省力極了，我大概在下午四五點鐘到報館，編那些外埠新聞，修正一下，連寫一則短評，不過一小時；此外我再編一個副刊“餘興”，總共也不過兩小時，便可以沒事回家了。

但是我不回家，因為這時候，正是報館裏大家上班，而息樓又是賓客雲集，所以要到吃了夜飯，方才回去。現在為了要看大樣，一直要等到專電來後，全部一齊排好，機器開印（排字工友的術語，叫作"上架子"。排字工友起的名詞，如空了一個方塊叫"開天窗"，對於那些花邊新聞，叫"坐花樓"，排好而不用拆去的名之曰"充公"，均有趣味），方可回去。那時天已作魚肚白色，趕菜市場的賣菜傭，推着碧綠菜蔬的小車，已出來了。不過景韓當時是住在報館裏的，他比較是要便利得多呢。

其時我還兼了編輯外埠新聞，我請楚青添人，也請了幾位。記得有一位秦先生（名忘卻），來了數月，另有他事就去了。

留美回國的楊心一，本來請他是翻譯西文的，也幫忙了一陣，後來被中華書局請去了。濮伯欣也搞了一回，但他不是新聞記者的材料（楚青請他編《佛學時報》的），這都是玩票性質。及至畢倚虹進了時報館，那覺得志同道合，才是我一個好幫手。

我與倚虹怎樣認識的呢？說來也甚微妙。當我在編輯《婦女時報》的時候，有一位楊女士常來投稿，都屬於詩詞之類，甚麼綰春詞、餞秋詞，我知道這都是她的床頭捉刀人所作，一看筆跡便知道，無庸推敲其意義了。那時《婦女時報》上婦女著作，非出於閨閣之手甚多，一律為之登載，不然，這個《婦女時報》要曳白了。

不久，倚虹到報館裏來見訪了，我們談得甚好，頗有相見恨晚之雅。又因為談到他隨我師陳少甫先生到新加坡當領事，他充隨員的事，更覺有些融洽。他那時正從中國公學法政班畢業出來，和我住得很近（我那時已住在愛而近路了），時相過從。這時《時報》正要添人，我就介紹於楚青，楚青也就答應了。倚虹進館後，就由他編外埠新聞，後來我們商量組織《小時報》，由他主任，而我也便幫助了他。

當倚虹未來時，我在報館裏，每晚八九點鐘至十二點鐘這一段時間，最為無聊。因為所有新聞稿以及論文等都已發齊了，專電卻還沒有來。從前息樓那班朋友，時常來此聚首，有時出去吃個小館子，有時在息樓裏打起小麻雀。現在好似人去樓空，我一人覺得很是孤寂，除非是出去訪問友朋，否則是對着電燈枯坐而已。自倚虹來後，兩人便不覺得寂寞，講故事，說笑話，那時他家眷不在上海，他們那個大家庭，卻在杭州，因此他常常和我同去吃夜飯，也每至深夜，然後回去。

望平街那一帶，周圍都是飲食店。京館有悅賓樓，我們吃得最多，因為他可以打一口京片子，夥計們似乎更客氣，喚他畢大爺。我們常吃的甚麼糟溜魚片、清炒蝦仁等等，大概是兩菜一湯，不喝酒，价不過兩元而已。番菜館那邊更多了，有一家春、嶺南春等等，這時上海的番菜，每客一元，有四五道菜，牛扒、燒雞、火腿蛋，應有盡有，有一道菜，名曰紅酒青果煨水鴨，我們常吃，說是大有詩意。上海的番菜館有兩派，一派是廣東派，一派是寧波派，我們所吃的都是廣東派，所以豬腳必稱"豬手"，牛舌必名"牛脷"，我們討論過，這脷字不見經傳也。廣東菜則杏花樓近在咫尺，但我們不去請教它，專趨廣東小館子，甚麼洋蔥炒牛肉、蝦仁炒蛋、臘腸蒸一蒸，開价也還不到兩元，真是便宜。

我們有時也到飯店衖堂（這衖堂一帶盡是飯店，因此得名），那吃客太擠了，常沒有空位子，它的菜名都只有兩個字，甚麼湯卷、禿肺（都是魚雜）、圈子（豬腸）、白切（豬肉）、煎糟（魚類）等等，那都是本地菜，外埠人來此，真莫名其妙。

最可笑的，有一次，我們談到福州路一帶的番菜館，不是廣東式的，便是寧波式的。但他們的招牌上，都是寫着"英法大菜"。真正外國大菜，究竟好到怎麼樣，我們要去嘗試一回。我說："外國人吃飯，有許多臭規矩，不像中國人的隨便。"倚虹說："不去管他，鬧笑話就鬧笑話。"於是我們闖進去了，在近黃浦灘一家西餐館，是有一個外國名字的，不記得了。這個大菜館，十塊錢一客，在當時上海要算最貴的了。中國人請外國人吃飯，有時也便在此，西崽都是中國人，至於餐味，我們莫名甚妙。有一碟是兩小塊紅燒肉，配以兩個很小巧的馬鈴薯，這在我們家庭中，不值五分錢耳。

又有一次，四馬路胡家宅方面，開了一家日本西菜館，每客大菜只需要五角錢，甚麼咖啡、水果，應有盡有，我們也要去試試。的確是日本人開的，是大概夫婦兩人吧。男的還穿了西裝，女的卻是和服。房子是借着人家樓下一間，這個大菜，實在難於下嚥。咖啡、水果，的確應有盡有，咖啡在一個大壺中，倒一杯就是；水果有幾粒櫻桃，一隻香蕉。畢倚虹大發詩興道："爛了香蕉，黃了櫻桃。"（乃仿前詞人"綠了芭蕉，紅了櫻桃"句也。）

關於畢倚虹的事，我將隨時想到、寫到，我再談談戈公振。公振是夏蔚如先生（名仁虎，別號枝巢）介紹給狄楚青的。初來《時報》時，是個校對，後來便升為編輯本埠新聞。公振處事也頗為勤敏，但人緣極不好。本來我們校對有三人，不須添人，重以夏蔚老的面情，加添了一人。其時我有位親戚王君，也在校對部，他告訴我："戈公振到了校對部，神氣活現，好像他是個主任，指揮同事，像煞有介事，大家都不服他。"我說："少年氣盛，也沒有做過報館的事，將來自會改變氣質的。"可是他後來不但對於校對方面，對於報館營業方面，也去偵察他們，掇拾細故，便去告訴楚青。

從來做老闆的人，都喜歡聽聽夥計們的閒言閒語，以顯示他的察察為明。好比一個國家的元首，不論皇帝也罷，總統也罷，總喜歡聽聽左右的論調。楚青是老闆階級的人，有時對於公振的話，也頗聽得進，有些也是事實。於是營業部中人便恨極了，題他一個綽號叫作"小耳朵"，這是上海俗語，說他就是老闆一個耳報神。楚青呢？對於公振說他很細心，很勤懇，表示頗賞識他。

那時本埠新聞正空了個缺，公振好似清代的即用知縣，遇缺即補了。調他編本埠新聞，的確是很細心，很勤懇，每天寫一則關於本埠新聞的時評（這個"時評"兩字，景韓所題，說是有雙關之意，一是時事評論，一是《時報》評論），也還不差。不過他究竟不是久居上海的人，有些地方，未免隔膜一些。只是他下筆甚遲，雷繼興那個時候，不到半小時就完事了，他卻四五點鐘來，要到深夜才回去，要摸索這許多時候呢。

當時他有一位未婚夫人，不知是不是他的同鄉（他是江蘇東台人），好像是姓翟，常常到報館裏來的。那時上海的那些報館，不僅沒有女記者，女人也從沒到報館裏來的。但時報館初無禁忌，我與倚虹，也都有女友來訪過。公振這位翟小姐，後來每夜必來。我到了每夜九十點鐘，無事可為，往往出去遊玩，到十二點鐘，回來發專電，看大樣，而這位翟小姐，卻常見她坐在案頭，陪伴公振，畢倚虹說她：真是要枕“戈”待旦了。

又過了兩年多吧，那時他已離開了《時報》，推薦了一位同鄉夏奇峯到《時報》來代他的職了。據夏奇峯告訴我：那位翟小姐，已與公振解約了（沒有結婚，故不能稱為離婚）。我當時還不相信，以為他們兩相愛好，何遽判袂。夏奇峯說：“在公振還戀戀不捨，翟小姐卻毅然決然，他們在律師事務所簽好字出來，翟小姐向公振說了一聲‘再會’，便似驚鴻一瞥地高飛遠去了。”我那時正在某雜誌寫短篇小說，苦無題材，便影射此事，寫了一個短篇，題目即為《再會》。公振見之，當不愉快，我亦自悔孟浪也。

公振後遂出國，曾在國聯任事，回國以後，《時報》已易主，其時我亦不在上海，故未與謀面。他的志願，頗思進入申報館，爾時申報館正人材濟濟也。但史量才對之淡然，又有人謂其器小不大方，那正是公振的人緣不佳。不得已請其編《圖畫周刊》，因他在歐洲時，常以外國報上的圖畫，剪寄《申報》也。但這個職位，不是他的志願，鬱鬱寡歡，遂以病卒（據說是盲腸炎和腹膜炎），始終未獲一愛人，友朋為理其喪，葬於靜安寺路一公墓。最慘的日寇侵華，到了上海，靜安寺路公墓被掘，有數屍暴露於外，有人往視之，其一卻是公振。乃重為掩埋，我不知造物主把他的運命如何安排，正是魯迅詩所謂“運交華蓋欲何求”了。幸而他有一部《中國報學史》傳世，聊足有慰於地下。

回憶狄楚青

我的入於新聞界，是仗着狄楚青、陳景韓兩人之力，前章已說過的了。楚青是一位世家子，一位才人，一位名士，逝世以後，至今常為人稱道。不過毀譽參半，在今時世，雖賢者亦所難免。我在時報館時，和他朝夕相見，今就記憶所及，略述所知：

楚青名葆賢，是前清一位舉人，兄弟二人，其弟號南士。在戊戌政變以前，他在北京，與許多名流相結納。康有為公車上書，他名列其間。那個時候，康、梁名重一時，拜康為師者甚眾，他也算是康門弟子，其實是泛泛的，不過他與梁啟超等，則甚為莫逆。又以他自己的才華，與夫家世門第，交遊甚廣，均為當世名流，而大家也都樂與之遊。唐才常武漢之役，他也預與其事，唐失敗被戕，他遁走日本，改名換姓（改姓高），又在日本結識了許多朋友。後來事漸寢息，他便回到上海，籌備開設這個時報館了。

我先談談楚青的家庭，他的夫人姓陳，出於杭州世族人家，也頗賢惠，卻一連生了六個女兒。楚青常說：“古人有言：盜不偷五女之家。我有六女，可以無憂了。”（那個時候，常來時報息樓，如開務本女塾的吳懷疚，開城東女學的楊白民，都有五六位女兒，我笑他們：“昔人打油詩中句云：‘專替人家造老婆’，可以移贈呢。”）但楚青有一位如夫人，卻生了一個兒子，這個兒子，楚青又不喜歡他，說他愚笨。其實這位世兄，人頗規矩，只是太拘謹老實一點，報館裏從未來過，我家裏卻來過兩次，其時年在二十左右呢。

但是楚青很愛他的小姨陳女士，陳女士聰慧有文才，且貌亦佳麗，於是遂蹈"先弄大姨，後弄小姨"的故事。此在古名人亦常有其事，亦有姊妹同嫁一人者，古之英皇，先有其例，無足異也。但他初則瞞着夫人，以陳女士尚在某女學讀書，後來就別置金屋了。密葉藏鶯，終究為夫人所偵知，大為不悅，可是木已成舟，況且為自己妹妹，也只好聽之而已。我想這個時期，是楚青最高興、最得意時候，辦《小說時報》《婦女時報》，開民影照相館，映上海各名妓照片，也正在此時呢。

既而楚青與陳女士誕生一子，舉家歡慶，大有天賜麟兒之感。而這個孩子玉雪可愛，聰慧出眾，他父母的鍾愛，那是不必說了。誰知"福兮禍所倚"，卻發生了一場大慘事。在這位兒童扶牀學步還未到三歲的時候，他們僱用了一個稚婢，專門是看護扶持他的。那一天，不知為了燒甚麼飲料之類，他們利用火酒爐，整大瓶的火酒，安放在一閒空樓牆角邊。那個稚婢，抱着這位小少爺，到樓上去裝火酒，不知如何，一個火星流落在火酒裏，火酒瓶打翻，滿地盡是火，這一位愛兒與稚婢逃避不及，兩人同罹於難。

這場禍事，無論何人遇此，都要感到悲慘，不用說楚青與陳女士了。那時候，楚青便如癡如醉有好幾個月；又病了一場，報館裏也難得來，來了也茫茫然莫知所措。有時，他託他的令弟南士來，那總是在深夜。因為距離時報館不遠，在福州路（俗稱四馬路）有一家華商總會，時上海最老的一個總會（那時上海還沒有俱樂部這個名稱，俱樂部是日本傳來的名詞），這個總會領有工務局照會，可以打牌，可以吸鴉片，還可以叫局（即召妓侑酒）。別的總會，雖可以打牌、吸煙，但不可以叫局的。這個總會，入會的都是上海紳商名流、高等人物（外國人稱之為有體面商人），南士每夜必到此，因為他有阿芙蓉癖，既可打牌，又可抽煙，半夜到時報館裏看看，亦殊便利呢。那時還有個笑話，有一位朋友向我說："今天在早晨九點鐘，看見南士在南京路上徘徊，他向來上午不起身，大概有甚麼特別事情吧。"我亦引以為異，既而思之，恐怕是他在總會出來，還沒有回家睡眠吧。詢之果然。

且說楚青以愛子夭亡，中心慘怛，任何人遇到了這種事變，不能不悲戚。幸而他是學佛的人，對於佛學的研究，也可以自解悲懷。談佛學者必曰“了生死”，人生壽命，有如弱草棲塵。凡情感中的悲哀，也和歡樂一般，隨時間而趨淡。不過楚青每喜談鬼神因果的事，這在他前所著的《平等閣筆記》中，也寫過不少了，都說是從佛學中研究得來。他常常和我談及其子的夭逝而火化，是投胎轉劫云云。又說：“他的母親，常常夢見其子，與之談禪理，頗多澈悟，勸母勿悲，他日同上靈山。”三歲小兒，儼如禪師，但楚青娓娓言之，我雖不相信，然亦不加反對，我想他能以此自慰，當可稍釋他的悲念。這時候，他與陳女士的關係，也不瞞人了，他常稱道陳女士對於佛學的深邃覺悟，比他精進，我從未見過陳女士，則亦頷之而已。

凡皈依佛教的人，在其本名之外，必另起一名，他們稱之為法名，此所謂法，則是佛法而非世法。那好像現在讀外國書，說外國話，常與外國人交際的無男無女，也必須有一個外國名字。這個法名，大都由他所信仰的師尊所賜，亦或為虛空的神佛所賜。楚青於當時所著名的高僧禪師，往來接觸的不少，我都無所知，記得有一位名字喚作諦閒的，他常常道及。楚青的法名，不知為何，陳女士的法名，則我知其為“觀定”兩字。佛教有許多宗教，甚麼大乘、小乘等等，楚青所修的云是淨土宗，吃素念佛，是其不二法門，我不是佛教徒，所說的大都是門外語了吧。

數年以後，陳女士也逝世了，佛教中則稱之為“圓寂”，也沒有世俗中所有舉殯開喪的儀制。我見楚青寫了長長一篇的悼文，恭楷精印，中述禪理，語多解脫，似亦有陳女士的小影。最特異的文中稱陳女士為定師。夫婦之間，原為敵體，但古人亦有以婦稱夫為夫子者，如《孟子》上的“必敬必戒，無違夫子”的古訓。至於近代在女學校裏教書的先生們，教教書教出了愛情來了，我所知道的如徐卓呆、葉楚傖、魯迅諸君，其夫人尊敬其夫，亦仍以師禮尊之而呼之為師者。至於呼妻為師，那真是狄平子的創作，而是"前不見古人，後不見來者"的了。

自陳女士逝世後，楚青意態更為消沉，脾氣也不大好，家庭之間，亦不甚融和。因為他自己吃素，而強迫全家亦吃素；因為他自己念佛，而亦令全家都念佛。譬如說：他的女公子輩都在青年，都在女學校讀書，而欲令之長齋禮佛，未免太不近情理了。談起吃素念佛，一般新人物斥之為迷信，但我倒並不十分反對。在我小時節，我的祖母、我的母親，她們都是吃素念佛的。每一個月裏，至少有十幾天吃素的日子，吃素是有戒殺的意思，戒殺即是仁心，所謂"聞其聲不忍食其肉"，儒家亦有此語。念佛是一心皈依，收攝妄想。我祖母和母親，她們也無所謂淨土宗、甚麼宗，只知道吃素念佛，是信善奉行，沒有叫我們兒女輩定要遵從呢。

狄氏的創設《時報》，在上海新聞界不為無功，那正是《申》《新》兩報暮氣已深的當兒，無論如何，不肯有一些改革。他們以為改革以後，讀者將不歡迎，而且對於廣告有窒礙。這兩個老爺報，都執持一見，他們原以廣告為養生之源也。但人心總是喜新而厭故，《時報》出版，突然似放一異彩，雖然銷數還遠不及《申》《新》兩報，卻大有"新生之犢不畏虎"的意氣。他注意於文藝界、教育界，當時的知識階級，便非看《時報》不可了。初出版的幾個月，第一版所謂封面廣告，全是各書局的出版書目。商務印書館的廣告，訂有合同，以月計，其時正發行教科書，廣出雜誌。後來商務又規定每日出書兩種，而訂定必登在《時報》"報頭"之傍，他報不登也。各學校招考學生，每年兩期，亦專登《時報》，他報不登。至於洋行廣告、香煙公司廣告、大藥房廣告（賣假藥，欺騙中國病家，利潤極厚，非登巨幅廣告不可），那時不會光顧《時報》的。

在我進入《時報》的時候，正是欣欣向榮的日子。以言《時報》的銷數，在本埠當然不及《申》《新》兩報，然在外埠則比《申》《新》兩報為多。以蘇州城鄉各區而言，都看《時報》；楚青在北京有基地，有分館，也有有正書局，呼應較靈，此外蘇州、杭州，也都有分館，規模較小。他那時每日到報館來，說笑話，講故事，習以為常。有一天，他對我說："你知道我們兩家的故事嗎？"我愕然，答以不知。

他道："你知道包拯與狄青兩人，在宋朝同時出世嗎？包是文臣，應是一位白面書生，何以生得像一個黑炭團？狄是武將，應是一員黑臉大漢，何以變成一個小白臉，因為怕嚇不倒敵人，甚至要戴上銅面具上戰場呢？"我又答以不知，願聞其詳。他道："原來包拯是天上文曲星，狄青是天上武曲星，兩位星君，閒來無事，在南天門外，互拋頭顱為戲。正在玩得有興趣時，忽然太白星君傳下玉皇諭旨，命兩位星君火速下凡。兩星君急不及待，各將手中的頭顱，戴上頭去，誰知是兩人的頭是互易了。"

這種神話，不知是他在哪些神怪小說上看得來的？或是他杜撰出來的？他又續說道："後來包拯與狄青在宋朝幹了一番事業，便即歸位了，大家也就把頭顱換回來，所以你白而我黑了。"我說："我們也不必談知白守黑了，你也不是黑面孔，我則已變成黑不黑、白不白，變成了灰色面孔了。"我的這話，也不是沒有來歷的，原來那時上海的"新舞台"正在排演一部新戲《包公出世》，頭本、二本，排日唱下去，故事是亂造的，演出青年的包公，是光下巴，不帶鬍子，面孔就是既不黑，又不白，而變成灰色了。他們以為年輕不能太黑，素以黑臉著名的又不能太白，於是弄成這個滿面晦氣的樣子。我說："你們侮弄包公，他是閻羅天子，謹防半夜派鬼使神差捉你們去審判呢。"

在辛亥革命時期，《時報》的聲光，就稍有減色，大家總說它是保皇黨的報紙，無論如何，總是白圭之玷。其實在革命以前，康黨的股份早已拆出，但總不能塞悠悠之口。不過楚青在國民黨中，友朋知交亦多，頗能原諒。最使他抱憾的是陳景韓的離《時報》而去《申報》。因為景韓是他最信任的人，不但關於《時報》編輯上的事，即業務上，也時與景韓商量。還有，像景韓那樣忽然不別而行，隻身走去東三省，人家目之為怪人，他亦不以為意，說他素有這個怪脾氣，不足為異。現在景韓忽然離他而去，使其心中懊喪可知。尤其可恨的，事前一些不給他知道，把他瞞在鼓裏，及至披露，則已無可挽回。所以他對於史量才恨如切齒，從此不與他謀面，若非保持紳士態度，真要與他扭住胸脯，打鬥一場。

一直到史量才被刺死後，發喪那一天，他倒親自來弔奠一番，送了一幅陀羅經被（在前清要皇帝欽賜的，現在民國時代，他的有正書局裏仿製的）。那天我亦在那裏，問他有無挽聯？他歎口氣道：“人已逝世，冤親平等，還造此文字罪過？”

坦白地說：《申報》的改革與發展，實與《時報》大有損害。因為以前的《申》《新》兩報，暮氣已深，不肯改革，所以《時報》可以別樹一幟，一新讀者耳目。現在《申報》正在改革、新發展，實大聲宏，舉《時報》的所長一一而攫取之。史量才原來是《時報》息樓中的常客，所有《時報》的一切伎倆，他窺視已久，現在智珠在握，一經運用，宛轉如意。譬如黃遠庸的“北京特約通訊”被奪取；各學校、各書局的聯絡，那都是《時報》命脈所關。加以《申報》那時的蓬勃新氣象，又有後台闊老闆，商業資本家，《時報》豈能望其肩背。

更有《時報》那個息樓，從前鬧鬧嚷嚷，此刻冷冷清清。辛亥以後，做官的做官，受職的受職，此外的人，也都跑《申報》而不跑《時報》了。但《申報》卻沒有這種俱樂部型的組織。史量才覺得那種組織與一個大報館不相宜。他有一間很大的總經理室，裏面空空洞洞的只有一張大寫字台，也沒有甚麼沙發椅子，僅有幾張圈椅。他每天下午兩點鐘來，五點鐘回去，平時是鎖起來的，有一個茶房專管理這間屋子而伺候他的。有幾位老朋友，也在這個時候方能見到他，至於編輯員，便難得和他見面了。我想：像這樣才是一個有氣派的大報館總經理吧。以之與《時報》相比，顯見《時報》有寒傖相了。

我還記得一件可笑的事：在辛亥革命以前，上海還未流行汽車，那幾位報館經理先生，總是出門坐自備人力車一輛。《新聞報》館經理汪漢溪先生最節儉，他在清朝，曾經出仕過，有時上司過境，他還去迎接。有人說他戴了紅纓帽子，坐在人力車上，殊不雅觀，勸他坐馬車，他也不許。及至汽車漸漸流行到上海來了，豪商巨賈，出門便非坐車不可了。史量才接收老《申報》後，便坐汽車；席子佩開辦《新申報》後，也坐汽車。《新聞報》是上海新聞界巨擘，經人勸說：不能示弱於新、老《申報》，汪漢溪也不能不坐汽車了。於是依次及於《時報》，當時上海一般口碑，《申》《新》《時》，三家並稱。

許多朋友都勸狄楚青坐汽車，楚青遲遲疑疑，他說："汽車常常撞死人，我們報上不是常常責備坐汽車的人嗎？以佛家言，亦是一種罪過也。"後來不知如何，為人說服，居然也坐起汽車來，剛坐進汽車裏，口中就喃喃念："阿彌陀佛！阿彌陀佛！"又頻頻叮囑他的司機道："開慢點！開慢點！"司機道："老闆！開慢點與開快點是一樣的。"暗示要出毛病不分快慢。後來果然出毛病了，不知如何汽車被撞了一撞，擋風玻璃板碎了，還好面部只有微傷。他說："這回是菩薩保佑。"從此就不坐汽車。他的汽車哪裏去了？不知道。

後來我看他對於《時報》，漸有厭倦之意，幸而他對於有正書局興趣還高。用珂羅版印名畫集，由他創始發起，是精心結構之作，不惜向收藏書畫名家，徵集印行，這個頗足嘉惠於一般藝術之林的。有正書局也搜印了許多的古本書籍，有的已經是孤本，有的亦早已絕版了，即如八十回《紅樓夢》，亦於此時出版，引起後四十回是否高鶚所續的爭論。曾孟樸的《小說林》出版所結束，他做官去了，將《小說林》所出版的書，以三千元全部抵押於有正，因此《孽海花》的再版亦是有正所印行。及至孟樸罷官，與他的法國留學回來的大公子虛白，再開"真美善書局"，方向有正書局贖回。所以當時常能以有正書局的盈餘，濟《時報》一時之困。到了後來，《時報》日處窘鄉，楚青再也不能背這個爛包袱了，只好揮此慧劍，以求解脫。

日本之遊

我初次到日本，約在辛亥以後，民國之初，何年何月，早已不記得了。這時的發源，乃在日本一個通訊社，是一位日本人波多博所創辦的，名曰"東方通訊社"，波多博原來是上海東亞同文書院的畢業生，在上海多年，能說上海話。後來又到北京的《順天時報》（日本人在前清時代在北京所設立的華文報）任事有年，所以也能說北京話。並且他對於中國南北兩方面的風土人情，揣摩極熟，結交了許多中國朋友。他從北京回到上海來，便設立了這個東方通訊社。

本來上海的外國通訊社，早已有的了，最早的自然是英國路透社，傳說，在一八七二年，已經從倫敦到上海來設分社了。

他們設立的初意，原是要搜羅中國的情報，寄給總社，由總社再分發到本國和各國。當初在上海只發給西文報，不發給華文報，如果華文報要登載外國消息，只能到西文報上去轉譯過來。後來也發給華文報了，卻取資甚貴，照英鎊計算。但當時中國讀者對於國際新聞是很少感到興味的。雖然繼之而起的各國通訊社多起來了，如美國的合眾社、法國哈瓦斯社，以及德國、俄國也都有了通訊社，而一般讀報人對之還是冷淡。只有那個東方通訊社，日文既容易看得懂（當時的新聞記者，大多數是不識西文的），後來索性翻譯了送華文報館了。而且東方通訊社在北京、廣州、漢口、遼寧都有分社，消息靈通，各報都樂用它。

波多博與《神州日報》的余大雄很友善（按，《神州日報》是好出身，最初是于右任等所創，後經火劫，屢易其主，到了余大雄手中，只銷數百份，還靠三日刊的《晶報》支持，至《晶報》獨立後，《神州日報》便關門大吉了），余大雄是日本老留學生，日本話說得很為流利。他在日本進的甚麼學校，我似未有詳細問過他，不過他說和黃遠庸同學過的。那時候，去日本的留學生，實在太多了，有的到日本去，不曾進學校，就這麼逛了兩三年，對於日本的社會狀態，卻是很為熟悉，像平江不肖生的向愷然，便是這樣。余大雄和波多博認識，還是在東方通訊社開辦以後呢。（東方通訊社後歸日本政府官辦，波多博又辦了個日文《上海日報》，自任社長，此是後話。）

有一天，余大雄特地到時報館來訪我，說日本願意招待上海各報館記者到日本訪問遊歷一下，但不是日本政府的招待，而是日本的各新聞社所招待，那只是一種私人社交，一種遊宴性質，別無政治關係的。這是由波多博與他向各報館分頭接洽的，每報館派一人。他問我："你老兄高興去吧？"我笑說："我不是自由身體呀！要問我的館主人。"大雄便說："如此請你一問楚青先生，最好是你去，因你與波多亦認識呢。"我商之楚青，楚青道："誰去呢？"他窺知我有欲去之意，便說："你如果高興去，你就去吧，發稿有倚虹，夜裏我叫南士來看大樣好了。"

我想：我有許多朋友和同學，都去過日本，而我卻至今仍未曾去過，不禁心向往之，於是我就答應了，算是代表了《時報》。

這時上海各報所派的人，我還有些記得，《申報》館是張竹平；《新聞報》館是他們營業部裏的一位老先生，我已忘卻他的姓名了；《時事新報》館是馮心支，他是蘇州人，是我吳著有《校邠廬抗議》一書馮桂芬先生的孫子；《神州日報》當然是余大雄；《中華新報》是張岳軍（群），他也曾留學過日本，當時還是一位新聞記者，尚未身入政界咧；《新申報》館是沈泊塵，是一位漫畫家，沈能毅的老兄；《民國日報》館所派何人，現已想不起，或者是未有派人。此外除波多博陪了同去外，還有兩位他們通訊社記者是日本先生，也陪了同往，照料一切，所有舟車旅費，都由日方所擔任，那時還沒有飛機，從上海乘輪船到長崎登岸，恐不過兩天路程吧？

時隔五十多年了，我在記憶上，早已模糊一片。我們當時所到的地方，由長崎而東京、西京，以及大阪這個商業區，還有許多風景名勝的好地方，有如走馬看花，過而不留。到今日如果有人問我：遊蹤所至，可資描述否？則早已瞠目不知所對了。而況這數十年間，日本經過了一次大地震，又不自度德量力，鋌入第二世界大戰中，第一個嘗到了原子炸彈的味道，把這個島國好像翻了一個身，已經從新妝點起來的了。我現在只好了無頭緒，雜亂無章的，想到哪裏，就零星瑣屑地寫一點出來。

船到長崎，便有許多人在岸上迎接，我們一上岸，即蜂擁而來，深深地向你一鞠躬（鞠躬也有規則，須兩手按在膝上），口中念念有詞，便取出一張似雲片糕一般的名片，塞在你手裏後，又顧而之他。但這個方去，那個又來，也和前人一樣，似是刻版文章。我手中握了一大把名片，也無暇觀看，究竟也不知那是誰的名片，而我又措手不及，無從回他一張名片，茫然若失。好在他們自鞠躬送名片後，即飄然遠去，不知所蹤了（按，後來到別一個都市，到火車站來迎接的，也是如此）。我看了他們的名片，當然都是各報的外勤記者，也有商業界各大公司（株式會社）的人，以迎送賓客為職業的。

那天長崎地方人士，在一個喚作徂諏山（這個山名，我或記錯，我國是有個徂徠山的，但我記得是有個諏字的）地方，開了一個會。這個會很為別致，算是歡迎會，又不像園遊會，僅是一片曠場，周圍卻羅列了各種的小攤頭，有餅糕（日語稱 “果子”）、有熟食、有廉價的小品玩意兒。來賓如喜歡這些品物，儘吃儘拿，不須付錢。這個會是甚麼名稱，我可不記得，詢諸東遊諸友輩，亦未能舉其名也。

這時便有許多花枝招展的藝妓列席，任招待之職。日本凡有宴會，必召藝妓，每有大宴會，甚至滿室盡是裙釵，趺坐於來賓身旁，侑觴勸酒，似乎非有藝妓，舉座為之不歡者。那一天的歡迎會，亦有藝妓十餘人，並攝一巨型照片，前排坐着我們一班東遊者，而在足畔則各趺坐一藝妓。張岳軍膝畔趺坐的一藝妓甚美麗，及其後來任上海市市長時，上海的《晶報》，乃單獨剪取此攝影上岳軍先生與藝妓的照片登在報上。張市長見之亦不忤，但笑曰："這又是余大雄開人家玩笑的故技耳。"

到東京，又是宴會無虛夕，有時還分晝夜兩次，粉白脂紅，藝妓滿堂。原來每一大餐館，每一大酒家，都有他們的基本藝妓，如果今日有宴會，應需多少人，一呼而至，群妍畢集。即如上海的"月酒家""花之間"這些料理店，也都是這樣，我曾數度與宴，故並不陌生。日本的宴會必招藝妓，與上海的吃花酒不同，這是招她們來侍應賓客的，是共同的而非單獨的，是公諸同好而非據為私有的。只是她們載歌載舞，而我們卻莫名其妙，在座的有拍手讚美，我們也只好盲從而已。此輩藝妓，酒量頗宏，譬如她來敬酒，請你乾杯，你亦必洗杯回敬她，她也一吸而盡，如果量窄，客未醉而她先醉，豈非要失禮呢？

凡是日本式的宴會，都是席地而坐，這是我們最不習慣的。照他們的坐法，便是雙膝着地，腳底向天，屁股壓在小腿上，我們這樣的坐半小時，簡直要不能起立，我們只能照我們的席地坐法。若是在上海的那些料理店，他們對於中國人，備有一種小几子，以供年老，或肥胖，與實在不能席地坐的人，此間大宴會是沒有此例的。每人前面設一几，所進的餐是各客的，餐具頗多漆器，或碗或碟，形式不一。

日本所著名的生魚，中國人往往不食，或厭其有腥味，或謂其不衛生，我卻覺其頗腴美。生魚有兩種，一紅一白，紅的豔如玫瑰，白的皎若玉雪，日本人視之為珍品云。

但是如果以西餐餉客，則藝妓均不列席。記得有一次，是大阪《朝日新聞》請客，那全是歐化型式，就在他們報社大食堂中，這一回甚為張揚隆重，似欲炫其日本新聞事業的偉大者，周圍縶以紙製的櫻花（日本紙縶花著名，頗能亂真），滿室生春。所有餐具，都有該報社的徽章與名稱，即小小一火柴匣也印有他報社之名。我們這一次到日本，也算是一個上海新聞記者團，但沒有甚麼團長、團員的名義，惟以余大雄能說日本話（其實張岳軍也能說，但他謙抑不肯說），每宴會，必有主人一番演說，我方亦須有答謝之詞，只好讓余大雄去擔任，也無非互相祝頌之詞，萬歲萬歲之聲，不絕於耳，高呼乾杯而已。

這一回，我們這個記者團，除余大雄、張岳軍外，無人能說日本話的，真是一個"啞旅行"（日本有一小說名《啞旅行》，說一個日本人到歐洲去旅行，不懂外國語文，鬧出種種笑話，我曾譯此書在《小說林》出版）。不但此也，到日本來，有許多交際儀式，也都有未諳的，於是先行大家解釋敍述一番。尤其在宴會中，西洋人更有許多繁文縟節，吃日本菜還鬆動的多，我們不要有甚麼失態，以致遺笑鄰邦。幸而那天大阪《朝日新聞》的宴客，還算過得去，但也發生一件不大愉快的事。這天《朝日新聞》的社長（已忘其姓名），年已七十，長髯垂胸，儀表甚好，他是主席，我坐在他的斜對面，而我右首便是代表《新申報》的這位漫畫家沈泊塵。酒半，沈忽技癢，取紙伸筆，速寫那位社長的容貌。我急拽其袖，令其勿寫，彼不聽，以為描寫很神似，且以示之鄰座。社長有所覺，於是鄰座的日本記者即以呈社長。社長付之一笑，說："這是我哥哥像嗎？"意謂畫得他太老，其實心中很不悅，語畢，即以此像壓在碟子下，這使我們很尷尬，又不能向他道歉。余大雄後來怪之，沈還得意，以為畫得很像，所以社長不還他也。沈泊塵神經早有問題，不久病卒。

有一天，我在東京一家日本旅館裏（我們所住的旅館是日本招待所指定的，群聚在一處），因為體有不適，謝絕了他們一次宴會。但是我一個人留在旅館裏，言語不通，很為不便，於是臨時向余大雄學了一套，譬如要茶要水，要飯要菜，如何呼喚下女等等。他們去了，我覺得枯寂無聊，便實習大雄所教的日語了。喚下女，他們的習慣是拍手，一拍手，下女聞聲即至。如果下女不在近處，則可呼喚。我先拍手，無以應，便呼"乃生"（按，此是譯音，若譯意，則曰"姐樣"，日本人這個"樣"字，乃尊敬的稱呼，男女兼用之），果然下女姍姍其來了。

這些大旅館的下女，都選取年輕而貌美的，也大都是高小女學畢業的。我想我雖然學得幾句日語，怕發音不正確，格格不吐，不如和她筆談為妙。那個下女頗甜淨，善笑。我先問她叫甚麼名字，她說："芳子。"這兩個漢字，就寫得很工整，於是便一路筆談下去：甚麼地方人？幾歲了？讀過幾年書？好似查她的履歷一般。她也問我：姓甚麼？中國甚麼地方人？從前到過日本嗎？又問：有沒有太太？則掩口吃吃而笑，似以為這是對旅客不應當問的。我們只管筆談，卻忘了喚她進來是甚麼事了。她也不問是有甚麼使喚，我猛想起，便也覺得不好意思，便即說要一壺茶，她便即出去匆匆地泡了一壺茶來。

我那時確是腹中有些餓了，但是不知道可以吃些甚麼東西，日本有許多怪食物，而這些怪食物，又有許多怪名詞，常使人莫名其妙。我們在上海時，常和幾位在日留學回國的朋友，到虹口去吃司蓋阿蓋（牛肉燒），也由下女坐在榻榻米上，為之料理，但這可不適宜，也嫌麻煩。忽然想起在中國最流行而普通的一種食物蛋炒飯。因用筆寫出給芳子看道："是用雞卵與米飯同煮的。"芳子搖首，笑了一笑，既而又寫出了"親子丼"三字，意思是說與我所要的蛋炒飯相類。但這個丼字，引起我的好奇心，為甚麼在井字當中加一點呢？我問芳子，是否井字？她說："不是，讀音則如凍。"原來親子丼者，乃是用雞與雞蛋，加以粉類同煮。"親"者，指雞而言；"子"者，即是雞蛋；"丼"字，乃日本容器。但中國字書無此字，意者日本別有一倉頡吧。

在我沒有到日本以前，早聽說日本是男女同浴，初不避忌的。又說是我鄉江建霞太史（標）年少美風儀，在日本洗浴時，日本女郎圍觀而笑，使他不好意思起來，因此有《東鄰巧笑圖》之作。其實也過甚其詞，開他的玩笑而已，我到了日本，沒有看見到甚麼男女同浴。據他們說："那是在浴池中，但男女也是分開的，在泳池中間隔以一欄，那是可望而不可即的。"不過我在這日本式的旅館中，他們自有浴室的。那一天，我到浴室中去就浴，推門進去，先有一個四十歲的中年婦女在內，我即忙退出，她即向我笑顏迎入，原來這是旅館中的傭婦，他們呼之"阿媽生"的，她只是在清理浴室而已。她做手勢，似乎可以幫助我洗浴似的，我急謝辭之。

日本那時的浴室，即使在他們號稱為大旅館者，也是簡陋得很的。裏面是一個大浴桶，貯滿了水，足有半身高，底下燒火。就浴的人，另以木桶取水，向全身澆之；或擦以肥皂，用毛巾拭之；所謂淋浴，也沒有蓮蓬頭。但上海那時的各大新式旅館，卻早已有西式瓷浴缸，冷熱自來水龍頭了。可是日本人勤於浴，到處有公共洗澡的地方，每日必去，無間寒暑，他們是講實用，不事奢華的，而且對於那個傳統性很為堅固，叫他到這些新式浴室裏去，反而覺得周身不自在咧。

我那時也坐過日本的火車，那也遠不及中國的火車，但他們那時是自己辦的鐵路呀，不是像中國那時的借助於外力。他們的臥室車，沒有專房，只是一個統間，上下兩層，僅僅障以一幕，因此常常有誤揭別人之幕而以為自己的臥榻的。倘在中國，脾氣暴躁的人，便要怒吼爭吵，日本人即使誤揭婦女臥榻之幕，也不甚以為忤，只是鞠躬謝罪而已。

那時日本火車上，也沒有餐車，但一路的車站上，都有出售“辨當”的。（按：“辨當”兩字，中國人有譯之為“便當”者。）“辨當”是何物呢？用木片製成的一長方匣子，中貯以白米飯（冷的，日本人吃慣冷飯，惟米粒較中國者佳），其中或有半個雞蛋、兩片魚、一塊醬蘿蔔（日本呼蘿蔔為“大根”，他們的醬蘿蔔極佳），附有筷子（竹製相連的，食時始分開）、牙籤之類，其价是日圓兩角（那時日圓與中國銀圓相差無多）。吃完以後，這辨當匣子和筷子等一古腦兒向車窗外一丟就完事了。

茶也是由車站上供應的，一把青花粗瓷茶壺，普通的茶葉，那是熱的，其价不過數分而已，喝完了摺在火車裏，到下幾個火車站，自有人來收取空茶壺去。那是當時的情形，到現在當然不同了。

在日本最使人不慣的，便是那脫鞋子的風俗。雖然這還是他們從中國古代學去的，但是我們中國早已改變了，而他們還是固守舊習，不能改變。這也是所謂“萬世一系”嗎？無論公共場所，無論私人家庭，入門便要脫鞋子。在日本大家都穿木屐的時候，較為便利，現在已普通都穿了皮鞋了，皮鞋上還有帶子，解帶去履，就要破費不少工夫，何必一定要如此呢？還有，在未去日本之前，我就說笑話："諸位先生有習慣穿破襪子的嗎？假使有那些空前絕後的襪子露出來，是不雅觀的。"因為我在上海虹口到日本料理店吃司蓋阿蓋時，有位王老五，正是襪破無人補，急來抱佛腳，只得臨時就近購了一雙新襪子穿上，才得傲然進門。

那時日本的各大都市，像西洋式那些大百貨公司，也早已有了。他們不稱為百貨公司，而稱之日"吳服店"，吳服店中百貨雜陳，舶來品應有盡有，本國的新出品，也廣為羅列。不似中國上海南京路有些百貨公司，是外國人來傾銷外國貨的，似乎中國貨都不值得一顧的了。這些吳服店，每天就有數千人進出，也要叫每人脫了鞋子方能進門，那門前鞋子堆積如山了。而且那些吳服店的地板，光漆如鏡，走廊又有地毯，不耐你泥鞋的踐踏。於是他們想出法子來了，製成了無數的白布軟底套鞋，用下女們守在門口（這個地方，日本人稱之為"玄關"），每一客走進吳服店，必套上這白布套鞋，購買東西，或進來巡遊的人，從後門出來，也有人守在那裏，脫去你的套鞋，這樣就方便得多了。

總之，我覺得日本在明治維新以後，百廢俱舉，勇於進取。有人談起：他們那時到歐美考察的人，最注重於理化機械之學，而中國人到歐美去的，大都研究文學、哲理，以及音樂、美術；他們沒有中國人的聰明，而有他們的勤懇。中國人自詡為"形而上者"之學，以為高明，其如不切當代的時勢，所以當時日本就比中國早熟了。

我們這一次也經過日本的名勝古跡地方不少，但我至今都已忘懷，事隔數十年，在日本也有滄桑之感。只記得在西京的遊覽金閣寺，在嵐山的看紅葉，有口占句云："金閣寺前夕照斜，嵐山紅葉豔於花。……"下句已不復記得，甚麼風景，亦只是過眼一瞥而已。

我們這個記者團，在將欲回國的時候，各人有兩日的自由行動。在這兩日自由行動裏，我做了一次荒唐的事，和余大雄兩人作了一次狹斜遊，這是應當懺悔的。誰說藝妓不肯以色身娛人者，我不是想吃冷豬肉，本可不刪風懷，然亦不過浪費纖桃的楮墨，暫且擱筆。

參觀《朝日新聞》

　　這一次到日本，我很想參觀日本的學校，尤其是大學校，如著名的早稻田大學，就是我們的許多友朋，曾在這個大學裏畢業。但是沒有這個機緣，我們的旅遊程序單上，也沒有這項節目。不過到神田區那裏去逛了一逛，看看那裏的書店。那裏的書店分兩種，一是新書店，一是舊書店。日本明治維新以後，正是他們文化發達時期，新書固然風起雲湧，每天必有若干種發行，而舊書店裏，也頗為擁擠，尤其是那些學生哥為多。我是喜歡逛舊書店的，走進去看看，卻見許多號稱舊書的實在和那些新出版的相差無幾。原來日本的讀書人，見新出版了一部要讀的書，立即去買，買了來就讀，讀完了便售給舊書店，再購買新出版的。不像我國人，見出了新書，也必須去買，買了來不看，或看了一半，便堆在書架裏，古人所謂"束諸高閣"，甚而至於供蠹魚的享受，給蟑螂作食糧，不說別人，我就有這個壞脾氣。

　　他們這種舊書店，有一定的價值，譬如收進打幾折，賣出打幾折，各家舊書店一例。那些新書店裏，出版的倘然是一位名人著作，幾萬冊在一星期內，可以一掃而光，你要是遲一步，只好仰望於舊書店了。當然，也有好多學者，即使讀完了，用備研究參考，不肯即付諸舊書店的，但舊書店總陸續有些收進。故一部名貴的書，在新書店已經絕版，而舊書店反可以獲得，大概一部新書，不到三個月，便可以降級到舊書店去，此是書的可悲處；但雖到了舊書店，仍有人賞識它、渴求它，捧之而歸，視同良友，則又是書之可喜處了。不過我以為這樣吐故納新之法，頗足以促進日本的文化進展呢。

　　我雖沒有參觀過日本的學校，我卻曾參觀過日本當時的新聞事業，只可惜事隔數十年，大半都已忘卻了。而況日本近來的新聞社，隨時代而進步，也已大異於昔日的新聞社了。我只能就現在所尚能記憶者，一鱗半爪，略述數端。我所參觀的新聞社，就是《大阪朝日新聞》。日本的新聞界，當時最發達的便是大阪，而東京次之；這好比我們中國的新聞界，當時亦是最發達的是上海，而北京次之。

　　最先自然是參觀他們的編輯部，編輯部本來不大讓人家看的，除非是預先約定，我們上海的報館，也是如此。但我們也是記者，以記者的身份，而先有波多博的介紹，乃得參觀。可是約定的時候，乃在上午，誰都知道上午新聞社編輯部，乃是空曠時期，編輯先生一夜辛勤，這時家中作元龍的高臥（那時《朝日新聞》無夕刊）。不過我們去看看他們編輯部的規範陳設，亦無不可。不出大家所料，上午此間也是空蕩蕩的，那裏有一大間，排列着無數的桌子，有的一人一桌子，有的數人合一大桌子，編輯長（中國稱總主筆，後改稱總編輯。有一家報館，又有總主筆，又有總編輯，詢之，則曰："總主筆管言論，總編輯管新聞也"）獨居一室，這與我們上海大報館無大差異，也收拾得清清楚楚。但回顧我們《時報》，便遜色得多，寫字台上故紙成堆，灰塵厚積，哪有如此整齊。若《民國日報》，更是拆濫污，葉楚傖的桌子上，紹興酒、花生米，一塌糊塗，因為他不喝酒，不能寫出文章來呀！

　　我本想詳細觀察一下，譬如附屬於編輯部的圖書室之類，但此次我們是集體參觀，大家也不甚注意於此，我隨眾魚貫而入，匆匆忙忙一覽而已。不過我看到，他們每一記者的桌子上，大都有一具電話，這就我們上海報館所不及了。像我們《時報》而言，總共只有兩隻電話，一在主筆房，一在營業部，都是裝在牆壁上的。《申》《新》兩報多一些，但編輯室裏，也沒有桌上電話呢。上海最初的有電話，不是自動電話，要報了對方的電話號碼，由電話局接線生給你接通了，方可談話。接線生倘遲遲不接，或故弄狡獪，真是要命。有的人急得在電話裏懇求："謝謝你！爺叔！我在這裏向你下跪了！"真是使人啼笑皆非。今見日本的記者桌上，都有電話，可見日本的電路，四通八達，大有益於新聞的報道。西方人說："新聞是從屋外飛來的，不是從大門進來的。"就是這個緣故吧。

我們參觀了他們印報的機器房，那就覺得偉大了，他們總共有輪轉機近二十部，導觀的日本先生說："有十餘部是自己製造的，有四五部是舶來品，自己製造的還不及舶來品，現在正加研究精進，可以不需舶來品。"想想正要臉紅，《申報》館自史量才接手，在外國特買了一部新的輪轉機，裝在樓下沿馬路，從大玻璃窗外可以看得到，贏得許多路人圍而觀之，以炫示《申報》力求革新，標明一小時可印若干報紙。若我們《時報》館則更是丟人，還是老爺式的兩部平板機，這老爺機又時時喘息走不動，常常擠不上火車報（最先出版，送火車站早班車），這真是小巫之見大巫了呢。

這個機器房，地下全是小鐵道，縱橫貫穿，有如蛛網。你道是為甚麼？原來那些印報的機器，每天張大口，要吃進多少噸的報紙，而這些報紙，必需要一個大倉庫可以堆積的。像《朝日新聞》這樣一個新聞社，他們的紙庫，至少也儲藏幾百噸捲筒紙的。從紙庫到機器房，也有一段路，誰去扛抬這些笨重的紙料，這就只有把捲筒紙裝上小鐵車，推上小鐵道，送進機器房，裝入印報機了。報紙印好吐出，連折疊、包紮也是用機器的，便也由小鐵道間運出，送上運送報紙的大汽車，應送火車站的到火車站，應送輪船碼頭到輪船碼頭（那時還沒有飛機），自有人管理，很快地運送出去了。

說到報紙，我又想起我們當時中國的新聞界了。中國自從創興了新聞事業以來，一直是用外國紙張。最初《申報》《新聞報》，是由外國人創辦的，他們用外國紙，不必去說它了。以後由中國人自己創辦的，也是靠那些舶來品。

起初外國紙輸入中國來的，也是平板紙，我記得那時多數是瑞典、挪威出品，隨後也就有加拿大的出品。這些平板白報紙，以五百大張，稱之為一令（就各報紙的篇幅大小，一開為二），自從《申》《新》兩報有了轉輪機後，方始外國有捲筒紙輸入（還有西文報紙，也用捲筒紙，但銷數極少），但平板紙仍有進口，因別家報館還是平板機，不能不用平板紙呢。不過《申》《新》兩報是向外國直接定購的，其他報館，就在上海的紙商購買的，因為那些窮報館，資力不充，只有零零碎碎去購取的了。

於是上海的有些紙商，想出新花樣來，開了一種切紙公司。怎叫作切紙公司呢？據說是把捲筒紙切成平板紙，仍是以五百大張稱為一令，你可以臨時要買多少令，就買多少令，他們只是做生意，卻加惠於那些窮報館。而且都開在望平街附近，而且還做夜市，可以做到深夜十二點鐘。不過要現錢交易，不賒不欠。那時《民國日報》，是上海著名的窮報館，賴邵力子、葉楚傖兩君，苦力支持，常常報已編好，無力買紙，於是楚傖飛一箋，向我告貸，其詞曰："今夜又斷炊矣，懇借我十元，以療我飢"云云。我即解囊予之。其時的紙價，有十元可買四令紙，不出三日即償還。其實他們館中經濟，由力子主之，但力子覺得不好意思，而楚傖與我同鄉，又以我編雜誌，請他寫稿，有文字緣，較不客氣耳。

這個時候，日本已是紙業發達，紙廠林立，並不要仰仗於外力了。頗聞有新聞社自辦紙廠的，也有與紙業公司合作的。我還記得當時日本的《讀賣新聞》，所用的紙，別創一格，乃是淡紅色的，這必是定貨的了。日本以文化發展，印刷事業隨之擴大，各種紙品費用日繁，即對於印行書刊圖畫等物，用紙亦已不少咧。此就當時的情形而言，到現在更不知進展如何了。

在我中國，記得曾有一度，以上海用紙最多的如申報館和商務印書館等，曾合議在浙江某一地方創辦一製紙公司，結果，意見不協，未能成功，這事我當時略有所聞，此刻卻已想不起了，許多老朋友，當還記得。後來上海有一家較大的造紙公司，居然也能試造捲筒紙，曾經請過申報館作試用。史量才告訴我，那天夜半開印時，不旋踵而機器就停了，問他們為甚麼呢？回說這種紙經機器一捲，便即破碎了，須停十五分鐘，方能接上。量才說：“我報夜半三點半開印，六點鐘要送火車站，經得起每次停十五分鐘嗎？”不得已只好仍用舶來紙。一個國家，欲求新聞事業的發展，而不能自己造紙，差不多就成了英雄無用武之地了。

我在報館裏的時候，常常看到日本報，所有東京、大阪的各大新聞，都有得寄來。因問楚青，是否與他們特約交換的。据楚青說：“我們並未與他們交換，我們開報館後不久，便送來了。”我起初以為楚青、景韓、繼興，他們都是日本通，所以與日本新聞界有所聯繫，特別寄送《時報》。繼見別家報館，也一樣贈送，可見日本的宣傳性質，器量甚大。不過這種日本報紙，送到各報館，大家看也不看，原封不動，送之字紙籤中。不但他們不懂日文的人，即如我們館中景韓、繼興，都諳日文的，也不屑一顧呢。我這一回到日本，倒是很想參觀一下日本新聞界的狀況的，無奈這是個團體旅行，不能自由，而且這一個集團中，還有幾位不是我們同業中人，說是走馬看花吧，不但花香未曾嗅到，花影也未曾窺見呀。

當時我所參觀的《大阪朝日新聞》，覺得最特異的便是他們的改版室（按，“改版室”這個名詞，是我杜撰的）。何謂改版室呢？原來他們的報，一清早已印好發行出去了，但在印刷發行的時候，又有新聞電報來了，他們等不及到明晨始行見報（那時還沒有夕刊），於是就在第一次原報上，挖去一些舊新聞，補入了新新聞，打好紙板，重新開印，這便是所改的第二版。當第二版開印時又有新聞電報來了，仍要挖舊補新，開印第三版……如此的改版，一天甚至可能改版到六七次，要看新聞的來源重要不重要。假定上午五點鐘出第一版，七八點鐘出第二版，中午出第三版，以及下午出若干版，一天工夫，便是改版不停，出版不停。

有人說：這樣的改版，不是使讀報者迷亂嗎？究竟是讀了哪一版才對呢？不！他們是有規定的，排好了次序，有條不紊的。

尤其是運輸到外埠、外國的報紙，何處是第一版，何處是第二版，不叫人看重複新聞，也不使人有漏網新聞之虞，那是聯繫了國內外的交通郵便寄送出去的。我們那天去參觀的時刻，是在上午約十點多鐘，而他們的報紙，還正在機器上印行，也不知是第幾版。卻見有兩位校對先生與排字工友，圍聚在機器旁邊，就地在那裏工作，滿頭大汗的形勢緊張得很，而頻頻聽得有鈴聲，似乎是催促他們，時限已到，我們也不敢打擾他們，只得望望然去之了。總之我覺得日本那時，對於無論何種事業，都是一本正經，不像我們那時的喜歡輕鬆、懶散、寫意、省力，甚至不負責任、亂搭架子。我不是揚人之長，揭己之短，當日的感想，實在如此。那時是在二十世紀初年，日本明治維新以後，大正年代，而我國亦在辛亥革命以後，軍閥時代呀！

回國以後，不多幾天，我遇到了商務印書館的高夢旦先生（鳳謙）。那時我已住在愛而近路的慶祥里，在這個里口卻開了一家小小的閩菜館，店名喚作"又有天"，那個名字，當然由一時著名的閩菜館"小有天"化出來的。而這家"又有天"的老闆，從前原來是高先生家的廚子，所以夢旦先生常常約了二三知友在此小吃。那天我剛走出慶祥里口，便被高先生拉住，同往吃飯，在座好像還有李拔可先生。

高先生知道我新從日本回來，問我有何記述。我告訴他集體旅行，實在沒有看到甚麼，真是如入寶山空手歸。既而談到了新聞界，我們當記者的，就如俗語所說的"三句不離本行"，講到在《大阪朝日新聞》看了一看，也只看到一點外表，未審其內容。高先生說："您何妨寫點出來呢！我們出版界，也與新聞界息息相通，現在我們出版的書籍中，也沒有一種對於新聞事業的著述，近來到歐美各國去留學的，也有幾位研究新聞學的，我們不管它，先把日本新聞事業，寫出來給人看看也好。"

我經他一說，心中不免也有所忻動，回國以後，關於日本社會上、風俗上，瑣屑的事，在《時報》上（尤其在《小時報》上），也零零碎碎地記述了一些，可是也不免雜亂無章。如果此行是寫了日記的，那就好了一點，但也沒有，我便是上文所說的輕鬆懶散的一流人吧。

我便和夢旦先生說：“讓我考慮一下，管中窺豹，僅見一斑，對於日本新聞事業，雖然略看一點兒，實在資料不多，而且不能作統一貫穿的敍述，我當整理作為筆記體裁，或可以編一小冊子。”

我那時便窮了一個月之力，約莫寫了有二萬字，因為資料不多，實在枯窘得很。且在此時代，新聞事業正在日趨進步，日本又是同文之國，可以做中國一個榜樣，而我不能向之研究採訪，深自抱愧。不得已將日本新聞的普通狀況（與《大阪朝日新聞》齊名的，有大阪《每日新聞》，而且東京也有《朝日新聞》）敍述一番，雜湊成文，怕還不到三萬字。題其名曰《考察日本新聞略述》。自己看看，也不能滿意，但高先生說可以印行，而且還取了我一張照片去，登在扉頁上（按，我所著述的刊物，從未有印出照片，僅此書有之）。可是出版以後，銷數寥寥，遠不及我譯寫的小說，這是冷門貨，誰也不高興去看它。不用說不是報業中人了，即使是我們同業，也懶得看它，日本是日本，中國是中國，吾行吾素。至於物質上的發達，問之報館老闆好了。但是仔細想來，我們從事新聞事業的人，看到日本的日趨進步，而我瞠乎其後，不能不有些愧怍，有所警惕呀！

記上海《晶報》

上海自有大報以來，即有小報，小報起於何時，有人紀載說是在一八九七年，從李伯元（那是寫《官場現形記》別署南亭亭長的）在上海創辦《遊戲報》開始的。以我所知，似乎那些小報的發行時期還要早一些，《遊戲報》也不是上海第一種小報，好像先有甚麼《消閒報》等等。總之《遊戲報》是最著名，以後續出的便有《繁華報》《笑林報》種種名目的小報出現，此刻也已記不清楚了。

小報的內容如何呢？當然以趣味為中心，第一是不談政治，所謂國家大事，概不與聞。所載的不過是街談巷議，軼事秘聞，也沒有好材料。執筆者都是當時所謂洋場才子，還弄點甚麼詩詞歌賦、遊戲文，也有一般人愛觀的。到後來日趨下流，專寫這些花界、伶界的事。甚而至於向那些娼家去示威，亂敲竹槓。譬如說：上海的高等妓院，吃酒叫局，都是三節算賬，他們倘然與那家妓院有隙，便在報上放一謠言，說是下節某妓嫁人了。那些嫖客本為屬意於某妓而來捧場的，至此便"漂賬"了（"漂賬"即賴債，妓家術語）。又如對於伶界，他們也有劇評（那時各大報沒有劇評的），北京來了一個名角，他們便闖進看白戲，以前上海的戲館，還沒有買票制度，你不讓他進去，他明天寫一個劇評，便把你醜罵一頓，戲館老闆雖痛恨它，可沒有辦法。所以這些小報，已弄得人人憎厭了。

那時的小報界中，似以李伯元的《遊戲報》銷數較佳，因為他在上海交遊頗廣，而尤以他所寫的那部《官場現形記》，附載報上。其時正當清末，人民正痛恨那些官場的貪污暴虐，這一種譴責小說，也正風行一時，李伯元筆下恣肆，頗能偵得許多官僚醜史。其實他自己也是一個佐雜班子，我當時也認識他，在張園時常晤見。所謂張園者，又名"味蓴園"，園主人張叔和（名鴻祿，常州人，廣東候補道，曾辦招商局，虧空公款，被參革職，以其宦囊，在上海造了那座張園），與李伯元為同鄉，所以我知《官場現形記》中的故事，有大半出自張叔和口中呢。

小報與大報不同之點，不但在於內容，而亦在於外型。即如說：它的紙張，大小最有分別，小報只有大報紙張之半；大報每份都有數張，小報則每份僅有一張。再說：大張都是靠廣告，廣告越多，紙張越加多。小報則靠發行，往往僅有半張的紙，卻能與大報數張的紙的價目，並駕齊驅，這便是短兵相接的，也有它的足以勝人之處了。

再次談及報紙上的副刊。記得北京某一家報紙出版副刊，劉半農寫了一個發刊詞，開首便說："報紙為甚麼要有副刊？這個問題誰也回答不出，但有報必有副刊……"但我敢說副刊是一種自然趨勢，而且還受着小報的遺傳性。因為未有副刊之前，先有小報，最初的報紙，並沒有甚麼副刊，可是我見到那些最早出版的報紙，在新聞之後，便有甚麼詩詞雜文之類，不過當時是不分欄的，那便有了副刊的萌芽了。到後來可以說把小報的材料吸收了，取其精華，遺其糟粕，於是遂有《申報》的《自由談》，《新聞報》的《快活林》，《時報》的《餘興》與《小時報》，那時候，副刊便成為大報裏的小報了。

在這個時候，舊時的小報，已成腐化無人問津了，而忽然崛起了一張《晶報》，這是在小報界裏第一次革命。

《晶報》本是《神州日報》的附刊，《神州》始由于右任等所創辦，一再易主，而入於皖籍人士之手，最後始歸於余大雄，余亦皖人也，籍隸徽州，胡適之所自嘲的徽駱駝者。（按：有一種蟲，名"灰駱駝"，似蛛蜘而背高，作灰黑色，以"徽""灰"同音，蘇人以之嘲徽州人者）。但他為人勤敏，當接收《神州日報》的時候，報紙每日的銷數，不及一千份，百計思量，總是難於起色。於是他在《神州日報》出了一張附刊（附刊非副刊也，又稱之日"附張"），喚作《晶報》。

為甚麼喚作《晶報》呢？因為它是三日刊，每隔三日，方出一紙，以三個"日"字湊成一個"晶"字，所以謂之《晶報》，而且也帶有光明精澈的意思。誰知讀者雖不喜《神州日報》而卻喜《晶報》，每逢附有《晶報》的日子，銷數便大增，沒有《晶報》的日子，銷數便大減。因此余大雄便對於《晶報》，十分努力，對於《神州》，則日趨冷淡，《晶報》朝氣充沛，蒸蒸日上，《神州》卻近乎冬眠狀態了。

但那個時候《晶報》不能獨立，必附屬於《神州》，因它有宗主權也。《神州》的編輯是吳瑞書，常熟人，說來好笑，編新聞，寫論說，孤家寡人，全編輯部只有他一人包辦，真似廣東人所說的"一腳踢"，好在只出一大張，大約一小時便可以齊稿上版，《神州》真是神速之至。至於《晶報》，要三日方出那麼小小一紙，余大雄於此三日內勾心鬥角，取精用宏，與《神州》相較，緩急之不同，真不可同日而語。

那時有位張丹斧先生（又號丹父）借住在《神州》報館，余大雄便請他為《晶報》編輯主任。張是一位揚州名士，好寫奇辟的文章，本來揚州文藝界，從前有揚州八怪的名人逸事，而這位張丹翁也有些怪癖。他雖名為編輯主任，並不與聞《晶報》編輯事，只偶然寫一則怪文，作一首怪詩而已。一切徵集新聞，處理文字，都是余大雄親手經營，要三日方出一紙，也真可謂算得好整以暇了吧。

大雄好客多交遊，實在他的好客多交遊，就是為他徵集新聞材料的謀略。

他對於《晶報》，發佈了有三綱：一、凡是大報上所不敢登的，《晶報》均可登之；二、凡是大報上所不便登的，《晶報》都能登之；三、凡是大報上所不屑登的，《晶報》亦好登之。這個意思，就是說：一不畏強暴，二不徇情面，三不棄細流，這是針對那些大報而發言的。先打擊了大報，以博讀者的歡迎，那是"初生之犢不畏虎"，也是一種戰略。但如果只是這樣空言白話，說說罷了，那就沒有意思，總要給點真材實料，給讀者們看看，方足以取信於人呀。

所謂真材實料是甚麼呢？便是要徵集大報所不敢登，不便登、不屑登的資料了。余大雄的徵集新聞資料，有兩種方法，一是取自外的，一是取自內的，試為約略言之。

那時上海的記者們，以“不事王侯，高尚其志”的態度，也謝絕各方交際應酬，以自示清高，實為可笑之事。當時也沒有外勤記者這一種職業，即使有外勤記者到人家去訪問，人家也絕不歡迎。余大雄就是以他的交遊廣，他以友朋的姿態去訪問，人家不能拒絕呀，可是有極新鮮的新聞，就從此中來了。他所訪問的友朋以何種人為最多呢？其中以律師、醫師、其他一般所謂自由職業者，次之則是海上寓公、洋場才子了。這時候，上海的律師，多於過江之鯽，在法政學堂讀三年書，就可以到上海來掛律師牌子了。自然，也有精通法學的名律師，也有只掛了一塊律師招牌而從沒有辦過法律事的。余大雄奔走其間，每每獲得大好的新聞資料；其他如上海的許多名醫，及一般自由職業者那裏，也往往有珍聞出現，所以當時人家呼余大雄為“腳編輯”。

這便是取自外的了。再說：《神州日報》那房子，既舊且窄，《晶報》造小小一間編輯室，也就是他的會客室。有時少長咸集，群賢畢至，余大雄的朋友，張丹斧的朋友，朋友帶來的朋友，如樑上之燕，自去自來，談天說地，笑語喧嘩，吃飽了自己的飯，閒管着別人的事，討論辯駁，是白非黑，而他就在此中可以汲取材料了。好在《晶報》要三日一出版，盡多空閒時刻，不似大報的每日出版，匆忙急促。還有文人好事，自古已然，忽然的天外飛鴻，收到一封敍事既曲折，文筆又幽默的報告秘聞，這又都是意外收穫了。諸如此類，可說那新聞取自內的了。

總括一句話：《晶報》上的新聞資料，沒有甚麼內勤、外勤，也沒有甚麼薪資、稿費，這是與大報完全不同的。譬如說：人家偶然報告一件有趣而重要的新聞，怎樣去衡量這個價值而與以酬報呢？人家也不過出於好奇心，發表欲，一時興之所至，見大報所不登而《晶報》所歡迎的，便即寫來了。不過雖然《晶報》所歡迎，也須加以調查，是否翔實，未可貿然登載。所以《晶報》對於甚麼稿費這一層，卻是不必談的。

就《晶報》所發表的新聞故事偶拾數事而言：當時上海法租界三大亨（黃金榮、張嘯林、杜月笙），勢焰熏天，誰也不敢得罪他們的。但是有一次，黃金榮為了娶一個女伶人露蘭春為妾，與一個上海富商薛某之子爭鬥的事（按，露蘭春是黃金榮所開的「共舞台」戲院的女伶；薛氏子是第一次世界大戰時，以囤積顏料發財的薛寶潤的兒子；薛氏子很吃虧，為黃門徒眾，打了一頓，棄於荒野），他報都不敢登，《晶報》登了。這件事，後來黃金榮的徒弟們，計謀要把余大雄騙到一個地方，依照對付薛寶潤兒子的方法，把他毒打一頓。也有人說：這種瘦怯的文人，吃不起我們「生活」（「生活」，滬語代表毆打的意思），那是要鬧出人命來的，不如請他吃一次「糖油山芋」吧（所謂吃糖油山芋者，僱一個小流氓，用舊報紙包了一包糞，伺於路旁，乘其不備，塞在他的嘴巴上。那就是請他吃屎的惡作劇，上海也有許多人嘗試過了）。但黃老闆門下也有文化人（也有報界中人）出來調和了，勸余大雄，何必要吃那些眼前虧呢。叫余大雄登門道歉一番，總算了卻一件事。

至於說大報所不便登、不願登而《晶報》獨登的，那是不可以僂指計。即如張謇與余覺、沈壽的一重因緣，上海各大報，沒有一家肯登的，而《晶報》乃以為奇貨可居，大登特登。又如有一次，適之在上海吃花酒，這也無足為異，當他在上海華童公學教書的時候，本來也是放蕩慣的。這一回，他是胡博士了，是中國教育界的名人了，當他從北京來上海，即將出國，似乎要尊嚴一點。偏有那位老同學胡憲生（無錫人），觸之於某妓院，胡適為余大雄所瞥見（他們是同鄉），又以為這是《晶報》好材料，便寫了胡適之冶遊的一篇素描。這也是大報上所不便登而不屑登的。其他也不勝枚舉，而最轟動一時的，便是《聖殿記》一案了。

《聖殿記》者，當時有一位德國醫生希米脫，到上海來行醫。他不是普通的醫生，卻是施行一種"返老還童術"（上海人如此說法），來了以後，大事宣傳，說是怎樣可以恢復你的青春腺，在性事上疲不能興的，他可以一針使你如生龍活虎，永久不衰。在那個時候，上海社會，確可以吃香。在各大報上都登了廣告，而且求名人作義務試驗。據說：試驗打針者有五人，而其中一人乃是康有為。於是上海有兩位德國派的青年醫生（上海當時習醫分兩派，一為英美派，一為德日派）黃勝白與龐京周弄筆了，寫了一篇《聖殿記》，投稿於《晶報》。

怎麼叫作《聖殿記》呢？所謂"聖"者，指康有為而言，因康有甚麼《孔子改制考》的著作行世，素有康聖人之稱；這個"殿"字呢？原來在古文"殿"與"臀"通，北方人呼臀為"腚"，南方人則呼臀為"屁股"。那就是說這一針是從康聖人的臀部打進去的，文甚幽默，語涉諷刺，康先生大人大物，以為這些小報吃豆腐，不去理它，哪知激怒了這位德國大醫生希米脫，他正想到上海來大展鴻圖，不想被人澆以冷水，大觸霉頭。於是延請了上海著名的外國大律師，向《晶報》起訴，以誹謗罪要《晶報》賠償損失。

這個損失《晶報》賠得起嗎？必然是獅子大開口，朋友們都勸余大雄，在這租界上與洋人打官司，總是中國人吃虧，不如向律師疏通，道歉了事，希米脫不過借此示威，要開展他的滑頭醫術，我們報上給他說些好話，為他宣傳宣傳，也過去了。但余大雄很為倔強，他說，我們《晶報》雖小，一向以不畏強暴著稱，許多讀者喜歡看《晶報》也因為此。現在一個外國滑頭醫生，靠着租界勢力，來威脅我一個小報，我決計抗一抗。況且這篇文字，我們只與南海先生開一次玩笑，對希米脫也沒有甚麼誹謗，南海也不計較，他算甚麼？以余大雄的倔強，這官司是打成功了。審判的那一天，是英國領事當值，中國方面的會審官是不是關炯之，我已記不得了。結果：宣佈被告余大雄，賠償原告希米脫一元。賠償損失一元，這不是可笑的事嗎？這不是象徵着原告已勝訴而被告已敗訴嗎？

再說，希米脫所要賠償的是名譽損失，而他的名譽只值一元嗎？所以判決以後，希米脫一路怒吼罵人走出，《晶報》同人則很為高興。據說：賠償極微的損失，在英國法律有此判例，這有勞於研究英倫法學家了，但是在面子說，白人總是勝訴了。未幾，希米脫悄然離滬去了，這一場官司《晶報》卻增長了千餘份報紙。

　　更有一事可回憶的，當《晶報》興盛的時候，史量才頗想收買它，曾託我向余大雄一探其意。量才的意思，以為有許多社會新聞，《申報》上是不便登的，倘有一個小報如《晶報》者，作為衛星，那是"老《申報》與小《晶報》"（按：這是上海小報販在各里衖裏高喊的，"老《申報》要伐？小《晶報》要伐？"小《晶報》因此出名），豈非相得益彰嗎？但這個交易，余大雄要他四萬，而史量才只肯出一萬，這當然不成。《晶報》何所有，一部《神州日報》遺傳下來的平版老爺車機器，一副斷爛零落的鉛字，《申報》也用不着它，無非是買這《晶報》二字而已。但《晶報》的組織與他報不同，有余大雄的奔走各處，不憚勞煩，採訪新聞，人呼之為腳編輯的。有各色各種的人，跑到《晶報》館裏來，謔浪笑傲，高談闊論，就於此中有奇妙的新聞出現，而不是你區區出了些稿費，就可以買得到的。所以我向史量才說："收買老《申報》容易，收買《小晶報》倒是不簡單呢。"

續　編

續編自序

　　在一九四九年五月，我始寫此回憶錄，自兒童時代寫起以及青年而至中年，得三十多萬言，本不敢以問世，前序經已述及。後由朋友的勸告督促，並相助為理，遂於一九七一年六月，在大華出版社印行出版。爾時我年已九十六了，老病侵尋，神思衰落，記憶力更不如前。乃蒙海內外賢哲，加以獎勵，謂此僅辛亥革命以前事耳，於此中斷，殊可惋惜，百歲光陰，如白駒過隙，前事不忘後事之師，追述遺聞，亦足為後生史材。而我以行將垂盡之年，在此藥爐病榻之旁，亦嘗回念前塵，尋思故友，深夜失眠，又復弄筆，亦得十餘萬字。不足則繼之以一九四九年的斷爛日記，即名之曰《釧影樓回憶錄續編》。前編由柯榮欣先生為我印行，後編由高伯雨先生為我印行，皆由大華出版社出版。我以病中，精神不繼，尤賴伯雨先生為我編校，多所贊助，心滋感謝。春蠶絲盡，蠟炬淚乾，讀者諸君，有以教正。

　　　　　吳縣包天笑時年九十八，一九七三年八月在香港

關於《留芳記》(上)

在一九二〇年時期，我曾有歷史小說《留芳記》之作。屈指計來，已是五十年了，此書也是未完成之作，以章回小說體，共寫了二十回，計有十萬字，在上海中華書局出版，今則早已絕版了。我於別的譯著小說，並不十分着意，但於《留芳記》，卻是下了一番功夫。病中無聊，偶爾追憶其事。

我在青年時代，在曾孟樸所辦的《小說林》出版部，見他所寫的《孽海花》，我也曾有過志願，要想把當時的革命事跡，寫成小說。也曾把秋瑾、徐錫麟的事，寫成一二回，名曰《碧血幕》，當時革命尚未成功呢。因思歷史小說者，不同於歷史也，也不同於傳記也，最好與政治、軍事無關的人，用以貫串之，始見輕鬆俊逸。久久未得其人，而我也於這個志願淡忘了。那年在北京，識張岱杉先生，偶談及此事，他說：“有一個人，可以為你書中貫串一切的主人。”我問何人？他說：“是梅蘭芳。這孺子一定成名，現在已經聲譽滿京華，士大夫爭相結納，用他來貫串，比了《孽海花》中的賽金花，顯見薰蕕的不同。”當日座中尚有宋春舫、錢芥塵諸君，都拊掌稱善，我也覺得張岱老提出梅蘭芳做我書中的核心人物，也頗為適當。就這樣的三言兩語，便引起我寫這書的興味來了。

梅蘭芳我早就認得，他第一次到上海來，便到《時報》及各報館拜客，又因為我友楊蔭孫（北京交通銀行行長）在上海張園結婚，演唱堂會戲（本來是上海丹桂第一台請來的，卻以北京銀行界的勢力，搶先演唱了一次堂會戲），也和他晤談過，其時他是二十歲吧？那時北京到上海的名公巨卿、文人學士，捧他的已經有很多很多人了。我為了寫這小說，不能向壁虛造，一定要先行搜集材料，多多益善。在梅蘭芳一方面，我的朋友屬於"梅黨"的極多（梅黨兩字，是他們黨員自稱的），要徵集資料，可以供過於求。但是我的寫這書，志不在梅的美藝嘉譽，而很想闡發那時民國革命的史實，如今想來，不免有些志大言誇了。

我這時便想着手搜集資料了，談何容易，這真是一個艱巨的工作。我此次來北京，距離辛亥革命，已經有七八年了，洪憲時代也已過去，正是北洋軍閥當權的時期。而我是生長在江南的人，從武昌起義，一直到清帝讓位，江南人好像隨隨便便，沒有甚麼大關係，譬如叉麻雀扳一個位，吃館子換一家店；糊糊塗塗睡一覺，到明天起來，說道已經換了一個朝代了。

還記得江蘇宣告獨立之日，程雪樓（德全）以巡撫而易為督軍的時候，我和《時報》一位同事程君，到蘇州去觀光一下。但見撫台衙門前只不過飄揚了一面白旗，至於老百姓，正是行所無事，各安其業，古人所謂七邑不驚呢。所以我必須在北京多搜集資料，因為此地虎鬥龍爭、狼奔豕突，可歌可泣、可愕可驚的軼事正多，這是我們治野史的所萬不能放棄的呀！

但是搜集材料，卻先從何處着手呢？自然要向在北京的朋友去訪問，而我當時在北京熟識的朋友還不多，有的是在辛亥以後方到北京的；有的雖在北京而不問外事的。岱杉先生說："我可以把我所知道的許多遺聞軼事慢慢地告訴你。"不過他也忙得很，我怎可為了我的小說材料，常去麻煩他（其時他是財政部次長兼鹽務署）。而且他是現任官，到底有許多不便講的呢。我這一次到北京，不過兩星期，就要回上海，買的京滬來回票，有限期。因想不如下次再到北京來，多住幾天，這種徵求故事的工作，不是以急就章所成功的，最好是從容不迫，在飲宴中、談笑中，無意得之，更為親切有味。

回到上海不多久，可就有兩位朋友見訪，這兩位朋友，可算得是梅黨中的高級職員、宣傳使者。這兩人是誰呢？一位是趙叔雍，一位是文公達，叔雍是趙竹君的公子，公達是文芸閣的公子。叔雍任職於申報館，公達任職於新聞報館,為黨魁支持輿論,也算得分派得好均勻了。我的《留芳記》還未動筆,而不知如何,他們消息靈通,情報周密,新聞鼻已經嗅到了。兩人都是為梅郎作說客,我是心領神會的,叔雍先來,我知道他的意思,掉了一句京戲《空城計》的戲詞,笑道:"司馬的大兵來得好快呀!"叔雍的話,頗為蘊藉,他說:"畹華的為人,真如出污泥而不染,你先生也賞識他,呵護他的,關於雲和堂的事(雲和堂是北京的相公堂子),大家以為不提最好,免成白圭之玷。"公達的詞令,沒有叔雍好,他說話有點格格不吐。這位先生,文思邃密,而邊幅不修,他還是費屺懷(念慈)的女婿呢,他的夫人嫌他沒有功名,不漂亮,常常把他逐出閨房之外,大有天壤王郎之感。他說:"蘭芳雖是馮六爺(馮耿光)一班人捧起來的,外間那些人,妒忌他盡說些髒話,那是不可輕信的。"我說:"我知道:這次在北京,我也和蘭芳見過幾次面,以他的溫文爾雅,我已心儀其人,決不會對他有輕佻之感。實在說,我寫此小說的旨趣,目的並不在梅蘭芳,只不過借他以貫串近代的史實而已。正要向兩兄請教,以兩兄的博聞廣識,必有許多大好資料,光我篇幅咧。"

過不了幾個月,我又到北京去了,這一次,我想在北京多勾留若干時日。我那時已經脫離《時報》了,無職一身輕,所以有此空閒歲月。這個時候,北京正是最繁盛的時期,也是最紛亂的時期,上海的許多朋友,也紛紛北上,除了去做官的人以外,如林康侯、楊蔭孫,都入銀行界;邵飄萍到北京開京報館;《申》《新》兩報都有發專電的特派員在京,《申報》是秦墨哂,《新聞報》是張繼齋。還有本在北京的徐凌霄、一士昆仲;還有袁寒雲也從上海回到北京來,舊友新知,更是多起來了。

這時北京新開一家旅館,喚作東方飯店,是上海一位姓丘的來京開設的,它的地址在南城外,鄰近八大胡同,正是最繁華之區,因為是上海人來開設的,不免有江南蓴鱸之思,所以凡是上海來的朋友,也都喜歡住在東方飯店。我在它的三層樓上,佔有小樓一角,每天三元,卻包括早、午、晚三餐,且是西餐,下有公共食堂,當時的物價,比現在可便宜得多呢。那個時候，我還在《申報》寫連載小說，因此白天訪朋友，打游擊，晚上在電燈光下，握筆疾書，每星期兩次，以快郵寄去，也可以算得手忙腳亂了。

我那時想：既是書名《留芳記》，以梅蘭芳為書中主要貫串人物，那好像戲劇的一開幕，便先要把梅氏捧了出來才對。卻是從何處着筆呢？我記得前讀《左傳》有一句道："數典而忘其祖。"我於梅氏不如先從他的祖父梅巧玲講起吧。原來從前清咸、同年間，曾、左、李三位忠於清朝的名臣，平定內戰，又把個回光餘照的愛新覺羅氏，扶了起來了。北京是人文薈萃之藪，那些所謂士大夫也者，歌舞承平，扢揚風雅，載酒看花，賦詩听曲。那時有些相公堂子，正在流行，梨園子弟，除了演藝以外，兼及侑觴延客。梅巧玲，因為他生得豐腴，北京有"胖巧玲"之稱，甚而皇帝也知道，當時某詩人有句道："天子親呼胖巧玲"。是哪一位皇帝呢？我不知是咸豐呢，還是同治呢。這個詩人呢，我也不知道，大概是樊雲門、易哭庵這幾位先生吧？

可梅巧玲有一故事，都中名士，傳說不一，我較其最切近者記述下來。

原來四川有一位舉人傅留青，少年科第，到北京來會試，帶了一個老僕住居在會館裏，一到北京，同鄉同年的宴會無虛夕。起初認得一個名旦喚作齡官的，齡官死了，他作了一副挽聯，那句子是："生在百花先，萬紫千紅齊俯首；春歸三月後，人間天上總銷魂。"（因為這齡官是二月十一日生的，比百花生日早一天，四月初一日死的，所以有下聯的第一句了。）其實這種對聯，也沒有甚麼了不得，不過切合他的生死月日而已。但是文人積習，互相標榜，便稱他為蜀中才子了。那傅留青正在鬱鬱寡歡的當兒，卻遇見了梅巧玲，一見傾心，便成為美滿的知己。

傅留青家裏是有些錢的，此番來京，帶來了一萬多兩銀子，作為在京的費用。又為了四川距離北京遙遠，即使春闈報罷，就可以在京讀書，預備下一科再戰。可是讀書是妄想，馳逐於聲色之場，倒是真的，以他的豪情慷慨，任意揮霍，不久便囊空如洗了。有一天，梅巧玲去訪他，見他正和會館裏的廚子算賬，廚子見有人來，噘着嘴巴走了，傅留青卻是愁眉不展的樣子。梅巧玲私問他老僕傅忠，傅忠歎口氣道：“人是沒有良心的，這個廚子本是我們家鄉人，菜還做得可以將就。我們大爺，從前一個月裏總要請十幾回客，賬也由他開，錢也賺得夠了。現在因為錢不湊手，欠了他三個月飯錢，也不到一百兩銀子，就時刻來算賬，不怪我們大爺要生氣了。”巧玲道：“原來如此！我想你們大爺外面還有賬，不止欠廚子的錢吧！”傅忠點點頭。

要知那個時候，中國的電報、郵政還沒有通呢，從北京到成都，一封家書，動輒幾個月，一往一來，便要半年。傅留青遠水救不了近火，家鄉的匯款不來，已是深入窘鄉，這也瞞不過梅巧玲的。那一天，他忍不住向傅留青說道：“我知道傅老爺近來錢不湊手，怎不和我商量？我手頭還有幾千兩銀子的積蓄，暫時濟急，有何不可？”傅留青道：“我怎好用你唱戲辛苦得來的錢呢？”巧玲道：“除非您不屑用我們唱戲人的錢，也就罷了。”傅留青道：“好！那麼先借一千兩來用吧。”銀子到手，豪情勃發，不到一兩個月，早已阮囊羞澀，妙手空空了。俗語說：“一客不犯二主”，還是巧玲接濟，他一連三次，共借了三千兩銀子，巧玲自己也真沒有錢了。

北京是個勢利之場，傅留青如果會試中式了，便有辦法，偏偏又是落第。他在貧困之中，忽又害起病來，不到幾天，病已不起，不等到家中寄錢來，早已身歿京師，魂歸蜀道了。幸虧會館裏同鄉幫忙，料理他的後事。這時梅巧玲前來弔奠，懷中取出幾張紙條兒，說：“傅老爺在生之日，曾向我移挪過三千多兩銀子，本不要甚麼借券，但傅老爺定要給。不過這借券留在我處不好，今日帶來在諸位老爺面前，把它銷毀了。”另外還送了五百兩銀子，他說：“最好請同鄉老爺們，把傅老爺靈柩盤回川中去。”說罷，灑淚而去。

這故事，北京人談者很多，而且傳說不一，焚券市義，大似孟嘗君之所為。我記述的是听羅癭公先生所講的，較為詳實。

關於《留芳記》（下）

我寫這《留芳記》小說，還是用章回體的，不過我在從前寫譯作小說的時候，早已不用章回體了。據一般出版家方面說：如果是創作，讀者還是喜歡章回體，開首有一個回目，回末還有兩句下場詩，並有"欲知後事如何，且听下回分解"的老套語，可知舊小說原是從說書人遺傳下來的。舊小說開卷前有個《楔子》，《楔子》還有一首詩或詞，我的《留芳記》也有《楔子》，也有詩詞的，開首便是羅癭公的一首詞。其詞曰：

> 流末從知市義難，輸他奇俠出伶官。靈床焚券淚汍瀾。
>
> 曲子當年傾禁籞，孫枝萬口說芳蘭。留將善報後人看。
>
> 調寄《浣溪紗》

這首詞便是從梅巧玲說到梅蘭芳了，那是我請求羅先生寫的。這時他住在北京的順德會館，他是廣東順德人，我便常常到順德會館去訪他，因此也認得了程艷秋，那個時候，程艷秋不過十六七歲吧。十次訪癭公，倒有九次遇見艷秋在那裏，後來艷秋拜梅蘭芳為師，也是羅先生介紹的。

再說：我這《留芳記》，先寫成了二十回（另《楔子》一回），約有十多萬字。本預備寫成八十回或一百回的，也可謂志大才疏，但是想：倘使要完成了出版，也不知要何年何月，就是這寫成的二十回，已經研磨到兩年多了，如果寫成一百回，那便至少要有五十萬字，而當時還流行用四號鉛字排印的，勢必要裝釘兩冊，並且這時上海的小說出得雖多，讀者的購買力還是微弱得很，一部書價目在一圓以上，便有些縮手了。出版家的計算，一部新書有十萬字的，定價可在一圓左右，初版三千部銷出，決不會虧本，再版當然有利了。

因此我這《留芳記》，寫成了二十回以後，躍躍欲試地便想出版的方法了。

閉門造車，不能出而合轍，我那時就想把所寫成的給諸位老朋友去觀看，請他們加以指正。尤其是供給我材料的諸位先生們，當時由他們說了，及至我寫出來時，卻大異其趣！也有的一時傳為珍聞奇事，而到了後來，方知不確，未能徵實的；諸如此類甚多。我有自己印成的原稿紙（那是在時報館仿照冷血所印的型式印行的），把它謄清了，成為兩冊。我是在上海定稿的，這一次到北京，便帶了這稿本去了。

我記得那時一九二四年吧（民國十三年，歲次甲子），約在三四月間，到了北京，我第一要去拜訪林琴南先生。因為在三年前，我就曾造訪過他，以後也常通過信，寫《留芳記》的事，我也告知他，並請求他為我寫一序文，他也慨然應許了。這次來，將此《留芳記》請他鑒定並索取序文了。他那時已是七十三歲，但我見他還是精神奕奕，有說有笑的。我說：“小說寫得不好，請先生指教。序文慢慢兒賜下，拙稿擬在下半年印行。”誰知不到三天，他的序文，已經送到我寓所來了。我今將林先生的序文錄如下：

弁言

前此十餘年，包天笑譯《迦茵小傳》，甫得下半部，讀而奇之，尋從哈葛得叢書中，覓得全文，補譯成書，寄書天笑，彼此遂定交焉，然實未晤其人。前三年，天笑入都，始盡杯酒之歡，蓋我輩中人也。國變後余曾著《京華碧血錄》，述戊戌庚子事，自以為不祥。今年天笑北來，出所著《留芳記》見示，則詳載光緒末葉，群小肇亂取亡之跡，咸有根據。中間以梅氏祖孫為發凡，蓋有取於太史公之傳大宛，孔雲亭之成《桃花扇》也。《大宛傳》貫以張騫，騫中道死，補貫以汗血馬，史公之意不在大宛，在漢政之無紀，罪武帝之開邊也。雲亭即仿其例，敍烈皇殉國，江左偏安，竟誤於馬、阮，乃貫以雪苑、香君，讀者以為敍述名士美人，乃不知雲亭蘊幾許傷心之淚，借此泄其悲。今天笑之書，正本此旨。去年，康南海至天津，與余相見康樓，再三囑余取辛亥以後事，編為說部，余以篤老謝，今得天笑之書，余與南海之諾責卸矣。讀者即以雲亭視天笑可也。

甲子三月閩縣林紓拜識

　　林先生文章茂美，史識超群，乃序中以太史公、孔雲亭相比例，他的寵譽我實在太過了。但他的序中意有所指，也是借他人酒杯，澆自己塊壘呢。他是以流麗的行楷，寫在兩張箋紙上，我在印行《留芳記》時，即以其墨跡冠於首頁。他序文中，有“前三年，天笑入都，始盡杯酒之歡”的數語，我不能不說一說。

　　原來我在三年第一次訪林琴翁時，談得很好，他獎掖後輩，不遺餘力，他就約我第二日到他家中吃便飯。我出來告訴友人們，他們說：“噯呀！此老是極難得請客的，對你真是極大面子，萬不可拂其意，而且要去得早，不能使他久待。”那個時候，還是初春天氣吧，他約的是中午一點鐘吃飯，我不到十二點鐘，便到他家裏。他的書齋中有三數賓客，大概是他的同鄉，卻不見主人。後來卻見琴翁穿了一件長可及膝的棉袍子（這種棉袍，我們江南老年人也常穿的），正在他們的廚房裏，指揮廚子做菜（後來我才知道有好多福建名士，都會自己做菜的）。他還告訴我，這是甚麼菜，如何做法的，這都是我從未吃過的閩菜。其中有一隻“湯煲肚”，又香、又鮮、又脆，不知如何做法，我至今還好像是芬留齒頰呢。

那天還有一事，餐未及半，有人送一信來，立候回音，琴翁離席匆匆去，旋即歸座，說已了卻此一件事。原來有某顯者，喪其父，求琴翁撰寫一墓誌銘，送筆資三百元。但林翁不願為此人諛墓，謝絕了，璧還了他的筆資。在座的一位客，問求寫墓誌銘的何人？他笑說："總之我不願給他寫就是了，不必問何人。"所以我覺得林琴翁的風骨和厚道，實在當世一般賢達之上，他在我書的序文上，不是記着年月是甲子三月嗎？不想就在這一年的下半年，他便逝世了。他是生於一八五二年（清咸豐二年），歿於一九二四年（民國十三年），享壽七十三歲。

我那時又把《留芳記》稿本，給在京的諸位先生看，有幾位都是供給我書中資料的。如張岱杉先生，他是發起我寫這部書的，但他那時正忙於做官（曾以財次升部長）；還有一位丁士源先生，是在德國留學回來當軍官的，在辛亥年間，任陸軍大臣蔭昌的副官處長，他給我的關於辛亥史實不少，須再加以證明。北京交通銀行行長楊蔭孫兄，取了我的稿本去看，後來對我說："你害了我，一夜看完，使我失眠。"我此次來京，承蒙蔭兄以交通銀行透支一千元的摺子與我。他說："知兄旅費不多，在京不無有些交際，可以活動一點。"及我將回上海時，他又向我說："我查看你賬，只透支了三百多元，我已給你還清了。"茲事亦殊可感也。

最後我這稿本給胡適之看過，我知道胡適之的為人，你若誠心請教他，他也誠心對付你，而且肯說實話。他看過了，便說："我知道你寫這小說很費力，我敢批評你五個字'吃力不討好'，恕我直言。"這仿彿對我兜頭一瓢冷水，我正在興高采烈時呢。但事後想想，確也是他的見到語。再一想想，人做"吃力不討好"的事正多，寫小說是其小焉者耳，因想胡適之的一生，就是"吃力不討好"呢。那時我已回上海了，和胡適之見面，也是在上海，我就把這二十回的《留芳記》急急想出版了。

關於籌劃出版是一個問題，回憶到我最初譯寫小說，那是賣給了書店去出版，自己一切不管。後來到了時報館，我在報上寫連載小說，如《空谷蘭》《梅花落》等等，都由有正書局去出單行本。至於那些雜誌上的連載小說如《苦兒流淚記》《馨兒就學記》等等，則由商務印書館出版，我都不管的。此刻的《留芳記》怎麼辦呢？而我的發表欲卻正在催迫我呢。

那個時候，我已出了《時報》，《時報》也換了新東家了，但我在《申報》上還在寫連載小說（上海報紙，每日只登一篇小說，約一千字，不屬於副刊）。我想到如果把《留芳記》先在《申報》上登一登，十萬言也不過三個月多光景，然後再出單行本也不遲。我便先與陳景韓商量，景韓說："你先把稿子拿來，給我們看看，再行定奪。"我便把稿子給他了。過了數天，景韓回報我，說："我們都看過了，《申報》不好登，因為有許多磕碰。"景韓所說的"他們"，當然有史量才、黃任之諸君在內，所謂"磕碰"兩字，可作觸犯解而是出於無心的，這也是新聞界的一種術語呢。我知道《申報》不便登，《新聞報》更無論了。我在《新聞報》，也曾寫過連載小說，規定以一年為期，在此一年之中，汪漢溪先生訪問了我三次，只不過詞句之間，他認為諷刺某一人為不妥當而已。他們都是這樣謹慎小心，而尊重作者，而不肯擅自改竄作家文字，卻也很可感的呢。

本來把版權賣給書商，讓他們去出版，自己不用費心，不是也很乾脆的嗎？可是我又不願意。自己付印刷所排印，由自己出版，最大問題是關於發行一件事，而我又素性疏懶，最怕麻煩，以我所經驗的想起來，決定是辦不好的。

想來想去，我們這一班作家，總逃不出書商之手，我還是和商務印書館同人去商量，如把《留芳記》交商務出版，他們必能接受。我們的意思是並不讓渡版權，而只收取版稅，因為我知道有幾位著作家，在商務已有此例了。

未與商務接洽前，先見到陸費伯鴻，偶然談及《留芳記》事，伯鴻道："你為甚麼不給我們中華書局出版呢？"（伯鴻是中華書局總經理）這時中華與商務競爭甚烈，知要在商務出版，更不放你過門，我想中華書局也不弱於商務，現在欣欣向榮，各省都有分館，既然如此，省得再與商務去囉唆了。於是與伯鴻講起生意經來，版稅收二成，就是照定價一元中，售出後我可以收到二角，三節算賬。據他說：「這是特別優待，初版倘印三千部，我們也許要虧本的，希望的是再版。」這樣，《留芳記》便由中華書局出版了。

　　初版在三個月內即銷罄，再版遲至兩三年，三版恐印得不多吧，總共算來，不曾能銷到一萬部。版稅陸續送來，這些零零碎碎的錢，也零零碎碎用去。可是到了日寇侵佔時期，中華書局給我一封信，說是《留芳記》被日方禁止發行了。我百思不得其故，我書也並未踏着它尾巴，為甚麼要咬我一口呢？以後《留芳記》也就絕版了。

辛亥風雲（一）

我寫的《留芳記》，最先的設計，原想從辛亥革命開始，一直寫到洪憲帝制，甚至拉到了張勳復辟，其志可謂不小，然也還不到十年的事呢。書中還要把梅蘭芳硬串在裏面。即使是寫張勳復辟吧，那天這位辮帥進京，即在當天晚上，他們江西同鄉（張勳是江西人）在江西會館歡迎他；大開筵席，還唱了戲，而這個班子裏就有梅蘭芳。大家正是酒酣耳熱，注目於戲台上的梅蘭芳出場，狂喝他的門簾彩。回過頭來，卻不見了今天的主賓張勳，原來這位辮帥乘人不備，已經離席，悄悄兒溜出去，直叩清宮大內去了。這樣不是又把梅蘭芳搭上去了。可是不要說張勳復辟沒有說到，連洪憲帝制也沒提及，這二十回《留芳記》中，只談到辛亥革命幾件傳聞故事罷了。

現在我把《留芳記》中辛亥革命的故事兒，拾取幾件來說。不過先得來一個聲明：第一，《留芳記》裏所寫的人，都不是真姓名，而是影射的，這也不是我們創始，《儒林外史》中的人，不是都有來歷嗎？曾孟樸寫《孽海花》，也是如此。現在我所重新記述下來的，即都是真姓名。第二，寫小說不免有誇張的地方，也不免有隱諱的地方，有的出以故作驚人之筆，有的發為奇異莫測之文。但是我現在所記述的不是小說，只不過把從前在朋友處听來曾寫在《留芳記》上的，加以修正，平鋪直敍地再記錄一下而已。

講到辛亥革命，首先要從武昌起義說起，但這一段歷史，記述過的不知有多少了。從新聞上、雜誌上、公家典籍上、私家傳記上，千篇一律，早已家喻戶曉，我何必再去重敍一過呢？要知道我的是小說，不是史傳，我高興寫哪裏，就寫哪裏，我徵集的材料，大多數從北京來的，因此我便從北京一方面寫起了。

　　且說當武漢起義事件發生的當兒，清廷正在直隸（今河北）永平府預備秋操。自從清廷注意練兵以後，共辦了四次秋操。第一次在河間府，是光緒三十年，北洋大臣主任，教練官大概是日本軍官。第二次在彰德府，光緒三十一年，練兵處主任。第三次在安徽太湖縣，光緒三十四年，陸軍部主任。這次永平府秋操，已是第四次，由軍咨府派了一位親貴濤貝勒為主任，預備在八月二十一日（舊曆，下仿此）大操的，在八月十九日夜裏，忽然接到一個武昌十萬火急的密電，但是密電本子，卻在濤貝勒的帳篷裏。那時的警備總司令丁士源，騎了一匹馬，直闖載濤的營帳，一疊連聲地喚道：“七爺！有緊急電報！”這時載濤已經睡了，便道：“甚麼事？咱們明天談吧。”丁士源道：“不！那個密電本子在您房內，咱們翻出電報來，給您瞧吧。”

　　電報翻出來，只有幾個字：“工程營兵變瑞澂逃。”載濤說：“怎就鬧起亂子來了。是革命黨不是？”丁士源道：“工程營是新兵，新兵變亂，很可考慮。”載濤說：“這和咱們秋操很有關係，現在可怎麼辦呢？”召集了幾位高級司令，商議下來，說現在把這事暫時秘密起來，不要搖動了軍心，想來北京定有處置，等上頭命令。果然北京的命令來了：“秋操暫時停止，着載濤即日回京。”說暫時停止，只不過是緩兵之計，這一次秋操，就這樣的半途而廢了。

　　載濤回到京城，見政府各機關已是震動忙亂起來，各處的電報，幾乎要塞滿了一個軍咨府。明發的上諭也已經下來，着陸軍大臣廕昌督師南征，克日啟行（廕昌號五樓，在德國學過陸軍的）。大將出征，軍書旁午，大兵踊躍，氣象萬千。廕昌先派了廿三標統帶為先鋒隊，立即馳赴戰地。又檄調五十七標統帶開拔前進。自己便帶着大隊人馬，開着京漢鐵路專車，緩緩向前進行。原來清政府吃了外國幾次敗仗以後，便注意練兵，開陸軍學堂哩、秋操哩、請外國軍官來當教練哩，鬧了一個烏煙瘴氣，都是不切實際。到了攝政王載灃當國，一班兄弟們都以皇叔自居，又設了甚麼貴冑學堂等等，這班乳臭未乾的親貴，叫他們賃廂聽戲、飲酒看花、逛胡同、吃館子，那便都是翩翩年少；若論衝鋒打仗、決算運籌，還遠得很。現在他們以為漢人鬧革命，我們滿人兵權在握，不難一鼓蕩平。

閒文少敘，且說廕昌奉命出征，在北京啟行的那一天，到車站相送的人可不少。除了在京各大員、各要人外，還有許多外國公使、西報記者，也來相送。廕昌帶了一班參謀長等等，軍服輝煌，在專車裏酬酢來賓。到了相當開車的時候，大家紛紛下車，車站長把手中綠旗一揮，火車便蠕蠕而動。但只動了一動，忽然又停止了。這是怎麼一回事呀？傳問站長，說是剛得電話，盛宮保要來送行，立刻就到。大家都詫異，盛杏生有甚麼事嗎？原來那時盛宣懷是郵傳部大臣，火車站也由他可以統制的，不到十分鐘，只見他匆匆忙忙趕來了。廕昌道："咱們車已開了，說宮保要來相送，不知有甚麼事嗎？"盛杏生道："委實有一點事，兄弟非親來不可。聽說漢陽已失守了，此次我們大軍一到，必可奪回。只是我們在那裏有個鐵廠，非保全不可，那是我們花了好多心血在裏頭的。這件事要拜託諸公。"說着，從靴統裏摸出一張半新半舊的地圖來，說："這便是漢陽鐵廠的地址所在，要能保全無損，該廠願出十萬塊錢犒賞大軍。"廕昌道："得啦！咱們奪回漢陽時，準定把鐵廠保留，十萬犒賞費，宮保請早預備。"

盛杏生也知道軍行緊急，不可躭擱，便即告辭下車。臨開車時，盛杏生在月台上還拱着雙手道："拜託！拜託！"廕昌見他這行狀急遽可笑，在車窗前，也以一種滑稽態度，用兩手指交叉搭着道："十萬！十萬！"試想這一天大將出征，何等威嚴，軍行都有一定時刻，可是臨開車時，送行人脫帽揮巾，軍樂齊奏，車已蠕動，乃紅旗一揮，又復停止，已經叫人詫異了。

說是盛宮保要來，必是緊要的事。那天各國公使館人物、各西報記者，都能說得一口京話的，怎不聽懂他們言語。一回說："錢預備好了。"一回又是甚麼"十萬！十萬！"必是關於軍餉問題，所以要由盛宣懷去籌款。他們通電出去都說清政府餉項不足，急欲籌款，由西報一宣傳，再由上海各報一翻譯，加着更有人散佈謠言，於是上海大清銀行擠兌，天津大清銀行擠兌，北京大清銀行擠兌，先是金融上吃了一個大虧，可謂出軍不利。這是盛杏生這個倒霉鬼，車站送行，因此起了這個禍根。

廕昌的軍車一路下去，逢站停頓，都有地方官在那裏接差迎送。過了正定府，漸漸到了彰德，那是袁世凱住在這裏，大家說："我們要去見見袁宮保嗎？過門不入，似乎不好。"因為這些統兵官，大半是他的部下呢。廕昌道："他究竟是老前輩，也好！我們此次出征，應該向他請教一些方略。"到了彰德府，傳了信去，袁世凱便即請見。廕昌帶了他的參謀長等一行人前往，到了袁宅，袁世凱含笑相迎。讓進西花廳，早有兩位客在那裏。一位約有五十多歲年紀，清癯面目的是張一麐；一位神氣飛揚，不過四十歲左右年紀的是楊度。

袁世凱道："五樓，這一趟你要辛苦了。"廕昌連忙謙遜了一回，便道："此次特來拜訪宮保，請示方略。"袁世凱道："這一回听得說革命黨聲勢很大，各省都有響應的，你們到前敵，未可輕視啊！"廕昌道："將來還不是要請宮保出來，討平此亂，不過這一次，我們出來，先給宮保打開一重門，好待宮保慢慢地佈置。"袁世凱听了便不大高興，他是個心高氣傲的人，想怎麼叫先打開一重門，我要是出來，自己會打開自己的門，別說一重，幾十重我自己有力量也可打開。這時他便微笑不語了。在座的張一麐，向來不多說話，有好好先生之名，只有那個楊度，咭呱咭呱，言語獨多，他說："這一下子，只怕打一年也不知道，打兩年也不知道，你們的軍餉怎麼樣應得多備些呀。"一回兒又說："聽說我們湖南也不大安寧吧？要是各省都蠢動起來，那就有得麻煩哩！"

那天袁世凱便大排筵席，算替廕昌及一班軍事人員又是接風，又是餞行。有許多軍事人員，原是他的舊部，都一味恭維他，希望他出山。

袁世凱歎口氣道：「我是不中用了，現在腿疾未愈，精氣亦衰。回念受先太皇太后（謂慈禧）先皇帝（謂光緒）深恩厚澤，無以為報。現在只有閉門思過，仰賴諸公，同心戮力，殲此小丑了。」袁世凱這些話，听來好像自承卑抑，實則是發了一陣牢騷而已，廕昌等辭別以後，回到車站，吩咐開車，火車是很快的，便直達信陽州了。

信陽州是現在一個軍行駐紮的地方，可以指揮前敵，也有許多將領在此進退集合，更有一重要的事，用兵必先籌餉，俗語說得好：「三軍未發，糧草先行。」原來此次他們從北京出發，原沒有多備得軍糧，因想有了銀子，一路上隨便甚麼地方可以採辦，可是要購大宗軍食，也不能咄嗟立辦，在彰德又被楊度提了一提，此刻計算下來，在軍車上攜帶的，只夠七日之用。雖然後面也有軍需輜重隊陸續地來，正恐緩不濟急，在此信陽州可以採辦一些，只怕再向前進，供應就不周了。

廕昌駐紮在信陽州，不到幾天，從前敵傳來一個消息，說是自己的軍隊，忽然互相開火轟擊起來，這是甚麼原因呢？原來是一種軍衣問題的錯誤。當在正定府的時候，調赴前敵的第二鎮協統王之春，就問到了敵軍所穿的衣服是甚麼顏色？那位參謀長（按：這位參謀長，最初未調查到他的姓名，所以《留芳記》上也未列名）給他說道，敵軍的衣服是穿藍色的，我軍衣服有黃色的，有灰色的。王之春記下來了。可知道中國的軍裝，參差不齊，未能統一，軍服也隨統兵官的己意為之。偏巧那個五十七標統帶張希元手下所帶的兵，全是藍色軍服，那位參謀長沒有知道。可憐張希元的隊伍，從河南調來，還沒有紮住營盤，王之春的兵，見是藍色軍服，認定是敵軍，一連幾排槍，打得張希元的兵，七零八落，張軍莫名其故，立即回擊，就此互相開火起來。直到信陽州大營，趕忙派人去調停，方知是軍衣顏色的誤會，參謀長不得辭其咎。就這麼一鬧，自己人打自己人，軍士的銳氣便挫折了不少。

《留芳記》這一回目：「待送行紅旗停軍旆，生衝突藍服誤戎機。」上一句，說的是盛杏生車站送行；下一句便是藍色軍服的誤會了。

辛亥風雲（二）

關於袁世凱重新出山的一段歷史，《留芳記》卻有記載。

當我在北京搜集材料時，頗得到當時接近人物的傳述，歷觀後來各家筆記野乘，也未見記述，今且錄之如下：

袁世凱自從退歸林下，由項城移居彰德，說是杜門養病了三年。可是他野心勃勃，急思發展，哪一天忘記了自己在清廷的權威？說甚麼圭塘唱和，洹上釣遊，只不過附庸風雅，招幾個書呆子排遣排遣，遮掩世人耳目而已。可知道他此中歲月，實非閒暇。他也知道這清政府是搞不好了的，想到了兩宮宴駕，為了戊戌政變舊怨，把他驅逐出來，他也不免懷有仇滿之志呢。

在這個當兒，便是革命黨人，也有好多和他暗中接洽的，東西洋留學生回國，常常有繞道到彰德一訪袁世凱的，他也一一與他們周旋，而且時有饋贈。最湊趣的，當時有一位河南候補知縣姓何的，他是一位星象家，每天從半夜裏起來望氣，逢人便說：王氣在中原，總是中州一帶，要出帝王。從本年（辛亥年）五月間就嚷起來了。加着許多名士，凡清廷不能容納的，都向彰德奔走，真個如水赴壑。直至武漢民軍起義，各省響應，北京政府，一天要接着好些急電。親貴中不是些老朽，便是些童騃，正在束手無策的當兒，那彰德府沉幾觀變的那位梟雄，也正在躍躍欲試了。

那時候，有一位袁府裏的表老爺張鎮芳，他很知道這位老表兄的心事，特地到彰德府來訪袁世凱，便道：“四哥！你的時候到了。在這個當兒，還不出去，等待何時？人生世間，機會最要緊的，但機會卻一瞬即去，非把機會捉住不可。"袁世凱道："你的話是不差，可是一個人的出處，也不宜太輕躁，難道人家不有求於你，便可以炫玉求售嗎？"張鎮芳道："兄弟有一個意見，我瞧現在的時勢，他們滿洲人是搞不好的了，各省都在蠢動，好比一間破屋，驟經大雨，各處都在漏了，他們又無法補漏。那個攝政王是一無主張的人，盡那班號稱親貴的小弟兄胡鬧。其中還是老慶王說話有點兒力量。只是他近來越老越貪，他別的都不管，只拼命地要錢。你四哥如果願意花這幾十萬銀子，孝敬孝敬他，他還不和你盡力在裏面幫腔說話嗎？"

袁世凱點頭說道："你的計劃，我難道不明白？花一些錢，那是小事，我向來不愛惜的。只是這一番，我不出去則已，要出去時，非大大幹一下子不可。我們老弟兄，可以無話不談。別的我都不放在心上，就是外交上，我還不敢說有十分把握，但也有七八成地可以靠得住的。英國公使朱爾典，咱們是老朋友，不用說，他是一定肯幫忙的。記得三四年前，他還和我說，既是滿洲人搞不好，何不自取之，那你們倒可以中興一番。這話出於外國人之口，他竟肆無忌憚說了，要是在中國人口中說出來，豈不是大逆不道嗎？我就怕那日本小鬼，素來和我有惡感，他們要是從中搗亂起來，也很是麻煩。不過在日俄之戰裏，我們幫他們的忙不少，還不能盡捐宿嫌嗎？至於美、法、俄、德，這都不足慮，以我眼光看來，歐洲各國，互相猜忌，只怕戰禍也就不遠了。講到兵力，這不是胡吹一句，誰不是我手下的人，就有幾個乳毛未乾的娃娃，正不在我心上。前天廕五樓在這兒，我瞧他一點也沒有甚麼把握，他還意氣飛揚，說甚麼先打開一重門，只怕未必吧。凡事總要先謀定而後動，我早知道，他們呢，總要找到我，也不過遲早之間罷了。你既想到此也好，裏頭烘托，當然好得多，發動可以快一些，不然，遲則生變，也是很可慮的。明兒匯四十萬銀子，這事就託你辦了吧。"

不多幾天，張鎮芳到了北京，找到了路子，把四十萬銀子送進慶邸去了。那個慶親王奕劻，是個耄而好貨，越老越貪的人，自然把四十萬兩銀子笑納了。他想："到底是袁慰亭，他惦念我老頭子，不走門路則已，要走門路，總是我的主顧。而且手筆也大，不像人家要他五萬、六萬，已是滿頭大汗，他一送就是四十萬，就這一點瞧來，足見他是能辦大事業的人。而且現在中國各大員中，如袁世凱這樣的，還有幾個？所有外面統兵的官，哪一個不是他的人？他們只是鬧着小孩子脾氣，和他作對。我想這一回，非力保他起用不可。"

這時老慶王已吃了袁世凱四十萬兩銀子的迷魂湯，心中只有一個袁世凱，想現在先收了他四十萬，將來他上台以後，與他合作，還不知可有多少哩。那時北京清政府，雖派了廕昌應敵，但是大軍未曾報捷，而各省獨立的急電，又似雪片飛來。攝政王載灃，驚惶萬狀，便召集了各王公大臣，商談辦法。那個時候盈廷聚訟，你一言，我一語，莫衷一是。有人說，現在陸軍大臣廕昌，親臨前敵，讓他先打幾仗，要是能把漢口和漢陽兩處奪回，武昌他們當然守不住了。有人說，現在的事，不但是湖北一方面的，各處都亂動了，我們要統籌全局，方能有效，否則就有顧此失彼之虞。也有人說，我們國家練兵數十年，秋操也開了好幾回，現在陸軍學堂裏畢業的人，也不知道有多少了，難道幾個革命黨小子都不能打退嗎？也太丟人了。大家紛紛議論了一陣子，都是不着邊際的話，也沒有一個辦法。

老慶王想這是我說話的時候了，便站起來說道："我有一個意見，說出來願與諸位討論。"大家齊聲道："王爺是公忠謀國，老成遠謀的人，定有高見。我們都願意聆教。"慶王道："欲平此亂，我想只有一人，就是那退職回籍的袁世凱。"大家听得此話，不敢作聲，只偷眼兒望着攝政王，攝政王也默然不作一聲。老慶便繼續說道："謀大事者不記小仇，當初齊桓公對於管仲，尚忘射鈎之恥。現在大家想想，可以當此重任的，除了袁世凱，還有何人。自從他小站練兵以後，各處統兵大員，誰不是他的部下人，由他出來號召，可以登高一呼，四山響應。廕昌雖為陸軍大臣，論起資望來，那是遠不及他呢。據諸位說，現在陸軍學堂畢業，及出洋留學陸軍回來的人也不少，以我瞧起來，這些娃兒們都靠不住。別的沒有學，都學了些洋人的邪說謬論，只怕都是革命黨。即使不是革命黨，也和革命黨一鼻孔出氣了，這哪裏要得。還有一說，我朝自入關以來，待漢人也不薄，所以屢次內亂，都由漢大臣平定，長毛鬧得那樣厲害，也是老佛爺信託了曾國藩一班漢大臣平復的。依我的主意，惟有起用袁世凱，使他平亂要緊，旁的事我們慢慢再議。"

當時也有附和着老慶的，也有依違於兩可之間的，也有沉默不語的。攝政王說："這事我們不能拿主意，只有奏明太后，共同商議。"可憐那個隆裕太后是個忠厚懦弱的婦人，她聽說革命黨起事，要打進北京城來，早已嚇得慌亂無主，現在只要能平內亂的，不管是袁世凱也好，方世凱也好，都可以遷就。過了幾天，就下了一道上諭，湖廣總督，着袁世凱補授。這電諭到了彰德，袁世凱知道四十萬銀子在那裏說話，已經發生效力了。可是他還要拿喬，不能叫他們呼之即來，揮之即去，也須要裝出一點兒身份來。便擬了一個不能奉詔的電報，大致是說："足疾未愈，衰病侵尋，懇請另簡賢能，當此重任"云云。

要知道那個時候的清廷也分為兩派，一派自命為老成派，以慶親王奕劻領首，漢人中如徐世昌等輩，亦屬於此派，都瞧不起那班新進人物，說這班人都靠不住，只是在那裏胡鬧。所謂新進派人呢，像那時的肅親王善者，以及軍咨使良弼等，自命為滿人中開通人物了。他們也知道現在時勢，單靠滿人是不能成事了，因此平素間，也常發融和滿漢的論調。無奈這大清國二百六十多年來，漢人吃了他的苦頭，真是擢髮難數，種族之見愈深，報復之機愈迫，補救已是來不及了。

不論這新進派，都是不贊成袁世凱的：第一，他們說袁世凱是個老奸巨猾，野心難制，如果他一朝得志，滿洲種族恐無噍類矣。第二，他是反覆無常的小人，就照那戊戌政變的一役，阻遏新政全是害在他的手裏，使德宗（謂光緒）幽居，一生抬不起頭，可謂罪大惡極了。第三，他們知道北洋兵權，全在他的手中，看定袁世凱是生有反骨的人，一旦反戈相向，將何以制裁他。還有一種不明事理，迷信法治的說道："國家自有制度法律，不能讓他因此跋扈，即如德宗殯天，只一道上諭，就驅逐他出京了，將來也可以重演一回。"可是在此世變岌岌之中，哪裏能讓你從容不迫地高談制度、法律呢？

記得我當時的《留芳記》寫到此，也還記着資政院裏的一班君主立憲派（簡稱君憲派）還迷信着立憲兩字，以為憲法一立，各處的民黨冰消瓦解，當時憲政的黨魁是誰呢？他們自然公舉主張變法，力圖維新的梁任公了，此外便是湯濟武、林長民等一流人。那時已與滿人中的善者、良弼、載濤等所謂聯絡者已聯絡一氣了，而且上達攝政王以及各親貴，以為憲政一頒，革命不致復起。他們還擬定了憲法十九條的信條。

這信條上怎麼寫的，我今摘錄於下：一、大清帝國之皇統，萬世不易。二、皇帝神聖不可侵犯。三、皇帝之權，以憲法規定為限。四、皇帝繼承之順序，於憲法規定之。五、憲法由資政院起草議決，皇帝頒佈之。六、憲法改正提案權，屬於國會。七、上院議員，由國民於法定特別資格公選之。……計共十九條，這些醜惡的條文，我也懶得再錄下去了。當我為《留芳記》搜集材料時，得了這寶貝典故，還暗暗地想：這是我們作的孽了吧。

我們在金粟齋譯書處的時候，葉浩吾先生曾譯了日本憲法，我與汪允中兩人正躊躇着要印不要印，結果是印出來了，後來為人所責罵，說這種欽定憲法，害人不淺。現在果然應驗了，這種憲法信條，完全鈔自日本憲法皇室典範，真是當時我們所意想不到的事。

不但此也，還有一個可歎可笑的文獻，他們以為立憲大事，應得要宣誓太廟，昭告天下，當時便有人擬了一篇宣誓文，這宣誓文是誰人所作，也不必去管他了，無非後來給他戴上一頂保皇黨的帽子，不過我把這宣誓文錄下，或為將來編清史者所未知。其文曰：

維宣統三年某月日，監國攝政王載澧，攝行祀事，謹告諸
先帝之靈曰：惟我太祖高皇帝以來，列祖列宗，貽謀宏達，迄
今垂三百年矣。溥儀繼承大統，用人行政，諸所未宜，以致上
下睽違，民情未達，旬日之間，寰區紛擾，深恐顛覆我累世相
傳之統緒。茲經資政院會議，廣採列邦最良憲法，依親貴不與
政事之規制，先裁決重大信條十九條，其餘緊急事項，一律記
入憲法，迅速編纂，且速開國會以確定立憲政體，敢誓於列祖
列宗之前。

　　這一件事，清廷已經算讓步到萬分，這班君憲黨，以為憲法頒佈，
就此可以滿漢一家，緩和種族革命的趨勢，可是革命潮流不發則已，一
發就橫決而不可收拾了。

辛亥風雲（三）

　　我今回敍袁世凱在彰德奉了上諭着補授湖廣總督，但他還搭着架子，託言足疾未愈，不肯就任。可是各省獨立的報告，一天緊一天，軍無鬥志，人有戒心，一個攝政王，又是庸懦優柔，自己拿不定主意。那天又開了個御前會議，召集王公大臣、軍咨府、陸軍部，商議此事。隆裕太后道：“自從太皇太后先皇帝殯天以後，皇上幼沖，我是一個婦人家，幸賴攝政王輔政，及諸位王公大臣相助治理。三年以來，內外相安，不料武昌革命黨忽然起來，本想不難即日平定，誰知這幾天一夕數驚，江西、安徽、雲南各省，都電告獨立，廕昌也沒有告捷的電文，人心慌亂已極。我想命岑春煊到四川去，魏光燾到兩湖去，這都是老成宿望，諸位意下如何？”

　　老慶王奕劻搶先說道：“太后所見極是。岑春煊、魏光燾，都是老練有識的人，着他們遵旨迅速啟行就好。皇上幼沖，群臣等輔弼無力，以致鬧出這亂子來，自有應得之咎。可是國家練兵養士數十年，不能平此區區小丑，也太不成話了。請太后放心，我們還有數鎮雄兵，不難一鼓蕩平，就是督師無人，這是很焦心的。奴才的意思，還是叫袁世凱出來，只有他可以統率諸將，收指臂之助。前次放了他湖廣總督，他託疾不就，想他是前任外務部尚書，可否仰懇太后慈恩，赦他已往之罪，授他為欽差大臣，所有赴援海陸部各軍，並長江水師，統歸節制。再令馮國璋統第一軍，段祺瑞統第二軍，均歸袁世凱調遣。如此優待重用，不念舊惡，想袁世凱具有天良，他應感激聖恩，馳驅圖報的了。”

太后道："我於外間情形，不甚熟悉，也不知道到底該怎麼辦。袁世凱當日的事情，你們大家都知道，也不用說了。先皇帝龍馭上賓的時候，本要治他的罪，朝廷體念老臣，以足疾放歸田里，也算得寬恕的了，袁世凱自己也應得摸摸良心。現在咱們要用他，他又擺架子，這事王爺與攝政王商議，該怎麼辦就怎麼辦。你們大家說袁世凱才具好，必能平亂，自然以國家為重，我還追念他從前罪惡嗎！"隆裕說到那裏，早止不住淚珠兒滾了出來，掩面先自回宮了。

老慶王便和攝政王商量，下了一道上諭：特授袁世凱為欽差大臣，所有赴援海陸各軍，統歸節制。又着馮國璋統第一軍，段祺瑞統第二軍，均歸袁世凱調遣。那個攝政王是一無主張的人，也就唯唯否否。雖然他們的新進派裏頭，也有好多不以為然的，可是自己裏頭也提不出一個知兵大員來，與袁世凱抗衡的，也只是敢怒而不敢言了！

那時候，清廷特派專使，到了彰德，說了許多好話。又派廕昌自己到彰德勸駕一次。袁世凱便道："朝廷篤念舊臣。賜予起復，又奉皇太后、皇上聖恩優渥，世凱人非木石，豈敢忘恩。雖然足疾未愈，自當力疾督師，馳驅赴敵，以盡犬馬之勞，不過開拔橃調，一切餉糈政府也嘗籌及嗎？這一回，不單是湖北一省的事，各省都已響應了起來。即使大軍所指，即日蕩平，那筆軍餉也就不貲，何況如今還沒有一個把握呢。"大家說道："但求宮保出山，餉項我們再從長計議。"袁世凱這時也預備有些頭緒了，馮國璋、段祺瑞兩位軍統，也來請示機宜了，他就慢慢地由彰德起節，駐紮到信陽州來。我還記得袁世凱在他的《圭塘唱和集》中詠《春雪》一聯有句云："數點飛鴻迷處所，一行獵馬疾馳來"，正應了當時景象呢。

袁世凱奉命督師，到了信陽州，廕昌即與交接。他雖然是現任陸軍大臣，資歷甚淺，所謂"蜀中無大將，廖化作先鋒"，調遣各軍將領，也不能如袁的指揮用命，樂得卸肩了。老袁那時便一連幾個急電，打給慶王，催索餉項，大致說：要餉項無虧，將士方樂於效命。那時節，清廷度支，已漸漸不能支持，急切之間，到哪裏去籌款呢？說不得個古老傳語：「朝廷不差餓兵」，要叫他們出死力去打仗，如何可以不預備餉項呢？

正在束手無策，仰屋興嗟的當兒，便有人獻策於袁世凱（按：這個獻策的人，當是一個要人，在我搜集《留芳記》資料的時候，曾詢問告者何人，但他不肯道出姓名，他既欲保密，我也不好窮詰了），說是：從前慈禧太后私蓄，也都是刮的民脂民膏，現在他們既然要保那大清的天下，不可以叫他們拿些出來嗎？人民尚有毀家紓難的，何況他們帝室中，況且這也不必要侵及內府正供啊。袁世凱听了，拊掌稱善，說道：「對了！對了！你老兄真能在無辦法中想辦法。」便請這位獻策的先生，即日到北京，和老慶王仔細商量去。那人到了北京，先去見了王士珍，王士珍道：「果然籌餉是急如星火，明日且和慶邸商量。」到了明天，見了慶王，因說：「慈禧太后既有私蓄，我們暫時借來一用，日後即可歸還，這不過是應一個急兒罷了。」

慶王躊躇道：「這是說有一筆儲藏款兒，我也好像听人說過。自從老佛爺歸天以後，當然歸今太后保管了，只是我們怎好去問得。」王士珍道：「王爺不好問得，我們更不好問得了。」慶王道：「或者託攝政王可以想想法子。」王士珍道：「全仗王爺幫忙，那軍餉一天不發，就一天不能開拔，此刻軍情緊急，瞬息萬變，最好仰求皇太后濟一濟急，暫時發放，將來國內平定以後，首先籌還。」老慶王道：「明日叫起，我且問問去。」

當時慶王見了攝政王，便談起了這事。攝政王道：「確實有這筆款項，現歸太后保管，只是咱們怎麼可以開口向她要去呢？這是孝欽后的私蓄，並不是國家的正供呀。」

慶王道：「現在時勢很急，你想耽擱一天，要出多少亂子，怎麼還管它私蓄與公蓄，只要有錢，就取出來濟急。但能保得住大清天下，將來這筆賬，總可以算得清，即時歸還的。不過這到底是宮廷私蓄，他們當然不願意交出來，全仗您大力，好好兒地奏明太后，說現在不過借來一用，將來無論在哪一項收入上，可以撥還。要是國家度支寬裕，也不會向太后要這筆錢。如此說法，或者太后也就應許了。"慶王又低聲道："最好把外頭的事情說得更緊急些，想太后自然不至於留難呢。"攝政王是個懦弱的人，受了慶王的教唆，便道："我總極力地說去，事成與否，卻未可必。"慶王道："全仗大力。"

那天攝政王便進宮中，和隆裕商量，太后道："好啦！你們大家想心思想到宮裏頭來了。這一宗款項，果然是老佛爺遺留下來，歸我保管的，卻不是取諸正供，乃是歷代相傳，一向歸宮闈掌管，未曾動用，數目多少，連我都未曾知道。現在他們度支部在那裏管甚麼事，臨時籌一些軍餉也籌不到，要想到宮廷私蓄，這還成甚麼事嗎？"

攝政王道："要是外面能想法子，早已想了，還來叩求太后嗎？實在這兩天外頭鬧得很兇，軍咨府裏各省獨立的電報似雪片一般飛來，所有派出去的人，回京報告，也沒有一個好消息。本來這幾年中，庫藏空虛，度支竭蹶，已經要鬧饑荒了，怎能還用兵呢？就如袁世凱這個東西，先皇帝一生未能揚眉吐氣，可不是為他所害，縱不加罪，何至於要起用他呢。也是為了時局艱難，一時京外沒有統兵大員，不能不叫他出來，現在開拔無費，他就黏在信陽州，今天說足疾復發，明天說感冒未愈，不肯親赴前敵。外面風聲愈緊，延宕一天，就要出多少亂子，受多少損失，在這個時代，更不能提到外債、國債，所以大家的意思，都仰求太后，請將老佛爺的遺蓄，暫時移作軍用，濟一濟急，將來無論在哪一項收入上，可以盡先掃數歸還。現在咱們以救國為先提，請太后俯念時勢急迫為是。"

隆裕不比慈禧，是個軟弱的婦人，這時無話可說，但也說道："那也不全是現款，有許多是金條、金塊之類，還有的是前朝一直保管下來的，老佛爺在日，也沒有敢動它，到了咱們手裏，難道就變賣了不成？"

攝政王知道這已經活動成功了，便道："有金子就可以變成現款，咱們向金店裏一兌就行。或者着金店裏暫免熔化，留存一年半載，咱們仍可以贖回。這一次蕩平內亂以後，全國人民，都要恭頌太后聖明，能通權達變，不是那般固守成法呢。"攝政王知道太后已應允，連忙把高帽子送上去。隆裕道："既然如此，我明天派小德張，去開宮中庫房，叫他們搬出來，且點了數再說。"隆裕歎了一口氣，又說："只是要悄密些兒，到底對於宮廷面子是不大好看的，又傳出許多謠言。"

攝政王謝恩出來，明日就提出孝欽后那筆私蓄來了。要知道一共有多少呢，說是總共值銀七百多萬兩，除了幾百多萬現銀外，其餘都是金塊金條。這些金條，有些是孝欽后的儲蓄添置下來的，有一部分金條上還刻有"大明嘉靖年製"的字樣，這還是明朝大內之物，直到了民國三四年間，還有人瞧見過，可知還未能熔化盡淨呢。袁世凱得到了這一筆巨款，自然滿意，這時就派了第一軍軍統馮國璋克日南下，直抵漢陽，而自己卻仍舊駐守在信陽州沉幾觀變。我今在此不提。

再說這價值七百多萬兩的孝欽后私蓄，說甚麼平內亂，即日籌還，到了袁世凱手裏，都泡了湯了。一直到南北停戰和議，袁世凱進京，做了總理大臣，像徐世昌這種人，貌為忠貞，其實和袁世凱一鼻孔出氣。倒是王士珍這個老實人，為之憤憤不平，他說："咱們北洋派，要是大家肯出些力，區區革命黨，真是不足平的，無奈大家不肯出力，既不出力，又要騙他們的錢。隆裕太后那裏陸續也已支到一千萬了，當時向宮裏去說時，我也在旁邊拼命打邊鼓，誰想如今白撈了他們的錢，一些兒不給他們顏色瞧，憑良心說，咱們也不該哄他孤兒寡婦的錢，諸位想想，我再有老臉進宮去見太后皇上嗎？"

這話傳到袁世凱那裏，袁世凱道："王聘老真糊塗了，清室的錢是從哪裏來的，還不是咱們老百姓的錢嗎？從前聚了進去，此刻叫他們散些出來，這不是應該的嗎？想當年慈禧在日，把我們海軍經費，移造頤和園，王聘老怎麼又不提了呢？不然，何至於我們中國幾次和外國人打仗，搞得一敗塗地呢？可是錢，確是已經用掉了，難道要我賠出來嗎？"可見這時候，袁世凱一片狡獪慝賴的心事，已顯露出來了。

辛亥風雲（四）

　　就《留芳記》所載，加以修正紀實，已重敍不少了。但《留芳記》二十回共有十萬字，我不能一一重載於回憶錄。其中有"端方之死""吳祿貞之死""良弼之死"以及"張勛與小毛子""易哭庵以神童資格，從太平天國做過小王子，以及被蒙古王僧格林沁救出"等等，都有翔實描寫，此種或可為筆記材料。不過有一事，我得在此回憶錄上簡單地記一筆。

　　自從清廷退位之詔已下，命袁世凱組織臨時政府，在上海議和的當兒，孫中山有約言，願讓位給袁世凱。民黨中人很多不願意的，中山說："我們現在的力量，不能及於北方，袁世凱雖然不能測他的將來，然因此改革國體，光復漢族，不能不借重他的。況且我言既出口，豈能反汗，我們當以大局為重。"不過中山當時向參議院提出辭職書時，卻有附帶條件，就是臨時政府要設在南京，不能更改。新總統舉定了以後，也要親到南京來就任。因為南京總算是民國開基之地，建都南京，可以氣象一新。

　　但是袁世凱怎肯到南京來，他的勢力，全在北方，要是到了南方，如魚失水，似鳥離巢，當時便來了個覆電，說："南行之願，前電業已聲明，然暫時羈絆在此，實為北方危機隱伏，全國半數之生命財產，萬難恝置。"又說："若專為個人責任計，捨北而南，則有無窮窒礙，北方軍民意見，尚多紛歧，隱患實煩，皇族受外人愚弄，根株漸長。北京外交團，向以世凱離此為慮，屢經言及……"他簡直提出外國人來，壓制南方了。中山得此電後，再赴參議院，請付核定。幾經復議，再電北京，請袁世凱即日南來，特派專使，北上歡迎。

這專使三位是誰呢？以蔡元培為正專使，以汪兆銘、宋教仁為副專使。這一正二副，當時在《留芳記》上都詳敍他們履歷，現在已是大家所熟知的人，無庸再述了。這三位專使到北京，是民國元年二月二十七日，也便是舊曆正月十一日，只見那正陽門外車站，搭蓋了巨大的五色牌坊，用了青松翠柏紮出兩個比栲栳還大的字來，左首一個是"歡"字，右首一個是"迎"字，晚上電燈燦爛，兩面懸着紅黃藍白黑的五色國旗。兩旁都是站着戎裝軍警，擎槍致敬。音樂隊齊齊奏着軍樂，袁世凱派了專員，迎接三位專使入城，引導入煤渣胡同的貴冑法政學堂，作為專使賓館。

這個賓館，陳設既極精雅，侍應也復周到，外面又派了一聯禁衛軍，保護專使。當時在北京也有蔡、汪、宋三位專使的朋友，便來訪問，專使一方面的人，總說："南方人民渴望袁公早日南下，還有許多應興應革的事，非袁公南下，不能解決。"北方朋友，多半是刺探情況而來，他們卻又說："北方人心，卻都傾向袁公，也須袁公維繫，況且明、清兩代，數百年均定都北京，一旦遷都，談何容易，事實上卻有種種困難，而且東三省與內、外蒙古，殊有鞭長莫及之感。"這是來做說客的，談了一回，也就去了。

到了明天，蔡專使帶了汪兆銘、宋教仁兩位，進謁袁世凱，呈上中山先生的書函，和參議院公文。袁世凱先是謙遜了一回，然後便說："我是渴想南來的，可與諸位先生共謀統一。中山先生又是生平所仰望的人，久欲一瞻顏色，聆聽高論。無奈北方局勢，未能大定，許多軍隊，也未能收束，急切間怎能走呢？更有一個外交上的關係，各使館又都在北京，一旦南遷先要安排，諸位知道，這是有條約上的拘束的，先要和他們商量，不能隨隨便便的。"

三位專使，當時輪流發言說："南方人民，望公如望歲，況吾公為參議院正式選舉，到了南方就任，方可避清室委任之嫌。不然因為南北建都問題不解決，以致共和民國不能統一，誰負此重大的責任呢？」袁世凱道：「南方要我前去，北方又要我留着，可惜我沒有分身之術。可是久久不能統一，叫外人無可承認，這不是大可憂慮的事嗎？我說，與其中山先生辭職，倒不如兄弟即此退居。我想，請南京政府把北方各省軍隊，妥善辦法，接收整理，卻是一個善策。那時兄弟就退居田裏，做一個共和時代國民，豈不甚佳。倘在沒有接收以前，兄弟也不敢偷安，自當維持北方秩序。現在共和時代，總統也就是公僕，大家總維護國家大局，決不因為一總統問題，釀成了南北分歧之局啊！」

老袁肆其刁頑詞鋒，危言恫嚇，動輒以外交為口實，實則以退為進而已。但專使也不肯讓步，他們說：「總統手定大局，為物望所歸，請不必太謙了。我輩今日北來，受參議院使命，深望總統南方一行，以慰民心。至於收束軍隊，遷移使館等事，既已南北統一，更可共同計議。」

這三專使中，以宋教仁出語最力，辯才無礙，袁世凱到此只得說道：「既承中山先生及參議院和諸位先生的好意，兄弟何敢固辭。但仍須略加考慮，如果北方沉靜，沒有甚麼變端，兄弟也願意南方一行，以與中山先生及諸君子一把晤為幸的呢！」

當日便設宴款待三專使，召集各大員，大開盛筵，極為隆重，自不必說。那時袁世凱還住在外交部大樓，散席以後，三專使也回到貴冑法政學堂去了。汪精衛先開口，他道：「蔡先生，您瞧老袁意思如何？」蔡鶴老是一位忠厚長者，只是搖頭歎氣，宋遯初早已忍不住了，他冷笑道：「不用說了，他是打定主意不肯往南方去了，我們這一次，決定是徒勞跋涉了。你瞧這個人怎樣的狡獪，怎樣的深沉，此人一朝得志，將來後患無窮，把民國託付於此輩之手，殊為失計。可憐我們志士先烈，犧牲了無數頭顱鐵血，造成這一番事業，將來就要敗壞於奸雄之手。現在他已打定一個定盤心，無論如何，不肯南下，我們再要逼着他，不知道又要鬧出甚麼亂子來呢！」

道聲未了，只聽得外面一片喧嚷之聲，接連着又是幾排槍的聲音，一時彈子飛射聲、喊殺聲、哭救聲、屋瓦震裂聲、牆壁坍倒聲，推窗一望，只見火星熊熊，如天半朱霞，映得室內一切東西，變成了紅色。汪精衛道：「不好！瞧這個情形，一定是兵變無疑了。」宋遯初道：「哼！剛才我說逼得他緊，一定要鬧出亂子來，果然，這不是老袁的手段來了嗎？」

原來袁世凱見專使北來，逼着他要到南方去，頗想有所示威，要叫他們知道，顯見得我在這裏是不能走的。他那天便召集了在京各軍統制，和那民政首領趙秉鈞及一班他的親信人員，說是專使北來，要迫我南行，諸君意見如何？大家說：「總統如何可以輕離北京，貿然地向南方去，這不是很危險嗎？」老袁道：「他們逼迫我南行，我們須得想個方法，對待他們一下子。」這時楊度在座，便說：「請總統放心，我們設想辦法，明天總叫他們不敢再來催迫。」趙秉鈞也說：「我們有計劃，須叫他們自己有些覺悟。」袁世凱也沒有再說甚麼話，他向來做事，只略表示一點意思，要叫人揣測而知的。（按：後來暗殺宋教仁的事，據說，他的部下也曾請命於他的，他只「唔」了一聲。後來南方說他是主犯，他老不認賬。及至趙秉鈞暴斃，是為了滅口計。趙和袁以後鬧得不好，趙不贊成洪憲帝制的，此是後話，附志於此。）

停了一回兒，袁世凱到裏面休息去了。他部下的一班人便商量起來，說：這件事只有一法，這般這般，我們交給曹三哥辦去就是了。曹三哥是誰呢？便是現任第三鎮統制曹錕。他是天津人，從前是在街市賣布的，袁世凱小站練兵，他當了一個陸軍學生，漸漸地發達起來，現已升擢至第三鎮統制，駐軍畿輔，防衛京師，這時有一協六千人錙重炮軍兩營等在京。他們便和曹錕商議，說非這樣辦一下不可。曹錕雖是一個阿粗，卻是有些兒膽怯，他知道所統的那些大兵，沒有受到甚麼訓練的，便道：「這恐怕要一發難收吧，況且誰擔這個責任呢？」他們說：「這是老頭子的意思，我們不承受他的意思，敢胡亂辦嗎？」曹錕道：「既然如此，也好，你們晚上听消息吧。」

一方面趙秉鈞也便授意各警察長官，先期把崗警撤退。到了那個時候，齊舉並發，好似放了數千百頭狼虎在都市間，一聲吶喊，四處齊起，第一遭劫的是前門大街，甚麼大柵欄、珠寶市、廊房頭條、觀音寺，許多熱鬧地方，那一班商家，只好眼睜睜地瞧那成群結隊的丘八大爺，耀武揚威，強取豪奪，還敢向他們噪一聲兒嗎？停一回東城一帶，以及哈德門外的典當銀號，也都遭到了搶劫。可是古人說得對：「兵猶火也，不戢將自焚。」他們起初的意思，原是想嚇嚇南來的專使，叫他們知道老袁決不能南下，以此作為示威運動，誰知這樣一鼓噪，軍心便浮動起來，再加上地方的土匪地痞，也趁這個當兒乘勢擾亂，從中起哄，釀成了一片聲喧。

　　那時袁世凱的府邸門前，有四五十個衛兵，聽見了他們在搶劫，知道這麼一回事，是上級軍官授意他們的，不免有些眼紅起來，他們便互相談論道：「這一回，老弟兄們也多少有些油水可撈呀，也不枉出這一趟苦差。我們可是只好睜着眼，瞧他們發財。」一個衛兵道：「當衛隊是最沒意思了，好比做人家們看門的狗，只守着門兒一些也沒有活動。」一個衛兵道：「我們也疏散疏散不好嗎？」可知袁世凱是處處在派着人偵緝人家的，這個消息傳到裏面。他便說道：「不好！那種衛兵，最要小心他，一個不留神，便成了養虎貽患，現在這些話兒，就不好聽，萬一反戈相向，豈不是弄假成真。」他便立命向庫裏搬出一百多個五十兩大元寶來，叫人傳話出去，說是外面兵士在搶劫，總統念你們護衛有功，每人賞兩個大元寶，即刻派人在號房裏頒發，叫你們大家去領。那衛兵聽說每人賞兩個元寶，誰不喜歡。於是每人手裏分握着兩個大元寶，別說是擎槍，連一切別的東西也不好拿了。他們眼熱兵士們劫掠，也無非志在得錢，此刻每人捧着兩個大元寶，只是裂着一張大口，齜着焦黃的牙齒，你瞧着我，我瞧着你，再沒有別的心思了。這種地方，都足見袁世凱的狡獪計謀。可是這一次北京兵變影響所及，已至於天津、保定。總之他們不過小小示威，在老百姓已大大遭殃了。

且說這三位專使，听得一片聲喧，正在猜疑驚詫，只聽嘩喇喇一響，一個流彈，卻在玻璃窗打入，玻璃也只打一個洞，彈子從玻璃窗穿過，直擊上對面掛的一架西洋水彩畫，從水彩畫又擊進後面牆壁，穿了一個窟窿出去了。蔡元培道：“呵呀！好厲害的彈子呀！”只聽外面有人喝道：“這是南方來的專使蔡大人公館，弟兄們別囉嗉。”一人道：“甚麼磚使瓦使，我們都不知道，反正宮保也要到南方去了，北京城裏，也沒人主持，我們樂得攪一攪。”說着，打得大門似播鼓一般，把蔡老先生嚇得發抖，說：“不好了，他們竟要打進來了。”宋教仁道：“他們那些北兵，蠻而無禮，槍子認不得人，我們不能吃眼前虧，還是走避為佳。”三人便向着後面逃避。這個貴冑法政學堂，裏面有多少房子，他們全不知道，只管向後走，見有一片空曠地，好似一個體操場。那天已是舊曆正月十二日子了，北方天氣較寒，雖是星月交輝，卻被火光煙氣，迷蒙着不甚分明。好似那邊有一帶短牆，短牆以外，便是別人家了。

　　這三位專使都是文人，怎麼會跳牆頭呢？幸得宋教仁的身體還高，汪兆銘尤在青年，他們見牆角有一堆亂磚，兩人便搬運過來，約略可以墊着腳，露出半個身子，汪精衛便說：“遁初兄！我們先過去一人，在那邊站着，把蔡先生先送了過去，蔡先生是不會跳牆，別跌閃了腿，不是當耍的。”宋教仁說：“誰先過去呢？”精衛道：“你先過去，我在這裏幫扶着蔡先生。”

　　於是宋教仁便一躍過牆，他在日本留學，也曾習過體操，有一些兒跳高的功夫，便一躍過牆去了。蔡先生是個瘦怯怯的老書生，好在汪精衛年強力壯，幫着他搭扶着，好容易也跳過去了。最後是精衛，三人都陸續跳過牆去，蔡先生笑着道：“我們今天，真是做了‘段干木踰垣而避之’了。”汪精衛也笑道：“不要是‘踰東家牆……’不知那邊是誰家？”語聲未了，那邊院子裏喧聲四起了。

　　原來這個院子是別一人家，當三位專使跳牆過去的當兒，恰巧有個小丫頭出來沖茶，忽見隔壁跳下個人來，嚇得丟下茶壺，話也說不清楚地告訴女主人。那時候，正是人聲鼎沸，外面鬧着兵變，忽聽得牆上跳下人來，怎不驚駭。一刻兒工夫，便趕出許多家丁來，一看卻是那三位先生，衣冠齊楚的，都是上流人。其中一個家人道："咦！這不是咱們隔壁貴胄學堂裏南方派來的專使嗎？"這時家人們一窩蜂地圍上去，汪精衛和他們說明緣由："外面兵變，要打進門來，我們只得越牆走避，卻是驚動貴宅，殊為抱歉。但不知那裏是誰家宅子？"

　　你道這隔壁宅子是誰家，卻是馮幼偉（耿光）馮六爺的家，那天主人不在家，正因梅蘭芳剛搭進田際雲的天樂園，與一班名士聽戲以後，偕同蘭芳到煤市橋致美樓小酌，也為外面兵變所阻。因此家人稟報馮宅老太太，老太太說："既是南來專使，我們好好地款待他們，候兵變寧靜，送回賓館。你們開了西花廳，生了火爐，說家主不在家，多多有慢。"天明以後，馮宅把三位專使送回賓館。袁世凱又把天津、保定兵變的電報，送給三專使看，三專使知道他決不南行，只好有辱使命地回南方去了。

記上海《立報》

上海的小型報，我前已記了《晶報》，我今再記及《立報》。《立報》又進一步，可算得後來居上了。在未寫《立報》之前，先述及我的兩首打油詩，錄如下：

懷《立報》東薩空了先生

高樓燈火語生春，立報風光殊可親。
常着爛衫謝教授，細搜抽斗褚夫人。
小茶館裏歌呼起，花果山前跳躍頻。
三十年來如一瞥，海隅一老感沉淪。

諸君意態各縱橫，小記匆忙嚴諤聲。
堪喜工徒寫稿子，劇憐校對嚼花生。
座環半月眾星拱，車走千街萬馬行。
大未必佳小了了，一般輿論最分明。

寫這兩首詩的時候，我已在香港了。中國解放以後，那一年，內地派了一個京劇團到香港，這個戲劇團的領導人薩空了先生，便是三十年前上海《立報》的總編輯，故有此詠。我那時與《立報》有半年多的文字因緣，因此乃回憶及之。

先是上海新聞界傳出一消息，說是北方的新聞界，將到上海來開設一報館，也未知何人來辦。所云北方者，當然是北京了（按：自國民黨北伐成功，遷都南京以後，北京已改稱北平）。但未幾，這消息又寂然。遲至一二月，又傳北京確有人要到上海來辦報，說是小型報而有大報風度的，擁有資本甚厚，到上海來，要別樹一幟，不是和上海新聞搶生意，而是要向上海新聞界吹進一點新空氣，因此那種傳言，亦頗為上海讀報者所注意。

　　說實話，北京的新聞界，與上海的新聞界，本是意趣不同。北京以政治為重心，上海則以商業為重心，到了五四以後，北京新聞界受此風潮影響，大足發揚，而上海新聞界則頑然如故，即使如《申報》的《自由談》有所改革，只不過小小波動而已。及至史量才被刺，杜月笙當了總經理，《申報》更趨末路了。《新聞報》本已屬於史氏，至此還有甚麼聲光。即以小《晶報》而言，本為三日刊，自從《神州日報》停刊以來，余大雄便想改為日刊，曾與我商量，我勸其勿改，結果還是改了，此時也日趨黯淡。《立報》在此時期，到上海來發展，正是大好策略呢。

　　還有一個傳說：說是這個報，雖是小型，待遇極優。總編輯的月薪，便是三百元，其次也在百元以外。至於寫小說及雜文等等，稿費亦在千字五元以上，於是爬格子的朋友，都欣然相告，都準備來嘗一杯羹了。其實並沒有這回事，總編輯的月薪，只不過八十元而已，其他的編輯，當然自更少了。至於寫小說、雜文的稿費，也和當時上海的市價一樣，千字二三元而已。後來据《立報》的創辦人說，他們並沒有作此誇張宣傳，故作張揚，近於惡謔，他們不負此責。

　　但是這《立報》，卻與上海報紙有不同的數事，我得略說一說。第一，是絕對不登廣告。上海那些老爺報，以廣告為養命之源的，它是一張四開小報，能載廣告幾何？而喧賓奪主，侵略了新聞地位，且因此可以省去不少煩擾。第二，不遷就報販。上海這時候的報販，勢力囂張，大報販之下，有小報販；小報販之下，有更小報販；階級重重，從事剝削。

他們有威脅報館的權力，記得有一次，《新聞報》因為不遂他們的要求，竟扯碎了報紙數千份。而且他們這個職業是傳代的，父以傳子，母以傳女，也有甚麼工會等等。至於新開報館，先要與他們講條件，或者請一次客。《立報》此次不買這本賬，說是我們已僱用了一百輛腳踏車，你們不送，我們一清早，自行送達定戶。至於流動性質的，上海失學兒童有多少，可以組織他們在街頭巷尾，以及電車站、公共汽車站叫賣呢。（按：中國解放以後，所有報販一律取消，報紙的每日送達，統歸郵政局。）其他如報館不會客，報人不赴宴，事屬尋常，不必說了。

我今要說到《立報》的編製，它是以小報的型式，而有大報的體格的，從政治新聞以至社會新聞應當是具備的。不過這個時代，國民政府已在南京而不在北京，對於上海報界已便利得多了。既有長途電話，又有無線電台，更有中外的通訊社，不比我在時報館那時候的常遭枯窘了。但《立報》對於此種資料，選擇很精，有的必須動以手術，加以剪裁，不是甚麼"抓到籃裏就是菜"的。有些官樣文章，煌煌大文，實不能容，對不起只好付之字簏了。

《立報》的最特異的，就是一張四開小型報，而有三個副刊。這三個副刊便佔有了全版面的八分之三，可算是空前的了。但是這三個副刊各有其意義，第一個副刊名曰《言林》，那是專為寫給文化界學校中一般教師們、學生們看的。《言林》有多種言論之意，副刊往往用此"林"字，《小說林》《快活林》之類。第二個副刊名曰《花果山》，那是給高、中產階級，自由職業與商業界人看的。花果山本是《西遊記》上孫悟空棲息之地，現在作了別解，以表示一如花果繁盛，多采多姿之意。第三個副刊名曰《小茶館》，是為了一般勞動階級寫的。江南各地，到處有小茶館，那些勞農勞工，一天勞動以後，都到小茶館喝一杯茶，談天說地，自得其樂，所以這三個副刊的命名與其內容，都是有深意存在的。

那時主編《言林》的謝六逸，他本是上海復旦大學的教授，這些研究學問的人，好多是不事修飾的，他常穿一件藍布長衫，微有破爛，所以我的打油詩中，有"常着爛衫謝教授"之句呢！主編《花果山》的是張恨水，恨水久居北京，卻在上海《新聞報》寫《啼笑因緣》小說，這已是家喻戶曉的事了，此次當是《立報》同人請他來的。至於《小茶館》這一專欄，乃是《立報》總編輯薩空了自己編的，極為勞工張目，工人輩日手一紙，為《立報》歡呼，這又是我打油詩中的"小茶館裏歌呼起，花果山前跳躍頻"兩句作注腳了。

我不是上面說到我與《立報》有半年多的文字因緣嗎？原來《立報》雖說報館裏不會客，但是熟友是可以去訪問的，而且也和《晶報》一樣，可以直達編輯部。因此我也曾去訪過張恨水，並且《立報》的創辦人現為社長的成舍我，我也是熟識的。可是有一天，成舍我和張恨水兩人，惠顧到我家裏來。我覺得奇異，想他們是"無事不登三寶殿"的，便直接問道："兩兄光臨寒舍，有何見教？"恨水先開口，便道："有一事要相懇。我此次隻身南來，家眷還在北平，前日接到家書，須要我回去一行，而這個《立報》副刊《花果山》，可否請公庵代一個月，一個月後，我就回來了。"

我那個時候，兒子可永已從德國回來，在上海有了職業，家庭經濟，由他負擔了去，我便覺得無事一身輕了。古人所謂："三日不彈，手生荊棘"。這幾年來，連小說也懶得寫了，報館裏的事，也概不問津。因之我說："貴館人才濟濟，《花果山》可以請哪一位先生兼任，我在新聞界已是落伍的人了。"但是舍我說："不！《花果山》一欄，為讀者所歡迎，恨水暫離，務必借重先生代勞。"我因思兩君既已枉顧，好在只不過一個月，又動了好奇心，人家都說《立報》是近來最新穎的小型報紙，頗思一觀其異，因此就答應了他們暫代一個月。誰知張恨水施了他金蟬脫殼之計，他並不是回到北平去，這個猴子跳到南京，和張友鸞諸位，辦《南京人報》去了，而我一直做他臨時代辦。

到了立報館，的確看出不同凡俗的新穎之處。先說他們的編輯室（上海習慣稱為主筆房），室中有一張定製的半圓如月的巨大桌子，總編輯坐在正中，其餘的編輯、校對等環坐其周圍。其中使我最欣賞的，便是編輯與校對同坐一桌，他們名之曰"編校合一"，但是表示編校平等，而且有許多便利之處，不必贅言了。

更有一寓莊於諧的事，本日出版的報，晚上檢查一過，在規定一版只能錯幾字外，倘錯一字，校對先生罰銅圓一枚，此款充公，買花生米、豆腐乾，大家食之，所以《立報》上錯字極少。再說他們的排字房，他們排字工友，都不是上海招集的，而是成舍我從北方帶來的一班青年子弟，都是訓練過的，有相當文字知識，大概是初中畢業程度，頗喜寫短文，常投稿於《花果山》，頗有意思。那是我打油詩中的一聯曰："堪喜工徒寫稿子，劇憐校對嚼花生。"詩雖俚俗，卻是寫實呢。

立報館的趣事甚多，我今略述一二。他們的編輯方面，在薩空了未來之先，褚保衡君主其事，褚君已屆中年，而風度翩翩望之如二十歲剛出頭的人，因此在衣香鬢影中，有擲果潘郎之目。但是所擲的不是甚麼佳果，而都是各女士驚鴻小影，你送一張容光豔麗的，我送一張姿態曼妙的，保衡都不敢攜回家中去，帶到報館裏來鎖在自己的桌子抽屜裏，以為萬無一失了。不知如何為他夫人所偵知，某日上午，親臨《立報》編輯室，撬開那隻視同保險箱的抽屜，所有佳麗，全被沒收去了。人問結果如何？不知道，大約這就是結果吧。

還有一件，也是可笑的事。一位外勤記者，寫來一則本埠新聞，涉及一諢名爛腳炳根的流氓云云，編輯本埠新聞的照發了。不知這個爛腳炳根者，是杜月笙的高徒，於是炳根便哭訴於杜先生說："他們罵我為流氓，杜先生也失面子。"那時杜月笙也是上海新聞界第一號人物呢，自從史量才被刺身死以後，杜月笙便是申報館的總經理。杜月笙不得已，便派了申報館一位職員唐世昌，向立報館去責問："怎麼的行為，叫作流氓？"但是《立報》與上海各家大報，素不往來，唐世昌跑去不受招待，既不能直闖編輯室，又沒有一個會客室，只在樓下機器房（《立報》有一部小型捲筒機，日本貨，甚靈便），徘徊五分鐘，怏怏然回去了。唐世昌知道《立報》性質，重以杜先生的命令，不能不去走一趟。人問結果如何？不知道。大約以不了了之，沒有結果吧。

我在《立報》這半年多以來，趣聞甚多，可是現在都不記得了。總之《立報》在上海是別開生面的，另具一格的，使人欣賞的，使人快心的。當時有人還研究為甚麼叫《立報》呢？這“立”字應作甚麼解釋呢？這可以作獨立的立，亦可以作立志的立，這個“立”字，可見涵義甚多。可是有一位先生說得好笑，他道：“《立報》是為我輩而設。”是甚麼理由呢？他說：“我們一清早搭電車上寫字間，電車站已擠滿了賣報童，把《立報》塞在你的手裏，上了電車，沒有坐地，一手攀着藤圈，一手握着《立報》，一直要立到目的地，而一張《立報》也看完了，《立報》是立着看的，故有此名。”這位先生是商界中人，北方所謂掌櫃，南方的所謂白領階級，其詞倒也很為幽默。

《立報》出版以後，也曾哄動一時，有一時期，銷數竟超出《申》《新》兩報之上，但到後來也漸漸闌珊了。自古無不散的筵席，雖是消極的觀念，也是時勢所使然。幸而他們見機得早，風聲鶴唳，在日寇將到上海的時候，連忙便結束了。他們的經濟問題，我是客卿，不大熟悉，據說各股東籌集了十萬元，存在銀行裏隨時動用，及至散場閉幕時，則十萬元仍是十萬元，未見有何損益，但是在我這也不過是耳食之談而已。

回想《立報》編輯部諸友好，當時均英俊少年，星散以後，久未晤面。及至薩空了兄領導京劇團那一次到香港時，已相隔了三十年，那時以小白臉兒相謔的，亦漸見蒼老了，如我老朽，更不足道。所以我的詩最後兩句“三十年來如一瞥，海隅一老感沉淪”也是紀實呀。

回憶畢倚虹（一）

我對於畢倚虹這位朋友，很想寫一寫，但幾次擱筆，我想人已死了，何必再加以評論。而且心中還橫梗着一個念頭，如果不遇着我，或者他的環境不同，另走了一個康莊大道，也不至於如此身世淒涼。我對於他很覺一直抱歉似的，及至他逝世以後，我續寫了他的小說《人間地獄》，結束了這部書，寫了一個序文，還敍述了這個負疚的意念呢。

我和他相遇的時期，大約在民國三四年間，我在《時報》編輯新聞之外，還編了一種《婦女時報》的雜誌，屬於有正書局出版的，是個月刊。這雜誌是以徵集婦女作品為宗旨，但也很為艱困，因為那個時候，女學方有萌芽，女權急思解放，不過真能提起筆來，寫一篇文章的人，卻是難得的。只有幾位能寫寫詩填填詞的名門閨秀，已算是鳳毛麟角了。不過這些詩詞之類，我們也一概歡迎為之登載。

後來有位署名楊芬若女士者，投來詩詞，頗見風華，我們也照例捧場。不過我一看寫來的筆跡，便不像是女子所寫，因為《婦女時報》的來稿，我已看得多了，大概是床頭捉刀人所為，早已有之，亦無足怪。

不久，畢倚虹來訪問了，那時他還沒有倚虹這個筆名，只知道他名振達，號幾庵。他以代為楊芬若領稿酬為名（當時的稿酬是有正書局的書券），其實專為訪我。他承認楊芬若是他夫人。他告知我：「本在北京當小京官，後隨一外務部員陳恩梓君到新加坡去，陳為領事，我只是隨員。誰知一到上海，武昌便起義了，我們停留在上海。辛亥革命成功，陳先生回蘇州，我便到中國公學讀書，不做官而當學生了。」他那時不過二十三四歲的人吧，我頗喜愛其風神俊逸，吐屬清新，又以他與我的開蒙師陳恩梓陳先生相識，似乎更較親切呢！

以後，便時相過從，但總是他到報館來訪我，我沒有到他住居的地方去訪他。實在，他和我所居的地方很相近。我住在沿北火車站一條衖堂叫作慶祥里，他也住在和北火車站相近，和他的一位好友鄭丹輔（杭州人，亦世家子）住在一起。為甚麼呢？因為他們兩人同在中國公學肄業，而中國公學卻開設在吳淞，他們每天必要搭火車去就學的。那時鄭丹輔學商科，畢倚虹學法政。畢倚虹的肄業於中國公學，卻是有些可笑的，原來每一個星期，他至多只到三天，而每逢考試，必名列前茅，因為法政科沒有外國文，至於中國文甚麼講義，他一看就懂了。

這時他住在上海，他的大家庭是住在杭州，他的父親畢畏三先生，在前清末紀，已由部曹而外放為浙江候補道了，在杭州建造了一所房子，在候潮門外，就預備定居在那裏。這個宅子，我曾去過，還記得一副門聯，是集句的，上聯是"聖代即今多雨露"，下聯是"故鄉無此好湖山"，這種聯句，當時也是他們作寓公的陳舊老套了。辛亥革命以後，甚麼即用道、候補道，一古腦兒消滅於無形，然而官雖不做，人是要吃飯的，這些做官的，不做官叫他去做甚麼呢？於是不做清朝官，便做民國官，"換湯不換藥"，這也不是很為方便嗎？可是在此時期，浙江省已是軍閥當道，畢畏老周旋於這班武人之間，也很為吃力呢。

再說，畢倚虹與鄭丹輔兩人，為入中國公學讀書，租屋居住，但他也有幾家親戚在上海。先說一家劉氏，幫李鴻章打"長毛"的劉銘傳（號省三，合肥人），後來又做過台灣巡撫的，有近代史知識的先生們當還記得吧。倚虹的祖老太太，記得就是劉氏。劉銘傳已故世了，有一子及諸孫，均在上海，他們在孟德蘭路造起一座大廈，與陳夔龍的房子，可算望衡對宇。倚虹與他們諸孫輩都是表兄弟行，也時相過從的。還有，倚虹的婦翁楊雲史這時也住在上海（住址在何處，忘記了）。大家知道楊雲史是李伯行的女婿，李鴻章的孫婿，但這位楊芬若的親生母親李氏太太早已逝世了。現在楊雲史的續弦是徐氏，也是名門之女，名字喚作徐霞客。我們中國旅行家，都知道有一部《徐霞客遊記》，這位徐霞客女士卻與她的丈夫每日遨遊於芙蓉城裏，霞客兩字，也可以稱得名副其實了。因此倚虹不去丈人家，楊芬若亦少歸寧。

這些牽絲攀藤的事不再述了，我且提及畢倚虹怎麼到了時報館來了呢？自從辛亥革命以後，時報館的繁榮，大不如前，本來執業於《時報》的，如雷繼興、林康侯、龔子英等等，都紛紛離去，有的做官，有的辦學，還有銀行家、經濟家，各就所業，而最重要的是陳景韓的離《時報》而去《申報》，連息樓也是冷清清的了。《時報》編輯部請不到好的適當人才，狄楚青大有消極態度。我自從頂了景韓的缺後，有時仍兼了外埠新聞，屢次請楚青添人，他總說沒有適當的人。我知道他是怕革命黨人的，譬如像南社裏的人，他寧可敬而遠之。而不知你這保皇黨的餘臭，趨時附勢者，對於《時報》，也就有些望望然去之，不敢熏染呢！

在倚虹一方面呢，自從中國公學畢業以後，他的父親原想他也回到杭州大家庭裏去，以待機緣，謀得一官半職。畢畏老有兩個兒子，倚虹居長，他第二子號介青，也來過上海，頗溫文爾雅。但畢畏老以倚虹較開展，而介青頗拘謹，從來"知子莫若父"，故頗屬望於倚虹。但倚虹呼吸了中國公學的新空氣，又迷戀於繁華世界的上海灘，真是"此間樂，不思蜀"了。不過一個知識階級人，遊玩也有厭時，沒有一個固定職業，吊兒郎當的也殊無聊。他頗歆羨於我們的記者生涯，幾番向我作暗示，因此我就推薦於楚青，又由他們兩人談了一談，事遂定局。

倚虹自入《時報》以後，我便感到一大輕鬆，外埠新聞便由他編了，要聞上偶然也能幫我的忙。這時外國通訊社，也便多起來，除日本的東方通訊社外，英、法、德、俄都有通訊社（上海西文通訊社稿，都譯成中文送各報館，故人名、地名都一律，由伍特公主其事），亦須檢定排次序。再則《時報》當時有一個副刊，名曰《餘興》，專載雜文、詩詞之類，也是我到了時報館以後創設的（《餘興》還出單行本，月刊一冊），倚虹也高興編輯，他的甚麼《清宮詞》之類，好似就在《餘興》上發表的。既而我們嫌《餘興》不活潑，便又商量創《小時報》，那是一種別開生面的副刊。

《小時報》對於大《時報》而言，乃是具體而微，我們先擬好了一個序目。第一是"小論"，這小論，規定至多不可超出三百字，至少要在二百字以外，要寫得意簡言深。其次是"特約馬路電"，仿大《時報》上的專電格式，所載皆本地發生奇奇怪怪的事，這個"電"字，不是作電報解釋，而是作電話解釋，實際也是寫了來的，以簡短為貴，最好是不超過二十字而意都達到。其次是"小新聞"，就是所謂花邊新聞中的有趣味的，誨盜誨淫之事均不錄。其次"藝文類"，小詩、小詞、對聯，謎語之類皆屬之。最後兩欄，一為"談戲劇"，一為"花界軼聞"。這真是俗語所說的"麻雀雖小，五臟俱全"了。

再說，這"小論"是我與倚虹兩人輪流所寫，我的署名是"小生"，他的署名是"小可"，不脫一"小"字呢。"特約馬路電"是外稿，每日所載，多至四五條，少亦二三條，有酬資，非有正書局書券，普通者兩角，特別者有一元至二元的，這等於讀者來稿，我們對此很謹慎，但也闖了兩次不大不小的禍（此事以後再述）。"小新聞"有本地的，有外埠的，且有外國的，可謂雜流並進。"藝文類"是幾位常開玩笑的熟朋友每來投稿，如濮伯欣、楊千里等，打油詩詞也就不少。"戲劇"欄有濮一乘的"花部叢談"，談花界事，則倚虹獨擅勝場，名曰"花間小語"，每見一麗人，常口占《七絕》一首，而此種豔體詩，很多是傳誦人口的。

倚虹的一生吃虧，就是為情慾兩字所累，自古及今的才人，也都犯了此病，史不絕書，無可諱言。當他在中國公學讀書的時候，究竟對上海這個社會情形不大熟悉，住得久了，也就熏染得漸漸深了。

他起初同遊的除鄭丹輔以外，只有劉氏昆仲，或者是杭州來的朋友。及至到了時報館以後，我的朋友也就是他的朋友，加以他的氣度風流，善於交際，人家也都歡迎他。上海在這個時候，正是吃花酒最盛行的時代，談商業是吃花酒，議友朋是吃花酒，甚而至謀革命的也是吃花酒，其他為所愛的人而捧場的，更不必說了。即使不吃花酒而在甚麼西菜館、中菜館請客，也要"叫局"，所謂叫局者就是名妓侑酒的通稱。

我是吃花酒的，踏進時報館第三天，狄南士就請我吃花酒，那是他宴請一位北京來的朋友，邀我做陪客，那是我第一次進入花叢。後來有許多南社裏的朋友，所謂文酒之會，也都是吃花酒，尤其是那位陳佩忍，竟以妓館為家，會朋友在那裏，寫文章也在那裏，也可以算得沉溺於此了。所以倚虹認識了我的朋友。我的朋友，凡有宴會，也邀請了他，我們就聯袂而往。我偶然請朋友，當然也必有倚虹在座。

有一次，蘇曼殊從南洋到上海來，我請他吃飯。蘇曼殊雖號稱蘇和尚，但不穿僧衣，不忌酒肉，出入於青樓也無足為異。我請他的地方記得是在悅賓樓一家京菜館，離望平街很近。便約了葉楚傖、姚鵷雛等諸位，大家都是報館裏朋友，一呼而集。曼殊自己不叫局，而總是慫恿人家叫局，他說："喜公開不喜獨佔，為愛美故，自己叫一局來，坐在背後，不如看大家所叫的局，正在對面呢。"楚傖不服道："你只是利己主義，採取眾人之所長，而自己不盡義務。"因令所叫來之局，都坐在曼殊那邊去，使他欣賞。所以我的詩有"萬花環繞一詩僧"之句也。

那時，倚虹還未深入花叢，亂叫堂差（按：堂差即是叫局。依我的考證，應為堂唱。吳語"唱"與"差"為雙聲，呼為堂差，是化定俗成）。朋友們稱他為打游擊，但沒一個中選當意的。這時，曼殊忽然發言道："我昨天在惜春老四家，見一女娃兒，頗嬌憨活潑，可取材也。"鵷雛說："和尚正法眼藏，必無錯誤。何妨叫來一看。"曼殊道："我不破戒叫堂差，我想介紹給幾庵兄，來一個'打樣堂差'如何？"我說："好！"取出局票來，曼殊道："你只寫三馬路樂第好了。"花箋飛去，不及半小時，樂第來了。

來的兩人，一是樂第，另一位比樂第年紀大一些，上海妓院中的不成文法，出堂差必是兩人，一是本人，一是名之為跟堂差的。（這個跟堂差的，我今不談，但她是他時一歷史人物。）

樂第誠如曼殊所說的，有嬌憨活潑之致，號稱十六歲（上海租界工部局章程，非滿十六歲，不得為妓女），其實不過十五歲，面帶圓形，一笑有兩個酒渦，雙瞳如點漆，雖說不出怎樣的美，而令人見之覺得是可喜。坐在倚虹背後，不言亦不語，倚虹握其手，惟作吃吃笑。大約坐不到十五分鐘，匆匆即去，只有樂第臨走時，說一句"請來叫"，這也是她們出堂差的常套耳。既而我問倚虹道："這一本薦卷如何，能中主試之目否？"他不置可否，實則心已好之。當時自曼殊以及在座諸君，以為此不過一打樣堂差，如驚鴻一瞥而已，誰知這一個娃娃，竟支配了倚虹半生的命運，這真是佛家所謂孽了。

回憶畢倚虹（二）

上海的妓家，有數十年歷史的，累代相傳，世襲罔替，時人稱之為"娼閥"，與軍閥、學閥看齊。惜春老四亦娼閥之一也。她從前是個名妓，出過幾次碼頭，現在年已三十多了，徐娘半老，風韻尚存，可是不能與此輩後起之秀爭勝。於是退為房老，蓄養了幾個雛兒，作為養女，以繼續其生涯。她以前嫁過與否，我們不知道，現在與上海一位名伶，藝名麒麟童的周信芳同居。上海的高等妓院，只許碰和吃酒，不許留客住宿的，那是租界中的工部局章程早已規定，倘有惡客，強欲求宿滋擾，可以召警驅逐的，但這也是要真就真、要假就假而已。

惜春老四是一個能言善辯的人，她的生意上，便有幾個好戶頭、好客人，南潯張家就是最好的一個戶頭了。那時的革命分子張靜江，凡是請客吃花酒，都是到惜春老四那裏去的，人家要請張靜江的也在惜春家。其時靜江尚未癱瘓，但步履已不大方便，惜春伺候周到，知他不便跑扶梯，必借樓下房間，總之她是一個最能應酬的妓院主政（主政兩字，不知何人創此名詞）。再說，惜春老四共有養女三四人，年齡均相若，而以樂第最為優秀，大概也如蘇曼殊所說的嬌憨活潑，因此狎客也都歡喜她。為了她的生涯之盛，養母不無偏愛她，她在家裏，有個綽號叫作"小老爺"。倚虹在《人間地獄》中，名之曰"秋波"。《西廂記》曰："臨去秋波那一轉"，意在愛賞其一雙妙目嗎？

惜春老四的養女中，還有一人，貌不及樂第，而性情頗醇厚，大家呼之為俞鳳賓。俞鳳賓者，上海一西醫，有名於時，這恐怕也是倚虹發明的，因為她的臉兒極像俞鳳賓，上海真是一窩蜂，於是就把她叫作俞鳳賓，真名字反而不知道。有一天，張靜江先生忽然浩歎：「半生革命，我乃無後。」據醫家說：他雖半身不遂，而精力充滿，尚可以生子的。於是親友輩為之物色，以為俞鳳賓有宜男相，因此俞鳳賓遂嫁了張靜江，連舉丈夫子二人。猶未已也，也由俞鳳賓作伐，為其一姊妹，嫁與一高貴人物，成為中國第一小夫人。此姊妹為誰？即前章所述，我們在悅賓樓，因蘇曼殊的介紹而倚虹第一次召樂第所跟來的姊妹呢。

我把惜春老四的家世敘述過了，再談畢倚虹。倚虹雖然初入花叢，飛箋名花，盡有比樂第高出不少的，他都不鍾意，而卻賞識那個娃兒，從此以後，凡有宴會，大家提倡叫局的，他必叫樂第，吃花酒不必說了，有時我和他兩人，從報館裏出來，到「一家春」或是「一枝香」進西餐（那時西餐，每客一元，有四五道菜），他總是說：「把樂第叫來吧？」樂第那時候也似依人小鳥，來了便不肯去。再進一步，便是倚虹報館裏事畢，每天夜裏，便溜到三馬路惜春老四那個院子裏去，直到深夜方歸。因為她那裏的女孩子多，來了一個像倚虹那樣漂亮客人，大家都歡迎他。

向來上海的妓院，都是在里衖裏，只有三馬路這一段，望衡對宇，都是妓家，每家都有月台。尤其是在夏天，夜闌客散，姊妹們都在月台上乘涼，懸着斗大的茉莉花球，張着藍色的電燈，鬢影衣香，中人欲醉。樂第向倚虹附耳低語道：「你夜裏過了十二點鐘來。」因為過了十二點鐘，她們照例不出堂差，而她的養母惜春老四也回到了她的小房子裏去，全是她們姊妹的世界，可以得到自由了。倚虹當然可以欣然從命，他現在一個人住在上海，鄭丹輔已回到杭州去了，回到家裏冷清清的，有甚麼意思呢？

那時上海在夏季裏，又新興了兩種事業：一是名為開夜花園，擇一個郊區地方，搭一個蘆席棚，弄點甚麼冷飲品。既沒有甚麼花，也不成其為園，可笑的就叫作「夜花園」了。因為上海這時流行汽車，還不多幾年，這些冶遊人，最喜歡帶着姑娘們，深夜作郊遊，名之曰「兜風」，夜花園便是他們駐足之地。後來鬧出了閻瑞生謀殺王蓮英的事，就在北新涇的麥田裏。一是福州路至西藏路一帶番菜館，通宵營業，直至天明，名之曰"色白大菜"，不知何所取義。於是裙屐聯翩，杯盤狼藉，各扶其半醉微酣的妙人回去。倚虹在此環境中，偶一為之，也是有的。

不要說倚虹的熱愛樂第，樂第也癡戀着倚虹的。甚至於說到："你要怎樣便怎樣。"暗示着即使真個消魂亦所不吝。上海這些高等人家的子弟，對於那些雛妓偷襲之爭（俗稱"偷開苞"），亦時有之，但倚虹究竟是讀書明理君子，不敢妄動。我曾忠告倚虹："第一，惜春老四不是容易對付的人，她方以此為奇貨可居，待善價而沽，你沾染了她，這一個竹槓，可能敲得你死去活來。第二，後果如何？愛情當然有冒險精神，始亂之而終棄之，在良心上作何交代。如果大家庭外（其時楊夫人尚未離婚，兒女已有七人），再組織小家庭，也要計謀周詳呀。"

不久，倚虹的父親畢畏三先生從杭州到上海來了，他是與上海的一幫浙江商界有所聯絡，尤其與虞洽卿稱為老友。他們也請畢畏老吃花酒，而故意代他叫了惜春老四的局，這可知倚虹的冶遊，在上海這班父執們已有聞知，借此一開玩笑。但惜春早已知道畢老太爺來滬，應對周旋，非常得體，絕不露出他的少爺與她家有甚麼關係的。其實倚虹在上海情形，畏老是略已有風聞的了。

隔一天，倚虹對我說："家嚴要到你府上拜訪老兄。"我說："這是不敢當的，我當先去拜謁尊翁。"倚虹說："本可以到報館裏來奉訪，但覺得說話有些不方便。"我說："這樣吧！明天下午，我三四點鐘出來，到他旅館裏去，請你向他約定就是了。"畢畏老住的是福州路胡家宅一家中等旅館，凡是杭州人到上海來，常住在那裏，我已忘其名字了。我到他那裏時，他殷勤招待，是一個和藹可親的長者，年不過五十多歲，鬍子已經花白了。

那天倚虹是沒有在座的，畏老和我作了一番懇摯的談話。他首先謝我提攜倚虹，進入新聞界，予以指導的那些客氣話。

隨後便自述身世，坦白地說，在杭州和他們這班軍閥周旋，實在無聊之極，可是為了仰事俯育，又不得不如此。最後又談到倚虹了，他說："小兒從小被家母寵壞了，不無有點任性妄為，在筆墨上，只怕不知好歹，亂得罪人。所以我的意思，還是叫他到浙江來謀得一職業，以事歷練。幾次給他說了，他總是口是心非。前次同汪曼翁（汪曼鋒，杭州一紳士）說了，曼翁說盡力幫忙。我知道小兒最肯听吾兄的話，可否請吾兄加以啟導。"

我恍然知畏老的所以要訪問我的，到此方是正文，我便說："老伯的意思，我完全明白，我一定勸告幾庵兄脫離這個新聞界是非之場，狄楚翁那裏，我也可以善為設詞，叫他另外請人。"那時我還有一個敏感，畏老只說到倚虹筆墨上怕亂得罪人，卻沒有說到倚虹在上海荒唐的事，他難道一點也不知道，他的上海老友一定透露風聲給他了，而且也許說到："他是和他的好朋友包某在一起的。"這也不算是冤枉我，他的身入花叢，的確是我引進的，蘇曼殊介紹樂第，曼殊也是我的朋友，誰知他竟迷戀着這個娃兒而為情絲所纏縛呢？

我當天晚上，在報館裏，便和倚虹說了，我說："你老太爺要你脫離報界，到杭州去就業。"倚虹皺眉道："現在也無業可就呀，杭州全是那些軍閥在搗亂，惡化而又腐化，我不願意鑽進那圈子去。"我笑說："我們且不討論軍閥的腐惡問題，總之我輩新聞記者，是軍閥所最厭惡的人，而你的父親，在此環境中，不能不周旋於此班軍閥之間，你要諒解他的。再說，關於你與樂第的事，老太爺想已早有所聞，前天那班老友，給他叫了惜春老四的堂差，想你一定知道了，但他今天對我談話，一字未題。還有，我有一點意見勸告你，你一人獨居上海，大家庭則在杭州，已有近三個月未回去了，現在滬杭特快車，只要三個半鐘頭便可到達，你應該常常回去，一敍家庭之樂。你夫人尚在青年，處你們紳士家庭，她須上侍翁姑，下撫兒女，不能到上海來和你同居，你也得回去安慰她呢。"

我的言外之意，就是勸他不要在此迷戀於樂第，也得顧念及自己的家庭。倚虹是聰明人，也知道我言外之意，但卻默不作聲，也沒有回答我甚麼話。可是過了兩天，他對我說道：「這回我想送父親回去一趟，請你向報館告幾天假。」

我說：「好極了！報館裏事你儘放心，可以多住幾天，至少一星期。」可是不到三天，他又回來了。問他為甚麼呢？他說：「在杭州也無聊得很，鄭丹輔又不在杭州。」當然不能忘情於三馬路這個溫柔鄉了。以後幾個月，倒是常常回杭州去，可是來去匆匆，總不過一兩天。有人說，城站的人力車夫都認識他，原來從杭州的火車站到他家裏，車資照例是二角，他卻給四角，於是一出火車站門，大家高呼畢大少爺，甚至兩個車夫為了要爭奪他而相打起來，他卻踏上第三輛人力車飛馳去了。這些小事，都是使人資為談助的。

不久他的浙江沙田局局長發表了，自然是他父親為他謀干到的，早有成約，不能不脫離上海，而且也不能不脫離《時報》了。他這時介紹了一位親戚劉香亭到《時報》來（按：香亭便是劉銘傳的孫兒，是辛亥革命以後，劉氏家族，都住居上海了），代替他的原來職位。我對於此事很為欣喜，不是欣喜他的得官受職，而是欣喜他的從此可以一揮慧劍，斬斷情絲，不再迷戀於樂第。他臨行的那一天，樂第還到了車站去送別，所云《回憶詞》五古百韻淒豔欲絕，便是他當年的傑作。

到了沙田局那個任所，其地址不是在杭州，好像是在蕭山，我有些模糊了。不到三天，便寫信給我，說是枯寂得很，局中同事都互不相識，無聊之極。又過十餘天，他寫信給我，說是此間舉目無親，他急須要一體己的人，以司會計（即俗所謂賬房），於是我乃介紹江紅蕉（名鑄，號鏡心，是我內姑丈江凌九先生之子）給他。紅蕉少年老成，倚虹也是相熟的。紅蕉是蘇州草橋中學畢業，後為葉紹鈞妹婿，那時是住在我家，因倚虹催得急，便即去了。誰知倚虹等待紅蕉去了，以為委託得人，把一切應處理的事交代了他，又悄悄地溜到上海來了。

他自離上海以後，原來獨居的房子，已經退租，此來必須住旅館。而那個時候，廣東的一般富商，正已到上海來大展營業，先有先施公司等大百貨商店，又有東亞旅館的新式客寓，一切都是最華麗、最新奇的設備，是上海所未有過的。因此倚虹一到上海，便住到東亞旅館去了，還有鄭丹輔，還有一位新朋友李冀侯，他們如果從杭州到上海來，也是住在東亞旅館的，這東亞旅館的第三層樓，好像全是他們的世界。

倚虹於《時報》已脫離關係，並無職業，這完全是浪遊而已，據說家裏人還不知道，以為他收其放心，株守在沙田局裏呢。

但是有一件事，他這次到上海來，對於樂第的熱情，減退得多了。只不過離開兩三個月，樂第已別有所屬意，娼門女兒，原不足怪。惜春老四本懸此魚餌以釣他的，見魚不上鈎，只好收卷絲綸，別處垂釣了。倚虹正俗語所說的交着了桃花運，頗多豔遇，就我所知，有兩名妓，均屬於炫玉求售者。此兩人久已從良，我今諱其名，而以“月”與“雲”兩字代之。先說月：月於中秋節後，將嫁一巨商，其養母得身價銀五千元，但在節前，月尚未出院。那時倚虹徵召她不過二三次，她頗戀倚虹，私語其心腹云：“倘所嫁的人，亦如畢三（倚虹在花叢間的諢名），也心滿了。”婢以告倚虹，於是二人密謀，在中秋前數日，倚虹回杭州，乘夜車，月偕婢一直送至嘉興下車，覓旅館作雙棲，獲得一夜的盡情繾綣，便了卻月的心願了。再說雲：雲也是一位名下非虛的，方由北京回上海，已定於中秋節後，在上海重張豔幟，恰巧也住在東亞旅館，與倚虹二人一見傾心。但倚虹知其人身價自高，未敢問津，而且同住東亞的一層樓上，耳目眾多，亦未敢造次。當俟其中秋節進場以後，作緩兵之計，緩緩圖之。孰知雲乃持速戰速決之策，私向倚虹道：“我向新新旅館另開一房間，你來玩嗎？”倚虹喻其意，遂為入幕之賓。有人言，凡是那些歡場女兒，自命高貴者，反多性飢渴，不及家庭婦女的順遂，此言亦不誣也。

在舊觀念上，不客氣說來，倚虹是一位好色的登徒子，但他對於朋友的愛人，從不侵犯，不像有些新人物的可以自由，他還是守着舊道德的。就是上述"月"與"雲"兩件事,我確實知道的,可是他從不曾在他的《人間地獄》裏寫進去,這也有合於君子契約的。我這一章寫倚虹的豔史,人將呵我為純是鴛鴦蝴蝶派作風,不過我只是紀實而已,下一章我將完全寫倚虹的哀史了。

在本節中,寫至此,我本擬將倚虹所作《回憶詞》五古百韻,錄在裏面,稿存我處,乃遍覓不得,十餘日後,無意中於舊日記中,忽然得之,因補錄如下:

回憶篇

少年不知愁,春江醉花月。白眼看黃金,酡顏听瑤瑟。

酒邊初見君,依稀記那日。電燭光搖搖,照見秋波溢。

含顰一回眸,愛帶從茲結。車騎累經過,形影疏以密。

娛樂未幾時,西風何飄忽。羽書臨安來,速我征車發。

置書懷袖中,未敢向君說。裁箋謝徵召,幾禿琉璃筆。

書上不報可,敦促乃益切。遂令耿耿心,難遣悠悠別。

別時五更初,天低星星沒。相看無一言,秉燭啟瓊闥。

飛雪點征衣,曉風吹秀髮。牽衣問歸期,語細聲哽咽。

腸斷此時情,百歲難消歇。明朝渡錢塘,迢迢隔吳越。

徘徊望中庭,寒意砭肌骨。言念佳人歡,使我心煩鬱。

遙夜憑清遊,閉目猶仿佛。珠燈千障深,瓊樓百尺凸。

簫管旖旎吹,酒花縱橫列。萬人方憧憧,爾我獨清絕。

避地凌高台,仰視天河闊。白露下零瀼,坐久侵羅襪。

泥我相扶將,梯雲蠻靴滑。涼宵走鈿車,飆馳奔電疾。

絮語來二三,十里過六七。行行楊樹浦,寒濤淒且烈。

大堤迴無人,長江淨如雪。娉婷不禁風,拳曲枕我膝。

去去曹渡頭,茆店紅燈綴。入門謀薄醉,胡兒酒如蜜。

玉杯琥珀光，瓊漿雜冰屑。一飲肺腑清，再飲心脾冽。

曙色辨斜橋，緩緩尋歸轍。當時只平常，過後成恍惚。

昨啟金縷箱，檢點得羅帕。上有鴛鴦紋，下有相思纈。

宛轉隨衫袖，人苦不及物。難忘薄暮時，夕陽明木末。

電話丁丁頻，趣我過其室。室中何所有，尊盤陳一一。

乳茶已微溫，炊餅有餘熱。辛苦勸我嘗，芳馨上唇舌。

流涕望八荒，幾人問飢渴。舊事去如煙，前途黑如漆。

良辰不再來，嘉會期難必。寒月映窗紗，淒其共誰說。

回憶畢倚虹（三）

杭州畢畏三先生的候潮門住宅，我曾去過兩次。一為倚虹的祖母七十歲壽辰，前去拜壽，那時冠蓋相望，車馬喧鬧，這怕要算他們到杭州以後全盛時期了，清理官產處的差使，想也在此時。一為倚虹的祖母逝世後的開弔，我也去拜奠，盛況就不及前了。本來喪事人家，也鬧不出甚麼來，不過我看這一次的畢畏老的精神大不如前，和我講話，口水垂垂而下；向我敬茶時，兩手震顫不已。

乃未幾而畏老也故世了，這時我不在上海，未曾往弔，也不知如何發喪，虧空公款，他已是一個罪人了。這些軍閥輩，待他死後發覆，已是給他一個大面子，以後就是公事公辦了。

其實，談畢倚虹的家運，自從他祖老太太故世，便衰頹下來了。不知如何，往往一位年已七八十歲的老太太，卻能鎮住一家，我的好多親戚家，都是如此。試讀《紅樓夢》，賈母一死後的景象，曹雪芹必非無因而著此。而有清一代，那拉氏死後，這個宗族，也遂傾覆了。我這話似乎涉於迷信命運之說，或者其中也有個至理吧？畢畏老在日，早已百孔千瘡，自己也知已不了，只是硬撐着的，現在一瞑不視，這個家庭便立即崩潰了。死了還有甚麼說的，好像小孩子撒了一堆爛屎，終於是要揩屁股的。當局便板起面孔，執行法律，責令賠償，查抄家產，那便是專制時代的"抄家"了。那畢畏老僅有候潮門一所房子，餘無長物，立即充公，尚還不足，中國的傳統法例，是父債子還，於是倚虹便吃官司，被拘留起來了。

其實我有一位同鄉世交朱壽臣兄，我與他小考進學時是同案。他家裏是絲織業巨商，蘇州有朱義和紗緞莊，上海有老嘉福綢緞店，但他卻到北京去做官，和畢畏老是同衙門，亦為好友。這一回，為了安排畏老身後事宜，諸老友出了一些力，他也被邀來杭。回去北京，路經上海，我請他吃了一餐飯，談談畢家的事。他說：＂畢畏老是個忠厚老實人，怎能與此輩軍閥周旋？即以他們的打牌而言，五百塊底，一千塊底，不算一回事，試問畏老如何吃得消？為了要在他們手裏討針線，不得不敷衍他們，坐下去了。而且他的手段極不高明，他們愈加歡迎他。至於他們這班武人，輸了可以劃賬，互相往來，畏老卻是要現錢交出去，少說總有幾千塊錢輸給他們了。朗兄！這就打牌一端而言，其餘你可以想見了。＂

再說，倚虹吃官司，有人說關在杭州監獄裏，其實非是，他並不是甚麼刑事犯呀。他只是軟禁在縣衙門裏，而且那位縣長對他很為優待，住居在花廳內一個耳房裏，派一個僕役伺候他，所謂伺候他者，其實也是有看守他的性質的。有家中人訪問他的自由，有與朋友們通信的自由，有閱讀書報的自由，就是沒有出門一步的自由。

這個時候，我正在上海大東書局辦一小說周刊，名曰《星期》，他供給了我許多短篇小說，頗多精奇之作。我問何所取材，原來這個看守他的僕役，本來是一個老兵，經歷的地方，遭遇艱險，就是不少。倚虹在無聊之中，和他談天說地，有時說得高興，還犒以紹酒半斤，雖然也有些是無稽之談，一經倚虹渲染，都是大好資料。

他父親的事，幸有諸位老友為之料理彌補以後，倚虹也得釋放了。但是家已破了，財已盡了，房子早已充公，親屬亦且離散。那時候，許多人便都談到畢倚虹與他的夫人楊芬若離婚的事了。我於此先聲明一筆，我就不想談此一事。我不是像那老先生們，固守舊道德，不談人家閨閫的事，我只是想這是倚虹最揪心的一件事。要評論起來，當然是兩方面各有不是，可是現在死的已經死了，老的也已老了，何必再翹起那種不愉快的前因後果呢？講到離婚，現在已經不算一回事，在此戀愛自由、婚姻自由的世界，盡有最初男歡女愛，心心相印，一旦判決，反而若不相識，何況他們也還是盲婚呢。當時議論這一事，有善意的，有惡意的，有主觀的，有客觀的，有真實的，有虛誣的，真是不可究詰，我只好用放翁的一句詩"身後是非誰管得"一言表過了。

我今要說的是倚虹再到上海，再進《時報》的事了。在此我不能不先述及劉香亭，前章我述及他離開《時報》時，舉薦了香亭為代，他是曾做過台灣巡撫劉銘傳之孫，他們是軍功起家，屬於李鴻章的一派，也是合肥人。劉銘傳的諸孫中，只有香亭文學最優，能寫駢體文，在這時期的文體，雖未流行白話文，但已趨於文詞的通暢，從事於駢四驪六的文章的已經不多。不過在《小時報》上那些小品文，每天不過三四百字，以及外埠新聞上一個短評，他也對付過去了，當然不及倚虹的冷雋而深刻。我有一時期，也曾定潤例，作賣文生涯，代作一副對聯者，四元；壽文、祭文、墓志銘等面議。我為甚麼要有此舉，因借此以拒絕許多泛泛之交的親友向我揩油，"包先生！我的朋友死了，謝謝你！給我作一副挽聯"。（這個潤例發表後，恰值張仲仁的母親故世了，我一連作了六副挽聯，都是商界中人送的，說來說去這幾句話，我二十四元袋袋平安了。）至於雜文潤例，原說是寫散文的，忽有點戲要我寫駢文的，說，潤資加倍，這筆生意，我便介紹給香亭了。

香亭為人拘謹老實，友朋輩往往玩弄他，他也不敢與抗。他編《小時報》起初是個生手，我就幫了他的忙，後來也就弄慣了。當我離開《時報》的時候，他覺得單獨，沒有趣味，也想離去，我力勸他不要走。他的父親子鶴先生，對他頗嚴屬，家本富有，而一個錢也不肯給他用，要他自尋職業，自己則金屋藏嬌，打起奢華的小公館來。我說："你的職位無論如何總是一個高尚職業。"我的私心還怕人家說：我是拖了他同進退的。但遲之又久，香亭謀到了一個職業，究竟離開《時報》去了。

香亭一去，狄楚青卻傷起腦筋來了。因為編輯地方新聞，誰人可為，這個《小時報》，要雅俗共賞，有點風趣，帶點幽默，不像《時事新報》《民國日報》的談玄學、表黨義、嚴正立場。又好似一個頑皮的兒童，卻又有些聰明活潑的。因此楚青急想徵求人來弄這個玩意兒了。第一個來的是文公達，他本來是在《新聞報》的，以為似豆腐乾大的《小時報》，不妨兼理一下。但他是研究古典文學的。所用成語，太古奧了，讀者莫名其妙。有時還有生字、僻字，字模上沒有見過，排字房對之搖頭。公達自己也覺得非其所長，奉身而退。繼之者乃是大名鼎鼎的況蕙風（周頤），於是白石、夢窗，躍然紙上；《虞美人》《點絳唇》《蝶戀花》《沁園春》，聯翩而來；大詞家為之擊節，小市民為之皺眉，北京戲劇家所說的"叫好不叫座"呢。

那時有人獻議，這個《小時報》，非得小說家來辦不可。當今小說家是誰呢？錢芥塵舉薦了李涵秋。李涵秋居住揚州，有揚州才子之稱，他所寫的小說《廣陵潮》，譽滿大江南北，上海《新聞報》，也連載他的小說，不過這位先生閒居揚州，只是閉戶造車，不肯出而合轍，可是要辦報紙上一個副刊，不能在家納福呀。狄楚青尊禮厚幣請他到上海來，知道他上海無居住處，特地為他在東亞旅館開了一個房間，那位李先生卻因此鬧了不少笑話。剛到上海，錢芥塵陪他走進東亞旅館，踏上電梯，他說："啊呀！這房間怎麼如此小呀！"告訴他，這是電梯，不是房間，同文因此傳為笑談。

還有他的房間是開在三層樓上的，但二層樓排列着的房間，與它一模一樣，那是他們建築家所謂標準化，可是李先生跑到二層樓，以為是自己的房間，開門進去，卻是一位少婦，這也是有過的。並且李先生在揚州是早起早眠，上海的報人，都是夜遊神，因此而惹起了飲食不時，起居無節。即在編輯方面言，這個揚州才子的筆調，也不大為上海市民所欣賞，於是李涵秋敬謝不敏，只得回到的故鄉去了。

這時倚虹料理了杭州的事，正要到上海來謀職業，時報館李涵秋去後，正要覓人，舊燕重尋故巢，正是一拍即合。我給他兩句古人詩道：

"無可奈何花落去,似曾相識燕歸來。"我說:"這真似為你寫照呢。"這次他來上海後,我與他較為疏遠,不似從前的朝夕相見,筆硯與共。不過我如果在上海時,每月總也有幾次見面,總大概是在晶報館的,有時也去吃個小館子,談談近況。他的第二夫人汪女士,我在杭州倚虹家裏曾見過兩次,她是我們同鄉蘇州人,書香人家的女兒,本來倚虹是請她來作家庭教師,教他的兒女的,隨後有情人便成眷屬。汪女士是賢慧的,可惜不壽,逝世後,我挽以聯曰:"萬轉千回,寧為才子婦;廿年一夢,蛻此女兒身。"亦紀實也。

我今要談談倚虹病中的事了。實在說,在他重進《時報》的時候,已經有病在身了。那有好幾個原因:他已經是一貧如洗的人,但人是總想生活下去的,離婚妻楊芬若把七個兒女(四男三女)扔給了他,飄然而去,他不能不對這些孩子們負教養之責。於是只好賣文為活,因此除《時報》外,在《申報》寫長篇小說《人間地獄》,在《晶報》寫小品文,此外東搭西搭的也不少,試想一人的精力有限,而況是個多病之身。再則無庸諱言,他是一個翩翩佳公子,出入花叢,情侶太多,未免斲喪過甚。有人說,他這種患肺病的人,性慾是強盛的,況且自第二夫人汪女士逝世後,又汲汲娶了第三夫人繆女士,燕爾新婚,又人情所應有的義務,如此煎迫,安能不病呢?

在他逝世以後,謠諑蜂起,有許多怪誕不經之談。有一傳說:謂其病中,有臧伯庸醫生為之治病,不取醫金,而每月資助他四百元。按臧伯庸為黃楚九的女婿,其不取醫金,人可信之,當時為倚虹診病者,尚有龐京周醫生等,均不取資。如所周知,當時上海醫生,有一種風氣,對於名人名士,以及報界中人,往往不收診費,但得為之揄揚,也已足了。臧伯庸不過中產階級,與倚虹亦不過泛泛之交,如果每與一窮朋友看病,要月送四百元,這是可以傾家的,世界哪有這種豪闊的醫生?

說起四百元,我倒有個小小故事可述。先是,倚虹在家中取了珠花一對(這是楊夫人的奩物,當時還未流行鑽石,貴族婚姻中的聘禮,以珍珠為最名貴），託我到銀行裏去抵押一千元，其時林康侯在上海的新華銀行做行長，我就給他看了，銀行裏估價，說至多只能押八百元，而倚虹堅持要一千元。康侯說："這些小押款，我也不便做主，不過你若肯擔保，或可勉強成功。"我為兩方情面所感，便不得已擔保了，為期只有半年，利息頗高，倚虹要錢用，也不管它了。但是要他取贖，可說是個幻想，一年不贖，兩年不贖，銀行只是催迫保人，問問倚虹，也兩手一攤，聳聳肩道："老兄知道我的景況的呀！"後來銀行說："不贖只好拍賣了，價值短少，惟保人是問。"我也不問倚虹，此時已在病中，便說："拍賣就拍賣吧！"拍賣所得這一對珠花，只值六百元，我擔保的人要代為賠償四百元，我那時在陳光甫的上海商業儲蓄銀行裏略有儲蓄，便爽爽快快開了一張支票送去，以了一重公案，那時倚虹已病重，直到他嚥氣，我也不曾向他說過。

倚虹逝世後，友人為理其喪，新娶繆世珍夫人，恐還不到一年吧，卻已有了身孕。急電揚州，召其弟介青來，共為善後之策，最緊要者，他一班子女，如何安排。（按：楊夫人共生有四子三女，汪夫人無所出，繆夫人在懷孕中，後生有一女。倚虹第一子名慶昌，年已十四五，為中學生，親友助其就學。第二子名慶康，由陳蝶仙（即天虛我生）擔任保薦至上海銀行當練習生。第三子名慶芳，他嗣在介青後者，因介青無子故，由他教養。第四子名慶杭，年僅七歲，無所屬，我坦然表示，我願意任慶杭教養之責，請即往我家。介青示歉意，我說："無所謂，我家中子女多，可作伴也。"）

這時我也已有子女五人，三男兩女，年齡都比慶杭大，慶杭到我家來，他們都歡迎他，愛護他。他們正在鬧甚麼音樂歌唱的玩意兒，寫了一首《歡迎小七歌》（因慶杭的乳名是"小七子"也），以歡迎他。

他以七歲兒童離家，並沒有淒戀之色，大概是失去母愛之故吧。不要看他是一個孤兒，他的性質是剛強，我試過他幾次，有些事實，他心中是強烈反對的，即只是沉默不言，從不哭泣。在我家數年，及至高小畢業，那時候，我想到自己在他的年齡時，為了讀書與習業問題，頗費思考，而現在又是"畢業即失業"的呼聲甚高，有許多大學生皇皇然無所適從，中學生更艱難了。其時我有一位朋友周邦俊醫生，為上海某大藥房經理，談起明年藥房，要派一班學生到日本學藥劑師，先在本藥廠實習一年。我以為此是一個機會，我便和周醫生說了，也得了慶杭同意，那是要住在藥廠裏的，我太太為他料理了臥具衣物之類，我便親送他到藥廠的宿舍去了。

　　過了幾天，我問周醫生，他說："很好！這位畢世兄沉靜寡言，倒像一個成人。"我笑說他素性如此，我覺得放了一條心。過了有一個月多的光景，倚虹的老弟介青寫信給我，他信中說："慶杭寫信來，他不願習業，情願讀書，包老伯處受恩已多，不願再煩勞他，想到揚州叔叔處來，再進學堂。"我得書深歎慶杭年少有志氣，而深悔自己的冒昧從事，於是即覆書介青，促企其早日來滬，攜慶杭而去。

　　前所說的倚虹有三個女兒是楊夫人所出，後來繆夫人又生一女，是遺腹的，所以倚虹共有四男四女。逝世以後，四個兒子已有安排，女兒們呢，都到了她們的姨母家。原來楊芬若有不少姊妹，楊雲史女兒特多，都嫁在富商名宦之家。就我所知，一位是嫁在朱氏，上海人稱為"叉袋角朱家"，開了有好幾家紗廠的；有一位是嫁在阮家，是阮斗瞻（忠樞）的兒媳，袁世凱時代紅人；其餘幾個就不大清楚了。至於繆夫人，真是一位可敬的女士，照現代的倫理觀，她儘可以改嫁，但她卻含辛茹苦，撫此孤女，以至大學畢業，自己則以一白衣天使終其生也。

　　最後，我還要記述一筆，倚虹長子畢慶昌，是研習地質學的，當陳儀在台灣當長官，他是台灣關於地質部分一個機關的主任，我在台灣時，他來訪過我兩次，他是一個溫良摯厚的人。次子畢慶康，在上海商業儲蓄銀行以練習生升為行員，後又調入國家金融某機關，最後又經商至南洋各埠，在曼谷遇一華僑富商，見之大為賞識，招之為快婿，關於船務經營事，均由他主理。

三子畢慶芳，嗣於其弟介青的，其所經歷，我不了解。至於四子畢慶杭，自隨其叔父至揚州後，即入揚州中學女校去讀書，未及三年，即已棄學，其中有一段過程，我未及知，旋知已參加共產黨，到了印度，娶了華僑女兒為妻，在國共和談時期，他曾一度至重慶，為《新華日報》記者，且已改名。解放以後，知其為印度大使館一等秘書，並迎養其母楊夫人。故人有後，足令後死的老友，為之欣慰不已。

回憶邵飄萍（上）

邵飄萍我在最初認識的時期，還沒有這個名字，我們只知道他叫邵振青。飄萍兩字，乃是他以後到了北京，在文字上所用的筆名。他的筆名也很多，我所記得的，有阿平、青萍等；後來人家只知道邵飄萍，想是飄萍兩字用得多了。當時我說：“飄萍兩字不好，有輕浮之意。”他說：“人生如斷梗飄萍，有何不可？”至於青萍兩字，到了他被害以後，文人詞客，以之與林白水的作對偶，動輒曰“青萍白水”，兩個為軍閥慘殺的報人了。

我認識的邵飄萍，卻是先認識了他的夫人湯修慧。因為我在編輯《婦女時報》雜誌的時候，徵求女界同志的文詞，湯修慧即來投稿，她所寫的不是詩詞之類，卻是短短的論文，談的是教育、衛生一類的事，我起初以為不是她自己寫的，或是有床頭捉刀人，如畢倚虹夫人楊芬若所為。但後來她來領稿酬，親來訪我，方知確是她自己寫的。她是蘇州人，寄居於杭州，入杭州的浙江女師範讀書的。她談吐甚佳，既大方，又幽默，我認為在現代女界中是不可多得的。

繼而始知其夫為邵振青。振青，浙江金華人，也是在杭州求學的，其學歷我不詳。他倆的有情人成了眷屬，當是在西子湖邊。修慧在訪問我的時候，振青不在上海，後來他到了上海，夫婦兩人同來訪我，也常常吃小館子，旋覺親密了。不過他們來上海，只是做客，固定的居住地點，還是在杭州。我有時到杭州去，他們夫婦也常來陪我遊玩，樓外樓魚蝦一餐，西子湖蕩船半日，在所不免的。但飄萍那時候，在杭州有何職業，我不知道，他既不言，我也未便問他。只見他好像很忙碌，時而上海，時而杭州。他的朋友很多，我都不認識的，他本來一口蘇州話，是他夫人所熏染的，但遇到了他的同鄉，這個金華話，實在莫名其妙了。

邵飄萍最初就是一個喜歡搞政治的人，但他從來不與我談及政治。他有他的許多朋友，可是甚麼團體，都未見他加入。他在杭州時，據說曾與褚輔成等一班人有所謀略，浙江當局認為他是反動分子，曾欲捕其人，後有人為之疏通，湯修慧也奔走其間，這事他也沒有和我談過，是後來有人告知我的。他是個深藏不露的人，怕我是個新聞記者，亂說甚麼了吧？至於他的從杭州、上海到北京，早先也沒有通知我，只是修慧和我說的，那時已在袁世凱洪憲時代以後，五四時代以前，甚麼日子，我已忘懷了。

一到北京，他就發揮他的新聞事業的天才。那時候南方人士，關於新聞事業而到北京去的有好幾種：第一，南方各報館特派到北京去的通電員、通訊員。北京為政治的重心，當時外國的通訊社，也未能像後來的普遍，如上海《申報》所派的秦墨哂、《新聞報》所派的張繼齋等，都是常駐北京發電的。第二，南方人有些政客，或是依附軍閥，要伸張他們的權威的，便到北京去開報館，因為那時在北京開報館較為容易，不似上海的繁難，所以南方的所謂新知識階級，都惠然肯來了。第三，至不得已也到北京來搞一個通訊社，倘能籌得一千元，可以辦像樣的一個通訊社，甚至有二三百元，也可以辦起來了。

這三種新聞事業，可以稱之為三部曲，可是邵飄萍去了北京，還不到一年，這三部曲完全創立成功了。最先就說，為南方各報特約通電與通訊，那是飄萍起初的志願，恐也受一些黃遠庸等的影響。不要輕視那些特約通訊員，他們是很有權威的。譬如說：我們蟄居於上海報館裏，編新聞，寫評論，全靠北京通訊員的報告，作為指示的。即使那時有外國通訊社的報告，那是總不及自家的靠得住。黃遠庸當時是只寫文章，不發電報的，飄萍起初是又寫通訊，又發電報，到後來是只發電報，不寫通訊了。

黃遠庸最初在《時報》寫特約通訊，可謂名重一時，到了《申報》易主，被史量才奪了去，但黃遠庸不忘故舊，在《時報》每月也還有一二篇點綴其間。及至赴美被害，乃成絕筆。

不久，飄萍就設這個京報館了。我不是說北京開報館較為容易嗎？第一是報址，有許多報館都是開在自己家裏的，那不是省儉得多、便利得多嗎？辛亥革命以後，豪門貴族，退出京師，巨邸也就不少。飄萍的報館，就是開在他們家庭裏，我第一次到他那裏的時候，這地方喚作甜水井呢。第二是印刷，北京有很多印刷廠，這些廠家，都是代各家報社印刷報紙的。好在這些報，出紙不多，銷數也有限，所以一家印刷廠，可以擔任幾家報社的印刷。不過飄萍的《京報》是自辦排字印刷的。第三是發行，假如在外國各大都市以及中國如上海等處，報紙除本地銷行以外，還要每日發行到外埠去的，北京的報紙，卻只着重在京銷行，到外省去的寥寥可數，那就省了許多手續（若《大公報》開設在天津乃是例外）。其他在採訪、編輯上，便利之處也正多。若在飄萍，則與他的通電、通訊，更有聯繫之妙呢！

北京特約通訊，係《時報》與黃遠庸創始的。這時的《時報》的北京特約通訊，已成空隙了，雖有幾位維護《時報》的朋友，偶爾通信，有所報告，那只是客串性質而已。故邵飄萍正在北京初發展，我就介紹他給《時報》通訊。以文筆而言，飄萍何能及遠庸，遠庸是個名進士，自八股以至策論，現又受了新文學影響，所謂“腹有詩書氣自華”。可是發通電，則飄萍獨擅勝場，精密而迅速，無能出其右者。可惜上海的報紙，都是持保守主義的，怕得罪權貴，泄露他們的秘密，不敢重用。

既而又開一個通訊社了，通訊社在北京已是很多了，不是我說有幾百塊錢就可開一個通訊社嗎？他這通訊社附在報館裏連幾百塊錢也可以省。原來這些通訊社都有背景，或屬於某軍閥，或屬於某政黨，發稿給北京各報館，以作宣傳之用。他有了他的通訊社，一、可與別的通訊社作交換利用；二、可以採取對外通訊的材料；三、可增加自己報紙上的新聞；可稱是一舉而三善備也。其實這些通訊社是可笑的，屬於某一軍閥的，只為某一軍閥說話；屬於某一政黨的，更為某一政黨宣傳，他們不需資本，只要有一具日本的油印版，一刀中國的毛邊紙，便可解決了。此外便有社長的薪水、採訪的薪水，向他的後台老闆報銷，實在只一人兼之，廣東人所謂"一腳踢"，而且東抄西襲，毫不費力。

為甚麼我說飄萍的為各報館特約通電，獨擅勝場呢？那是我親知灼見的事。他的發電報，每天有三個時期。上午，如上海各報館一樣，無所事事。下午三四點鐘，報館及各通訊社的報告來了，那都是普通新聞，他先發一次，往往自己不發，託人代發（其時潘公弼為《京報》編輯主任，常為他代發）。夜來九十點鐘，有些政治要聞，是屬於當天公開的，再發一次。這兩次都是發的新聞電。如果發第三次電，必在夜間十二點鐘以後，那就非他親自發出不可，且不拘於發新聞電，常發三等急電，甚而至於可以發密電，也是有的。

有一次，我到了北京，湯修慧邀我住在他們家裏，這正是北洋軍閥繁盛時期。我覺得飄萍這時交際已經很廣，每日下午多半不在家中，夜夜有飯局，甚麼報館、通訊社，他都不大問訊。及至夜闌人散以後，回到家裏，他才忙了。第一是打電話，他所通電話的那裏，都是可以得到政界要聞的幾位朋友，大都是出席於政治會議的秘書長，或是各部總長的智囊團，當然那是最好的秘要新聞。不過飄萍是有斟酌的，有的發出去，可稱獨得之秘，有的覺得關係頗大，只好按住不發的。這些電報，就是在十二點鐘以後，要發三等電的了。他的電話在書房裏，我適睡在後房，因此略知其事。那時我已出時報館，不與問新聞界事，故他也不避忌我。

住在飄萍家裏的時候，有一天早晨，修慧和我說："今天晚上，振青要在家裏請客。"我忙問請的是甚麼人？修慧說："都是那些官老爺，我也不管，也不大清楚。"這個時候，交際應酬場中還是男人世界，凡是有甚麼宴會，即在家中，女主人亦不列席的。不過修慧所以告我，知道我不能高攀這班闊佬，通一消息給我。我知其意，那天下午，就出去訪朋友，串門子，吃夜飯，打游擊戰去了。及至回來時，他們家裏還是賓客喧嘩，我只見那個孫大鬍子孫寶琦，正在興高采烈地打牌。我便一溜煙地跑到房裏去睡覺了。

談起孫寶琦的打牌，我又有個插曲了。那個時候，北京賭風極盛，麻將牌已是家喻戶曉，而舶來品的撲克牌，尤為首都人士所歡迎。至於軍閥中這班老粗，還是以為傳統的牌九來得爽快。可是這位外交部孫寶琦總長，酷嗜這個方城之戲，但是又打得手段奇劣。他有一個癖性，凡是摸到了中、發、白三張牌成為一刻時，便將這三張牌，合在台面上。有一次，起手就得了三張中風，洋洋有得色，照例合在台面上。隨後他又摸到了一張中風，也不開槓，也不丟去。及至人家的牌和出來了，他才拈出那張中風來，說道：“誰有中風？台面不見，可是被我扣留住了。”有人問道：“那您合的是甚麼牌呀？”翻開來卻是三張中風，大家都哈哈大笑。這是修慧講的，她說：“他是外交總長呀！怎麼如此糊塗？”我笑說：“那便是鄭板橋所說的‘小事糊塗，大事不糊塗’了吧。”

我住在飄萍家裏的時候，長日無聊，飄萍總是出門去了，修慧說：“我們來打個小牌吧！”我們也是常常打的。除我與修慧兩人之外，到外面編輯部裏找兩人便行了。但編輯部裏只有潘公弼一人在，還是三缺一。修慧道：“我們可以找徐老四。”徐老四何人？那便是凌霄漢閣主徐彬彬是也。本來自從黃遠庸被害後，《時報》的特約通訊，後起無人，飄萍又懶於寫長篇大論的通訊稿的，於是我就介紹徐凌霄，倒也寫了有好幾年，現在久已不寫了。他在北京窮困得很，和飄萍也認識，因為寫通訊時，我叫他到飄萍處探訪新聞。現在飄萍知他經濟困難，在京報館為他位置了一職。

修慧便命僕人去請徐四爺來，因他住得相近。我因問徐老四境況如何？她說：“他這個人太疏懶，不活動，在北京此刻這個地方，正是要手打腳踢，那他就吃虧了。他倒是老北京，一個人住在這裏，沒有家眷。他弟弟一士，卻在天津，是人家稱為掌故家的。"正說時，徐淩霄來了，穿了一件舊袍子，雙袖都污黑了，真有些落拓不羈的樣子。偏有那個修慧老給他開玩笑，衝着他道："徐四先生！您今天洗過臉嗎？"徐淩霄雖別號彬彬，卻也是嘻嘻哈哈的。

過了一天，我去訪問了徐淩霄，直到了他的房間裏，這間房，既是他的書房，又是他的臥房。桌子上亂七八糟，堆着許多不可究詰的書籍，臥牀上張着一個月洞帳子，怎叫"月洞帳"呢？那是四周圍全都圍住，只在帳門前開一圓洞，人要蛇行而入的，這種帳子，在夏天防蚊最好的，但是北京很少蚊蟲，問了他，他說："雖無蚊子，也有一種百蛉子，甚而至於還有蠍子。"那我就不知道了。我以好奇心，向那月洞門裏張了一張，便覺有一股氣息衝鼻而來，不是吳剛砍的木樨香味。再一窺看，則見線裝木版的整套書籍與痰盂、茶杯，分庭抗禮呢！

至於他的弟弟一士，我只僅見一二回，他們有個一元聚餐會，我曾臨時加入過。何謂一元聚餐會？就是每人取出一塊錢來，聚餐一次，那時物價廉，有八人至十人，也可以得豐美一席菜呢！座中許多同文同志，可惜我此時都記不起來了。

回憶邵飄萍（下）

我到北京不下五六次，有時在天津也就停留下來。那時火車已通，從沒有乘過輪船。但最初的火車，還未能聯運，即如滬寧為一段，津浦又為一段。直到了聯運以後，從上海可以直達北京，這便可以從我住居的愛而近路慶祥里踏出數十步，走進北火車站，登上火車，一直可以到北京東車站下車。名稱也改為京滬鐵路了，這是何等的便利呀！

到了北京，我總是住旅館，只不過在邵飄萍家，住了也不到半個月。那時張岱杉先生也曾邀我住到他家裏去，那是一個大公館，排場極闊，僕役眾多，我總覺得不便，不如住旅館自由得多。在天津我也是住旅館，我為甚麼有時到了天津便停留下來呢？因為在天津我也有許多朋友，我的老友錢芥塵，在那裏開了一家報館（報名我已忘卻），我也住過在他報館裏，幫過他筆墨上的忙，當時天津與北京，就像北伐以後的國民政府遷都後，上海對於南京，做了首都的一個屏藩。因兩處都有租界，那些貴官巨商，都似狡兔的在那裏營巢窟呢！

我有一次到北京，並不是住在飄萍家裏。這一次，從北京回上海的時候，在東車站已經上了火車，飄萍忽來送我。恰遇章行嚴夫人吳弱男女士，在我車廂隔鄰，其時行嚴在上海大病，夫人急往省視，因託飄萍打電報到上海去。這一回事，我在前章已經說過了。我們正在談話的時候，火車卻已到了開行的時刻，站長挾了兩面紅綠旗，走進月台來了，飄萍也就急忙忙跳下車去。誰知道一次火車送別，早有偵探跟在他的後面，或者是防他搭着火車，離開北京。幸而飄萍很機警，就在送我的當天晚上，避到了東交民巷六國飯店去。

到了明天，不客氣地便到京報館來抓人了。飄萍當然未被抓去，卻把京報館的主編潘公弼捉了去，着他時交邵飄萍來，才可釋放。

寫到此，我還有一個閒筆，也得敍一敍：當飄萍送我匆匆下車時，把他一枝手杖，遺留在我車廂裏。及至發覺，他已在月台上，我即在車窗裏將手杖伸出去，但火車已蠕蠕動了。飄萍忙說："不要了！不要了！那手杖送給你，作為一個紀念。"這話不過是一個戲言，這些小事，不足置意。我把這手杖帶到上海家裏，置諸壁角，我那時不用手杖，六十歲以後，漸漸用起手杖來了。也曾買了幾枝手杖，都不趁手，因覺放在壁角飄萍所贈的手杖，長短適中，提在手裏輕鬆，便取來用了。一直地用着，直到飄萍被害了，也是用着，有兩次在電影院裏遺失了，也還是失而復得地找回來。幾年來流離轉徙，一切書稿文物都散失，而獨此手杖，長隨我身，我今寫此稿時，這手杖尚植立壁間，當時飄萍說，給我作一個紀念，真是一種讖言呀！

我回上海，飄萍的那個遭遇，絕不知情。我還寫信到他那裏去，謝他車站送別，並告以章行嚴的病已痊癒。但沒有得到答覆，這也是常事，"慣遲作答愛書來"，我們也常有此病，何況他是個忙人。遲之又久，在上海報上微露一點消息，說邵飄萍有被捕之說，已避入了東交民巷，至於為甚麼被捕，哪一個機關要捕他，也沒有記載。以我推想，總是在他的通訊上出了毛病，因為人家關於政治上秘密，被你泄漏出去，那就有應得之罪了。我本想寫信給修慧，問問她的實際情形。既而一想不好，人而至於要被捕，必然檢查你的來往書信，未可冒昧從事。並且即使我知道了又怎麼樣呢？未能於他有益，所以想寫又擱筆了。

又過了一個多月光景，我在家中午飯以後，有人打電話來："喂！你知道我是誰呀？"我一听就聽出飄萍的聲音，我便問："你怎麼到上海來的呀？幾時到的呀？現在住在哪裏呀？"一連串的問話。他說："我剛剛到，第一個電話就打給你。我住在西藏路某一旅館某號房間（按：所云西藏路某一旅館，不是遠東飯店，我已忘卻這旅館的名稱，那只是一個中等旅館），你可以就來嗎？”我說：“我可以立刻來。”他說：“還有一事，我到此旅費已竭，你可以借給我一百塊錢嗎？如不便，少些也無妨。”我說：“可以！可以！”

我想，住這等中級的旅館，一百塊錢，可以供一星期之用呢。到了旅館裏，知他住在樓上，門口旅客牌上，卻寫的是趙先生，趙與邵音相近也。不去管它，推進他的房門，卻見另有一位年輕女子在座，飄萍連忙介紹道：“這是張小姐，我們一同從北京來的，她是無錫人，要回去望她的媽媽，我們作伴同來的。”這位張小姐，年約二十一歲，貌僅中姿，看她的態度一切，似為北京胡同中人。並且既是回無錫要看她的母親，為甚麼經過無錫不下火車，一定要跟他到上海來呢？後來詢之果然，原來飄萍施金蟬脫殼計，在八大胡同裏，找到一位相識的，權為臨時夫婦，以掩偵者之目，那就是這位張小姐的內幕了。

至此我方知那天東車站送我，即有偵探跟隨其後，幸即發覺，遁入東交民巷，明日將潘公弼捕去，都是飄萍親口告我的。至於為甚麼被捕呢？在我那時假想的不差，確是為了泄漏政府的政治機密。不過當時飄萍還不服氣，我記得這還是段祺瑞執政時代吧，飄萍說：“這些軍閥，鬼鬼祟祟，搗亂世界，設計害民，我偏要撕破他們的秘密。”但究竟是甚麼一件事的秘密？在何處泄露了他們的秘密，飄萍沒有說得清楚，我也未便窮詰他了。人家說：飄萍的通訊機構，不獨為報館，也有個人的。那是我所未知。也有人說，飄萍對於日本的報紙，也擔任通訊的，我更不知道。不過那時中外通信，並不禁止，日本也有通訊社在中國，北京、天津、上海，還開有好幾家日本報社呢。

飄萍來了不到一星期，好像個人經濟上已有活動了，於是資遣了那位張小姐回無錫去，他也遷居於南京路一帶的高級旅館。最初湯修慧的來信，都寄到我家裏轉交的，後來他有了固定地址，就不必由我轉了。我曾問過他：“你既出走，而公弼又被拘留，這個京報館、通訊社，如何辦理呢？"他說："這個不用憂慮，修慧自能料理。前天她來的信上說，公弼被拘，公弼太太屢次來吵，除了薪水照發外，還有公弼別的進款，也要我們擔任。當然是我移禍於他，據說現在也調停好了。現在我們先要把公弼保出來，修慧正在設法辦理此事。"我覺得在現代婦女中，如修慧其人，殊不可多得。

飄萍是性情高傲不可抑制的人，他甚麼人都不買賬，但對於修慧卻有些吃閃。飄萍與修慧本非元配，他在金華是有糟糠之妻的，不過沒有讀書識字，深居內地，未免有些土氣。他自與修慧結合後，金華也就不回去，好像是離棄她的樣子。倒是修慧叫人把她從金華接到北京來，與之同居。又，修慧無所育，這元配太太，卻生了一個女孩子，玉雪可愛，修慧非常愛她，視如己生，這都是尋常婦女不可及處。我住在他們家裏的時候，有一天，兩人大吵嘴，也不知為了何事，我這個魯仲連，只好作一個無理緒的排解，最後還是飄萍折服了。

更有奇妙可笑的事。飄萍好冶遊，加以他結交的，都是要人幕府所稱為智囊人物，可以探取得秘要新聞的人。那就花天酒地，無足為奇，而正於此間，可以在無意中得多少大好資料。於是逛胡同，叫條子，成為家常便飯。修慧不能禁止，便即說："我也去！"飄萍笑說："這如何可能呢？哪有帶着太太嫖堂子、吃花酒之理。況且滿桌子都是男客，而其中卻有女賓，似乎成為笑話。"修慧道："誰敢說是笑話？我就要訓斥他們一頓。誰是定了這個法律？只許男人吃花酒，不許女人吃花酒，你們還叫着男女平權，卻事事排斥女人。"飄萍無可如何，也只得讓她同去。

到了胡同的院子裏，飄萍有許多朋友是認得修慧的真不敢笑話她，只說："邵太太也來了，歡迎！歡迎！"入席以後，大家都叫條子，她也叫條子。（叫條子，即如上海妓院中"叫局"，乃召妓侑酒之意。上海妓院印有局票，此間則用紅紙剪成紙條，寫所召妓名於上。）這個時候，北京正籌開國會，各省議員，雲集京師，而上海妓院主政，也派了豔名噪一時的紅姑娘，到北京來淘金，時人謂之"南花北植"。修慧就把上海最著名的姑娘叫來，她們不知徵召者乃是一位女人。方錯愕間，修慧卻是一口吳語，先自招呼她們，說自己也從上海來，和她們稱道姊妹，一點不搭架子。於是這一班花界姊妹，大家稱讚邵太太不置。

但有一次，卻真鬧成一個笑話。要知道北京八大胡同的妓院，是集體的，不似上海租界裏的妓院，是散處的。它那裏是每一妓院是一個大院落，裏面有幾十個姑娘，至少也有十幾個姑娘，每一姑娘就有一房間，各有領域，未能侵越。

還有一個規矩，別一個院子裏的姑娘，不能平白無故到這個院子裏來，除非是客人叫條子，那是本院有好處的。再則是客人串門子，帶了別院的姑娘來，這個名稱，叫作"過班"。那一天，有人請客，飄萍和一二朋友，酒酣飯飽之餘，由這個院子，到別一個院子串門子去了，修慧也跟了去。北京這種妓院，也帶有一些官派，凡是客人踏進門去，便有一個人為之引導，問你找哪位姑娘，便引導那位姑娘房間去，這種人的名稱，叫作"跑廳"。這回修慧跟了飄萍來，那個跑廳瞎了眼睛，以為是帶了別院姑娘來了，大呼"過班"，被修慧順手一個耳刮子，打得那個跑廳鼠竄而逃。

此事非我親見，朋友告我一時傳為笑柄。據聞事後修慧亦深悔之，一個有知識的女子，出手打人，未免有失閨儀，因此也對於飄萍持放任主義，不再步步為營了。女子終是弱者，結果飄萍還是金屋藏嬌，自然是胡同中人物，及至飄萍死後，也就"蟬曳殘聲過別枝"了。

這些瑣事我不再述了。再說當時飄萍在上海一住就是三個多月，他在上海本來有朋友，加以我所識的朋友，他也認識了，如余大雄、畢倚虹等等，並不寂寞寡歡。北京的事，由修慧給他奔走料理，呼吁疏通，不久，潘公弼也放出來了，他的事也漸漸地消釋了。北洋軍閥時代是瞬息千變，此長彼消，但看各方面勢力如何。不過以修慧的賢能，我覺得飄萍實有些辜負了她。這次飄萍在上海，小有揮霍，所費也不貲，也不得不回北京去了。初到上海借我的百元，也沒有見還，想他已囊無餘資，或已忘卻。直至明年舊曆歲闌，忽由某銀行電匯我二百元，附語云：「歲闌兄或有所需，貢此戔戔。」大似前清封疆大吏，致送北京窮翰林炭敬一般，他就是這樣狡獪弄人呢。

第二次要抓他的，便是他送命的那一次了。這個時候，我已幾年不到北京，連音問也久疏了。我的朋友在北京的也漸少，偶有人從北京來，傳說邵飄萍仍很活躍，意氣飛揚，不可一世。而這時也正是軍閥們戰鬥紛亂的時代。所以我直到飄萍死後，綜合友朋所報告，略知其顛末。

據說第二次要抓他時，飄萍也早已有所覺察，也似第一次的避入東交民巷。但對方並沒有像第一次的到報館去捉人，那時潘公弼是否還在他的京報館，我可不知道了。

所以飄萍雖然有即將被捕的風聲，對方卻不露覺色，好似沒有這件事一般。但飄萍仍小心謹慎，躲在那裏不敢出來。遲之又久，一點沒有影響，覺這事已經鬆勁了。飄萍以思家心切，有幾次在深夜溜出來，到了家裏，他不但有大公館，還有小公館，東交民巷冷冷清清，淒淒切切，哪裏有家裏溫柔鄉之好呢？

有一天，他從東交民巷出來，遇到了這個倒霉鬼——夜壺張三張漢舉（此人在北京，亦開一家報館，為軍閥們的走狗。夜壺張三這個綽號，是北京胡同裏姑娘所題贈的，說他口臭專說髒話也。這個人，後來為了女伶孟小冬事件，做了梅蘭芳的替死鬼，醜史甚多，茲不贅述）。張漢舉向飄萍道：「你早沒有事了，我深知道，何必再躲躲閃閃呢？」飄萍因為知道他常奔走於這些軍閥之門，常能刺探些消息，因此有些信他的話，而且好久以來，對方一點沒有甚麼舉動，躲在東交民巷，要到何日為止呢？所以他放大了膽子，住到家裏來了。

誰知對方並未把這事放得輕鬆，張漢舉哪裏會知道這種事，只不過他在自己瞎吹，以為他能在那裏參加機密，出來傲示於人罷了。飄萍從東交民巷出來，早有偵探追隨其後，經詳細偵察，確知飄萍那夜住在家中，便攔門捕捉，把飄萍押上囚車去了。那時候，北京的勢力，屬於奉派，張宗昌、張學良均在北京，軍政執法處是王琦，就是他奉命捉人的。飄萍捕去了，家人惶急，友朋們極力想法援救，但是無濟於事，當夜已在東刑場秘密槍決了。

有人問：“邵飄萍到底犯了甚麼罪呢？”說是共產黨。問：“有甚麼證據呢？”卻是沒有。那時候，這些兇殘的軍閥，不問捉到任何他所敵對的人、痛恨的人，給他一頂紅帽子戴，說是共產黨，也就完了。甚至於自己的姨太太，紅杏出牆有了外好，捉了這個男人來，也說是共產黨，槍斃了。但是飄萍究竟總有他們所視為犯罪的原因的，他只是一個新聞記者，為甚麼既無告發，又不審訊，便把他處死，這是否其中有不可告人的事，難於宣佈呢？

據友人傳述，略可置信者有二事。一為泄漏軍事秘密，這件事，大家可以意想到的。在此爭權奪利的世界，以飄萍的職業，與他的大膽，即因此而把生命犧牲了，又何足怪。一為他雖然不是共產黨而與共產黨聯絡的，時人謂之“親共”，這也難於否認。因為飄萍當時交遊既廣泛，思想又激進，不知不覺的他們就目為“同路人”了。還有一說：飄萍近與馮玉祥甚為接近，玉祥是到過莫斯科的，更傳說馮玉祥與他有經濟關係的，凡此語言，都成為飄萍催命之符，這次罹禍，是否因此，亦難斷定。

再要問：北京那時是奉派的天下，張宗昌、張學良，都在北京，王琦不過是執行死刑的人，主動的究竟是誰呢？可是多數人說張宗昌，少數人說張學良。這也不難推想，張宗昌為了林白水醜詆潘復為腎囊，只一句話便說：“斃了他！”簇新鮮的事兒，可以作為旁證，而況執行者又是那個劊子手王琦。至於張學良似乎不像張宗昌自稱老粗，綠林大學畢業，而比較有深謀的人。飄萍出事後有許多平日擁護少帥的人，都為之分辯，但有一客云：“為了疑心他奪權而殺了他的父執楊宇霆，又何惜乎這一個新聞記者呢？”飄萍死矣，至今還成一個謎。

《時報》小糾紛

新聞事業，是站於是非得失之林的，雖然譽之者說甚麼無冕帝王，三千毛瑟；亦自詡為不畏強暴，有聞必錄。但闖起禍來，卻是很大的，在中國，先是有在上海發生的《蘇報》案，使到章炳麟、鄒容的吃官司，後又有邵飄萍、林白水在北京罹殺身之禍，這種文字獄可不小呀；但是在我進入上海的新聞界時期所謂《申》《新》《時》三大報紙的老闆，都是小心謹慎，自保身家，不敢惹禍。專制政府雖痛恨報紙，而不庸譁言，報館亦恃租界為護符，對方洋人也不敢得罪，不過大毛病雖是沒有，小糾紛總是有的。我偶然想起幾件事，且為述之：

有一次，我們《時報》的杭州訪員，寄來一封通訊，報告杭州出了一件井中放毒案，其詞甚長，那個訪員筆下也還通順，我就發在地方新聞的第一段。誰知過了三天，我友楊補塘（蔭杭）寫了一封長有十餘張信箋的信來責備我。原來他正在杭州做高等審判廳長，這井中下毒案，官司正打得急鼓密鑼的當兒，忽然《時報》登出這一封通訊，語多歪曲，杭州人又都看《時報》的，於他的判決很多掣肘。他信中說："你應該知道在官司沒有結案之前，報紙上不該瞎加批評的。"他這樣的譴責我，我可俯首無詞呀！但楊補塘這位朋友，我一向是尊敬他的。他是日本早稻田的學生，學法政的。和雷繼興、楊翼之等，都是同學。為人嚴正，同學們戲呼他為"無錫孔聖人"（他是無錫人）。回國以後即入司法界，在辛亥革命，洪憲失敗，段祺瑞執政的時候，他是北京的檢察總監。是否這個名稱不記得了，總之執行檢舉罪犯人的，那就有這一職司。講到那裏，楊補塘的故事來了。

原來北京那時有一種私娼，和前門外八大胡同的公娼是分道而馳的。在東城有一家私娼，叫作甚麼金八奶奶的，生涯鼎盛，這都是一般現任官僚所照顧的，因為他們不能彰明較著地到八大胡同去，只能到這些地方去吃酒打牌。那時老段執政，他的部下有所謂安福系者，大約金八奶奶那裏，安福系出入的人最多。但是私娼是北京明令禁止的，檢察總監是檢舉違法犯罪的人，金八奶奶那裏人言嘖嘖，楊補塘早有所聞，那天晚上，帶了法警，親去捕捉，誰知捉了一大批都是安福系人，如朱深、曾毓秀等都是總長級，連一位規規矩矩矮子許世英也在內。於是許多高級機關裏的人都來說情，打招呼，他一概不買賬。說是："我盡我職，明天解法院，聽候審判。"

還是幾位同學的好朋友勸了，說道："何苦呢？得罪了許多人，像許俊人（世英的號），想也不是同流合污的人，只是被他們硬拖了去。解到法院，怕也是一丘之貉，他們樂得做好人，用不着審判，就放歸了。況且這又有甚麼大罪名，不過行止有虧罷了。"楊補塘想想也不差，就讓他們用假姓名保出去了。不過他們想想，這個人留在京裏，總覺有些討厭，但是也扳不着甚麼差頭，而且民望也好，總說他肯辦事。適巧浙江高等審判廳長需人，便把他派到杭州來了。以檢察而遷審判，似為升職，實在明升暗降。那是在軍閥時代。他後來厭棄了在中國做司法官兒，重到歐美遊學去了。（曾在《申報》上寫文章，筆名"老圃"。）

在晚年時，我常和他見面，同住在上海法租界，到夕陽西下時，法國公園（後改名為復興公園）水邊林下，是我們談話之地。他的妹妹楊蔭榆，和他的脾氣一樣的固執。我告訴他："蔭榆就任北京女子師範初來的時候，我和楊千里，都在北京。蔭榆要請千里擔任文學系甚麼（因蔭榆在務本女塾時，千里是她的教師），千里自己不就，卻移禍江東，把我介紹給她，以致蔭榆到了我旅館兩次，極力勸駕。試想我哪有資格，在北京女師範教書，極力再三辭謝，而已經被魯迅在《語絲》上罵了。"補塘說：“當時我極力勸蔭榆不要到北京去，她在美國教書，豈不很好，她是愛國心熱，說：‘人是總要回祖國的，我不知現在中國的女孩子進步如何，也得回去看看。’她如此堅持，我還有何話可說，不想真是碰了一個大釘子回來。”

楊蔭榆從北京回來以後，在蘇州設立了一個私家女學校，從學的不過十餘人，都是高級女生。她是一個老處女，沒有嫁人的。補塘一家，卻仍住在上海。那個時候，已在日寇侵襲時期了，蔭榆在蘇州一家鄰居，為日寇所強佔，蔭榆仗義執言，說她可以向日本領事館去代他們控訴，因為她留學日本多年，可以說日語。老遠地跑到盤門外青陽地日本領事館，向之責問，領事很客氣，說定要查辦。回來走到高吳門橋上，誰知有人躡其後，一個日兵，一腳把她踢下吳門橋死了。越數日我在公園又遇見補塘，他對我只說了四個字：“我的阿妹……”已淚如雨下，泣不成聲了。

我原本是寫《時報》雜事糾紛的，先想到杭州井中放毒案涉及楊補塘寫信與我的事。忽然把楊氏兄妹的事，敍述一番，去題千里，真是跑野馬了。言歸正傳，我且說得了補塘的信後，便寫一封抱歉回信，承認訪稿是我發的，現在可怎麼辦呢？過了幾天，得他回信，他說：“案已判決了，報上也不必再談了。照例，案子未判決以前，我也不應該寫信與你辯論是非的，因為我們是老友，對你有違言，想能原諒的。”

這一小糾紛結束了，再說另一糾紛。這一個糾紛，來勢很凶險，但不及一小時，也解決了。

有一天，有兩個軍士模樣的人，闖進了報館來，到會客室中，把一隻手槍，向桌子一碰，對報館裏的茶房（僕役）道：“喊你們主筆出來！”茶房戰戰兢兢到主筆房報告，說：“他們有手槍。”那時幾位主筆都不在館中，只有我一人在那裏，聽說他們有手槍，我倒有點兒吃閃，真是“秀才遇着兵，有理說不清”。無緣無故地吃了顆衛生丸，到了陰間，遇到了我家祖先的孝肅公，問你小子是怎麼來的？我也回答不出。說是不敢見他們吧，我也還有點自尊心，不服氣，難道就被一柄手槍嚇倒了嗎？

那時我便吩咐茶房向他們說：“你們掏出手槍來，我們主筆便不肯出見，因為你們有手槍，我們主筆沒有手槍。”茶房去說了，回報我道：“手槍已收起來了。”我那時便去會見他們兩人。

這兩人是從江西來的，一個年紀較輕，大約不滿三十歲，就是掏出手槍來的人；一個年長，約摸有五十多歲了。年輕的掏出一張破破爛爛的舊《時報》來，在一段新聞上，抹上了一個框子，我知道又是地方新聞出毛病了。他問道：“你們這新聞是哪裏來的？”我說：“我們報館有訪員，是訪員寄來的。”他說：“這訪員姓甚名誰，住在哪裏？亂造謠言，我要辦他。”我說：“對不起，報館裏的規矩，不能把自己的訪員隨便告訴人的。”那時候，這個年長的發言道：“那末假使訪員報告一件不確實的事，報上登出來，報館也不負責任嗎？”我覺得這年長的話，就和緩得多了，我說：“報館是公正的，如果是不確實，你們可來函更正。”年長的道：“應該由你們報館自行更正。”我說：“這也是可以的，但我們究竟不知訪員的來稿是否確實，須得寫信去調查，就得多費時日了。”那年輕的跳起來道：“咱們等不及，也不要你們調查，咱們有辦法。”我知道這是他的落場勢了。

臨行，我還警告他們：“你們剛才掏出手槍來的舉動是不對的。要知道這裏是租界，如有人身邊藏有手槍，在馬路上行走，便拉到巡捕房去了，你們要小心。”我這話雖然有些調侃他們，實在也是實話呀！後來寫信問問南昌訪員，說是甚麼麻煩也沒有。大約他們也不是專為這新聞而到上海來的，《時報》所登，還是兩月前的事，路經上海，用手槍嚇嚇報館裏的人罷了。

這兩件都屬於地方新聞上的事，還有兩件，乃是《小時報》上闖的禍了。不是說過《小時報》上有一種“特約馬路電”嗎？與特約路透電只差一個字，這也是花邊新聞，但僅限於本地風光，那已在劉香亭編輯《小時報》的時代了。當時設計《小時報》的當兒，原是說要做到雅俗共賞，人家稱賞《小時報》，也說它能做到雅俗共賞，不似那《民國日報》《時事新報》的那種副刊，專載論道講學的大文章的，這次出毛病，也是一雅一俗，可算得是雅俗共賞了。

有一天晚上，有位某大學某教授（我這裏不想記出學校及教授的名字），他到報館裏來，指名要見我。我看了他的名片，聞名而未曾見面，既然他來見訪，必有所事，只得出來見他了。寒暄已畢，他談到："你們辦的《小時報》，很有興趣呀。"我笑說："這是不登大雅之堂的東西。"他說："都是外來的投稿嗎？"我說："是的。"他說："像那種特約馬路電之類，也有稿費嗎？"我說："那是微乎其微的，規定了兩角至兩元。"我暗想難道一位大教授也想在《小時報》投稿嗎？但見他在胸前西裝衣袋裏，取出一本小記事簿，又取出一張小字條兒，是報紙上剪下來的，我知道這事情便有些不妙了。

原來這一個紙條兒，便是特約馬路電，上刊着："某大學教授女公子，素有校花之譽，近已與同學某君，戀愛成熟，即將結婚，令人豔羨不已。"下面的署名是"蕭郎"二字。某教授問道："像這樣一個特約馬路電，也只值兩角錢嗎？"我這時已面紅耳赤，說："這是不該登的，這來稿雖不是我發的，我也應當負責。"我那時便極力道歉。他見我局促之狀，便道："要是在歐美的報紙上，登出那種新聞，那是無所謂的，不過在中國，還是守着舊道德，以談人閨閫為戒的。"我只得說："是！是！"我想這個馬路電，已經登出來了，他此來意欲何為呢？

我說："我們是很抱歉的，怎樣來一個補過之法呢？請先生見教。"他說："女孩子們性情固執的多，她看見了這條新聞，心中很不快，她想知道這投稿人的真姓名是誰呢。"我當時一看到投稿人的署名是"蕭郎"兩字，便知道就是追求他的女兒而失戀的人，因為"侯門一入深如海，從此蕭郎是路人"，大家已是讀得爛熟的了，可是這也不便和那位教授說，但投稿人的真姓名，確是不知道。只得以實相告，幸而這位教授先生，也不執意苛求，大概是他的那位的女兒，迫着他到報館來，他敷衍一陣走了。這一個馬路電，是劉香亭發的，我告訴香亭，以後要小心，往往不過幾十字，就惹出麻煩來了。

誰知在這兩三個月後，《小時報》又出毛病了。有一天，有三位歪戴了草帽，身穿黑色短衣，不三不四的人，闖進報館裏來。自稱探員（上海俗稱"包打聽"，又稱"包探"的），也要來打主筆。

問他們為了甚麼事呢？原來也是馬路電出了事。一個探長（包打聽頭腦，美其名則曰"督察長"）死了，說他是患了"夾陰傷寒"死的（"夾陰傷寒"說是在性交時受了風寒所致，中醫有此病名，西醫否認之）。那探長有一妻一妾，分居兩處，卻是死在小老婆那裏去，而這個大老婆是個悍婦，上海人所稱為"白相人嫂嫂"的，要打到小老婆那裏去。就是這一個新聞，我們這位劉香亭先生，大概覺得有趣味，發在馬路電去了，其實也可以算得里巷瑣聞的。

這次我真膽怯不敢直接去見他們了，因為這班人是沒有靈性的，如果我貿貿然跑出去，他們不問情由，兜頭對你一個巴掌也是很難說的，我就犯不着吃這眼前虧呀。我想起我們報館營業部裏有位陳先生，他的綽號叫作陳天亮（因為他也是一位夜遊神，常常到天亮方才回去），和他們這班人有些聯絡，請他出去解圍。先告訴他，我們這裏的主筆還沒有來；再問問他，你們這回來找主筆，是甚麼意思？是否要求更正？我們可以給你們更正；至於大老婆要打小老婆，此乃他們家庭的事，報館裏可管不着了。

他們最初是氣勢洶洶，後經陳天亮和他們稱兄道弟，嬉皮頑笑一番，也就緩和下來了。要說更正，如何的更正呢？所載的都是實事，據陳天亮說：這班都是包打聽夥計（上海巡捕房一個探員，手下可用若干夥計的），要他們寫一個更正稿也寫不來的。這件事便這樣不了而了之了。這個馬路電，時常闖禍，本想取消了它，但也常常有很好特別的新聞，即如《閻瑞生謀殺王蓮英》，在上海社會新聞上是一個特別案子，當夜就有人打電話給《小時報》，到明天別家都無此新聞，而《時報》獨有呢！

以上都是新聞上的糾紛，就所能記憶的偶寫一二，其餘尚多，均已忘卻。更有一事，可惱而又可笑的，記之如下：

有一天，報館接到一張會審公堂的傳票，是控告時報館的經理狄楚青和主筆是我的。為了甚麼事呢？說是我們的報上登載了非法的廣告。甚麼是非法的廣告呢？原來是那種賣春藥的廣告，甚麼"三鞭壯陽丸"呢，"大力種子丸"呢，名目也是繁多的。《時報》向來也是不登這類廣告的，不知如何廣告部不小心登出這類廣告來了。

這也不去管它，不過我們編輯部，從來不管廣告部事的，他們告經理是可以的，為甚麼告起我來呢？我對於他們廣告部的事，不但不去問詢，連大樣也不看的，為甚麼要帶累我吃官司呢？

問了楚青，他好像沒有甚麼擔心，說："吃官司就吃官司了，到那一天我僱一部馬車，到你家裏，同去新衙門就是了。"我道："我其實與廣告無關，你去了，我可以不去的。"他笑道："你不去嗎？臨審不到，他們明天就出拘票，來捉你了。"楚青好像是個老吃官司的來嚇我。我問是誰審判呢？他說："一個外國人，大概是英國領事，一個中國人，便是關炯之。"我說："關炯之不是我們極熟的人嗎？"楚青說："那時候，他板起面孔，不認得人了。"

說起關炯之，上海是無人不知的，他的原籍是湖北省，是前清一位舉人，捐了一個同知官職，到江蘇來候補，後來派到上海租界裏來做會審官。楚青本來和他極相熟的，據說兩人還是鄉榜同年，不過一個是湖北，一個是江蘇而已。他們兩人時常在宴會上相遇，嘻嘻哈哈一番。關炯之還會哼幾句京戲，有一次在電話裏唱給楚青聽。我由於楚青認識他，也認識他了，我住在愛而近路，下午坐了人力車到報館，他坐了馬車到新衙門（即會審公廨），在路上每次相遇，總是從車窗裏探出頭來和我招呼，現在竟要高坐堂皇審判我們了。

那天我和楚青，上午九點鐘就到浙江路這個會審公廨了。只見裏面擁擠許多人，也有小販、苦力、黃包車夫等等，都是吃官司的。這個地方，不像是個法院，卻見那個關老爺（上海一般"下級人"這樣叫他），和一個外國人，並肩据案坐着。他是不穿西服的，把一項軟胎的瓜皮小帽，放在桌子上。旁邊坐了幾個是否翻譯、書記之類，我們也弄不清楚。但對這個判決是爽快極了，也不詢問，也無須答辯，被告走到案前，旁邊一個書記模樣的人，只說你罰幾塊錢，給他一張單子，便有一個穿制服的巡捕，陪他到繳款處，付了罰款就完事了。不過這些罰款，很為輕微，不過幾塊錢，但在那些小販、苦力、黃包車夫，即使罰他兩三塊錢，也是幾天生意白做呀！

　　輪到我們，也是一樣，既不訊問，也無須答辯，關炯之看也不看我們，"顧左右而言他"，和這個英領事，鬼頭鬼腦，不知說些甚麼話。那個書記簽發下一張單子，說是每人罰十元，因為我們比那些小販"高級"，所以罰得要重些。楚青是帶了報館裏一位會計先生的，讓他去繳罰款，我們便坐了馬車回去了。

　　隨後，我們又把這個審判討論了一下，"為甚麼問也不問，便這樣判決呢？"楚青說："來不及呀！他們早晚兩次，每次就有三四十件案子，你要訊問答辯，可要花多少時間。而且不問則已，一問就生出許多囉唆來，所以只好打一個悶棍了。"我說："難道沒有冤枉的嗎？"楚青道："我想多半是冤枉的，幸而這只不過違警罪，罰去兩三塊錢就算了。那些做小生意的，就怕你拖下去，他們是做一天，吃一天的，受了冤枉也就只好吞下肚裏去了。"這種情形，不獨當時上海租界如此，"天下的烏鴉一般黑"，凡是被侵略的甚麼殖民地、租借地的居民都要受其荼毒吧！

路劫記

約在一九二〇至一九三〇年間，上海租界內，綁票路劫之案，真個是沒有虛日。綁票是對於大資產階級，路劫是對於小資產階級，我曾被路劫過三次，想他們對我視為小資產階級的了。再說，那種路劫行為的人，專剝去行路人身上的衣服，上海白相人的行語，叫作"剝豬玀"，我曾三次被剝，又得了這豬玀的雅號，真令人啼笑皆非。這種事，在當時覺得有些驚恐、惱怒；如今想起來，還覺得有些滑稽可笑。

我已不記得哪一年，也不記得是何月何日，總之那個時候是冬天。我家住在鄰近北火車站的愛而近路，每夜從望平街報館裏回去的時候，總要午夜兩點鐘，看過報紙的大樣後，方才可以離開。從報館裏回到家中，自南而北，要經過一條極狹的路，叫作唐家衖，這唐家衖雖然既狹且短，但橫路極多。某一夜，我報館裏事畢以後，即坐了人力車回家，車子剛到唐家衖中段，便有兩人從橫路裏竄出，攔住車子，一人抽出手槍，向人力車夫背上抵住，人力車夫只得把車子停下來了。然後他把手槍移向我，叫我走下車子來。另一個，便動手剝我身上那件皮大衣。持槍的人說道："喂，朋友！識相點！"那位剝大衣的朋友呢，把我背後的領口一拉，兩袖一翻，輕輕巧巧的已到了他的手中。我手無縛雞之力，何能抗拒。他剝了我的大衣，就向他自己身上一披，兩個人便揚長去了。那個人力車夫呆立着問道："先生！怎麼辦呢？"我說："有怎麼辦！你拉我到那邊的巡捕房報案就是了。"

那個車夫很膽怯，說："不要被巡捕房關起來嗎？"我說："放心！

這與你無關。"原來一出唐家衖，就是一個捕房，這個叫作匯司捕房，從唐家衖一直到我家所住的愛而近路，這一帶區域，都歸它管理的。這個捕房的督察長（督察長就是探長，法租界三大亨之一黃金榮，也就是督察長出身），叫作陸連奎（此人於上海淪陷於敵偽時期，被人暗殺的），我也認識他。到捕房裏，照例問了一問，記錄下來，他們說："這種案子太多了，每夜各捕房來報案的，平均總有五六起。"又喝問拉我的人力車夫道："你認得那兩個人嗎？"嚇得車夫瑟瑟抖，我連忙說道："不！這個車夫，車子常停在我們報館門口，我和他很熟的。"捕房裏的人說道："你不知道這班做案的人常常與車夫串通的。"

　　雖然報了案，我知道失物復得，那是渺茫的事，只好自歎晦氣。三天以後，我在報館裏，接到一封信，上寫了我姓名，是本地寄來的，沒有寄信人的姓名，只寫了"內詳"兩字。啟封，先發現一張當票，此外是一張八行書的信箋。信寫得很客氣，開頭是"某某老夫子大人鈞鑒"，其下的許多話，大概是說前夜的冒犯尊駕，實在處身困境，不得已而為之。還說，他曾當過革命軍，被裁撤了，一家數口，無以為生。最後說："知道你少爺出洋留學，將來如何發達，祝頌公侯萬代"云云。下署的名是"革命遇難人"。

　　最初，我很納悶，他怎麼知道我的姓名？怎麼知道我在時報館而把信寄來？及至看到"少爺出洋留學"的話，方才省起有一封我的兒子在德國寄來的信，是寄到報館裏的，我留在皮大衣的裏袋內的，被他搜得了，憑了這封信，寄還了當票給我了。信雖寫得不倫不類，但通篇倒沒有一個別字，字跡也比較還工整，為了"鈞鑒"兩字，我真要相信他是當過革命軍的，而且把當票寄回我還算是"強盜發善心"呢。後與朋友談起，他們說："你別上他們的當吧？知道你是報館裏的人，高談革命，他也就戴上一頂革命帽子，上海灘上許多流氓，都自稱為革命人物。至於把當票寄回你，你要知道這些賊骨頭，向來偷盜人家的衣物，上了當舖，概不取贖的。錢財到手，當票扯碎，是那種笨賊。留着這當票，樂得寄回你，使你自贖，也可以銷案了。"

這件皮大衣，在當票上當了四十元，我便把那封信以及當票，交給了匯司捕房。當票請他們代為取贖，交給他們四十元，因為由捕房去領贓，不要利息的。這一件案子，我損失的四十元，總算是結束了。

誰知過不到一個月，我在深夜坐了人力車，又經過唐家衖，又從橫街裏竄出兩個人，攔住車子，抽出手槍對着我。我這時已有了經驗了，不必他說"識相點"，而我已早識相了，我便乖乖地自己脫了下這件皮大衣，不必他們動手了。他也照常向他身上一披，疾馳而去。好似我和他合作，身手快捷，恐不到三分鐘。我疑心這兩個人，就是稱呼我為"老夫子"而祝我"公侯萬代"的人，不過那裏燈昏月黑，視線不明，我也未能認識真切呢。

立刻又到匯司捕房，陸連奎正在捕房裏，笑道："你先生又來了。"記錄以後，他說："唐家衖常常出事，你何必一定要走唐家衖呢。"我告以從報館裏回家，唐家衖是必經之路，有此近路，黃包車夫怎肯捨近路走而兜遠路呢？我又責問他們道："你們既知唐家衖常常出事，為甚麼不多派幾個巡捕在唐家弄巡緝呢？"他也沒有答覆我。既而又說道："他們的那些手槍，都是假的，你不如在我們這裏領一隻真手槍，以為防身之用，你們報館裏的主筆先生有此資格的，連同槍照、注冊等等，也不用花多少錢。你如果不會放手槍，我們可以教你。只要放在大衣裏，你掏出真手槍來，那嚇得假手槍連忙逃走了。"

我想：我是來報案，他卻在拉生意了。原來那時租界裏，凡是有高等職業的人（他們稱之為"體面商人"），都可備有手槍，以為防盜之用，或是向外國軍火商購取，或是向租界工部局申領，可都要領有執照，印有號碼，以備可以隨時稽查。除了那手槍的價值之外，也還有一些費用。但是我當時便謝絕了他，我說："謝謝你，我不要手槍。"

我的所以不要手槍，有三個原因：第一，他們說那班路劫人用的是假手槍，我不敢相信，保不定也是真手槍。而我又是近視眼，手腕又不及他靈活，我剛掏出手槍而他卻先放了，這可怎麼辦？第二，我家裏小孩子多，這手槍藏在甚麼地方呢？抽屜裏既不方便，衣袋裏又不妥，兒童好奇心重，取出來玩弄玩弄，那就要闖大禍了。第三，那就是我的過於天真的脾氣了，為人道主義着想，他不過剝我一件大衣，我的損失還有限，而他也罪不至死。我何必要用手槍殺他呢。因此三者，我決不要。陸連奎道：“好！那麼我給你查就是了，上一次是他們當去的，大概幾家典當裏一查，也就查出來了。”

果然不到一星期，匯司捕房來關照，說是大衣已是查出來了，在某一當舖裏。上海的巡捕房與各當舖都有聯繫的，如何提取贓物，具有章程，認明了是失物，用不着當票，當票早被盜竊者毀棄了。還說是當了五十元，照當本贖取，不要利息。這件大衣，可笑是漲價了。好，五十元就五十元吧！天又冷，我與這件皮大衣已發生了深切戀愛的感情了。

據友人說：唐家衖的周圍，有好幾家賭窟，這些賭窟，都不是像法租界三大亨所組織的大賭場，只是那班遊手好閒之輩，上海所謂“白相人”以及流氓、光棍等的巢窟。他們贏了錢，呼朋喚友，喝酒搞女人，胡鬧一陣；輸了錢，便當夜出去“做世界”“剝豬玀”，作為明日的賭本。有了賭窟，便有許多賭徒，賭徒多了，他們也便有組織，他們有他們的茶會，外行人不知道，警察們是總有些知道的。我又要談到在中國未有司法獨立，未有警察局以前，這些盜賊案子，都歸縣衙門處理，而縣衙門裏執行捕盜賊的，名之曰“捕快”，所以有一句通行的俗語，叫作“捕快賊出身。”以此推斷，巡捕房裏的人，和他們有些聯絡，也不足為怪的。據說，有些人如果知道他們茶會，熟識他們的門徑，原物便可以取還，不過也花一點錢。現在巡捕房說，在某當舖，要五十元方可贖出，我也不去問他在哪一當舖，付出大衍之數，物歸原主了。

我為了陸連奎問我，何以必走唐家衖，可知他也是知道唐家衖是個不安靖的地方，被剝的豬玀，不止我一人。我想：就不走唐家衖吧，寧可兜一個圈子，不走北浙江路，便走北河南路，加一點錢給人力車夫，不成問題。誰知還不到一個月，又遇到賊人了，在北河南路的小菜場旁邊，又竄出了兩人，攔住去路，用他的不知是真是假的手槍，在車夫背上敲了一下，車夫只得把車子停下來。可是這一回他們兇狠了，不但剝去我的大衣，連我袍子裏的一隻金錶也摸了去。他們是還想剝我袍子的，幸而救星來了，遠遠的燈光一閃，有一輛汽車飛馳而來，他們便急急忙忙披上我的大衣逃了。

從此以後，我這件皮大衣，便"黃鶴一去不復返"了。我雖也報告捕房，捕房也不會為我查得原物，其時好像是在齊盧戰爭時代，租界裏也防務吃緊，他們不注意於此小事了。吾妻還為我解嘲道："這件大衣，即使能完璧歸趙，也不要再穿它了。"我問："為甚麼呢？"她說："這件大衣被劫取後，即披上賊身，已三次了，多少有點賊氣了。"我大笑。原來這件大衣，原是我太太給我設法購得的。我本來有件駝絨裏的大衣，已敝舊不堪，太太憐我深夜衝寒歸，欲為我製一襲皮大衣。因為當時流行這種狐皮大衣，我們許多親朋，都有此一襲。但一襲狐皮大衣，价可二百元，我嫌其太貴。太太說："我有辦法。"因為我家親戚在上海開典當的兩家，每年有兩次，將絕當的貴重衣服，劃交大衣莊，名曰"劃包"，在劃包的時候，典當的主人或親友，可以照劃價提取，她就預託其主者，代為留意。至時，我便在十餘件皮大衣中，選取了一件，最為配身。雖是半新舊的，而狐貉深厚，識者謂是猞猁孫，獺皮領亦佳，為值僅百元，雖在嚴寒風雪中，御之溫暖如春也。

此金錶我亦愛之，用之十年，從未修理，不爽時刻。為愛而近廠所製，錶殼裏面有西文牌號，我以其與我所居住之愛而近路名詞相同，頗以為巧。有一天，狄平子到我家來訪問，適我不在家，他在我書桌上，寫了一句道："愛而路近天涯遠。"（此"而"字可作"爾"解。）我自失錶後，便續了一句道："一日思君十二時。"

我與電影（上）

我有一個筆名，叫作染指翁，那是有人在甚麼近代文學史上寫文章，以之諷刺我的。大旨是在說我："作品體裁多樣，長篇、短篇、話劇、電影、筆記、詩歌，無不染指。"讀之不勝慚愧，但我又不能不承認此"染指"兩字，我們蘇州人有句俗語，叫作"豬頭肉，三弗精"，就是樣樣要去弄弄，而樣樣搞不好。想起了我的讀外國文，甚麼英文、法文、日文，也都嘗試過，到頭來一事無成，可以思過半了。所以說我樣樣都思染指，也有些承認，但要說哪一些文藝，不許人家染指，那就未免不公平。那就想到他們所說我於電影染指的一端，這是一件極幼稚而可笑的事，若說染指，那是指尖也沒有觸着鼎的，更不能說"他日我如此，必嘗異味"了（見《左傳》）。在二十世紀以前，中國從不知道有電影這一回事：把燈火置於幕後，在幕上顯出種種形象，這些古老的話，我從未研究，不去說它。可是電影初到中國來時，也稱為影戲，大家只是說去看影戲，可知其出發點原是從戲劇而來。後來又稱為影片，如上海的明星公司，最初即稱為影片公司是。

記得我初看電影的時期，是在上海黃楚九所開設的大世界遊藝場，在裏面附設一個小戲院，叫作"小京班"，那是男女合演的。雖附屬於大世界，但到小京班看戲，要另外取費的，但亦取价甚廉，不過銀圓三四角而已，自晚上八點開鑼，一直演至十二點鐘。十二點鐘以後，便放映電影了，電影可放映至一點半鐘，取价更廉，不過一二角而已。這個時候，生意奇佳，尤其是花叢姊妹，連翩而來，因為那個時候，她們較為自由了。那麼電影所演的是甚麼故事呢？也像現在電視上所映的若干集子，今日映一集，明日又映一集，可蟬聯至十餘集。每集必以西方美人名其集。甚麼西方美人呢？我已想不出，大概都是香港對於殘暴施虐的颱風所予的美人名字吧！

不用說，西方亦在草創之始，這種電影不知是來自英國或美國。那時也無所謂銀幕，只張着一幅白布而已，映出來的人，走路都在跳躍，房屋亦會移動，外景卻是特多的。故事只是糊糊塗塗，也沒有說明書，其中必定有一個妙齡女郎的，此外一個俠客，一個偵探，也是常有的，我常問花叢姊妹道：“你們知道這影戲裏所映的是甚麼人物嗎？”她們回答道：“我們知道這裏面有三種人：一是女人、二是好人、三是壞人。”真是簡單明了，妙人妙語。試想我們讀史傳、寫小說，也不能跳出這三種人的圈子吧！

後來上海的電影院漸漸開起來，那時是無聲電影，只是黑白片。外國片源源而來，美國片最多，英國片次之，法國片又次之，偶然亦有印度片，是給上海印度人看的，日本片卻沒有。後來，有俄國片到上海，它是俄國領事館發出，純是宣傳性質，招待上海紳商各界以及新聞記者，我去看過幾次，忘卻片名。只有一部名曰《予打擊者以打擊》，我還沒有忘卻，那是誇示他們的新興武力。記得其中有一場，一大塊平平整整的草地，一轉瞬間，從草地上翻開來一排排的高射炮，其他類此的正多。我那時在上海看電影，各電影院都去看過，而尤以愛多亞路的一家“南京大戲院”為最多，因為我從家裏出來到報館是必經之路呢！

中國人自製電影的，首推上海的明星公司。直到如今，要談到中國電影史的，總要提及明星公司。我與中國電影創始時，沾有一點小關係的，也在明星公司。明星公司的組織，是三個主腦人物，一、張石川，二、周劍雲，三、鄭正秋（以前還有一位鄭鷓鴣，早故世了）。我所最先認識的便是鄭正秋，他是廣東潮州人，卻是老上海，是上海某一土行（鴉片煙土）的小老闆，卻是研究文藝的，尤潛心於戲劇。從前在《大共和日報》常常投稿，與人常作戲劇辯論，所以與新聞界中人頗多認識。

上海當時初創的電影，並無所謂電影劇本，也沒有甚麼導演、編劇的名義。不過一部電影，總要有一個故事，於是有的杜撰一個故老的傳聞，有的只好在舊小說去採拾。這個劇本是很重要的，花了巨大的資本，製成一部電影，而不入觀眾之眼，或竟嗤之以鼻，非但損失資本，也且毀傷名譽，那時明星公司，由故事荒而轉進到劇本荒了。

有一天，鄭正秋便到我報館裏來了，他說：“明星影片公司要拜託先生寫幾部電影上的劇本，特地要我來向你請求。”我說：“你們真問道於盲了，我又不懂得怎樣寫電影劇本，看都沒有看見，何從下筆？”正秋道：“這事簡單得很的，只要想好一個故事，把故事中的情節寫出來，當然這情節最好是要離奇曲折一點，但也不脫離合悲歡之旨罷了。”我笑說：“這只是寫一段故事，怎麼可以算做劇本呢？”正秋說：“我們就是這樣辦法。我們見你先生寫的短篇小說，每篇大概不過四五千字，請你也把這個故事寫成四五千字，或者再簡短些也無妨。我們可以把這故事另行擴充，加以點綴，分場分幕成了一個劇本，你先生以為如何？”

我那時有點猶疑，動於好奇心，真似人家說我的，對於各種文藝，都想染指。不管自己有無能力，卻想似胡適之所說的去嘗試一番。

這個所謂電影故事、電影劇本，我從未寫過，倘如現在鄭正秋所說的，那真是簡單不過的，也何妨嘗試一下呢。我還未及回答正秋的話，他又說道：“明星公司同人的意思，請你先生每月給我們寫一個電影故事，每月奉送酬資一百元，暫以一年為期，但電影故事可以慢慢地寫，最好先把你的兩部長篇小說《空谷蘭》與《梅花落》，整理一下，寫一個簡要的本事，我們很想把你的兩部小說拍為電影，想不見拒吧。”

至此我乃恍然，鄭正秋此來，要把我的兩部小說《空谷蘭》與《梅花落》取去攝映電影，這是他們的主意，至於寫電影故事，乃是餘事耳。我在此且對這兩部小說解說一下：原來我初到時報館的時候，就在報上寫了三部連載小說，第一部是《心獄》，第二部是《空谷蘭》，第三部是《梅花落》，這三部書，有正書局都印有單行本。這種小說，我是從日本譯來的，而日文本也是從西文本譯來的，改頭換面，變成為中國故事。在明星影片公司未創辦之前，張石川、鄭正秋等，就辦了一個"民鳴社"，專演一種新派劇，沒有音樂，不事歌舞，上海人稱之為"文明戲"的，也曾把《空谷蘭》《梅花落》兩部小說，作為他們戲劇材料，我那時不甚注意；隨他們搞去，這一回又來了。我也想不到後來電影編劇聲價高貴，編一部劇本，价至數千元的。可是俗語說的"一分行情一分貨"，我這寫五千字一個故事，拿他們一百塊錢，比了當時兩元一千字的小說價值已經高得很了。

這個時候，明星公司有兩位女主角，一是楊耐梅，一是張織雲，兩人都是廣東人，這兩人可以算得上海女明星中的開國元勛。後來在上海繼起的女明星，也以廣東人為多，我總想起為甚麼上海的女明星，總以廣東人為多呢？大概有兩個原因：我國海岸通商，南方得風氣之先，廣東的女孩兒們接近歐化，活潑浪漫，生活也比較隨便；不像江南的女兒們，堅貞自守，耽於禮教，束縛既久，未能解放。其次，則於纏腳也有關係，纏了腳的女孩兒，總是拘拘束束，即使放大了，還是故步自封，誰像廣東女孩子是不纏腳的，赤腳就赤腳，行路跳躍如飛，那就適合於演劇了呢。就楊耐梅與張織雲兩人個性而言，我覺得耐梅頗活動，而織雲較柔順，也各有其所長。

我那時以七天工夫把《空谷蘭》《梅花落》兩部小說的故事，順序整理好了，至於如何分場分幕，我一點也不懂得，不敢假充內行。不過這兩個故事，究竟是先拍哪一個呢？他們說，先要審定一下。我和他們說："這兩個故事中，恰巧每部都有兩個女人，一善一惡，你們有兩位女明星，可以分配。"結果，審定下來，是先把《空谷蘭》兩位女明星分配起來，張織雲是正面人物，楊耐梅為反面人物，那就是我上面听花界姊妹所說的一個是好人，一個是壞人了。

但這還是在無聲電影時期，後稱之為"默片"，銀幕上的人影幢幢，觀眾不知道他們搞甚麼事；銀幕上人的道白、對話，只見他們的嘴唇在動，也不知道他們在說些甚麼。所以在電影開映的當兒，同時就要放映一個說明，告訴觀眾，這是甚麼一回事，那個人嘴唇在動，是說的甚麼一句話。這個說明，當然在"默片"裏是很重要的，他們叫作"字幕"。我平常不大到明星公司去的，但做"字幕"的時候，便非去不可了。那些女明星，不過櫻唇動一動，而我們就要代她說出一句話兒來，並且這話兒一定要說得相當得體。我笑說，我們作八股文，人家說是"為聖人立言"，現在做"字幕"，卻是為女明星立言了。

做"字幕"總是在夜裏，晚上七點鐘就去，中間吃一頓夜飯，直要弄到十二點鐘以後。列席的除我以外，便是張石川、鄭正秋兩人，那時明星公司還沒有請甚麼導演，後來洪深來了，洪深是必然列席的。我的《空谷蘭》是張石川導演的，石川是寧波人，好像是明星公司的東家，其實是間接的。他是上海一位資產家經潤三的外甥，曾經與黃楚九最先開辦新世界遊藝場的。後來經潤三故世了，他的太太成為富孀，但也頗賞識張石川這個外甥，所以明星公司的資本，大都出自經家的。張石川雖非文化階級中人，卻是有點技術，不免有點霸氣，但對於我是極客氣的。

再說，我不是為了做"字幕"，夜裏到明星公司去的，後來在白天我也有時去了。去了就在鄭正秋那個煙榻上一橫，便談天說地起來。鄭正秋是有槍（鴉片煙槍）階級，而且是超級的。人家吸鴉片以錢計，他可能以兩計，除了白飯以外，便是黑飯。所以明星公司那張煙榻，便是他的寶座，這一隻煙燈，真是一粒明星，他是與它相依為命的。

因此我在明星公司，也認識了許多演員，也認識了幾位明星，也還有不少電影界以外的朋友。

《空谷蘭》中有一場外景，張石川主張到杭州西湖去攝影，他說："電影不比戲劇，戲劇只是局促在舞台上，所以都是內景。電影與其在攝影場裏造房子、搭佈景，不如到外面適應的地方，多拍外景為宜。"這話是對的，況且上海有許多人，從未到過杭州西湖的，將來可以使觀眾開開眼，這也是上海人所謂的"噱頭"。石川也來邀我同去，我也去了，同時演員、明星，一共恐有二十多人。他們先派人到杭州西湖去僱好一條船，那是一條大船，有艙有篷的，比了蘇州的那些畫舫，還要大些。又在湖濱旅館去定了好幾個房間，演員中確有多人未曾到過杭州，便是楊耐梅、張織雲也不曾作過湖上之遊呀！所以這一回大家興高采烈，經過三天兩夜，外景拍成，回到上海。

我與電影（下）

《空谷蘭》開映了，居然一連幾天賣了滿座，殊出我意料之外。那不是我的自卑感，試想只是四五千字，寫了一個故事，平鋪直敍的等於一張說明書，有何可取之處？如果強要說它有何爭勝之處，或者是張石川的加以許多噱頭，廣告術的誇大狂了吧？可是映出來的編劇是我的名字，真使我害羞。但那個時候，上海有不少電影公司開創，記得有一家電影公司，不必舉其名，現在他們已經大發達了。他們當時拍一部《孟姜女》的影片，把一座崑山城作為萬里長城，為觀眾所嗤笑，實在太兒戲，那以明星公司和他們比起來，顯然當行出色了。

《空谷蘭》究竟是甚麼一個情節呢？我以極短簡的幾句話說一說：有一位貴族，起初愛了一女子（張織雲飾），這女子很良善的，與之結婚，生了一個兒子。後來那個貴族又遇到一女子（楊耐梅飾），這女子是刁惡的。迷戀了後一個女子，而把前一個女子離棄了，但是前女子所生的兒子，他是鍾愛的。後女子奪愛以後，做了主婦，沒有生育，為了佔奪貴族家產，百計謀害其子。前女子雖然離異，為了懷念其子，改容易貌，裝作一個女傭，出入貴族之家，以保護她的愛兒。後女子以毒物置飲食中，其子病，幸有一醫生，與以瓶藥，可愈其子。後女子又欲偷去其瓶藥，前女子覺之，兩女相鬥爭，其案遂破。後女子出門墜車死，前女子與貴族，復為夫婦如初。這是根據於十九世紀初的英國小說，封建氣氛極為濃厚的。而當時上海的觀眾，卻喜歡看此種情節曲折的男女悲喜劇。

在這裏我還有一個插話，是不關於電影上事的。當我在《時報》上連載《空谷蘭》的時候，也像現在的同文投稿連載小說一般，往往迫到當天交貨。正譯寫到"兩女爭鬥，搶奪這一個藥瓶"的當兒，恰值我有一個侄女在醫院裏病死了，我急欲料理其喪事。便以這部《空谷蘭》的日文原本，交給陳景韓，請他給我代寫一段。這不是創舉，他在寫連載小說的時候，我也曾幫過他忙。及至明晨，我翻開《時報》來一看，不覺大驚，原來他不看原文，自作主張，把兩女相鬥時這個藥瓶擲在地上打破了。我說："這瓶藥是那孩子救命的，你怎麼大拆濫污？"他就是有這種怪脾氣，記得他也曾譯一部日文小說，已譯了大半部，不高興譯了，弄出一條狗來，把書中那個主角咬死了。我駭問何故，他說："他也不是好人，死了就結束了。"他就是有這怪脾氣。後來我想出一個補救之法，說打碎的這瓶藥水是假的，真的一瓶藥水，還在這孩子的親生母手裏，反而多一個曲折呢。

《空谷蘭》既然吃香叫座，於是即拍《梅花落》了，因為這兩部小說，稱之為姊妹花，《梅花落》中也有兩個女人，一個是好的女人，一個是壞的女人，仍由張織雲、楊耐梅二人擔任。但是到後來放映，並不十分見佳，遠不及《空谷蘭》的盛況。要指出所以不及之故，我也說不出；詢問觀眾，他們也不大說得出，只好委之命運而已。譬如人類中一對姊妹，並皆佳妙，一個嫁得如意郎君，一個配一個薄幸少年，古人所說的"雖曰人事，豈非天哉"庶幾近之了。所以到後來有聲電影也來了，彩色電影也來了，明星公司總不肯放棄這《空谷蘭》一影片。一再重新翻印，以胡蝶代了張織雲的一職。直至周劍雲夫婦陪同胡蝶，作蘇聯歐陸之遊，還帶了《空谷蘭》同行，到處公映呢。（按：胡蝶老了，在香港曾演出我的小說《苦兒流浪記》。憶此聊贅一筆。）

我後來也寫了好幾個故事，作為他們劇本的資料，因此常常到明星公司去，和他們那些演員也相熟了。一部電影，不能不有個出色的女明星，從前如此，現在也如此。

就楊耐梅、張織雲二人而言，雖然不能如現代女明星的日趨放浪，但是一個劇中人，怎能如幽閨處女一般？而況"天下烏鴉一般黑"，老闆的心情，正要以你的玉體，博取人家的金錢呢！在女明星自己，今日演一回假夫婦，明日演一回假情人，男女兩情關係，早已看得平淡無奇。但人非木石，孰能無情，女子與男子一樣有性慾的衝動，於此中人而責以貞操，豈非苛求。

楊耐梅與張織雲，各有所歡，她們也不諱言，而且也是我所認識的，試一述之。

先說楊耐梅，她與朱飛發生了關係。朱飛是誰呢？也是明星公司的一個演員，是個主角，有"風流小生"的雅號，北方人所稱的小白臉兒，無論甚麼戲劇，有旦必有生，是少不了他的。起初他們發生關係，是人不知，鬼不覺的，就是為了那一次《空谷蘭》到杭州西湖拍外景，忽然發現他們鴛夢雙棲，便不能保密了。但他們只是游擊戰，並沒有固守陣地的。朱飛在明星公司裏，恃其漂亮面孔，輕佻技術，對於女明星們，都想拈花惹草。據說：為了此種行動，曾經被張石川掌了一個耳括子，但是終不能辭退他，為的他在劇中，扮演着花花公子、紈絝少年，真是一絕，電影劇中也實在少不得他呀！

後來楊耐梅又有了王吉亭，也是明星公司的一位演員。談起王吉亭，我又有一段插話。許多朋友都叫他王妹妹，為甚麼呢？原來他的父親是上海一位富商，生了幾個兒子都不育，最後就生了他，他的母親涉於迷信，以為這個世界重男輕女，生男不育，生女無妨，就把他當作女孩兒，呼他妹妹，蘇滬間無知識的女流，饒有這種愚妄思想。及至成人以後，因習慣而又加以調笑，人人都喚他為王妹妹了。父親去世，母親溺愛，王吉亭大肆揮霍，傳聞汽車初流行到上海時，他一購三輛（當時汽車無現在考究，價值亦無現在高貴）。他無所事事，只好盡在馬路上兜圈子了。

他僱用的一個汽車夫，後來成為上海名人之一，這人叫作謝葆生，本身是一個馬夫出身，後升級為汽車夫。從前不比現在這樣平等，稱為司機，汽車夫等於僕人，所以他見了王吉亭，畢恭畢敬地叫他一聲少爺。及至王吉亭家產使光，已是蹩腳了，謝葆生進入法租界三大亨之門，抖起來了，見了王吉亭，仍呼少爺。不過加上“曖呀”兩個字，輕蔑地喚一聲：“曖呀少爺！”後來謝葆生在黑社會更有名了，他是一個牛山濯濯鬍鬍頭，人家呼他為“鬍葆生”，提起他來，大大有名的。他還想做官，敵偽時代，陳群做了江蘇偽省長，謝葆生便是江蘇警察廳長，大概是杜月笙所推薦的。有人責問陳群：為甚麼用了這樣一個寶貝？陳群回答得妙：“這是以毒攻毒之法，因他認得的壞人多呢！你們可知道前清時代有一句話，叫作‘捕快賊出身’嗎？”及至日本投降，陳群自殺，謝葆生聽說被重慶來的人，捉去槍斃了。

　　我的話又說野了，現在書歸正傳。且說楊耐梅與王吉亭，這回倒不是打游擊戰，而是組織有小公館的，在甚麼地方我已不記得了。那一天，楊耐梅約我到她家裏吃便飯，我問：“甚麼事？是你的生日嗎？”她說：“不是！我新學會做幾樣菜，請你嘗嘗。不約別人，就只約了織雲。”我很欣然，她約的是午餐，我想他們一定起身得遲的，過了十二點鐘才去。到了那裏，果見耐梅雲鬢蓬鬆，頭也不梳，王吉亭卻板起面孔，呶呶不已，兩人略略招呼客人，還在鬥口。始而小聲，既而大聲，旋見吉亭丟去一隻茶杯，耐梅也不相讓，就在手邊撩起一隻香煙灰盆擲過去，忽見王吉亭到廚房取出一把劈柴刀，向桌子上摜下來，“嘭”的一聲，我嚇得連忙逃走。過了幾天，在明星公司，又遇見了他們兩人，頻頻向我道歉，說是過一天要補請我吃飯。我說：“謝謝吧！這個‘鴻門宴’，不敢再嘗試了。”張織雲倒真的請我吃了一次飯，而且是極為高貴的筵席。當她和卜萬蒼同居的時候，他們也有小公館的，她屢次邀我到她家裏去遊玩，我因為和卜萬蒼不大相熟，所以不曾去得。及至她與唐季珊同居的時候，我與唐季珊是認識的，因為有幾次是廣東朋友請客，我在宴會上和他同席過，他善於交際，而且說得一口純熟的上海話。那天請我吃飯是請柬上唐季珊、張織雲兩人列名的，地點是在虹口一家粵菜館，是甚麼店名，我已記不得了。早先張織雲向我道："阿唐說，那天務必要請你到。"我便去了，當然還有許多客，連他們兩位主人，共有十二人一個大圓桌。菜是豐盛極了。如今要我報告是甚麼菜我也說不出，後來知道這席菜是一百元，那是我生平從未吃過，這一回是破天荒。那必須到虹口來吃，福州路杏花樓也無此價值。

我除了《空谷蘭》《梅花落》兩個故事以外，還寫了好幾篇故事，供給他們，作為電影劇本的資料。我那時正在讀托爾斯泰的小說《復活》，想這可以編為電影劇本，我便把俄國事改成中國事，當然，裏面所有人名也都改過了。略去枝蔓，選取精華，約略為之分場分幕，交給了明星公司，那是由鄭正秋導演的。其中有一位女主角，是楊耐梅擔任的，演得極好，在這女主角"追火車"一場，真使我讚美不已。劇情是這樣的：一個貴族少年，在他的親戚家裏，與一侍女，發生戀愛，矢天誓日，永不負她。後來他貴顯了，便已忘她，適路經親戚家舊地，在火車站，此侍女欲往見之，見他儀容嚴肅，卻又不敢，只在車窗外偷看，但心頗戀戀，火車旋即開行，她追逐火車至數百步，火車遠去，她怏怏而歸。（大致如此，手邊無《復活》原書，多半已忘卻了。）

為了有一場"追火車"的外景，明星公司已與上海火車站商量，得其同意，作實地映攝。那天的耐梅真賣力，一面追火車，一面做出顛跌之狀，頸上的圍巾，被風飄去也不管，直追至月台盡處，怏怏而歸，滿面失望悲哀之色，真演得入情入理呢。這還是無聲電影呀！但這一場真是"此際無聲勝有聲"，大家一望而不覺得悲從中來的。我沒有直接在火車站看，只是在沖洗後試映時看過而已。一般人對於稱讚女明星，總是說色藝雙絕，楊耐梅可是藝勝於色呢。因為托爾斯泰這小說，記得那貴族少年，追悔自己的事，後來與此侍女重續前緣，故書名曰《復活》。我擬的劇名也是《復活》，但鄭正秋一定要加上"良心"兩字，這劇名叫作《良心復活》。這是他們的生意眼，怎能依你書生之見作主觀呢？

還有我的短篇小說《一縷麻》，也給了他們作電影劇本資料，他們改其名曰《挂名夫妻》，最初改名的事，我還不知道，後來才知道，是阮玲玉主演，而卜萬蒼導演的，有人說：還是阮玲玉破題兒第一回之作呢。除此以外，我還貢獻了不少電影劇本材料，現在記不起了。好像有些是宣景琳主演的。

說起宣景琳，來頭可不小，她不是廣東人，她是前上海都督陳其美的姨太太的妹妹，我在她十一二歲時就認識她，本在明星公司做配角，有"小老太婆"的綽號，寫此稿時，可已是真老太婆了。

那時候，洪深回國到上海來了（洪深號淺哉，小名叫七斤，號還有人知道，小名恐無人知，我在北京看了籍沒的《洪述祖日記》才知道的）明星公司便聘請了洪深為編劇。他是在外國學習過戲劇的，研究有素，不像我們是個半吊子。自從洪深來了，明星公司似乎方始踏上了軌道，他是編導合一的，只可惜所編的劇，有些曲高和寡，北方人所謂"叫好不叫座"，那就是上海觀眾的程度問題了。洪深是個誠摯而謙虛的人，那電影還在默片時代，當我們共同商量做字幕、分場景時候，他以為我是老上海，不恥下問的。

這也算是我染指於電影界不成熟的小小一故事。

護花律師

　　律師，在舊中國是沒有這一種職業的，可說是個舶來品了。在舊中國只有一種叫作訟師，訟師是甚麼呢？說他是舞文弄法，包攬詞訟，為國家所禁止，為社會所不齒，稱之為刀筆吏、惡訟師。律師則大不然，那就是為國家所尊崇，社會所仰仗了。這兩者如何去辨別呢？自然是一正一邪，一善一惡了。但我也聽民間傳誦，一個訟師，與官場奮鬥，出神入化，平反了一個冤獄。我也見近代新聞，一個律師受豪強指使貪贓枉法，誣害許多良民。那麼所謂律師與訟師者，也不過僅一字之差而已。

　　話休煩絮，我且談談上海的律師界。向來中國人打官司，沒有請過律師的，有之則自上海租界始。但最初也只有外國律師，沒有中國律師，因為他們洋人與洋人打官司，自有他們外國的法律，非請外國律師不可，但後來華洋交涉頻繁，尤其租界裏，中國人與中國人的交涉也多起來了，漸也有了中國律師。可是凡有大訟案，中國人還是請教外國律師的，惹得他們搭臭架子，亂敲竹槓。辛亥革命以後，中國律師漸漸多起來了，提倡司法獨立，各大都市，也設立了法院。及至民國十六年（一九二七年）以來，上海特別市政府成立，會審公廨收回，設立特區地方法院後，那時候到上海來當律師的，不是說多於過江之鯽，真似大群的散巢之蜂了。

　　我是不深明法律的，清代的《大清律例》既不曾看過，民國的《六法全書》也不曾讀過，不過身為新聞記者，這普通的常識，終要知道一點的吧！誰知後來的許多名律師的，竟有連這一點兒常識也沒有，凡為律師者，不僅要精通法理，而且也要敷佐文理，這一班律師先生，竟文字也不甚了了，至於外國文，更不必說了，他們本沒有資格涉及國際交涉詞訟的。為甚麼造成這一班庸才呢？講起來也就有種種理由呢。

我在上海認識了不少律師，這也有幾種原因：第一，上海的律師是自由職業，不是像有些國家，放出官家面孔，甚麼"皇家大律師"等名稱。他們也喜與新聞記者親近，有時也要與報界有所聯繫。第二，上海的律師，在開業以後先是要有人來請教，但也不能像一個商家那樣，登大廣告，發宣傳品，有失律師身份。於是只有用交際之法，請客宴會，拉攏朋友，我就常常被他們拉去做座上之客了。第三，我為甚麼常做座上客呢？原來上海的律師，以江蘇省人為多，浙江省人次之，而江蘇省中尤以蘇州人為多，有的本來是親戚朋友，現在是律師了，也是常常要找到我的。

我最先所認識的律師，都是有高才卓識的，他們都是從西洋法政大學畢業回來的。日本早稻田一派也不弱，因為他們於中國文學早有了根底的。我早先識得的一位朱斯蒂律師，他號榜生，湖州人，年紀在三十歲左右，為人頗瀟灑俊逸，他也是世家子，那個時候，中國律師上海還不多呢。不過他開業以來，先把基礎打好，甚麼是基礎呢？先要找幾家常年主顧如富商大戶的作為後援。朱榜生便是如此，據我所知，他的同鄉南潯張家便是他的長年主顧。平時是法律顧問，每年送他若干錢，如果是一場官司，不論是原告、被告，要他出庭辯護的，也規定律師費為一千元。因為產業多，錢債的糾紛亦隨之而起，只要一年有幾場官司打，律師的經濟就可以無虞了。

朱榜生還有"護花律師"的豔譽，他也是出入花叢的人，上海堂子裏叫他朱二少。但是有許多孤苦女娃墮落在風塵中，受盡虐待，得以解脫的，全仗他的法力。先是有不自由的姊妹花，知道他是位名律師，暗暗地乞求他拯救她們在苦海中，他也心中頗憐憫之。有一天，有一個十五歲雛妓，涕泣向他道："朱二少！救救我！我的假母（鴇母）強要我給一個五十多歲粗野軍官開苞（初次性交），我死也不願意。"

朱榜生覺得這事不大好辦，但也可憐她，想了一想，因說道："你明天上午，捉一個空，到我事務所裏，給你談談，或者可能有一個辦法。"便把事務所的地址給了她。

明天上午，她去事務所了，朱律師攤開一個記事簿來，便問："你是哪裏人？親生父母在哪裏？怎樣地到上海來做妓女的？詳細地說一說。"那雛妓道："我是南京人，家在南京，只知有母而不知有父，家裏窮得沒有飯吃，把我賣出來，有一個專做販賣人口的老太婆，把我販賣到上海堂子裏來的。"朱律師道："現在你想怎麼樣呢？是不是可以回到親生母那裏去呢？"她說："不！契約訂定斷絕關係，我也不知道親生母現在哪裏，我是九歲就賣出來的。"朱律師皺眉道："你得自己想一想：你出來了怎麼樣？雖然假母從前虐待你，但是到底有吃有住，最時髦的衣裳給你穿，最珍貴的珠寶給你戴。你要出來以後，一無所有，你能自己獨立嗎？"

那雛妓只是垂淚不語。朱律師道："你要坦白地說一說，你的客人中，有沒有相愛的人，可以幫你的人嗎？"她漲紅了臉道："有是有一人，他說很喜歡我，很愛我。"朱律師問是誰？她說："是鄭大少，杭州人，他雖然如此說，不知是否真心。"朱律師道："好！那麼三天後，你來聽回音。"原來朱二少與鄭大少，也是老朋友，於是朱榜生約了鄭君來，和他商談一切，他說："這女孩子，在堂子裏還算有志氣的，她說你很喜歡她，我已答應她辦這事了，但必須你幫忙不可。"鄭君問："怎樣地幫忙呢？"他說："簡單得很，她是從妓院裏一個人光身出來，既無食，又無住，一切她的生活費用，都要你擔任，直到案子結束。你是有錢的人，應當不在乎的。"鄭君道："說出來不好聽，人家說我包一個妓女。"榜生道："這是秘密的，我不說出，人家不會知道。"於是鄭君允諾而去。

明天，那個雛妓來聽回音了，朱律師道："我和你的鄭大少已商量好，明天你就可以出來，住到我一個指定的旅館裏去。但是他們給你漂亮的衣服，珍貴的首飾，一概不能帶出來，只好穿一身家常衣服，不然，他們可以告你捲逃。到了旅館裏，只要說朱律師定下來的，他們自會招呼你到某一個你一人獨居的房間，不要走出來露面。你的飲食、零用等等，也由旅館裏處理，你不必花錢。告訴你，一切都是鄭大少出錢給你安排的，可是在這個期間，鄭大少不能和你見面，要等你這案子結束後，方可與你相會。听我說話，放心點，去吧！」

且說那個雛妓，這天悄悄地走出了妓院，院中人都沒有覺察。及至晚上，叫堂差來了，卻不見她。假母大阿嫂罵道：「這幾天子阿囡生意好一點，就放蕩極了，又是同甚麼小姊妹看電影去了。」到了深夜，還不見她回來，一夜不歸，便疑心她逃走了。暫時又不敢報告捕房，查問審訊，添出許多麻煩，而且於生意上更有許多窒礙。正惶惑間，朱二少的律師信來了，信中說：「你們的小阿囡，投奔到我這裏來，說你們虐待她，強迫她和一個不願意的人睡覺，破壞她的貞操，要求法律起訴。你們來一個人，試行談判。」

妓院主任（這個名稱，上海小報題出來的）大阿嫂見信，大為跳腳，說是：「小阿囡哪裏想得出這個主意，一定是那個拆白黨惡訟師，把她拐騙去了，我要和他去拼命。」便到朱律師事務所裏去大鬧，嚷說：「小阿囡是我的女兒，雖然不是親生的，是用大紅帖子寫了文契（按：即賣身文契），過繼過來，也和親生的一樣。甚麼強迫和不願意的人睡覺，那是我們堂子裏『點大蠟燭』（即「開苞」，古文中稱之為「梳攏」，日本文中名為「初夜權」），是光明正大的事，朋友們還要飲酒道賀呢。」朱律師起初只是悶聲不響，等她鬧過以後，便問她道：「你說用大紅帖子寫了文契，把她過繼過來的，那你出了多少錢呢？」她道：「不是白花花出了八十塊大洋嗎？你若不信，我可以把文契拿給你看。」朱律師笑笑，又問：「那麼這個開苞客人，允許給你多少錢？」她想誇示一番，一想不好，便道：「那還沒有講定妥呢！」

朱律師至此板起面孔來說道：「我是當律師的，依法為人代理訴訟事件。現在明白地對你說，你已犯了兩種罪。你說：這個小阿囡，是你用了大紅帖子寫了文契過繼過來的，付了他們八十元。告訴你：這個文契，就叫作賣身文契，你說過繼做女兒，怎麼將她做妓女呢？你這個罪名就叫‘賣良為娼’。你說堂子裏‘點大蠟燭’是個光明正大的事，法律上可不像你所說的，一個女人，如果不願與這個男子姦宿，而強制執行，這便叫作‘強姦’。對於未成年的女子姦淫，‘雖和同強’，你的小阿囡，還只有十五歲呢。你就是出賣她童貞的人。就這兩個罪名，你吃得消嗎？關進監獄裏就有你的份了。”

那個老太婆急吼吼說道：“噯呀！那是小阿囡答應的呀。請你叫小阿囡出來，我可以問她。”朱律師道：“你威逼她，她只好答應，何以現在又不願呢？她此刻不能和你見面，我有保護她的責任。”他見這老太婆不敢再倔強，便緩和其詞地說道：“本來我這狀子一進去，巡捕房就到你生意上捉人了。不過你的小阿囡還顧憐你，說是不要太難為你，害你坐監牢，吃官司，所以先招你來問問，有可以和解的方法，這官司就可以不打了。”那老太婆道：“朱二少！朱律師！你也是很體諒人的。這小阿囡還是九歲到我那裏的，真是一個黃毛丫頭，養到了現在，剛剛有些出秀，我的棺材本，就靠在她身上，不想她竟沒有良心。”

朱律師道：“你的造孽錢也已賺得不少了，還說甚麼棺材本嗎？現在對你只有兩條路，第一，小阿囡是不再和你有甚麼母女關係了，也不再到你這個生意上來了，你把這張當年的賣身文契交出來，另立一張脫離關係的字據。第二，要是你不服的話，我們就起訴，聽候法官如何判斷了。你或者和人要商量一下，三天內聽你回音。”那個妓院主任，只得悻悻然去了。

朱榜生那天招來了鄭大少，說道：“這事可以解決了，但小阿囡如何處置之法，是你的責任。再有，那個假母，是用八十塊錢，把她買來的，養了她也有五六年了，剛剛出道，這回是做了蝕本生意。我想點綴她一下，給她四百元，收回賣身文契，我們都是吃花酒的朋友，不要做得太絕。不過這四百塊錢我要派你出，你大少爺不在乎此，我的律師費，已經為你們犧牲了。"鄭大少只得答應了。願天下有情人都成了眷屬，後來這個雛妓終究是嫁了鄭大少爺去。此事結束以後，為朋輩所傳聞，都說朱律師辦得好，辦得痛快。傳及花界姊妹中，都說我們要跳出火坑，除非找朱二少，他是我們救星。因此如法炮製的又有數起。於是"護花律師"之名大震於花間。

上海律師群像

律師，在將來這個世界，有不有這種職業，我不敢說。

自古以來，有政治即有法律，可知政法是並行的。孔子說：“導之以政，齊之以刑，民免而無恥。”那是進一步的說法。到後來政日以繁，法日以紛，法學家遂有立法、司法之分。因為人民都有昧於法律的，於是就有律師出現了。我不諳西方歷史，不知西方的律師，始於何時，若在中國，不過數十寒暑而已。寫此稿時，現在中國大陸已無律師，將來恐怕也未必有律師。但在上海這數十寒暑林林總總的律師群，其現象亦頗可觀感呢。

我先從辛亥革命以前清代的司法界說起：凡是訴訟刑罰事件，第一級總是知縣官，上一級便是知府，因為他們是地方親民之官。再上一級便是按察司（俗稱臬台），再上一級便是刑部了。他們無所謂律師制度，以為做了官，應當知道法律，若是做官而有甚麼過失罪愆，那就要說他“知法犯法”了。但是真的都能明了法律嗎？未必盡然，於是有輔助之的，是為幕府。譬如知縣官衙門裏的幕府，即有兩種人才，一曰錢穀，一曰刑名，而刑名就是佐理縣官法律事宜的人。

佐理知縣官刑名的幕府中人，雖不是律師，但是民間的稱呼，一向稱之為刑名師爺。在舊中國當刑名師爺的以紹興人為最多，於是約定俗成，改呼之為“紹興師爺”。現在南方有呼律師為師爺者，可見今之律師，與昔日之所謂紹興師爺原是二而一者，只不過名稱之不同而已。這種紹興師爺，往往為民間所不滿，說他們舞文弄法。只要看許多戲劇中，常有穿插一紹興師爺出現，總是以丑角演之。一口紹興話，形容絕倒，常以智囊自詡，罵之者則呼之"門角落裏諸葛亮"。我們据父老所傳，史傳所載，不能謂其必無誣陷良善，然而由他們平反冤獄，亦是有之，不能將之一筆抹煞的呀！

到了辛亥革命以後，標榜司法獨立，縣官不理詞訟，紹興師爺退治，律師便取而代之。那時中國的新人士，不是大家都說要變法嗎，首先取資外國法律，因此外國的律師，亦隨之而至。因為外國在中國有租界、有殖民地，且有所謂囂張的治外法權，推倒中國的舊法律而屬行他們的新法律。隨後中國自己亦覺得舊法不足以圖治，必須採取西方的新法，方能有效。於是派留學生到國外去學習哩，在國內設立法政學堂哩，因此造成了許多中國大律師。

上海這個地方，是江南繁盛之區，又是為外國租借地，凡事得風氣之先。本已五方雜處，良莠不齊，加以內地發生戰爭，有身家的人為了避亂起見，都向租界跑，一時富商大賈，巨室豪門，都麇集於此，那些律師是最能觀察時勢的，覺得這是最可能發展的地方，最可以咀嚼的一塊肥肉，便絡續地來此開業了。他們在公則保障公權，在私則營謀私財，豈不是名利雙收嗎？

而那些富商大賈、巨室豪門，也正需要律師，以商業而言，尤其是那些大銀行、大公司，都是新興事業，資本雄厚急思擴張發展，不似從前的一味保守行為。所以業務愈大，則糾紛愈多，事事牽連到法律問題。但他們的董事哩、經理哩，未必都能精通法律的，有了律師，便可以請他做法律顧問，一切由他支持了。我最初見到譯自外國的紀載：說他們律師，非但請他寫一封信，要出律師費，即和他說幾句話，也要付出律師談話費若干。可是中國的律師，卻沒有如此小家氣，做這種零零碎碎的生意。至於大銀行、大公司的金融貿易，出入常在百、千萬以上，涉於詞訟，則必爭取得之，以一顯其手腕。

其次，便是那些巨室豪門的家庭訴訟，也是足以使上海律師歆動的。不是說為了避亂起見，都遷居到上海租界裏來嗎？造了大洋房，開了大商店，安居樂業，自適其適。可是家庭的糾紛來了。第一件事便是兄弟爭產，做官的刮了民脂民膏，經商的也是巧取豪奪，所得的不義之財，一旦這個老頭死了，留下遺產，便是禍根。不但兄弟爭產，姊妹也可以爭產，因為那時候已是男女平權了。像武進盛氏，盛宣懷的家屬，不就是這樣嗎？為了遺產的爭執，你請一個律師，我請一個律師，未成年的女兒，剛出世的孩子，也可以各請一個律師，真可以說聚訟盈廷，莫衷一是。

還有那嫡庶之爭、妻妾之鬥，離婚案、重婚案、遺棄案、姦污案，屬於男女兩性間的問題，正是多多。這些案子，也都出在富豪之家，而為律師所歡迎的。因為這種官司，都屬於軟性的，不必劍拔弩張，到結尾總是以經濟為解決，律師的報酬，亦是從豐。要知道律師與律師並不是仇敵，他們受當事人的聘請，各為其主，雖然在法庭上互相辯駁，爭論得面紅耳赤，但一出法庭，稱兄道弟，依然是好朋友。

所以有些案子，當事人不必露面，只憑原告律師與被告律師兩方面談判，以求解決，差不多律師就是和事老了。在這種情況中，兩律師可以互相勾結，各施技術，"鷸蚌相爭，漁翁得利"，這話正為此輩而說。因此他們有句格言："官司最好只打半場"，為甚麼最好只打半場呢？那就是半途憑律師之力和解了，這其間律師自然大有好處。

律師弄法，有種種法門。有一種，其術語叫作"樹上開花"，怎麼叫作樹上開花呢？我今說一個最淺顯而在上海也是最普通的故事：假定有一位富翁，他本來是住在內地的，家裏極窮，但是已有了妻子。到上海後，或是他的運氣好，或是他的手段高，只不過數年工夫，已經很發達了。可是他的老婆卻不曾帶到上海來的。上海這個地方，是繁華綺麗之場，婦女既然解放，交際場中，也必須有一位漂亮的太太一同出席。內地的那個黃面婆，土里土氣，怎麼能見得世面呢？不要說他"飽暖思淫慾"吧，在情勢中，自然要找一位漂亮的夫人了。

找漂亮夫人也不是易事呀！當然要正式結婚，瞞過了新夫人，也瞞過了舊夫人，已是犯了重婚之罪了。最初對於舊夫人每年寄些錢去，敷衍了一下，後來連這個慰藉也沒有了，即使有告急信來，也不開封了。可是這樣的事，終究瞞不過人的，家鄉人來，探知他的近況，或者不直他的行為，有些多管閒事、代抱不平的人，便報告他的舊夫人了。那時她雖沒有到過上海，勢必到上海與薄幸人來拼命了。兩雌不並立，簡單地表過一言，就非鬧到要打官司不可了。

打官司談何容易，就得要花錢，要請律師，但她是一個赤貧的人，沒錢怎辦？但上海就有一班做律師經紀人的可以介紹，把她的情況敍述一番，律師覺得這案子大可受理。第一，律師費現在不必談，以後再說。第二，她一個孤苦女人，到上海來生活無着，有人包辦她的生活費，也是將來再算。一切定妥了，然後向對方下手，先告以重婚罪，後談到可以和解，須得贍養費若干萬。對方當然不敢出面，也請了一位律師做代表，律師和律師，講斤頭，那是再好也沒有了。

至於內地出來的那個婦人呢，可憐舉目無親，他們把她安置在一個小旅館裏，或是就住在擔任她生活費那人的家裏，所費是有限的。那婦人來到上海，自然要想和她的丈夫見面，他們總不讓她見面，實在那男人也不願意和她見面。他們總勸說：“這樣負心人，還見他做甚麼？不如實際一點，向他大大地要一筆贍養費，有了錢都好辦，放利息，做生意，離婚後也可以自由嫁人。”那個鄉下太太也無可奈何，只得屈從了。這時和解下來，如果敲得到五萬元的，她最多可以得到兩萬元，其餘三萬元，由他們平分了。當然律師得了大宗，此外便是當時擔任這位女人生活費的、做律師經紀人介紹這場訟事的，一切幫忙的人，以及與對方相勾結的律師，都是有份的。這個名稱，就叫作“樹上開花”。

我上面所說的，不過舉一例耳，其實這“樹上開花”，也正變化多端。試想植物上有許多樹，就開許多花，所以這個術名是確切的。在舊中國文言叫作“包攬詞訟”，俗語叫作“包打官司”，但沒有這樣花巧呢。

律師界經營這種業務，最好有個黑社會中人，做後台老闆，以助聲勢，而黑社會中人，也願意與律師界多所交接，譬如"閒話一句"，兩造懾服，豈不省了許多事呢？我這是在寫的當時實地的情況，並不是作小說，假如好作小說，把它誇張起來，可以寫成十萬字的一個長篇呢。

不過我所認識的律師朋友，不是沒有正義感的人。有一位朋友，還是固守舊道德，凡是離婚案，一概不接，總是勸告人一番。有幾位朋友，為窮苦人盡義務，律師費也不要。更有可敬的人，為志士仁人呼援求助，寧為當道嫉視，我在此不能一一舉了。最壞的是那種貪利忘義之徒，實為此中敗類。要知道法律原是人為的，立法不善，那舞文弄法的人，便愈多了。到了後來，中國開了不少的法政學堂，以及各大學中的政法系，凡於此中畢業的，都可以當律師，可謂一榜盡賜及第。於是這個律師潮，泛濫於上海，有人誇張說有千餘律師，其實都不是執業者，只是有一個律師頭銜而已。他們從不出庭為人辯護，或者當人家一位法律顧問，博取每年一二百元，或者為人家寫些法律上文字，作一個高級律師的助手。

有些初出道的，也居然可以為人辯護出庭的，往往鬧成笑話。記得有一位某律師，還是個原告方面的吧，臨訊之日，匆匆忙忙到了法庭，攤開公文皮包，卻忘帶了這案的卷宗。法官嘲笑他道："貴律師怕是叉了通宵麻雀，沒有回家取卷吧？"有一位某律師更有趣，照例，律師出庭辯護，應穿法衣，法衣是甚麼樣子呢？是一件黑色的長袍，到了庭上，方始穿起來。這天那位律師，不知如何，拿錯了他的夫人一件黑呢絨的旗袍，四周還有花邊，披在身上，短了半截，引得哄堂大笑，連法官也忍俊不禁。

笑話正多，我不必再寫了。至於高級律師，也有很多趣事。大概他們都有外寵，上海人稱之為"黑市夫人"。可是家裏的正式太太，執法頗嚴，不許走私，每夜必須歸號。要知道上海租界自撤消了會審公廨，我國便正式成立了司法機關，上海只是地方法院，直屬於蘇州的高等法院，甚麼重要上訴案都要到高等法院審理。"扭計師爺"於是心生一計，告訴他夫人道：“明天要到蘇州高等法院出庭，照例上午九點鐘開庭，當天去是來不及的，只有今天搭夜車去了。”夫人亦信之，哪知他並沒有高院出庭，並沒有到蘇州去，只是在他的小公館溫柔鄉裏，盡情享受了一夜，直到了明天，夕陽在山，方說是從蘇州回來了。

最先數次，他夫人也還相信他，後來有些懷疑了。為甚麼只提了一個公文包，連牙刷、毛巾也不帶，匆匆走了？問他到蘇州住甚麼旅館，也支吾以答。夫人道：“好！你到蘇州，給我到觀前街采芝齋買玫瑰水炒（西瓜子，采芝齋馳名的）兩罐、松子脆糖兩罐回來。”這位律師先生心中一怔，沒有到蘇州去，何處找采芝齋？但要不露馬腳，只好答應了。到了小公館，和他愛人商量，雖不出庭高院，也可同到蘇州一遊，乘夜車到鐵路飯店作海燕的雙棲，未始非一舉兩得呀。這位律師是我的朋友，我嘲以詩曰：“最憐花落訟庭空，一夜姑蘇雙宿中。膩味穠香甜到骨，人間多少采芝翁。”

我何以知道此事？原來他為未雨綢繆，真的到蘇州“出庭”去，買了不少采芝齋瓜子糖果，以備不時之需。我住在愛而近路，距北火車站密邇，他踏下火車後，即到我家，將那些瓜子糖果罐頭，塞在我的玻璃書櫥裏，以便他走私的時候，與愛人作長夜之歡，明日即可以此歸遺細君，作為物證也。

癡官王引才

我生長於蘇州，在蘇州居住了三十年，在上海居住了四十年，蘇州為我第一故鄉，上海才是我第二故鄉。語云："遊子不忘故鄉。"我這個回憶錄，寫我兒童時代在蘇州，就佔了不少篇幅。就是住在上海時，一年也有好多次到蘇州，除非暫時不在上海。有一年，到年終計算下來，竟去了數十次，這是有特別原因的。

蘇州本來是個省城，人文薈萃之區，物產繁華之地，俗語所稱："上有天堂，下有蘇杭"。別一個省城所望塵弗及的。可是自從辛亥革命以後，蘇州漸漸有退化的現象。為的是西化東漸，有一個"強鄰"虎視眈眈在你側，那就是上海。因此向來有些老輩，不許子弟到上海去的，總說上海是壞地方，現在也放任了。資產階級向來不做上海生意的，現在覺得容易賺錢，也做上海生意了。科舉既廢，讀書人覺得在蘇州無出路，也往上海跑了。但蘇州終究是個清嘉安適的住宅區域，所有老鄉紳、老寓公，還覺得此間樂，不肯放棄。一直到國民黨北伐軍興，遷都南京，江蘇省政府移往鎮江，蘇州省城一變而成為一個縣城，真有一落千丈之勢。

但我還是常到蘇州去的，因為我在蘇親友很多。我有一位老姊在蘇，姊丈已經故世了，時常要去存問一下。我的岳家也仍住在蘇州。後來我的兩個女兒，在蘇州天賜莊景海女學校讀書（是美國人辦的教會學堂），也得去看看她們。好在蘇滬火車便捷，快車不到兩小時，價錢便宜，我常是坐二等車，車費不過銀圓六角。

最妙的在蘇滬往來間，常常遇到新知舊友，在談天說地之中，往往得到新聞故事。有一次，我在火車中，對面坐一人，似為紳士模樣的，他對我點頭微笑，我亦報之以微笑。他問我貴姓，我出一名片示之，他也報我一名片，乃阮忠樞（號斗瞻），為袁世凱四方奔走，當洪憲時代之先，人稱之為神行太保的。我在《小時報》寫一則曰：《阮忠樞之腳》。畢倚虹則寫一則曰：《張一麐之頭》。因張當初力言袁世凱決不做皇帝，倘真做皇帝，請砍我頭，真如孟子所說的"君子可欺以方"也。

又有一次，我在火車中，遇到吳稚暉先生，他和我大談其報館發行報紙。他說："清晨走過望平街，群眾雜亂，人行道上，盡是報紙。在外國，報館出版了報紙，自己絕不發行，另有一個機關，專為發行報紙的。"我說："這也是習俗使然，上海報販兇得很，他們可以挾制報館。"我雖然常坐二等車，有時也到三等車裏去看看。那天卻見一位湯蟄仙先生（壽潛）廁身於許多販夫走卒之中，縮在壁角看報，他在清季，就是滬杭鐵路建築時，他是浙江方面的主辦人；江蘇方面，就是吾吳王勝之先生（同愈）的主辦人。辛亥革命，他是浙江都督，何以蜷伏在此？好在我認識他，他不認識我，後來詢諸友人，他們說："他生性如此，亦無足怪。"

總之每一次在火車上，遇到的新知舊友，筆難盡述。但這一次我所遇到的這位先生，我要記述一下的了。

這一次我從上海回蘇州，剛在火車上坐定，卻見前排椅子上有位軀體魁梧的先生，過來和我招呼。我認得他，這是王引才，上海人，是個教育家，一向在上海王培孫所辦的南洋中學教書。他是我老認得的，在未到上海之先，同朋友到嘉興參觀秀水學堂，他就在那裏教書了。後來在時報館的息樓，他也來過幾次，因此並不陌生，於是他從前排椅子上移過來，和我坐在一起了。他知道我是蘇州人，便問："常回蘇州嗎？"我也問他："也是到蘇州去嗎？"原來他已由省裏委他做吳縣縣長，現在他就上任去的。

現在要敍述在哪個時代呢？這是國民黨北伐成功，移都南京，江蘇省城遷往鎮江的時候。不過像王引才這樣的老教育家，有些冬烘氣息的，竟也想出來做官，殊出意外。我當時便向他道賀："原來是老父母，我要改稱為公祖了。"他說："老朋友！別開玩笑！我是蒙鈕惕老的照顧，他說江蘇有好幾縣份，都還沒有委人，叫我選擇，我就選了個吳縣，因為蘇州乃我吳文物之邦，我可以向諸位老先生們請教。"我至此方知道他是走了鈕惕生門路而來的，鈕惕生是松江人，他們的同鄉，那時江蘇的省主席，是不是鈕惕生，我可忘記了。

但王引才是一個老實頭，我不能不以誠意告他，我說："蘇州現在成為一個空殼子，從前在地方上有權力的一班老先生，所謂紳士階級，都不在蘇州了，你所熟悉而要去請教的是哪幾位？"王引才道："我實在沒有熟悉的人，本想請鈕惕老寫信給張仲仁先生，惕老事忙也未寫，我想到了蘇州，便去拜訪他們。"我說："張仲老也不在蘇州，還有何人，你所認識的嗎？"他說："沒有！"我想："糟了！你一個人盲天瞎地地跑到蘇州，舉目無親，誰來睬你呢？"

我又問他道："你這一回去，總算是到任了，可曾通知蘇州的縣衙門裏呢？"他說："聽說省裏已有通知下去，我呢，也已得到了省府的公文。不過我不想馬上就接任，到蘇州後，打算先觀察一番。"

我想到在前清時代，無論那一個外省官署，凡是新官到任，總要忙亂一陣，還有交印、接印的儀式。雖是一個縣衙門，卻人員極多，因為他是一個地方事務官，與老百姓最親近，甚麼事都要管，現在可不同了。這幾十年來的政治變幻，我也未加研究；從前的官場情形，我也更不熟悉；王引才既想做官，自然應當知一點治理之策，誰知也是個吳下阿蒙。他說："我這一次出來，現在想想，殊覺冒昧。今日得遇老兄，可謂幸事。你告訴我張仲老不在蘇州，那我到了蘇州，去拜訪誰呢？你老兄到了蘇州，住在哪裏呢？"我說："我住在表弟吳子深的家裏，在閶門內桃花塢。"

我也問他住在哪裏？他說："想住旅館。聽說城外旅館極多，隨便揀一家住就成了。"我說："萬不可住城外旅館，那是下等娼妓出入之所，不管你是何等客人，她們便闖進你房間裏來。而且還有流氓、土匪，知道你是縣長，那更糟了。"他說："那怎麼辦呢？"我說："還是住城內旅館，比較乾淨些，但也不要露姓名，反正我沒有甚麼事，我可以陪你到我熟悉一家旅館去。"這家旅館在景德路近觀前街，安置已畢，我們兩人便在松鶴樓吃了一餐飯，我算是為他接風。談吐之間，他自稱冒昧從事，我覺得他非但冒昧，實在有點糊塗。蘇州人有句俗語，叫作"濕手捏着乾麵粉"，看你如何處置了。引才皺了眉頭，再三要我幫忙，好像要我做他的高等顧問，我離蘇已久，於故鄉事也不甚了解，真是愛莫能助。

我問他："你出省時，上級對於你，是否有所指示？第一是地方經濟問題，現在江蘇各縣，都成為貧瘠之區。"他說："沒有呀！"我問他："你曾否請示過？"他也說："沒有！省府裏的幾位先生，都是忙亂得很。他們的意思，以為地方上的經費，總是在地方上籌集，蘇州地方的公款，都是在蘇州幾位紳士的手中，所以我此來要拜訪張仲老呀。"我想：此公熱中於做官，以為吳縣是一個好缺，可是今非昔比，看他是一個書呆子，把一個爛包袱給他背上了。

我本來不管此事，也無能力管此事，引才卻再三要我給他想想法子，我只得說讓我考慮一下。

到了吳子深那裏，和他談起路上遇見王引才，是新到任的吳縣縣長。子深問："是怎樣一個人？現在蘇州真是糟透了，地方上的事，要略盡一點義務的，誰也不管，變成個無政府。是你的朋友嗎？我們見見他，明天請他吃一餐飯，如何？"我這裏又有個插話了，桃花塢吳家，我舅祖清卿公（前文早有紀載）即子深的祖父，他是個富翁，可是蘇州是紳富並重的，官場中有甚麼事，都邀請他，無非是要錢。雖然自己也是捐了一個二品頂戴的道員，卻是最怕見官。到了我表叔硯農公的時期，是子深的父親，便漸已開放了，蘇州的富室，都已到上海做生意，他們也在上海買起地產、開店舖、營商業。及至在子深的時期，那是更加發展了。因為他是一位畫家，在城南滄浪亭，造起了一座蘇州美術學堂。在南園，設立了一個小小農業試驗場，似乎一破先人固守主義之戒了。

我因此怦然心動，便說：「你問是怎樣一個人，人卻是一個正派人，是個老教育家，決不成為甚麼貪官污吏。不過太庸懦了，他以為蘇州是一個好地方，絕不知它現在的內容。蘇州人士，他一個也不認識，今天見了我，一定要我給他想辦法。你知道的，我有甚麼辦法可想？你若高興，幫幫他的忙也好，也是地方上公益的事。」子深問：「如何幫他的忙呢？」我道：「老實說，便是錢的問題，俗語說得好：『有錢萬事興』。不然，就僵化了，他是想在地方上籌款。」子深說：「你知道！此刻他們都不在這裏，南京的南京，上海的上海。好，我們明天與他見了面再說吧！」

王引才在旅館裏，正在發愁，如何與蘇州地方人士接洽，見了我們去，十分歡迎。子深與引才兩人也談得很好，因為王引才是一個不搭架子的人，吳子深一個不懂客氣的人，兩人說說笑笑，真覺一見如故。我於此簡單說一句，子深已肯在經濟上給他幫忙了。因為他的親戚故舊，都是紳富階級，銀錢上也時有往來，上海的俗語叫作「兜得轉的人」。好在為數不多，籌措到這麼二三萬塊錢，就可以渡過難關。縣政府是公家機關，它是有收入的，不怕它少了人家的錢，何況有吳子深的擔保呢！

有了錢，王引才便有恃無恐地接任了。衙門裏留守着的職員，正在窘迫中，薪水無着，現已有望了，所謂「有奶便是娘」，這話不差的。王引才沒有帶家眷來，孤家寡人，一個人便住在衙門裏，不耐寂寞，常常溜出來，各處亂跑。在前清時代，一個知縣官，在省城裏，出衙門時，雖沒有放炮吹鼓，可是要藍呢四人轎，前有紅傘，後有跟馬，還要喝道呢。到了民國時代，當然沒有這勢派，但是既然是個官，也須有個尊嚴，如此溜出溜進，也不像樣。我們勸他，還是租兩間房子，住在外面。再買一輛私家人力車（蘇人呼為包車），僱用一個車夫，用以代步，較為合宜。這可以作縣長正常開銷的，他也聽從了。蘇州那種人力車，腳踏下裝有一鈴，叮噹作響，他坐了招搖過市，也顯出一些縣長威風。

但是蘇州的那些老鄉紳，還是瞧不起他的，他們有些都是科甲出身，在前清做過大員的，從沒有見過這樣一位縣官。王引才自命為新人物，也不買他們的賬，你擺出你的紳士權威，也嚇不倒人。其中有一位費仲深（樹蔚）在袁世凱時代做過肅政使的（等於前清的都御史），對於王引才嗤之以鼻，說這等人也配來做縣官。張雲搏（一鵬）是張仲仁的兄弟，性喜詼諧，他說：“王引才這樣的癡頭癡腦，真是一個癡官。”（按：癡官這個名詞，早已有之，如戲劇中戴圓翅紗帽，抹白鼻子，穿短官服一類的是。）蘇州人士，口齒輕薄，往往喜歡題人家以綽號，但一提出來，覺得維妙維肖，這個口碑，就傳誦人間了。

我在蘇州不過勾留了三四天，便即回到上海。在赴蘇的火車中，無意地遇到了王引才和子深兩人，幫助了他接任吳縣縣長，也是佛家所稱的一個“緣”字。不想於此發生一個驚險的鏡頭，那是出於意外的。原來國民黨北伐成功，遷都南京，尚未建設就緒，孫傳芳忽來一次反攻。這個在近代史上必有所紀載，我不多說了。那風聲傳到了蘇州，大家去找縣長探聽消息，王引才卻不見了。衙門裏也沒有，公館裏也沒有，到處去找都沒有，當然桃花塢吳家也曾去問過。擾攘了一日夜，總說了一句，吳縣縣長王引才是失蹤了。

這不是小事呀！縣官有守土之責，在軍事時代，一個縣官，若是見敵逃遁，可以明正典刑，就地正法，這不是兒戲的事呢！

吳子深是習慣起身得遲的，明天一清早，搭早車，從蘇州到上海來了，趕到我家裏來，一進門便說：“不好了！王引才逃走了！”問其所以，我也為之驚惶。現在可怎麼辦呢？子深道：“他的家裏不是住在上海？我們到他家裏去找，也許他逃回家裏。”但是他的家裏住在上海哪裏呢？子深不知道，我也不曉得。無怪子深要急得團團轉，向蘇州紳富借墊得來的二三萬塊錢款子，都是憑他的面子，由他擔保的，現在王引才失蹤，向誰去追討呢？

　　我說：“你且不要急，我們想辦法。”我因想引才一向是在王培孫的學校裏教書的，我們可以問問王培孫去，至少也曉得他家裏的住址。於是我們便僱了一輛計時汽車，直到南洋中學訪問王培孫去。王培孫說：“引才這個人，好好地在我們學堂裏教書，忽然熱中起來，要去做官。我勸他做官有甚麼意思，何況在這個亂世時期，但他不肯聽勸，他既執持己見，我們也不好攔阻他，妨礙他的前程，現在卻鬧出亂子來了。”因問他家裏的住址，培孫也不大清楚。吳子深愁眉不展，培孫又道：“要說引才就此撒撒爛污，一走了事，那是決不會的。他到底是個誠實的人，我深知道，你們放心好了。”

　　听了王培孫一番勸慰之詞，我們也無可奈何，只得回去。及至到了家裏，卻說：蘇州來了個長途電話，報告王縣長已經回來了，而且到過桃花塢吳宅。我們好似胸中一塊大石頭落下去了。我對子深說可以放心了。你今天不必回蘇州，明天我和你一同回去，問問他為甚麼忽然出走。到了明天，見了引才，我說：“你這個玩笑正開得不小，把人都急死了。”引才道：“不是呀！我听得孫傳芳反攻，軍事緊急，蘇州如何處置，去問問鈕惕老他們，你們何必大驚小怪。”我說：“好了！你以後如果再要離境出走，希望秘密通知我們一聲，免得我們敲腳爐蓋找尋。”（按：蘇州舊風俗，凡小兒走失，都敲腳爐蓋找尋。）自經此役後，癡官兩字的口碑，更傳誦於人口。

　　我且說蘇州改省為縣，省政府又移居鎮江，那時的省主席，是鈕惕生，還是陳果夫，我有點模糊了，草創伊始，地方政制，都沒有好好地規定。從前一個縣官，審官司也是他，捕盜賊也是他，舉凡地方上興革之事，都屬於他。現在司法獨立，訴訟的事，他可以不管了。

　　新政制中，警察也不屬於縣署所管轄，即如蘇州，省裏也派了一位警察局長來，與縣長是平行的。此人姓鄭，不大正派，也瞧不起王引才，專與他搗蛋。王以恃有後援，亦不相讓。最可笑者，蘇州有些青年學生，研究國民黨黨義的，以為他不識黨義，借了一點事，想去詰責他。惹得王引才老氣橫秋地說："老弟！你要把孫中山先生的遺教，細心研究。他的《建國真詮》上怎麼說，你讀過嗎？我倒要考考你！"說着，他把這一段書，背誦如流。學生被他嚇倒了，原來他是老黨員，也許是老同盟。

那麼縣長現在所幹的是甚麼事呢？最主要的便是田賦錢糧的事。從前每一個縣衙門裏，總有一位錢穀師爺，以紹興人為多，專理此業的。以下就是本衙門書吏，都是本縣人，他們熟悉其事的。革命以後，錢穀師爺不存在了，可是這種本縣人的書吏，不能去掉，於是改稱為職員。所以縣官可以更易，他們是不能更易的。新縣官到任，茫無頭緒，他們卻是羅羅清楚的。王引才來做縣長，主要的也只有這一件事，而且也是很清閒的。這時候，省裏忽然又出新花樣了，蘇州向稱為工商發達之區，宜成立為一市，這便是所謂"省轄市"，以吳縣縣長兼蘇州市長。王引才自然十分高興。這個市儼然民主作風，要推舉幾位本地方人，作為參議。

王引才便把子深和我，舉為參議，我說："我已不是蘇州人，我是上海人了，參議一席，敬謝不敏。"他說："你當顧恤鄉誼，我可時常領教，我與本地人不熟，老朋友！務請幫幫忙。"我想一個市，就要有市政；辦市政就要有經費；現在一個大錢也沒有，辦甚麼市呢？但他言之再三，和子深商量，子深說："這個甚麼參議，純盡義務，沒有薪給的。你老兄住在上海，每月開參議會兩次，還要白貼火車費呢。好在你現在閒空沒有事，譬如到吳苑吃茶聽書，住就住在我家，借此常來玩玩，亦無不可，省得他說我們不肯盡義務。"因此之故，我就每借開會，到蘇遊玩一次。

開會的時候，一張長桌，縣長坐了主席，我們坐在兩邊還有幾位參議，他們的姓名，我完全不記得。起初也講到蘇州應興應革的事宜，全是空話。後來便談到從前的故事，近時的新聞，兩個小時散會。省裏還派一位工程師來，是我一位老友裴荑芳之子，不知在何處工業學校畢業的，好像蘇州市有大建築似的。

有人說：參議會上盡是談天說地，也不像樣，我們既是參議，必有所提議。於是我也有兩個小提議：一是城裏的街道，必須修理一下；二是許多小河浜，已成溝渠了，臭穢不堪，不如填塞了，可使街道放寬。我想這輕而易舉，也不須多少錢，但也沒有成事。對於填浜的話，還引出老紳士們甚麼古跡呀，風水呀，很不贊成的語調，我也不必與他爭論了。

我這一節的回憶寫得太多了，我要結束一下子。先說那個蘇州市，無事可辦，成為一個贅疣。蘇州這些士紳，起初是視若無睹，後來便嘖有煩言，我們也覺得沒有意思，索性由地方人民上一個公呈，把蘇州市撤消了（這呈子還是我代筆的）。王引才呢？當了兩年多吳縣縣長，也算過了他的官癮了，漸覺得沒有甚麼趣味，那時省政府又在那裏調動，就此下台了。子深替他張羅的款子，到任後幾個月早已歸清了。雖得了一個癡官的雅號，人家相信他是廉潔的，不是貪官。在蘇州買了一些假書畫、假古董，欣然歸去，這一場戲閉幕了。

寫此稿後兩三日，我忽又想起王引才一個軼事，不能辜負了他，因此補敍如下：

在舊曆的八月十八日，蘇州有一處地方，有一個盛會，就是遊石湖，看串月，那天是畫船笙歌，十分熱鬧的。這裏有一座山，叫做上方山，供奉一個神廟，叫作五通廟，五通是五弟兄，上有一母。一向為蘇州男女巫師所崇拜，借此愚弄鄉民，清初湯斌撫蘇，曾毀其廟而將神像投諸河，為海內人士所稱頌，見諸史乘。後來這個五通廟復活了，地方人士也不管，不過八月十八遊石湖，還是一個蘇州遊覽名勝的大節目，花船幫的出廠船，就是以六月二十四荷花生日遊荷花蕩開始，到八月十八遊石湖，作為結束的。可是近年以來，已漸趨冷落了，卻有一班上海白相人來捧場，黃金榮帶了他的徒眾，甚麼許願酬神，消災納福，胡鬧一天。常有種種迷信怪事，也不必去說它了。

就在這一天，有人招宴王引才，或者是他的上海朋友吧？我不在座，子深恐是在座的，座中有一客，因談起：「今日是遊石湖日子，上方山五通神是個淫祠，湯文正如何毀廟投河的故事，可惜以後無人敢做了。」王引才當時也沒說甚麼話，過了三天，他親率縣警，人不知，鬼不覺地到上方山，往毀神像。大家都也沒有知道這件事，及至有人見那個女偶像（五通之母）珠冠繡袍，從石湖一直浮蕩到了橫塘，始知其事。吳中士紳，又說他癡。我卻為之辯護，掉一句古人成語曰：「臣叔不癡。」

綴玉軒雜綴

當我寫《留芳記》時，在林琴南先生弁言之後，我又自寫一緣起，中有句云："會走京師，獲交梅畹華君，美藝冠於當時，聲聞溢乎世界，冉冉若青雲之始翔，藹藹如初日之未央，蓋自民國以來，名高未有如君者也"云云。現在讀了它，此種詞章濫調，實在可笑。因為當時除小說可用白話外，其餘的文字，都要用文言，以為若用白話，便覺得不雅馴。現在的風氣改變了，用了語體文，即使評論一個人，不應作那種浮泛誇張之詞了。我與梅蘭芳，見面不多，就是在他青年時代一時期，我在北京，見得最多。以後，我不到北京去，他又難得到上海來。為了他的業務，拿了包銀，到上海來唱戲，常被人家包圍得密不通風。他照例要到各報館以及黑社會頭腦等處（因為上海開戲館的，大都是黑社會頭子）拜客一次，我從來不去訪他。

有一次，梅蘭芳到上海來唱戲，我也忘了是哪一戲院所包的。那時上海的明星影片公司，要請他吃飯，為了他們和蘭芳尚未馴熟，也借用了我的名義。這個時候正是上海綁票盛行的時候，據說那個戲館老闆，僱用了四個保鑣，以保護梅蘭芳。這四個保鑣中，有中國人，有外國人（其時蘇聯逃出來的白俄群聚上海，專做這保鑣生意，用外國面孔來嚇人，其實一無用場），出入追隨，寸步不離。結果，梅蘭芳還是不曾來，只來了幾個配角來赴宴，頻頻地道歉。明星公司中人，意有所不滿，以為梅蘭芳搭架子。我為他解釋道："你們要原諒他，他此刻不是自由身體了，就像上海堂子裏的姑娘'討人'（養女的別名）身體一般，不由自己做主。」這不是我褻瀆他，凡是上海那些開戲館的人，到北京去聘請名伶，除了包銀以外，所有接、送、食、住，全都包下來了，以後你的身體自由權，全屬於他，一切要听他指揮，得他許可了。

所以梅蘭芳幾次到上海來，我都懶得去訪問他，在北京這一個時期，在他的綴玉軒中，卻常常有我的足跡。

我到他那裏時，馮幼偉、李釋堪兩位是不常來的。但齊如山總是在那裏，而且他喜歡談話，因此頗不寂寞。蘭芳呼馮幼偉為馮六爺，呼李釋堪為李四爺，其餘則概呼為先生。如對齊如山則呼齊先生，對我則呼包先生，這其間沒有甚麼尊卑之分，北方風俗，凡晚輩的對於長者，總是稱之為某爺的，況且這兩人確是栽培蘭芳使之成功的。北方對於伶人的尊稱，都呼之為老板（我想必是「班」字的音誤，後來便相習成風了。南方文人又改稱為「老闆」，這「闆」字，字典上雖有，音盼，但別有解說，不合邏輯），但梅的友人從不喚他為梅老板，直呼他以蘭芳，倒是有的。

評論梅蘭芳的美德，我將以「溫和謙實」四個字概括。他對於初見的人，如舊相識，總是和氣迎人的。他的書架上有許多照相簿，有的是戲裝的，有的是便裝的，對於戲裝，我因為懂得京戲甚少，只揀了他的便裝的觀看，有西裝的，有中裝的。他忽然翻出一簿他兒童時代的照相給我看。他笑着道：「你瞧瞧！醜死了！」那時他是十二三歲吧，額髮剃得老高，兩耳是招風的，眼睛睜得圓圓的，真是有點兒傻里傻氣。我說：「這或是照相照得不好吧？」他說：「不，這還是北京最好的照相館呢。」他又告訴我：「有些報紙上說我近視眼，我並不近視，曾經生過一次眼病，病好了，我的大眼睛細小了，人家翻說我有眼神。我喜歡養鴿子，瞧它飛去天空，回翔於青天白雲之間，人家又說我在練眼神，豈不可笑？」我說：「不！美是自然而然的，你在不知不覺間而美自來了，人工僅及其半。」他說：「您過獎了！您過獎了！」

我以時常涉足於綴玉軒之故，每獲得非分的享受，說來可笑，一日吃白食，二日看白戲。甚麼叫作吃白食？就是自己不惠鈔而專吃人家的一種成語。京師號稱首善之區，人文薈萃，各地方的人士，都到北京來，各地方的館子，也就隨着都到北京來。還有那些名公巨卿，講究吃喝的為之提倡，常常地邀客飲宴，互相酬酢，所以每一省都有著名的館子在北京。除大館子外，還有小館子，這小館子，在北京尤其發達，有些生長南方，來到北京的小京官、窮翰林，在他家鄉倒是吃好吃慣的，到北方，吃不慣北京的飯食，又僱不起廚子，於是專攻向那些小館子了。不要看輕那些小館子，往往有一經品題，聲價十倍，也或有一味佳餚，傳誦人口，從此成名的，這些也都有人為之記載呢。

我到蘭芳家裏去遊玩的時候，也常常為他們一班朋友邀着同去吃小館子。有時是馮幼偉請客的，有時是李釋堪做東的，有時是來了一位不常來的朋友（這些朋友，我已不能列舉了），一時拉拉扯扯便同去了。北京的小館子，是不計其數，甚麼"致美齋""百景樓"等等，我在以前已搞不清楚，不用說是現在了。但我記得那時北京的廣東館子很少，遠不及上海的多，只有一家喚作"廣成居"的廣東小館子，凡是馮六爺請客，我們倒是常去的。這地方只有一間平屋，擺了四五張方桌子，已經"實不能容"了，圓台面也休想，可是生意卻是上海人打話，"好得邪邪氣氣"。在裏面擠得人家屁股碰屁股，但那班吃客終不肯退出去。

我問他們："既然如此生意好，為甚麼不擴充起來？北京房屋又不貴，再加以刷新一下，即使不能成為一個大館子，至少也能成為一個中等館子。"馮幼偉道："他們開小館子有個迷信，不能遷居，不能更換新裝修。說起來也很有些道理，一家小飲食店，要它興旺起來，也非一朝一夕之功。也要有幾樣拿手好菜，第一要使吃客走熟，時常光顧。忽然的遷居了，可是吃客是不遷居呢，失去原來的主顧，卻是失策的。還有，中國人是一向有傳統思想，尤其是在北京這種地方，商人們常以百年老店自誇，連門前掛的招牌，已經破爛不堪，他們也不肯更換，以為這塊老招牌是不能廢棄的，你們寫文章，說甚麼'發思古之幽情'的話，在北京的商人們，也正在大發思古幽情呢！"他說得合座皆笑。

每次吃小館子，當然有蘭芳在座，不過蘭芳的吃東西，我覺得小有麻煩。那便是這也不吃，那也不吃，辣的不吃，酸的不吃，不但是北方的白酒不吃，連南方的黃酒也不吃，為甚麼呢？那就是怕破壞了他的嗓子。雖則蘭芳自己也很為謹慎，但這幾位先生好像有意無意地監護他似的，頗覺可笑。在廣成居吃飯時，卻有一物，有人不喜吃的，蘭芳卻喜歡吃，這是苦瓜。苦瓜是出在廣東的嗎？我久聞其名，未曾嘗過，在上海時，連虹口的三角小菜場（廣東人在上海多數住居虹口），也沒苦瓜賣，這裏的廣成居卻有，真是物稀為貴了。蘭芳請我試嘗之，入口雖覺得苦，而收口津津回甘，方知此是正味。到香港來，始知苦瓜乃是家常菜蔬，在筵席間，上不得杯盤，因知苦口還不諧於人呢！

我們吃了許多小館子，卻沒有吃過西餐。北京的西菜館，當時也已有的了，在南城外一帶有數家，實在不大高明。否則就是要東交民巷（按：東交民巷在明朝時代始，原名"東江米巷"，因江南運輸入北京的米，稱之為"江米"，東、西兩巷，都是米集，此亦曾見蒲留仙的《醒世姻緣》）使館區域的六國飯店等處了。好在北京人也不喜歡吃西餐，有那些多姿多彩的中國菜，還吃那些一成不變的外國菜做甚麼呢？除非是到天津去，天津租界多，運輸便，當然比北京為強。說起西餐也有小吃部，天津的"起士林"（亦有譯作"凱司令"的），是德國人所開設的一家小餐館，在當時真名噪遐邇。在當初只是製糖果的，後來卻餉人以西餐了。

談起那家德國小餐館"起士林"，我又有一段插話了。

還是在前清時代，有一對德國中年夫婦，跑到天津來，開了一家小糖果店。所有糖果，都是他們夫婦自製的，很為精美。只租了一間屋子，也沒有夥計，一切由他們夫婦自理。後來他們又添設了一個小吃部，只有六七個座位。誰知生意大佳，又擴充一間餐室，女主人當爐，男主人則奔走為侍者，並且添了一位助手，這位助手也是德國人。"起士林"的名聲傳到上海，我們行經天津的，必定去吃它一餐，精美而豐富，价亦不貴。他們對於中國人非常客氣，且亦能說中國話呢！

當第一次世界大戰時，起士林的主人，奉本國徵召，要回國從軍，因為他是軍籍上有名的，於是他回到自己祖國，奉令出征去了。但是起士林還是開在天津，因為那時生意甚發達，棄之可惜，因此就由老闆娘和那位助手支持經營。這位助手是一個孑然無家室的人，且也頗忠實於他的職業。三年以後，一個凶信來了，老闆戰死了。一年以後，那個老闆娘和那個助手，在天津某一個小教堂結婚了。半年以後，老闆施施然回到天津來了，原來說他戰死陣亡的消息，並不確實，於是弄得很僵。助手道：“我們不知老闆並未戰死，誤會了，我應當走開。”老闆道：“這也不是你的過失，你們已經正式結婚，我應當走開。”老闆娘道：“你們兩人都不差，都是我的過失，我應當走開。”結果，三個人均未走開，仍舊同心協力經營這個小餐館。在中國世俗之見的人，覺得有點不合於倫理，可是一班明達之士，卻是原諒他們，贊成他們。

我的話又說野了，現在要拉回來，仍說到與梅氏賓客吃小館子的事。為甚麼我說我常白食呢？我覺得我時常吃他們的，有點不好意思，有時我說：“今天讓我做一個小東，請諸位賞光。”他們笑道：“你點菜是個外行，惠鈔也是個外行，瞧他們會收你的錢嗎？”這話被他們說中了，我是最怕點菜的。在北京吃小館子，在座有幾個人，都是要每人點一樣菜的，問到我，總是交白卷，尤其是北京菜，甚麼“兩作魚”“三吃鴨”，那種奇麗名兒，我也鬧不清楚。到了搶着的向櫃上付賬的時候，掌櫃的總笑眯眯地說：“某爺已吩咐過了，您老請下一回吧！”於是我又吃了一次白食了。

我再說我的看白戲，也不是沒有理由的。梅蘭芳在北京，不是長日在家閒居，逍遙自在的，一年之中，便有好多回搭了班子上台唱戲的。在那個時候，幾位老朋友，當然要捧場。如馮六爺、李四爺等幾位是一定到的，此外還有政治界的梅黨，銀行界的梅黨，都預先為之定座。他們定的都是第二排、第三排位置。兩排座位，可能坐廿人，至少也須坐十餘人。可是往往坐不到此數，如果兩排座位而只有稀稀疏疏的幾位座客，不但減少興趣，而且有失面子，那就要拉客了，我就是被拉者之一。北京那時候不唱夜戲，大概在下午三點鐘開鑼，至天黑以後為止。因為北京的電燈太不明亮了，還是一個燈不明、路不平的時代。下午三點鐘開演，許多職業界的捧場人，也都沒有散出來，我卻清閒無事，應該來盡此義務了。

那時上海的戲台，已經改了新式的了，北京還是老樣子，四方型的，三面都可以看得真切。主要的是正廳（他們喚作"池子"），捧角的大概都坐正廳，他們所定的二、三排座位，就是正廳。甚麼是座位呢？原只是一條條加闊的長凳，不要說現在的戲院子裏裝着舒適的沙發座位，就是要一隻靠背的椅子也沒有的。中間只有小小的一張半桌，兩邊都沒有桌子。在上海看戲有一種叫作"案目"，招待殷勤，伺候周到，北京是沒有的。你定了座位，只有一種看座的。你沒有來時，代你看座，來了時把一個大茶壺擱在長凳上走了。這種長板凳坐了真不舒服，然在當時，無論你是甚麼士大夫階級，他們都處之泰然。

北京戲院有三種人：一種就是那看座的；一種是絞手巾的；還有一種是裝水煙的。看座的連一把大茶壺，大概給他數十文錢小賬就是了。絞手巾的卻有一種本領，從東面的邊廂裏，拋上西面的樓廂裏的熱手巾，在許多觀眾頭上飛過，萬無一失。裝水煙的更離奇了，一位名角兒上台，你正在瞑目靜聽，一根長長的水煙管，觸到了嘴唇邊，嚇了你一跳。

至於喝彩，北京戲院子裏是不禁的，而且是有些提倡的，如果一位新角兒登台，沒有彩聲，那是很失色的。可是喝彩卻有關於知識與學問，要真賞他的藝術，恰到好處，喝一聲彩，那是最有價值，不懂戲的人亂喝一陣，那是令人憎厭的。北方聽戲的人，還有故意提尖了嗓子，怪聲怪氣地喝起來，引人發笑。我是不會喝彩的，他們這班捧梅的朋友，也難得喝彩的，只有一位易哭庵先生，他最歡喜喝彩，連"我的媽呀！"也喊出來。易先生我在北京曾見過一面，他說："我與你的名字，恰好對照，因為你是笑而我是哭呀！"易先生是神童，是才子，是詩人，是顯宦（在前清放了廣西右江道）。辛亥革命以後，他也剪了辮子，作了一首剪辮子的古風，把新舊政府都罵得一個狗血噴頭。這首古風，我的《留芳記》中倒是載的，想君左處當有遺稿，陳散原先生評之曰："此詩令人笑，亦令人哭也。"

　　我的話又說野了，急忙收回來，回到我上文所說看白戲的話。我不是戲迷，尤其對於京戲所知極少。我有許多朋友，雖不是玩票，多少還能哼幾句，我是一句也哼不來的。北京是考究聽戲的，我也聽到好，而不知其所以好。我雖然也是綴玉軒一賓客，也不會定兩排座位捧場請客的。不過他們既邀請到我，我又清閒無事，而況蘭芳時常有新戲上台，轟動一時，我為甚麼不去呢？再說，凡是梅蘭芳在北京登台的日子，每天不過唱三齣戲，不像上海那種戲院子，每天總要排五六齣戲。下午三點鐘開鑼，先唱了兩齣（按：時人每稱"一戲"實應稱"一齣戲"，我從簡筆），到四點多鐘後，休息十五分鐘，然後梅蘭芳登台，唱畢等他卸裝以後，便相偕去吃小館子了。

姚玉芙一故事

在北京有一時期，我常往梅蘭芳家中遊玩。我記得他那時是住在無量大人胡同，他那裏家中是賓客不斷的，我們到他那裏去時，不必通報主人，主人家也不來陪客，所以綴玉軒中，常常是賓朋滿座。我常說：有古人的兩句詩，可以形容它。哪兩句詩呢？就是：「自去自來樑上燕，相親相近水中鷗。」有時蘭芳為了戲劇上的事忙着，或是他要練習，他是勤於練習的，我們也不去打擾他。甚至他已出門去了，我們幾個熟朋友，仍在那裏談笑自若，我又掉了《陋室銘》中兩句文詞道：「談笑有鴻儒，往來無白丁。」但是蘭芳那時總是在家的日子多，難得出門的。

我在他的家裏，認識了許多朋友，如李釋堪、馮幼偉、齊如山等諸位先生，都是第一次見面。像羅癭公先生卻是先已認識，而且他也難得到梅家來的，況且他已有了程艷秋，別樹一幟了。還有張聊止，他在上海時，早已認得的，其餘諸人，都已忘卻了。可是梅蘭芳到底是一個伶人，想起來應該有伶界朋友，彼此往來，但我在那裏，一個也沒有見到，只有一個姚玉芙，是蘭芳的徒弟，也是他的配角。梅與姚雖是師徒，蘭芳的視玉芙，有如兄弟。譬如配起戲來，有兩個旦角的，一正一副，梅正而姚副。如《遊園》的梅為杜麗娘，姚即是春香；如《斷橋》的梅為白素貞，姚就是小青；諸如此類的甚多。後來姚玉芙不大演戲了，卻為師門管理一切，在家庭間竟如一總管，在業務上乃如一經理人。

談起姚玉芙，卻有清末民初小小一段掌故，原來他本是學唱鬚生的，在韻秀堂為子弟，身世孤寒。當辛亥革命之前，班子解散了，他也只得辭別師傅，別尋門路。年紀不過十五歲吧？沒有家庭，無所棲止。有一天，有一位他們唱戲的老前輩，對他說道："阿順（因為他的小名叫阿順）！你既沒有地方可以棲止，我可以介紹你到現在民政部大臣趙秉鈞趙大人那裏去。他是袁宮保手下第一等紅人。他那裏場面闊綽，用人很多，也不在乎多你這一個人。你要乖巧靈活些，說不定碰到甚麼機會，總比了現在失業強。你要有意，我給你說去。"

姚玉芙道："我到他那裏去做甚麼呢？當僕人，當書童嗎？想我當時出來學戲，原是想習成一藝，可以自立，要是到那些做官人家去當一個小當差，不是太辱沒了嗎？"

那唱戲的老前輩道："話不是這樣說的，在這亂糟糟的時代，咱們要抓機會，碰運氣。說不得是大丈夫能屈能伸，譬如你唱鬚生，皇帝也要扮，老家人也要扮，當個僕役，有甚麼關係。'英雄不怕出身低'，咱們的戲裏，不是常有那種事嗎？"姚玉芙想到一身孤露，到處飄零，不走這條路，到哪裏去呢？沉吟了一下來，也答應到趙家去了。

到了趙宅，趙秉鈞正躺在煙榻上抽大煙，他是一個對於鴉片有大癮的人。家人們把姚玉芙引進了，他也不管，抽足了大煙，才把姚玉芙瞧了一眼，便問道："你能做甚麼的嗎？"姚回答道："會唱戲。"趙秉鈞鼻子裏嗤了一聲道："人家鬧革命，正忙得要命，誰有閒工夫來听戲呢？"姚玉芙一想："好了！這事算吹了！"恰巧趙秉鈞自己裝的煙斗上，一個煙泡掉了下來，姚玉芙手快，連忙給他在煙盤裏拾了起來。趙秉鈞靈機一動，便問："你會裝煙嗎？"答道："會！"原來他在學戲的時候，就給他的師傅燒煙的。趙秉鈞就把手中的煙簽遞給他，便道："好！那你就留在這兒吧！"

姚玉芙自從進了趙宅，因為他機警靈敏，所以上下都歡迎他。又因為他每天和主人裝煙，總是個親近主人的人，也不敢輕視他。趙秉鈞的家庭，有一個缺陷，他的正式太太，既沒有公子，還有一位山東太太，也沒有生育，只螟蛉了一位少爺，卻和趙秉鈞不大合式，見了他就生氣。

所以家庭之內，甚不圓滿，忙了一天，回到家裏，只覺寂寞寡歡。惟有與阿芙蓉為緣，猛抽大煙，因此那煙癮越抽越大了。現在有了個裝煙的人，有時也和他談談說說，以解無聊。趙秉鈞有許多密切的朋友，談論公事私事，都在煙榻上周旋。他的親信的屬員，回公事，做報告，也在煙榻之旁。從前抽大煙的人以為一燈相對，思潮便奔湊而來，集中在一起了。

這時候，他們的家人，如不呼喚，例不進來的。只有那個阿順，為了要給主人裝煙，不能離開，也不用避忌，因為他還是一個孩子，懂得甚麼呢？阿順也很乖覺，他從來不開口，只聽在心中，可是他很能鑒別人材，知道某人是哪一個路數，某人是哪一種流品，見得多了，難逃他一雙慧目。趙秉鈞在客去高興的時候，也和他講講那來客是何人，姓什名誰，官居何職，他來見我有甚麼宗旨。

不高興的時候，也就默默無言，在煙榻上瞌睡了。但他是袁世凱手下第一等紅人，所謂能者多勞，因此無論甚麼人，都要找他說話，無論甚麼事，都要由他手裏經過，因此車馬喧闐，其門如市，別說在京城裏向來奔走的人，便是從南方來投效遊說的各處青年，以及東西洋留學生，凡是來求見袁世凱的，都要先見見趙秉鈞方為合式。

有一天，趙秉鈞從早晨起來，見了一排客，都是南方來的那班青年學生，廣東、福建、江蘇、浙江的人，尤為多數。他們的言語之間，大半都挾着革命宗旨，他把他們敷衍了一陣子，說着許多恭維的話去了。到了下午，又來了一排客，也是南方來的少年志士，他又把他們敷衍走了。這兩次客會了後，急忙忙坐了馬車出去，上衙門，辦公事，還得到袁世凱府第報告一下。幾處地方一兜，早覺得酸眼塞鼻，呵欠連連，抵擋不住這鴉片煙癮已上來了。

回到家裏，一疊連聲地叫："阿順裝煙。"阿順早已把四五桿煙槍，甚麼湘竹槍、象牙槍、甘蔗槍、檸檬槍，都是幾十年的老槍，一齊滿滿地、高高地裝好了。銀煙盤擦得雪亮，廣東式的高玻璃煙燈點起，另外一個景泰藍煙缸裏，打好了三四十個似小蜜棗一般的煙泡，等候着他。趙秉鈞脫去馬褂，便向煙榻上一橫，他一面吸，一面裝，周而復始，一排槍，一排槍地遞過去，一口氣要吸了二十餘筒，漸覺得骨節通靈，精神抖擻；漸漸地便覺得神清氣爽，有說有笑起來了。

姚玉芙見他今天似乎很高興的樣子，便也和他有一搭沒一搭地亂說起來，他又歎起苦經來了：「我一天到晚要見許多客，你說累不累，他們都是有志青年，特來見我，我不能不見。」姚玉芙道：「今天來見您的，大半都是穿西裝的，我猜都是出洋留學生吧？」趙秉鈞道：「怎說不是？你也瞧出來了。」姚說：「他們穿了西裝，都已絞了辮子了吧？」趙秉鈞道：「穿西裝怎能不絞辮子？現在絞辮子的已經很多，再過幾天，說不定大家都要絞辮子呢。」姚道：「我瞧絞了辮子，倒覺便利，不過總得穿西裝才行，不然，長袍短褂，背後沒有一條辮子，似乎不大好看。」趙秉鈞道：「將來看慣了，大家都是這個樣子，便也不覺得甚麼了。」

說到那裏，他忽然道：「我且問你，你瞧我今天見了這許多南方來的志士，招待他們，可算得殷勤嗎？」姚玉芙一面裝煙，一面只是微笑不語。「你笑甚麼？難道我的話不對嗎？」趙秉鈞責問他，他又搖搖頭，既而笑道：「要我說嗎，您別生氣，您不過敷衍他們罷了，您的許多話全是假的。」趙秉鈞听了這話，不覺為之一怔，便道：「怎麼說我的說話是假的？你且說個理由來。」姚玉芙道：「這誰也瞧不出來，您只是隨機應變，對於甚麼人，便說甚麼話，只要對付過去就是了，又何必認真呢？」趙秉鈞听了，默然無語，尋思這小子卻有如此眼力，平日我見他不聲不響，無所顧忌，誰知他口雖不言，胸中明白。可是我這裏來客很多，還有許多機密事件，未便外泄的，這些計謀，都是在煙榻上籌劃的。他又是日伺煙榻的人，小孩子家口沒遮攔，泄漏出去，可不是玩意兒呢。

過了幾天，趙秉鈞便借着一件事，說他做得不對，不叫他在煙榻旁邊燒煙了。那個時候，正是袁世凱重行出山，召集進京，任命為內閣總理大臣的時候，趙秉鈞便是民政大臣，大家知道他是最接近袁的人，未見袁世凱，先要見見趙秉鈞，大有專制時代的兩句話：「未去朝天子，先來謁相公。」南方志士，東、西洋留學生，胸懷革命，也覺得要推翻清朝，非袁世凱不可。但是不能直接見袁，也不能坦白說出自己的意思，可是趙秉鈞，卻隨便甚麼人都見。所以這些南方人士，到北京來直趨其門，至少也可以探探局勢，聽聽口氣。誰知道秉鈞和他們一味敷衍，也探聽不出甚麼來。

原來趙秉鈞初到直隸（今河北）的時候，只是一個小小的典史，不知如何為袁世凱所賞識，一帆風順，從一個縣尉歷保至道員，充天津、保定巡警總辦，他也福至心靈，交遊很廣，擘畫井然，直到了前清的巡警部設立時，袁已舉薦為右侍郎了。到袁世凱開缺下野，他也以原品休致。此番袁氏出山，第一個就是保他做民政部大臣，把個警權先抓在手中再說。所以趙秉鈞不但是袁世凱的爪牙，也是袁世凱的心腹了。此番和姚玉芙無聊閒言之中，卻被那個十五六歲娃兒，窺破他的行藏，他卻戒懼起來了。姚玉芙也覺得那天的話，不該是如此說的，這個地方，也是危險所在，我還是離開為佳，去找羅癭公羅老爺去吧，他老人家是最肯提攜人的。

那羅癭公是廣東順德縣人，曾任郵傳部郎中，大學堂教習，公餘課暇，卻最喜听歌觀舞，常以改良中國戲劇自任，所以他和一班伶界中人最為接近，人家也都來就教於他。姚玉芙出了趙宅的門，便來尋羅癭公，記得他是住在草廠頭條的廣東會館。就出了前門，到廣東會館來，見在路口一個宅子，是低窪下去的，門前兩個石盤陀，上面一塊橫匾，是白地黑字，寫着「廣東會館」四個大字，不知時哪一位名家手筆。到了那裏，從門房裏走出一個花白鬍子的長班，問是找誰？說是找羅癭公羅老爺。長班便領了姚玉芙進去了。

這一座是一並排三間的書室，滿壁琳琅，都是些書籍、字畫。此外有些古玩、石刻之類。羅癭公還認得姚玉芙，便問：「我听得人說，你不是在西堂子胡同趙家趙智庵那裏嗎？」姚玉芙道：「是的！我現在已經出來了。"便詳述了一切情形,又說:"我從前出來學戲,原希望學成一藝,為將來糊口之計,何必到權門去,充當一個賤役呢?"羅癭公暗暗稱讚他有志氣,便說:"你的主意很對,人只要有一藝之長,就可以自立。像趙秉鈞現在雖炙手可熱,可是他行險徼幸的事很多,陰謀詭計的也不少,如你所說,確是一個危險所在。不過現在唱戲也不是這個時代,許多班子,停的停了,散的散了。你如有志,年紀也還輕,不如進學堂去讀書,你以為如何?"

姚玉芙道:"難得羅老爺如此熱心栽培,真是感激無地。只是我已過了讀書年齡,只怕進不去學堂。"羅癭公想了一想,說道:"有個匯文書院,卻是外國人辦的教會學堂,你不妨到那裏去專習英文,可知現在及將來,外國文總是少不了的,你要是精通了,不愁將來沒有一個職業。好在匯文書院可以住宿,你不必在外面再找住居的地方了。"於是姚玉芙便進了匯文書院。但是姚玉芙進這個教會學堂總覺得不慣,而英文也學不好,究竟是年齡大了,心思不專,他還繫戀於他的唱戲的老本行。於是羅癭公再把他介紹給梅蘭芳,拜蘭芳為師,姚玉芙那就安心依附於梅家了。我以上所記的,大半出之於羅癭公先生所述。

東方飯店雜事秘

　　我在辛亥革命以前，從未到過北京；國民黨北伐成功以後，亦未到過北京，這時已改北京的名稱為北平了。

　　這一個時期，稱為北洋軍閥時期，以袁世凱的籌備帝制時期並計之，也擾攘了十有餘年。我的初次到北京，也已在張勳鬧復辟以後了，那個時候，也號稱行新政，開國會，而紛亂荒淫，不可究詰。我那時正離開了上海的時報館，厭棄了記者生涯，可以稍作長期旅遊；又很想換換空氣，找別一職業，以為糊口之計，我輩窮書生，不是甚麼有閒階級呢。不過我不自諱，我在這一個時期，頗受到浪漫的傾向，古人有五十而知非之說，我那時也已四十多歲了。

　　我初到北京時，住到一家旅館，叫作東方飯店。中國的招待旅客居住，也有三階級，最初名曰客棧，我從蘇州初到上海的時候，所住的就是客棧，那是簡陋得很的。後來漸漸進步了，改稱之為旅館，人家以為旅館的名詞最適當，所以那時一班廣東商人到上海來開設百貨公司，附設的有新型而模仿西式的客寓，仍名之為旅館，如“東亞旅館”“大新旅館”之類，並沒有稱為飯店的。但是飯店兩字的名詞，是早已有的，老老實實就是大家吃飯的地方，如上海的有飯店、衖堂之類。可是現在最高等的旅館，往往稱之為飯店，北京的東交民巷，先有了“六國飯店”，北京的城內，也有了“北京飯店”，正不知何所據而云然。

　　東方飯店是一位姓丘的由上海到北京來開設的。據說那位姓丘的，本來是上海某西商所開辦的餐館裏一位侍者，現在發展了，有此經營，有沒有後台老闆，卻不知道。其地在北京南城外的香廠，也是新開闢的區域。那地方接近市場繁盛之區，而尤其是北京夙昔所馳名的豔窟八大胡同，在其鄰近。東方飯店地址很寬大，但其建築，一半是三層樓，一半只是二層樓。二、三層樓都是客房，總計大約有七八十個大小房間，樓下就是一大間餐室以及大廳、會客室、賬房間之類。規模雖不及北京那些大飯店之大，可也算在上、中等之列了。許多從上海來的人，都喜歡住東方飯店，為甚麼呢？因為那是由上海人到此來開設，雖在北京，還脫不了上海氣息。譬如說，這裏所僱用的侍者，大一半是南方人，尤以寧波人為多，賬房間裏也有上海人，於語言、習俗上便利得不少。人以類聚，物以群分，先有幾個上海人來住了，覺得滿意，互相推薦，有許多熟朋友，住在一起，豈不是更多趣味呢？況且這個飯店主人，為了生意之道，滿招呼，極客氣，自然賓至如歸了。

東方飯店的房間，是怎樣分別的呢？大房間在二層樓，每間附有浴室，連每日三餐在內，取費五元。小房間在三層樓，沒有浴室，也沒有廁所，只有公共浴室與廁所，也每日供給你三餐，取資三元。現在想想，真可謂廉價到極了。但是一個房間只許住一人，如要多住一人，便須加價；供給三餐，也只備一客所需。加價大房間每人一元半，小房間一元，大房間可加一榻，小房間實不能容，只有雙棲而已。所謂三餐者，都是西餐，早餐則牛奶、咖啡、麵包或麥糊等都備，午餐一湯、兩菜，一概如上海例，晚餐則較豐富些。但如要臨時點心或消夜餐，則需另計了。

再講到設備，最好的是冬天有暖氣水汀，北方天氣寒，家家有火爐，但於旅館不相宜，這時冷熱氣機尚未流行，一燒水汀，則全樓溫暖如春了。惟夏天無風扇，此間人以為無需此物，因即在盛夏，亦不過中午數小時，感到炎熱，早晨中夜，涼爽過於初秋呢。但怕熱的客人，如要風扇者，亦可供應，必須另計。廁所已一律用抽水馬桶了，甚為清潔，可是鬧出笑話來了。有些北方健兒，亦有住居東方飯店的，他們向來的習慣，便急則上茅廁，有些更喜登野坑，蹲踞於野田草叢之間，悠然自得。

但東方飯店無茅廁，也不能出門尋野坑，急不及待，於是腳踏馬桶邊，一泄如注，遂致黃花滿地呢。

我在東方飯店住得最久，大、小房間都住過，住小房間尤為合算，一月不過百元耳，卻連三餐在內。倘住大房間，則非二百元不可，如有愛人同居，至少須三百以外了。且小房間亦殊可人，一榻之外，有一桌兩椅，電燈、茗具，應有盡有，小樓一角，頗饒靜趣。不過時在夏日，常移居大房間，因其附有浴室，且有冷熱水管，不致如小房間的只有公共浴室，爭先恐後，有種種的不便呢。東方飯店的旅客，不僅是上海來的，東南各省的人士，來的也很多，因為那時正籌開國會，這些未來的議員老爺們，來此競選甚多。上海的紅姑娘也來此掘金，其間異聞軼事不少。我性好弄筆，往往掇拾一二，投寄上海《晶報》，名之曰：《東方雜誌》。《東方雜誌》者，上海商務印書館的定期刊物也，而我所記者，乃是東方飯店的雜事而已。

有一點近乎哀豔的事，我不覺想起來了：當我住在上海愛而近路的時候，鄰家有少女，年可十四五，常在我家門前，踢毽子、拍皮球、憨跳作樂。本在某女校讀書，頗見聰慧，後來忽然輟學，與諸姊妹嬉遊，成為交際之花。那時有兩名姝，一曰FF，一曰SS，FF後來香港，即殷女士，其女但女士，且為馳譽世界的香港小姐。我且弗談FF而談SS，她的名字叫作袁淡然，我亦不知這兩個外國名字是甚麼來由，不過我與她鄰居而認識其人。

不數年，她到北京去，竟樹豔幟於八大胡同。最初，她欲署名為SS，群以為花間並無有以外國字作商標的，上海如此，北京亦如此，乃改成以譯音"愛思"兩字應徵，亦殊佳妙。一日，袁寒雲在小鶯鶯處宴客（關於小鶯鶯，涉及洪憲掌故甚多，劉成禺《洪憲紀事詩》中，曾述及之），我亦在座，對面坐者為顏世清（號韻伯），召一妓，視之，乃我之芳鄰也。含笑點頭，問我住何處，我說："住東方飯店。"她低語道："我亦住東方飯店。"此不足異，胡同中好多位上海來的姑娘，不住院中，都住東方飯店，較為自由。越一日，她到我房中，說道：“我房裏無浴室，你有浴室，可以借我一用嗎？”我答應她：“可。”於是時常來我室。

又一天，她向我說：“和你商量一件事，讓我在你房裏吸一次煙。”那時北京是禁煙的，還有這些巡緝隊、憲兵隊，每夜要到各旅館查房間，像煞有介事的。但有一個期限，一過了午夜十二點鐘，便不會再來查了。所以在十二點鐘以後，便是那些男女煙霞客的解放時期。因此我問：“為甚麼你自己房裏不能吸呢？”她說：“我防顏瘸子要來。”（北方呼跛足者為瘸子，顏世清跛一足，此亦曾見劉成禺《洪憲紀事詩》：袁克定亦跛一足，與顏世清交拜事。）其時她與顏已訂嫁娶，節後，即嫁顏了。我以情不能卻，姑允之，但此例一開，她常攜具至我房中，深宵不去，我不能不委婉下逐客令了。嫁後遇其侍兒詢之。她說：“可憐！躲在牀底下偷吸煙，為顏所毆。”我出京後得自傳聞，SS 已香消玉殞了。

我在東方飯店住得最久，這並非是說一次住了許久，乃是每次來京必住在這裏。我在北京時有一個時期，常往天津。到天津就不定住哪一家旅館了，大約是住在日租界的日子最多了。

至於那個高貴的李順德大飯店，我沒有住過。天津不比北京，歐美人較多，這些都是外國人居留之地。有一次我到天津，聽說近有一家新開的旅館，在英租界（我已忘其名），如何清潔，如何安靜，我便住到那裏去了。這間旅館不大，是新開的，當然比較清潔，安靜卻是未必。不過比了日租界那些旅館好得多了。日租界那些旅館，可以公開吸鴉片，可以公開召妓女，真是一個藏垢納污的所在。過去就是叫作“三不管”的地方，更無忌憚了。

且說我到了那個新開旅館，選了二層樓一個房間，倒也窗明几淨。開出左首幾扇窗來，外面是一片曠場。似堆着無數巨大箱籠等件，原也不在其意。睡至半夜，忽聞有獅吼聲、虎嘯聲、猿啼聲、犬嗥聲，如處身於深山密林之中。你道是甚麼？原來是天津新到一個馬戲班，在船運上岸以後，各類獸籠無可安置，即安置在這個曠場之間，遂使我為群獸所擾，一夜無眠。好在我明日即回京，不必再移居別處了。在北京的使館區六國飯店，我雖不曾住過，為友人招宴，卻去過一二次。裏面的那些侍者（外國人呼為“僕歐”，中國人喚作“西崽”），真是奇形怪狀，已是民國七八年了，還拖着一條辮子，戴一頂瓜皮小帽，上面有個大紅絨球，衣服也是特製的不中不西，這些僕歐不是年輕的，還是四五十歲的人呢，見之令人恚恨。

我在東方飯店，還做了一次狂蕩的事呢，我不諱言，索性坦白地說一說：我住在三層樓上時，離開那個數丈之遙的天井，望衡對宇的房間裏，住着一位西洋女子。一頭金黃色的頭髮，兩頰紅紅的，年可十八九，似頗美麗。隔窗遠望，不甚真切，但三層樓同一扶梯，偶然相遇，見其亦甚端莊。三層樓都是小房間，惟有她所住的是大房間，有浴室。但她一人獨處，不見有男人來，所謂“小姑居處本無郎”也。東方飯店的侍役如上海例，亦呼為茶房。三層樓上的三號茶房，是寧波人而從上海來的，我見他常常跑到那個金髮女郎房間去听使喚，我因問他道：“這個外國女人是做甚麼的？是不是某一洋行裏的職員嗎？”

那三號茶房向我笑了一笑，說道：“先生：你覺得她漂亮，喜歡她嗎？”我說：“問她做甚麼的，怎說喜歡不喜歡的話？”三號道：“她是做生意的。”我說：“原是問你，她做甚麼生意。”三號掩口笑道：“我說的生意，就是上海堂子裏所做的生意。”我詫異道：“難道是妓女嗎？”三號道：“誰說不是？所以我問你先生喜歡不喜歡她。如果你有意思的，我可以給你想辦法。”我問：“她做此營生，這裏飯店老闆知道嗎？”他說：“她的房間是包月的，房間裏的事，不能去管她的，何況她是個外國女人。怎麼樣？吃了胡同裏的中菜，再嘗嘗飯店裏西餐，各有各的滋味呀。”這三號竟要極力玉成其事，而我卻對此也有些怦然心動。

憶我在三十歲以前，真個是守身如玉，除了自己太太以外，可稱是不二色。三十歲以後居住在上海，交遊既多，出入花叢，在所難免，那時對於女性，頗多迷戀，但亦能強自抑制。四十歲以後，軀體頑健，性慾旺盛，此刻正在這個時期，而且久曠已在半年以上，再加以金髮紅顏，更刺激我好奇之心。因問三號道："你說有辦法，是哪樣的辦法呢？價值如何？有囉唆的事吧？"他道："不！她倒是直捷痛快的。自然要問過她，告訴她是甚麼人，要先得她的同意，然後成事。你先生既決定了，停一回兒我就去問她。"不久，即欣然來告道："已說妥了，價值是一百元，今天夜裏十二點鐘以後，便可以迎接你先生到她房裏去。"

我問："為甚麼這樣急急呢？"三號道："她說明天有人請她吃夜飯，恐回來得很遲，否則就要後天了。先生今天有甚麼不便，'打鐵趁熱'，我以為就是今天最好。"他又豎了一指道："這一百元，可不可以預先交給了她，作為定洋，如果是當面交給她，覺得有點不好意思，她也是要面子的人。"我想這個茶房，為甚麼這樣性急，真似"皇帝弗急，急煞了太監"呢。最後他又說："喔！有一個條件，她說：'她的房間裏不能住夜的。'就是不能睡到天明，要請你原諒。你先生住在同樓，回到自己房間去睡便是了。"我說："這不成問題。"這個我倒知道的，西方妓女，有此規矩，上海租界的紅燈區亦如此。我國留學生回國的假洋鬼子（魯迅語）常常光顧，他們稱之為"一炮主義"。

"月上柳梢頭，人約黃昏後"，我叩門而入，先之以一握，繼之以一吻，好戲開場，順序而進。有三節目，我名之曰三重曲，第一曰："入浴"。我先入浴，她助我如助產婦的濯嬰兒，極為周到。浴罷，她命我上牀安眠，她即入浴。浴罷，作畫家模特兒的型式，飛身上牀。第二曰："同眠"。同眠無他奇，只"擁抱撫摩"四字而已。第三曰"動作"。動作則似乎她是主動而我是被動，既而她嬌呼一聲曰"非納虛"，這就是三重曲的尾聲了。旋即為善後事宜，她再入浴，並為我潔身。休息五分鐘，她似乎餘勇可賈，而我已如倦鳥歸巢，奉身告退了。自始至終，不過二小時，簡言之：她是做了二小時的勞動工作。她為了博取金錢，我為了解決性慾，交易而退，各得其所，所以此中並無愛情之可言，只可說是一場幻夢罷了。

半年後，我又到北京，又住東方飯店三層樓，憑欄凝望，則室邇人遐，不免有人面桃花之感。詢諸侍者，他說：“自從你先生回上海後，不久，她也回國去了。”我想：關於性慾，人之所以異於禽獸者，僅此一縷餘戀而已。

鐵門小住

我在北京，除居住在東方飯店外，也曾租屋居住。其地在宣武門內一條胡同，叫作"鐵門"，那是他們新起的一個名字，覺得甚怪。記得佛家有"鐵門檻"的話，這裏卻叫作"鐵門"，不知何所取義。這條胡同是新造的，全仿上海的里衖格式，曲曲彎彎的裏面有十餘所房子。雖然那條胡同是仿上海里衖式的，裏面的房子卻仍是北京式的，一律是小型四合院。北京的房子，有大四合院，有小四合院。鐵門是小四合院，可也有北屋三間，南屋兩間，東、西屋各兩間，門口還有一個小門房。北京很少樓房，都是平屋。

這種房子怎樣的支配呢？大概北屋三間是主人家所住，又稱之為上房；對面南屋兩間，作為會客之用，或者做一個小書房。東屋做廚房，西屋可以做傭人室，這樣就可以成為一個小家庭了。中間是一個庭心，也不讓它空閒，有的是筑一座花砌，可以讓你雜蒔花木；有的是裝兩條石板凳，搭了幾層花架子，北京人喜歡盆栽，親手灌溉，顧而樂之。我住的這所屋子，是鐵門進去的第三所，門牌就是第三號。房子是新造的，沒有人住過，牆壁都是雪白的。窗是所謂和合窗，都是紙糊的，中間鑲嵌一方玻璃，那時北京的窗戶，都是如此。可是鐵門有兩事佔勝了，一是電燈，一是自來水。這因為那是新造的屋子，若北京那些舊房子，還是沒有的呢！

電燈沒有的時候，怎麼辦呢？那已是流行火油燈了，這東西既骯髒而又危險。至於自來水沒有的地方，他們都是買水度日，每天要用幾桶水，自有人送來。我這屋子，既裝有電燈線，又有了自來水管子，並且是新造的，租金不過十三四元吧，與北京老房子比較，也算是高价了。

有了房子，就要家具，我們蘇州人的俗語，稱之為"屋肚腸"，"屋肚腸"是不可少的，於是我便向木器店裏，購買了幾件家具。北京的木器店，也很不差呀，我覺得比上海的木器店好。上海的木器店，一味仿洋式，而偷工減料，不切實用的，北京的木器，倒是堅實而精致的。我購買了一張木牀，他們北方人是睡火炕的，我們南方人哪裏睡得慣？我又購買了一張小書桌，一個小書架，這是我的工具，差不多晨夕不離的。其餘有些桌椅雜物之類，我都向北京有正書局借用的。說起北京有正書局，我又有插話了，原來狄楚青當時開辦有正書局，不獨上海有，北京也有。他是以報館與書店並駕齊驅的，他是老北京，又是才人、名士，在北京的交遊很廣。所以上海的老報館，如《申報》《新聞報》，北京都沒有分館，《時報》一開辦就有分館了。北京的有正書局與《時報》分館，當然成為一家，就有多少便利，上海有正所印行的各種孤本書籍，都是從北京來的，即如戚蓼生的八十回紅樓夢，也是如此。我與北京有正的蔣先生很相熟，鐵門的房子，也是由他介紹指引得來的。

我為甚麼不住旅館，而要另找一個房子居住呢？實在東方飯店已經住得很膩了。最討厭的是天天吃西餐，這種所謂外國大菜，做得好，偶爾吃一餐兩餐，也還覺得有味，那樣天天吃一成不變的西餐，真是倒足胃口了，其他旅館裏有種種不舒服之處，筆難盡述。我自從脫離《時報》以後，來作北京之遊，一則因久居上海，北京尚未到過，來此換換空氣。二則上海朋友來北京的已多，他們都有職業，我不是可以閒蕩的人，遇有機會，也想謀一職，而又不願意鑽入官場中。林康侯、楊蔭孫幾位老朋友，都勸我不可小就，慢慢地來。但久居旅館，也不是事。還有一個理由，我有一位女友，她要從南京到北京來。

部署既定，我乃僱用一男傭人，名張福，以其能燒飯、做菜、做北方麵食，實為一普通廚子，那就既不受西餐的侵襲，也不必時常跑小館子，打游擊戰了。

自從定居了鐵門以後，有許多朋友知道了，時來見訪。後來方知道張恨水也住在這條胡同裏，我住在前進，他住在後進。他的朋友去訪他，卻也是我的朋友，先來訪我。不過我們兩人，這時還不相識，直到他後來到上海後方見面哩。那時在鐵門訪我的，有一位特客，乃是荀慧生（藝名白牡丹），他丰神俊美，姓了荀，不愧有荀令風儀。我本來不認識他，是一位南京朋友舒舍予（不是寫小說的老舍），陪同來的。因此我在當時所謂四大名旦之中，梅蘭芳、程艷秋、荀慧生，三人都認識，只有尚小雲不認識。

我又想起一件事了，當梅蘭芳第二次到上海時，送了我一頁他自己畫的扇面，畫的是花卉，落了他的款。這一回我到北京，帶了這扇面去，因為一面是空白，也就請他再寫一寫。蘭芳很坦直，看了便說："這不是我畫的。那一次到上海來，大家商量送些甚麼與你們諸位，因請人畫了十幾頁扇面，好似記得嚴獨鶴、周瘦鵑等諸位先生，也每人都有一頁的。我不敢欺騙您，過幾天，我給您親筆畫一頁就是了。"我謝謝他，我深讚他的以坦白誠摯待人。這幾天來，荀慧生來訪我，我知道他在習字，就取出這個扇面，請他在背面寫字，他不敢寫，他說："我的字惡劣，遠不及蘭芳寫得好。"我說："不管它，你拿去寫就是了。"後來他寫了一段《洛神賦》的小楷，雖然拘束得很，也還工整。我配以扇骨，攜以出門（從前夏天出門必攜扇），不知在何處，那扇子卻失蹤了。

記得我移居鐵門的時候，正在初夏天氣，在北京正多遊觀的地方，可是我許多地方都沒有去（故宮是否已開放，不記得了），長城也沒有去（那時去長城沒有現在的便利），頤和園卻去過三次。到那種地方去，第一要有遊伴，第二要有興趣。我在北京的朋友，大家都有職業，誰有閒工夫，陪你去遊玩呢？也有許多好遊的人，不必要人陪，自己可以獨往獨來。但是我卻是疏懶成性，與其一個人去尋幽探勝，不如在家裏靜坐看書了。

不過有一個地方，在那長日無聊的時候，我卻是常常去的。這在當時的名稱，是中央公園，後來又改名為中山公園了。

　　中央公園有好幾個茶座，供人啜茗消遣之所。一處是叫作"春明館"，一處是叫作"長美軒"，又有一處的名次較特別，喚作"柏斯馨"。這三處茶座，每處僅有一間屋子，而且比鄰而居，但茶客卻是大有分別的。我先說"春明館"，它那裏的茶客，都是年齡很大的，大概是所謂老北京，蒼顏白髮，沉默寡言，似乎都是飽經世故的人。再說"長美軒"，它那裏的茶客，卻以中年人為最多，有幾位茶客每天必到的，有幾個桌子上，設有棋盤棋子，"長日閒消一局棋"，他們也是歡迎的。我見許多新聞界的人，都在此作茶敍，上海申報館北京通訊員秦墨哂，也常在此做棋客。

　　至於"柏斯馨"，那是更熱鬧了，凡是上海來的人，以及東南各地方新來的人，無論男女，如到中央公園來，一定到"柏斯馨"。為甚麼叫作柏斯馨呢？原來中央公園的柏樹是出名的，都是數百年前之物，它那裏正是古柏參天，濃蔭蔽日，但這個茶座不稱館，不稱軒，而稱曰"柏斯馨"，覺得有點奇怪。後來忽然想起來了，記得《詩經》上有"松柏斯馨"一句，他像作八股小題文的搭截題一般，因此地無松只有柏，便去掉了"松"，而成為"柏斯馨"。（國民黨北伐以後，中央公園改為中山公園，柏斯馨個名字也改了，改了甚麼名字，我未去過，也就忘了。）

　　我的朋友楊潛庵（常熟人，楊雲史之弟），有詩詠之曰："春明館聚老人星，長美軒中髦尚青。茗座也分三部落，朱顏紅粉柏斯馨。"真是如此的景象。但我到中央公園去，總是坐到柏斯馨的茶座，因為在那邊，總有幾個熟人，一見了總是打招呼："這裏來！這裏來！"柏斯馨那邊男女雜坐，太太小姐一大群，於是引起了胡同裏姑娘也來了。它生涯發展，屋子裏不能容納，於是廣設了露天茶座。好在北京地方在長夏時間，雨水極少，像這個夕陽掛在林梢，涼風披拂時候，鶯鶯燕燕，相率而來。茶博士格外殷勤，每一茶桌上，添設了瓜子、花生，以及糖果之類。這個露天茶座愈加擴大，本來春明館、長美軒，也各有其室外空場地盤，但它們僅守其室內保守主義，而柏斯馨以越級茶座的聲勢，便侵越過來了。

中央公園另一個茶座，喚作“來今雨軒”，這是另一部分人集會之地，以學人政客為多，不與柏斯馨一班人同流合污，以示高傲。中央公園裏面就是少甚麼可以飲食的小館子，大概當時規定的，表示清潔，免使喧嚷吧？

我有幾位好酒的朋友，公園散出來，都是訪尋酒家，常邀約了我同去。這些都是熱酒店，喝紹興酒為主，是南方人來開設的。我的酒量很窄，紹興酒只能喝半斤，適可而止，若要喝至十二兩，便有些酕然了。雖是熱酒店，上海和蘇州不同，北京又和上海不同。北京酒店的喝紹酒，以碗計，不似蘇滬的以壺計，一碗就是四兩，四碗就是一斤，量高者可喝十餘碗，我只能喝兩碗，所謂淺嘗即止耳。

據好飲的朋友說：北京的紹酒，比上海的為佳，我也覺得似為醇厚，本來從前紹酒之名，曰花雕（因酒甕上雕花），曰京莊（裝入京都，用以入貢的），此種掌故，酒徒都能言之，我沒有考訂過，近來紹興酒又有許多名詞，從前的名詞，又要說它有封建氣息了。北京的名點，我也吃過不少，甚麼蘿蔔絲餅、千層糕等等，都已忘卻，但我覺得總不及我們蘇州故鄉之佳。北京也有稻香村茶食店，當然是冒牌，但他們甚麼檀香扇、麻將牌等也賣，竟成了蘇州土產公司。北京也有許多忌諱，譬如在食物中，忌說一個“蛋”字。南方人常吃的“炒蛋”，他們稱之為“攤黃菜”，我們常吃的“水鋪雞蛋”，他們喚作“臥果兒”，這三字不知何所取義，總之菜餚中遇到有蛋字的都避去。問他們是甚麼緣故呢？說：蛋字是罵人。北方人罵人，就是昏蛋、渾蛋、王八蛋，不絕於口呀！

北京的路政不修，已有好多人在筆記上提及了。有某君說：北京的道路，晴天像香爐，雨天像荷花缸。因為晴天滿路都是灰沙，一到雨天，便滿地泥泞，深入幾寸了。北京人當時懷舊思古之心，牢不可破，甚麼事物，都以越舊越古為好。商店裏的宣傳品，動輒以百年前的老店為號召，所以他們雖生意已十分興隆，門前的招牌，破壞不堪，也不肯更換。前門外大柵欄許多大商店，門前就是一條溝，溝的外圍方是路。溝久不修，日積月累，也漸高了，幾與店門看齊。有時溝中糞穢，直衝至店門以內，而他們也不肯修治。問他們為甚麼呢？說有關本店風水，名為"黃金入櫃"。這不是我亂造謠言，當時實有此景狀，直要到"解放"以後，新中國破舊立新，方才改革了吧！

我於這些大柵欄、廊房頭條的大商店，都不曾去過，我最怕是買東西，尤其是那種討價還價的貨品。但是有一種賣帽子的商店，我卻就光顧了好幾次。北京天氣冷，一到了冬天，人人都戴起了皮帽子。在前清時代，那些官老爺們，一天到晚，官服不離身，穿了皮的官服，就要戴皮的官帽。而且還有品級的制度，要幾品以上，才可以戴貂帽，你若差一點，對不起，都老爺（御史）就參你一本，說你僭越了。你們看翁同龢的日記，到了冬天，必定記上一筆今天穿甚麼皮衣服，這不是浪費筆墨，很有關係呢。辛亥革命以後，這種制度都改革了，可是革去了制度，革不去皮帽子。為甚麼呢？這是實用呀，不是虛文呀，換湯不換藥，官帽變成了便帽，皮帽子一時又摩登起來了。

皮帽子有種種型式，有三瓦塊、四瓦塊、敞口、平頂、安昆帽、拉虎帽許多名詞，我也莫名其妙。質料則有獺皮、貂皮、海虎、玄狐等等，我也不能悉舉其名。這種皮帽子，漸漸自北京流行到上海，但上海帽子店，未能如北京所製的精妙。我去北京，見到有型式新異的必買一頂。但我不善購物，必約了邵太太湯修慧同去，因為她最內行、最精明、最熟悉，這一帶的大商店，差不多都認識她。我有一頂獺皮而平頂的，形同僧帽，戴了它已經十年，微有破損，愛其溫暖，終未棄去，古人詩句云："破帽多情卻戀頭"，真有此情景。

後來我看見許多俄國人，都戴這種皮帽子，方知道這是從歐化而來的。還有一種帽子，是用絨線織成的，有棕色的，有黑色的，戴了只露出兩隻眼睛，一個鼻子，以之禦風雪，可以奪中國舊時風帽之席。這種帽子，名之曰"羅宋帽"（從前上海一部分人，呼俄國為羅宋，呼美國為花旗，呼德國為茄門），這種羅宋帽，已風行於中國全國，以至於今，既而上海就有羅宋大菜、羅宋湯，自北而南，口碑載道。可知雖一物之微，你細加推想，也大有意義存在其中，但是我們中國人，卻是大度包容，習焉不察呢。

我寫了許多在北京瑣屑的事，遊騎無歸，現今忙收筆再說到鐵門。我在鐵門這屋子的租期是一年，實在只住了九個月，還有三個月，我回到南方去了。那好像已是冬天了，我送我的女友回南京，我自己則到上海去過年了。到了明春，我再到北京來，那時北京的氣氛更壞了，不但是紛亂，而且是險惡了。和北京的幾位老朋友談談，他們都是橫點頭，我也不想在北京居住了。

回到鐵門的屋子裏，我這個僱用的僕役而兼廚子的張福，為我看家，此次主人回來，顯然表示歡迎。誰知這個老實人，也大拆其濫污，趁我不在時，招留了一個野女人在家，作為雙棲之計。我的所有家具器物，自然由他們享用，我留在那裏衾枕臥具之類，幸虧鎖在一個小木櫥中，而我的一張木牀，一定是他們的大舞台了。他們粗心大意，還留着一張該女人的照片，在我書桌的抽斗裏，是一個將近中年的北方婦人，但決不是張福的妻子，因為他受僱的時候，曾說過他沒有老婆的。我不曾譴責他，我想此番來，房子也要退租了，僱人也自然解僱了，這些事也不必再問了。我多發給一個月工資與他，把他遣散了。

所有在有正書局借來的家具，仍還給了他們。不但如此，我在這一年中也陸續添置了些輕便器具，除廚房用具，我給了張福外，一總送到有正書局，名為寄存，但從此一去不復返了。那時北京的形勢愈惡，有上海來就職的許多朋友，也都南歸了。我這一回離開了北京後，再沒有來過。以後北伐軍興，國民政府成立，北京便改稱為北平了。解放以後，又恢復了北京的名稱。我以待盡之年，衰病侵尋，北望燕雲，彌深戀感。

軍閥時代賭與嫖

　　在中國的北洋軍閥時期，也正是最混亂的日子，其惡化、腐化的情形，筆難盡述。惡化方面的爭權奪利、互相廝殺，繼續不絕，我怕即使現代要修近代史的也搞不清楚吧？腐化方面，我這時正在北京，据所見聞，略述一二。

　　腐化方面最顯著的是"賭"與"嫖"，探其源也不脫"財""色"兩字。如要分析一下，這個時期，不但軍人腐化，官僚亦腐化，而且要我說起來，軍人的腐化大半為官僚所引誘，因為軍人當政，僚屬要趨奉他，遂成此種現象。軍人既作惡多端，而又日趨腐敗，所以中國古賢哲所說的"君子惡居下流，天下之惡皆歸焉"，這話是很有意義而足為矜式的。

　　我先說軍閥的賭，那時候的北京，外國舶來品的賭風，即如撲克，如沙蟹，尚未流行，但麻將牌則已漸盛行於都人士之間。不過這個軍閥中人，沒有這個耐心，來此作方城之戰，他們以為這些婆婆媽媽的娘兒所玩的把戲。他們喜歡痛快、豪爽、速戰速決。還是中國傳統下的牌九、搖攤，來得爽快，一二分鐘即見輸贏。中國的賭，本來也分兩種，如打牌等等，稱之為文賭，牌九等等則稱之為武賭，武人喜歡武賭，也算是事理的適當呢。

　　張宗昌有一個綽號，叫作"狗肉將軍"，這綽號的來源如何呢？他是不是和廣東人一般的喜吃狗肉呢？非也。原來他們有個隱語，對於攤牌九，就叫作吃狗肉。因為廣東的語音，"九"字讀作"狗"，如"天九"讀成"天狗"之類。那時廣東軍閥、廣東議員，也都群集京師，常與張宗昌周旋，因此便得了這狗肉將軍的徽號。可是張宗昌的賭品壞透了，牌九常是做莊家，輸了常是罵人，贏了也是罵人，為甚麼贏了也是罵人呢？他是以罵人為口頭禪的。北京那種賭法，一個做莊的人，旁邊常有護衛的人，桌邊還有給他收發籌碼的人，叫作"開配"，好像是侍從武官一般，張宗昌就踞坐在那裏，裝瘋作勢，呼么喝六。

張宗昌賭錢，還要作弊。據說：有一次，也是他牌九做莊，輸了錢不少，很想翻本，無奈牌風不振。有一副牌，天門上下門，都翻出來了，不是天罡，便是地九。他扴了自己兩張牌，他是先歡喜扴開一張然後再扴開一張的。他先扴開的一張是"二四"，他想糟了，這張"二四"，無論配上甚麼牌，都不中用。他再扴開一張牌是"長二"，那"長二"是四點，搭配了"二四"六點，恰好是十點，是牌九中最壞的牌，名曰"鱉十"。他靈機一動，把那張"長二"的一頭掀住了，說是："一張'么二'，是個'至尊寶'，統吃！統吃！"說着，便把手中的兩張牌，向亂牌中一丟。旁邊的開配，知情識意，便把台面上的所有籌碼，一鼓而擒之。他站起身來，哈哈一笑，說道："翻本！翻本！"

我再說到張作霖，據說：張作霖倒喜歡文賭而不喜歡武賭，他居然能叉麻將。他是以鬍子出身（清末民初，對於張作霖一輩，每呼之為紅鬍子、馬賊），猜想起來，一定是個老粗，可是他並不粗魯，是個深謀遠慮的人。後來成為關外王，霸佔東北三省，不愧為一草莽英雄。我不敍他的歷史了，我只談到他的叉麻雀事。他不是不懂得中國南北最流行的牌九那種武賭，但賭博的對方是何等人，亦須加以顧慮。

如果一位上司與他的下屬賭博，不免有失身份，而且令大家拘束。張作霖現在已是老成持重的人了，他的兒子少帥已出道，人家都爭呼他為老帥了。和牌九桌那些叫囂呼喝的小子們為侶，似乎不成體統。

張作霖學會了叉麻將以後，便覺得很高興，以為這是所謂上流社會的玩意兒。入關進京，見那北京的部長階級，人人都會叉麻將的，尤其南方來的人。他們都是文官，都是文質彬彬的，談起方城之戰，也是很有興趣，張作霖不免要小試其技了。張作霖的麻將牌，並不高明，他是羽毛還未豐滿的，並不是一頭老麻雀。但每次打牌，他都是贏家，雖然贏得不多，卻使他十分高興，以為他自己技術高超了。其實是這班官僚政客，用《紅樓夢》上，王鳳姐對付賈母的法子，使他開開心，好在輸贏不大，這不過是五百塊錢一底小麻將而已。

那時有一位某政客，想在東省謀一職，曾經某有力者推薦，老帥已經答應了，可是久欠沒有發表。或者是覺得某政客人地不相宜，或者把這事早已忘懷了。有一天，遇到了一位舊友，現為老帥的顧問，他把自己的事，訴之於這位老友，可否見到老帥時，設法提起一下，如果他已忘了，或者因此想起。某顧問搖頭說：“不好！你既有人推薦了，而我再為你說詞，好像是追問他一般。他是個多疑的人，便要想起你為甚麼如此熱衷，迫不及待地要在他那裏謀事呢？”某政客愁眉不語，他的老友笑道：“我想得一策，老張近來很高興打牌，我們借某總長住宅請他吃飯打牌。打牌的時候，座中就有你，你是麻將中的超級好手，但是只許輸，不許贏。不妨使自己輸到脫底，務必使張老贏到滿意，到了那時候，山人自有妙策。”

某政客道：“要輸多少呀？可是我現在手頭枯窘呀！”他的老友道：“你要是拿這個吝嗇主義，可不能在這個社會立身呢。不過老張平素打牌，以五百元底最配胃口，至多也不過一千元底。你要謀一個職業，或一個差使，花幾千塊錢，算不了甚麼事，人家都是上萬哩！”某一天，依着他老友的話，如法炮製，借了某總長的宅子，由這位顧問出面，請老張吃飯打牌。張作霖這幾天正空閒得很，頗想招人消遣，便欣然而往。除了這位顧問以外，還有兩位客，一位就是某政客，一位也是顧問的朋友。

不是說老張平素只打五百塊底嗎？這天他們要加碼，說是打一千塊底的，那顧問還故作湊趣地說道：“他們要贏老帥的錢呢！”張作霖大人大物，不能與他們爭執，顯得小家子氣，一千塊底就是一千塊底吧！

四人入局以後，張作霖一路順風，要甚麼牌就來甚麼牌。連莊像總統的連任，清一色好似組織內閣。某政客不愧為麻將聖手，他可以把張作霖手中的十三張牌，看得清清楚楚，知道他已經在等和了，便自己拆了搭子，給他和滿貫。十二圈牌結算下來，某政客輸了兩千多，張老帥贏了一千八，他自詡運氣之佳，手段之好，贏錢還是小事耳，十分開心得意。某政客開了支票，付了賭款，匆匆即去。事後，某顧問陪着張老將在煙榻上燒煙，也深賀老帥運氣佳，手段好。既而笑道："今天某君輸苦了！他不是富有的人，到北京來，想謀求一個職業的。"張作霖道："他是你的朋友嗎？那就把支票還了他，咱們一兩千塊錢，不在乎的。"某顧問道："那不好！他也是要面子的，決不肯收回。他在前清還是一位京官哩，也很有些才幹，老帥若能調劑他，給他一個甚麼職司，他就感激不盡哩！"張作霖道："嘻！想起來了！某老也曾經推薦過他。"不出一星期，某政客就發表了一個很優的職司。

這兩個故事，都是友朋所傳達者，據說都是確實的。總之軍閥時代的賭風稱盛，無可諱言，千奇百怪的遺聞軼事，也筆難盡述。他們賭局，總是開在那些巨官貴人的大宅子裏。此外北京也有公共娛樂所在，如招待所、俱樂部之類，門前軍警林立，十分森嚴，而裏面卻是藏垢納污之場。他們有甚麼賭局，總是要"叫條子"的（叫條子，就是徵召妓女），八大胡同的規例，稱之為"城裏條子"，那些上海來的紅姑娘，最是歡迎。有些是城裏用汽車來接她們進去的，有些是自己僱了汽車進去的，她們听得是個賭局，皆大歡喜。雖然出"城裏條子"的規定，每次不過十元，但遇着她愛好的客人贏錢時，臨行塞了兩支籌碼與她，也不足為奇。到他們的臨時的賭賬房去領錢，每一支籌碼就是一百元。

最惡毒而喪心病狂的要算張宗昌，遇着"吃狗肉"手氣不好的時候，他要臨時強捉一個雛妓去開荅。他們那些賭徒，有這種野蠻的迷信，說是要見見紅，運氣就來了。賭局裏是有吸鴉片煙的房間，他就在房間的煙榻上恣其蹂躪，不管這女孩子哀呼慘叫，他仍發展他的淫威。外間的賭徒听得了，不見哀憐，反加以謔笑，此輩尚有人心嗎？在國民黨時代，上海的武人楊嘯天，也有這個惡癖，有個私娼周老五，專搜集窮苦人家苦娃娃，供其獸慾，這也是滬人所熟知的。

還有當時北京有位著名人物夜壺張三（前在《回憶邵飄萍》一章中提及過），我不怕寫那種齷齪文字，他叫作張漢舉，也是我們的同業，新聞記者。他開了一家報館，那時北京報館多，共有五十多家，我早已記不得它是甚麼報了。他除了這一家之外，還有三件法寶：一、是一座寬大的房子；二、是要有一輛汽車；三、是他有一位黑市夫人。這三件法寶的功用如何呢？我且略為述之：

第一，為甚麼他要一座寬大的房子呢？並不是他的報館所用，報館只佔一小間，擺擺樣子而已。他的所以要寬大的房子，是預備為招待來賓之用。有設備得很華美的房間，有會客廳，有吸大煙的煙室之類。他所要招待的是何等人物呢？是各省到北京來的督軍以及甚麼鎮守使、巡閱使等等，總之是武人一派。所以他要每日探聽：某省的督軍，哪一天到北京來了，他便要到車站去迎接，迎接來了，便是他的主顧，而且總要使他們住得稱心適意，方可以收近悅遠來之效。

第二，為甚麼他要有一輛汽車呢？這時候，北京的私家車還不多，即使是總長階級，也不過坐一輛馬車，闊氣一點的坐雙馬車。不過有幾個大軍閥，已是有汽車了，他們出來，必有兩個馬弁，站立於汽車兩邊的腳踏上，以樹威風。現在張漢舉為甚麼要一輛汽車？就是為的到火車站接客之用。那些外省的軍人，跑到北京來，往往茫無頭緒，尤其是初次來京的，也不知住在哪裏。此刻由他開了汽車，親自去迎接，正是歡迎之至呢。

第三，他有一位黑市夫人，大概也是八大胡同中的"窰變"（按："窰變"兩字，我得解釋一下。中國的古瓷器中，有一種燒窰而變色的，變得甚為美麗，名曰"窰變"，頗為珍貴。北京的妓館，稱為"窰子"，有些嫁人而仍不脫窰風的，亦稱之為"窰變"，這都是北京的名士，題出她這種促狹的名詞呢），而這位黑市夫人，帶來了一位父親，能辦筵席的廚子。那張漢舉正用得着他，招待貴賓，不必上館子，自己家裏可以做菜，這又是何樂不為呢？

所以張漢舉對於軍閥要人們所需要的，都供應得很好，如果他們高興要成一個賭局，有寬大的廳房，連吸鴉片煙的煙室也有，因為那班武人，都是老槍階級。賭局總是連帶了飯局，便有他的"準丈人"廚子大司務出手。住在他家的貴客們，或者要招幾位胡同裏的紅姑娘來陪伴的話，也可以由他的黑市夫人介紹她的小姊妹來，暢敍幽情。倘使要留宿在他家裏呢，也有很華麗的房間，最柔軟的臥榻，馬君武的詩句云："溫柔鄉是英雄塚"。一個老粗的武人，怎不消魂。因此這夜壺張三，其名雖不雅馴，卻是軍閥時代的寵臣。

那些督軍們到北京來，把公事辦好以後也就要回去了。身受了張漢舉的逢迎招待，當然有多少謝意。手頭闊綽的多給他一些不算一回事，遇到了嗇刻的，少給了他，他就要開腔了："近來辦報真不容易呀！我這個報，已經賠貼了不少哩。為了宣傳主義文化事業，總是要硬挺下去，不過我的報是持論公正的，上峰每日都要觀看的，您大帥能賜予一點津貼，感且不朽！"那時這個對方，也只好解他慳囊了。張漢舉是在北京以幫閒馳名的，不想幫到梅蘭芳那裏，做了一個替死鬼。梅蘭芳一生幸福，只有這一次最為傷心，而孟小冬一代女名伶，遂至蹉跎了畢生。我雖不懂戲，除蘭芳外，於福芝芳（梅夫人）、孟小冬的戲都曾看過，他們唱了一輩子戲，不想自己卻演成悲劇呢。

北洋軍閥時代的武人好賭，可驚可笑的故事兒，我听得很多，可惜都已忘懷了。有些從外省來的軍人，本是到北京來領餉的，昏天暗地一賭，把所領的餉銀儘輸光，這可怎麼辦呢？於是貪污作弊，剋扣軍糧，總是老百姓倒霉。至於在北京的大軍閥呢，他們好似坐山虎，來一個，吃一個，不怕你不棄甲曳兵而走。即使輸了，他們也有法子想。所謂"百足之蟲，死而不僵"。北京的有些銀行，都與他們有聯絡，據說：他們向銀行要錢，並不用支票，隨便取一張紙條兒，寫一個數目就行了。因為他們像鬼畫符一般的字，銀行裏都認得。在賭台的時候，有時急不及待，把香煙紙殼拆開來胡亂寫個數目，派人到銀行裏，銀行裏也照樣付了。

張勛，你別瞧他是個老粗呀！他是很狡猾的。在某一次進京時他們約着他賭錢，他說："好！咱們來玩一下子！"他未來之前，先派兩個辮子兵，掮了兩個"釘包"來（"釘包"者，銀庫裏裝銀條、元寶所用，譬如有五十兩元寶二十隻，便是一千兩，一千兩便是一"釘包"，用木箱裝好，用釘釘牢，貼上封皮，這個就叫作"釘包"）。大概張勛是領了餉銀得來的。大家見了笑道："大帥！這是算甚麼呢？"張勛道："賭錢是要有本錢的，不能只想贏，也要預備輸的，咱們不與銀行往來，也不喜歡甚麼鈔票，輸了，您掮一個'釘包'去，不是很爽快嗎？"大家說："大帥鴻運當頭，不會輸的，輸了也不必急急付款。"其實張勛也早已算定，他們贏了，也不好意思掮了"釘包"去；他們輸了，我就老實不客氣伸手要現款了。

在北洋軍閥時代，不但武官好賭，文官也有多數好賭的，張岱杉先生就是豪賭客之一。不過他們既做官，於公事、私事上要分清楚，不能亂來。有位哲學家說：好賭是人的本性，先有精神之賭，漸趨於物慾之賭，甚而至於爭權奪利，戰鬥殺伐，也可以一賭字賅之。賭是出於人之好勝，故賭之贏與輸，文言中即稱之為勝與敗也，段祺瑞好圍棋，自以為是高手。一日，與他的兒子共鬥棋，自以為必可勝過兒子，誰知是輸了，他怒極，伸手刮了兒子兩個巴掌，一時傳為笑柄。與兒子着圍棋，並沒有甚麼銀錢做輸贏的，而他乃激怒如此，這純乎是一個好勝之心作祟了。

我說當時北京這班官僚的豪賭，並非虛語，一局終結，輸去十萬、二十萬元，無足為奇。他們不用現款，以自己的資產為賭本，住宅別墅，書畫古董，股票證券，都可作為抵償，就是姨太太還不曾聽說讓渡過。他們還很講究賭品，古人所云："勝固欣然，敗亦可喜"。不像那班武人們，贏了狂呼大吼，表示得意；輸了粗言穢語，肆意罵人。據他們那個團體中人說：賭品中以王克敏為最高，無論輸多少，夷然處之，口中咬的雪茄煙，灰有一寸多長，可以永久不墜。比他次一等的，輸得太多了，不免要皺眉頭或微微地歎息了。

記丙子同庚會

在前清科舉時代，有所謂"同年"的一種友誼。何謂同年？這非同年出世的同年，而是同年中試的同年。有鄉試中式的同年，有會試中式的同年，從來是素不相識的，一旦成為同年，便親切起來，有不可思議的。打破籍貫的界限，年誼有重於鄉誼的；廢除年齡的尊卑，一位年紀不過二十歲的新進，和年逾六十的老宿，總是尊之為兄，稱其父為年伯，稱其子為年侄，真像是一家人呢。這雖說是封建制度，可知中國人是要朋友的，篤於友情的，傳統就是如此。我們讀《論語》，開卷便是"有朋自遠方來，不亦樂乎"的句子。降至下流，江湖賣解之流，搭起場子，拍着胸脯，也說是："在家靠父母，出外靠朋友。"科舉時代的敍同年，出發點也是從友道而來。

科舉既廢，這個同年的名義也就消滅了，然而人們這個求友之心，卻未消滅。於是不從科舉中式着想，而從同時生出的年齡着想，結成聯盟。其實這倒是可以真正稱為同年，但因為同年兩字，已為科舉時代的同年佔去，免於重複及誤會，遂改稱之為"同庚"，會敍的時候，則稱之為"同庚會"。

我們當時就組織了一個同庚會，這個名詞，叫作"丙子同庚會"，因為我們都是在清光緒二年丙子（公元一八七六年）那時代生出的。那時我們都在上海，我們的年齡，都是五十歲了。興致卻還很高。發起這個丙子同庚會的最高興人是誰呢？一位是林康侯，一位是穆藕初，他們兩位都是上海本地人，都是交遊很廣的人。一經號召以後，紛紛列名來加入的共有七十多人，都是丙子生，都是五十歲，都是住在上海租界內外的，有的是聞名已久的人，有的是素不相識的人。我也是丙子生，我也是五十歲，我也是常住在上海的，在林、穆兩君發起的時候，早把我拉進去了，我也算發起人之一。

林康侯，我們是老朋友了，不必去說他，穆藕初乃是新相識，他是在美國學習農業的，也是一位老留學生了。他有一位哥哥穆杼齋，是前清一位舉人，也是一位新人物，當最初南洋公學鬧風潮，組織愛國學社時，杼齋很為出力。吳稚暉拳打章太炎，他也為之調停。有名於時。現在藕初學習農業回國以後，便是興實業，辦紗廠。但是上海紗廠已多，尤其是日本的喧賓奪主，肆意侵佔，上海就有不少日本紗廠。棉花是美國人、印度人，向中國傾銷。利用中國工人的窮苦，工值的廉賤，以事剝削，而使他們發財。

所以穆藕初的計劃，不在上海開紗廠，卻在中國內地去開紗廠；不用美國人、印度人的棉花，而中國人自己種棉花以供廠用。在內地開紗廠，即使運輸不便，他也無意要輸出到外國去，倚靠外國人，發甚麼洋財。

所以他選擇在河南省地方，開了一家紗廠，也就在河南各處地方種起棉花來。他是個農學家，研究了棉花種類，改良了棉花種子。我於此種事業完全外行，且年老善忘，語焉不詳，想幾位開明的事業家老前輩，還能想得起了吧。至於他的提倡崑劇，使數百年的文藝，得以重興一時，那是盡人皆知，尤其使愛好文藝的人，為之鼓舞，可惜的是夕陽雖好，已近黃昏了。這一檔子事，說起來又是一大篇，我今且擱起來，仍談到同庚會的事。

我們一呼而召集了五十歲同年紀的人，有了七十多位，究竟是何意義，有何作用呢？為的興學校嗎？不是。為的成立一個甚麼政黨之類嗎？更不是。那只不過因為同庚之故，大家見了面，互呼一聲庚兄而已。（按：這與科舉時代的同年相同，只有年兄的稱呼而沒有年弟，現在同庚會，也只有庚兄的稱呼而沒有庚弟，可見是尊而不親。）於是我們幾位發起人商量之下，除了約齊了七十多位庚兄開了一個茶話會，大家見面認識以外，另外有了一個小組織。

是甚麼小組織呢？這個名稱叫作"千齡會"。我們約定了二十位意氣相投志同道合的庚兄，成了那個千齡會，現在大家都是五十歲，二十個人合併起來，不是一千歲嗎？那就是千齡會得名的由來。千齡會成立了，也就要問是何意義，有何作用呢？實在說不出甚麼意義，真是甚麼意氣相投，志同道合嗎？可也未必。至於有何作用呢？從千齡會中，又組織了一個"聚餐會"。聚餐會的作用如何呢？不過使廿位庚兄，每月聚餐一次而已。

聚餐會是這樣的，每年十次，除一月與十二月不舉行外，其餘每月舉行。每次舉行時，各位庚兄均出餐費兩元，共為四十元，以十人為一桌，可以成兩桌（如吃西餐，不分桌次了），每次聚餐，以庚兄兩位當值，所有餐費都交給他們，如四十元不夠，由他們代填，有餘移交下月當值的。（但從來沒有不夠的，那時頂好的菜，每桌不過十二元，西餐每客普通是一元，高價的一元二角五，庚兄們都不吃洋酒，除加一小賬外，沒有甚麼花費的。）

這個聚餐會，行之有十年吧（不過後來以人事關係，有些零零落落），在我所參加的聚餐會中，要算最長命的了。

這二十位庚兄，我現在已不能一一記出了，總之是十分之五六是上海本地人，那是無足為怪的，因為康侯與藕初兩人是上海本地人，他們所號召得來的，自然是同鄉了。此外，蘇州人只有兩人，就是我與孫東吳。康侯屢次向我說，要約幾位蘇州人加入聚餐會，在蘇州親友中，和我同年齡的可不少，從前我們組織勵學會時候，就有好多人，但是他們都不住在上海，誰高興坐了火車、輪船來吃一餐呢？只有孫東吳（號企淵，老《申報》時代主筆，他比我進入新聞界還早），是住在上海的，就約了他。此外，記得有兩位常州人，有幾位浙江省人，有一位廣東人，姓名卻是都不記得了。

聚餐會中有兩位特客，一位是姓衛的，也是上海本地人，這位衛庚兄是吃長素的。他的吃素，並不是信仰的。他的吃素，並不是信仰佛教而吃素，也不是為了衛生主義而吃素，據說他自出娘胎，即厭棄葷腥，上海人叫作“胎裏素”。我有許多吃素的朋友，但他們雞蛋、牛奶都是吃的，這位衛庚兄，連雞蛋、牛奶也不沾唇的，稱之為“淨素”。談起吃素，我又有一個插曲了。那一年，李石曾先生到了上海，丁福保（號仲祐，無錫人）請他吃飯。兩人都是吃素的，當然都是素菜了。陪客中就有吳稚暉，他是不吃素的。座中都談及吃素有益於衛生，吳稚暉喜歡說粗話，忽然發言道：“李先生上頭吃素，下頭是不吃素的？我們上頭不吃素，下頭卻是吃素的。”甚麼上頭下頭，說得李石曾有點窘，原來李石曾七十七歲了，還新結婚。吳稚暉吃他的豆腐，他們兩個老頭兒，原是老搭檔，開個玩笑，無足為異，卻引得合座為之軒渠了。

我的插話太多了，仍要說到我們的聚餐會，所以為了衛庚兄吃素，每次聚餐，必關照要備幾樣素菜，中國館子裏不必說，也有廚子能做很好的素菜的，並且有幾次，到了夏天，我們大家吃素菜，甚麼功德林、禪悅齋，上海有的是。至於西餐館，要吃素菜，就麻煩了。可是那些寧波大菜館，也能做到，甚麼蘑菇湯、冬菰湯、罐頭蘆筍、青豆白飯，亂搞一陣，也可以成為一客素大菜。

那時還有一種新發明的素菜，叫作“素雞”，味美傳譽人口，是一家寶記照相館的主人歐陽先生（廣東人）所發明的。雖然有的素菜館也能做，但是因為是他發明的，向各素菜館要收“版稅”。發明素菜而要收版稅，也是奇聞，那是狄楚青講的。實在那個素雞的原料是甚麼呢？乃是一種豆腐皮做的，而這種豆腐皮，上海不出產，卻是從浙江路裏來的。剛說插話太多，現在又說插話了。總之衛庚兄的“胎裏素”，極為敏感，不耐葷腥味兒，我們是要早為之安排的。

再說另一位特客吧，姓翁，廣東潮州人，是個富翁，是個鴉片煙土行老闆。我說我們聚餐會裏，只有這一位廣東人，便是這位翁庚兒了。他是久居在上海的人，也已與上海人同化了。那一次聚餐，恰巧與我並坐，餐畢以後，卻見他從身邊取出一隻小銀匣，約比那個洋火匣子，略為大一些，開出蓋來，裏面排列得很整齊的一個個似小蜜棗兒的藥物。我有許多朋友，常因胃病消化不良，飯後吃些消化藥片，時所常有的，但我見這些消化片都是白色，怎麼這卻是黑色，只瞧了一瞧，不敢問他。

但是這位翁庚兒已經覺察了，一面把這個小黑棗兒向嘴裏塞，一面喝了一口濃茶，對我微笑道："你猜是甚麼呀，那是煙膏，那是鴉片煙膏呀！"我詫問道："鴉片煙膏怎可生吞的呢？"因為我在親戚友朋中，所見的吸鴉片煙人不少，都是熟吸的，沒有生吸的，都是躺着吸的，沒有坐着吸的。因此便有煙榻、煙盤、煙槍、煙燈的種種道具，如果隨隨便便像啖朱古力糖的一般，未免太簡便了嗎。不想後來更有甚麼大麻毒草，流行於世界，簡便之中，還有更簡便的呢。那時我們這位翁庚兒回答我道："我可以生食，你們不可以生食，老實說，我的煙癮大非此不足以抵癮。在家裏，我也像尋常吸煙的人一樣，出門則'一日不可無此君'了。"不過我們這個千齡會中，除他以外，其餘十九人，沒有一位與芙蓉城主有緣的，所以我稱之為特客了。

我們這個丙子同庚會，最盛的一個時期，莫如"集體做壽"。那個時候，集體結婚已有了端倪，而集體做壽，乃是我們開的破天荒。因為那一年歲次乙亥，依照舊曆，我們大家已是六十歲了。千齡二字，也已打破，已集合成為一千二百歲了。

這時林康侯、穆藕初兩位當初發起人，也都在上海，他們是最興高采烈的，於是我們便商量這個集體做壽了。第一是關於時期，我們的做壽，應在甚麼日子呢？因為我們的生日，各人不同，有的在正月裏，有的在十二月裏，當然不能在某一位庚兄生日那天，也要湊在這廿個人齊在上海，不能缺一。於是選擇了四月（舊曆）哪一天，這個日子，我已經記不起來了。

第二，是要找一處寬大的地方，可以容納數百人的，而且也要妝點成一個壽堂式的。做壽是要開壽筵的，我們預備每一庚兄名下開一席，每席坐十人（用圓桌面，上海的通例），這二十席就是二百人了。邀的是甚麼人呢？除了庚兄自己以外，全是他家庭中人，或是他的至親好友。此外不發帖，不請客，不收禮。上海那時的風氣，無論婚喪喜慶，都是送一頂幛子，作為禮物，如果發帖請客，將有千餘人到來，沒有這個大餐廳，便是送下來的壽幛，也無處可以懸掛呢。

　　既然說是集團做壽，也就是可以說集資做壽了。怎樣的集資方法呢？便是每一位庚兄，只要出資二十元。在我寫此稿的時候，二十元算甚麼，只供高級的白領階級一客午餐而已。而那時的每一位庚兄二十元，合共為四百元，要供應二百人的壽筵宏開，還要演戲聽歌，聚家庭老幼婦孺於一堂，盡一日的歡娛哩。假如不信，可以分析你听：上海那時的筵席，最高的也不過十二元一席，可以坐十人。酒是只中國酒，不吃外國酒的，席上如有女賓，她們是點滴不飲的。所以每席菜除了例應的小賬，以及例外的花費以外，還有多餘的。

　　上面不是說到除了壽筵宏開之外，還有演戲听歌的一個節目嗎？那是我們靠了穆藕初的福而得以享受的。自從北方的京戲盛行以來，南方的崑劇日漸衰落，甚至那些老伶工無以為炊，餓死街頭，而這一種高級的文藝，也幾絕滅了。穆藕初從美學了農業回國以後，便是種棉花，開紗廠以外，就是提倡這個崑劇，使之復興。這個過程，有諸位先生都詳細說過了，想那些老曲家，還能回憶到此吧。這次我們集體做壽，為仙霓社這班同人所知，就是大家稱之為傳字班的（因其名字上都有一傳字），他們一向受惠於穆先生的，擬盡義務，貢獻一台戲，以為祝壽。藕初說，那是不可以的，這是你們的職業所在，未可犧牲，於是送了他們一百元，還另開了一席，請他們吃了一頓。

　　這戲劇是七點鐘開鑼，一直演到了深夜十二點。我們那天是借的南京路新新旅館的大餐廳，臨時搭起了一個戲台，這種小戲台，現在上海各大旅館都有了。而且像那種崑劇之類，不必要甚麼大戲台的。那天的戲目，想是藕初和他們斟酌商量過的，當時每個餐席上，都有一張戲單，可惜所演唱的戲，我都有些忘懷了。只有一齣在《獅吼記》中的《梳妝》《跪池》，還能記得。這是嘲笑怕老婆的，記得是朱傳茗演河東柳氏，周傳瑛演陳季常，鄭傳演蘇東坡，可謂功力悉敵。為甚麼要點這個戲呢？因為那天各餐席上有不少夫人、太太在座。因為我們各位庚兄都已六十歲了，像我那樣的老夫老妻，不必說它，也正有老樹著花，娶了二三十歲新太太的，恐也是有的。藕初所以點了這齣戲，不無有些兒幽默，好在座中各位庚兄的太太們，決不會對此而生氣的。

此外好像有張傳芳的《春香鬧學》，也是時下最流行的，連京戲裏也常常插進去的。《牡丹亭》裏的《遊園》《驚夢》，所謂"良辰美景奈何天，賞心樂事誰家院？"早已傳誦人口，曲子是好的，演出來不免使人覺得沉悶幽淒，在這個壽筵上是不合宜的。總之這一次的演出，看得人人都滿意，比了京戲裏那種胡搞亂鬧的要好得多。這個仙霓社，現在能演唱的不過十餘人，而這次來演出的還不滿十人，僅是這八九人，如何能演出這許多戲呢？要知道演唱崑劇的人是平等的，不像唱京戲的人，一被人捧，就自命不凡，亂搭臭架子的。譬如說：他們中一位名旦，唱完《楊妃醉酒》以後，下幾齣戲裏缺少一個宮女站班，他便脫去繡袍玉帶，扮作宮女站班了。唱生的也是如此，一個李太白，一個唐明皇，一轉眼間，都變成跑龍套了。試問京戲裏的大老板能如此嗎？

我不再多說了，語云："盛極必衰。"自從這六十歲集體做壽以後，我們這個每月聚餐會，也漸露凋零之象。人事與世事，交相煎迫，康侯與藕初，時時不在上海，好像六軍無主。以這二十位庚兄中，也已有謝世的，未能遇缺即補，老成凋謝，國難頻仍，從六十歲到七十歲，這一個過程中，華髮蒼顏，大家也沒有甚麼好興會了。

我要說的，那時北京也有一個丙子同庚會，它發起在我們之後，不是在五十歲成立的，所以也沒有甚麼千齡會。更不知道他們共有多少人。但卻知道都是知名之士，都是宦海中人，大半是東南各省人。記得好像有王克敏、張壽鏞、曹汝霖（後來見曹寫了一部《一生之回憶》，上面印有一個小印章，朱文是"生於丙子"四字，方徵實），更有一位是我們蘇州人潘子欣，常住在天津的，北方人呼之為潘七爺，重諾仗義。我這位老朋友，談起他來，又是一大篇，這個插曲，暫時不唱了。其他還有幾個丙子同庚的，當時記得，至今都遺忘了。他們還有風雅的事，說是蘇東坡也是生於丙子的，考據他的生年月日，致祭一番，作詩酒之會，我們可是沒有給蘇公做冥壽呀。

我還要附錄一筆，上海有了丙子同庚會之後，又有一個甲午同庚會。不用說，那就是甲午那一年生的（前清戰敗於日本，也是中國可紀念的年份），他們也組織了一個同庚會。這個同庚會，可說全是名人，有一大半人我都認得的。吳湖帆是這個同庚會中人，梅蘭芳也是這個同庚會中人。本來湖帆與蘭芳兩人是不認識的，只是大家聞聲相思而已。那一天，湖帆說："我要去訪問梅蘭芳，不知他住在哪裏？"我告訴他，住在馬斯南路，可是湖帆懶洋洋，沒有就去。我又向梅蘭芳說了，蘭芳喜躍道："吳湖帆先生我已渴慕了好久，哪有他來訪我之理，您為我介紹，我即日先去拜訪他。"到了明天，蘭芳便到嵩山路去拜訪湖帆，從此談畫論藝，兩人又是庚兄，又是好友了。

俱往矣！梅蘭芳與吳湖帆相繼逝世，不要說我們丙子同庚會已是凋謝，他們這甲午同庚會也就零落了。孔子云："逝者如斯夫，不舍晝夜！"新陳代謝，大自然早已為我們安排。記得在十年以前的某月日，我與林康侯同在香港，我們談及丙子同庚會事。康侯說："從前我們千齡會中的二十人，除了我們二人之外，其他十八人，早都逝世了。"我說："當然是輪到我們了。"於是我們二人，互相戲謔，互相推測。我說："應是我先別君而去。"康侯問："有何理由？"我說："我的生日在二月，而你的生日在四月，我比你早出世兩個月，亦應比你早去世也。"康侯道："不！我身體不好，精神衰弱，應是我先。"

其時我們年皆八十有八了，轉瞬即將九十。及不幸康侯於一九六四年即在香港先我而逝世，年八十九，尚未逾九十，而我乃於此碩果僅存矣。

神童易順鼎

神童的名稱，自古有之，史不絕書。我於六七歲就讀家塾時，即知所謂孔融讓梨，陸郎懷橘的故事，還笑說，這何足異，我亦能之。但今昔時世不同，兒童的知識有超越成人的，為善如此，作惡亦如此。不過家有一早熟的兒童，有才學，有道德，總是宗族的光榮，社會所稱譽。近代以來，易實甫先生以神童稱，我試略述其事：

易實甫先生，名順鼎，號哭庵，湖南漢壽縣人。這個漢壽兩字，先前已經鬧了一個誤解，因為在《三國志》上，關羽曾封為漢壽亭侯，後來那些為關羽寫履歷的人，竟說他是漢朝的壽亭侯，不知道漢壽是個地名，亭侯乃是漢朝一個爵位的名稱，那是不知史實，亂搞了一陣子的人所為，現在也不去說它。且說那個漢壽縣，本來也不是叫漢壽縣，叫作龍陽縣，因為這個龍陽兩字實在難听得很，從前在戰國時代有一個叫龍陽君，以男色事人，所以後來文人筆下，說到龍陽兩字便代表了同性戀愛。此刻已經為漢壽了，可是跟易實甫開玩笑的，還是稱他為"龍陽才子"。

原來這易家在前清也是世代簪纓，易實甫的老太爺也是一位名士，出為宰官，在陝西漢中府的任上，正值國內大亂，兵禍不絕，他也統兵出戰。那時的川陝兵，把漢中府圍困起來，要殺進衙門裏來，這時實甫只有五歲，卻從小就很聰明。據他的自述，五歲就能做詩，是他的母親教的，他的母親是大家閨秀，也是一位女詩人。到了漢中府失守，他母親企圖自盡，叫兩個差弁背着他，衝出城外，投奔大營，交給他的父親。

可是他的母親卻沒有死得成功，被僕婦們救活了。這個背易實甫的差弁，剛走到漢江沙洲岸上，被匪眾擄去了，把這個五歲小娃娃，丟棄在蘆葦叢中，一塊大石頭上。

後不知如何，那個小孩子，即是易實甫，到了太平天國軍中一個啟王的軍營裏，啟王見他很聰明，問他的姓名，他也對答如流。啟王知道他是漢中府易某的兒子，倒也很為歡喜。便給他香湯沐浴，改換衣襟。你道穿的是甚麼？頭上紫金冠，身上小龍袍，腳上繡花鞋，打扮得好似前朝小東宮一般，原來這些衣服，都是從一個戲班子裏沒收得來的。

不久，這個消息，漸漸傳到他的父親那裏，知道他的兒子在太平軍中，設法令人去贖取，可是啟王那裏卻是奇貨可居起來，開出的條件，要銀子幾萬兩，煙土幾萬斤，還要易實甫父親所喜歡而常騎的一匹烏雲點雪的戰馬。那個差官請見一見小主人，見他正打扮得似小王子一般，倒也親筆寫了給父親母親稟安的帖子。可惜那差官回來的時候，他老子已革職撤營，待罪軍中，哪裏還顧得到贖兒子的事。易實甫只得隨着太平軍啟王跑，一個小孩子，還有甚麼辦法呢？

後來那個啟王，為了從漢中回救金陵，剛到湖北應山縣地方，卻被清軍中那個蒙古親王僧格林沁的馬隊衝過來，衝得啟王的隊伍七零八落。易實甫本來由四個難民背負而逃，恰巧遇着一位軍官飛馬過來，四個難民只得跪下求饒。那軍官見那個小孩子穿了這樣的服飾，以為必是太平軍中的王子王孫，便把他帶見了王爺。這個蒙古親王僧格林沁，卻生得赤面濃眉，長髯過腹，就像各處廟宇裏塑的關爺爺一般，坐在黃土坡一把虎皮椅子上，左右圍繞着紅頂珠、藍頂珠、孔雀翎、黃馬褂，挨挨擠擠的文官武將，就有一百餘人之多。

僧格林沁親王，這時便向這個小王子問話了，易實甫小聲小氣，王爺听不真切，便命人把他抱將上來。易實甫在家裏早練成以手指蘸水作字，便在王爺手心裏畫起字來。王爺道："這個娃娃會寫字嗎？"吩咐快拿筆墨與他。易實甫便將自己的姓名，和老子的姓名，一齊寫了出來。

僧王抱他在膝上，很是歡喜，立即命傳應山縣知縣上來。那知縣戰戰兢兢，不知道出了甚麼事，王爺便吩咐應山縣知縣，設法送這個孩子回家，俾得他們家人團聚。恰巧那位應山縣知縣和易實甫同鄉，那事便順利進行，即行送信給他老子知道，才派了兩個老家人，迎接這位小主人回家。

據說易實甫在七八歲的時候，自己便寫了一篇《述難文》，如何寫法，我不曾見過。他回家以後，十五歲就進了學，是一個秀才；十七歲中了舉人，稱之為孝廉公。十五歲進學，不稀奇，十七歲中舉，便比較少了。

直指望飛黃騰達，中進士，點翰林，是個金馬玉堂人物。在清代的讀書人，誰不是這樣的想法。在當時有一句成語，叫作"宰相必用讀書人"，而清朝的制度，凡是入閣拜相的大學士，必從翰林出身，所以有才的士子，總以不得翰林為憾。易實甫雖是一個神童，又是一位才子，但是在會試上卻阻住了，五上春官，都是落第。不過他們是縉紳詩禮之家，落第儘管落第，做官還是要做的，除神童、才子以外，還有一個詩人的嘉譽，也是難能可貴的了。直到了清光緒廿八年，易實甫簡放了廣西右江道謝恩的那一天，軍機大臣榮祿，向西太后奏道："這易順鼎是一個神童，在兵難中，僧格林沁救出來的。"因此易實甫這個神童之名，已是"上達天聽"，國內愈是震動了。

我和易實甫先生，僅見過一面，前章曾述過，也是在北京某一宴會之所。因為他的筆名為哭庵，而我的筆名中有一笑字，一哭一笑，互相對照，資為諧謔。可是他為甚麼要哭呢？這在他的詩早已說過，他是哭他的母親，據說易實甫極孝順他的母親，在他的詩中，時有所述。他太夫人逝世以後，甚至要廬墓三年，那麼他除了才子以外，還是一個孝子呢！我為甚麼知道這一個故事呢？因為我那時為寫《留芳記》在北京搜集材料，是一班同文講給我听的。是為了談起了剪辮子，有許多自命為前清遺老，把一條辮子總是不肯剪，易實甫雖然也擠在遺老隊裏，卻是毅然把辮子剪了，而且痛痛快快還寫了一首長歌，我將這長歌，錄之如下：

三戶滅秦非項梁，五世相韓非子房。
御寇嫁衛本貧士，相如仕漢由貲郎。
分非與國同休戚，義非與土俱存亡。
眾人待我眾人報，雖事二姓誰雌黃。
何為區區數莖髮，欲剪不剪心旁皇，
薄言剪之勿猶豫，賦詩聊以知其詳。
嗟我先君忤權貴，大藩三涖慳封疆。
我生遭逢更坎坷，出入虎口行羊腸。
五上春官悉報罷，六乘夏縵皆投荒。
豈惟封疆不能到，三司直似強台強。
自從皇綱一解紐，新政舊政紛蝍蝽。
西園賣鬻競暄赫，東樓賄賂且昭彰。
禮義廉恥表四維，君父夫婦廢三綱。
文官愛錢武怕死，賢士無名讒高張，
不賢者皆父盜蹠，賢者亦復兄孔方。
土崩瓦解固其所，冠裂冕毀知非常。
爛羊沐猴遍天下，乳臭銅臭爭騰驤。
侯王盡變為盜賊，盜賊盡變為侯王。
彼所操者至巧妙，金錢主義爭微芒。
或用鼓吹或運動，利器遠勝炮與槍。
不操戈矛取人國，不折一矢傾人祊。
取利祿復取名譽，肰人之篋如探囊。
爭夸革命比湯武，爭夸揖讓高虞唐。
犧牲億兆人性命，為汝數輩供酒漿。
犧牲千萬世利益，為汝數輩修囷倉。
所稱志士尤可笑，改制易服懸徽章。
其狀非驢亦非馬，其人如羊而如狼。

為東胡奴則不屑，為西胡奴又何忙？
又有受恩深重者，高官大爵何輝煌？
國家無事則富貴，國家有事則叛降。
此世界是何世界，狗彘盜賊兼優倡。
無廉恥又無君父，無是非尤無天良。
嗟我不富不貴者，為廉所累居首陽。
嗟我不叛不降者，為節所累成黧桑。
人不負我我負人，宜多操懿與禹光。
我不負人人負我，撫衷希幸無慚惶。
嗟我如金早躍冶，志擬天地真不祥。
昔但哭母不哭國，唐衢賈誼誤比量。
今將死忠笑非分，昔不死孝當罹殃。
我今欲為萬世殉，鮑焦徐衍同悲涼。
恐人疑我死一姓，我死一姓何芬芳。
昔非堯舜薄周公，今侶禽獸依犬羊。
聖人大盜我所歎，英雄豎子阮所傷。
臣之形生而質死，臣之髮短而心長。
我髮本為個人惜，微時故劍同難忘。
二百餘年祖宗物，勿剪勿伐同甘棠。
五十餘年吾身物，如妻如友無參商。
甘違禁令逾半載，時時護惜深掩藏。
有時欲作頭陀服，有時欲改道士裝。
恐人疑我忠一姓，我忠一姓殊駭狂。
微子尚言泣不可，嫌疑瓜李宜深防。
夏王解衣入裸國，泰伯斷髮居蠻鄉。
今朝決計便剪去，地下本不見高皇。
下告賓友上祖禰，余髮種種天蒼蒼。

這一首《剪髮詩》的古風，詩家陳散原（三立）批評它道：「此詩噴薄而出，讀之令人笑，令人哭也。」大抵一個才人，青年時志高氣揚，不可一世，幾經挫折，便要發這種冷嘲熱罵的文章。那位易實甫先生，始而神童，繼而才子，十七歲中舉後，原想連捷上去，像他那樣的多才博學，一個翰林總可以穩拿到手吧？誰知「五上春官悉報罷」（他詩中語），你有甚麼法子好想呢？不得已做官吧，外放捐道員，也得不到好差使，剛得了廣西右江道的實缺，不久也就辛亥革命了。把他所有的功名利祿，連根帶葉，一齊鏟光，這怎不叫他要大發牢騷嗎？

這《剪髮詩》可說是一頓臭罵，新也罵，舊也罵，上也罵，下也罵，罵滿人，也罵漢人。他詩中的兩句道：「為東胡奴則不屑，為西胡奴又何忙。」真是罵盡當時的中國人呢。

我與易實甫先生雖僅見過一面，我和他的公子君左，卻是熟友，父子都是詩家，真是相得益彰。不過君左的詩，比他父親的要蘊藉多了，那是處境使然，他不曾經過似他父親這般流離艱危，只是在風雅中度生活而已。但他的出名，也其奇詭。最初以《閒話揚州》一文，得罪了揚州人，小小地惹了一點文字禍，而成了報紙上的人物。繼又以好為對聯的人，把「易君左矣」對「林子超然」（林子超是林森的姓名），傳誦於詞人之口，顧君左的風流倜儻，亦詩如其人也。

記得有一次，還在「解放」之前，君左到台灣，曾有杯酒之歡，在座有張振宇、陳定山等諸位。他在台北還辦了一種雜誌，喚作《新希望》，是個周刊，再三要我寫一些甚麼。我那時疏懶得很，也實在覺得寫不出甚麼來，只寄了幾首小詩去，那真是班門弄斧了。他的《新希望》中，附有一欄，名曰《台灣詩情》，他把我的小詩載入其中。我說：「你們賢喬梓都是詩人，我只是打油而已。」不久，他的《新希望》便失望了，我也離開了台灣了。他的年齡還比我輕得多吧，最近又聞他先我而逝了。

寫至此，偶閱金梁的《近世人物志》，始知易順鼎的父親為易佩紳，號笏山。在王湘綺的日記中，常述及此君。有一則云：「易笏山每作日記輒記過自責，日日有過日日自責，亦近頑矣。"按從前的老輩，以道學自命，每日有寫功過格的，笏山想就是如此的吧？又一則云："聞笏山辭官，亦近知恥。"又云："訪笏山，門可羅雀，多談乩仙。笏山好談禪，禪客厭之。"既而又述及實甫了，云："易郎實甫來談，並送行卷，亦有經說，知時尚所趨，轉移為最捷也。"又一則云："與易郎談華才非成道之器，東坡六十而猶弄聰明，故終無一成。"又云："至笏山父子處久談，笏山方顛狂自恣，微箴之無益也。"人稱易實甫為神童，湘綺則稱之為仙童，其日記中云："為易仙童評詩稿，頗多箴糾，易或未足語此，正論宜令時賢知之。"又致書易哭庵，勸勿再哭。又云："仙童已為兩督所保，當以才子侍天后矣。得易仙童書，純乎賈寶玉議論。"以王湘綺的老氣橫秋，常以幽默作調侃語，亦無足異。然易家父子風範，亦可見了。

葉昌熾的《緣督廬日記鈔》亦有記載："易實甫觀察贈所著書，一支好筆，如天馬行空，不可羈勒，奇人奇才，吾見亦罕，其學問宗旨，在一滅字，自敍云：一身滅則無一身之苦，一家滅則無一家之苦，世界滅則無世界之苦，芻狗萬物，實欲駕釋老而上之，可謂好奇矣。"其評論如此。

附錄

一九四九年日記

一九四九年（民國三十八年）我在台灣省台北市。

三月二十二日

忽然興起，又寫起日記來。

此間因天旱，日月潭水涸，僅有六尺水，節制電力，所有用電之各工廠，均將停工，因為沒有日電了。晚間，各用戶僅有四小時半電燈，自晚上六點半鐘起，十一點鐘止，餘均在黑暗中。電影院僅有夜場，播音台亦不播音。

農田亦告旱荒，高雄等處，播種僅有四分之一。

南京發表何應欽組閣，昨日始將名單發表，錄如下：

行政院副院長：賈景德　　　內政部長：李漢魂

外交部長：傅秉常　　　　　國防部長：徐永昌

教育部長：杭立武　　　　　財政部長：劉攻芸

司法行政部長：張知本　　　經濟部長：孫越崎

交通部長：端木傑　　　　　蒙藏委員會委員長：白雲梯

政務委員：張羣、莫德惠、張治中、朱家驊、賀耀祖，尚有兩人，留給民、青兩黨。

三月二十二日

晨有雨，鎮日天陰，溫度在華氏六十一、二度之間。聞京滬近來春寒，不減嚴冬，各地方且落雪珠。

胡適之及新教長杭立武來台，胡仍稱"和比戰為難"，聞將在台演講，然後將往美國。〔按：胡亦為共產黨稱為戰犯者。〕

上海市長吳國楨將辭職，雖加挽留，但辭意甚堅，繼之者聞將為祝紹周。市秘書長沈宗濂辭職，新秘書為陳良，一武人也，但曾為糧食部次長。糧食部今已裁撤，乃任此職。

何應欽新閣草擬施政方針，聞將基於下列四問題：一曰和平問題；二曰革新問題；三曰整編問題；四曰經濟問題。關於國共和談人選，將重新安排，本定邵力子、張治中、黃紹竑、鍾天心、彭紹賢，現鍾彭皆辭，當另配兩人。民、青兩黨，決定不參加行政院。

三月二十四日

鎮日雨，氣候亦陰寒，前夜雖有雨，據云日月潭仍無雨，而台南高雄方面，則正佳晴昵。

前天自來水停止至三十小時，到昨日天黑時方有，既不宣告何故，又不答覆詢問，居民莫名其妙。

學生與警察衝突，因為警察打學生而起。昨日警察亦罷崗，後聞調停和平了事。此種事，都不是好兆。

和議代表除邵、張、黃以外，其餘將為章士釗與莫德惠兩人。但莫尚未能定。莫現在台灣，有人以為因張學良之故，莫未必為和談代表也。

自傅秉常為外交部長後，駐蘇大使尚未派人，有再派邵力子之說；邵說：「政府應先把反蘇政策的痕跡和反蘇空氣澄清，我方能接受，不然，我去，徒供他們抨擊而已。」

三月二十五日

天陰，在上午三四點鐘時，曾有傾盆大雨，雷聲隆隆，台北雖大雨，日月潭僅有毛毛雨，台南則並無一點雨意也。

得姚鵷雛來書，錄之如下：

天笑先生道席：隔闊多年，浮雲萬變，東歸後頗聞譜蘅、叔通二老道及，曾時相見。未明地址，無從通問。前次遇友人談起，知公在台，然台寓地點仍未詳。項由滬上轉到尊札，讀竟欣然。道履無恙，行書仍呈簪花之美，詩亦流麗清和，如中年美人執扇輕衫，不事矜持，自然端麗。公逾弟近廿齡，計早過古稀而有此，知涵養有素，亦實得天之厚矣。弟自抗戰軍興，由吳入蜀，遂為聾翁所要，幕府十年，雖一入台諫，僅數月耳。行憲民選時，即已退避，仍安備書之役，審量才力，自知甚明。近年稍理陳書，殊無一得，吟詠自遣，亦不成家，六十將至，難期老學，唯服食粗安而已。舊曆年初抵滬，行止未定，暫居女夫楊紀璋家。比以監院在京集合，需共料理，遂後返都。計清明節前，或再一至滬，不知其時公當遄返否？又滬上寓址，可否預示，以便造訪。台中四時皆春，聞之健羨。此間日來春寒中人，頗苦腰脊，未老先衰，公聞之，得毋發哂。餘不盡，敬頌旅安。月內覆書，乞寄南京頤和路監察院。濮伯欣居士亦同在此，尚未得晤也。

　　鵲踏枝　天笑先生寄示新詩，拈戲其語，成小詞奉報。

　　慘碧蕉林初過雨。細葛輕衫，小閣清無暑。眉月窺人低綺戶，海山合付東坡住。開遍前庭招隱樹。道是中秋，恰是春將莫。春水方生君可去，鷗邊夢熟江南路。（春水語，用孫仲謀答魏武帝書。）

三月二十六日

　　上午陰，下午又雨，昨日之雨，仍未有助於日月潭。

　　和談代表發表為邵力子、張治中、黃紹竑、章士釗、李蒸，共五人。莫德惠果落選了。莫在台北見記者云：李代總統、何院長，邀他赴京任政委，已有一電覆何，近來身體仍須休養，稍好即赴京就任。希望在赴京前，至井上看張學良。他又說：「我有十九個兒孫，三個在台，十六個在北平，也希望到北平去看看。」

　　皖主席易人，夏威去職，張義純繼任。皖省府於南移屯溪中組成，安慶於江防為重鎮，由劉汝明率部進駐。

三月二十七日

　　今日為星期，天氣仍陰寒，下午轉晚晴。

　　錄和談代表名號、籍貫、年齡，如下：

邵力子	仲輝	浙江紹興人	生於一八八二
張治中	文白	安徽巢縣人	生於一八九一

黃紹竑	季寬	廣西客縣人	生於一八九五
章士釗	行嚴	湖南長沙人	生於一八八一
李　蒸	雲亭	河北潞河人	生於一八九五

以上為國民政府方面代表。

周恩來	少山	江蘇淮安人	生於一八九六
林　彪		湖北黃陂人	生於一九〇七
林伯渠	祖涵	湖南醴陵人	生於一八八二
葉劍英	行嚴	廣東梅縣人	生於一九〇三
李維漢			

以上為中國共產黨方面代表。

台灣省主席陳誠（辭修）於本月十五日午後，乘天雄號飛機，晉京共商國事，於昨日始偕閩主席朱紹良回台。他於二十三日到上海，二十四日到溪口，到溪口是謁蔣。

三月二十八日

天氣陰晴不定，時作廉纖小雨。

前兩日，台灣郵電員工為了歸班問題曾開會，貼標語，今已如了他們的願，不考試歸班。台灣人每鬧一次，官場即屈服，不然，又將高呼"打阿山"了。

北平新華廣播電台，於廿六日廣播：（一）談判定於四月一日開始。（二）談判地點在北平。（三）中共派周恩來、林伯渠、林彪、葉劍英、李維漢為代表。與南京方面代表團，按照一月十四日毛主席對時局的聲明，以及所提八項條件，作為雙方談判的基礎。（四）上述各項，將經由新華廣播電台，即日通知南京，按上述時間、地點，派遣代表團携帶以毛澤東主席八項條件為基礎的必要材料，以便利舉行談判。

政府連日續商和平意見，李宗仁、何應欽，以及和談代表，每日必有數次會議。據云：代表團或可於月底飛平。

安慶戰事頗烈，江輪將不能通過，民生公司之烏江輪，在安慶附近遭射擊，民權輪因此遂停止上駛。

三月二十九日

上午有一陣大雨，下午有淡淡陽光。

夜來電燈，已放長半小時，下午六時，即已有電了。

前見北平職員中，有藍公武其人，此人為我的學生。當時蘇州有一吳中公學社，藍為該學社學生，而我則為國文教員。繼而藍至北京，入研究系，從學於梁任公，但不通音問者數十年了，不知其已入共產黨也。藍原為潮州人，生長於蘇，其父在胥門開一土棧，藍恥之，改籍為蘇州吳江人。

今日有人從上海來（此次中興船來台者三百餘人，又比上次為多），問其情況，云：上海現鈔非常缺乏，中央銀行發行本票，分五千、一萬、五萬、十萬四種，數量無限制，不必提出交換，現已先發行金圓券五萬元的，這是變相的發行大鈔。上海米價漲至九萬元，煤球每担二萬元。問人情如何？說：大家存一"共產黨來也罷，不來也罷"之心，依舊醉生夢死、過一天是一天的糊塗日子。

閱史沫特萊的《大地的女兒》（林宜生譯）。按：史沫特萊美國人，曾到延安，頗多著作。

三月三十日

台北天氣無一定，忽晴忽雨，近數日來雨多於晴。

寫《天上人間》短篇小說，約一萬餘字，取材於台灣高山族的一故事而誇張之，明日可以完篇。

美國合眾社電："前任駐台副領事費爾特（美國人）說：台灣在防務上唯一希望，為併入西太平洋美國防務機構，台灣南面有菲律賓基地，北面有日本與琉球都是美國基地，可以成為連鎖，保衛東亞大陸的海空入口。共產黨如在台灣立足，殆非美國之利。……"

美國支持之十國大西洋公約（確定參加者為美、英、法、比、荷、盧、加拿大、挪威、意大利、丹麥），聞將於四月四日簽字。各國開明人士，均加反對。英國蕭伯納，則稱為此公約，乃是一張廢紙。

和談加推劉斐一人，連前共為六人，想共方亦將加添一人。又同時分兩批起程，第一批，三十一日飛平，為代表團秘書長盧郁文，秘書處人員，通郵代表梅貽璠等五人，通航代表雷仲仁等。第二批四月一日專機飛平，方為六代表。

上海來人又言：春到江南，上海人又群往杭州西湖遊玩、燒香。杭州尼庵最多，前進的尼姑（按：此中女學生甚多），恐將來蒙坐食之嫌，有購了織毛巾機以織毛巾的，從此在鐘聲佛號之外，又添機聲唧唧了。

三月三十一日

天陰，微露陽光，時作細雨。聞日月潭水漲，電燈將放長時間。

何應欽出席立法院，報告新閣施政方針。在公平合理原則下，努力和談。歡迎有益於民生經濟之外援。前綫保持現勢，以期和談進行。捐稅以稅元繳納。（他說：稅元等於市制黃金一分，人民可以金圓券購買，專供繳稅之用。）

張治中於昨下午飛溪口，往訪老蔣。

和談代表團長本定邵力子，現改為張治中。因張係武人，對於政府國防計劃，具有重大作用。同時，國防部次長劉斐，亦派為和談代表之一，担任解決改編國軍重要問題。一般預料中共之八項條件中，意見距離最遠者，一為攻編軍隊問題，一為懲辦戰犯問題。或謂張治中的往溪口，即在商量改編軍隊問題也。

携來一新收音機，可聽上海播音，每日聽上海空中書場說書，亦可收北平廣播。可惜此間的電，仍僅六點至十一點耳。

以及他們在中共方面，接受何種形式歡迎。據稱：在談判中，如他們遇有困難，則將以無綫電及電話向李代總統及何院長請示。

安慶劇戰，進入十一日，進攻安慶的共軍為劉伯承部，聞共有五萬人。以東、北、西三面圍攻，以東綫為最烈，因東綫接近江面，易於威脅長江交通。現在長江航路已斷，自滬至漢，已不通了，有數艘輪船，在接近安慶時，均遭槍擊，並傷乘客。

南京學生衝突事件，那位中大學生程履繹因受重傷死去了。他是中大物理系四年級生。

政府對於處置的辦法如下：（一）令由教育部及首都衛戍總司令，共同查明責任，以便作嚴正的處理。（二）今將現居城內之軍官收容總隊隊員，悉數於五日內，遷至城外安置。（三）令內政部長、教育部長，親往各醫院，慰問受傷人員，費用由政府完全負担。（四）教育部即轉令各校學生，際此非常時期，不可再有聚眾遊行行為，以致破壞戒嚴法令。

上海米價有漲至金元券十六萬者，現鈔仍缺乏。

天陰，午後作細雨，大似黃梅天氣。

和談尚未入具體堦段，因共方拒絕新聞記者去平。所有消息，大都是"二門上聽銃"而已。惟先行停戰之說頗盛，傳代表團向中共提出兩事：(一)國共兩軍，就地停戰。（二）召開各黨派的新政治會議。初步討論，則在制定議程及談判程序。

北平新華社，聞有一社論，題目：《南京慘案與和平談判》。它說："現在南京的殺人犯集團，已經用南京的血案，來向中國人民及中國人民解放軍挑戰。"又說："南京反動賣國政府，已經用此案為嚴重地破壞了和平談判的道路。"

毛澤東等十人聲明反對大西洋公約，謂將遵守孫中山先生遺囑，與蘇合作，向侵略戰爭的發動者，作堅決鬥爭。其十人為：

中國共產黨中央委員會主席：毛澤東

中國國民黨革命委員會主席：李濟深

中國民主同盟：章伯鈞

中國民主建國會常務理事：黃炎培

中國民主促進會常務理事：馬叙倫

中國國民黨三民主義同志聯合會常務委員：譚平山

中國工農民主黨中央監察委員會主席：彭澤民

中國人民救國會中央執行委員會：李章達

中國國民黨民主促進會代主席：蔡廷楷

中國致公堂主席：陳其尤

四月五日

白晝乍晴乍陰，夜來有一陣雨。

昨日停戰說甚盛，各外國通訊社亦均說和談開始，先行停戰。但今日《大公報》說，共方同意停戰說，未能證實。

和談顧問劉仲華等四人，聞於昨日專機自平飛京，行踪甚秘，似有重要之事向李、何請示的。聞正式和談，即於今日開始。

合眾社載："中共要求政府和談代表，發表聲明廢棄與西方國家合作的外交政策，並將列為和談中重要部分"云云，但聞中共未曾有此要求。

北平傳述：中共封於大學課程方面：（甲）禁止教授羅馬法。（乙）將社會科會課程，改為"學習會議"，討論共產主義、列寧主義及毛澤東的新民主主義，自然科學則准許照常上課。（丙）反共書籍，已自各學校、圖書館取去。

上海米價，有漲至金圓券十六萬者，現鈔仍缺乏。

四月六日

上午天晴，下午天雨，東北風甚勁。

和談各代表聞在北平的圓恩寺正式舉行，兩方代表及秘書長及顧問等均列席。周恩來（共方主席代表）及張治中均有講話。上下午均開談，但秘而不宣。

今日台北市戒嚴，聞將拘捕學生二十餘人，已發表者，為台灣大學學生十四人，師範學院學生六人。其罪名為"張貼標語，散發傳單，煽惑人心，擾亂秩序，妨礙治安，甚至搗毀公署，私擅拘禁執行公務人員，居心叵測，實甚明顯，而該生等昨日又復糾眾聚議，希圖擴大擾亂"云云。有幾處熱鬧區域，均斷絕交通，所謂"私擅拘禁執行公務人員"者，上次學生們將警局督察長及分局長拘入學生宿舍事也。學生中有台灣人，有大陸人，並有女生四人。

上海交通大學，聞有集會，各大學參加，出席三十一校，共有千餘人，為響應南京四一血案事（按：即本月一日南京學生與軍人衝突，中大學生程履繹被毆致死事）。他們的名稱曰："四一血案致哀會。"

此間有全省戶口總檢查，將於五月一日舉行。

四月七日

上午天晴，下午有雨，天公頗守秩序。

聞日月潭已漲水甚深，不久電力將全部開放了。

前日所傳和代顧問劉仲華等四人秘密到京之說，今政府發言人鮑靜安正式否認。頗聞來者並非劉仲華，而為白崇禧在平私人代表劉仲容參議，和他同來的是三位民主人士。此三位民主人士是何姓名，當局保守秘密。

又聞：和談自本月五日開議以後，即展期至九日再開。中共對於八項和平條件的技術方面及執行方面的全部意見，業已提出，並有一份，已送達李宗仁，內容各點，相當嚴厲。這送李宗仁的一份，外國通訊社稱之為"備忘錄"。這備忘錄，據說即由劉仲容同來的三位民主人士帶來。

又聞：除國共外，第三方面的政黨代表人士，亦有參加此次和談的。但究不知為何黨何派，未能證實。

四月八日

鎮日悶雨，點滴未停，聞日月譚水量，已有十餘呎了。

台幣調整為二兌一。

和談未有進展，大家料定共軍必定渡江，不渡江恐一切未能進談，即整軍亦無從整起也。

傅聞儀徵已失，可以威脅長江。

北平中共廣播：“現在政府軍僅百萬有餘，却計劃增加到三百五十萬。”又說：“南京政府在和平掩護之下，積極進行此項準備，國防部現為此而成立十四個訓練處。又為彌補過去三年內戰的損失，南京政府已開始整編訓練三十五個軍及兩個師。”又說：“此即可說明何以國民黨之反動分子，要求就地無條件停戰，彼等意圖阻撓人民解放軍之渡江南進，乃希望有時間以完成其瘋狂之擴軍計劃也。”

上海金融混亂，物價飛漲，大家都說無辦法。

四月九日

天有晴意，稍暖，華氏七十度左右。

李宗仁發表致毛澤東一電，重申謀和之決心，其中要語為“……立國大計，決遵從總理之不朽遺囑，與貴黨携手。並與各民主人士，共負努力建設新中國之使命。況復世界風雲，日益詭譎，國共合作，尤為迫切，如彼此同守此義，其他問題，便可迎刃而解。……”云云。

共軍已佔領儀徵，聞有一〇五口徑大炮十二門，可以打到江面，及其射程至京滬路，截斷京滬水陸交通。

安慶發現共方飛機一架，投彈數枚飛去，傷國軍十餘人。

嘉興青年軍千餘人，昨日譁變，逃入武康山中，與共軍游擊隊合併。

得孫女以聰自香港來信，小孩子的話，很可喜。

　　“阿爹：四月四日，接到您的信，今天才覆，抱歉！抱

歉！……我們大概要到美國去，我也要去，我想頂好不去。要
是去了，我是言語不通，外國人常常瞧不起中國人，被他們嘲
笑，時時想回家，那末不如不去為妙嗎？

香港有淺水灣，我們去玩過。到香港仔吃海鮮，腥氣得來，
下次再也不去了。……"

四月十日

上午有晴光，下午即雨，至夜末已。

報上雖登載中共已放棄渡江之要求，但儀徵已被佔領，又可以南移
至江邊。長江水路已不通，陸路上京滬鐵路，早在他們射程之內。昨天
曾有一炮打到了龍潭，傷亡一二人。據說，龍潭車站被火，即此可以見
到能阻斷交通也。

現在中共已立於不敗之地，倘然一旦和談破裂，他就立刻可以渡
江。他們現在在長江北岸，已有三個據點，一是儀徵，可以切斷京滬交
通；二是安慶，可以切斷京漢交通；三是漢口，現在對方已接近漢口了，
白崇禧也無意與彼交戰。如果和議成了，對方也要和平渡江，終不成既
已和了，兩方的兵，仍舊作對峙之勢，那就不必作什麼和談了。

四月十一日

天氣陰沉如政局，作欲雨不雨之勢。

有人說："和議最重要的是整軍問題，但此項問題，却不易解決。第
一，先要把湯恩伯的軍隊，首先解決，而湯恩伯在江南握有絕大兵權，
且背後有人。只要此事解決，便可迎刃而解。"說此話的，恐亦太輕量了。

路透社載："在北平初次和談中，僅須解決一項問題，即可使國共兩方正式開議，此問題為國軍之改組。共方對國軍之改組，據聞包括允許共軍在和談簽字之後，可以開至江南監視。政府至今不能接受此點，或即正式談判遲遲不能開始的原因。"今日消息稱："此項停戰令，業已實行，但政府發言人僅謂有此可能。"又謂："如政府令前綫將領停戰，即將發表文告。"

四月十二日

鎮日天雨，癡雲密佈。

台灣財政廳長嚴家淦招待各報記者。他說："今後在進出口方面，希望能相等。我們出口物資多，換得外匯多，同時也希望得相等價值的進口外匯，仍舊交於中央銀行。"

記者問及關於台幣和美金相聯問題時，嚴答："這個問題，不能急切得到解決，要一步步地來。"

記者問："今後台幣與金圓券，是否會有倒掛可能？"嚴答："我們不希望有那現象，但如果發生了，也是不得已的事。"

昨日，台北米價大漲，零售每百斤四十二萬元。

聞中共業已同意停止對長江防綫的全面進攻，在北平和談中，國共雙方，已比較接近協議，許多難題，或可打破。

據十一日晚最後消息：和平代表十一日又有電話到京，報告中共中央已於十日下令停止軍事攻擊。

四月十三日

天雨，昨夜有雷聲，今日路上積水，溝渠皆盈。

聞于右任經李宗仁之一再邀請，決以私人身份，在數日內，赴平一行，為和平奔走努力。又聞政府邀請赴平奔走者，不止一人，尚有五六人。

因憶于右任三十三年在重慶歌樂山的《浣溪紗》詞，錄如下：

歌樂山頭雲半遮，老鷹岩畔日西斜，清琴遠韻出誰家？依舊小園迷燕子，劇憐苦雨凍桐花，王孫芳草又天涯。

按此小詞，意旨淒然，即在當時一度辭職時也。

原來詞中的歌樂山、老鷹岩，在重慶西郊，于髯即住居於此，于每日坐汽車回家，過檢查站，檢查人員都認得于，並不檢查。不想有一次他的司機得罪了檢查人員（此輩均是特務），乃將其司機逮捕。于見事態嚴重，乃親自下車解釋，那班特務，聲勢洶洶，乃云："中央大員應以身作則，即院長亦應守法。"後來于之司機，仍拘之以去，不允開釋。旋被何敬之所知，乃立命開釋。于憤極，辭呈一上，立即捆載書籍，移居成都。此詞即在此時發出，亦史話中一材料也。

台幣倒掛，以九十九元兌金圓一百元。

四月十四日

天陰，時作細雨，氣候仍寒，可六十餘度。

郵費加價，平信六百元，航平一千七百元，掛號加一千八百元。

和談對於兩方下停戰令事，僅口頭契約。各綫戰事，無重大接觸，蘇北各橋頭堡均平靜。

聞除于右任以私人資格到北平，已決定外，尚須加派數人。

立法院委員金紹先、許聞天在南京被捕。金紹先當天即釋放，許聞天當夜解上海（加手銬），立法院委員聞而大譁。何應欽即電湯恩伯，令其立即將許聞天送還立法院。因為立法院在開會時不許捕人，是為憲法所規定的，因之湯恩伯只得自請處分。

上海方面，發表違捕原因，說："許聞天在重慶時，即以國民黨革新派活躍，聯絡許多部隊、地方團體，圖謀不軌，在上海、南京奔走拉攏反動份子"云云。至於金紹先則與本案無關，已查明開釋。

又聞上海方面，現已備有公函一封，要求行政院轉令立法院（行政院如何可以轉令立法院，荒謬絕倫），作為補具逮捕立委灼手續，函內並附一逮捕狀，要求立法院扣留其他立委六名，迎後與許一同解來上海審訊。

四月十五日

陰晴不定，仍有江南黃梅天氣景象。

午後，往東門郵政局寄信，便道至陳小蝶（又號定山）處小坐。因他新從上海來，詢問其上海情況如何。他說："上海是麻木狀態。"他又說："新近到過杭州，杭州也是如此。"

我問他："湖帆與子深情況如何？"他說；"依然故我。他們還是勤於作畫，不過子深身體不大好，可是又不能不工作呢。"

報載：雲南的龍雲，前由南京扮一老嫗逃去。今在香港覆李宗仁信，頗為嚴厲。中有云："……今之所謂國是，一言可決，即希兄等毅然決然，勇敢接受中共毛澤東主席所提之八項原則，電囑北上代表，依照原則作具體決定，剋日簽字，付諸實施。將為我民族開萬世永久太平，豈獨吾滇一省一時受賜。……"又云："惟聞反動者正佈置欲於和談破裂後，即以其殘餘軍力，竄入滇省，此在吾滇為奇恥，為大禍，為人民解放大業垂成之隱憂，則弟雖疲憊，亦或有以從吾父老昆季之後矣。"

某君曾談及：龍雲為雲南省的羅羅族，其時此族有三人，皆無漢族姓名。投奔唐繼堯時，唐為之定姓名（有人謂是兄弟三人），一姓龍，即龍雲；一姓盧，即盧漢，今之省主席；又一則姓陸，一向掌握雲南財政的。此龍、盧、陸三字，均為雙聲，實為羅羅的轉音。客言如此，未知可信否。

四月十六日

陰晴不定，午後又作小雨。

《大公報》總經理胡政之，於前日以肝癌症逝世，年六十一歲。

昨據小蝶談：藍妮除原有的住宅兩座外，尚有玫瑰別墅七幢房屋云。

得顧冷觀信，略謂："蒙示稿費折合銀元辦法，自當遵辦。晚以前預寄稿單，亦防物價飛漲，輾轉領到時，受虧甚多，心實歉然。本期（即四月份）決先實行。惟日來銀價大漲，戔戔五十萬元已買不到三枚袁頭（今日市價，每枚十七萬），故謀補救之法，擬照出版日之銀價折合。守倫先生在杭，新置一宅，近正在杭俟其回滬時向渠說明，大致無問題也。"餘略，這是近來賣文的情形。

和談事，聞黃紹竑已來京，携回和談初步報告書，傳中共堅持要和平渡江。

又聞政府方面提出三項折衷辦法：（一）軍事各守原防。（二）為分期整編。（三）為國共雙方同時進行整編。討論良久，但仍未有具體決定。

四月十七日

　　乍雨乍晴，氣溫在華氏六十度左右。

　　于右任等北行，將遲緩幾天，或云：恐有所阻礙，未能成行，那就是不去了。

　　昨日行政院會議，派湯恩伯為京滬杭警備總司令委員會主任委員。吳國楨、谷正綱、鄧文儀為委員兼常務委員。陳良、周喦、丁治磐、顧希平、滕傑、潘公展、方治、范爭波、陸京士為委員。又陳大慶為委員兼秘書長。

　　昨日上海市價：白粳，每担一二〇萬元，銀元，出了二十萬關。飾金，進，每兩八五〇萬；出，九四〇萬。雞蛋每個四千元。豬肉每斤七萬。

四月十八日

　　天氣忽陰忽晴，陽光偶露即隱。

　　中共昨日廣播云："今日為和平談判第十七天，四月一日至十二日，中共代表團與南京代表围，經過頻繁的接觸和交換意見，擬定了國內和平協定草案。十三日，雙方代表在故宮舉行正式會議。中共代表團表示了立場與協定草案的理由，南京代表團對協定草案表示了自己的立場和意見。十五日，雙方舉行第二次正式會議，中共代表團將協定最後修正案交付南京代表團。協定為八條廿四款，不但採納了南京代表團方面的意見，各民主派的領袖人物，亦從旁積極提供了意見。中共代表團於十五日雙方會議上宣佈：談判以四月二十日為限期，南京代表團，是否願意於協定上簽字，須於四月二十日以前，表示態度。四月二十日為簽字日期。十六日上午十一時正，南京代表團派遣黃紹竑代表及屈武顧問飛南京，向南京政府請示，現正等候南京的答覆。"

頗聞上海有漸趨混亂之勢。

四月十九日

天晴，甚為暄熱，今日已轉西南風，華氏表達八十一度。

昨日為舊曆三月廿一日，台灣人謂媽祖誕辰，有此祭典。此間有媽祖廟，信奉者甚眾，本有迎神賽會之舉，今已禁止。

和談恐成僵局，中共堅持渡江，非軍事渡江，即和平渡江。所云和平渡江者，即不戰而讓一部分軍士渡江，且規定幾處江岸也。其八條二十四項中，和平渡江即規定在第五項中，限期即在明日。聞中樞連日會商，擬請延長期限。

吳忠信、吳鐵城、居正等，均往溪口請示。

鎮江對岸，共軍再佔高橋，蘇省政府，聞有移至蘇州之說。

長江風雲又轉緊，十二圩展開激烈戰鬥，揚中對岸共軍攻佔永安洲。安慶炮戰再起。

蕪湖兩翼告緊，繁昌縣策應渡江的共軍，江北各綫，均有接觸。

四月二十日

天晴，氣候暄熱，宵來有雨，庭除尚濕。

和談已臨最後關頭，政府決拒絕渡江要求。今日商定後即發出命令，並將由代表團向中共表明。國民黨十一人委員會開會時，吳鐵城、朱家驊、居正自溪口來，提出報告，聞曾經蔣介石的指示。

合眾社載：和談迫近決裂，大家認為蔣介石可能恢復武力，或謂李宗仁將自動辭職。但某高級官員則謂目前仍由李氏任代總統，領導對中共新戰爭。

蔣經國四十壽，蔣介石贈以三匾，一日："厲理帥氣"；二日："主教立極"；三日："法天自強"。其第一匾上有一跋云："每日晚課，默誦孟子養氣章，十五年來，未嘗或間，自覺於此，略有領悟，常以厲理帥氣自銘，尤以厲理之厲字體認真切，引以自慰，但不敢以示人。今以經兒四十生辰，特書此以代祈祝，並期能切實體察，卓然自強，不負所望。"

共軍炮轟太原城，城區落彈千餘發，馬場、臥虎山陣地已毀。

據聞南京各軍眷，已紛紛避難。

四月二十一日

天氣甚熱，華氏八十四五度。

台幣調整為二十五元兌一百元。

和談已破裂，政府拒絕中共要求，昨晚訓令在平代表團，口頭轉告，說明為難各條，希望讓步。代表團不擬召回，且亦未要求延期再談。

中共和平協定，昨日中央社公佈全文，計八條廿四款。（未錄）

共軍攻擊江浦，南京可聞清晰炮聲。

鎮江對岸十二圩，續遭共軍攻擊，該部共軍有巨炮六門，不斷向國軍陣地轟射。

在口岸附近，英國軍艦遭炮擊，該艦名"紫水晶"，因此擱淺，並傷亡二十餘人。另有一英艦，名"夥伴"，馳往救援，亦被擊中彈。

得唐琴方來信："茶話"稿費，由顧冷觀處送去大頭三元。（所謂大頭者，銀圓的別名，銀圓有大頭小頭之別。大頭者，上鑄有袁世凱之頭，又名"袁頭"。小頭者，上鑄有孫中山之頭。大頭比小頭價值較高，上海銀錢界，均作如此估量。）

四月二十二日

天晴，陽光甚烈，吹西南風，華氏八十六度。

昨夜收聽北平廣播，共產黨對於國民黨軍，已下總攻擊令。令由中國人民革命軍事委員會主席毛澤東、中國人民解放軍總司令朱德發出的。

其命令是對於第一野戰軍彭德懷、張宗遜、趙壽山；第二野戰軍劉伯承、鄧小平、張際春；第三野戰軍陳毅、饒漱石、粟裕、譚震林；第四野戰軍林彪、羅榮桓；太原前綫人民解放軍徐向前、周士第、羅瑞卿；各野戰軍全體指揮員、戰鬥員；南方各游擊區人民解放軍所發的。

其命令中說，我們命令你們：

（一）奮勇前進，堅決、徹底、乾淨、全部地殲滅中國境內一切敢於抵抗的國民黨反動派。解放全國人民，保衛中國領土主權的獨立與完整。

（二）奮勇前進，逮捕一切怙惡不悛的戰爭罪犯，不管他們逃避何處，必須緝拿歸案，依法懲辦。

（三）向任何國民黨地方政府，及地方軍事集團，宣佈國內和平協定最後修正案。對於甘願停止戰爭用和平方法解決國內問題者，你們即可照此修正案大意和他們簽定地方協定。

（四）在人民解放軍包圍南京之後，如果南京李宗仁政府，尚未逃散，並願意於國內和平協定上簽字者，我們願意再一次給該政府以簽字機會。

四月二十三日

天晴甚熱，漸有盛夏景象，街頭已有僅穿汗衫的，以夏曆計之，今日乃三月廿六日也。

政府公告堅決作戰，蔣介石已至杭州，李宗仁、何應欽等均至杭，以何應欽兼國防部長，指揮軍事。

政治中心有暫移上海說，但上海站不住腳，不過作為過渡而已。南京緊急疏散，飛機數十架，飛往上海、杭州、廣州、台灣、廣西各處，有許多高級職員，先到上海，然後分飛各處。

美聯社南京廿三日電：共軍今日已自浦口渡江，抵達南京火車站，政府官員均已離京，守軍與警察，均已撤退，南京已成無人地帶。流氓地痞業已開始搶劫，各官僚官舍，及官員住宅，均為搶劫對象。

合眾社南京廿三日電：共軍可以不遭抵抗而取得南京。聞警備司令部、總統府，及火車站，都為搶劫對象。搶劫者注意高級官員住宅，大有洩憤模樣。但外國使節，並無離開南京跡象。

路透社上海廿三日電：上海今日工兵到處於街上佈設電話，挖掘壕溝，建築工事。今午中國炮艦四艘，開抵黃浦江。

荻港方面共黨渡江者，有數千人。江浦於炮戰被攻陷。六圩、瓜州均失去。京滬車尚未斷。

聞政府有遷至廣州之說。

四月二十四日

陽光甚烈，庭前百花齊開。

據云：南京已無官員軍警，共軍曾約定於今晨七時渡江。

美聯社廿四日南京電："共軍已於今晨渡江入城。士卒似經長途跋涉，然紀律甚好。彼等循中山路入城，軍官乘吉普車，和平維持會員前導，軍隊出中山路向司法院進發，司法院正大火中。軍隊迅速佔各重要地方。各政府機關、各銀行、各公共事業，均被佔領，毫無反抗。共軍行列整齊，邊行邊唱，或停立聽長官談話。人民圍觀，城中秩序已恢復。此時共軍立即救火，司法院之火雖撲滅，然已全行焚毀。國軍散兵兩名，雖於共軍旁走過，共軍亦未予以捕捉及傷害。共軍衣着，亦都整齊。"

美聯社又云："在此過渡期中，南京所有損失，最大的是火車站，國軍於撤退前，縱火焚燒。大部政府機關，家具均已被劫一空。外僑財產，除在江邊有堆棧者外，餘均未受損失。石油公司則損失最重。人民中死傷不多，僅少數搶劫者開槍時，有數人受傷。外僑沒有死傷者。南京人民正忙於看司法院失火，而不知共軍已入城也。"

今日上海宵禁，提早至下午十點鐘。聞有限制入境之說。

今日從早起至深夜，飛機之聲，隆隆不絕。半夜十二點鐘，尚有飛機聲，據云：上海龍華機場飛機，均飛至台北松山機場。

四月二十五日

天氣甚熱，幸午間有風。

天未明時即聞隆隆飛機之聲，聞中興船本定於今日開回上海，得上海公司電云：不能來滬，改開香港，於是有二百餘搭客，即行退票起岸。傳中興船已租於外國人。

路透社上海廿四日電："共軍刻分三路，企圖孤立上海。陳毅部隊，已佔領常熟及蘇州，常熟一股，刻向南翔推進中。又聞共軍已佔領嘉定，南翔不久即入共軍之手矣。蘇州共軍一股，刻向崑山推進中，崑山以西，火車不通。共軍另一股，刻自蘇州從前之蘇嘉鐵路，向嘉興推進，嘉興如失，則上海對外陸路交通，即將完全斷絕了。"

傳聞湯恩伯的司令部，刻已遷往杭州，並在松江建立新陣地。但傳松江以南，杭州灣以北，中共游擊隊，甚為活躍。

北平中共廣播："太原前綫二十四日下午四時消息：太原已在今日上午十時，全部解放。向來由青島飛太原之投粮工作，從此已停止。自青島飛太原之航空公司人員稱：飛達太原上空時，見城內火藥庫爆炸，濃烟冲天，向來共軍自城郊山頂發出之高射炮，廿四日即已從城區發出。"

北平中共廣播："中路人民解放軍，已攻克安慶縣城。"又云："二十二日接連攻克馬營要塞，彭澤、至德、青陽等三個城市。"又云："已連續攻克鎮江、丹陽、武進、無錫，及沿綫各重要城鎮車站，完全控制京滬路自南京至無錫。"（但未言及蘇州）

四月二十六日

氣溫八十八度，已及盛夏，中午有風。

台幣調整為十兌一百，此間米價，已漲至八十餘萬購百斤。

昨夜至今晨，飛機之聲不絕，有許多高官均來此，有人竟疑及蔣介石亦已來此了。

聞蘇州、常熟尚未失去，但已臨最前綫，嘉興亦無恙，滬蘇、滬杭綫車尚能通達。本日《大公報》（台灣航空版）載：無錫以東，無大接觸。

人民解放軍頒發約法八條：（一）保護全體人民的生命財產。（二）保護民族工、商、農、牧業。（三）沒收官僚資本，其中如有民族工商農牧業由私人主辦，經調查屬實者，當承認其所有權。（四）保護一切公私學校、醫院、文化機關、教育機關、體育場所，及其他一切公益事業。（五）除戰爭罪犯及反革命分子外，凡屬國民黨中央、省、市、縣各級政府的大小官員，國大代表，立法、監察委員，參議員，警察人員，區、鎮、鄉、保甲人員，凡不持槍抗拒，不陰謀破壞者，一律不加處分，不再逮捕，不加侮辱。（六）一切散兵游勇，應投誠報到。凡自動投誠報到，且將所有武器交出者，概不追究。（七）農村中的封建的土地所有權分配不合理者，應當廢止。但是廢止這種制度，必須是有準備的，和有步驟的。一般地說來：應當先減租減息，後行分配土地，並且需要人民解放軍到達，和工作一個相當長的時期之後，方才得到認真地解決土地問題。（八）保護外國僑民生命財產的安全。

放共軍進來的江陰要塞司令戴戎光，聞已為廿一軍捉住，王軍長依照軍法，執行槍斃，並搜出金條一百多根。亦有人說，並未槍決，早已逃走。又有人說，此人為顧祝同保薦，湯恩伯親戚，種種傳聞，不一而足。

四月二十七日

天晴，中午有風，晚間蚊虫甚多，夜十點鐘有小地震。

前昨兩日，覺腰間痠痛不已，昨夜經熱水浴，在浴缸中浸了半小時，又多睡眠，今已大愈。

聞上海各報，新聞已遭封鎖，所得之報，皆官報，其實共軍進展，尚不止此。又上海英國人所辦之《字林西報》，以所登蘇州、嘉興失守之消息（前兩日），被罰停刊三天，西人甚憤恨，但此是外國通信社消息，而中國人所辦之《大陸報》（孔祥熙所辦）亦登此消息，並不受罰，因此他們愈為不平。

前聞黃紹竑到廣東，對和談工作，表示消極，到香港休息。

錄黃紹竑感時詞兩首，在前次飛抵北平時所作。

翹首睇長天，人定澹，烟籠碧，待滿一弦新月，欲問幾時圓得？昨宵小睡夢江南，野火燒寒食。幸有一帆風送，報燕雲消息。

北國正花開，已是江南花落。剩有牆邊紅杏，客裏漫愁寂寞。些時為着碰冤家，誤了尋春約。但祝東君子細，莫任多飄泊。

調寄《好事近》

蘇州電：廿六日晨起，飛機不斷前往前綫偵察，槍炮聲鎮夜不絕。

共軍炮彈數枚，落在華盛紙版廠後面，在離城十二公里的木瀆鎮，曾有接觸。人心尚安定，商舖仍關門，街上已無行人。

四月二十八日

天氣陰晴不定，下午有雷聲。

今日為舊曆四月初一日，震蘇七十四歲的生辰，全家吃麵。

美國務院發表原電："司徒雷登大使之住宅，於廿四日晨六時四十五分，遭十二名中共武裝士兵侵入。彼等叫華籍僕人打開花園前門，然後至住宅後門，詢問僕人，在該住宅中共有多少華人及外僑居住？司徒大使則住居何處？彼等獲得答覆後，即登樓至大使臥室中，時大使尚未起床，但彼等對大使並未有所威脅。第一個入室的，出聲頗高，餘皆有禮貌。並稱彼等不得不來此看一看。彼等又在臥室中漫步，觀閱各物件。並謂：這些物件，應歸還人民。彼等又詢問司徒大使之秘書傅涇波，但未進入傅氏臥室。彼等又拒絕經濟分析家安德堡進入大使之臥室，迫安氏返回自己臥室。彼等又至安氏臥室中觀閱。此後彼等即行離去，並未攜走一物。"（按，此事發生後，美參議院外交委員會主席康納利，說是一種侮辱，但若干議員不甚關切。美國務院則稱對司徒大使的安全，並不擔憂。又稱國務院並未接到司徒大使的來電，表示他認為他本人已為大使館館邸內的"囚徒"，或他的安全，已受威脅。）

報載：蘇州已為共軍佔領。上海警備部發表：蘇州國軍，於廿七晨東撤，刻在蘇州東十公里處。共軍於是日拂曉，分由西門及北門進城（按，所謂西門者當為胥門；北門者，當為平門）。其先頭部隊，已進入蘇州以東，沿鐵路東行；另一部可沿蘇嘉綫南下。

四月二十九日

天陰不雨，氣候略涼，華氏七十八度。

蔣介石發表《告同胞書》，盼發揮力量，拯救國家，願以在野之身，擁護政府奮鬥。

英首相艾德禮重申諾言，不干涉中國內政。英下院質詢英艦被擊事件，對協助渡江，不擬接受。

滬美僑大批撤退，紛往美輪船公司購票，一批昨天已登"安息"號。

上海各學校，緊急疏散。首批為上海法學院、國立暨南大學、私立光華大學、國立同濟大學、國立復旦大學、國立上海音樂專科學校、市立體育專科學校、私立東亞體育專科學校、市立工業專科學校、私立滬江大學、私立大夏大學、私立聖約翰大學、國立幼稚師範專門學校、私立上海紡織工業學校、國立交通大學。以上共十五學校，統限本月三十日前疏散，疏散地點及辦法，由各校自行決定。各學校遷移事宜，統由上海市警察局，嚴格督導辦理，如有借故遷延，即予強制執行。

聞蘇崑間鐵路，國軍自動破壞，滬崑間尚通。

京杭國道宜興、長興間，國軍撤退，長興城內，已發現共軍，廿七日湖州已聞炮聲。

共黨廿九軍主力數千人，附炮十餘門，分兩路向蘇州，一沿木瀆、橫塘，一沿鐵路楓橋猛進。杭州現已吃緊，省府擬遷至寧波，避難者紛紛。

四月三十日

天氣陰沉，吹東風較勁，夜闌有雨。

現在上海各報，只許登由淞滬警備司令部所發出的、交給中央社發播的新聞，其餘自己採訪的新聞，以及外國通訊社消息，概不許登。台灣各報，則尚有登外國通訊社電的。

路透社廿九日上海電：共軍兩股，於東面及東南面，進攻國軍的寧波、杭州、南昌防綫。太湖兩岸的共軍，由吳興入浙，據傳離杭州僅廿五里。另一股共軍，自蘇州南犯嘉興，傳已大舉進玫吳江。該股東翼，則向上海進取。官方已承認共軍離上海卅五里。

南京人民解放軍軍事管制委員會已成立，主任為劉伯承。又聞陳毅有內定為上海市長之說。

和談代表未能南返，覆何應欽一信，略謂：廿二日晚間，接奉德公（謂李宗仁）電話，云於翌日派機來平，當即轉告各同仁，準備南行，並即函告共方查照。旋由周恩來、林祖涵、李立三諸人，訪問同人等，堅相挽留。曾於廿二日、廿三日，兩日致兩電，並於廿三日晨，向南京電話，請示數次，皆未接通。昨聞中央公司有機來平，復與共方洽商，申明必須南返理由，冀其同意，但周等仍堅決挽留，未肯同意，如此只有暫留靜待而已。（下略）

台灣全省總檢查，自五月一日零點開始。而五月一日始，又改為夏季時間，提早一小時，故實在是四月卅日下午十一點鐘已開始。開始時放警炮為號，街上行人即斷絕。居民只能終夜敞開大門，預備好國民身份證，等候他們來檢查。我家於午夜三點半鐘來檢查，那時天方雨也。

五月一日

上午天陰有風，下午放晴光。

總檢查至中午十二點鐘，始行解除。在十二點鐘以前，路上無行人，在路頭巷口，軍警站崗，禁止通行。上午，小菜場無市，均在前夜買好小菜的。店舖上午關門，下午亦不開門了，竟休假一日。家有下女的，都回到自己鄉下去，因為她們的戶籍都在鄉下也。但有兩種人不檢查，一是軍營的兵士，一是監獄中的囚犯。

南京廿九日消息：南京軍管會佈告：自即日起，所有公私交易、買賣、票據交易、規定以人民銀行發行之人民幣為定價和結賬本位，金圓券為非法的通貨，但是為了人民的方便，五月八日前，准予流通。並規定第一天的比價，為人民幣一元，值金圓券二千五百元。隨着金圓券的貶值，隨時調整比價。

又息：金銀絕對禁止運出解放區。人民所持有的金銀，或可售予人民銀行，但不准以金銀為貿易的計價標準，或進行金銀買賣。自其他解放區或國外移轉金銀入境者，須有政府許可證。一切進入或離開解放區的人民，皆不得攜帶超過一兩的任何金飾，或四市兩以上的任何銀飾。作為私人禮品的銀具，則不需許可證。人民欲售出金銀時，僅能售予人民銀行，在需要金銀供用的商業，或其他合法用具時，則應向人民銀行申請。破壞此例者，其金銀將沒收，或以八五折或七折的價格，強迫兌與人民銀行。

戰訊：蘇嘉綫上，國軍已撤離吳江，向平望轉進。共軍已入吳江城。常熟聞支塘尚在國軍手，共軍的番號為三十一軍。

集結吳興的共軍，分兵兩路，循湖嘉公路東進，一向武康南下，莫干山區已被進據，菱湖亦已為共軍進佔。

五月二日

天陰，有風，晚晴。自改為夏季時間後，下午七點鐘方黑。

昨晚起，腰又酸痛，用熱水熨之，略愈。

中央銀行總裁劉攻芸自滬至穗，並宣告中央銀行總行即日起，在穗辦公，上海之中央銀行成為分行。

吳國楨（現在台灣）辭職照准，陳良任上海市長。

北平廣播人民解放軍司令部發言人宣佈：要求英、美、法三國，迅速由中國撤退軍隊、兵艦及軍用飛機，同時允許保護在華外僑，從事正當職業，並願考慮與各國樹立外交關係。惟第一，各國政府必須與國民政府斷絕關係。

廣播又駁斥英首相艾德禮關於長江炮轟英艦事件之聲明，據該聲明稱：英艦炮火，使共軍傷亡二百五十二人，英人既在中國領土犯此巨大罪行，人民解放軍自可要求英政府承認其錯誤，道歉賠償。美、英、加拿大三國政府，過去曾助國民黨反對共產黨，艾德禮難道忘了嗎？贈送新近被炸沉的重巡洋艦"重慶號"的，果為何國？英國以巡洋艦贈國民黨政府，國民黨政府之飛機，乃於該艦投效中共時，加以炸沉。

戰訊：浙省府已自杭州邊移至寧波，惟省主席周嵒，及杭市長俞濟民，仍在杭州。

聞國軍將堅守杭州，司令部設紹興，司令張紹明，到紹坐鎮。

滬杭路仍暢通，滬寧路開至陸家浜，惟浙贛路已斷，因缺煤故。上海各報，已停刊者四家，為《東南日報》《中華時報》《華美晚報》《立報》。（按一此立報非前之立報。）

五月三日

天氣暢晴，中午尤熱，華氏八十三度。

台幣一元，調整比金圓券一百元。市間頗傳台灣幣制將改革者，當局尚否認之。

台北米價，已至每百斤為八十二萬元。

合眾社上海二日電：淞滬警備司令部所設立之新聞檢查所，已於今日開始，以檢查本地的報紙稿底，及各國新聞記者自上海發出的報告。所有報紙雜誌及其他出版物，不論中國文的，外國文的，都在被檢查之列。

蔣介石或稱在杭州，或稱仍在溪口，並不一致。

李宗仁遲不去廣州，此可意想得之。

南京警備司令部及政治部，已在五月一日成立。南京軍管會（主任劉伯承），任命陳士榘為司令員，周興為副司令員，袁仲賢為政治委員，江渭清為副政治委員，兼政治部主任。

戰訊：瀏河共軍已發動攻勢。按瀏河登陸以後，即可直趨寶山，而至閘北。又瀏河至太倉有公路，惟聞太倉尚無恙。

聞嘉興昨已聽得炮聲。嘉興有兩面夾攻之勢，一自蘇嘉路進（已至盛澤），一自湖嘉路進（已經南潯至震澤）因得嘉興則截滬杭路，而且可以反攻上海也。

五月四日

天晴，中午無風，華氏八十八度。

聞杭州已於昨日為共軍所佔領。美聯社訊：國軍已將杭州南郊之錢塘江大橋炸斷。按此橋在民國廿六年中日戰爭開始時亦曾為國軍炸毀。該通訊社又說：李濟深所部軍士則在杭州散發傳單，聲言彼等將助共軍，接收該都市，並會同共軍接收電力廠與自來水，及其他工業機構。佔領杭州之類型，一如南京。

合眾社訊：共軍佔領杭州後，沿鐵路猛攻上海之西南防地。杭州於三日下午三時失守，共軍以三萬人猛攻嘉興。

戰訊無大進展，聞江西的南昌頗吃緊，省政府已移至贛州。共軍企圖截斷浙贛路，使國軍無退路。

軍方報告：杭州、嘉興鐵路間鐵路橋樑，已徹底破壞，使共方重武器，絕難通過。

瀏河方面，常有小接觸，恐為登岸之掩護工作。

北平廣播太原消息：太原軍事委員會主任為徐向前，副主任為羅瑞卿、賴若愚、胡耀邦。委員周士第、羅貴波、蕭文元、裴麗生。在四月廿四日成立。

美聯社訊：南京與北平的長途電話，每日通話四小時，長江兩岸，有小汽艇往來不絕，南京城內小火車，可照常通行。

五月五日

驕陽至炎熱，全為盛暑景象矣。

西北軍政長官張治中免職，謂因其扣留於北平，不能行使職權之故，以副長官郭寄嶠奉派代理，郭亦為甘肅省主席。

廣州盛傳李宗仁已飛往某地，所謂某地，不知何指，或言香港。

北平廣播：中華第一屆全國青年代表大會，五月四日下午，在北平舉行。到會代表四百八十人，包括各種職業黨派，各地民主革命青年代表。朱德、董必武、華北大學校長吳玉章，均致詞。

北平開五四紀念會，定五四為青年節，又有五四展覽會，內容分史料與照片兩部分。

上海電云：五日那天，中樞將在廣州召開重要會議，內容雖未明了，然一般人均信政局可望明朗。又言：居正、于右任、李文範返穗，携同李宗仁親筆函云云。揣其意，或者是李氏辭職，蔣氏出山嗎？葫蘆裏的藥，想不久就可以分曉了。

五月六日

天甚喧熱，下午雲氣翕聚，有作雨之勢。

昨日下午，張振宇偕畫家王之一（實為攝影家）擬於明日中山堂開攝影展覽會，攜有攝影多幀索題。有風景的，有植物的，其中有一幀蘭花，形似拖鞋，即名曰"拖鞋蘭"，頗覺奇觀。又有一幀題曰："斷崖危橋"，在太魯閣，亦惟台灣所獨。

在張振宇處，借得郭沫若所寫的散文集，名《今昔蒲劍》，乃是《今昔集》《蒲劍集》兩種合併的。《蒲劍集》中討論屈原的事甚多，寫此散文時，在民國卅一、二年時也。

其中有《再談中蘇文化之交流》一文，在重慶中蘇文化協會上講的，其中述及蘇聯所譯的中國古代作品，有《論語》（經兩人譯過）、《詩經》、《春秋》、《孟子》、陶潛、李白、杜甫、白居易、歐陽修及王弼，還有中國歷史、司空圖研究、《儒林外史》、《聊齋誌異》等等。

戰訊：贛東戰事南移，弋陽、鷹潭，聯絡已中斷。

嘉興北王江徑，到共軍廿三軍一千餘人。而南之桐鄉、崇德，亦有侵擾，嘉興四面圍攻，危在旦夕。

無錫已成立軍事管制委員會，以第十兵團司令員管文蔚為主任委員。

五月七日

天陰，偶作細雨，旋放晴光。

上海警備司令部，要追回各國立銀行所發之職員應變費，聞中央銀行最優，有的發黃金二兩，其他銀行（中國、交通及中信局等），亦有發銀元七八十元的，今要收回，如何可能？

路透社訊：大批共軍，企圖進攻上海南北長達一百三十英里半圓形陣地。根據最近官方報告，共軍似乎集中力量，準備進攻上海西北三十英里的太倉，和上海西南六十英里的嘉興。守軍內，包括新自台灣調來，受過美式訓練的部隊。聞嘉興形勢嚴重，共軍三個縱隊，從西、北、南三方面進逼中。太倉方面，戰事亦在進行中。同時，劉伯承與陳賡兩部共軍，正加強向浙贛路進。警備部承認浙贛路已中斷。軍事觀察家相信：共軍到達浙贛路後便要向西推進，可以切斷粵漢路。

中央通訊社稱：現在飛機大批出動，曾於溧陽、長興、吳興道上發現共軍，即加轟炸。又言：在無錫、蘇州，發現共軍卡車數十輛，即予掃射。又云：自三日至五日內，空軍曾至瀋陽、北平、太原三地轟炸。北平的北陵南苑二機場，投擲重磅炸彈。在太原則炸其兵工廠、煉鋼廠等等。

有客從上海來的，他說：上海十分緊張，軍士則亂住民家，虹口一帶更甚，商人也不能做生意，最後一着，恐怕一搶了事。

五月八日

上午密雲無風，午後漸有晴光。

嘉興恐已失去了。報上登載：嘉興對外，聯絡中斷，即是失去的暗示。其聯絡中斷者，每云：敵人破壞電綫，以至於此。其實現在各處重要機關，已用無綫電，即可聯絡也。

瀏河登陸者已眾，直趨太倉，故太倉亦已危急。太倉在上海的西北，距離甚近。聞崑山附近，亦有激烈戰鬥，崑山城進據尚未知，惟其重心不在崑山城，意在京滬路耳。

上海警備司令部徵用商民間大卡車以及吉普車，除國營事業及公營事業外，雖外國商業行家，亦無倖免者，共計有於千餘輛之多。每日處決盜犯十餘名，罪名不甚表示。大捕"銀牛黨"（所謂"銀牛黨"者，買賣銀元的"黃牛"也），但"銀牛黨"仍未絕跡，惟不敢叮叮噹噹，一改而為偷偷摸摸了。

聞上海至蘇、錫間，有小道可以繞行。據說：有鄉人自東山（洞庭山）乘龍飛快輪，經木瀆，至蘇州。由胥門坐鑭鑭船，繞道至陸家浜，約一天半路程，船費銀元兩枚。再由陸家浜轉搭火車到上海，沿途通行無阻。並聞上海亦有民船可以開至蘇州、無錫的，船停新垃圾橋，船費亦銀元兩枚，飯食自備，不過這要兩三天路程。總之，這一帶是太湖流域，盡是水鄉，有此便利。

五月九日

天晴，晚有小雨，未潤街即止，聞日月潭水又減退矣。

報載：昨日李宗仁已到廣州，按：自和談破裂後，李宗仁即回桂林，不肯到廣州。今由閻錫山、朱家驊、陳濟棠三人的勸解，乃飛穗主政，此間《新生報》載：李之來穗最大原因，為蔣對李可提軍費、軍火及行政大權三大要求，已由閻等携桂之覆函中，表示同意，並謂所有台灣財政、軍事、資源，悉供李氏運用，以抗拒日益南進的共軍。一般相信，下週內時局將有驚人開展，國民黨團結抗共新局面，將立即展開云云。

國軍撤出嘉興，報上已明白登載。

美聯社電：上海軍事當局徵用一千二百輛卡車及吉普車，其中大多為私有者。外國人所有的也不少。業主中有工廠油公司、航空公司、紗廠及其他商業，均是在工作上必須汽車的。外國領事館，正在與警備部交涉中，但無人能知其結果如何。日來開車往虹口公園等候收回者甚多，有一卡車上漆有中國肺病療養院的名字，另一吉普車，則屬於中國耶穌教教士，被徵車輛，總數未能詳知。有許多可能得特別優待，立即發還。有人説很多汽車夫，亦已失蹤不見。

五月十日

烈日如火，氣候乾燥。

台中又臨旱災，台中市枯死秧苗，已達七百餘甲。日月潭水位低落至六·二二三呎，恐又將限制電力。

聞湖北省府已遷至恩施。江西省府則遷至贛州。

今日戰訊：蘭谿對外，聯絡中斷，共軍自皖境由淳安、建德（即嚴州）而來。蘭谿在錢塘之東，距金華密邇，恐金華亦將不守了。

又云：浦城一帶，發生激戰，浦城已入福建境，自浙江度仙霞嶺，即為浦城。共軍自江西之玉山，而至浙江之常山、江山來也。且江西的鉛山，亦接近福建（在關北），共產黨在江西，本來也是熟門熟路耳。滬杭路據聞於嘉善以西對峙中，共軍得嘉興以後，圍攻上海似取緩進態度。京滬車仍開至陸家浜，滬杭車仍開至松江，軍車可開至嘉善、楓涇。

南京消息：共軍正式入城，先頭部隊為吳化文部。共方現於新街口中信局地址，成立一商業性之貿易公司，規模甚大，新聞界由范長江（前曾為《大公報》記者）接收。范於上月廿九日到南京。首都《中央日報》，於十六日至廿九日，改稱《解放日報》。至三十日，又改為《新華日報》，社長石西民。日用品尚不昂貴，白米每担僅售銀元三至四枚。

五月十一日

上午天晴，熱甚，下午作陣雨，有雷聲。

有客從蘇州來的，他說：「蘇州自共軍入城後，金圓券已禁止流通，普通商店標價，已收用銅元與銀元。每一銀元，兌銅元三百枚，但共方尚未有正式表示。人民券也同樣流通，比率尚未公佈。縣長派定傅宗華，四郊共軍，在各要道口佈崗。白米每石銀元四枚，中國農民銀行，已改為人民銀行。《江東日報》及《蘇州民報》仍照常出版。另有新華社主持的《蘇州電訊》。三種日報均為四開，每張食米五合。

上海消息：現在北起太倉，經崑山至嘉興，達平湖，再南至海鹽為止，全綫均有激戰。因上海除東面為海外，其餘的南、西、北，都在一個大包圍中也。

合眾社載：共軍三個軍，計廿萬人，今日猛攻太倉與崑山附近之國軍陣地，軍事發言人稱：國軍作强烈之抵抗，共軍未獲多大之進展，共軍卅一軍的龐大部隊，昨夜在太倉之西北方，及嘉定之北方，開始猛攻。

戰訊：滬杭路嘉善已失去，聞有小股共軍，繞襲楓涇，到上海又近一步矣。按：楓涇為滬杭路的江浙交界處，楓涇出名的土產，名曰"丁蹄"，我們經過此間，如"無錫肉骨頭"一般，必購此歸遺細君。楓涇再過一站，即為松江了。（惟中間有石湖蕩一站。）

五月十二日

破曉時，雨甚大，有雷聲，旋即驕陽復出，熱如盛暑。

武漢當局勸人民迅速疏散，報載：武漢有少數聞人，醞釀局部和平，白崇禧昨應召飛廣州。

江西之金谿、南城，已發生接觸，贛南全境皆赤矣。

南京共方新市長為劉伯承，副市長為柯慶施、張霖之，十一日已就職視事。

杭州市軍事管制委員會，主任譚震林，副主任譚啓龍、汪道涵。杭市警備司令部司令員王建安，政治委員譚啓龍，副政治委員兼政治部主任姬鵬飛。

聞十餘家內河輪船公司，將航行滬蘇、滬錫等綫，已組織民船聯營代理處，滬杭滬湖（湖州）綫，亦在籌開中。

許聞天案，昨日上海槍決者五人，為陳惕廬、張達生、方志農、朱大同、王文宗。

讀郭沫若《日本民族發展概觀》一文，中有云："日本男女都不穿褲子，女子在穿和服的時候，直到現在還是這樣。她們只用一幅長布來圍着腰，稱為'腰卷'。男子也用，但男子還要用一條很長的布來把下身繫縈着叫作'褌'。日本舊時的人，不吃豬肉羊肉，而多吃魚和蔬菜。日本人吃的生魚片，所謂'刺身'，其實就是潮州人所吃的魚生，吃法差不多完全相同，即杷生魚切成薄片，配以海帶、蘿蔔絲之類，拌醬油汁水而吃。"

五月十三日

天晴，有時作急雨，數點即止，夜來又雨。

路透社電："上海前綫之首次大戰，似已即將揭幕，國軍精銳部隊，向西南行進，以抵抗在嘉興、嘉善地區猛攻之陳毅所部。陳毅顯欲包抄上海外圍九十哩陣綫之中部及北部。共軍沿滬杭公路進展頗速。今午官方稱：已抵滬西南廿哩處之松江附近。松江之東北、西北及東方，均有公路，均具軍事價值，軍事觀察家認為滬松路上之最後最重要據點。如謂為共軍攻陷，即為上海外圍戰事之結束。因共軍可沿數公路，形成向上海之包圍，並切斷在崑山、太倉等地作戰國軍之退路。"

又云："在上海六百萬市民，正靜觀共軍加強包圍時，籌備總部的政委會，重申前令，促一切中央機構在兩星期內，完全疏散。英國總領事館，則急待海軍上將勃立特前來，商討保護英僑生命財產等事。"

路透社又云：共軍迫近漢口，今漢口已可聞隆隆炮聲。據中央社訊：漢口街道無行人，商店關門，已成死市。

晚七點鐘，王之一柬約在中山北路一段四六號新生活賓館的錦江川菜館餐敘。在座有張振宇、陳小蝶、馬木軒、易君左、高臨波等諸君。君左是初相識，為易實甫先生之子，近來有《新希望》週刊，欲我為之寫稿，他來台灣，不過兩星期，他的職銜是"西北軍政長官公署參議"。錦江一席菜，代價為一百六十萬元，有很好的紹興酒，自到台北以來，初次沾唇也。

王之一開攝影展覽會，成績甚佳，我輩都為之題詞，此宴有謝將性質。

五月十四日

上午三、四點鐘，即傾盆大雨，至晨未止，氣候極涼。

戰訊載：上海形勢大非，外郊的戰事展開，崑山、太倉、嘉定，已經全失，松江亦在指顧間了。現在戰事在楊行、月浦之間，自瀏河失去以後，直衝至上海外圍。共軍不先佔市區，最先解決者，當在吳淞炮台。得了吳淞炮台，在以後便可以斷絕了水上交通，而上海所有之各種輪船，亦均不能往來開行了。

又聞：此時接近江灣飛機場，恐即將破壞。（按：上海有兩飛機場，一為江灣飛機場，屬於軍用；一為龍華飛機場，屬於民用。）倘江灣飛機場破壞，則僅有一龍華飛機場，但聞共軍自滬杭路來，則龍華飛機場亦不能保也。

如此則水路因吳淞炮台被佔領而斷絕。陸路聞自今日始，京滬、滬杭兩路均不開，亦已斷絕。空路則江灣、龍華兩飛機場，亦已斷絕。水、陸、空三路皆斷，上海真成為一孤島了。

五月十五日

上午晴，下午又有一陣雨。

今偶錄林献堂《日月潭》一詩如下：

> 洪荒闢此將安用，豈為閒人作勝遊？全島陸光多是賴，良田灌溉不能求。山環日月雙潭水，嶼繞蠻夷獨木舟。一曲杵歌無限感，生存爭競任沉浮。

林献堂是台灣一名士，凡初到台灣的，必到日月潭，必聽高山族女郎的杵歌。

合眾社十四日電："淞滬警備司令部承認共軍已至上海北八哩地區。政府戰報稱：國軍主力部隊已發動反攻，目的要打擊共軍先頭部隊，保衛黃浦口的吳淞炮台。昨宵不停發炮，炮火已連續三十小時之久，吳淞炮台離上海市區僅十七哩。"又云："自西南來之共軍，已被逐回青浦。"（按，據此則青浦也已失了。）

路透社十四日電：吳淞方面，今日可聽到廿英里以內的大炮聲，共軍顯然以吳淞為進攻目標。記者在市內大樓屋頂上，可以看到火光燭天，似為爆炸結果。上海西南面共軍，刻距市區約廿英里以內，松江國軍，已移轉新陣地。

又云：今日各航空公司，又見異常擁擠。在警備部下令停止火車行動之後，飛機已成為最後逃出上海的唯一工具。

五月十六日

晨起有雨即止，鎮日旋陰旋晴。

閏廣州開軍政會議，湘省程潛，桂省黃旭初，川省王陵基，康省劉文輝，及其他各省主席，亦將來廣州。

武漢國軍，已奉令撤退。三鎮市區，完全成真空狀態，防護團及消防警察，維護治安。市內尚平靜，各報照常出版。華中長官公署，遷至衡陽，長沙設立指揮所，由白崇禧坐鎮。

路透社十五日上海電：今日共軍向上海邊界推進，已抵若干重要站頭。國軍似已從外圍移轉至最後防綫。國軍放棄京滬路上之黃渡、南翔後，共軍距上海市區在西南兩方面，不過五六里，其間僅隔一真如鎮。真如為國際無綫電所在地。

聯合社十五日上海電：三日來之吳淞保衛戰，國軍已盡其最大之努力。共軍的壓力，似都來自夜間。外灘的最高大廈，最近三夜，已能瞭見火光。第一夜則於隆隆聲中，可於地平綫上見數點火光。第二夜，隆隆炮聲較響，覺已漸近。第三夜，已能聽見炮彈的爆炸，且亦可聽得機關槍清晰的聲音，因是知共軍的愈趨愈近了。（按：這位戰地記者真寫意，可以高臥瓊樓，作戰訊報告也。）

官方十五日稱：大上海保衛戰，此為第四日。

前言上海有江灣及龍華兩飛機場，今計算上海實有四飛機場，除江灣及龍華外，尚有虹橋飛機場，與大場飛機場。

五月十七日

天晴，氣候暄熱，華氏至八十八度。

《新生報》記者師道弘，寫《台北屋簷下》，記台北新聞界事，錄如下：

擁有四十四萬人口之台北市，論文化，可稱繁榮，不信，可以報紙為證。根據最新之統計，出對開兩張的，有《新生報》

一家。出對開一張半的，有《公論報》《中華日報》《中央日報》
《全民日報》四家。出對開一張的，有《和平日報》《民族報》《台
灣建報》三家。出四開報紙的，有《國語日報》《經濟快報》《華
報》《成功日報》等四家，還有《自立晚報》一家。合計起來，論
報紙便是十三家，以銷數計，十三家報紙，在台北市的總銷數，
不會超出十萬份。那末這十萬份的報紙，寄居台北市的人們，
每四個人便有一份報紙可讀。而上海來的《大公》、《新聞》、《申
報》等，還不在其內。

　　美聯社十六日上海消息：共軍自南滙一帶，向川沙推進。此為由黃
浦江東岸方面第一次戰事報告，暗示共軍可能從浦東進攻上海。
　　上海市內今日清晨，大批軍隊經過市中，似從北站開往黃浦碼頭，
大批小型輪船，忽集中各外灘碼頭，軍隊武器服裝均盛。（按：上海向
只有三面進攻，即北為瀏河，西為京滬路綫，南為滬杭路綫，獨空東面，
因東面為海也。今共軍自川沙推進白龍港可登陸，直趨浦東，則自側面
直搗心臟矣。）
　　中共北平廣播：無錫蘇州間，火車已通。

五月十八日

天晴，較昨更熱，華氏九十度。
陳誠至廣州，開各省軍事政治會議。李宗仁説是病了。
宋子文已飛往法國，臨行謂僅係私人事，並非為政府購買軍火。
《大公報》載：武大校長周鯁生，特召開校務會議，向該會懇辭，當
經一致堅決慰留。並決議：（一）該校一切行政，仍請周校長按原有機構，
繼續主持；（二）推舉代表五人，於緊要時，協助校長處理應變事宜。又

聞：漢口與各處電報仍通。

聯合社十七日電：共軍於十六日下午，已開入漢口。據上海《新聞報》之漢口來電，暗示共軍已和平接收漢口。（按：國軍於十六日宣佈放棄武漢三鎮，三鎮離上海六百里。）

共方北平廣播：十六日進入漢口，十七日晨進入武昌、漢陽。此為林彪部第一二七師，又聞接收時，頗為安靜。

合眾社上海十七日電：國軍的轉移陣地，使共軍直迫滬東，與上海僅一黃浦江之隔。該區為在上海周圍防禦工程之最脆弱者。據未滿廿四小時之官方消息稱：滬東之共軍，已到達距離上海市中心十七英里之南匯。以後兩日將決定，共軍是否將加添人力，以迫攻市界？或造成包圍陣地，以要求守土國軍之投降？此間之國軍將領，及市府官員，屢次申言，將繼續抗戰，決不投降。

又電：在市街上架設機關槍之國軍，則稱無庸恐怕，他們以為在市內不致有戰爭。

五月十九日

午間赤日臨空，已成盛暑，室內華氏九十二度。

美聯社上海十八日電："共軍先頭部隊，昨天進至上海的後門浦東附近，但至江邊，便為國軍擊退。此間警備部戰報說：共軍兩團進入浦江東岸之東溝，但被國軍包圍殲滅，此為上海東部最速之發展。共軍在上海東南進至距十二英里之川沙，復向西推至浦東地帶。共軍另一支進駐龍華，黃浦江對岸地帶，但龍華正面，攻勢已挫。"

法新社上海十八日電："所有上海與浦東之交通，已因共軍游擊隊之進佔已告中斷。大火濃烟，今日已將整個上海籠罩了。今晨戰事雖稍停，但國軍繼續在各鄉村，縱火焚燒一切障碍物，上海周圍已是一片荒凉，樹木盡已砍去，遺下了斷壁頹垣。"

法新社又電：共軍對上海的進攻，已於昨夜加劇。機關槍聲，相當緊張，北方炮聲，甚為猛烈。據聞：共軍擬在高橋海濱浴場，構成陣地而出擊。軍事當局今日命令在外灘之海關，撤去其設備，並令所有船隻，駛離上海，而移往黃浦江口之吳淞。但若干船隻，尚借口潮水低落，暫時不能移動，拒絕服從撤離命令云。

台灣自明日始，基隆、高雄兩港，宣佈戒嚴。

五月二十日

天晴，熱甚，華氏仍為九十二度，幸午間有南風。

官方消息：上海保衛戰至十九日為第八日，戰爭在吳淞區及浦東區兩綫，終日展開。十九日，天氣惡劣，雨雲低罩上海四郊，空軍仍在各處對共軍部隊，予以炸射。

又云：龍華機場之防務，已大為增強，因共軍已繞至上海市南，並佔領飛機場東南之周浦。上海東部之威脅，比之北部或西南部，更為嚴重。

政府報告暗示：共軍沿西部戰綫，逐步縮短與上海間之距離，但在過去四日內，共方進展較緩，據前後報告，自西南進攻上海之共軍，已離城五哩至八哩的地區，停其攻勢（按：京滬綫停止在南翔，滬杭綫停止在莘莊）。滬西南區戰事轉寂，但吳淞炮台及浦東則轉劇。淞滬警備司令部宣佈：國軍堅守吳淞炮台西八哩的陣綫。並云：國軍阻遏上海東十哩川沙地區的共軍攻勢。但市內觀察家，仍能聽見大炮的吼聲，看炮彈的烟霧。

台灣白米，已售至台幣一百三十萬元，台幣一比三。

五月二十一日

天氣仍炎熱，多雲而有風。

上海戰事，漸入市區，自二十日起，外灘一帶，除電車外，所有行人車輛，概不通行。即電車於駛經外灘時，亦不停留及上下人客。

路透社上海廿日電：往日喧譁繁盛的外灘，今已成為無人地帶。國軍士兵荷槍實彈，禁止一切行人及車輛通過，官方對於此舉，並無解釋。但眾信當為浦東情況惡化之故。

非官方消息稱：共方數縱隊，自浦東向黃浦江邊進攻，現在沿江五哩地區，自法租界南端以及楊樹浦東區之復興島，均不許平民活動。（按，該區內工商業有巨廈，如英人的太古、怡和二洋行；滙豐、麥加利、有利三銀行；亞細亞火油公司、字林西報、華懋飯店、英國總領事館、上海總會等。此外尚有法國人的十四層航業大樓（現為美國領事館），中國人所有之中國、中央、交通三銀行，海關，招商局等。在蘇州河彼岸，尚有美國商人的電力公司。）

我本閱上海之《大公報》（台灣版），在當日下午即可送到。自上海戰事起，《大公報》即不能當天送到，或遲一日至二日。詢之，則云上海班機本來晨七八點鐘即起飛，至台灣不過十一點鐘，趕快以紙版（上海寄紙版來）澆鉛印出，下午即可送達。今上海班機，須下午三時起飛，至台灣天已垂暮，即加緊印出，亦不及送達各定戶了。

聞西安已為共軍所佔領，九江亦已不保。

五日二十二日

炎暑加甚，中午無風，華氏至九十六度。

從昨日起，上海與台灣，民間交通已斷絕。因龍華飛機場受威脅，聞已有炮彈墜落。中央、中國航空公司的飛機及大部人員，盡行撤退，班機即告停航。

又，二十日抵基隆之中興輪及民眾輪，均宣佈不駛回上海。

聯合社上海廿一日電：今日的上海空中運輸已割斷，海路亦受威脅，隔黃浦江的東岸與北岸，均在大火焚燒中，共軍正在該方面進攻。在上海市中心以北八英里之美孚火油站，至少已有一個油塔在焚燒中。美孚的火，可能蔓延至其他油塔，可能延及鄰近的德士古油塔。據稱：共軍已滲入該地，國軍正在堵截，致引起大火。浦東大火，昨宵終夜未熄，有一時候，可見浦東的火頭，達廿七處之多。

聞久居中山醫院的顏惠慶，已被推為臨時救濟會名譽主席。據談：係由紅十字會、天主教會、基督教會、青年會、兒童福利會、佛教會等慈善機關所發起，頗具巨大的權力。對此救濟機構，同情與關懷者，頗不乏其人云。

五月二十五日

上午天頗晴朗，下午雷聲殷殷，作傾盆大雨，熱度自華氏九六退至七四。

前兩日未寫日記，上海報已不能來，此間的報，總是說國軍如何的勝利，西報亦不轉載，所登信息，大都均靠不住。

今天夜間，試收上海廣播，忽然各電台，全轉播北平新華電台的廣播，全是人民解放軍云云。因知上海已為共軍接收了。但何以如此之快？一則，以前之進展，報紙不登，大家無從知道；二則此次或為和平的佔領，因黃浦渡江，甚為容易也。

新華社廣播云：京滬路已由南京直通至崑山。又云：京滬路綫各處，自南京至蘇州各工廠均已開工。（無錫工廠最多。）

得香港友人書："廣州局面轉緊後，港地近來幣制大跌，富豪均拋出港幣，扒進美鈔，致港幣由五元餘兌美元直跌至八元。但奇怪者，一般物價，並不有巨大波動。港地人心尚安，一般人的看法，認為英國人老謀深算，不會引起戰爭。……"

五月二十六日

天晴，又復轉熱，台北天氣，時常幻變。

路透社上海廿五日電：今日下午，蘇州河以南，完全為共軍佔領，惟通往虹口之橋樑，則仍在作戰中，此為國軍掩護其留餘部隊的撤退。蘇州河以南，一切平靜，外僑依照其領館之指示，仍留居室內，街頭共軍，似甚疲憊，但絕不擾民，有坐於人家階前休息的，或與路上人談天，以遣困倦。外商公共事業，間有恢復。《大美晚報》，則未出版。上海美僑所辦之惟一廣播台，亦正待部署而停播。

又云：今晨共軍一支，已和平接收現外灘之舊法租界。共軍現已控制整個外灘區，自舊法租界至蘇州河。

又云：國軍於市北之蘇州河橋，建築工事，因其於後方部隊，尚未撤盡。政府及國民黨高級職員，即於夜間乘飛機離去，飛機已在此等待數日矣。但市長陳良及警察局長毛森，據說仍在此。

台幣調整，以一元兌金圓券二千元。（按：此種調整，毫無關係，以金圓券已不值一文了，凡共軍佔領的區域，早已改用人民券。未被佔領的區域，人家也不用金圓券。大交易則以金條、美鈔為計值，小交易則以銀元為計值，金圓券不敢留在身邊，只要過一夜，便貶值不少了。）

五月二十七日

上午晴熱，下午大雨，似轉北風。

台灣物價增長，米價每百斤一百七十萬元。肉每斤七萬五千元，其餘貨物，亦狂漲不已。

台灣銀行代理國庫，代替中央銀行管理外滙。政院授權台灣省政府，清理剩餘物質。

閻錫山、于右任、陳立夫、吳鐵城、朱家驊五人於昨日飛來台灣，不知他們所商何事也。

路透社上海廿六日電："國軍仍在通達虹口的橋頭，從事掩護後衞之戰。外白渡橋雙方，步槍、機關槍，互相射擊，亦有迫擊炮，使若干地區交通斷絕，外灘之電信局，亦在其內。據傳：國軍於外白渡橋頭十七層的百老滙大厦，放射機槍。郵政總局亦為國軍作為據點。"又云："今日上海街頭，已有共軍佈崗。"

聯合社上海廿六日電："上海英文日報有出刊者，所登消息，即來自聯合社，及其他外國新聞社。美國所有之商用電台，昨日一度關閉，現已恢復。"中文報有一新報出現，現名為《人民日報》，只載共方消息。其他中文日報，包括中國報紙銷數最多的《新聞報》在內，亦一律只載共方新聞社之消息。

五月二十八日

上午天晴，下午天陰，今日氣候較涼。

聯合社上海廿七日電："蘇州河之戰，國軍最強據點的郵政局，守軍來不及掛白旗，這座大厦，已被臼炮的炮彈擊中，房屋破壞得很厲害，人員亦有死傷。英、美、蘇三國領事館，都中有子彈，但損失不重。共方統治上海的新聞政策，不久當可宣佈。同時，外國通訊社已獲得允許，繼續以新聞稿供給上海報紙。在此時間，留滬外國報社及外國廣播通信員十六人仍可繼續自由地向海外拍發電報，他們的活動，未受限制。電報局宣稱：上海與南京、北平間電報已通，上海與廣州、台灣間，則電報未通。"（按，此間在收音機中，常聽得滬台通話，恐國方另有通話機關。又今日有人收聽上海播音，報告上海已全部解放，並說國方有陸軍及海軍一部分投降。）

五月二十九日

天氣陰晴不定，在烈日之下，往往洒幾點雨，此間漸近雨季矣。

湯恩伯已走了，忽然發一篇《告滬同胞書》，用飛機散發。大意是說："上海撤守，純為顧慮全市區之民命及財產，並非是戰爭失敗。"上海人的意思，以為走則走了，還要放這臭屁做什麼？

谷正綱、方治、陳良、陳保泰、陶一珊、這一批國民黨要人，今日都逃到台灣來。

法新社上海廿八日電："上海已成立軍事管制委員會，主任為第三野戰軍司令員陳毅，副主任為粟格，當日軍事佔領時期，委員會為最高權力機構。"

今日委員會佈告：金圓券可用至六月十五日止，一切價值，均以人民券為標準，人民得拒收金圓券。人民銀行自五月三十日起，兌換人民券。又聞：暫定人民券一元，兌金圓券十萬元。上海一切物價，必須依照公佈之兌換率，折合人民券計算，不得因金圓券貶值，而提高物價。以後不得再以黃金、白銀、外幣為基礎。銀行賬目，亦均以人民券計數。

又聞京滬鐵路，自南京至上海已全部通車，與中外輪船公司及航空公司，保持接觸，俾早日接觸恢復上海交通。聞美國各輪船及航空公司，均在設法早日復航。

上海郵政局宣佈：接受寄往解放區的郵件。但稱未行公告以前，暫不接受寄往國外之航空與普通郵件。

六月一日

天晴而熱，賴中午有風，得少舒適。

今日為舊曆端午日，在台灣亦為一節日，有吃粽子、放鞭炮風尚。

五月三十日、三十一日，兩日均未記。近日台灣與上海郵信不通，上海報亦無從寄來。無綫電雖仍可通，報紙上消息不載。

何應欽辭行政院長職，照准。李宗仁提居正為行政院長，未獲立法院通過，聞將再提出，或提朱家驊，未定。

北平將成為中共的首都，因發號施令以及其他各政黨的聯合所在地，均在北平。

共軍取消政府方面的一切郵票及印花稅票，發行新郵票紀念共軍之佔領京滬兩地。新郵票印有京滬兩地的地圖。

外國輪船公司仍圖在上海復航，已與共方接洽。國際航空公司之負責人，今日開會，討論如何與共方取得聯絡。

上海蘇聯領事館已閉門，塔斯社通信稿也不出了。

上海淞滬警備司令已成立，由宋士良（譯音）任司令員。

以上均為台灣各報所載的。

今日在上海跑馬廳開人民大會，不下數萬人，各首要均有演說。自六月一日始，上海改照北平時間（即鐘點撥遲一小時）。

成立上海人民電台播音，各私家電台亦有轉播者，有兒童歌唱隊，其歌詞為"歡迎人民解放軍"及"解放歌"等。亦有紹興戲，申曲等，皆有新歌詞。

會場上大呼口號，有一口號曰：“要打到廣東、台灣。”

以上從上海廣播發出的。

六月三日

昨日天氣晴熱，今日下午，雷聲隆隆，但至夜未雨。

何應欽辭職後，聞又已提出了閻錫山，據說，閻或可在立法院通過，但此種倒霉時期的行政院長，任何人都不高興幹。

閻錫山的母親，最近在台灣故世，聞已來台奔喪。居正偕其夫人，也到台灣來了。

中央社廣州二日電：“外交部情報司長時昭瀛，二日在行政院新聞處記者招待會中，答覆記者詢問說：大部分國家，包括英、美、蘇、印，主張將來中共成立全國政府時，予以承認。問：中國政府將採何種態度？答：以中國政府對於此項問題，正在縝密注意中。”（按，如此重要的新聞，而乃出於中央社自己發表，真是太不“縝密”了。）

共產黨所組織的人民政府，改用鐮刀與斧的紅旗，有人以此討論。按自辛亥革命以後，本為五色國旗，國民政府成立時，亦廢止五色旗而改用青天白日滿地紅之旗，自民國成立以來，至此國旗已三易矣。

人民政府關於用人行政，均不用命令，僅用通告，彼謂命令似有居高臨下之勢。通告有由彼中央發出的，也有地方發出的。

共方每日廣播中，頗注意於工廠，常報告工廠的開工日期與其成績。其次則為交通。已次第設了許多委員會。

六月五日

昨日有陣雨，旋即停止，今日亦乍雨乍晴，一雨即涼，一晴即暖。

閻錫山組閣已通過，聞部會閣員正分別遴選。惟閻仍在台灣，大約不日即赴廣州。

青島自美軍撤退以後，國軍亦於三日拂曉全部撤退，從此山東全省，均為共方所有矣。

上海消息：過去兩日內，已有百餘中國人民向荷輪"芝巴德號"的渣華輪船公司，訂購赴香港船票。該輪定於四日下午駛抵上海，將為共軍佔領上海後，駛入上海之第一艘外輪。該公司發言人云，上海共軍軍管會，已核准該公司接受中國人民可以訂購船票。

本市消息：此間有關航政機關首長，與交通處長陳清文，會商關於外輪經共區到本省港口裝卸貨物，應如何處理？結果，決定凡由共區駛來本省之外籍商輪，可准靠岸裝卸。惟由本省港口駛往共區外輪，則一律不簽發航行證。

上海播音：關於處理外幣條例公佈，仍頗注重於中國銀行。

以前國家銀行之中（央）中（國）交（通）農（民）四行，惟中國銀行仍存在，此外三行俱沒收。加添一"人民銀行"為國家銀行。

六月七日

昨日天晴，惟下午曾經有陣雨。今日午間大風，至夜乃止。

閻錫山組閣，稱之為"戰時內閣"，恐一時間甚難湊合。人家組閣，在四十八小時內，或七十二小時內組成，他恐有些難產，一星期內，不知能否組成？現在國民黨又到了日暮途窮，本欲何應欽支持下去，何已堅辭。宋子文已出國至法，現孫科也已去了巴黎，傳吳鐵城、陳立夫，亦預備出國。

合眾社五日上海電：中共規定任何人持有外幣，均須繳存中國銀行
照新管理外滙辦法辦理。若干外僑方面，認為新管理外滙辦法，合乎實
際。特別是繳存收據，能在公開市場變賣一節，外來旅客的外幣，應兌
給或存入中國銀行，離華時可請求發還。

又云：軍管會公佈中外商船來滬規則，嚴禁船長、水手、機工及駕
駛員走私，並帶違禁物品。國內船公司，請求貸款，修理船隻，恢復航行。

美聯社上海電："在市內各處共掘出屍骸二百具，其中有學生、教
授、工人、警察及銀行家等。"

香港太古公司"盛京"輪，於五日自港開滬，載有五百多位上海客，
急急回去。聞往旅行社及該公司登記者，至少有二千餘人，現在僅去了
四分之一，但已超過了"盛京"輪向來搭客的一倍。船客中，在大艙中
者，佔百分之六十，乘頭等艙及房艙者，一百六七十人，有許多是文化
新聞工作者。旅客中，有上海聞人徐朗西，五金業巨子虞兆興等。

六月十日

連日天雨，此間已入雨季時期矣。天氣亦低至華氏八十度內。

閻錫山組閣，至今日尚無眉目，已一週矣。又聞政府有再遷重慶之
說，據說，只是逃來逃去，閻錫山不贊成。李宗仁則以白崇禧為智囊，
頻召他來商量。頗聞李與閻，意見亦不甚和協。

江西與湖南戰事，此間無真確消息，人家亦不大注意。北平與上海
廣播，雖每日有一二條前綫報告，亦不大注重。大概共方以北平與上海
既得手後，須安排一切，戰事展緩矣。

昨日路透社載：國軍派船封鎖吳淞港口，密佈水雷。又說：共方因
恐國軍真佈水雷，即封鎖了長江口。但今日報紙未見實在消息。惟香港

九日電：荷輪"芝巴德"號已於今日開到，此為共軍佔領上海後第一條船，載來華籍旅客三百四十七人，並無外籍旅客，因中共管制外籍旅客辦法，尚未頒佈。乘客稱，中共當局，對彼等離滬原因，詢問甚詳，恐有國方要員在內。

合眾社上海十日電："龍華飛機場某一中國職員稱，他於今日下午，見飛機一架，在機場上空飛翔。旋彼聽見炸彈爆炸聲，機關槍掃射聲，與地面上的高射炮聲，但機場未被破壞，飛機亦不久即行離去。"路透社則云，國軍投彈，在龍華機場附近。

國民黨開除楊虎黨籍，說是："與民主同盟等反動分子等聯名發表聲明，歌頌共口，詆毀本黨。"[1]

六月十二日

連日皆雨，偶或放晴，不轉瞬即為濃雲遮住矣。間錫山閣員已發表，錄如下：

> 行政院副院長：朱家驊
>
> 內政部長：李漢魂
>
> 外交部長：胡適
>
> 國防部長：（閻自兼）
>
> 財政部長：徐堪
>
> 經濟部長：劉航琛
>
> 教育部長：杭立武
>
> 交通部長：端木傑

1　本書所有"口"、"X"符號係 1973 年初版原文，本次編輯出版未做改動。

司法行政部長：張知本

蒙藏委員會委員長：關吉玉

僑務委員會委員長：戴愧生

秘書長：賈景德

政務委員：張羣、吳鐵城、陳立夫、徐永昌、黃少谷、萬
鴻圖（青年黨）、王師曾（民社黨）

（按，胡適在美國，恐尚未知其事，亦未得其事先同意，將又蹈傅秉
常之覆轍。但傅尚回國一次，胡則在此時期，未必回國也。）

有人從香港來，他説：有人約他至上海，為貿易事，惟聞近日吳淞
口外佈水雷，港滬交通暫斷。因聞共方無掃雷艦，暫時停航。但不走上
海，則走天津，每一星期，常有二船往來香港天津間，做進出口生意者，
都往來港津間，因北方出口貨多，而上海則甚少。"盛京"輪自港開上
海，華人均登陸，外人則除婦孺有家眷在滬外，餘均原船帶回。因言外
僑管理事，尚未議定云云。實則因外交上尚未承認，亦是一義也。

六月十三日

天又時雨時晴，夜中雷聲殷殷，驚人睡夢。

偶寫小詩兩首，均台灣名產物也。

拖鞋蘭

拋卻鳳鞋白足妍，曳雲躡雨若飛仙。莫驚入室芝蘭臭，贈
與卿家榻榻眠。（台灣有各異草奇花，有一種花，形似拖鞋，
而五色繽紛，他們名之曰拖鞋蘭。）

相思炭

難期槁木作春回，爐火深紅映玉腮。莫道相思如熾炭，相思寸寸竟成灰。（台灣有一種樹，名曰相思樹，兩樹隔溪種之，枝葉會糾結相接。台人以相思樹燒成炭，最耐火。）

路透社上海電：“上海商人投機者甚多，約有五六千男女學生們分成小隊，往市內各區向群眾演說投機之罪惡。並勸彼等，不作銀圓販子。同時軍警會同大捕銀圓販子，及金鈔黑市商人，但彼等在聆訓之後，多已釋放。今日在外灘人民銀行（前中國銀行）門前，數千人排隊鵠候兌換美金或銀元。又云，工廠雖想努力開工，但原料不夠，因為上海所有物資金銀等，均為政府搬空，上海只剩有一空殼了。”

六月十四日

天氣潮熱，大似江南黃梅時節。

路透社十三日紐約電：“據若干在滬已有數十年經驗的商人稱，除非外國對中共給以援助，或借款，否則上海將遭遇嚴重危機。此輩商人感覺，外國在華商業之成功與否，須賴中共現代化幣制政策之能否成功而定。彼等認為上海之主要問題，在於獨得足夠之金錢，使工廠能開工，數百萬市民，有工可做。現行銀行庫藏空虛，上海工廠極缺原料。即國產原料，亦離上海甚遠，國軍將海船全部搬走矣。”（按，說來說去，總想共產黨向外國借款，他們又可以霸佔上海了，正所謂“司馬昭之心，路人皆知”，趁火打劫之心，灼然可見。）

香港訊：聞上海已有一千多人被捕，其中以曾為特務工作之人佔多數。《申報》之接收者為惲逸群，編輯部人物，大半為《華商報》舊人（按：華商報本為香港出版物）。據聞：《申報》一部分機器，已押遷去華北。此次"盛京"輪抵滬，即有大部分親共文化人前往。

香港太古輪船上的一位英國人，他說："要抵制中共與蘇聯貿易，譬如售與蘇聯六角的，我們情願出八角收買"云云。

寄易君左小品文數則，登在他的《新希望》雜誌的《台灣詩情》中。君左是詩人，我只是打油而已。

六月十六日

昨日天晴，甚為炎熱，今日又下雨矣。

台灣幣制改革，發行新台幣，（一）舊台幣四萬元，可易新台幣一元。（二）新台幣五元，折合美金一元。（三）新台幣發行總額為二億元，折合美金為四千萬元。（四）新台幣票面，分一元、五元、十元、百元四種。輔幣票面，分一分、五分、一角、五角四種。（五）在本年年底以內，舊台幣可無限制地兌換新幣。

據云：此次中央撥黃金八十萬兩，以充台灣改革幣制基金。並交與台灣省政府十餘萬噸物資。再規定新台幣五元折合美金一元（即舊台幣二十萬元），現在時價，則二十三萬左右，方可購美金一元。

香港電稱：港滬航運的恢復雖尚有待，但昨獲滬方來電云，現在上海各英美公司，為求儘速復航，已設法協助滬航務當局，進行長江口掃雷工作。又聞：太古、渣甸、渣華等公司，均預料快能復航，故多計劃派船駛滬，並已由共方允許裝貨。港滬空運問題，聞上海方面四家航空公司，已協助當局修理龍華機場，日內將可使用。但問題則在上海當局，考慮對外商航空事業之管理方法。有人認為一週間亦可恢復。

六月十八日

昨日上午天晴，下午即雨。今日亦乍雨乍晴。

美聯社十七日上海電："兩艘臨時改裝的掃雷艇，於十六日晚報告謂：長江口似無水雷。按共方治下之上海，恐國民黨方面，在港口佈水雷，自九日以來，船隻停頓，現將即日恢復。"

路透社十七日上海電："長江口傳稱佈雷事，經三位專家調查證明並無其事。此三人為英人蘇德布雷，美人斯密司，及華人王某。乘坐小艇，携有簡陋器械，赴可疑之區掃雷，但並未遇見水雷，倘有水雷，則已十分危險矣。"

北平廣播：共方臨時管理對外貿易的辦法，現已實施。按照條例，外人願意與之貿易，必須領得特別執照。中國的進出口商家，亦須領取執照。

北平廣播：在瀋陽美領事館樓上，破獲一大秘密案，云是美國人勾結為日本作漢奸的人，阻碍共方發展，並為間諜事。

又北平新華社廣播：今後有廣東話廣播，亦有台灣話廣播。

園中白雄雞一頭入（力康種），甚雄健，近忽萎靡不振，驗之似有病，恐其傳染，烹而食之。白雌雞有花冠的，孵出小雞六隻，二白四黑，已兩星期有餘矣，尚未知其雌雄。

六月二十日

昨今兩日，天氣陰寒，氣象台報告，有小型颱風，即將襲境，但後經轉向，不復侵台。

因英美各國輪船將駛滬，且飛機亦有復航之勢，於是政府即日發表封鎖共區佔領各港口。自閩江口北，東經一一度四○分，北緯二六度十五分之點起，往北至遼河口東經一二二度二〇分，北緯四〇度三〇分之點止，沿海岸領海範圍以內地區，暫予關閉，嚴禁一切外籍船舶駛入。從本月廿六日零時起，對外籍船舶違反此項決定者，即予制止。至外籍船舶因違反此項決定而遭遇之任何危險，應由其自行負責。至不在政府控制之已開放口岸，亦經本月十八日決定，一律停止開放，包括永嘉、寧波、上海、天津、秦皇島在內，一切海外商運，均予停止。至各國航空公司，在上海、天津等地經營航空綫者，如繼續航行，遭遇任何危險，亦由該航空公司負責。以上各節，均經外交部分別通知各國政府轉飭遵照。

上海各西報，僅有《字林西報》一家，《大美晚報》亦不出版。

六月二十三日

颱風未過境，聞日本曾遭風災，連日天氣晴和，至晚較凉。

香港太古公司代理之英國藍烟通公司輪船"安齊西斯號"，廿一日晨，在吳淞口外，為國軍飛機所轟炸，傷四人，一為重傷，三為輕傷。重傷者為船面職員愛德華士，輕傷者為四伙馬達思爾、電氣師麥克斐爾及海員威爾生。該輪隨即向右傾側，擱於海灘上。

該輪被炸後數小時內，復有第二枚炸彈，落於上游數里之亞細亞公司油倉。其後焚燒數小時，毀火油二萬罐，及其它油類若干桶，但未傷人。（亞細亞亦英國公司，聞損失為二萬五千鎊）

廿一日廣州路透社電："英國大使館駐廣州代表科格希爾，對於英國商船'安齊西斯'號被炸事件，提出抗議及保留英政府有權要求賠償損失。廣州政府發言人，則云並未獲悉該輪被炸的消息。"

廿二日，聞國軍飛機，向被擱淺的英輪上再炸了一次。

六月二十七日

前數日天氣總是上午晴，下午雨，似有規定者。

共方在上海頒佈"華東區國外貿易管理暫行辦法"。國外貿易管理事宜，由國外貿易管理局及其所屬機構執行之。

關於出口貿易，分出口貨物為三類。准許出口者，得由出口商自由出口。特許出口者，經申請特許出口證出口之。禁止出口者，非經特許，不准出口。進口貨物，亦分三類。准許進口者，得由進口商持進口許可證，在指定之外匯市場購買外匯進口，或自備外匯進口。特許進口者，由國營對外貿易公司申請特許進口證進口之。禁止進口者，非經特許，不得進口。

聞英國已提出第二次抗議，該抗議即提出該輪於第一次受襲後，曾第二度受到攻擊。中國政府曾向英方道歉。但該發言人並未能指出此一道歉，對第一次襲擊而發，抑或包括第二次襲擊。據英大使館駐廣州參贊科格希爾說，他曾要求中國外交部，對於"安齊西斯"之遭受第二次襲擊事件，予以解釋。

七月一日

一連數日，均是忽晴忽雨之天，今日下午又大雨。

為封閉共區各海港口事，英、美兩國，均不贊成。美已有照會致廣州政府，見諸各報，聞英國照會，更為強硬，尚未披露。傳英國已有軍艦開往長江口外，保護商船。各商對此認為一種不愉快的事件。

報載：中共於上月十九日，向全世界廣播，表示"願與世界任何國家，即可建立外交與通商關係，只要與國民政府斷絕往來"云云。英國表示願意與中國任何執政大黨，建立最友善關係。美國參院亦有人主張：“承認中共並不即表示承認該政權之意。”因此上月二十日政院會議，決定廿六日起，關閉自閩江口至遼河口沿海岸領海範圍以內的地區及海口。

報載：上月廿九日，飛機又往炸上海北火車站及閘北，據中央社說，死傷約五百餘人。外國通訊社說，死傷約百人。又云，至少有二人被炸死。飛機共去有六架。

上海軍管會宣稱：在舉行全市搜查中，逮捕國民黨地下工作者六百四十五人，並獲有電台一處，步槍及短槍二十支。聞該地下工作司令部設於楊樹浦。

七月三日

昨日上午天晴，下午似又將雨，乃僅作障雲四合，今日亦如此。

今為星期日，上午有客來訪，乃老友鄭丹輔之弟綏卿，有二十餘年未見面，今亦五十歲矣（丹輔已五十四，從前與畢倚虹同在中國公學肄業者）。他說：有一子，在同濟大學讀書，忽告失蹤，大約已投共矣。丹輔本在福建省銀行，今始回杭州，現已在共區中家居。綏卿在當日同遊中年最少者，當時有畢幾庵、李冀侯、金壽丞等，均已故世，回首前塵，幾同一夢。

綏卿說：有許多名人都投往北方，聞翁文顯亦去北京矣。

廣州發佈改革幣制，以銀元為本位，先發行銀元兌換券，每一銀元券，可兌金圓券五億元。兩月內收回金圓券。新幣的票面，分一元、五元、十元、五十元、百元。又發輔幣為一分、五分、一角、二角、五角五種。銀元與黃金外幣之比率，按照中央銀行逐日之牌價計算。銀元券與台幣的兌換率，亦將有規定。各省自行發行的地方券或大洋券，其票面在一元以下者仍准流通。一般的評論，問他能否立即兌現嗎？若能立即兌現，或可支持，否則仍蹈金圓券的覆轍，不過將金圓券降級為銀圓券耳。有人說：能兌現也不成。兌現以後，可以將白銀完全搶光，這種幣制可行得嗎？

上海各學校，已添設新民主主義、馬列主義等課程，至外國語的教學情形，則不予變更。

傅英艦"紫水晶"號，將駛出長江，由英艦保護，航向香港。

七月五日

昨今兩日，下午未雨，亦未作雲，日間雖酷熱，夜來仍可蓋被。

聞政府方面，空軍連日出發，往共區轟炸。上海已炸過三次，惟擲彈均在郊區。據云：真如之國際電台，已在被毀，使共方不能與國外通話。然今日仍收到北京新華廣播電台報告新聞。

空軍廣播報告："飛機往炸戚墅堰機廠，已炸毀其百分之六十。"（按：戚墅堰在無錫與常州之間，最初設立電氣廠，為德國商人承辦。始欲在蘇州覓空地建築，蘇州紳士不答應，說我們的空地都要種田，不要外國人來造電氣廠，於是在這無錫與常州鐵路交界之間，選了戚墅堰。後來又以電氣廠改為滬寧路上的機車製造廠。這次言炸毀百分之六十，未免擴大報告。）

又說：往炸閩北，在南平、建甌，獲有重大戰果，然則南平、建甌，亦已在共軍手中矣。

路透社上海電："此間進出口業公會，今日向當局有所建議，在航運斷絕時期，儘速恢復港滬空運，亦為建議之一。並說有本來在上海的實業家，正計劃自港返滬。"

倫敦五日廣播：共產國際情報局屬下國家，甚盼與中共控制區成立一長期性貿易關係。

聞捷克商務代表围，甫自中國共區返國。又，匈牙利當局，亦將派同樣性質的代表團赴華。（按：捷克之出產，軍火器械甚精良，其它則玻璃器具及皮鞋等，捷克之最大皮鞋店為"拔佳"，全世界都有分店，上海的時髦女子，都要穿捷克的拔佳皮鞋。）

七月七日

兩日來均天晴，中午烈日當空，華氏表至九十六度。

今日為七七紀念日，十二年前，日本侵襲我國開戰之日也。

上海對於七七紀念日，有大規模之慶祝，動員十萬人，以工業中人士佔多數。此間寂然無聞。

廣州財政部，擬統一銀元，將新舊銀元，不管成色如何，同一價值。這種愚蠢的思想，不知誰想出來？但聞銀元券發出後，仍未兌現，究竟銀元鑄有多少？何日可以兌現？兌現後情況如何？未經披露，無從知道。

上海人民銀行，不營商用的外匯交易，但海外華僑匯與國內家屬之匯款，則予以接受，但亦限於小數目。航業界稱：渠等不知該項外匯，何以停止通匯。

在東京裁員聲中，日本共產黨發動大規模運動。其時正由蘇聯遣送之日俘，回歸本國。當蘇聯留住日俘的時候，美國佔領日本的當局，大吵有若干萬日俘，蘇聯不肯放歸。今蘇聯僅放歸少數之日俘，孰知此輩日俘回國後，即投身日本共產黨，從事活動。將鐵路局長下山綁架失蹤，列車交通，頻被破壞，使麥克阿瑟大傷腦筋。麥帥不得已，宣佈日共為非法。

昨日天熱至華氏九十八度，汗出如瀋，今日略涼。

報載：上海七七紀念周，有盛大的遊行。美國副領事歐利文，駕吉普車欲衝過其行列，為警察阻止，並遭逮捕，押往警局。不料又打翻一瓶墨水（按：此語費解，美報所言，想是他以墨水瓶擲人）。又被警察拘送監獄（後又言僅拘於警察局），其夫人亦難謀面。《解放日報》説：歐氏極端無理，推翻警局桌上之物品，損壞警員之手錶與鋼筆。並説：歐氏被捕，乃為違犯交通規則。

合眾社八日電："美國務院，頃已訓令南京美大使館及北平美總領事館，向中共之最高當局，立即抗議上海美副領事歐利文之被捕、拘留及虐待。但美國務院不擬提出正式抗議，因美國尚未承認中共政權。"

日本鐵路局長下山，已發現被輾斃於常盤路早淑川陸橋下軌道上，軀體分割。究竟是自殺，或是被殺，報紙上尚未説明。據警視廳鑑識課長説，死者似係被用催眠藥或醉後臥於軌道上，在沒有抵抗的狀態上被碾過。又見屍體完全四分五裂，而流血量奇少，似在火車未碾過已死者。且其人並未因裁員事而感到苦悶，不信彼係自殺，而被殺嫌疑極重大。這是鐵道裁員，局長被殺而牽涉日俘的一事件。

聞日本與中共開始通商，首次以中國鹽四萬噸供應日本，本月五日已抵門司港，餘亦陸續抵日。聞盟總第二次已批准，將由香港採取多邊易貨方式，以花生仁一萬噸輸於日本，又將輸出大豆五萬噸。共方所需要者，為火車車廂、鋼絲、漁船、水產、鋼鐵等等，香港則輸給共方以白報紙與汽油。

此間《工商日報》載：馬寅初、黃炎培、陳叔通等均已至上海。所謂政協人員有八十一人。馬寅初謂上海經濟有好現象。

七月十一日

昨日下午，小雨即止，聞基隆、淡水處有大雨，今日下午，亦有一次大雨。本由氣象台報告，將有颱風掠台南過境，但今已解除警報，未見颱風來臨。

蔣介石於十日上午，飛往菲律賓馬尼拉之碧瑤（蔣本在台北，其住址未宣佈），與菲總統季里諾會晤。聞將組織太平洋會議，號召遠東各國加入。並成立一東亞反共聯盟，將向澳洲、紐西蘭、印度、緬甸、泰國、越南及朝鮮，發出邀請書。聞南韓總統李承晚，已允參加。隨蔣同往者，有王世杰、吳國楨、黃少谷、張其昀、俞濟時、沈昌煥等約有十餘人。美國對於此事，在表面上並不參加，亦不干涉。日本在美國佔領下，更無主權。

據中央社稱：議程中尚有中菲兩國間之經濟合作問題。此外一議題未公佈，云與菲律賓收容中國政府人士有關，因已有中國政府官員多人，請求入境。

中央社轉載合眾社有一條花邊新聞云：季里諾與蔣氏閒談時，曾問蔣："是否喜玩撲克牌？"並笑稱："余希望能贏得少許中國錢。"蔣氏答稱："已四十年不玩此物矣。"

聯合社米蘭電："世界職工聯盟執行委員會，將於本年十一月在北平會議。此次大會之發言人為會長戴利都維奧（意大利人）、副會長哥士尼特索夫（蘇聯人）、副會長都萊達諾（墨西哥人）、秘書長賽朗（法蘭西人）。"

七月十三日

昨日上午天晴，下午陣雨；今日上午天晴，下午欲雨未雨。

至東門郵政局寄信，説是郵票已售完了，信不能寄。原來現在的郵票，本在票面上註明幾角幾分的，此刻則在票上印出一行紅字，改為幾千幾百元，無須等待總局發下。又國內航空平信，本規定為舊台幣九千元，該郵局堅稱要九千二百元。二百台幣，已為最小數（百元已不通用），然却添麻煩，問其理由，又不肯説，乃至幸町代辦處寄出，則仍為九千元。（按，台灣這種郵政小分局與代辦處，頗多家庭式的，不過三數人，老婆亦為局員，兒子即是郵差，恐襲日本之舊也。）

蔣介石自菲返台，謂次一步驟即為促進遠東各國的反共計劃。又云：將於日內飛廣州，主持國民黨非常委員會。蔣於離菲前，曾宴請菲總統及菲重要高級官員，並舉杯敬酒。

太平洋聯盟，恐結合不起來，除中菲兩國外，僅有南韓加入，美英及印度，均不贊成。或云，美暗中幫助，亦未能確定，坐觀形勢而已。此外幾個破落戶的小國，幹得出什麼事來！

此間高雄海軍發表消息，中國海軍艦隊突擊象山、鎮海，佔領要地云云，此種消息，恐為報銷地步。至多向那裏開幾個炮，嚇嚇寧波人而已。

上海軍管會，勒令《羅賓漢》及《飛報》兩家小型報停刊，謂其載黑色新聞，及有利於國民黨特務之消息。

《解放日報》謂：“帝國主義之喉舌，合眾社、美聯社，常發送歪曲之消息，已不為人民所喜愛”云云。

七月十五日

昨今兩日下午，均作勢欲雨而未成。

昨日蔣介石至廣州，開非常委員會。非常委員為蔣介石、李宗仁、閻錫山、孫科、何應欽、張羣、陳立夫、吳鐵城、朱家驊、居正、于右任、吳忠信等。聞蔣不為主席，擬推李宗仁。

美國將發表一種白皮書，記載歷年來的中美關係。據說：白皮書中將述及：（一）公佈關於抵制中國共產主義失敗之文件。（二）就共產黨目前成功的事實，提出新的處理中國及遠東問題的政策。這項文件，將包括長久保持秘密的魏德邁將軍的報告。有人猜測反共失敗的損失，將諉過於中國政府。魏德邁報告不知如何？有謂曾給予中國大量援助，有謂對於蔣氏左右某些人作苛刻的批評。路透社則說，美國對華白皮書，將不表示未來政策，但述評已往的紀錄。

中菲的太平洋聯盟，無大進展，即遠東各國，亦響應者甚少。

聞大陸各處水災甚嚴重。上海《解放日報》載：蘇北淹地十六萬畝，共方已動員一切可資利用人力，參加疏濬，並開掘向海水道。南京方面，有四百人搶修南京近郊浦口與浦鎮工程。

合眾社上海電云：“上海節約運動，實行吃節約菜，節約使用燃料水電。禁止私人汽車；電扇、电梯、冷氣，亦予限制。各大銀行開會，放棄官僚式形態。市長陳毅，僅吃三級餐。（按：一級餐，兩菜一湯。二級餐，一菜一湯。三級餐，一菜無湯。）”

英、美僑商之在上海者，至此只好整裝回國，以無生意可做也。

七月十七日

昨今兩日，均在炎暑，華氏九十六度。

台灣民俗，仍崇尚迷信，明後日為他們節日（明日為舊曆六月廿三，係火神誕；後日廿四，係雷祖誕，均為吃素燒香日子。在內地固風行，却不知台灣亦然）。其下女等都要回家，他們稱之為“拜拜”，其時亦已在早稻收割時期了。

中共當局命令上海駐華美國新聞處云：“貴處為貴國政府機關之一，

在中國與美國尚無正式外交關係時，所有貴處之宣傳行動，包括發佈新聞、圖書館、音樂會、電影及一切其他行動，自即日起，應停止活動"云云。（按，美國新聞處除上海外，尚有瀋陽、北平、天津、南京，及漢口，皆已停止活動。）

英國新聞處，亦已令關閉，與美國相同。法國在上海，並無新聞處。蘇聯的塔斯社分社，早已自動撤銷。

中共新華社廣播：將召開全國新聞會議，出席者包括報紙、通訊社、廣播電台、雜誌及新聞電影代表；並將邀請國外代表及國民黨區內代表參加。

又訊：北平新聞記者頃會議，決定申請加入國際新聞記者組織大會。並已派定代表參加九月間之組織大會。

報載：自沙市失陷後，云宜昌爭奪戰，正在激烈中，恐宜昌不久即失。窺共軍之意，似有奪取重慶，關閉川中門戶之勢。

香港當局，扣留了中國政府一千六百挺機關槍，聞此項機槍，為前廣東省主席宋子文所購者。

七月十九日

昨今兩日均天晴，多日不雨矣。

蔣介石仍在廣州，云將改組國民黨，不知如何改組法？又云，不久即往重慶一行。聞在台灣將設辦公廳，主任秘書為黃少谷，下設數組，黨政組谷正綱，外交組王世杰，財政組俞鴻鈞，軍事組王東原，秘書張其昀。

陳誠為軍政長官公署長官（仍兼台灣省主席），包括江蘇、浙江、福建、台灣四省，公署轄區不包海南島。月內或將正式成立。湯恩伯、林蔚，將分任副長官。

宜昌已失去。中央社長沙十八日電：“宜昌守軍，連日展開激烈巷戰，敵我傷亡，均極慘重，乃於十七日之拂曉，安全撤退宜昌。”

路透社廣州電：“共軍正向粵漢路之長沙、株州及衡陽外圍，分三路進攻。此間消息靈通方面，認為共軍或將繞過長沙，先攻衡陽，俾與白崇禧之軍隊接戰。又香港消息：華南共方組織兩個獨立縱隊。據云，共軍在華南共有六個縱隊，計二十萬人。”

七月二十一日

昨日下午有小雨，漸露陽光，今日報載有颱風過東南方，至菲律賓，在夜間發作。結果並未有風。

香港報現在不能來台灣，本地報紙，對於中共區之消息，不甚登載。偶有英、美通訊社傳出消息，也都從新作過。

俞大維的母親曾廣珊在香港逝世。按：曾廣珊為曾國藩的孫女，曾紀鴻之女。（紀鴻為國藩次子）廣珊有三子三女，長子即大維，次子大絉（北大農學院院長），三子大綱（招商局經理），長女大縝（北大英文教授），次女大絪（現在香港，聞其演話劇有天才），三女大綵（台校長傅斯年之夫人）。在北大之一子一女，聞仍在北平，現為共區中之天津市長黃敬（改易姓名），實乃大絉之子也。

再者，俞大維一班兄弟姊妹，乃俞明震之子女，此間報紙登載為俞明頤之子女，實訛，故記之如上。

湘戰事全面展開，共軍窺株州，圍困長沙，茶陵激戰，衡陽在戒嚴中。按共軍自取得京滬後，對於南進，似頗遲緩，有兩月餘矣。想在計劃，今又進攻。聯合社云，國共雙方之湖南爭奪戰，日昨已趨緊張，此次戰鬥，可能決定華南之命運。

七月二十四日

連日喧熱，偶作小雨，一瞬即止。

前日報載有颱風過境，居民即作警戒，曾襲擊冲繩島，死一美國人，不知是否誑語？

蔣介石至廈門，今日即返台，云即將飛重慶。

聞白崇禧自長沙至衡陽，部署軍事。長沙現由著名之四平街守將陳明仁代理湘主席，及第一兵團司令身份，坐鎮長沙。按：湘主席本為程潛（頌雲），但程不知何處去？報上竟一字不提，殊為奇異。

合眾社電稱：國共兩軍，已於長沙郊外五英里內，互相角逐，一般預料為決定性之一戰。共軍並正企圖同時包圍長沙及衡陽，共軍兵力，其勢甚盛，以劉伯承軍等為主力。

路透社電載："西藏確已發生反抗宗主國中國之叛變，領導者為西藏國務院中之人物，蒙藏委員長關吉玉，已承認在西藏政局中，業已發生變化。"

七月二十七日

前昨兩日天晴，氣溫九十六度，今日，下雨，天氣驟涼。

上海於二十五日有颱風甚烈，死十九人。閘北塌屋一所，死十四人，其餘五人，皆為觸電而死。此次巨風，為一九一五年七月廿八日後之最烈者。聞上海各街路的積水，有六吋深者，亦有至四吋深者，所植之樹，有被風吹倒，連根拔起的。街道上散置車輛，司機皆涉水回家。是日學校停課、工廠停工、電車與公共汽車均停駛，來往上海的鐵路交通，亦均停止。

共軍已佔領長沙南方二十五哩之株州。長沙與衡陽之鐵路交通，已遭切斷，廣州北開之火車，僅通衡陽。長沙東郊三哩之遙，已發生戰鬥，城中可聞清晰之炮聲，長沙城門，業已關閉。又，位於長沙西北方二百里之宜昌共軍，現已至宜昌西四十哩之秭歸，其目的擬在該處渡江。

今日李宗仁飛來台灣，蔣介石親至機場迎接，未知有何協商。有人謂：閻老西之做法，蔣、李皆不滿意，今日政府成為三角式的。又有人說，如衡陽一失，廣州吃緊，究竟遷都再遷向何處？有許多人都躲在台灣，視台灣為一安樂土了。

白崇禧早已不願打，讓出漢口後，讓出長沙，不久當即讓出衡陽，回到廣西去。今日為英國劇作家蕭伯納九十三歲生日，文藝家多長壽。

七月二十九日

昨日天氣甚涼，僅華氏八十餘度，有潤街小雨，今又熱矣。

傳聞長沙已失，尚未證實，但聞電報聯絡已中斷矣。

共軍現已急趨淥口，將打衡陽，有云在此間將有一場大戰。白崇禧現在衡陽，能否出力一戰，尚未可知。倘衡陽一失，則由粵漢路可以直趨柳州而曲江、英德、直達廣州矣。

傳共軍退出株州，或將迂迴至衡陽之南，成一大包圍，亦未可知，或云，共軍常有此種戰略也。程潛已辭職，有舉為考試院代院長之說，令其即日來廣州。

李宗仁已返廣州，曾五度訪蔣介石晤談，臨行，蔣親赴飛機場送行。

合眾社二十八日電："上海《解放日報》（由《申報》改組），提出指示六點如下（1）支持南進的軍事作戰。（二）對上海市民與工廠，施行有系統的按步就班的教育，並利用大量的失業人員與遊民建設蘇北受災區域。（三）改訂政策，發展城市，以便上海脫離帝國主義的經濟。（四）動員共黨黨員、工人、學生，推動農村工作，增加生產。（五）發展內陸運輸，獎勵城鄉貿易。（六）實行節約，共黨黨員，尤應身體力行。"外國觀察家認為這是企圖使上海自足，不再依賴對外貿易。

又聞上海農林局二千四百名員工中，已遣散百分之廿七。

漁業部門職員，四百五十三名，已遣散二○二名。現擬訂一大規模計劃，在蘇北、安徽，種植稻米、棉花。

七月三十一日

天晴，酷熱，午間有風而無雨。

今日銀行掛牌，以新台幣六元（即舊台幣二十四萬元）合美鈔一元。

聯合社香港三十日電："五艘英國商船，及二艘中國商船，已分別於廿八、廿九兩日，自港駛共軍佔領下之海港。此顯為此間船務公司第一次有組織的大規模衝破國軍封鎖之企圖。英國海軍發言人說，軍艦並未奉派護送商船，是彼等隨軍艦而出發，純為巧合而已。但航業方面人說，此等商船，隨英艦出發，俾得通過台灣海峽時，使獲得英艦護航。且英國商船，可於長江口，獲得英艦保護。"

聞有蘇聯炮艇一艘，開入長山八島，此間尚有海軍未撤。

路透社說：共區的內河航運已恢復，上海、南京、漢口、天津及其他港埠間的航運，正在擴展中。又說：上海市政府已擬定計劃，發動當地人力與遊資，以增加農村生產。廣播中，要求避亂之地主及農民，即自滬有統系地疏散至鄉村，參加粮食生產，並擬將粮食運往蘇北等處，建立新地區，解救貧瘠。

美國白皮書，云將發表，但至今尚未發表，聞在擬議中。

八月三日

前昨兩日，均為上午晴，下午雨，今日下午，又有廉纖小雨。

下午二時，至可珍處，她已遷居於重慶南路二段六巷，是內地式的新造房子，有地板，不要榻榻眠，進門無須脫鞋。共有五六間，並有抽水馬桶及浴室、洗面盆等等。自來水已有了，但電燈尚未接綫，珍囑我移居彼處，我俟其電燈綫接好後，始去。

此處鄰近植物園，這個植物園很大，因往植物園散步，所有熱帶、亞熱帶的奇花異木，都是未曾見過的，且設一茶寮，置有藤椅，可以使遊人憩坐於花間林下，於夏天乘涼最為相宜。

路透社廣州電：“共軍經湖南推進，已越過長沙；今日〈三日〉漸至粵桂邊界。據悉：戰事在遂川進行，距廣州二百餘哩。”

報載：共軍自蓮花間公路城市攸縣南進，該縣近贛省邊界，與粵桂兩省，均不甚遠。

美大使司徒雷登聞已飛回美國，但南京、上海等處，據說仍有聯繫機關。

英國“紫水晶”號，已自共區開出，駛至香港修理。實在是由共區釋出，乃他們聲稱自己遁走，誇示勇敢，英國海軍，亦殊可笑！

八月五日

昨日下午有小雨，今日下午，欲雨作勢未成。

昨日此間各報發表：“湖南省主席程潛，通X叛國，明令通緝歸案，湖南省主席以陳明仁代理。”但今日，各報又發表“湖南代省主席陳明仁通X叛國，明令通緝歸案，湖南省主席以黃杰代理。”相距僅一日。

國民黨中央監察委員會（非監察院委員會）於四日舉行。會上決定：

"（一）蔣光鼐、譚平山，參加 X 政府之新政協會議，永遠開除黨籍。（二）黃紹竑在香港《大公報》發表和平主張，違反中央戡亂決策，永遠開除黨籍。（三）賀耀祖、胡庶華、黃統、劉建緒、李宗理、張潛華、金紹光、陳汝舟等，在香港《文匯報》發表和平主張，違反中央決策，永遠開除黨籍。（四）程潛背黨變節，永逮開除黨籍。"

蔣介石於三日飛赴南韓，商量東亞聯盟事，將由中、菲、南韓三國聯盟起來，共同反共。美國佯為不管，暗中在示意日本的麥克阿瑟，可先為精神上之援助。

八月六日

天氣陰晴不定，中午熱度常至九十六。

美國於昨日發表白皮書，譴責國民政府及蔣介石之處甚多。中言：中國內部何以產生這種不幸的結果，中國政府的腐化、自私和軍事錯誤，應負其責。且言今年五月五日李宗仁致杜魯門一機密電報，裏面坦白地說：中國的目前窘境，是吾國政府沒有善用美援，並實現政治、經濟和軍事改革。

一向守秘密的魏德邁的報告，今始披露，大意是：提出一項美援五年計劃，其條件是國民黨採取有效步驟，清除其政府內部腐敗，接受美國的軍事和經濟顧問，並將東北交給五強國（即中、蘇、美、英、法，共五國）共管。即此一點，原是未能成功，而掀起了世界譁然之震動，此即當時所以秘密之原因也。

白皮書中透露重要文件，尚有數種：（一）剛在一九四八年美國大選前，司徒大使報告，國民黨重要官員意外坦白地說，他們希望共和黨勝利，以保證國會同情中國。（二）魏德邁估計中國人民儲存或投資於國外的錢，足有十億美元，可是中國政府並無誠意，徵用這些私人財產，從事復興工作。（三）已故史迪威將軍，在一九四四年解除駐華美軍司令職務之前，對於蔣介石有極難聽的批評（中略）。總之這個白皮書，把國民政府和蔣介石痛罵一番，其情可惡，其意何居？

八月八日

氣候變化無常，陰晴不定，熱度高至九六，低至八○。

蔣介石今日至南韓，與南韓總統李承晚商量東亞聯盟事，聞回台北時，將於定海勾留兩天。

近來上海人假道定海，來台灣的人甚多，聞係由寧波或由乍浦等處來的，成為自共區至台灣之橋樑。雖經海口封鎖，人民則能衝破封鎖綫而想辦法。傳聞定海將築飛機場，將造倉庫云云。

可珍與我一台灣席，甚佳，記得有一小考據，述之如下：

> 台灣席，不但馳名中國，亦稱譽世界，在我幼小時候，我家本有一台灣席。細密柔軟，顏色已透深黃，而質地仍復柔美，古人所謂玉簟秋凉，不能逾此。原來此席出產於台中縣六甲區，據說從事於此種職業，就有十五萬人。為了這種手工業的發達，在六甲一區，開席店的商家，便成了一個市集。

> 考查這個台灣席誕生的經過，還在前清的雍正五年。六甲的附近，地名雙寮，有一位高山族的婦女，名喚蒲梁禮，採取了大安溪下流附近河岸濕地所野生的六甲藺，編織席子開始的。後來到乾隆三十年間，又有一位高山族婦女加流河貴，發覺六甲藺的強韌性，乃將其細莖，製造更精緻而優良的席子。後來他們也製造草帽了，但總不及席子的銷場大。這全屬於手工，而都出於婦孺之手，且為高山民族所發明，誰說我們少數

民族的智慧不高呢？

天晴，酷熱，下午佈雲作勢欲雨，不及五分鐘即止。

我於本月十三日，即遷居重慶南路二段可珍家，地址寬敞，惜無花木之勝。惟有一泥地場地，堪為種植。遷居以後，尚未定閱各報，故消息沉悶，自本月八日以後，即未寫日記，亦疏懶使然。

錄前數日口占的台北打油詩數首。

　　新生南路垃圾堆，掩鼻行人喊倒霉。難道此風傳日本，臭
溝常捲好風來。

台北地方不潔，到處垃圾成堆。因無下水道，馬路兩傍，盡是明溝，污穢發臭。在日本襲取的時候，常常誇說治理得如何清潔，難道現在一糟至此嗎？

　　海風過處港風來，南國女兒笑臉開。且浴溫泉且戲水，草
山去後北投回。

草山與北投那個地方，也算台北名勝之區，因為那個地方有溫泉，於是開了好多浴館，把溫泉導入室中，還有許多侍浴女郎。豈但侍浴，而且可以同浴，作鴛鴦戲水之舉。於是上海朋友、香港朋友，都興骸垢想浴之念，都到這個地方來，把個溫泉，作為溫柔鄉了。

發上海、香港、東京、紐約各一信，告知他們已遷居住址。

報載：蔣介石至廣州，傳將出巡西南、西北各處。

廣州二十日路透社電："福建方面，陳毅所部軍隊，在過去二十四小時內，進展甚為迅速，渠等業已進入廈門東北一百哩之蒲田。"又云："他們的目標，顯係控制由福州至廈門海岸綫之廣大地區，並阻止各項物品，由台灣運至大陸。……且該地區亦可成為共軍進攻台灣之跳板。在現時，共軍發動該項進攻，殆無可能，因彼等並無海軍，而國軍則有一支空軍呢。"

上海十九日美聯電："共產當局，今日佈公佈一辦法：准許私人營業，按照生產之需要，可以裁汰工人，並不許工人強迫資方錄用。但被裁者須發給相當之遣散費，少則一月，多則三月。惟營業之停閉，須得官方之准許。"

浙江省府成立，主席為譚霞林。

錄台北口占打油詩：

　　零三零四滿街飛，風捲灰沙雨濺衣。更有教人艷美處，紅
　　妝翠服女司機。

台灣最初光復的時期，汽車絕跡，日寇去時悉遭破壞。陳長官陳儀，從上海運來一輛舊汽車，其他的司長們都沒有汽車。後來搜尋得幾輛破汽車，甚至擋風玻璃也粉碎了，歸司長及各職員公用。但現在從上海到台北來逃難的豪富輩，很有許多新型的汽車，號碼則以字數越少越名貴，故以"零三""零四"為號。而上海太太們，還能自開汽車，足使台灣人艷美不置。

　　香蕉已鼓行人腹，路上空留香蕉皮。一個老翁竟滑倒，兒

童拍手笑嘻嘻。

此是畫家的速寫法，無庸註解。

八月二十五日

昨日高雄港碼頭"眾利"輪爆炸沉沒，因此附近大火延燒，入夜未熄，死傷人數，在三百左右。按："眾利"輪係一商輪，載重四千噸，於本月九日，載運軍用品（包括彈藥、汽油及藥材等，共為三千噸，自廣州駛抵高雄，泊於港埠第十碼頭）。正待起卸中，忽然爆炸，延及台糖公司的倉庫，靠在後面的，亦竟燃燒。招商局"海宇"輪不及離埠，不幸遭殃，亦沉海底。

香港政府突然下令徵用在啓德機場的中國修理廠，與英方交涉後，並未有如何結果，云暫許使用修理廠一星期，恐將來亦將停航。

共軍注意犯漳廈，沿福廈公路，侵入大田縣境。聞已由湯恩伯坐鎮廈門，廈門人紛紛避難。

聞蘭州已失，蘭州國軍安全撤離，省府遷移武威辦公。謠傳吳鐵城此次赴日，為招募國際志願軍事。香港報之惡作劇者，呼他為吳三桂，因吳鐵城與吳三桂同姓吳也。吳鐵城否認招募志願軍事，斥為無稽之談。

八月二十七日

近數日天氣，上午晴，下午陰，偶灑幾點小雨，成為常例。

招商局已聲明，"海宇"在仰光，招商局並未沉沒任何船，僅"海張"等數船，受有損傷，船員受傷者有數人。

今日定為孔子誕辰，各機關放假，又稱為教師節。

傳共產黨將於十月一日成立人民聯合政府。美聯社消息：共產黨召開政治協商會議，將自九月十五日至二十日間，在北平舉行，已規定成立聯合政府。此一聯合政府，將為共產中國的永久政府。又聞：一待中共成立政府後，第一問題，即為世界各國的承認問題，預料蘇聯將立刻予以承認。蘇聯的塔斯社，已計劃於短期內將總社遷往北平。

錄台北打油詩：

> 婢學夫人道短長，此間下女不尋常。搓脂滴粉晨妝罷，薈集喧呼小菜場。

日本稱婢女為下女，都是高小畢業，而再入一種下女養成所之類，以事學習。台灣為日本佔據以後，亦養成此風。我第一次到台北時，見這班下女，對於勤懇禮貌，足稱美善，而此次所見，則大不如前了。舊時的下女，每有升級為店家的職員，新來的下女，都是鄉村中未受過教養的女兒了。

> 門前一片爛泥塘，溝水盈盈映月光。自古都以鄰為壑，縱教大禹也徬徨。

此亦眼前速寫也。某先生門前一片水泥塘，幾不堪步足而過。詢之，則云鄰地築新溝，將舊溝塞住，乃至如此。加以責問，亦置不理。

八月三十日

上午即欲雨，作勢至下午，夜間得雨，終宵未止。

上午至館前街社會服務處理髮，又在重慶路報攤購《中國新聞》第五卷第七期一冊；又《麥帥陛下》一冊。

報載：共產黨之全國總工會主席陳毅，向上海六十萬工人的工會演說：要求工人接受較低的工資。他說，看未來情況，上海經濟，將要更加惡劣。預測將有更多的工廠關閉或減工。勞工已是中國領導階級，今後不能再罷工或怠工。共方的報紙佔計在上海已有一百萬以上的失業人數。陳毅說，黨不僅幫助工人取得他們的權利，也應該教育他們盡到他們的義務。

友人自香港來書云："港地情形，近日來因湘贛戰事較前靜寂，故一般人又覺安定。香港本地人，對戰事漠不關心。因為他們對英人信仰過深，只知做生意可能獲利與否。自美政府正式聲明，支持英國必要時，協同防守香港後，此間的金融立即安定。目前港幣行情，非常堅固，但是以後的變化，亦正是難測耳。……"

聞共軍已接近廈門，威脅汕頭，廣東已陷梅縣等五縣。

九月一日

今日天氣甚涼，一雨知秋，漸有秋意。

聞颱風襲日本，其勢甚烈，橫濱沉船四輪，死傷人無算。

中共號召發起之"新政協"，聞將於本年的雙十節召開。曾於今年六月十五日至十九日，在北平舉行一個新政協籌備會。新政協會籌備會的構成分子，計為（一）中共七席，（二）國民黨革命委員會七席，（三）民主同盟七席，（四）民主建國會五席，（五）中國民主促進會四席，（六）農工民主黨五席，（七）人民救國會五席，（八）三民主義同志會五席，（九）國民黨民主促進會四席，（十）中國致公黨四席，（十一）人民解放軍七席，（十二）無黨派民主人士六席，此外復有工人、農民、產業界、文化界，以及海外僑胞等團體代表若干人。毛澤東為籌備會主任，副主任四人，為周恩來、李濟深、沈鈞儒、郭沫若擔任。

中共七席為毛澤東、周恩來、林伯渠、董必武、陳雲、李維漢、薄一波。人民解放軍七席為朱德、劉伯承、陳毅、聶榮臻、葉劍英等等。國民黨革命委員會七席為李濟深、何香凝、李德全、張文、李錫九、陳劭先、梅龔彬。民主同盟七席為沈鈞儒、張伯鈞、張瀾、張東蓀、周新民、羅隆基、楚圖南。三民主義同志會五席為陳銘樞、譚平山、郭春濤、王崑崙（缺一人），國民黨民主促進會四席為蔡廷鍇、蔣光鼐、陳此生、李民欣。民主建國會五席為黃炎培、章乃器、胡厥文、施復亮、胡子嬰。人民救國會五席為史良、李華遠、胡愈之、沈志遠、曾孟君。

又言：中國民主促進會，以馬叙倫為首。無黨派民主人士，以馬寅初、郭沫若為首。李立三代表工人。劉玉厚代表農民。

籌備會的主要議題有數點：一、討論民主的共同綱領；二、規定參加新政協的單位及其代表名額；三、中國人民民主共和國政府方案；四、起草共同宣言；五、擬定國旗和國歌的方案。又聞：新政協的單位，確定為四十五位，代表總額為五百一十名。

報載：宋慶齡已於前日乘專車到北平。

九月三日

今日上午，陰晴不定，下午雨，至夜未止，夜午月光皎潔矣。

戰事形勢仍緊，蔣介石仍在重慶未回，渝各團體有留蔣久駐之意。因廣東情勢急，蔣即使回來，恐亦到台灣了。

廣州開緊急會議，閻錫山、顧祝同、余漢謀、鄭介民、白崇禧等列席，討論保衛華南問題。白曾飛貴州一行。

合社眾香港電：今日有飛機數架，滿載中國三大民航公司人員自昆明飛抵此間。各該人員均謂不知此次突然撤退之理由。按自蔣駐渝後，此間即有關於雲南政局的謠傳。今昆明各航空公司之行動，益增強此項謠言之傳播。

重慶空前大火，在陝西街朝天門中正街一帶大火，燒了十八個鐘頭，焚毀房屋在一萬幢左右，葬身火窟者約有千人，被燒死陳屍地面者，已有六百餘人，深埋瓦礫及墮水者尚未計算在內。無家可歸者約有十萬人，誠空前浩劫。

錄台北打油詩：

> 清潔衛生世所誇，糞缸滿地是黃花。一般天下烏鴉黑，最出風頭倒老爺。

各大都市全注意於飲食，而不注意於排泄，實際上莊子所謂"道在屎溺"未可輕視也。台灣家宅中，雖有廁所，却無抽水馬桶，亦不似蘇滬各地之有便桶。於是糞積於池，必仰仗糞夫移去，糞夫則大搭架子，須與重值。此風蘇滬亦如此，所以對於倒馬桶的，女傭們呼之為"倒老爺"也。

九月五日

天晴，多風，較涼。

廣州電：昆明當局三日下午，突然下令，限民航空運大隊，於廿四小時內離境。該空運大隊總站，於日前由穗遷昆者，奉令後，倉猝將全部物資，由昆明遷回廣州。昨晚廣州整夜機聲隆隆，實為該隊搬運物資之故。但穗方與昆明電信仍暢通。

重慶電：昆明情勢，突然轉變，省保安隊態度不明，中央駐滇人員，一部已被迫撤退。國軍廿六軍（軍長余程萬）亦已移駐滇越路上之開遠。集中待命。

傳聞此事由龍雲策動，而龍雲則仍在香港。龍雲與今雲南主席為異父同母之兄弟，龍雲是於去歲自南京出走的。

合眾社廣州四日電：共軍已自湖南增調援兵入閩，從事決戰。廈門命運，將於一週內決定。倘陳毅共軍攻下廈門，則將繼續猛襲粵省東部，期能於汕頭會師，進攻廣州。

聞陳毅部廿九軍，二日攻陷安海，昨續向同安、馬港進擊中。

有人言：自廈門至台灣之高雄港口，機帆船十小時可達；至台也之基隆港，機帆船十四小時亦可達。

香港自四日起，禁止穿軍服的中國軍人入境，火車站、啓德機場各輪船碼頭，皆派有警察駐守。昨日啓德機場，有一中國軍官由廣州乘中航機來此，即被警察拒阻，將電中航機送返廣州。（按：在戰前，香港本禁止中國軍人穿制服來港者，今則又恢復了原例了）。

九月七日

天氣仍炎熱，每日達九十六七度。

昆明事件，中央社載盧漢已至渝謁蔣。又云，航空仍通。惟驅逐民航大隊，以及廿六軍余程萬移駐開遠，則係事實。且雲南事甚複雜，不僅在盧漢一人也。

蔣介石仍在重慶，未有歸期。閻錫山赴渝，聞一方面蔣不欲來廣東，一方面則川軍將領不和，張羣急欲辭職，正在調停中。

昆明學生表示反對政府，在學校中，大扭秧歌。因為政府曾嚴禁扭秧歌，以為學生扭秧歌，即是"投共"。其實共產黨是共產黨，秧歌是秧歌，未有共產黨時，即有秧歌。中共在陝北時，以鄉村間未有其他娛樂，僅有秧歌，乃提倡了它。到了北京、上海等處，即不聞扭秧歌，早已放棄了，而今政府與學生，為了扭秧歌，大為別扭，真未免太幼稚了。

錄台北打油詩：

> 也是書房也臥房，碧紗帳子最風光。鷄聲催得春眠起，席地看書跪曉妝。

台灣為日人統治以後，改變我的善良起居，至於席地坐臥。他們無所謂臥房，一間屋子，到了臨睡時，在壁櫥中取出衾枕臥具之類，席地而臥了。起身後，即將臥具塞入壁櫥，便成為讀書寫字之地。大陸上來的太太們，大為不慣，房中僅有一張桌子，要跪在那裏作曉妝，殊為苦之。但那裏的紗帳極好，從來帳子只張一床，他這帳子可以張一房，比中國所豪稱的碧紗櫥還要寬敞，以台灣多蚊，不得不如此，但也惟豪貴人家有此。

九月九日

雖已入秋，天氣仍熱。

昆明事變已緩和，聞將解散省參議會，因省參議會受龍雲的支配。最初聽說有四項要求：（一）如果要雲南作為反共基地，請中央立即撥付武裝雲南十個師的裝備和彈藥。至各師長的人選全須由滇人負責，中央僅能居於監督地位。（二）為了減輕雲南人民負擔起見，請中央明令滇省在三年內免征田賦，嗣後一切田賦、鹽稅和國稅，均由雲南直接收受，不再繳存中央矣。（三）請中央自九月四日起，將派駐雲南境內之中央軍，全部撤離省境，並要求立即撤退。（四）在可能範圍內，將雲南實行高度自治。

有人說，盧漢在雲南，僅有十個保安圈，是抵不住廿六軍的。又有人說，雲南事變，與共產黨並無關係。共方志在由彼自己進取，誰要他幹出什麼獨立來。不過現在兵力距離尚遠，接濟不到耳。盧漢見情形如此，也只得立時改變了。

廈門外圍益緊，湯恩伯獨霸廈門，方治為閩主席，毛森為警備司令，人稱為小上海。

觀察家估計廣東事解決，將有三個月，而廈門事解決，恐在一個月內，但廈門事解決，則台灣吃緊矣。

香港報紙，亦屢載上海工人失業，工廠停閉，以及通貨膨脹事。上海事正不易為。尤其那種流氓世界，剷除惡勢力，即不容易，真教人傷盡腦筋。傳聞工廠將遷出上海，工人群起反對。

九月十一日

兩日來，天氣甚熱，人言台灣無秋，信然。

陳誠於今日上午赴廈門，與廈門各界舉行座談會。聞廈門各界，頗不直湯恩伯之所為，香港報紙亦時有對他譏評。

美聯社載：華南於一週內將發生大戰，其結局對於廣州之命運，料將有所決定。因近日共方按兵不動，似有沉機待命之勢。

昆明除解散參議會外，又解散雲南大學，昆明師範學院則暫停開學。又嚴禁集會遊行。查封反動報刊，拿辦所謂反動分子。又令余程萬所部廿六軍與盧漢密切聯絡。

美聯社電：中共指定將來的首都為北平（聞不日即將改北平為北京），又將於十月一日成立聯合政府。在其重建計劃中，將建造三大廣場，以蘇聯的莫斯科廣場為模型。

又云：上海軍管會秘書長饒漱石，頗有權力。據聞中共頗不重視上海，却悉心經營北方。上海失去其經濟重要之地位，則對於東北之哈爾濱及其他都市，發展為新的經濟及工業中心了。又云：近日北方與蘇聯貿易甚盛，桐油、大豆等，都銷往蘇聯，以易取蘇聯出產的汽油、機器等。

（按，我國各報所載通訊，除中國通訊社外，各大國的通訊社，如英、美、法、德、俄、日本咸備。戰勝以後，日本無權在我國辦通訊社，德國亦如之。蘇聯的塔斯社，亦不在中國發通訊稿。法國新聞社亦少見。僅有英國之路透，美國之合眾與美聯，在現在中國所視為南針，而尤以美國的兩通訊社，最為活躍。固然，他們的範圍的寬廣、消息的靈通，是其所長，然而亦有許多觀察之未周、論斷之失當的。當然也有他們的立場、他們的主觀意圖，這在我們編者與讀者，需加以仔細的檢討為宜。）

九月十三日

昨日夜間有雨，直至今日凌晨，聞將有中型颱風襲台北。

擬向此間圖書館借書來閱，它的章程，是先送一申請書，須有舖保。我即覓取舖保後送去，則云又須往對保，稽遲至一星期，今日方得借書證一紙〈保證金新台幣一元，可還〉，此證可用半年，每次可借書兩冊。

這個圖書館，貧乏得可憐，本來所藏的都是日本書，自光復以來所添的中文書極少，而且不倫不類，不知誰在管理此圖書館者？綫裝書當然沒有，西裝書亦甚寥寥，偶有較新的書，不肯借出，因僅此一冊，要留待來館者閱讀。但我見來館閱讀的人，甚為稀少，不過六七人，有的還在瞌睡。所謂較新的書，也不過上海來的幾種，其實也早已不新的了。我借了印度短篇小說集一冊、波蘭短篇小說集一冊，都是冷門貨。

上海當局昨日宣佈，發行五百元及一千元之人民幣，為適應市面的頭寸需要，及促進都市與農村的物資交流。又聞，已準備有大量物資，倘市場因發行新票而有波動，則可以拋售物資以平衡之。

自陳誠到過廈門一次後，廈門事似乎緩和下來，報亦少見。

香港報紙上說，共軍擬攻佔舟山群島。

蔣介石到成都，發表宣言，要四川人團結，共同剿共。

九月十八日

連日未寫日記，並非事忙，實因貪懶。

十四日有小型颱風，但亦吹坍了庭前的籬笆，記得從前有一個說大話的人，對人家說道：昨夜一陣狂風，把家裏的一口井，吹到了鄰家去。人家不信，但他的那口井，的確在鄰家了。原來他家與鄰家，只隔一籬，狂風把籬吹到他這邊來，籬邊的井就到鄰家去了。台灣的房子，與鄰家也只隔一籬，上一次，我來台北，住在可永那裏，也遇着一回颱風，把庭園裏的離色全部吹坍了，雖然沒有井，却與我們的高鄰，兩家併成一家了。

在台灣訓練新軍的孫立人，忽於前日脫去軍服，換上西裝，由台前往澳門，更於九月十二日，由澳轉港。據云，並無任何任務，何日回台，亦無人知。聞孫為北平清華大學畢業，就學美國佛吉尼亞軍校，與艾森豪威爾及馬歇爾為先後同學，他比馬歇爾僅晚六期，美國軍人頗信任他。

廣東軍事，傳共軍已進入翁源，翁源與曲江電報已中斷。聞近有一項運動，將推舉白崇禧為華中華南的國軍總指揮官，聞此項運動，為余漢謀及薛岳等所發起的，已向閻錫山提出。

蔣介石自成都又回到重慶，不像就回到廣州。

連日天氣稍涼，約等於江南的新秋了。

香港報載：前駐蘇聯大使楊傑，在香港寓中，為國民黨特務所暗殺。楊為雲南人，始於數日前自昆明來港，暗殺人扮為送信人，謂雲南盧姓囑送信來，即向其開兩槍身死，有謂楊於雲南事變有潛勢力。楊自駐蘇大使卸任後即賦閒。

聞平潭島守軍，已轉移陣地。台灣又漸迫近矣。廈門通訊中云："廈門、金門兩島，為渡海進攻台灣的一塊跳板。但台灣海峽中，還有一塊跳板，即是平潭島。從福州撤退的國軍，有一部分，便集中在這島上。現已在興化灣，高山一帶徵集民船，此間與平潭，只隔一個海壇峽。現共軍已向平潭進攻，不能放棄這條跳板"云云。現聞陳毅之第二十軍，第三十軍，已於十六日開始進攻，利用大小木船、木筏、滿裝軍士，以沙袋為掩護物，乘潮水上漲時，在平潭東南和西北兩面強行登陸。

北平連日開政治協商會議，這是個預備會。決定政協代表為六六一名，其中五一一名，代表四十五個不同的政治單位。此外有七十七名候補代表，與七十四名特別邀請的代表。又聞，預備會議對中央人民政府以及政治協商會議的組織法草案，在原則上均已通過。又聞，國徽與國旗，留給正式會議討論。

北平所開政協已經開幕了。毛澤東於開幕詞中說："要制定中華人民共和國中央人民政府的組織法；要選舉中國人民政治協商會議的全國委員；要選舉中華人民共和國中央人民政府委員；要制定中華人民共和國的國旗和國徽；要決定中華人民共和國的國都所在地；以及要採取和世界大多數國家一樣的年曆。"

蔣介石聞於前日自重慶返廣州，並聞張羣亦同來，兩人聞不日即來台灣。

錄台北打油詩：

> 植物園成馳馬場，睡蓮池畔睡鴛鴦。英雄兒女都無賴，芳
> 草無言對夕陽。

植物園亦如各都市的公園，以居處相近，時偕兒童輩往遊。向來規定無論何種車輛不得入園，乃前日竟有武裝軍人在此馳馬。植物園地區甚廣（前清之巡撫衙門，亦圈置在內）。若以公園作跑馬場，却所罕見。植物園等池塘內所種的都是睡蓮，與大陸上的荷花有異，夜來常有對對野鴛鴦露宿於此，恬不為怪。

九月二十五日

連日中午尚熱，早晚已凉，秋風起矣。在夏曆已是八月初，況今年又是閏七月也。

紛傳廈門已失，然恐未確，惟海空間交通已斷（港廈交通早斷）。昨日尚宣傳廈門附近之嵩嶼及嶼仔尾打了勝仗，但今日報載，則已失去矣。聞共方以三個軍猛力進攻。

外傳李延年已被扣，失去平潭島，湯恩伯及方治均受處分。湯的司令部則在船上，湯為前此保衛大上海者，滬人至今猶恨之切齒，外國人則謂其貪污而兼無能。

美聯社載：美總統杜魯門發表蘇聯也有原子彈，曾在其境內爆炸，此事頗震動全球。因為美國人的估計，以為要到一九五一年，蘇聯方可

有原子彈，現在却早了兩年。但是據蘇聯自己說：他們早已知道原子秘密，且在兩年前，也早有了原子武器。並曾利用原子能，促進了國家建設。塔斯社又說，蘇聯全境，正利用這個最新技術工具，在水電工廠、礦場、運河及公路建築方面，作大規模的爆炸工作。又云，在一九四七年，莫洛托夫早說，原子炸彈已不成為秘密，他的意思，就暗示蘇聯手頭，已有此秘密武器。

聯合社載：中華人民共和國，不設總統，設一委員會，統制政權。中央人民委員會，下設四部門：（一）政務院，（二）軍事委員會，（三）人民法庭，（四）人民監察部。聞已通過以北平為首都，恢復北京的名稱。又有一小組會議，決定以世界公曆為年號。

九月二十七日

昨日天晴，今日有雨，天氣漸涼，節近中秋矣。

香港報有數日未能來，各綫戰事無大發展，似在整理中。厦門外圍已失去，惟尚未進攻。

李宗仁不發表湯恩伯的福建綏靖司令，謂其喪師失地。

閻錫山辭行政院長及國防部長職，閻老西已倦勤矣。

立法院長童冠賢，亦突然辭職。立院定於三十日復會，勉强足法定人數。童之辭職，其理由為可使立院寧靜。

新疆省突然發生變化，省當局已與共方妥協，寧夏也被共方佔據。政府軍事發言人稱，新疆省的國軍，已經向東調動中。又說，共軍聶榮臻部前數日已侵入寧夏省會銀川市。

國防部已電令陶峙岳率全體國軍向關內調動，於某地集中待命，新疆的大勢恐已去矣。

有盧君自上海至天津到香港來台，曾講上海、天津種種情形。因詢以共方須疏散上海市民，有此說否？彼云，有有形之疏散，無形之疏散兩種。有形之疏散，則以上海的無業人民，遣遣歸內地，從事耕種，如蘇北人民等；無形之疏散，則上海人覺得已無生意可做，勢必離開上海，所以凡請求離滬者，亦即可核准。

盧君又言，共方重坦白，勿隱瞞。離津時，其夫人兩手戴有金指環四隻，及兩臂各套有金鐲一隻。檢查者似為一女學生，詢以何故戴許多金飾？（因金銀禁止出口。）告以戒指兩隻是結婚戒指，兩隻為女兒所有，金鐲一為其妻所有，一為其女所有，如不許攜帶，則請攜去可也。問：行李中尚有首飾否？答言無之，有之則願罰，檢查果無有，則云你們尚坦白，戒指金鐲可帶去。另有一女人，詢其有無金飾？答云無有。但在衣袋中搜出一金戒指，即被沒收。

十月一日

昨日整天雨，今日上午微雨，下午漸晴。

自今日始，台灣鐘點即撥慢一小時，已非夏季時令了。

今日中午；北平正式宣佈：中華人民共和國和中國人民政府成立。中國人民政府協商會議第一屆全體會議已選出毛澤東為中華人民共和國中央人民政府委員會主席。朱德、劉少奇、宋慶齡、李濟深、張瀾、高崗等六人為副主席。又：中央人民政府委員，決定為五十六人。

又：宣佈國務委員會派周恩來為主席。（即國務總理）

總統府以資政宋慶齡及國策顧問邵力子、章士釗、李明揚、張難先五員，被共方利用，甘心附逆，特予免職，以肅法紀。

為了湯恩伯、李宗仁與閻錫山，所謂府（總統府）院（行政院）鬧糾紛，所以湯恩伯的職位，至今未定，正所謂"妾身未分明"也。但李宗仁理由較強，而事實上則尚須湯守廈門。

胡適辭外交部長照准，以葉公超任外交部長。

顧祝同辭參謀總長，蕭肅毅暫代。

徐堪辭財政部長，關吉玉繼任。

十月三日

連日頗多風雨，聞已在雨季時節了。

蘇聯因共產黨人民政府在一日放立，二日即加以承認。新華社廣播二日塔斯社電云："十月二日，蘇聯外交部副部長葛羅米柯代表蘇聯政府，向廣州政府駐莫斯科代辦，發表聲明如下："由於在中國發生的事件，已造成中國的軍事政治與社會生活的深邃變化的結果，中華人民共和國業已成立，中國中央人民政府已經組成，位於廣州的閻錫山先生的政府，已停止在中國行使權力，並已變成廣州省政府，而失去了代表中國與外國保持外交的可能性。……這一情況，造成了中國與外國間，外交關係的斷絕，並已決定自廣州召回其外交代表"云云。

按：中國現在駐蘇聯大使館代辦為陳定，蘇聯現亦尚未規定其離境日期。

又倫敦廣播云：蘇聯副外長葛羅米柯，在致新任中華人民民主共和國總理兼外長周恩來之電報中稱："蘇維埃社會主義共和國聯邦政府，承認接受本年十月一日中國中央人民政府的宣言，其中提議中華人民民主共和國與蘇聯建立外交關係。蘇聯政府對中國中央人民政府的提議，加以研究後，基於蘇政府一貫努力維護與中國人民友好關係的動機，及對於中國人民中央政府代表絕大多數中國人民願望的信念，故特通知閣下，蘇政府已通過決議：在蘇聯與中華人民民主共和國之間，建立外交關係，並交換大使。"

聯合國秘書處當局人士，認為繼蘇聯之後，東歐國家將陸續宣佈承認中共政府，且在蘇聯集團之外，可能有一國或一國以上的國家承認中共政府。又聞印度政府尼赫魯即將承認。

蔣介石今日回台灣來。

十月五日

兩日來陰晴不定，一小時內即起變化。

聞香港與廈門等處，都起有颱風。

今日為舊曆八月十四日，明日即為中秋節。此間台灣人，仍尊重舊曆時節令，加以內地人紛紛來此，月餅上市，送禮者甚多。

波蘭、捷克、保加利亞、羅馬尼亞，均承認中華人民共和國，與廣州之國民政府絕交。又今日稱匈牙利亦承認中共政府。

合眾社莫斯科電：蘇聯與中華人民共和國交換大使、蘇聯派一九四八年二月駐南京的蘇聯大使羅书為駐中國大使，中國駐蘇大使為王稼祥。原駐蘇外交官員將全部離蘇。

西報上揣測英國恐將先美國承認中共政府，現已有了六國承認了。

東德將組織新政府，以與西德政府對立，柏林為其首都。

粵北戰事，已至曲江，從始興至仁化已失去，一方迫韶關。聞將兜抄至英德、佛崗等處。廈門方面，共軍自嵩嶼炸轟鼓浪嶼，並放烟幕彈，擬掩護渡海，日前在暴風雨中，仍進行攻擊。傳聞上海工廠，有廿五家擬遷往天津。

十月七日

昨日為中秋節，夜半有月，今日放晴。

下午，寄香港聰孫女一信。至圖書館換書，貧乏可憐。至社會理髮處理髮，價為七萬元。

今晚有人請可珍等至基隆乘遊艇至海港看月，又在水上招待所夜餐。水上招待所者，為招商局江寧、江靜之兩江輪，不能駛海，乃作此生涯，為浮家泛宅不得已之舉也。泊淡水碼頭。

報載：南斯拉夫亦已承認中共政府。北韓亦已承認。至此承認中共政府者，共已有七個半國。

粵北的曲江已失，英德尚保持，距廣州僅一百餘里。

錄台北打油詩：

蜘蛛大似陽澄蟹，老鼠肥同江北豬。壁虎緣牆灶馬走，昆蟲世界此邦殊。

台灣地方，蟲類最多，有許多大陸上從未見過的蟲類，至於大陸上所習見者，此間亦應有盡有。蜘蛛有不少種類，有黑色的，有紅色的，有結網與不結網之別，巨大兇猛。有一次，我見一蜘蛛與一壁虎在壁上爭鬥，壁虎亦不弱，緣壁而走，至為迅疾（台灣的壁虎，能嘶嘶作聲），但卻鬥不過蜘蛛，這一場大戰，還是壁虎敗了。台灣的老鼠，肥大亦過於大陸，且有技術，能緣電綫而走，似馬戲班中人。灶馬即蟑螂，古代名詞也，台灣亦到處都是。

十月九日

昨今兩日，天晴無雨，漸覺秋涼矣。

廣州行政院八日開會，"通輯"中國人民政治協商會主席團名單如下：

毛澤東、劉少奇、周恩來、林伯渠、董必武、陳雲、彭真、李濟深、何香凝、李德全、譚平山、陳銘樞、蔡廷鍇、蔣光鼐、張瀾、沈鈞儒、張伯鈞、張東蓀、史良、彭澤民、沙千里、黃炎培、章乃器、胡厥文、郭沫若、馬寅初、張奚若、李達、馬叙倫、陳其尤、許德珩、謝雪紅、馮文彬、馬明方、薄一波、陳毅、高崗、黃克誠、連貫、烏蘭夫、黃敬、杜國庠、朱德、聶榮臻、賀龍、劉伯承、粟裕、羅榮恆、張雲逸、李國英、衛小堂、魏來國、劉梅村、李立三、朱學範、陳少敏、張曄、劉玉厚、蔡暢、鄧穎超、廖承志、謝邦定、陳叔通、盛丕華、李燭塵、劉曉、李俊欣、沈雁冰、陳伯達、成仿吾、胡喬木、潘震亞、劉格平、張冲、陳嘉庚、司徒美堂、吳耀宗、宋慶齡、陶孟和、張難先、張元濟、張治中、邵力子、程潛、傅作義、賽福鼎、劉英源、李時良等。

又"通緝"中共人民政府委員會人員：

主席：毛澤東

副主席：朱德、劉少奇、宋慶齡、彭真、李濟深、張瀾、高崗

委員：陳毅、賀龍、李立三、劉伯渠、葉劍英、何香凝、林彪、彭德懷、劉伯承、吳玉璋、徐向前、彭真、薄一波、聶榮臻、周恩來、董必武、賽福鼎、饒漱石、陳嘉庚、羅榮桓、鄧子恢、烏蘭夫、徐特立、蔡暢、劉格平、馬寅初、康生、林楓、馬叙倫、郭沫若、張雲逸、鄧小平、高崇民、沈鈞儒、沈雁冰、陳叙通、李錫九、黃炎培、蔡廷鍇、習仲勛、司徒美堂、彭澤民、張治中、傅作義、李燭塵、李達、章伯鈞、程潛、張奚若、陳銘樞、譚平山、張難先、柳亞子、張東蓀、龍雲等。

又附"逆"有據之官員通緝者，有：錢昌照、顧毓琇、吳有訓、張志讓、陳望道、陳鶴琴、章益、梁希、曾澤生、馬鴻賓、徐行、崔振倫等。

天氣漸涼，但未下雨，已可御單袷矣。

昨日為雙十節，此間雖有慶祝，却都無興趣。

粵北曲江亦失守，國軍退至英德，聞英德亦吃緊。

報載：粵北方面，已由粵漢路正面，共軍侵入曲江，即進入韶關而至英德。今聞英德亦失守，相持於連江口，但連江口之南清遠一帶，亦有響應。今日晚間，舊金山之廣播，則云共軍側翼，已至從化境。政府又有重遷重慶之說，但大部分人則紛紛至台灣。

衡陽失守，白崇禧飛廣西。

自湖南之衡陽失去後，湘西之共軍，即衝至邵陽西南之武崗縣，邵陽亦已失守，林彪部已臨湘桂邊境矣。

有一台灣人，說林彪本是台灣人，因他姓林故。

廈門方面，鼓浪嶼等互相攻擊，共軍殆作牽制之勢。

于右任、吳鐵城等，均到台灣。

聯合社電："中共於十日廣播其憲法之全文。憲法中規定由普選產生人民議會，但普選以前，以中國人民政治協商會議代替國會的職權。中央政府委員會之下，設一內閣，名曰政務院，此外可任命最高法院法官，及科學研究院院士，人民銀行經理及協理，以及革命軍委會委員等。政務院則掌理國內全部行政事務，以周恩來為總理，並可任命縣級以上行政人員。"

按：此種外國通訊電，有可信者，有未可信者，因他們究竟未能明了中國的政治動態，往往力求快捷，不假思索，甚至以意為之。加以自西文譯成中文，譯者未必全能信達，這全靠讀者自己去辨別了。

十月十三日

連日天晴，有時作微濛小雨，漸有寒意矣。

蘇聯所派大使羅申，已於十一日到北平。報載：據共方所言，蘇聯技術人員二百名，已參加各部門工作，直到其自己能工作為止。蘇聯文化代表歌舞團，正在北平上演。蘇聯贈給中共書籍五十七萬冊。又言，此次香港慶祝雙十節國慶，還是大部分懸掛青天白日旗，小部則已懸中共的新旗。新加坡則頗多懸共方旗幟者。

共方在浙江已派有職員：浙江省主席譚震林，實業廳長張勁夫，民政廳長霍士廉，財政廳長汪道涵，教育廳長張登，工礦廳長顧德，公安廳長李豐年，衛生廳長李藍炎，秘書廳長王文長，人事處長宋治民。

廈門尚在互相炮轟，共軍則蠶食外圍各小島，準備圍攻。

銀圓券廣州中央銀行擠兌，本來每一銀圓券，值港幣四元者，今日僅值五角。

美鈔在台灣本值官價五元，前日黑市已漲至七元二角。

十月十四日

今晨紛傳廣州已失陷，國軍已放棄，而共軍則尚未到廣州，然已成為真空地帶。報載國府遷重慶，粵省府則遷至海南島（港報云：遷至海口），白崇禧則回桂林，作保守桂林計。

閻錫山尚在台北，聞於今日飛重慶。于右任等一班人，均來台灣，老蔣是否在台灣，言人人殊。

合眾社香港十四日電：中共部隊已在廣州城外集合，距市區僅半小時公共汽車路程，國軍的撤退工作，已告完成。市內情況，仍甚安靜，但頗緊張，城內尚未見有中共部隊。傳聞國軍華南區總司令尚在城中。

重慶與廣州的電訊已中斷。

廈門由共軍發動渡海攻勢，報載：六處登陸企圖，均被國軍粉碎，但外間已盛傳登陸成功。我在九月九日的日記上，載有某觀察家估計：廣州解放將有三個月，而廈門事解決，只不過一月間耳。誰知廣州解決，距所估計的時日，僅一月有餘，而廈門距此，則已一月以外矣。我可不敢相信報上所載的自稱勝利的消息，每次登載勝利以後，不一日即發見大不勝利的消息也。

十月十六日

天氣快晴，秋高氣爽。

香港電：陳賡部十四日下午八時，進入廣州，廣州市長葉劍英亦到達。香港政府發言人，對於局勢不欲發表任何意見，但稱目前可以奉告者，即香港與廣州華南的交通，即可恢復。

粵省主席薛岳等退至海口，大隊國軍，則正退往瓊島。

路透社香港電：廣州市區內，除海珠橋為國軍破壞外，未有任何損失。共方當局規定一百元人民幣，合港幣一角。除《中央日報》外，廣州市各報，仍然照常出版，沙面外僑情形，則不甚詳悉。

又電：廣州情形，現甚為平靜，商店多數已開門，過去四十八小時之緊急狀態中，搶案甚少。據聞最初入城者，為林彪部下第四野戰軍之前鋒。入城之先遣部隊，以國府行政院原址為司令部。所以警察及自衛隊，即在該處繳械。共軍入城，並未流血。

官方宣佈：共軍自十五日起，以全力攻廈門，守軍主力已自動撤至金門。並申說，在戰略價值上，金門遠勝廈門。

有人說：金門方面，有大嶝島、小嶝島已為共軍所據，恐亦不能立足耳。

十月十八日

昨日陰晴不定，今日細雨霏霏。

聞政府遷至重慶以後，連日開會，各界曾開歡迎會。重慶市長楊森發表演說。他說：「重慶既慶祝抗戰勝利，重慶亦必然慶祝剿共勝利。重慶！重慶！必將重慶！」於是大家鼓掌，讚他真說得好。

重慶與台灣，以後僅有飛機可通，此外水陸兩路皆隔絕，蔣介石恐未必能到重慶去，大家如此猜度。

現在東南僅有台灣，西南僅有四川，而又間隔絕。有人又估計三個月解決台灣，六個月解決四川，「姑妄言之姑聽之」，以待事實的證明，前估計廣州須三月，初不意如此的輕易也。

廣州方面，共方正規軍聞已抵深圳，國軍艦隊尚封鎖珠江口，港穗交通未能恢復。電訊亦中斷。聞廣東之汕頭亦已失去，共軍向澳門方向推進，已入中山縣境。

東南長官公署已內定三副長官，一為郭寄嶠，一為羅卓英，一為湯恩伯。湯即初守上海，繼守廈門，而李宗仁稱之為喪師失地之名將也。

閱報得兩消息，一為共軍已開入新疆省，一為外蒙古人民共和國，已承認中共。

十月二十一日

前兩日陰晴不定，今竟日雨，天氣甚凉，不亞江南。

今日冒雨至臨沂街，因是舊曆九月初三日，為我父親百年冥誕，不能營佛事，擬備菜肴，作為家祭，邀約兒女外孫來作祭餘一餐，以為紀念。

廈門失去，國軍移轉金門後，尚未有大接觸。

廣州失去後，今官方正式宣佈，汕頭亦失去。

廣州與香港，尚未恢復交通，現在水陸空均不通，聞正在談判接洽中。但香港仰仗廣州處甚多，譬如粮食、蔬菜等等，而廣州仰仗香港處甚少，只不過是外國進口貨與奢侈品而已。

關於英國承認共產黨北京政府一事，英國這時尚在斟酌籌議中。英國倘使單獨承認，美國似乎不大情願，英國現在惟美國馬首是瞻。因為他們在中國的商務與產業，想與中國共方作一種臨時的事實上的接洽，而共黨方却不甚注重，大有以逸待勞之勢。

中共昨日宣佈新閣官員名單，此間報紙轉載聯合社舊金山電，故未能全備，且人名都是譯音，益令人茫然。惟知其屬於工業部分者甚多，有重工業部，有輕工業部，有燃料工業部，有紡織工業部，有糧食工業部等等。傳聞重工業部為陳雲，輕工業部為黃炎培，財政部為薄一波，鐵道部為滕代遠，餘則在譯音中未能詳出。

聞政務委員之閣員，共為二十名，其中九名不屬於共產黨。其餘如副部長等，則以非共產黨人為多。

除部以外，有不少委員會，曾在新華社電台廣播過，聞有何香凝、廖承志、范長江、薩空了等，均為各委員會正副主任。

軍事委員會主席為毛澤東，副主席五人，中有一人為程潛，委員二十二人，傅作義等在內。

最高法院院長為沈鈞儒，副院長二人，大法官十四人。

檢察署署長為羅榮桓，副署長二人，檢察官十一人。

十月二十三日

竟日雨，昨日亦陰，天文台報告，數日內難見晴朗。

新裝電話，號碼為"六〇三七"以後便利較多。（按，台北電話號碼僅有四位。）

金門島方面無戰事，共軍想尚在整理中。有人說：當廈門撤退時十分紛亂，還槍斃了政治犯。軍民搶船逃走，而最先逃走者便是司令湯恩伯，市長毛森。

廣州方面，共軍尚未大部進入。據云，粵北公路橋樑，破壞很多。新華社廣播稱，解放軍一面修建，一面進行。為了嘉獎軍士修路的努力，每人發給新軍服一套。

香港與廣州，水陸空交通尚未直接，惟電報可由上海轉。

台灣與香港，兩天內飛機也不通，說是天氣關係，恐未必盡然。

路透社電載：香港總督昨夜發緊急命令，授權主管人員，如遇必要，得禁止飛機及船隻之進出，或供應飛機及船隻之修理。

據未證實之消息，英國船“濟南”號，在中國沿海，為國軍飛機擊沉，該船是開往上海的，旋知此訊不確。

十月二十五日

昨日天陰未雨。今日放晴。

本日為台灣光復紀念日第四週年，各學校商店均放假，市民相當歡愉熱鬧。

下午，偕外孫輩至西門町昆明街紅玉吃茶。昨日忽得徐卓呆自上海寄來一明信片，為九月十日所發的，距離一個半月，居然寄到，片中寥寥數語：

> 久不通消息，渴念之至。近況如何？便乞示我一二。弟等生活，一切如常，無善狀可述。欲知後事如何，且聽下回分解。
>
> 笑翁大鑒　弟卓呆

此明信片，共貼郵票四十元，每枚十元。郵票作藍色，橫書"華東郵政"四字，左角一星，照下面一火車頭、一農民、一商人，下橫書"一九四九"年號。

晚間偕外孫等至植物公園一遊。植物園除了許多奇花異木外，還有一處，是前清時代的台灣省巡撫衙門。裏面的房子已經是坍破不堪了，而兩扇大門巍然存在，大門上所繪的門神（門神有許多古典，我不贅述），尚未剝落，我不知日本侵襲統治五十年，特留此遺跡，是好意耶，是惡意耶？在中國大陸上，各衙門大門上的門神，早已洗滌去了。

十月二十七日

昨日天氣陰晴不定，時有小雨，今日上午有陽光。

此間各報，均登載在金門獲一大勝仗，昨晚《新生報》且發號外，謂："斃敵二萬人，俘獲四千人"云云。

連日未見香港報，以港報至台，須加檢查，倘有未合，即行扣留。香港的《星島日報》，為胡文虎所開辦，向亦可以至台灣，既而據說查出在港所出版者，與寄往台灣的內容不同，言其有投機性質。正在禁止運台時，而廣州忽失，那就不用談了。

陳納德發表聲明：此次回到中國，純為民航空運隊之私人工作。他說，因他在美國時，曾經作證堅決主張援華，受到注視，故才覺得有發表此次聲明之必要。他說他曾坦白告訴中國友人（這些友人中，多半為政府領袖），美國對中國"一般區域"之七千五百萬元援助，須中國具有"有力機構"，執行此項援助計劃云云。

香港與廣州，電話電報已通，但水陸空交通尚未通。

葉劍英已到了廣州，將一切非法投機分子，包圍繳械。又逮捕了十餘個新聞記者，施以再教育。《中央日報》被接收，改為《南方日報》。

已於十月廿三日出版。

香港訊：中國航空公司將立即停駛至桂林綫，廿六日未有客機飛往桂林。

十月二十九日

天晴，多風，有時亦作小雨。

今日星期六，三外孫由學校領導，都作旅行。一至烏來，一至動物園，一至植物園。

金門之勝，此間勞軍者紛紛，而重慶方面，未見有何反响。

北京廿六日廣播：中共派出一代表團赴蘇，參加蘇聯十月革命三十二週年紀念典禮。代表團名單如下：

代表團團長：丁玲　副團長：許之楨、吳晗

秘書長：沙可夫　副秘書長：曹禺

團員：丁燮林、李鳳蓮、李永、許廣平、龔普生、李培之、趙樹理、馬思聰、白楊、袁致和

在中共控制下，海關行政，將有改變。海關首要人員，最近在北京開會，以財政經濟委員會主席陳雲為召集人，稱新海關將與對外貿易有密切關係，共黨政府願與所有國家通商，新海關任務有二：

（一）保護所有合法之對外貿易；（二）與政府其他部門聯合執行對外貿易管制政策，並收集關稅。

廣州南方人民銀行發行人民幣三種，面額分一元、五元、十元。十元值港幣六元六角，五元值港幣三元三角，一元值港幣七角。十元為淺綠色，中印西湖九曲亭。五元為淺綠色，中印平湖秋月風景。一元為淺藍色，左邊印有花塔。各種券均印有中華民國三十八年字樣，今則改為人民幣矣。

十一月一日

連日天晴，雨季已過矣，但今日天氣甚熱，中午八十餘度，

金門戰後，未見共方有進展，現在金門戰事，由胡璉指揮，湯恩伯調到台灣來，將為東甫副長官。

第七十四師受傷團長周斌等，因《中央日報》曾說過"七十四師不肯打"云云，今日在《新生報》大罵湯恩伯，說"廈門失守的主要原因，第一，是湯總部對於敵情判斷錯誤，將重兵置於金門。第二，在戰況吃緊的時候（十六日拂曉），湯總部跑到錫麟船上（國方有幾條船，都用我國烈士名，錫麟者，徐錫麟也），致陸空失去指揮中心，影响士氣太甚。"

現在西南（重慶）與東南（台灣）分成兩橛，不但地理上，而且也是人事上，即是金門之戰，此間鋪張揚厲，說是打了一個大勝仗，但重慶方面，不置一詞。東南似為蔣之地盤，靠有一個台灣，而西南漸成李之地盤，靠有一個四川。

張羣為蔣所電召，但重慶方面，似不願其來台，川北尚有胡宗南一枝兵，為蔣之嫡系，但已為共方所阻，不能南下。

香港英國海軍公佈：英國軍艦實行護送商船至長江口岸，現已有四商船至上海。但公報稱：英國軍艦無意破壞中國領海以外之權益。

十一月三日

兩日天晴，天氣甚熱，僅可以衣單袷。

得聰孫女赴美途中船上來信，頗有趣味，摘錄如下：

阿爹：

不知不覺分別已經有十餘天了，在船上我們都很好。不過

頭四天，我有些頭暈，時常不吃東西，現在每一頓都吃了。但是早上因為這星期在改時間（要改得與美國一樣），每天改早一點鐘，所以早上起得很遲，往往會失去早餐的機會。現在已經改了四天，今天不但要改時刻，並且仍算是廿五號是星期二（在中國已是廿六號了）。

吃飯是十二歲以下的小孩子先吃，吃完，由看護帶他們到小孩的遊玩房間去玩，然後大人吃。吃完了飯，去領自己的孩子。如沒有去領，到一定的時間，看護會送到他們自己的房間裏去的。

我們在船上，已經看了兩隻電影。昨天我們有一個兒童會，每一小孩，都有禮物。我的禮物是一盒爽身粉和一對絨線做的貓，妹妹是一個洋娃娃，長一英尺半，手脚活動，甚為可愛，要值港幣六十元以上呢。這個照看小孩的看護，常和母親談天，攪得很好呀！

船上花樣很多，房間裏每天有船上所編的新聞紙送來，關於世界新聞，船上每天的節目，都有報告。也有香港新聞，報告中國的事。

現在船已近火奴魯魯了，風和日暖，從昨天起，海水平靜無痕，蔚藍的天空，在夕陽西下時，五顏六色的雲朵，十分美麗，已經可以預料到火奴魯魯的好風光。到了火奴魯魯，我們預備到附近地方遊玩，此信預備到火奴魯魯寄出了。（餘略）

十一月五日

兩日天晴，天氣尚暄。

金門之戰，似在休止狀態中。

舟山群島，又有戰事。桃花島共軍，進攻登步島，據云，過去即沈家門，距定海又進一步。前有自定海乘船來台者，此時已不通。

聞巴東失守，共軍進攻恩施，川黔感受威脅。蓋共軍已準備進取貴州，企圖使大陸上之政府軍隊分裂為二。

四野所部軍隊，已源源增調至四萬人，開入芷江。該地在重慶東南二百三十哩之巴東，業已失去。現佔領巴東之共軍，立即向恩施出擊，一般地承認，已獲進展（坐鎮恩施者，為宋希濂）。按：巴東為共軍佔領長江最深入之據點，佔領巴東，威脅巴東以西之長江城鎮巫山，該地為對鄂陝邊區國軍供應綫之主要據點。（以上見於路透電。）

英國人的星洲會議，昨已結束，討論結果，送交倫敦，現在尚守秘密，未有發表。其中關於承認中共，是為一大問題。

聯合社倫敦電：英國昨日警告中國政府，不得以空襲來執行對共黨佔領區各口岸的封鎖。英國說：國軍襲擊無武裝的商船，將被視為不合法、不友好之行為。外交部發言人說：中國大使鄭天錫，曾被邀至外務部，向他傳達這個警告。（按：領海界限的確定界限，中英亦不一致，英國的領海界限僅三海哩，中國則為十二海哩。）

十一月六日

聞李宗仁至昆明，又傳有遷都昆明之說。並聞接見李根源。

此間官方，宣傳舟山方面登步島大捷，殊不足信

廣九路華友通至深圳，尚未接軌。須通過一橋，方能入於英界。

廣州人民幣五百元易一港幣，一千五百元易一銀元，三千元易一美元。黑市則漲落無定，然亦無大出入。

自芷江西進共軍，侵入黔北天柱。共軍目的在貴陽，貴陽一失，則大陸國軍，將截成兩段。

鄂西共軍，繼續進攻，恩施已失守。宋希濂已抵達來鳳，部署一切，深恐共軍又追踪來也。英人決以軍艦護送商輪，英艦"敏捷號"護送"濟南號"（英船）聲言："此一區域，乃在中國領海之外，故有自由行動之權利，我們必須負起公海上保護英國商船之責任。"

蘇聯顧問將協助中共修建鐵路，正與共方交通部長滕代遠，共同商議恢復並增强各地的交通。先擬增築包頭至蘭州，以及天水至蘭州兩路。

十一月七日

天晴，甚熱，竟類夏曆七月天氣。

聞徐茂之的兒子，為鄰犬所咬，急於針治，詢之此間衞生處，說是針藥已用罄。後急切託人購到針藥，而打針的人，又是外行（台灣大學醫學院小兒科醫生），甚為惶急。據云：徐宅門前，曾有一擺香烟攤的女童，亦為狗咬，初若無事，旋忽發作，遂至不治身死，因之更駭。按：這個"瘋狗病"最可怕，被狗咬了，並未出血，以為那是小傷，不足為害。誰知過了幾天，忽然發作起來，這個病狀更可怕，目張口哆，正像一條瘋狗，到那時無藥可治，不久就死了。惟有被咬以後連忙去打針，不管是瘋狗不是瘋狗，始為萬全之策。

我在上海時，有一親戚家男孩子，也是被狗咬了，我教他去打針。他說："自己家裏的狗，可以無害。"我說："愈加可怕！因為自己家裏的狗，本不會咬你，現在也咬你了，一定是受毒發瘋了，快去打針。"這個瘋狗病不打針，中西醫都不能治，上海公共租界工部局特設了這一門的，有的一連要打二十幾針，天天去打，但這是性命交關的事，你不能怕麻煩呀。

據聞：英、美、法三外長會議，定九日在巴黎舉行，對於承認中共政權問題，料將論列。

中國駐法國的外交人員，分為兩派，一派是投共的，一派是非投共的。對於使館，恐即發生爭奪戰。

現由台灣轉香港而寄到上海的信，聞仍須由港寄至天津，再由津以津浦車寄滬（因津、港有班船，而港、滬無班輪也）。如此則至快亦須半個月。

十一月九日

昨今兩日，天氣轉陰，惟仍未見寒。

今日香港飛機未來，外間頗多謠傳，繼聞中航及中央航各綫班機全部停飛。據路透社云：今日上午中航機九架，央航機兩架，自港啓德機場起飛後，未曾達到預定之目的。此等飛機飛出後，在香港指揮區內，仍與香港聯絡，但各機未有飛達目的地之報告，各機均未載有購票搭機之乘客，機上僅載有飛機零件。彼等且在啓德機場辦公處貼有告示，通告員工，明日不必上班。飛機為Ｃ四七型，與Ｃ四六型，並有空中行營一架。

旋聞人言：有廿一架飛機，已開到北京共軍區。此次為大規模之投共，連公司中的職員亦均在內。

路透社香港九日電：國軍軍艦與被扣之兩艘英船，今日仍在長江口彼此僵持中。另有英艦兩艘，現泊於該處中國領海以外。國軍軍艦命令被扣之"濟南"號及"和生"號，駛回上海卸貨，英船寧願僵持，不擬接受國軍要求。港輪船公司方面稱，兩船備有飲水食物等等，供應甚豐。

湘川邊境，共軍已越過盤山，沿公路北進龍潭。

貴州方面，已承認共軍進入黔境，現在鎮遠方面對峙。按貴州兵力單薄，恐共軍不日可佔貴陽。晚到圖書館換書，交還前所借的《寫在混亂中》，乃胡風之評論散文，及《馬來群島遊記》，此為商務印書館出版，十八世紀一英人至此遊歷，採集鳥類與虫類作標本者。

這個圖書館貧弱可憐，欲選取國外的名家小說亦無有，即有一二，亦被借空。我藏上海有許多好書，置之高閣，都不曾過目，對此不免悵惘。

購毛筆兩枝，此間毛筆，既貴且劣。台灣亦已鉛筆與鋼筆流行，毛筆已不大有人請教了。

十一月十一日

天熱極，如在盛夏中，有人謂冬行夏令也。

今日為中山先生的生日，各機關及學校均放假。

遇一同鄉王蕭亮君，為王勝之（同愈）先生的公子，年亦五十餘了。他在此間一營造廠中辦事。（按，勝老年至八十七歲方故世，他在七十三歲時，尚生一女公子。我問蕭亮，他說其妹現在英國倫敦之中國銀行服務。他們老家仍住在蘇州大郎橋巷。蕭亮在台則與林康侯之子同住（杭州南路七十一街一號），因知康侯曾來台，住在其子處一月，旋即去香港。又聞楊翼之等亦都在香港云。）

報載：中航、央航飛機共十二架，已飛往北京（中有空中行宮一架。為中航公司總經理劉敬宜，與央航公司總經理陳卓林帶去的。美籍駕駛員未去，云聽候美國股東如何分付。但其中有一二人，則云願為中共服務）。

現在中航、央航飛機，均已停頓，台灣飛行，全靠陳納德的飛行隊。有許多人均集中於包機，中國旅行社經理其事。

傳聞：招商局輪船不許開到香港，一到香港，便有投共之虞。

中國海軍所監視之兩英船，已有一船脫逃，謂是"濟南"號。

外國報紙上，盛言英國有首先承認中共之說。或恐在年內即將實行。因共方既得廣州，英國人不無惴惴，恐其進迫香港。又有外國報紙說，窺共方並無此種舉動，想是有默契也。

共軍已打到貴州，長驅直入，貴陽正疏散，省府遷至畢節。

重慶與香港，電話已不通。交長端木傑謂，中航、央航投共事實，不甚明了，端木已奉蔣命電召來台，監察院彈劾端木，拍蒼蠅聊解寂寞而已。

十一月十五日

近兩日天氣較涼，似仲秋光景，雨仍未下。

蔣介石於昨日飛赴重慶，李宗仁在廣西未來渝（是由昆明赴桂的）。據云，蔣急電召李，李則遲遲不行。報上說是因交通不便，或是氣候不佳之故。

貴陽已失守，共軍沿公路進行，北達札佐。

中共四十七軍一部，已至酉陽一帶，酉陽則已在四川境內了。湖北境內陷咸豐後，直驅利川，利川亦於十四日告陷落。

中航央航的飛機，仍不能飛行，現靠陳納德之民航隊，便大做其生意，尚以包機者甚多。但香港尚得到詢可，民航隊在香港僅為加油站，未能搭客做生意。香港將設立香港航空公司。

廣九路仍未接軌。

英國不允許中國軍艦使用深圳灣、大鵬灣，中國反駁之，恐也沒有什麼效力。中國軍艦仍在沿海捉與中共通商的外國商船，且有飛機炸商船事。

香港對於台灣、海南島兩處的人到香港，須有入境證。現在此間淡水英領事館發出公告，在港旅客，必須有護照及簽證。凡欲赴港者，須向英領事館申請。說者謂於法不合，但於法不合，又奈之何哉？又有人謂，此為對國府關閉海岸的一種報復，外交上的事，本是互相報復。非僅報復，且講勢利，你既失勢，人便相欺。

十一月十七日

昨日天陰，今日雨，氣候驟寒，今可御棉衣。

李宗仁在廣西，不肯來重慶，云已因病入醫院，謂十二指腸出血，聞前日曾往海口一行，與余漢謀、陳濟棠、薛岳等謀面。蔣介石已至重慶，恐一時難於脫身也。

重慶美國領事館，正式宣佈閉館，聞美國大使館，亦已撤離。再昆明美國領事館，亦宣佈閉館，因鑒於時局嚴重之故。

廣東方面，共軍佔三灶島後，澳門邊境吃緊。

香港凍結中航央航兩公司飛機起飛，自辦香港航空公司飛台北，將於本月廿二日開航，每逢星期二四六往返飛行一次，由中國旅行社代售客票。票價為新台幣四百五十元，較原票價三百三十四元，貴一百十六元。

又傳聞香港航空公司，亦將飛上海，從此由台北至上海，可以經香港間接而加快了。到上海去，也可以便利了。

又聞投共之中航、央航十二架飛機，將開闢航綫，自北京至漢口，自漢口至廣州兩綫。

海軍炮擊美商輪："飛雲"號事，美政府已向重慶提出抗議。

領海內攻擊商船，英視為不合法。中國領海以外，英海軍應予英商船以適當之保護。

貴陽失守後，共軍已進入市區，從此截斷四川與雲南的交通。

彭水附近，展開激戰，共軍已進入四川東南區。

昨日天寒，鎮日雨，今日轉晴，天暖。

香港英人所辦之香港航空公司，今日第一次派機飛台北，帶來了香港報紙。頗聞該公司亦將有機飛滬，尚未有正式佈告。

美聯社十八日重慶電：重慶為黯澹空氣所籠罩，一因共軍追近，一因蔣與李之裂痕，有無從彌補之勢。國防部承認共軍沿鄂川路進逼，已抵彭水郭外（重慶東九十五里）。又稱，鄂省利川進攻萬縣之共軍，距萬縣僅四十里耳。政治方面：報載李宗仁因患胃病，非俟稍愈，不能來渝，此間一般人均認為李之所患者為政治病而非真病也。

現在聚於航空公司門前，購票離渝者甚眾，然只持有警備部特許證者始能購票，特許證非普通人可得。銀圓公價，已由二元四角值一美元，改為四元七角值一美元。現已不聞有保衞重慶之說，謂重慶末日已臨。

美國公使館領事館人員，均由重慶撤退至香港，但英國領使館不撤。

由台北開香港的輪船（英國船），因船上無入境證者多，逕開澳門。飛機無入境證之客，則先飛柳州，再到香港。

越南拒絕國民黨人逃難來越。菲律賓對於華人入境，停止簽證四十天。

美國參議員諾蘭（屬共和黨），在議會中，頗幫助國民黨說話，此次來台，大事歡迎。諾蘭乃自韓國飛來，本定下午一點鐘可到，乃遲四點半鐘方到，以致往迎的人都未吃飯，大呼餓死了。（其所以遲到之故，云南韓大雪，因掃雪方可起飛也。）

北京開亞歐勞工大會，聞有數國代表出席。

十一月廿一日

兩日天晴，有陽光，今日較暖。

昨日至信義路午餐，因他們家中所種的蔬菜（番茄、鷄毛菜等等，均已成熟），收穫可以佐炊也。近來他們種得不少，每日從事灌溉，凡是自己種植出來的蔬果，覺得格外香甜，興趣所在，心理作用也。

我前日至衡陽路，經過"實驗經濟農場售品處"，購得蔬菜種子兩種，每種一小紙袋，一為番茄，一為番杏，每袋新台幣五角，亦將於家中空場隙地種之。

有一事，偶然想起來，可以記一筆：在江南春夏之交，有一種新蠶豆上市，那是最美味的食品。到了老熟了為用亦廣，甚麼發芽豆、五香豆種種，而且可以代替黃豆做醬。到了台灣來，我們想起此物，誰知台灣農家不種此品，全菜場亦絕蹤。詢問他們，說是台灣的土壤不適宜種此。我即有所不信，我覺台灣土壤很肥厚，別的蔬菜頗多苗壯，何以不能種蠶豆。擬為試種，而覓不到豆種，會有一位念佛老太太，她從大陸帶來一袋蠶豆，這是她在念經時計數的（蠶豆一名佛豆，不知何據）。我們向她索取約五六十粒試於隙地種之。向來江南的農家，於農曆十二月下種，一直要到明年春末夏初養蠶的時候，新蠶豆方成熟，我們性急，在十一月即種了，到農曆新年，即開花結實，採取後煮成一大碗，味甚鮮美。因思有大好蔬菜，各地方都不知種植，實為一缺憾也。

戰事兩方無進展，報上亦無所登載。

十一月廿三日

昨晴今雨，天氣又甚涼。

港報載：李宗仁到香港後，或將出國。其標題云："李代總統來港後，重慶甚表震驚。"重慶美聯社載："權威方面，誠恐李氏在香港，將與共黨居間人物接近，從中商談一個足予風雨飄搖之國民政府以一致命之打擊。某一官員不信李氏有病，他說，李氏此行，蓄意迫使蔣總裁攤牌，迫使蔣氏如不復任總統，即當給予李氏以更大的權力"云云。

香港合眾電又云：白崇禧將掌握大陸兵權，蔣似將退處於不重要之地位。據接近李宗仁者談，李與蔣均同意置身事外，將軍事全權交與白崇禧主持。蔣與其同系之人，將退回台灣，建立該島為一反共堡壘，不復與大陸有關聯。

又云，保衞四川已絕望，共軍可隨時進佔四川。

中共發表：

重工業部長：陳　雲	副部長：何長工、劉　鼎、鍾　林
輕工業部長：黃炎培	副部長：楊衞玉、王新元、龔銘欽
鐵道部部長：滕代遠	副部長：武競天、石志仁
交通部部長：章伯鈞	副部長：未見報載。

有一"永生"輪開往澳門，乘客亦不得上岸，說是也要入境簽證。

前日所記種蠶豆事，又寫了打油詩一首：

> 開軒何處面桑麻？狼藉階前閒草花。回憶江南蠶事好，我從煮豆總思家。

蠶豆的所以得名，因為其形似蠶，而每在蠶忙時候，生長成熟也。在江南每逢新蠶豆上市，我必連餐四五日。

十一月廿五日

連日夜雨畫晴，云已在雨季中，但此間雨季，初無一定也。

數日內，香港報紙，未到台灣，台灣報紙不大登戰事消息。大約是前方戰事在停頓中，共軍有全力注重四川之勢，現各路軍已都乘隙入川矣。

聞重慶又避難遷居者紛紛，有遷都成都之說，成都如何？成都恐亦非安樂土也。

又通緝了一批立法委員，有百餘人之多，所知者有吳紹澍、鄒樹文、葛敬恩、盧郁文等等，餘均未錄。

又發表廣西省主席為李品仙，黃旭初為華中公署副長官。

浙江主席周喦改石覺，福建省主席為胡璉，甘肅省主席馬鴻逵撤職，改王治歧。

此間《新生報》，副刊，錢歌川、陳定山、易君左諸位均寫稿。乃前日忽有剿共反蘇一電，其中有錢歌川名，但未經錢之許可，並摹仿他的簽名式。錢意不懌，在《新生報》副刊上，登了一篇《簽名蓋章》，措辭也還蘊藉。明日，有人在副刊上登了一篇文字，大罵錢歌川，意思說："住在台灣，對於剿共反蘇，尚可游移乎？否則滾出台灣去。"又有人為之不平，說："這是強姦了一個女人，假如喊痛就是一個耳刮子。"

易君左寄來他所著的《西北壯遊》一書，前日託我署名介紹，我已與以介紹矣。"新希望"要我寫稿，我也答應他，但我近甚懶散。

十一月廿六日

天陰，偶亦一露陽光。

聯大政治委員會，討論中國譴責蘇俄案，蔣廷黻發表演說，蘇聯外長即步出會議室。

合眾社成功湖電：觀察家認為蔣廷黻所提出建議，雖熱誠而具有學者風度的呼籲，但五十九國政治委員會通過，他所提議的機會，仍屬渺茫。反之美國及其他國家，將提議要求重申一九二二年華盛頓公約所聲明的中國門戶開放政策，料將獲得通過。該公約是美國、比利時、英國、中國、法國、義大利、日本、荷蘭和葡萄牙簽訂。

偶錄近人詩兩首，此為今年二月江、章兩君北行和談時作。

機中行　江庸

燕市重來十二年，酒人多已隔重泉。春燈節恰過元夜，老樹花應發故椏。夢裏時縈惟墓木，懷中所有只詩篇。飛行先掠田橫島，漠漠齊州九點烟。

機中　章士釗

燕路居然北首成，雲衣風馬任縱橫。西郊馳道應如砥，北海圓波定泛晴。風景不殊年歲改，戈鋌未了節旄輕。宵來莫作傳柑夢（昨夜元夕），只覺君家豆腐羹。

十一月廿七日

日間偶放晴，夜來無天不雨，已經在雨季中矣。

重慶大事疏散，情勢混亂，共軍已至南溫泉，距重慶僅十二里，國軍節節退讓，政院遷至成都，聞蔣介石亦將往成都，李宗仁決赴美。

共方在瀋陽拘捕之美領事華德，已經釋放，聞實為間諜關係，所云毆打華職員云云，乃是飾詞。美國雖提抗議，而中共置之不理，因並未承認，即無外交關係。美議員中謂此事美大失面子。

再錄近人詩一首，亦即本年二月間送北行和議代表者。

北行　潘伯鷹

乍許春陰換嫩晴，暖風珍重送長征。幾宵泥潦邅回意，廿載幽燕契濶情。霜雪勁堪知白髮（謂顏、章、江、邵四先生），瘡痍深待解蒼生。沉吟却憶崑山語，正賴高雲負輿行。

所云顧、章、江、邵四先生者，乃是顏惠慶、章士釗、江庸、邵力子四老人也。

上海報人，在此間將發行《經濟決報》一種，以朱虛白為發行人，趙君豪為總編輯，陳定山為副刊編輯。都是熟人，他們向我拉稿，幾有無可避免之勢。

昨至圖書館借得《佛蘭克林自傳》一冊，《掙扎》一冊，實無好書可讀也。

十一月廿九日

天氣陰沉，使人發愁。

聞李宗仁決於一星期內出國，已得美國務院簽證，李此次出國時，帶着他的夫人公子等同行，香港報紙，並傳說白崇禧也要出洋，但未能證實。

重慶已成真空，但共產黨尚未深入。據聞有數百箱白銀，棄置在飛機場，無法運出。又説，成都亦撤退，或將到台灣來，亦未可知。現在國民政府在大陸上，已無可以駐足之地，連昆明也靠不住，傅聞盧漢（滇主席）亦將遁入緬甸。

今晚，朱虛白、趙君豪、陳定山三人請吃夜飯，因他們組織的《經濟快報》（背景是一部分上海的銀行界）將於不日出版，昨日曾派有一夏雲女士者，到我家來，要我在報上寫長篇連載小說，實在我真寫不出什麼來。今晚的宴會，大有敲釘轉脚之意。

此宴會共為兩席，除陳瀚一、易君左諸人外，新認識的有錢歌川、曾今可、謝冰瑩、洪炎秋（國語日報社長），以及女記者數人。台灣新聞界，近來女記者很活躍，從事於外勤，每一次開會，女記者群集而至，非台灣本地人，乃自大陸來者，而尤以上海來的為多。很漂亮，很活潑，年齡約在二十歲左右，學歷大概是高中畢業生。

十二月一日

昨今兩日，仍為陰雨之天，恐一時仍難望暢晴。

外國通訊社說：共軍已入重慶，或言尚未。有一路軍，已攻至合江，合江距成都僅一百里。又一路已至銅梁、永川。

李宗仁已定於數日間，由香港飛美，代總統的頭銜，並未辭去，聲言於一月內即將歸來。同去者，其夫人郭德潔，其子幼鄰，參軍王之、私家醫生孫曉山，隨員黃雪村。內政部長李漢魂亦去美，則云另有他事。

英國口口聲聲說要承認中共，而為美國所牽制。今又揚言：須明年一月間可以承認，正是，《孟子》上所說的"月攘一鷄以待來年"，或云："口惠而實不至"，亦是一種政策也。

美駐中國大使司徒雷登在美乘火車受傷，司徒年已七十有三矣。

陳瀚一示我以近作，錄其數首：

戊子除夕

辛苦艱難又一年，海疆幸未見烽烟。蚊聲刺耳睡差穩，蟻鬥爭疆意自專（台北蚊蟻，四季不絕）。四海浮家成習慣，一時寄圃得安全。群兒嬉笑屠蘇飲，歲月飢軀老益堅。

偶占

禿筆一枝何足論，倔強根性幸猶存。人逢曲折心多苦，事
到艱難意翻溫。

草山茗坐

稻田聲噪隱群蛙，叢碧深山映晚霞。看徧野花多艷色，難
尋美酒飲清茶。

十二月四日

天仍未晴，此雨季當有若干日也。

國大代表，及立法、監察委員等多人，均謂李代總統既已去國，請
蔣總統即行復職。又聞總統府即將移至台灣。

閻錫山表示不能代行總統職權，謂與憲法不合。

路透社電：共軍離南寧僅三十里，廣西省府遷海南島。

某君談：重慶失陷之前，蔣至飛機場，為車馬所擁塞，幾至不能上
機，只得下車走了一段，以他車送上飛機。

趙君豪要我在他所辦的《旅行雜誌》上寫短稿，我正寫了《覺林春宴》
一節，於旅行毫無關係的，但他說也要，大約因稿荒故。

《覺林春宴》者，乃民國十九年，狄楚青寫信給我（其時我已脫離《時
報》多年），邀我到覺林蔬食處（素菜館）吃飯。他說："熊秉三、葉譽虎
來此，而濮伯欣、陳彥通亦在上海。我們想起二十年前，在民影照相館
樓上，與花叢姊妹捉迷藏事，作一紀念。兄亦當時預與者，請來此一叙"
云云。我屆時到覺林，熊秉三未來，來了一位徐積餘，不速之客也。楚

青說：可否召集從前的花叢姐妹再聚會一次，此又出於妄想，試思距離已二十多年，從前的十餘歲的，現在已三十餘歲了，且都已嫁人，如陳綠雲已嫁了馮幼偉，時韻籟亦嫁了龐京周，誰肯再出來嗎？不過這覺林一宴，亦頗足令人追憶呢。

十二月六日

兩日天陰，時作小雨，惟今日天頗寒冷，似江南深秋。

美國的所謂評論家者，好造謠言，有一位喚作皮爾遜者，在美通訊社作廣播云：“李宗仁來美目的，並非治病，是要將台灣租與美國九十九年，美國的國務院對於這件事，不感興趣，但國防部則對此非常關注”云云。於是中國駐美大使館發言人，連忙闢謠，謂此說完全無稽。可見此輩殖民主義者，在作趁火打劫之計。

李宗仁五日離港飛美，今日將已至檀香山。離港前聞曾告閻錫山（行政院長），說是赴美就醫一月為期。中樞大計，隨時電商。他並不辭去代總統之職。

在台灣的立法委員、國大代表，一致電請蔣介石復總統職，大致可成為事實。

戰事東南已趨靜寂。川境共軍則分三路進攻，南、北、東三面將進行激戰，潼南、隆昌、富順，構成扇形防綫。政府非必要留守人員，一部分先飛抵瓊，再將轉飛至台灣。

上港物價猛漲，通貨膨脹，聞將發一種人民勝利折實公債以調劑之。

《經濟快報》本定於六日出版，今天又改為八日出版。午後，往訪朱虛白於報社，遇趙君豪、周雞晨諸位，他們為籌備事甚忙。

路遇楊清，彼云，仍在資源委員會。正立談間，又遇一人來招呼我，我眼鈍，竟不識為誰。詢楊，方知是米星如君，似在辦《新聞天地》也。

台灣地方熟人甚多，時時人識我而不識人，則以眼拙而記憶力弱，殊為抱歉。

十二月八日

昨日細雨，今日放晴，天氣又較熱。

成都吃緊，共軍離彼處不過數十里，政府已正式宣佈遷往台灣。閻錫山已來台，蔣介石聞已至海口，亦將飛台。

南寧已告失守，昆明曾發生叛變，盧漢傳已離昆明。白崇禧部開入海南島，國軍在大陸上已無容身之地矣。

聞英國已決定在耶誕以前，即將承認中共。有人謂：英國所以汲汲於此者，實為香港安全計。但亦有人謂未必能如此迅速，英國人常為美國所牽掣。

其他如印度、緬甸等東亞各國，亦將承認。

有人謂：近來天津非常繁榮。當日本人那時所經營之新港，以十年之力，尚未完成，今共產黨以三個月的工夫，即可以完成了。

《經濟快報》云於今日出版，約定一出版即送來，但未送來，發行不靈，是一缺點。

夏雲又來取稿，他們要我寫長篇連載小說，我實在寫不出甚麼，況且久不寫小說了，所謂"三日不彈，手生荊棘"。我說："寫一些小品文吧"，他們說："小品文也要，小說也要。"我不得已寫了一種眼前事物的滑稽小說，題名是《上海太太到台灣》，以博讀者一笑而已。

台灣雖已為我國光復，一切起居生活，仍襲着日本的風俗。上海太太到台灣來，甚為不便。有的因守中國舊風習的，有的已經半西化的，忽然換了這一個環境，於是便鬧出種種笑話來了。

十二月十日

今日天大晴，又作暄熱了。

蔣介石今日已飛返台北，昨日聞已至海口，而報紙則稱自成都徑飛台北，僅在某處一稍勾留。所言某處者，並未宣佈說在何處。又蔣經國、蔣緯國等全家均已在台灣，惟宋美齡恐在美國尚未回來。雲南局勢，傳已突變，昆明機場發現叛軍。

路透社十日電：昆明機場守兵，昨夜阻止飛機起飛，今日上午，崗警一度撤去，故民航隊包機一架，載該隊中美職員四十五名，得以逃出。該機起飛後，曾被射擊，下午，乃達香港啓德機場。該機飛出後，昆明機場上，仍有民航隊飛機三架，亞洲公司飛機一架，另有中國政府留昆飛機六架，尚未飛出。

路透社電：前西北軍政長官張羣，昨夜於昆明發生政變後，已為叛變部隊及號稱親共份子所扣押。

聞中央銀行改為人民銀行後，其職員僅留四十五人，其餘均已遣散。

"經濟快報"於八日出版，昨往訪問，見朱虛白、陳小蝶等，甚為忙碌，雜亂無章，一切都未上軌道。小蝶所編副刊名《台風》，詞章氣太重，其中充滿了詩詞，且非現代人詩詞，未免太古雅了。

我家裏報未送來，想別處亦有未送到的，初出版如何能如此？

到圖書館換來《容齋五筆》(宋洪邁撰) 一冊，又《北歐文學》(李長之著) 一冊，均商務本。

十二月十二日

兩日均天晴，暄熱似江南舊曆五月。

英駐美大使法蘭克斯與美國務卿艾契遜，商討承認中共問題。傳聞英內閣通過即時於本月內承認中共。英商務部長表示暫不派商務團來華，因為承認中共政權問題，應首先解決。

法國社會黨報紙《大眾報》云："蘇聯將樂見其他國家將中國隔於鐵幕之後，將使中國除莫斯科外，再沒有其他朋友。但中國目前正似蛻變中之蛹，將來成為哪一種蝴蝶，未可逆料也。"

聞張羣已由盧漢釋出，至余程萬、李彌兩人則仍被扣留在昆明，張羣已到了香港了。

聞盧漢已接受了共方指示，必須立即迎接共軍入滇。

邵力子忽然來到香港，那時張羣、吳鐵城亦都在香港，或者有所商談，未可知也。

湯恩伯又為東南軍政長官公署副長官，此君真不倒翁也。

今日體甚不適，蚊蟲滋擾，則夜不能眠，誠如陳瀚一所說，"台北蚊蟻，四季不絕。"談起蚊蟲，台北可稱是繁盛之區，它們有早晚兩市，天初明時，就聚攏來了，嗡嗡作聲，聚而成雷，到垂暮黃昏時候，又來鬧市一次。台北這個地方，因為馬路上盡是明溝，而且都是淤塞不通，積水臭暗，真是孳生蚊蟲的溫牀。並且它們會跟着你走路，離你頭一二尺間，聚作一團，你快亦快，你慢亦慢。據說：人的頭上，有一股熱氣，而蚊蟲最敏感，便跟着你了。研究昆蟲學的先生們，住在台北，可以增長知識呀！

十二月十五日

連日天又下雨，想雨季尚未脫也。

國府行政院會議，今日台灣省人事更動。

陳誠以軍事繁重，勢難兼顧，辭去省政府兼主席，以吳國楨為台灣省政府主席。民政廳朱佛定、財政廳嚴家淦、教育廳陳雪屏、建設廳楊家瑜、委員李翼中、游彌堅、林獻堂、南志信、朱文伯、馬壽華、劉建善、杜聰明、陳啓清、李連春；秘書長浦薛鳳，均辭職。

任命蔣渭川為民政廳長、任顯羣為財政廳長、彭德為建設廳長、陳雪屏為教育廳長、徐慶鍾為農林廳長，彭孟輯、李友邦、楊肇嘉、李翼中、游彌堅、朱文伯、劉建善、社聰明、陳啓清、李連春、華清吉、林日高、陳尚文、陳天順、陳清汾、顏欽賢、鄒清之為委員；浦薛鳳為秘書長。

此次廳長五人，三人為台籍；委員二十三人，十七人為台籍。

外間傳説嚴靜波（家淦）有調任財政部長之説。

前日記今年二月北行議和四代表中，有江庸，已忘其號，苦思不得。今在梁任公《飲冰室詩話》中，錄得其詩，方憶得他號翊雲，青年時曾留學日本者，今又錄其一詩如下：

宮之下山中望富嶽

朔風吹袂四山晴，石轉溪迴耐客行。的的電竿立斜照，冷冷松籟作湍聲。酒香已識前村路，春到初諳異國情。姑射仙人隔雲海，雪膚玉色自晶瑩。

以前作詩，無論試帖古今體，都不許用新事物，上詩中"的的電竿立斜照"句，已解放矣。近數年，有問江先生索詩的，他笑道："新詩我不會作，舊詩已不入時了。"實則先生豈不能詩，韜晦而已。

十二月十六日

天陰，下午有一抹斜陽。

聞共軍尚未入成都城。劉文輝以違抗命令撤職，以賀國光為西康省主席。聞晉川各職員，尚未能空運飛出。

顧祝同通電各軍，要合擒盧漢歸案。又說：平亂各軍，正向昆明進攻中。大勢已去，尚作此大言欺人。

合眾社電：中共廣播稱：截至本年十月底止，共軍統治中國全地區為百分之七十一，人口百分之七十五。計共區土地為四，二七〇，〇〇〇方哩；人口三六〇，〇〇〇，〇〇〇人。但中共未承認有此統計。

台北新型各報館，外勤頗多女記者，年齡都不過二十左右，風姿綽約。以夏雲常至我家來為《經濟快報》取稿，她們也有隨之來者。有一位外勤女記者，手捧一頭雪白獅子狗，似愛護其嬰兒者然。有一位則不知在何處購得雕刻的小骷髏一串，繫在手臂間，小骷髏似蓮子一般大。有人異之，她說：“您先生喜歡嗎？我可以送您一粒。”遇到了陳瀟一，他連忙搖手道：“有美人頭就要，這些骷髏頭，我就不要。”

每逢有什麼集會，這些女記者都到場，她們總是問人家：“您先生對此感想如何？”問到我，我只得說道：“我沒有感想。”

十二月十八日

路透社香港電：成都現尚在政府手中，香港與成都電報仍通。惟劉伯承第二野戰軍之主力，自東南方面推進，已距城二十里。或云，對成都之最後攻擊，當為彭德懷部。彭部已向綿陽推進，該處距成都東北六十五里。

緬甸已宣佈承認中共政府，此間報紙謂，緬甸對內剿共，對外親共，為非共產國家承認中共的第一國。

合眾社新德里電：目前已有十二個國家協議決定同時承認中共，印度業已同意與英國聯邦內其他各國，取一致行動，但何時正式承認，則尚未有決定。據倫敦方面説，將在一週內宣佈。

　　台灣初光復時，可華在地攤上，購得日本人所寫關於高山族的書籍，計五十餘種（日文本），均日人所棄置者。後田漢來台，取去了二十餘册，餘均棄置在那裏。昨經翻閲，殊無足觀。其中對於風俗、習尚等類，有足資一噱的。據説：某一高山族中的婚姻，新娘出嫁時，要穿一條堅韌的麻綫密縫的褲子。洞房之夕，令新郎細心解開其密縫，但不許用刀剪之類，也不許用別種方法，另開門戶。如鬧到天明而沒有解脱，那就是第二夜的工作。第二夜仍是堅壁清野，第三夜還是辭關自守，到第四夜則有新娘的姊妹們解其束縛，一任新郎所為了。（按：這種褲子，我國古亦有之，名之曰"窮袴"，出《漢書·霍光傳》。）